启东年鉴

2022

启东市地方志编纂委员会办公室　编

方志出版社
Publishing House of Local Records

图书在版编目（CIP）数据

启东年鉴. 2022 / 启东市地方志编纂委员会办公室编.—北京 : 方志出版社, 2022.12
ISBN 978-7-5144-5634-9

Ⅰ. ①启… Ⅱ. ①启… Ⅲ. ①启东—2022—年鉴
Ⅳ. ①Z525. 34

中国版本图书馆CIP数据核字（2022）第256392号

责任编辑：范静
责任校对：刘玉霞
责任印制：梅中英
出 版 者：方志出版社
地　　址: 北京市朝阳区潘家园东里 9 号（国家方志馆4层）
邮　　编: 100021
网　　址: http://www.zgfzcb.cn
发　　行：方志出版社图书营销中心（010-67110500）
印　　刷：南京顺和印刷有限责任公司
开　　本：889毫米 × 1194毫米 1/16
印　　张：25.25
字　　数：928千字
版　　次：2022年12月第1版
印　　次：2022年12月第1次印刷
定　　价：198.00元

编纂机构和编审人员

启东市地方志编纂委员会

《启东年鉴（2022）》编纂人员

2021年度启东数字

行政区域总面积	1681.29平方公里
江海岸线总长度	177.63公里
海岸线	107.93公里
江岸线	47.30公里
户籍总人口	108.74万人
地区生产总值	1345.94亿元
第一产业	88.66亿元
第二产业	656.96亿元
第三产业	600.32亿元

人均地区生产总值	139548 元
一般公共预算收入	77.81 亿元
农林牧渔业总产值	177.93 亿元
规模工业总产值	1120.58 亿元
社会消费零售总额	482.57 亿元
建筑业总产值	1401.30 亿元
进出口总值	404.18 亿元
金融机构本外币存款余额	1909.65 亿元
城镇居民人均可支配收入	54910 元
农村居民人均可支配收入	30710 元

2021 年，由南通二建承建的启东市文体中心获鲁班奖，是二建集团在启东本土获得的第一座鲁班奖。市文体中心位于市区江海南路，由南北两区构成，北区建筑形似蝶形浪花，南区建筑取意启日东升，南、北区通过地下通道连接　　吴娟　摄

2021 年，农业农村部组织开展第六批中国重要农业文化遗产发掘认定工作。启东沙地圩田农业系统成为南通唯一上榜项目。图为位于海复镇搬场村的沙地圩田　　潘杨　摄

5 月 6 日上午 9 点 30 分，江苏联测机电科技股份有限公司在上交所科创板成功上市　　市融媒体中心 供图

5 月 23 日，南通市委、市政府召开全市民营经济发展大会暨第四届通商大会，江苏东成电动工具有限公司董事长、总经理顾志平获评“张謇杯”杰出企业家，并在会上发言　　市融媒体中心 供图

7 月 13 日，启东中远海运海工自主研发设计建造的国内首艘动力定位穿梭油轮“北海新希望”完工交付上海北海船务。该艘油轮将赴我国自营勘探开发的首个 1500 米超深水大气田“陵水 17-2 气田”服役　　市融媒体中心　供图

8 月 25 日，第 16 届东京夏季残疾人奥林匹克运动会开赛首日，启东籍运动员钱王伟在场地自行车女子 3 公里个人追逐赛 C1-3 资格赛中，以 4 分 31 秒 476 的成绩打破 C1 级别世界纪录，创下首场比赛佳绩　　市融媒体中心　供图

9 月 1 日，启东市开展新冠肺炎疫情处置联合实战演练，检验新冠肺炎疫情应急处置实战水平，提升疫情防控体系应急响应能力 徐秋逸 摄

12 月 4 日，由司法部、全国普法办、中央广播电视总台共同主办的《宪法的精神 法治的力量》特别节目播出，网格员倪伯苍（左）当选 2021 年度全国法治人物 市委政法委 供图

12 月 22 日，新出海口吕四起步港区 10 万吨级通用泊位正式启用。图为 10 月 15 日，通州湾吕四起步港区“2+2”码头所有泊位主体工程全线完工

袁竞 摄

12 月 25 日，启东 800 兆瓦海上风电项目实现全容量并网，这是启东市首个海上风电项目，也是中国单体容量最大、风机安装种类最多的海上风电项目

市供电公司 供图

12月30日晚，第九届江苏省文艺大奖·曲艺奖获奖作品中篇评弹《板凳姑娘》在启东保利大剧院演出。该作品以中国好人、省道德模范苏晓琳为原型创作

徐秋逸 摄

2021年前三季度，广汇能源应税销售总额为110亿元，成为启东市突破百亿元大关的首家现代服务业企业。图为9月30日，广汇能源公司一景

姜新春 摄

3 月 16 日，南城区街道世纪家园社区青少年在 91 岁抗战老党员张万远（左三）家，聆听张爷爷讲述自己的革命故事

陈松英 摄

3 月 31 日，市委理论学习中心组组织开展“追寻红色足迹，激发奋进力量”党史学习教育现场教学活动，图为市委书记李玲（前排）率中心组成员参观抗大九分校纪念馆

市融媒体中心 供图

5月1日，“百年炬光”主题摄影展在吾悦广场展出。此次展出的摄影作品涵盖城市美景、人文纪实、生态文明、乡村振兴等主题，用影像盘点百姓衣、食、住、行、乐的变化　　王海兵　摄

5月7日起，市融媒体中心“村史馆里讲党史”摄制小组走进全市百家村史馆，宣讲党史、叙说村史，并以短视频的方式与受众互动。图为6月7日，摄制小组在汇龙镇临江村村史馆拍摄　　市融媒体中心　供图

5 月 9 日，庆祝中国共产党成立 100 周年“百个家庭红色骑行　献礼党的百年华诞”活动举行，参与者参观启东县首届人民政府旧址纪念馆、启东第一个中共支部诞生地、抗大九分校等地，感受红色文化　王海兵　摄

5 月 17 日晚，启东市组织党员干部在保利大剧院观看红色经典话剧《共产党宣言》，接受党史教育　王海兵　摄

6 月 21 日晚，百年恰是风华——启东市庆祝中国共产党成立 100 周年大型群众文艺晚会在南苑中学体育场举行 王海兵 摄

7 月 1 日，南阳镇元庆村组织党员干部、少先队员参观施简烈士纪念馆 郁卫兵 摄

江苏大唐国际吕四港发电有限责任公司二期 100 兆瓦光伏项目并网发电。该公司推进燃机发电、光伏发电、海上风电、分布式能源等绿色能源项目，加快建设长三角综合能源示范基地。图为 3 月 2 日，发电项目一景　　姜雨蒙　摄

3 月 19 日，2021 启东（上海）产业发展合作恳谈会在上海浦东举行。恳谈会上，总投资 102 亿元的 20 吉瓦光伏电池、组件及配套光伏装备项目等 12 个产业项目集中签约，总投资 195 亿元　　潘杨　摄

4 月 16 日，启东市妇幼保健院与上海复旦大学附属妇产科医院（上海市红房子妇产科医院）正式签约成为技术协作单位

陆柳谚 摄

4 月 24 日，位于惠萍镇的江苏佳善农业科技有限公司内，工人们正在大棚内采收芥蓝，准备销往上海 姜雨蒙 摄

6 月 5 日，以“向海扬帆启东疆　跨江融合创未来”为主题的 2021 中国 · 启东国际经贸洽谈会在国瑞豪生大酒店举行
姜雨蒙 摄

8 月 16 日，从空中俯瞰海启高速启东北枢纽，犹如“长龙”穿越绿色田畴、农家别墅，美如画卷　潘杨 摄

启东高新区（近海镇）锁定“十四五”发展目标，力争打造浦东“六大硬核产业”首选配套基地，已形成上海外高桥（启东）产业园、浦东祝桥启东产业园、上海自贸区启东生物科技创新协作园3座“区中园”阵列格局。图为11月10日，开发建设中的启东高新区（近海镇）

王海兵 摄

12月3日，启东市举办“启吾东疆　向海图强”通州湾新出海口吕四起步港区发展研讨会　王海兵 摄

11 月 3 日，吕四港内河转运区码头建设现场　　潘杨 摄

11 月 3 日，吕四通港大道建设现场

8 月 8 日，长达 20 多公里的长江入海口北岸，龙门吊紧张作业、巨轮来来往往

潘杨 摄

11 月 3 日，洋吕铁路吕四段建设现场

潘杨 摄

潘杨 摄

2 月 23 日，市人社局联合市融媒体中心共同举办启东市 2021 年春季大型网络带岗直播招聘会，63 家企业线上招聘，提供 3706 个就业岗位

王海兵 摄

5 月 9 日，中国启东第六届“启创杯”创业大赛第二场城市赛在深圳举行，参赛项目聚焦“两主两新两优”产业，其中“深紫外 LED 外延芯片 & 紫外光源产业化项目”和“新能源动力交通牵引电机的产业化”获一等奖。图为项目负责人接受采访

市融媒体中心 供图

9 月 24 日，原产地证书自助打印终端落户吕四港镇天汾电动工具行业党群服务中心　　姚晓波　摄

10 月 14 日，江苏“最美人物”发布会在市融媒体中心演播大厅举行。南通泰胜蓝岛海洋工程有限公司研发中心主任朱军获江苏“最美科技工作者”称号。12 月，朱军在第三届“江苏技能大奖”评选中，被省政府授予“江苏工匠”称号　　王海兵　摄

2021 年，位于高新区的睿智医药江苏有限公司计划投资超 10 亿元的创新生物药一站式研发生产服务平台一期工程基本建成。3 月 1 日，第一个项目投入试生产。图为 3 月 9 日公司单克隆抗体生产车间内，工作人员进行细胞培养　叶娟 摄

11 月 1 日，捷捷微电子生产车间

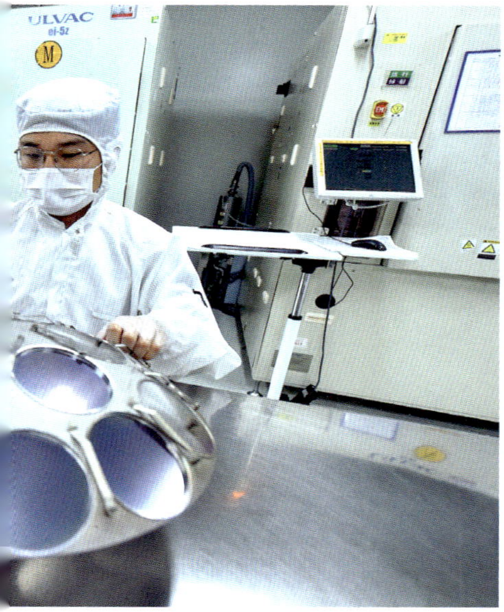

人在生产可控硅等器件　　潘杨 摄

12 月 1 日，寰宇东方国际集装箱（启东）有限公司举行冷箱“油性漆改水性漆”项目完工投产下线暨表彰仪式　　王海兵 摄

10 月 30 日，中远船务码头上，“希望 4 号”海上钻井平台进行设备调试。“希望 4 号”海上钻井平台是“希望”系列超深水钻井平台第四代产品，创造钻探深度、甲板载荷、平台稳定等多项世界第一　　潘杨 摄

4 月 12 日，启东市"匠心筑梦　劳动育人"劳模工匠进校园启动仪式暨走进启东实验小学专场活动举行

市融媒体中心 供图

2021 年，启东市以"我为群众办实事"活动为载体，组织全市机关、事业单位党员积极参与基层志愿服务。全市 9500 多名市镇机关、事业单位在职党员，全部完成村、社区报到。市获南通市志愿服务"我报到"活动先进地区第一名。图为 6 月 6 日，南城区建都新村社区开展志愿服务启动仪式

黄欣美 摄

7月，中国·启东国际版画艺术中心正式启用。该项目总投资3亿元，总建筑面积2.5万平方米，包括美术馆、版画院、蓝印花布艺术馆、版画博物馆、青少年培训创作中心、国家级重点实验室等，成为启东市民新的文化阵地　　姜新春　摄

9月6日，市内第一个标准化垃圾分类收集站在景源华庭小区正式投入使用　　王海兵　摄

9 月 11 日，2021 第五届全国净滩公益江苏分会场（启东站）活动暨“美丽启东 · 青年建功”启动仪式在黄金海滩旅游风景区举办，320 余名海洋环保志愿者参加活动　　王海兵　摄

2021 年起，南阳镇在全市率先开展乡风文明积分实践，创新引进金融、保险、有线、体检等贴合百姓民生的本土企业共同参与。图为 9 月 29 日，南阳镇召开乡风文明积分实践现场推进会暨启兴村第三季度文明积分兑换仪式　　南阳镇　供图

全国文明村惠萍镇东兴镇村民居墙壁上绘有孝善传承、尊老爱幼、垃圾分类、普法宣传、家风家训、社会主义核心价值观等内容，形成独特的乡村文化　　王海兵　摄

11 月 16 日，爱敬诚善 德润东疆 2020—2021 年度启东市道德模范颁奖典礼暨道德模范与身边好人现场交流活动在保利剧院小剧场举行　王海兵 摄

2021 年，市公安局连兴港边防派出所社区民警刘剑获评敬业奉献“中国好人”

市融媒体中心 供图

通海垦牧公司复建项目，该项目位于原海复棉厂即通海垦牧公司遗址，总用地面积 59559 平方米。新建的建筑物均按通海垦牧公司原貌及原结构进行复原，建设内容包括慕畴堂、垦务厅、东西厢房、十字花园表门、慕畴堂前室晒场等，图为 12 月 20 日，复建项目建设现场

海复镇 供图

1 月 12 日，2020 年度民生实事工程之一的牡丹江路头兴港桥工程正式通车　　袁竞　摄

2 月 5 日，明珠新村社区工作人员走访慰问辖区部分年老体弱、行动不便的老党员，送上《习近平谈治国理政》（第三卷）和新春慰问品，致以节日的问候　　姜新春　摄

7 月 19 日，启东市首辆新冠疫苗流动接种车停在吾悦广场，为群众提供接种服务　　王海兵　摄

9 月 23 日，2021 中国 · 启东农民丰收节开幕，开幕式上全市“十佳青年农民”“十佳助农干部”“十佳助农单位”受到表彰
王海兵　摄

9 月 28 日，“光合” 作用首届网格联盟农民运动会召开。南阳镇合丰村、光明村简称 “光合” 作用，2 个村共 50 多位村民参加比赛

姜新春 摄

“双减” 工作开展后，启东市构建健体课程、美塑课程、墨伴课程、劳创课程、演说课程、研学课程六大延时课程体系，答好 “五育” 卷。图为 10 月 8 日，永和小学学生在 “足球课堂” 上训练

王海兵 摄

10 月 18 日，启东市妇幼保健院“长三角名医工作室”揭牌仪式在该院名医会诊中心举行　　王海兵 摄

11 月 11 日，市农业农村局、市融媒体中心在北新镇灯杆村全国劳动模范于冬娟（中）的冬娟家庭农场开展助农直播　　袁竞 摄

12月13日，全市5个“辅具共享”租赁站点正式投入使用，为有辅具需求的群体，提供人性化、便捷化服务

市融媒体中心 供图

12月21日，惠萍镇东兴镇村连片蟹塘。该村是扣蟹养殖村、“一村一品一店”示范村，养殖面积超6000亩。村“两委”联合养殖大户成立“扣蟹协会”、合作社，并顺利通过省现代农业产业技术体系验收，获评省级河蟹（扣蟹）推广示范基地 潘杨 摄

2021 年，实施老旧小区系统改造后的南苑三村　　市住建局 供图

启东市 2018 年启动既有多层住宅加装电梯工作后，有 65 台取得施工规划证书，39 台正常运行，安装数量列南通县（市、区）第一位　　市住建局 供图

3 月 10 日，雾气缭绕下的东疆小城宛若仙境　　王海兵 摄

景色秀美的头兴港河。该河全长 32.3 公里，是启东市最长的纵向二级河，北归大海，南融长江。贯穿市区 7.7 公里，为 6 条城区河道注入优质水源，也是市唯一的备用水源地。2021 年，头兴港河作为完整河道，获评江苏省幸福河道建设示范工程

王海兵 摄

惠萍镇大兴镇村被列入 2021 年江苏省乡村旅游重点村名录，为全市唯一上榜村。图为 8 月 14 日，位于大兴镇村的大自然农庄

市融媒体中心 供图

作为第十届中国花博会分会场，启隆镇林洋“花田秀水”以“花开梦圆，礼赞百年”为主题，展现生态风光和花卉文化。图为 5 月 21 日的林洋“花田秀水”

启隆镇 供图

位于北新镇红阳河东侧的江堤滩涂湿地，水草丰茂，风景秀美。图为 10 月 24 日，骑马爱好者策马奔腾 市融媒体中心 供图

10 月 28 日，沿江工业带一景 市融媒体中心 供图

10 月 2 日，景色优美的江海岸线　　市融媒体中心　供图

黄海湿地省级自然保护区环境优美，蓝天、白云、风车、水草，组成一幅怡人的生态画卷。图为 5 月 24 日，黄金海滩景区西侧航拍图　　市融媒体中心　供图

江海互通、碧水相连的生态环境与得天独厚、舒适宜居的地理位置，让启东的江海岸线成为鸟儿天然的“迁徙驿站”。在长泰海滨城附近栖息的鸟类有150多种。图为5月17日，群鸟在停留觅食　市融媒体中心 供图

8月9日，位于老启东港的长江生态滩涂出现麋鹿　市融媒体中心 供图

编辑说明

一、《启东年鉴》以马克思列宁主义、毛泽东思想、邓小平理论、“三个代表”重要思想、科学发展观、习近平新时代中国特色社会主义思想为指导，坚持辩证唯物主义和历史唯物主义的立场、观点、方法，全面、系统、真实地记述启东市自然、政治、经济、文化、社会和生态建设等方面基本面貌和发展情况，旨在为社会各界和海内外人士了解和研究启东提供基本资料。

二、《启东年鉴》是由中共启东市委、启东市人民政府主办，启东市地方志编纂委员会组织编纂的综合性、资料性文献。1998年创刊，2022卷为第25卷。

三、《启东年鉴(2022)》内容收录时限原则上为2021年1月1日至2021年12月31日。为保持内容资料的完整性，部分资料适当上溯或下延。部分交叉和相关内容采用参见法。

四、《启东年鉴(2022)》采用分类编排法，主体内容分为类目、分目、条目3个层次，部分分目下设副分目。条目为记载的基本层次，其标题用黑体字加【】表示。全卷前设卷首彩页，后有附录、索引，主体部分设31个类目，分别为特载、大事记、启东概览、中共启东市委、启东市人大、启东市政府、政协启东市委员会、启东市纪委监委、群众团体、法治、军事、经济管理、开放型经济、园区经济、农业、工业、建筑业、服务业、城市建设与管理、乡村振兴、生态环境、科学技术、教育、文化、体育、卫生健康、社会保障、社会事务、公共安全、镇　街道、人物。与2021卷相比，在类目上有部分调整，如新设乡村振兴类目，将城乡建设更名为城市建设与管理、医疗卫生更名为卫生健康。全书共有209个分目，1054个条目。另有卷首专题图片74张、随文图片177张、表格30张。

五、《启东年鉴(2022)》文字资料由各部门及年鉴承编单位提供，经各部门、各单位审核，并进行保密审查。图片资料由启东市融媒体中心、启东通讯杂志社、启东市摄影家协会及各年鉴承编单位等提供。

六、《启东年鉴(2022)》数字、计量单位等用法按图书出版规定执行并保持局部统一。一次文献中人称、数字、计量单位等用法保持原状。由于来源、口径等不同，数据使用时主要以启东市统计局公布的数据为准，统计部门未提供的以相关主管部门提供的为准。部分数据因四舍五入等因素，总计和分项之间存在合理范围内的误差。

七、为方便读者检索，《启东年鉴(2022)》设有详细目录和主题索引。

总　目

1　特　　载
11　大 事 记
19　启东概览
29　中共启东市委
43　启东市人大
53　启东市政府
61　政协启东市委员会
67　启东市纪委监委
71　群众团体
83　法　　治
91　军　　事
95　经济管理
107　开放型经济
115　园区经济
125　农　　业
133　工　　业
139　建 筑 业
147　服 务 业
163　城市建设与管理
173　乡村振兴
179　生态环境
187　科学技术
193　教　　育
203　文　　化
217　体　　育
223　卫生健康
231　社会保障
237　社会事务
243　公共安全
249　镇　街道
263　人　　物
269　附　　录
335　索　　引

目 录

特 载

党史学习教育 …… (2)
向海图强,扬帆奋进,启东实现发展新跨越 …… (3)
党的十八大以来启东经济社会发展成就 …… (6)
启东市实施镇村史馆全覆盖工程纪实 …… (9)

大事记

1月 …… (12)
2月 …… (12)
3月 …… (12)
4月 …… (13)
5月 …… (13)
6月 …… (14)
7月 …… (14)
8月 …… (15)
9月 …… (15)
10月 …… (16)
11月 …… (17)
12月 …… (17)

启东概览

综述 …… (20)
概况 …… (20)
地理 …… (20)
位置 …… (20)
地貌 …… (20)
土壤 …… (20)
气候 …… (20)
图1 2020年、2021年及历年(1981—2010年)逐月平均温度示意图 …… (20)
图2 2020年、2021年及历年(1981—2010年)逐月降水总量示意图 …… (20)
水系 …… (21)
潮汐 …… (21)
资源 …… (21)
土地资源 …… (21)
生物资源 …… (21)
湿地资源 …… (21)
林业资源 …… (22)
历史沿革与区划 …… (22)
历史沿革 …… (22)
行政区划 …… (22)
表1 2021年启东市行政区划一览表 …… (23)
人口与民族 …… (24)
人口 …… (24)
民族 …… (24)
文化遗存 …… (24)
概况 …… (24)
苏北抗大九分校 …… (24)
三清殿 …… (24)
通海垦牧公司挡潮墙遗址 …… (24)
郁寿丰墓 …… (24)
吕四渔民号子 …… (24)
色织土布技艺 …… (25)
洋钎说书 …… (25)
沙地灶头画 …… (25)
风景名胜 …… (25)
圆陀角旅游度假区 …… (25)
碧海银沙 …… (25)
黄金海滩 …… (25)
地方特产 …… (25)

概况 …………………………………………（25）
特产选介 ……………………………………（25）
国民经济和社会发展 ……………………（26）
概况 …………………………………………（26）
农业 …………………………………………（26）
工业 …………………………………………（26）
建筑业 ………………………………………（26）
固定资产投资 ………………………………（26）
国内贸易 ……………………………………（26）
旅游业 ………………………………………（27）
开放型经济 …………………………………（27）
交通运输和邮电 ……………………………（27）
财政金融 ……………………………………（27）
科技教育 ……………………………………（27）
文化、卫生和体育……………………………（27）
人民生活 ……………………………………（28）
社会保障 ……………………………………（28）
城市建设 ……………………………………（28）
生态环境 ……………………………………（28）

中共启东市委

重要会议 …………………………………（30）
中国共产党启东市第十四次代表大会 ……（30）
中国共产党启东市第十四届委员会第二次全体会议
……………………………………………（30）
全市党史学习教育动员会议 ………………（30）
全市创新发展大会 …………………………（31）
全市庆祝中国共产党成立100周年座谈会暨市“两优一先”表彰会……………………………（31）
全国文明典范城市创建常态长效管理工作会议……（31）
全市旅游发展暨国家全域旅游示范区创建动员大会
……………………………………………（31）
全市乡村振兴现场推进会暨农村人居环境整治提升五年行动动员大会 …………………（31）
技能型人才发展工作专题会议 ……………（31）
重要决策 …………………………………（32）
推进吕四港高质量发展 ……………………（32）
推进美丽启东建设 …………………………（32）
全面推进乡村振兴示范村、先进村建设……（32）
全面推进乡村振兴加快农业农村现代化 …（32）
加快构建科创体系全面提升创新能力 ……（32）
巡察工作 …………………………………（32）
概况 …………………………………………（32）
巡察整改 ……………………………………（32）
组织工作 …………………………………（33）
概况 …………………………………………（33）
基层党组织建设 ……………………………（33）
党员队伍建设 ………………………………（33）
领导班子和干部队伍建设 …………………（33）
公务员管理 …………………………………（34）
人才队伍建设 ………………………………（34）
最美江海党建带全域创建工程 ……………（34）
机关党建 ……………………………………（34）
宣传工作 …………………………………（35）
意识形态管理 ………………………………（35）
思想理论建设 ………………………………（35）
文化事业 ……………………………………（35）
新闻舆论宣传 ………………………………（35）
网络宣传管理 ………………………………（36）
精神文明建设 ……………………………（36）
全国文明典范城市创建 ……………………（36）
新时代文明实践中心建设 …………………（36）
志愿服务 ……………………………………（36）
青少年主题教育实践 ………………………（37）
公民道德建设 ………………………………（37）
未成年人思想道德建设 ……………………（37）
社会主义核心价值观教育引导 ……………（37）
统战工作 …………………………………（38）
概况 …………………………………………（38）
党对统战工作的领导 ………………………（38）
党外代表人士和新阶层人士统战 …………（38）
非公有经济领域统战 ………………………（38）
民族宗教统战 ………………………………（38）
统战品牌创树 ………………………………（38）
港澳台侨事务 ……………………………（39）
概况 …………………………………………（39）
平台建设 ……………………………………（39）
服务优化 ……………………………………（39）
联谊交流 ……………………………………（39）
老干部工作 ………………………………（39）
概况 …………………………………………（39）
离退休干部党建 ……………………………（40）
庆祝中国共产党成立100周年专题活动 …（40）
离退休干部作用发挥 ………………………（40）
服务管理 ……………………………………（40）
党校工作 …………………………………（41）
概况 …………………………………………（41）
人才强校 ……………………………………（41）
教学教研创新 ………………………………（41）
科研资政 ……………………………………（41）
机构编制管理 ……………………………（41）

综合行政执法体制改革 ……（41）
基层整合审批服务执法力量改革 ……（42）
开发园区管理体制机制改革 ……（42）
事业单位编制管理 ……（42）
事业单位监管 ……（42）

启东市人大

综述 ……（44）
概况 ……（44）
重大事项决定 ……（44）
部门工作评议 ……（44）
审议意见闭环办理完善 ……（44）
民生实事项目全过程监督 ……（44）
“智慧人大”建设 ……（44）
互通联动 ……（44）
重要会议 ……（44）
市十七届人大五次会议 ……（44）
人大常委会会议 ……（45）
人大监督 ……（46）
经济工作监督 ……（46）
预算监督审查 ……（46）
生态环境工作监督 ……（46）
城乡建设工作监督 ……（46）
民生事业监督 ……（46）
法治建设监督 ……（46）
人大代表工作 ……（47）
概况 ……（47）
换届选举 ……（47）
人大任免 ……（47）
概况 ……（47）
人员任免 ……（47）
议案和建议办理 ……（48）
概况 ……（48）
议案办理 ……（49）
重点建议办理 ……（49）
表2　2021年启东市人大代表优秀建议一览表 ……（51）

启东市政府

综述 ……（54）
概况 ……（54）
十大民生实事项目 ……（55）
重要会议 ……（56）
市政府常务会议 ……（56）
政务服务 ……（57）
概况 ……（57）
“1120”改革常态化 ……（57）
综合标准化政务服务体系建设 ……（57）
限额以下电子交易系统使用 ……（57）
“新生儿出生一件事”办理 ……（57）
“一业一证”改革试点南通率先推行 ……（58）
不动产登记 ……（58）
人力资源管理 ……（58）
事业单位人事管理 ……（58）
专业技术人员管理 ……（58）
招才引智 ……（58）
人才培育 ……（58）
平台建设 ……（58）
人事代理 ……（59）
政府投资项目工程建设 ……（59）
概况 ……（59）
重点工程 ……（59）
信访工作 ……（59）
概况 ……（59）
基础建设 ……（59）
重复信访专项工作 ……（59）
外事工作 ……（60）
概况 ……（60）
服务经济社会发展 ……（60）
友好交往 ……（60）
对口帮扶支援与合作 ……（60）
概况 ……（60）
消费扶贫 ……（60）

政协启东市委员会

综述 ……（62）
概况 ……（62）
重要会议 ……（62）
市政协十五届五次会议 ……（62）
市政协常委会会议 ……（62）
参政议政 ……（62）
提案办理 ……（62）
视察调研 ……（62）
表3　2021年启东市政协优秀提案一览表 ……（63）
协商建言 ……（65）

助推乡村振兴战略 …………（65）
献计园区高质量发展 …………（65）
民主监督 …………（65）
民主评议重点提案办理 …………（65）
“有事好商量”协商议事工作 …………（65）
文史编研 …………（66）
概况 …………（66）
《开疆拓土》编纂出版 …………（66）
委员工作 …………（66）
“四位一体”委员工作室建设 …………（66）
委员培训 …………（66）
委员履职管理 …………（66）

启东市纪委监委

综述 …………（68）
概况 …………（68）
体制机制改革 …………（68）
重要会议 …………（68）
市纪委十三届六次全体会议 …………（68）
全市领导干部警示教育大会 …………（68）
全市机关作风建设大会 …………（68）
党风廉政建设 …………（68）
夯实“两个责任” …………（68）
日常督查 …………（69）
通报曝光 …………（69）
宣传教育 …………（69）
执纪问责 …………（69）
突出问题纠治 …………（69）
专项治理 …………（69）
换届廉政审查 …………（69）
工作创新 …………（69）
案件查办 …………（70）
概况 …………（70）
办案安全管理 …………（70）

群众团体

启东市总工会 …………（72）
概况 …………（72）
职工思想政治引领 …………（72）
产业工人队伍建设 …………（72）
表4　2021年启东市劳模创新工作室创新成果
一览表 …………（72）
职工法律援助 …………（74）
职工实事项目 …………（74）
共青团启东市委员会 …………（75）
概况 …………（75）
基层组织建设 …………（75）
思想政治文化工作 …………（75）
服务发展 …………（75）
首届TED青年沙龙 …………（76）
启东市妇联 …………（76）
概况 …………（76）
基层基础建设 …………（76）
思想政治引领 …………（76）
服务发展 …………（76）
家庭文明建设 …………（76）
妇女儿童维权服务 …………（76）
启东市科协 …………（77）
概况 …………（77）
科技创新教育 …………（77）
科技志愿服务 …………（77）
科技工作者服务 …………（77）
科普宣传教育 …………（77）
启东市侨联 …………（77）
概况 …………（77）
思想引领 …………（77）
服务发展 …………（77）
为侨服务 …………（78）
交流联谊 …………（78）
启东市工商联(总商会) …………（78）
概况 …………（78）
市工商联第十三次代表大会 …………（78）
商会党建 …………（78）
非公人士政治素质提升 …………（78）
服务非公经济 …………（79）
招商引智 …………（79）
公益志愿活动 …………（79）
启东市残联 …………（80）
概况 …………（80）
培训就业 …………（80）
残疾人文体 …………（80）
启东市文联 …………（80）
概况 …………（80）
创作活动 …………（80）
启东市红十字会 …………（81）
概况 …………（81）
基层阵地 …………（81）
疫情防控 …………（81）

启东市关工委 ……………………………………（81）
概况 ……………………………………（81）
青少年主题教育 ……………………………………（81）
中小学生心理健康教育 ……………………………………（82）
校外辅导站暑期公益班 ……………………………………（82）
网吧管理监督 ……………………………………（82）
民营经济关工工作 ……………………………………（82）
首个100万元“关爱基金” ……………………………………（82）

法 治

综述 ……………………………………（84）
概况 ……………………………………（84）
安全稳定维护 ……………………………………（84）
社会治理 ……………………………………（84）
政法队伍教育整顿 ……………………………………（84）
依法治市 ……………………………………（84）
概况 ……………………………………（84）
责任落实 ……………………………………（85）
依法行政 ……………………………………（85）
简政放权 ……………………………………（85）
法治化营商环境建设 ……………………………………（85）
学法用法 ……………………………………（85）
市域治理现代化 ……………………………………（85）
概况 ……………………………………（85）
12345热线……………………………………（86）
网格化服务管理 ……………………………………（86）
主动协同联动 ……………………………………（86）
监测预警预判 ……………………………………（86）
数据汇聚共享 ……………………………………（86）
特色创新应用 ……………………………………（86）
公安 ……………………………………（87）
概况 ……………………………………（87）
基础建设 ……………………………………（87）
政务服务 ……………………………………（87）
治安管理 ……………………………………（87）
见义勇为基金会 ……………………………………（87）
检察 ……………………………………（87）
概况 ……………………………………（87）
刑事检察 ……………………………………（88）
民事行政检察 ……………………………………（88）
刑事执行检察监督 ……………………………………（88）
公益诉讼检察 ……………………………………（88）
护航民企 ……………………………………（88）
未成年人权益保障 ……………………………………（89）
参与市域治理 ……………………………………（89）
法院 ……………………………………（89）
概况 ……………………………………（89）
民事审判 ……………………………………（89）
刑事审判 ……………………………………（89）
服务发展 ……………………………………（89）
诉讼服务体系建设 ……………………………………（89）
诚信诉讼建设 ……………………………………（89）
诉源治理 ……………………………………（89）
执行工作 ……………………………………（90）
司法改革 ……………………………………（90）
司法行政 ……………………………………（90）
概况 ……………………………………（90）
普法工作 ……………………………………（90）
特殊人群管理 ……………………………………（90）
公共法律服务 ……………………………………（90）
公证便民服务 ……………………………………（90）
律师行业发展 ……………………………………（90）

军 事

人民武装 ……………………………………（92）
概况 ……………………………………（92）
国防后备力量建设 ……………………………………（92）
征兵工作 ……………………………………（92）
武警启东中队 ……………………………………（92）
概况 ……………………………………（92）
政治教育 ……………………………………（92）
执勤战备 ……………………………………（92）
训练竞赛 ……………………………………（92）
人民防空 ……………………………………（93）
概况 ……………………………………（93）
人防工程管理 ……………………………………（93）
人防指挥通信 ……………………………………（93）
人防宣传教育 ……………………………………（93）
双拥工作 ……………………………………（93）
拥政爱民 ……………………………………（93）
拥军褒扬 ……………………………………（94）

经济管理

国有资产投资管理 ……………………………………（96）
概况 ……………………………………（96）

国有资本布局优化 ……………………………… (96)
全市首家“医养护康”专业护理院开业 ………… (96)
启东城投集团有限公司 ………………………… (96)
江苏启晟集团有限公司 ………………………… (97)
江苏吕四港集团有限公司 ……………………… (98)
江苏锦汇集团有限公司 ………………………… (98)
财政 ……………………………………………… (99)
概况 ……………………………………………… (99)
债务情况 ………………………………………… (99)
助力经济发展 …………………………………… (99)
民生投入 ………………………………………… (99)
财政监管…………………………………………… (100)
税务……………………………………………… (100)
概况………………………………………………… (100)
税收征管…………………………………………… (100)
减税降费…………………………………………… (100)
纳税服务…………………………………………… (100)
地方金融监督管理……………………………… (100)
概况………………………………………………… (100)
支持地方经济……………………………………… (100)
金融创新融合……………………………………… (101)
企业上市…………………………………………… (101)
※上市企业选介※
南通通易航天科技股份有限公司 ……………… (101)
江苏联测机电科技股份有限公司 ……………… (101)
地方金融从业机构监管…………………………… (101)
金融风险防范化解………………………………… (102)
审计……………………………………………… (102)
概况………………………………………………… (102)
预算执行审计……………………………………… (102)
经济责任审计……………………………………… (102)
政府投资审计……………………………………… (102)
重大政策措施落实情况跟踪审计………………… (102)
上级统一安排实施项目审计……………………… (103)
自然资源资产审计………………………………… (103)
内部审计…………………………………………… (103)
审计整改…………………………………………… (103)
统计……………………………………………… (103)
概况………………………………………………… (103)
统计服务…………………………………………… (103)
统计调查…………………………………………… (103)
统计执法…………………………………………… (104)
物价管理………………………………………… (104)
概况………………………………………………… (104)
价格指数…………………………………………… (104)
价格监测和成本监审……………………………… (104)
价格认证…………………………………………… (104)
市场监督管理…………………………………… (104)
概况………………………………………………… (104)
食品安全监管……………………………………… (104)
药品安全监管……………………………………… (104)
特种设备监管……………………………………… (104)
市场综合监管……………………………………… (105)
质量技术管理……………………………………… (105)
认证认可工作……………………………………… (105)
标准化建设………………………………………… (105)
信用体系建设……………………………………… (105)
消费维权…………………………………………… (106)
计量检定…………………………………………… (106)
工业产品质量监管………………………………… (106)
全省首例企业负责人被列入严重违法失信名单案件
………………………………………………… (106)
知识产权管理…………………………………… (106)
概况………………………………………………… (106)
知识产权工作量质齐升…………………………… (106)

开放型经济

综述……………………………………………… (108)
概况………………………………………………… (108)
“霜菊”牌产品被认定为“南通老字号”………… (108)
对接上海(浦东)………………………………… (108)
概况………………………………………………… (108)
产业体系对接……………………………………… (108)
城市功能融合……………………………………… (108)
交通对接格局优化………………………………… (108)
生态环境合作……………………………………… (108)
对外及港澳台贸易……………………………… (109)
概况………………………………………………… (109)
表5 2021年启东市外贸进出口前20强企业情况
一览表………………………………………… (109)
表6 2021年启东市外贸七大板块进出口情况
一览表………………………………………… (109)
进出口超亿元重点外贸企业进出口运行情况…… (110)
外贸企业服务……………………………………… (110)
利用外资及港澳台资…………………………… (110)
概况………………………………………………… (110)
项目建设…………………………………………… (110)
企业服务…………………………………………… (110)
对外及港澳台经济技术合作…………………… (111)
概况………………………………………………… (111)
境外投资…………………………………………… (111)

境外承包工程……………………………………………（111）
对外劳务合作……………………………………………（111）
涉外劳务市场监管………………………………………（111）
招商引资……………………………………………（111）
概况……………………………………………（111）
项目质效……………………………………………（111）
产业集聚……………………………………………（111）
招商信息渠道……………………………………………（111）
2021中国·启东国际经贸洽谈会举行……………………（112）
口岸管理……………………………………………（112）
启东港口岸……………………………………………（112）
概况……………………………………………（112）
口岸开放……………………………………………（112）
海关……………………………………………（112）
概况……………………………………………（112）
国门安全维护……………………………………………（112）
服务经济……………………………………………（112）
改革创新……………………………………………（112）
首票公式定价货物备案业务办理……………………（113）
海事……………………………………………（113）
概况……………………………………………（113）
服务保障……………………………………………（113）
执法检查……………………………………………（113）
疫情防控……………………………………………（113）
机制优化……………………………………………（113）
边检……………………………………………（114）
概况……………………………………………（114）
口岸管控……………………………………………（114）
服务地方经济……………………………………………（114）

园区经济

江苏省启东经济开发区……………………………………（116）
概况……………………………………………（116）
规划编制……………………………………………（116）
创新能级提升……………………………………………（116）
招商引资……………………………………………（116）
项目建设……………………………………………（116）
要素保障……………………………………………（117）
社会民生……………………………………………（117）
文明城市建设……………………………………………（117）
园区首个百亿级项目签约落户……………………………（117）
光华康养综合体项目开工…………………………………（117）
江苏启东吕四港经济开发区………………………………（117）
概况……………………………………………（117）
港口规划……………………………………………（117）
招商引资……………………………………………（118）
项目建设……………………………………………（118）
基础设施建设……………………………………………（118）
通州湾新出海口吕四起步港区10万吨级通用码头启用……………………………………………（118）
江苏省启东圆陀角旅游度假区……………………………（118）
概况……………………………………………（118）
园区创建……………………………………………（118）
项目建设……………………………………………（119）
碧海银沙成功创建市首家国家AAAA级旅游景区……………………………………………（119）
启东海工船舶工业园（寅阳镇）……………………………（119）
概况……………………………………………（119）
招商引资……………………………………………（119）
项目建设……………………………………………（119）
科技创新……………………………………………（120）
镇村建设……………………………………………（120）
生态环境建设……………………………………………（120）
民生实事……………………………………………（120）
社会治理……………………………………………（120）
启东高新技术产业开发区（近海镇）………………………（120）
概况……………………………………………（120）
项目建设……………………………………………（121）
农业经济……………………………………………（121）
科技创新……………………………………………（121）
镇村建设……………………………………………（121）
民生实事……………………………………………（121）
启东江海澜湾旅游度假区…………………………………（121）
概况……………………………………………（121）
“蓝色海湾”建设……………………………………………（121）
招商引资……………………………………………（121）
重点项目……………………………………………（122）
德汇·海粟湾生态文旅项目开工……………………………（122）
启东生命健康科技园……………………………………（122）
概况……………………………………………（122）
项目建设……………………………………………（122）
科技创新……………………………………………（122）
配套设施建设……………………………………………（122）
启东生命健康产业园……………………………………（122）
概况……………………………………………（122）
招商引资……………………………………………（122）
科技创新……………………………………………（122）
安全监管……………………………………………（122）
环境保护……………………………………………（123）
启隆生态科技产业园（启隆镇）……………………………（123）
概况……………………………………………（123）

生态岛建设 …… (123)
项目建设 …… (123)
生态环境建设 …… (123)
民生实事 …… (124)
社会治理 …… (124)
启东市与崇明区签订《跨界河道协同治理协议》 …… (124)

农　业

综述 …… (126)
概况 …… (126)
现代农业产业示范园建设 …… (126)
四大农产品集中加工区建设 …… (126)
启东市获批创建全国绿色食品原料(大豆)标准化生产基地 …… (127)
省四青作物产业技术创新战略联盟在启东成立 …… (127)
农业综合执法 …… (127)
种植业 …… (127)
概况 …… (127)
粮棉油生产 …… (127)
蔬菜生产 …… (127)
果树种植 …… (128)
畜牧业 …… (128)
概况 …… (128)
动物疫病防控 …… (128)
畜禽产品质量监督 …… (128)
畜禽粪污资源化利用 …… (129)
蚕桑业 …… (129)
概况 …… (129)
渔业 …… (129)
概况 …… (129)
海洋捕捞 …… (129)
水产养殖 …… (129)
水产品加工 …… (130)
渔业资源养护 …… (130)
※水产品选介※
吕四鲈鱼 …… (130)
吕四鱿鱼 …… (130)
吕四鲻鱼 …… (130)
吕四河豚 …… (130)
吕四鳗鱼 …… (130)
渔政管理 …… (130)
长江禁渔 …… (130)
海洋伏季休渔管理 …… (130)
内河渔业管理 …… (131)
浮子筏专项整治 …… (131)
渔港综合管理 …… (131)
农业机械化 …… (131)
概况 …… (131)
农机机械化还田 …… (132)
农机安全生产管理 …… (132)
职业技能培训 …… (132)
农业综合开发 …… (132)
概况 …… (132)
国家高标准农田建设项目 …… (132)
启东本级高标准农田建设项目 …… (132)

工　业

综述 …… (134)
概况 …… (134)
表7　2021年启东市各产业应税销售收入一览表 …… (134)
产业平台建设 …… (134)
重点产业研究服务 …… (134)
重点产业精准招商 …… (134)
临港产业 …… (134)
概况 …… (134)
海工船舶重装产业 …… (135)
新能源及装备产业 …… (135)
港口机械产业 …… (135)
800兆瓦海上风电项目实现全容量并网 …… (135)
亚洲最重钢制石化塔器发运 …… (135)
林洋能源与山东冠县人民政府签订建设200兆瓦分布式光伏电站合作协议 …… (135)
※重点企业选介※
寰宇东方国际集装箱(启东)有限公司 …… (135)
南通泰胜蓝岛海洋工程有限公司 …… (136)
江苏林洋能源股份有限公司 …… (136)
江苏海四达集团有限公司 …… (136)
启东获捷工业成套设备有限公司 …… (136)
柳工建机江苏有限公司 …… (136)
特色产业 …… (136)
概况 …… (136)
电动工具产业 …… (136)
高端机械装备产业 …… (136)
启东电动工具产业高质量发展论坛 …… (136)
※重点企业选介※

江苏东成电动工具有限公司 …………………… (137)
江苏国强工具有限公司 ……………………… (137)
江苏神通阀门股份有限公司 …………………… (137)
江苏联测机电科技股份有限公司 ……………… (137)
战略性新兴产业 ……………………………… (137)
概况 …………………………………………… (137)
电子信息及半导体产业 ……………………… (137)
生命健康产业 ………………………………… (138)
2021年长三角生物医药产业协同高质量发展论坛
(上海—启东)在上海举行 ………………… (138)
生命健康产业创新与发展研讨会在北京召开 …… (138)
※重点企业选介※
启东乾朔电子有限公司 ……………………… (138)
江苏捷捷微电子股份有限公司 ……………… (138)
拜耳医药保健有限公司启东分公司 ………… (138)
江苏科本药业有限公司 ……………………… (138)

建筑业

综述 ………………………………………… (140)
概况 …………………………………………… (140)
资质建筑企业 ………………………………… (140)
表8　2021年启东市十强建筑企业总产值一览表
……………………………………………… (140)
建筑人才队伍建设 …………………………… (140)
南通市住建系统建筑信息模型技能竞赛在启东举办
……………………………………………… (140)
产业发展 ……………………………………… (141)
市场拓展 ……………………………………… (141)
名优工程 ……………………………………… (141)
表9　2021年启东市建筑业企业获奖项目一览表
……………………………………………… (141)
转型升级 ……………………………………… (141)
创新创优 ……………………………………… (141)
建筑管理 ……………………………………… (142)
概况 …………………………………………… (142)
工程质量监督管理 …………………………… (142)
建设工程造价管理 …………………………… (142)
安全监督 ……………………………………… (142)
招投标监督 …………………………………… (143)
信用考核 ……………………………………… (143)
建设工程消防审验 …………………………… (143)
行业服务 ……………………………………… (143)
法制服务 ……………………………………… (143)
农民工工资保障 ……………………………… (143)
获奖工程选介 ………………………………… (143)
启东市文化体育中心 ………………………… (143)
新疆医科大学新校区(一期)教学楼及图文信息中心
……………………………………………… (143)
乌鲁木齐奥林匹克体育中心(体育馆及地下建筑)
……………………………………………… (145)
苏州城北路(金政街—江宇路)综合管廊工程 …… (145)
小行里51号危旧房改造地块经济适用房项目
……………………………………………… (145)
华润中心·威海湾九里项目 ………………… (145)
世界冠郡住宅小区二期项目 ………………… (145)
研发中心(会展中心、办公楼及地下车库)安装工程
……………………………………………… (145)
企业选介 ……………………………………… (146)
江苏南通二建集团有限公司 ………………… (146)
启东建筑集团有限公司 ……………………… (146)
江苏启安建设集团有限公司 ………………… (146)
江苏银洲建设集团有限公司 ………………… (146)

服务业

综述 ………………………………………… (148)
概况 …………………………………………… (148)
载体建设 ……………………………………… (148)
项目建设 ……………………………………… (148)
规模企业培育 ………………………………… (148)
重点企业发展 ………………………………… (148)
营商环境优化 ………………………………… (148)
商贸流通业 …………………………………… (148)
综述 …………………………………………… (148)
概况 …………………………………………… (148)
市场运行监测预警 …………………………… (148)
供销合作 ……………………………………… (149)
概况 …………………………………………… (149)
绿色农资服务 ………………………………… (149)
产销服务平台 ………………………………… (149)
农产品展促销 ………………………………… (149)
中国农批启东农产品批发市场 ……………… (149)
粮食流通 ……………………………………… (149)
概况 …………………………………………… (149)
粮食流通监管 ………………………………… (150)
地方储备粮管理 ……………………………… (150)
粮食仓储设施建设 …………………………… (150)
专营专卖 ……………………………………… (150)
食盐专营 ……………………………………… (150)

烟草专卖……(150)
石油经营……(150)
旅游业……(150)
概况……(150)
政策制定……(150)
项目建设……(151)
旅游配套设施建设……(151)
宣传推介……(151)
※景点选介※
渔人码头……(151)
江海文化景观大道……(151)
五国温泉城……(151)
仙渔小镇……(151)
长泰海滨城……(151)
龙湾水镇……(151)
十里海湾……(152)
郁金香公园……(152)
米歌酒庄……(152)
张謇垦牧文化遗址公园……(152)
采住·番茄俱乐部……(152)
江天生态园……(152)
大自然度假村……(152)
表10 2021年启东市旅游景区、景点一览表……(153)
旅游线路……(153)
金融业……(153)
银行业……(153)
概况……(153)
经理国库建设……(154)
金融生态创建……(154)
惠农便民工程……(154)
现金服务……(154)
农村信用体系建设……(154)
跨境金融服务……(154)
表11 2021年启东市金融机构本外币存款及信贷余额一览表……(154)
※银行选介※
工行启东支行……(155)
中行启东支行……(155)
农行启东市支行……(156)
建行启东支行……(156)
启东农商银行……(157)
保险证券业……(157)
保险……(157)
※保险公司选介※
人保财险启东支公司……(157)
人寿保险启东支公司……(158)
证券……(158)
※证券公司简介※
中信证券启东营业部……(158)
华泰证券启东营业部……(158)
南京证券启东营业部……(158)
房地产业……(158)
概况……(158)
房屋产权交易……(159)
房地产市场监管……(159)
电子商务……(159)
概况……(159)
电子商务品牌培育……(159)
跨境电商……(159)
海外仓储南通首建……(159)
南通跨境电商产业联盟走进产业带启动仪式暨启东电动工具主题峰会……(160)
服务外包……(160)
概况……(160)
企业服务……(160)
邮政服务……(160)
概况……(160)
邮政机构设施……(160)
邮政通信网络……(160)
四方合作框架协议签订……(160)
交邮合作……(161)
快递行业市场监管……(161)
邮政普遍服务监督……(161)
关爱快递小哥“暖蜂行动”……(161)
通信服务业……(161)
概况……(161)
电信……(161)
中广有线……(162)
移动……(162)
联通……(162)

城市建设与管理

城市规划……(164)
规划编制与研究……(164)
规划审批与管理……(164)
土地资源管理……(164)
土地利用现状……(164)
用地保障……(164)
地籍测绘……(164)
不动产登记……(164)

改革创新……（165）
城市建设……（165）
概况……（165）
市政道路……（165）
城市绿化亮化……（165）
文明城市长效管理……（165）
老旧小区改造……（165）
供水管网修复……（165）
城市管理……（165）
概况……（165）
体制机制改革……（166）
市容管理……（166）
环境卫生综合管理……（166）
民生实事项目……（166）
依法行政……（166）
“损坏城市树木花草”案听证会……（167）
控违拆违……（167）
公用事业……（167）
电力供应……（167）
启隆海门供电管理权移交国网启东市供电公司……（167）
燃气供应……（167）
安全供水……（168）
雨污分流……（168）
污水处理……（168）
白蚁防治……（168）
交通……（168）
综述……（168）
概况……（168）
规划编制……（168）
交通基础设施投入……（168）
公路……（169）
概况……（169）
干线公路……（169）
农村公路……（169）
公路养护……（169）
“启明江海、行吾东疆”农村公路品牌……（169）
铁路……（169）
概况……（169）
铁路建设……（170）
铁路管理维护……（170）
港口……（170）
概况……（170）
港口建设……（170）
沿江港口岸线调整……（170）
内河航道……（170）
概况……（170）
航道建设……（170）
航道管理……（170）
交通运输管理……（171）
公共交通……（171）
客运管理……（171）
安全监管……（171）
水利……（171）
概况……（171）
农村水利建设……（171）
“河长制”长效常治……（171）
水利重点工程建设……（172）
区域治水……（172）
堤闸管理……（172）
水土保持……（172）
依法行政……（172）
通海垦牧公司挡潮墙遗址入选首批省级水利遗产名录……（172）
南通市首单水权交易在启东完成……（172）

乡村振兴

综述……（174）
概况……（174）
政策保障……（174）
农村土地制度改革……（174）
农村集体产权制度改革……（174）
乡村振兴示范村、先进村建设……（174）
村级集体经济发展……（174）
农村“三资”管理……（174）
强村加油站建设……（174）
富民帮促行动……（174）
沙地圩田农业系统被认定为中国重要农业文化遗产……（175）
乡村产业……（175）
概况……（175）
休闲农业……（175）
农业电子商务……（176）
农业招商……（176）
家庭农场……（176）
专业合作社……（176）
新型经营主体培育……（176）
乡村建设……（176）
概况……（176）
新型城镇化建设……（176）
农村房屋安全隐患排查整治……（177）

农村人居环境整治 …… (177)
乡风文明 …… (177)
概况 …… (177)
移风易俗 …… (177)
文明创建 …… (177)
南阳镇率先开展乡风文明积分实践 …… (177)
乡村治理 …… (178)
概况 …… (178)
社区治理 …… (178)
基础设施建设 …… (178)
南阳镇网格微治理模式入选省乡村治理典型案例 …… (178)

生态环境

环境质量 …… (180)
空气环境 …… (180)
水环境 …… (180)
声环境 …… (180)
污染防治 …… (180)
概况 …… (180)
大气污染防治 …… (181)
水污染防治 …… (181)
土壤污染防治 …… (181)
排污权交易 …… (181)
环境监管 …… (181)
概况 …… (181)
制度完善 …… (182)
环境监测 …… (182)
核与辐射安全监管 …… (182)
危废物规范处置监管 …… (182)
环境问题整改 …… (182)
环境信访问题调处 …… (182)
南通市首起生态环境损害赔偿案例成功办理 …… (182)
水质"分级预警+应急管控"机制创新建立 …… (182)
节能减排 …… (182)
主要污染物减排 …… (182)
公共机构能源资源管理 …… (183)
生态建设 …… (183)
规划编制 …… (183)
水资源管理 …… (183)
耕地资源保护 …… (183)
森林资源保护 …… (183)
野生动物保护 …… (184)
自然保护区管理 …… (184)
海洋生态环境保护 …… (184)
农村生态河道建设 …… (184)
绿色环保宣传 …… (184)
长江大保护 …… (184)
综述 …… (184)
概况 …… (184)
沿江沿海生态景观带示范段建设 …… (185)
最美江海岸线首开区森林公园项目开工 …… (185)
长江禁渔 …… (185)
概况 …… (185)
市场监管 …… (185)
打击非法捕捞 …… (185)
长江口水域首例危害珍贵、濒危野生动物案成功侦破 …… (186)
三地人大在海门开展长江禁渔联动监督 …… (186)
长江生态环境保护修复 …… (186)
长江河道采砂管理 …… (186)
化工企业关停 …… (186)
综合整治 …… (186)

科学技术

综述 …… (188)
概况 …… (188)
科研机构和科技队伍 …… (188)
表12 2021年启东市新增各级科技创新载体一览表 …… (188)
科技项目 …… (188)
表13 2021年启东市省级以上立项科技项目一览表 …… (189)
科技融资服务 …… (189)
科技服务与宣传 …… (189)
科技创新 …… (189)
概况 …… (189)
创新环境优化 …… (189)
创新平台建设 …… (189)
科创项目引培 …… (190)
农业与社会发展科技 …… (190)
第六届"启创杯"创业大赛 …… (190)
市创客青年项目获第八届"创青春"中国青年创新创业大赛银奖 …… (190)
高新技术产业 …… (190)
概况 …… (190)
表14 2021年启东市新认定高新技术企业名录 …… (190)

高新技术企业培育……（191）
产学研合作……（192）
概况……（192）
重大产学研合作项目……（192）
气象测报……（192）
概况……（192）
气象预警监测能力提升……（192）
防雷安全规范化管理……（192）
气象服务……（192）
气象科普……（192）

教　育

综述……（194）
概况……（194）
教育成果……（194）
机制创新……（194）
党建引领……（194）
硬件投资……（195）
市成功申报3项江苏省基础教育内涵建设项目……（195）
学前教育……（195）
概况……（195）
优质均衡发展……（195）
※学校选介※
启东市实验幼儿园……（195）
启东市和睦幼儿园……（196）
义务教育……（196）
概况……（196）
教育科研……（196）
教学竞赛……（196）
“6个1”亮色工程……（196）
※学校选介※
江苏省启东实验小学……（196）
启东市南苑小学……（197）
启东市折桂中学……（197）
启东市百杏中学……（197）
启东市长江中学……（197）
启东市南苑中学……（197）
启东市大江中学……（198）
启东市东南初级中学……（198）
普通高中教育……（198）
概况……（198）
高考成绩……（198）
教育科研……（198）
※学校选介※
江苏省启东中学……（198）
启东市汇龙中学……（198）
启东市第一中学……（199）
中等职业教育……（199）
概况……（199）
中高职衔接……（199）
校企合作……（199）
技能竞赛……（199）
※学校简介※
江苏省启东中等专业学校……（199）
启东市第二中等专业学校……（200）
高等教育……（200）
概况……（200）
教学管理……（200）
师资队伍……（200）
学生管理……（200）
社会实践……（200）
招生就业……（201）
校地互动……（201）
特殊教育……（201）
概况……（201）
融合教育……（201）
教育成果……（201）
社会教育……（201）
概况……（201）
社区教育……（201）
老年教育……（201）
※学校选介※
启东市老年大学……（201）
现代农民教育培训……（202）
民办教育……（202）
概况……（202）
校外培训机构治理……（202）

文　化

公共文化……（204）
综述……（204）
概况……（204）
第一届中国启东械彩艺术节……（204）
文化设施……（204）
启东市图书馆……（204）
启东市少年儿童图书馆……（204）
启东市文化馆……（204）

启东市美术馆……(205)
启东市博物馆……(205)
启东市蓝印花布艺术馆/吴元新蓝印花布艺术馆……(205)
启东保利大剧院……(205)
群众文化……(206)
主题文艺活动……(206)
“共乐东疆”活动……(206)
“百年恰是风华”——启东市庆祝中国共产党成立100周年大型群众文艺晚会……(206)
图书发行……(206)
概况……(206)
重点主题出版物发行……(206)
主题活动……(206)
文化艺术……(207)
文艺创作……(207)
表15 2021年启东市部分获奖优秀文艺作品一览表……(207)
展览展演……(209)
中篇评弹《板凳姑娘》获第九届江苏省文艺大奖·曲艺奖……(209)
市首部越剧原创作品《生命树》剧本研讨会举行……(209)
启东版画院……(209)
概况……(209)
创作成果……(209)
展览举办……(210)
中国·启东国际版画艺术中心……(210)
文化遗产保护……(210)
概况……(210)
文物保护……(210)
非遗传承……(210)
非遗宣传……(211)
大众传媒……(211)
启东市融媒体中心……(211)
电视……(211)
广播……(211)
报纸……(211)
新媒体……(212)
《启东通讯》……(212)
概况……(212)
内容设置……(212)
《三角洲·沙地》……(212)
概况……(212)
栏目调整……(212)
主要活动……(212)
媒体+产业……(212)
概况……(212)
经营创收……(212)
社会科学……(212)
概况……(212)
课题研究……(213)
社科品牌活动……(213)
社科普及阵地建设……(213)
史志……(213)
概况……(213)
党史三卷本编纂……(213)
“中国共产党在启东”图片展……(213)
“村史馆里讲党史”活动……(213)
“红色地图”编印……(213)
施简烈士纪念馆开馆……(214)
《启东年鉴(2021)》出版发行……(214)
市首部全媒体志书《江苏名镇·吕四港镇志》出版发行……(214)
“并港建闸”专题研究……(214)
史志宣传……(214)
新四军研究……(214)
档案……(215)
概况……(215)
档案查阅利用……(215)
档案征集……(215)
档案业务指导……(215)
启东市建成南通首家国家级数字档案馆……(215)
启东历史档案陈列室建成……(215)
《启东记忆》丛书正式出版……(215)
文化产业……(215)
概况……(215)
重点项目建设……(216)
张謇垦牧文化项目建设……(216)
文化市场管理……(216)
概况……(216)
文化市场专项整治……(216)

体　育

综述……(218)
概况……(218)
体育公共设施……(218)
2021年国家级沙滩排球裁判员晋级培训班在启东举行……(218)
2021年第八届长三角运动休闲体验季启东站启动仪式在启东举行……(218)

群众体育 ……………………………………………… (218)
体育健身组织 ……………………………………… (218)
表16　启东市体育社团、俱乐部一览表 ……… (218)
全民健身活动 ……………………………………… (220)
表17　2021年启东市群众体育部分赛事活动一览表 ……………………………………………… (220)
竞技体育 ……………………………………………… (221)
概况 ………………………………………………… (221)
表18　2021年启东市举办南通市级以上部分体育赛事活动一览表 …………………………… (221)
青少年体育 ………………………………………… (221)
青少年竞赛成绩 …………………………………… (222)
残疾运动员钱王伟打破残奥会世界纪录 ………… (222)
2021年全国青年U19沙滩排球锦标赛 …………… (222)
体育产业 ……………………………………………… (222)
概况 ………………………………………………… (222)
体育彩票 …………………………………………… (222)

卫生健康

综述 …………………………………………………… (224)
概况 ………………………………………………… (224)
医疗卫生体制改革 ………………………………… (224)
“智慧健康”建设 ………………………………… (224)
新冠肺炎疫情防控 ………………………………… (224)
疾病预防控制 ………………………………………… (225)
概况 ………………………………………………… (225)
免疫规划 …………………………………………… (225)
结核病防控 ………………………………………… (225)
慢性病防控 ………………………………………… (225)
艾滋病防控 ………………………………………… (225)
地方病防控 ………………………………………… (226)
公共卫生监(检)测 ……………………………… (226)
健康教育 …………………………………………… (226)
公共卫生 ……………………………………………… (226)
概况 ………………………………………………… (226)
基本公共卫生服务 ………………………………… (226)
家庭医生签约服务 ………………………………… (227)
健康促进 …………………………………………… (227)
妇幼健康 ……………………………………………… (227)
概况 ………………………………………………… (227)
母婴健康安全 ……………………………………… (227)
出生缺陷防治 ……………………………………… (227)
生育计生服务 ……………………………………… (227)
卫生监督 ……………………………………………… (228)
概况 ………………………………………………… (228)
“智慧卫监”项目 ………………………………… (228)
新冠肺炎疫情防控监督 …………………………… (228)
职业卫生监督 ……………………………………… (228)
学校卫生综合监督 ………………………………… (228)
“四小行业”创文 ………………………………… (228)
非法行医治理 ……………………………………… (228)
“双随机”监管 …………………………………… (228)
医政医管 ……………………………………………… (229)
医疗能力建设 ……………………………………… (229)
执业注册 …………………………………………… (229)
政务服务 …………………………………………… (229)
医疗机构监管 ……………………………………… (229)
※医疗卫生单位选介※
启东市人民医院 …………………………………… (229)
启东市中医院 ……………………………………… (229)
启东市妇幼保健院 ………………………………… (230)

社会保障

社会保险 ……………………………………………… (232)
概况 ………………………………………………… (232)
城乡居民养老保险 ………………………………… (232)
企业职工养老保险 ………………………………… (232)
机关事业单位养老保险 …………………………… (232)
工伤保险 …………………………………………… (232)
失业保险 …………………………………………… (232)
社保卡发放及应用 ………………………………… (232)
退休人员社会化管理 ……………………………… (232)
基本医疗保险 ……………………………………… (232)
长期照护保险 ……………………………………… (232)
药品耗材集中采购 ………………………………… (232)
医保精准扶贫 ……………………………………… (233)
医保基金监管 ……………………………………… (233)
社会福利 ……………………………………………… (233)
老年福利 …………………………………………… (233)
残疾人福利 ………………………………………… (233)
困境儿童关爱保护 ………………………………… (234)
福利慈善 …………………………………………… (234)
社会救助 ……………………………………………… (234)
民政救助 …………………………………………… (234)
红十字会救助 ……………………………………… (234)
慈善救助 …………………………………………… (234)
老区开发扶贫 ……………………………………… (235)
三峡移民管理 ……………………………………… (235)

住房保障……（236）
概况……（236）
公租房保障……（236）
棚户区改造……（236）
安置房建设……（236）
物业管理……（236）
住房公积金管理……（236）

社会事务

人口家庭……（238）
概况……（238）
家庭发展能力建设……（238）
市计生协会……（238）
市首个家庭文化建设实践基地建成……（238）
民政事务……（238）
区划地名……（238）
殡葬管理……（238）
婚姻收养……（238）
社会组织管理……（238）
劳动就业……（239）
就业创业……（239）
职业技能培训……（239）
劳动关系调处……（239）
民族宗教事务……（239）
概况……（239）
民族事务……（240）
宗教事务……（240）
依法行政……（240）
爱国主义教育……（240）
退役军人事务……（240）
概况……（240）
优抚优待……（241）
退役士兵安置……（241）
军转干部安置……（241）
军休安置……（241）
就业创业……（241）
老龄事务……（241）
概况……（241）
“慈善惠老”志愿服务……（241）
法律援老……（241）
“敬老月”活动……（241）
安康关爱行动……（241）
课题调研……（241）
社会矛盾调解……（242）
概况……（242）
矛盾纠纷多元化解机制建设……（242）
矛盾纠纷排查化解……（242）

公共安全

应急管理……（244）
概况……（244）
应急管理体系建设……（244）
应急救援……（244）
环境应急管理……（244）
海事应急管理……（244）
卫生应急管理……（244）
防灾减灾……（244）
概况……（244）
气象灾害防御……（244）
水灾害防治……（245）
海洋防灾减灾……（245）
公共安全救助保险……（245）
※附※
主要气象灾害……（245）
食品药品安全……（245）
概况……（245）
食品安全监管……（245）
药品安全监管……（246）
农产品质量安全……（246）
概况……（246）
农产品质量监管……（246）
水产品质量安全……（246）
安全生产……（246）
概况……（246）
专项整治……（246）
安全生产大检查……（246）
监管执法……（247）
宣传宣讲……（247）
培训教育……（247）
边防……（247）
概况……（247）
服务辖区……（247）
边防管控……（247）
边防治理……（247）
消防……（247）
概况……（247）
基层消防组织建设……（248）
火灾隐患排查整治……（248）

消防应急救援保障建设……（248）
消防安全宣传……（248）

镇　街道

汇龙镇……（250）
概况……（250）
项目建设……（250）
科技创新……（250）
三农工作……（250）
城市建设……（250）
生态环境建设……（250）
社会民生……（251）
社会治理……（251）
吕四港镇……（251）
概况……（251）
工业经济……（251）
项目建设……（251）
现代农业……（251）
城镇建设……（251）
生态环境建设……（252）
社会民生……（252）
社会治理……（252）
安全生产……（252）
社区建设……（253）
北新镇……（253）
概况……（253）
项目建设……（253）
镇村建设……（253）
生态环境建设……（254）
社会民生……（254）
社会治理……（254）
东海镇……（254）
概况……（254）
项目建设……（254）
科技创新……（254）
镇村建设……（254）
生态环境建设……（254）
社会民生……（255）
社会治理……（255）
惠萍镇……（255）
概况……（255）
项目建设……（255）
科技创新……（255）
镇村建设……（255）
生态环境建设……（256）
社会民生……（256）
社会治理……（256）
南阳镇……（256）
概况……（256）
项目建设……（256）
科技创新……（257）
镇村建设……（257）
生态环境建设……（257）
社会民生……（257）
社会治理……（257）
海复镇……（257）
概况……（257）
产业发展……（257）
镇村建设……（258）
生态环境建设……（258）
社会民生……（258）
社会治理……（258）
合作镇……（258）
概况……（258）
项目建设……（259）
农旅经济……（259）
城镇建设……（259）
生态环境建设……（259）
社会民生……（259）
社会治理……（259）
王鲍镇……（259）
概况……（259）
项目建设……（259）
科技创新……（259）
镇村建设……（260）
生态环境建设……（260）
社会民生……（260）
社会治理……（260）
南城区街道……（260）
概况……（260）
社区党建……（260）
民生实事……（261）
社会治理……（261）
北城区街道……（261）
概况……（261）
社区党建……（261）
民生实事……（262）
社会治理……（262）

人物

新闻人物……(264)
倪伯苍……(264)
施建琴……(264)
袁东波……(264)
朱瑾高家庭……(264)
陈向阳……(264)
高浩然……(264)
李忠卫……(265)
宋春决……(265)
严清波……(265)
徐　刚……(265)
王振宇……(266)
郁智慧……(266)
茅卫东……(266)
朱　军……(266)
宋　铁……(266)
道德楷模……(267)
刘　剑……(267)
郭中良……(267)
宋　陶……(267)
蔡仲章　张惠珍……(267)
袁永香……(267)
仇佩英……(267)
启东市道德模范……(268)

附录

重要文献……(270)
重要报告……(270)
跑好第一棒　奋进新征程　全力谱写“强富美高”新启东现代化篇章
——在中国共产党启东市第十四次代表大会上的报告……(270)
向海图强　扬帆奋进　加快建设沪苏一体融合发展窗口城市
——在中共启东市委十四届二次全体会议上的讲话……(277)
政府工作报告
——2022年1月11日在启东市第十八届人民代表大会第一次会议上……(283)
重要文件摘编……(291)
关于推进吕四港高质量发展的实施意见……(291)
关于推进美丽启东建设的实施意见……(293)
关于促进启东市服务业高质量发展的若干政策意见……(297)
关于支持科技创新型企业发展政策的实施办法……(298)
组织机构及负责人名录……(300)
年度荣誉……(321)
先进集体……(321)
表19　2021年启东市获国家部委(协会)表彰的部分先进集体一览表……(321)
表20　2021年启东市获省级表彰的部分先进集体一览表……(321)
表21　2021年启东市获南通市委、市政府、南通军分区表彰的部分先进集体一览表……(323)
先进个人……(324)
表22　2021年启东市获国家部委(协会)表彰的部分先进个人一览表……(324)
表23　2021年启东市获省级表彰的部分先进个人一览表……(324)
表24　2021年启东市获南通市委、市政府、南通军分区表彰的部分先进个人一览表……(326)
统计资料……(329)
表25　2021年启东市地区生产总值在全省各县(市)位次表……(329)
表26　2021年启东市固定资产投资在全省各县(市)位次表……(330)
表27　2021年启东市一般公共预算收入在全省各县(市)位次表……(331)
表28　2021年启东市实际使用外资在全省各县(市)位次表……(332)
表29　2021年启东市居民人均可支配收入在全省各县(市)位次表……(333)
表30　2021年启东国民经济主要指标占南通全市比重一览表……(334)

索引

……(335)

特载

※党史学习教育

※向海图强，扬帆奋进，启东实现发展新跨越

※党的十八大以来启东经济社会发展成就

※启东市实施镇村史馆全覆盖工程纪实

12月22日，通州湾吕四起步港区10万吨级通用码头正式启用（市融媒体中心/供图）

党史学习教育

2021年3月起，启东市认真贯彻习近平总书记重要指示精神和中央、省市委决策部署，把开展党史学习教育作为重大政治任务，按照“学史明理、学史增信、学史崇德、学史力行”的要求，高站位统筹谋划，高质量扎实推进，聚力“学党史”，政治建设得到新加强；聚力“悟思想”，理论武装实现新提升；聚力“办实事”，为民服务取得新成效；聚力“开新局”，高质量发展开拓新空间，全市党史学习教育取得显著成效。

精心部署 有力有序高质量推进

加强领导压责任 市委常委会第一时间传达学习习近平总书记在党史学习教育动员大会上的重要讲话精神，成立由市委主要领导担任组长的市委党史学习教育领导小组，专题研究部署全市党史学习教育工作。3月12日，召开全市党史学习教育动员会，印发以“7专题+2实践”为主要内容的实施方案。结合市委常委会、市委理论学习中心组学习会，先后近30次研究部署党史学习教育工作，切实承担开展学习教育的主体责任。

精准发力有特色 将党史学习教育与启东地方历史、发展实际紧密结合。围绕“并港建闸”“金山银山一担挑”等史实展现出来的不懈奋斗精神，开展“三比三争”活动，引导广大党员干部认真答好“发展三问”。市委书记李玲以《提振干事创业精气神，打造奋进发展新高地》为题，为全市500多名党员干部上专题党课。500多名党组织书记在本单位上好“三比三争”专题党课。

强化督导抓推进 全年召开9次领导小组办公室主任会议，及时传达部署党史学习教育相关要求，把上情与市情、学习教育与推动工作结合起来，确保党史学习教育每个环节做足、做好、做到位。组建10个巡回指导组，建立工作督导和巡学、考学、赛学机制，对所有参学单位的学习教育情况开展检查指导。共组织开展巡学820余场次、考学1.3万人次、赛学600余场次。

6月17日，市委理论学习中心组(扩大)学习会上专题学习《并港建闸：启东地方党史精彩华章》，回顾启东十年“并港建闸”的历史，学习“并港建闸”精神

(市委党史办/供图)

学深悟透 从严从细高标准落实

以上率下示范学 发挥各级党委(党组)理论学习中心组示范引领作用，以专题学习、党课报告、交流研讨、现场教学、“三会一课”等形式，累计开展集中学习研讨1600余次，撰写理论文章1300余篇。其中，市委理论学习中心组开展党史专题学习33次、交流研讨11次，形成调研报告13篇。

丰富场景广泛学 全面梳理抗大九分校纪念馆等25个红色遗迹、纪念设施，组织党员群众开展瞻仰红色遗迹、重温入党誓词等活动2500余场次。在市图书馆和各区镇农家书屋开设“红色主题图书”专架，开展“走启读村红色阅读”系列学习活动。编制线上“启东红色地图”，以地图与音视频相结合的形式，向广大党员群众讲述红色故事。创新运用音诗画、舞蹈剧、情境讲述、现场访谈等形式，举办“百年恰是风华”大型群众性文艺晚会、庆祝中国共产党成立100周年情境党课等活动4700余场次，累计受众超120万人次。

分层分类指导学 区别不同受众，线下与线上相结合，有侧重地确定学习内容和形式。针对青少年群体的认知特点和成长规律，紧扣“童心向党”主题，上好“有理想、有故事、有风景”的德润东疆思政课，开展“星火足迹”寻访实践课，举办“永远跟党走”情景教育课，相关活动累计3300余场次。在“两新”组织党员中，推进“百年大党·百企争先”党建领航工程，发放“学习大礼包”2800套，开展学史“微沙龙、微党课”活动900余场次，受众超3万人次。重视流动党员教育，通过送学上门、邮寄书籍、推送学习链接等形式，确保学习及时有效。成立互联网行业党委，组织600多名从业人员开展“寻访百年历史 传承红色印记”学习活动。以“启东发布”为引领，

开辟《我心向党》等学习专栏145个。

创新形式 入耳入心高频次宣讲

建强队伍贴近讲 以"理响东疆"品牌为引领,组建超1000余人的市镇村三级宣讲队伍,先后开展集中培训、说课评课、风采展示等活动。市级层面,围绕党史学习、"七一"重要讲话精神、十九届六中全会精神,组织开展三轮大规模集中宣讲1500余场次。在基层,镇村"百姓名嘴"借助全市2000多个新时代文明实践站点、530个"党建微家"等载体,组织开展"党课开讲了""党史我来讲"等宣讲活动。

身边资源鲜活讲 依托全市261个镇村史馆、11个党性教育基地,通过现场参观、讨论交流等形式,开展"村史馆里讲党史"系列活动。录制"村史馆里讲党史"短视频100辑,通过"爱启东"融媒体平台广泛分享,访问量累计超40万人次。在汇龙镇临江村等30多家村史馆开展"云参观"线上活动,受众超6万人次。"村史馆里讲党史"系列活动被《新华日报》头版报道,受到省委巡回指导组点赞。聚焦"学党史、颂党恩、跟党走"主题,精心打磨《治坍保民为什么能》《果园村小康路上奔跑》等"一村一品"宣讲案例80集。

活化方式走心讲 深入开展"千场党史宣讲进基层"活动,在村居、校园、"两新"组织、网站等形成"铺天盖地讲党史"的生动局面。充分利用重大节庆时点,开展驻外支部流动送课送学活动60余场次。开展"讲讲我的初心史"典型宣讲,邀请优秀共产党员、道德楷模、劳动模范等身边典型讲述行业发展史,分享个人奋斗史。录制"新征程青年说""红色基地忆初心"短视频60多辑,通过各单位微信公众号等移动平台广泛传播。通过"理论+文艺""理论+故事"等方式,开展党史宣讲。

全市共开展线上线下党史宣讲4800余场次,受众超120万人次。宣讲工作作为南通经验获中央党史学习教育巡回指导组肯定。

知行合一 用心用情高效率服务

项目清单惠民生 全面推行民生实事项目清单制,坚持联系群众大走访,梳理问题晒清单,解决问题见成效。市四套班子领导围绕发展重点和民生难点,带头深入基层走访。各单位采取集中听、个别谈、实地看等形式,广泛问计问需问策,变"问题清单"为"履职清单"。运用"有事好商量""党群议事会"等载体,按照推动乡村振兴、创新基层治理等五个类别,确定立刻办、限期办、分期分批办三类事项,实行"台账式"管理、"销账式"办结。相关工作经验在"人民网"推介。全市2959件实事项目全部办结,办结率100%,群众满意度在99%以上。建立长效运行实事项目92个,推动实践活动常态运转。

志愿服务暖人心 组织全市机关、事业单位党员参与基层志愿服务。全市9500余名在职党员干部主动到所属社区(村)报到,注册率和报到率均达98%以上。策划推出"16+N"个志愿服务,并主动带动家庭成员参与"每户每月奉献一小时"。党员干部经常下沉城乡社区,累计在老旧小区改造、停车出行、消防安全等方面帮助群众解决"急难愁盼"问题7000余件。健全"六方共管""扶贫结对""志愿先锋"三项机制。开展"太阳花"四位一体"爱伴童行"活动,为全市367名困境青少年提供思想引领、学业辅导、心理关爱、生活帮扶等服务。市"志愿服务我报到"经验在南通推广,得到省委巡回指导组充分肯定。紫薇二村"我为群众办实事"相关工作被央视报道。

"两在两同"建新功 围绕市委、市政府重点工作,成立52支党员先锋队伍、10支"攻坚有我"青年突击队,设立48个党员先锋岗,明确53项攻坚任务清单。2021年,吕四港通用码头正式启用,洋吕铁路建设全面推进,"缤纷百里"最美江海岸线成为省级沿江沿海示范生态景观带,"全科网络"治理经验获全国推广,启东列全国综合实力百强县市第27位。

(曹军华)

向海图强,扬帆奋进,启东实现发展新跨越

"南通好通"迎来令人振奋的期待:作为江苏新出海口的"大通州湾"南通港吕四作业区西港池8#~11#码头工程通过验收,即将顺利开港!

自此由此,万里长江入海口、位于黄金水道与漫长海岸"T"字型结合部,以跻身国际航运中心前三的上海为龙头,"南翼"有宁波舟山港,"北翼"有南通通州湾,早在民国初年由孙中山先生在《建国方略》中提出的"东方大港"设想在东海之滨梦想成真,实现向海图强发展新跨越,朝着建设长三角世界港口群的宏伟目标挺进。

全球资源配置功能 是核心竞争力

谁在世界中心?在当今世界百年未有之大变局和新冠肺炎疫情全球大流行交织影响、世界进入动荡变革期的错综复杂演进中,围绕着陆权与海权的争夺博弈,核心是控制与畅通世界的物流路线,谁掌握了世界经济和能源运输之门之路,谁就掌握了经济全球化的供应链资源命脉和安全命脉,也就能影响与控制世界。从特定意义上看问题,海港空港物流能级与全球资源配置的功能高地,成为深度参与经济全球化的核心竞争力。

按照人类社会发展的国际经验,

由于自然因素与运输便利,大江大河入海口孕育城市文明,湾区经济是当今国际经济版图的突出亮点,是世界先进滨海城市的显著标志。美国旧金山“科技湾区”、纽约“金融湾区”、日本东京“产业湾区”以及我国粤港澳大湾区,被誉为世界四大湾区。被称为“北上海”的南通坚定落实“海洋强国”战略,统筹推进优江拓海、江海联动和港产城融合发展,打造千万标箱东方大港和万亿级绿色高端临港产业基地,立志建成高能级、强竞争力、极富潜力的现代化湾区。长三角区域一体化发展上升为国家战略,具有极大的区域带动性和示范作用,将带动整个长江经济带和华东地区发展,形成高质量发展的区域集群。长三角一体化将改写区域经济发展地图,其中最值得关注的是上海、苏州与南通这三座城市的同城化融合发展将日益增强,成为长三角区域的“黄金三角”。沪苏通“黄金三角”,上海居首,苏州、南通各为南北两翼,并不是一个虚构的概念,而是要实实在在地实现经济社会同城化发展。地处长江口北岸的南通不断加快区域融合,推动协调发展,更高水平融入苏南、对接上海,在长三角一体化中发挥更大作用、实现追赶超越。在“南通好通”的进程中,南通有大桥梦、还有大港梦,南通的港口建设正面临大的变化,就是江港变海港、渔港变大港。

2019年12月1日,国家层面《长江三角洲区域一体化发展规划纲要》正式发布,其中明确“规划建设南通通州湾长江集装箱运输新出海口”。2020年4月1日公布的《〈长三角区域一体化发展规划纲要〉江苏实施方案》明确,规划建设南通通州湾长江集装箱运输新出海口,努力成为长三角世界级港口群重要组成部分。江苏规划建设“大通州湾”,打造“一带一路”对外开放新门户,依托通州湾港区开辟新出海口,融入21世纪海上丝绸之路,做好经略海洋文章,放大向东开放优势;依托三洋铁路及陇海线,实现江苏东部沿海与欧亚大陆新贯通,全面参与丝绸之路经济带建设。这是对世界发出的江苏开放合作新信号,成为南通争当江苏沿海崛起龙头、实现高质量发展走在前列的撬动性大工程。南通港东濒黄海、南临长江,依江而生、襟江带海,是长江最临近海域的港口之一,兼具江海交汇的河港和海港双重特征。1904年,民族实业家张謇创建南通港,百十年来,一代代南通港人矢志追江赶海、奋发图强。改革开放以来,长江上第一个万吨级泊位、第一个5万吨级泊位、第一个10万吨级泊位和第一个20万吨级泊位均在南通港首建,是名副其实的万里长江第一港。

近年来,南通港发挥濒江临海的独特优势,在老港区搬迁转移、做强做优江港的同时,把港口发展的主战场、主阵地转战至沿海。南通明确以“大通州湾”思维统筹推进全市域的沿海开发、江海联动发展,推动沿海港口规划“一张图”、布局“一盘棋”、资源“一本账”,以吕四港为起步港区加快开发建设,标志着吕四港建设进入了飞速发展的黄金机遇期。

“大通州湾”
应时顺势呼之欲出

从哲学层面观察,要解决思维和存在、意识和物质等人与世界的关系问题。南通南望上海港和宁波舟山港,江苏又是港口大省,为什么还要高起点、大手笔建设“大通州湾”? 可以从五个维度加以认知——

全球视野:通州湾区域区位优势独特,是东向浩瀚太平洋的出海门户,西通长江中上游城市群,南邻上海国际大都市,北接广袤的苏北平原腹地。借鉴湾区经济发展经验,建设“大通州湾”,可谓占尽天时地利与人和优势条件,符合全球经济与人类文明进步趋势。作为江苏唯一滨江临海城市,江海联运功能凸显,具备打造长江集装箱运输新出海口的天然优势,通过江海水铁联运,溯江而上服务长江全流域,顺江而下通达全球,发挥海进江、江出海的双向集散优势,真正为长江沿线城市江出海、海进江提供高效便捷的新通道,打造长江经济带战略支点。

国家战略:“一带一路”、长江经济带、长三角区域一体化、江苏沿海发展等战略叠加,最优化发挥集聚放大效应。规划建设南通通州湾长江集装箱运输新出海口,形成以上海为龙头、南有宁波舟山港、北有南通通州湾的组合港集群,是对外开放、向海图强发展的战略举措,将更好地服务“一带一路”建设、引领长江经济带发展、承载支撑长三角一体化发展、打造江苏最具活力新增长极的重要举措。

江苏追求:建设“富强美高”新江苏、走在高质量发展前列,是新时代江苏现代化建设的目标追求。江苏正在大力推进跨江融合与全域一体化、实现苏南苏中苏北协调均衡高质量发展新格局。南通是江苏未来发展新的动力源与增长极,在位于长三角北翼的通州湾打造新的出海口,将成为江苏真正意义上的“龙头”港口,进而整合完善江海河联运集疏运体系,加强跨江联动发展,努力成为长三角世界级港口群的重要组成部分。

南通担当:有利于发挥江苏“一带一路”交汇点的纽带作用,深化陆海双向开放,参与国际竞合,推动区域经济高质量发展;有利于发挥通州湾长江经济带战略支点功能,为长江沿线城市新增一个“海进江、江出海”的便捷通道,增强长三角对长江经济带的龙头带动作用;有利于发挥通州湾江海联动开发示范区的亚太门户功能,构建“铁路连港区、内河到码头、港口通大洋”的格局,放大上海国际航运中心功能,全面融入长三角世界级港口群一体化治理体系建设;有利于发挥南通江海联运、江海直达的比较优势,加速江苏沿海崛起。

启东使命:江海潮涌的黄海之滨,吕洞宾四次驾鹤而来,留下了传奇的名字“吕四”。百余年前先贤张謇筑堤挡浪、垦荒植棉、兴办实业,揭开了吕四港向海发展的序幕。吕四港是江苏沿海可建深水良港的天然宝地。上世纪80年代初,交通部规划研究院和南京水利科学研究院等国家级科研机构在吕四港开展了大量的前期勘测、研究工作,发现吕四港滩槽格局长期稳定,具备系统性建设万吨级以上码头泊位的良好条件。作为“江苏集装箱新出海口起步港区”,吕四港顺利开港，建设成为“一带一路”对外开放新门户、长江经济带江海联运新枢纽、长三角高质量发展新样板，具有标志性意义。

南通在“强富美高”新发展中，突出交通先导，建设畅联全国通达世界的现代综合交通枢纽；突出创新驱动，建设更高水平国家创新型城市；突出跨江融合，建设深层次推动长三角一体化发展标杆城市；突出向海发展，建设全国富有江海特色的海洋中心城市；突出绿色发展，建设彰显生态之美的低碳花园城市；突出共建共享，建设宜居宜业幸福城市。启东与浦东地缘相近、理念相通、人员相亲，向海图强、深度融合、开放发展是共同取向。启东着力跑好“对接浦东第一棒”，打造沪苏通融合发展新样板。

从洋山港到通州湾启东港新跨越

早在2005年12月10日，上海国际航运中心洋山深水港顺利开港。笔者当时在文汇报工作，为策应这一盛事，曾与同仁一同策划大型采访报道活动，组织报社精兵强将，从武汉沿长江顺流而下采访黄金水道沿线城市，并集萃成《镝鸣江海：一条黄金水道承接蔚蓝色海洋》一书，点赞洋山港这座世界级枢纽大港横空出世，崛起于东北亚万千航线的中心，屹立于全球大港之林。以当时的眼光看，洋山港，江海交汇，连接腹地，长江黄金水道的滚滚物流有了通向五大洲、四大洋的出海口，长江经济带有了参与国际竞争、接轨蔚蓝色文明的桥梁。洋山港极大提升了黄金水道在国际航运竞争中的能级，满载集装箱的巨轮从这里扬帆出海，由于水浅而造成的“半船港”历史宣告结束。现在的洋山港岸线延绵8公里，一手牵着长江，一手连着世界，88台桥吊一字排开，吸引了马士基、地中海、达飞、中远等20家全球知名航运公司，开通了洋山港至欧洲、地中海、美洲、澳洲等80多条主要航线，通达世界109个重要港口。洋山这个当年海上的小渔村，如今已成长为跻身世界强港之列的全球大港。上海国际航运中心建设正从“基本建成”向“全面建成”迈进，2025年，将基本建成便捷高效、功能完备、开放融合、绿色智慧、保障有力的世界一流国际航运中心，支撑航运中心建设的海运和空运这两大基础行业，也将迎来新的发展和提升。

16年后的今天，通州湾启东港作为“江苏集装箱新出海口起步港区”宣告开港，是“东方大港”建设新跨越。为实现建设上海国际航运中心北翼集装箱枢纽港和世界一流港口目标，采用最先进的自动化码头技术，是江苏首个采用5G技术实现港区全自动化作业的港区。同时依托数字化、信息化技术，配套建设功能完备、高度网络化、技术先进、高效联动的通州湾吕四起步港区一体化协同管控平台，实现船舶、集箱和口岸物流信息的共享，支撑其成为全球一流港口战略发展目标，实现“公铁水、江海河”无缝衔接的集疏运体系。一是着力东方大港短板新补位。中国长三角港口群“一体两翼”战略格局，上海港、宁波—舟山港吞吐量牢牢占据全国前两位，位于“北翼”的江苏港口群落，虽然港口数量可居全国第一，但却没有形成枢纽作用较强、带动辐射能力突出，可与“南翼”宁波—舟山港能级匹配的“龙头”港口。通州湾启东港开港，应与上海港、宁波—舟山港无缝对接合作共赢，谋求对“东方大港”国际竞争力叠加效应。二是打造江海河湖联运新枢纽。江海河兼具、通江达海，是江苏特有自然禀赋。新出海口的规划建设，大力发展江河海、公铁水联运，深化运输结构调整，着力破解长三角内河集装箱运输体系建设难题，着力扬公铁水空运输方式齐全和江海河湖水运优势明显之长，就能以交通运输引领长三角更高质量一体化发展，进一步降低江苏制造业成本，努力把多重国家战略在江苏叠加的区位优势转化为交通优势，提升转化为竞争优势、发展优势。三是拓展国际航运系统新增量。坚持世界眼光、一流标准，着力推进江海联动、多式联运、港产融合，着力把新出海口通州湾启东港建设好、管理好、运营好、发展好，打造一流设施、一流技术、一流管理、一流服务，整体提升综合功能和高质量发展水平，打造交通便捷、物流高效、贸易便利、生态绿色、经济繁荣、具有较强竞争力的新出海口，为长三角率先建成世界一流港口群提供有力支撑，不断优化与拓展国际海运系统新增量。四是激发南通增长崛起新动能。城以港兴，港为城用。作为江苏新的增长极，南通经济社会迎来快速发展新机遇。借助于打造新出海口，着力构建以高端装备制造、新材料和新一代信息技术为主导、能源和现代物流为支撑、文旅休闲为特色的产业格局，加快推动现代产业体系向布局集聚化、结构合理化和产品高端化方向发展，率先突破重特大项目，重点打造50亿级、百亿级乃至千亿级大企业，建设富有区域特色的产业集群，使通州湾启东港为南通腾飞注入新动能。五是集聚向海图强发展新智能。智慧港口需要智能人才。为将通州湾启东港建设成为现代化世界一流港口，向更高质量发展迈进，应注重吸引、培育向海图强发展的专业人才，尤其是不断加大港口精益生产、运营管理、供应链物流、智慧港口建设等骨干管理人才的集聚力度，用高素质专业人才团队为港口智能化运营建设提供有力保障。

启东港建成开港运营，标志着江苏新出海口“大通州湾”建设进入快车道。今年年底，在通州湾主体港区将全面开工建设网仓洪深水航道，在三港池建设两个10万吨级、一个5万吨级大型矿石泊位，服务于腹地及长江沿线大型钢铁企业。后续还将陆续开发建设吕四起步港区和通州湾主体港区码头泊位，建设物流基地，服务临港产业。通州湾吕四港由传统渔港朝着全球大港转型升级，在百年“东方大港“梦想成真中谱写江苏新出海口“强港名港梦”华美篇章，未来可期！

（何建华　上海社会科学院研究员、原副院长，上海文化研究中心首席专家，南通大学长三角城市群新发展研究院院长。此文系何建华在2021年12月3日“启吾东疆·向海图强“通州湾吕四起步港区发展研讨会上的演讲整理而成，文章标题有修改）

党的十八大以来启东经济社会发展成就

党的十八大以来,启东上下坚持以习近平新时代中国特色社会主义思想为指引,百万启东人凝心聚力、砥砺前行,看似寻常最奇崛,成如容易却艰辛,社会发展取得辉煌成就,全面小康完美收官,高质量发展取得新进展。

高质发展
综合实力跃上新台阶

经济总量不断扩大 党的十八大以来,启东顺应经济发展新常态,致力于稳中求进,发展为先,综合实力稳步提升。全市GDP总量由2012年的598.21亿元一路攀升至2021年的1345.94亿元。GDP增速由高速增长换档为中高速增长,2012—2021年,年均增长8.6%。2021年全市人均GDP达139548元,十年年均增长8.8%,人均地区生产总值达到高收入国家或地区的水平。

综合实力显著提升 党的十八大以来,启东实施积极有效的财政政策,财政实力明显增强。2021年,全市实现一般公共预算收入77.81亿元,十年年均增长5.8%。GDP和一般公共预算收入总量连续多年在全省43个县(市)中排名前十。2021年,启东在全国县域经济竞争力百强县(市)中排名第17位,比2012年提升22位。

全面小康完美收官 党的十八大以来,启东按照中央和省、市打好"三大攻坚战"的统一部署,持之以恒抓短板补弱项,立足标本兼治,全力防范和化解重大风险,政府性债务规模和债务率实现"双控双减"。严格落实"两不愁三保障"要求,扎实开展精准帮扶九项行动,建档立卡低收入农户脱贫率达100%。2020年,启东全面建成小康社会圆满收官,综合实现程度达98.4%,在南通六县市排名第1。

优质发展
转型升级取得新成效

产业结构不断优化 党的十八大以来,启东坚持把经济发展着力点放在实体经济上,把调结构、促转型贯穿经济发展始终,全市产业结构持续优化升级。2012—2021年,启东三次产业结构由10.4:52:37.6优化调整为6.6:48.8:44.6,第三产业占GDP的比重十年提升7个百分点,经济发展质态更加优化。

消费结构日趋优化 党的十八大以来,启东居民消费内生动力不断增强,生活品质明显提升。2021年,全市实现社会消费品零售总额482.57亿元,十年年均增长8.8%。2021年,城乡居民人均消费支出分别为40167元和21419元,十年年均增长分别为10.2%和9%。其中,城乡教育、交通通讯、医疗保健消费人均支出分别为14593元和8053元,占消费支出比重分别达36.3%和37.6%,比2012年分别提高5.8个和4.2个百分点。2021年,城乡居民恩格尔系数分别为29.4%和29.8%,较2012年分别下降3.3和8.1个百分点。

投资结构持续优化 党的十八大以来,启东积极调整投资结构,不断提升投资质量。2021年,全市亿元以上固定资产投资项目208个,计划总投资1153.19亿元,十年年均增长分别为13.2%和13.4%;实际完成投资329.31亿元,十年年均增长6.9%。启东802MW海上风电项目实现全容量并网,成为全国单体容量最大的海上风电项目。制造业投资结构不断优化,2021年,全市高技术制造业占制造业投资的比重达29.8%,比2012年提高13.2个百分点。服务业投资快速发展,2021年,全市服务业投资比重达43.6%,比2012年提升14.9个百分点,更好地满足了人民群众对美好生活的向往。

蓬勃发展
基础产业焕发新活力

现代农业加快推进 2021年,全市实现农林牧渔业总产值177.93亿元,十年年均增长5.9%。传统特色产业渔业实现总产值88.11亿元,十年年均增长6.2%。党的十八大以来,全市共建设高标准农田65.75万亩,比重达87.3%,比2012年提高61.9个百分点。粮食生产全程机械化水平超90%,全市累计获评农产品地理标志保护产品6件,注册地理标志证明商标6件、农产品集体商标1件。成功创建全国主要农作物生产全程机械化示范县、省四青作物特色农产品优势区、省绿色蔬菜产业特色县,获批创建全国绿色食品原料标准化生产基地25万亩。全市创建家庭农场3474家,其中31家获评省级示范家庭农场;成立农民专业合作社937家,其中获评国家级示范社4家、省级示范社28家;组建新型合作农场67家、产业化联盟4个;培育新型职业农民5.2万人次,现代农业经营体系不断夯实。

工业转型步伐加快 党的十八大以来,启东工业体系实现了从"八大产业"到"五大产业"集群再到"三优三新"、"两主两新两优"的高端转型,推动启东制造业从"制造"转型"智造"。2021年,全市共有规上工业企业592家,较2012年增加78家,增长15.2%;规上工业产值1120.58亿元,十年年均增长8.4%;规上工业增加值增长14.5%,十年年均增长10.2%;实现工业应税销售1284.04亿元,十年年均增长8.5%。2021年,全市"两主两新两优"产业产值占规模工业产值比重达90%;高新技术产业产值643.46亿元,占规模工业产值比重达57.4%,比2012年提升18个百分点。2017年大国重器"希望6号"起航,2019年"天鲲号"获国家科学技术进步奖特等奖,

2021年寰宇东方、东成电动工具应税销售突破100亿元。

建筑产业韧性彰显　2021年末，全市拥有资质以上建筑业企业664家。其中，施工总承包特级资质建筑企业2家、一级资质建筑企业13家、二级资质建筑企业47家。2021年，启东完成建筑业产值1401.30亿元，十年年均增长12.2%。党的十八大以来，启东建筑先后荣获29项“鲁班奖”、35项国家优质工程奖、22项“詹天佑奖”、20项“中国安装之星”、38项上海市“白玉兰奖”、102项江苏省“扬子杯奖”。南通二建集团10次荣登江苏建筑业企业综合实力百强榜首，17次进入中国企业500强、中国承包商80强，施工范围遍及全国40%的地级以上城市，境外劳务涉及10多个国家和地区。

服务业提质增效　党的十八大以来，启东深入实施服务业提速发展计划，加快服务业项目集聚发展，服务业成为全市经济转型升级的重要引擎和新的经济增长极。2021年，全市实现服务业增加值600.32亿元，十年年均增长9.4%，服务业投资较2012年增长142.8%。全市累计上市公司6家，“新三板”挂牌公司4家，江苏股交中心挂牌企业69家，获评2018—2020年度省金融生态优秀县。江海旅游业迅速崛起，以“三水交汇圆陀角、千年古镇吕四港、崇明岛飞地启隆镇”为支撑的沿江沿海旅游发展带基本形成。全市共有国家AAA级以上景区7家、省级旅游度假区1家、省级工业旅游示范区1家，省级乡村旅游重点村2家、省星级乡村旅游区12家，碧海银沙景区成功创建国家AAAA级旅游景区。2021年，全市实现旅游总收入55.96亿元，十年年均增长9.1%

开放发展
内生动力得到新迸发

对外贸易量质齐升　党的十八大以来，启东大力实施市场多元化战略，提升对外贸易的发展空间，企业出口“版图”持续扩大。2021年末，与启东建立进出口贸易关系的国家和地区151个。全市有进出口业绩的企业444家。成立南通第一个中小微企业政策性出口信用保险统保平台，成功申报国家级电动工具外贸转型升级基地。2021年，全市实现进出口总额404.18亿元，十年年均增长9.6%，实现出口总额259.84亿元，十年年均增长8.2%。2021年，全市实际利用外资3.85亿美元，是2012年的1.6倍。

商事改革成效明显　“改革一子落，发展满盘活”。党的十八大以来，启东持续深化“放管服”改革，下放各类行政权力事项1320项。行政审批制度改革加快推进，“政务服务标准化”获批国家级标准化试点项目，打造全省首家独立于政务服务大厅的24小时综合型智慧政务大厅，发出全省首张全程电子化登记营业执照，“拿地即开工”工作举措领跑南通，获中国政博会政务服务创新奖。地区营商环境不断优化，列全国营商环境百强县第20位。2021年，全市新增各类市场主体11823家，比2012年增长122.3%。

共享发展
民生福祉展现新亮点

人民生活迈入小康　党的十八大以来，启东始终坚持以增进民生福祉为出发点和落脚点，持续加大民生保障和改善民生力度。2021年，全市民生类支出93.34亿元，是2012年的2倍。2021年，实现居民人均可支配收入44191元，其中城乡居民人均可支配收入分别达到54910元和30710元，十年年均分别增长8.7%和9.4%，城乡居民收入比由2012年的1.9缩小为1.8。城乡居民人均住房建筑面积55.4平方米和68.8平方米，分别比2012年增加16平方米和15.5平方米。城镇居民每百户拥有家用汽车由2012年末的36辆增加到2021年末的59辆。

民生保障不断完善　2021年，全市养老、医疗、失业三大保险综合覆盖率达98%，全市城镇登记失业率控制在2%以内。全市企业退休人员养老金从2012年的1498元/月提高至2021年的2496元/月、城乡居民基础养老金从70元/月提高到190元/月、失业保险金标准从818元/月提高至1590元/月。全市低保保障标准实现城乡一体化，2021年城乡低保标准达到750元/月。2021年末，全市养老总床位11432张，每千名老年人口养老床位数从2012年的27张提高到35.73张。

创新发展
社会事业绘就新蓝图

创新驱动硕果累累　党的十八大以来，启东自主创新能力显著增强，2021年，全市高新技术企业245家，比2012年增加193家，高新技术产业产值占规模以上工业总产值比重达57.4%。创新研发投入持续增长，2021年全社会研发投入占GDP比重达2.5%，比2012年提高0.3个百分点。创新载体承载能级不断提升，2021年末，全市共建成省级以上企业技术中心20个，国家级企业技术中心1个，南通市级企业技术中心31家。产学研合作深入推进，与省内外80多所高校院所建立稳定的合作关系，10所高校在启东设立技术转移机构，获评江苏省生物医药产业(南通)产学研协同创新基地。2021年，启东市创成知识产权强省区域示范市。

教育改革稳步推进　党的十八大以来，启东教育现代化建设稳步推进，全市拥有各类学校147所，在校学生90996人，专任教师7722人。小学学龄儿童净入学率、初中阶段毛入学率、九年义务教育巩固率均达100%，普惠性学前教育覆盖率94.8%。义务教育“双减”工作扎实开展，校外学科类培训机构监管有力，校内延时服务全面推行。2019年南通大学杏林学院主体迁址启东，提升了启东教育国际化水平和城市综合竞争力。

文化建设持续深耕　党的十八大以来，启东文化设施建设不断完善，服务水平显著增强。2021年末，全市拥有文化馆1个，公共图书馆2个，24小时城市书房5个，图书总藏量148多万册。启东保利大剧院正式运营，文化馆新馆启用，少儿图书馆、版画艺术中心对外开放。文化活动蓬勃开展，成功举办庆祝新中国成立70周年、庆祝中国共产党成立100周年等170多场大型活动。文艺精品亮点纷呈,600余件美术、文学、书法、摄影、音乐、曲艺精品在国家、省和南通市级评奖、展出展演中获奖,46件版画作品入选国际和国家级展览。出版文学作品48部,5名优秀文艺家被南通市委宣传部评定,并授牌"文艺家工作室"。2021年,启东市档案馆建成南通首家国家级数字档案馆。

健康启东服务优化 党的十八大以来,启东公共卫生服务均等化水平进一步提升。全市医疗卫生机构数从2012年的402家增加到2021年的437家。每千人口拥有床位数从3.51张增加到4.36张,每千人口拥有执业(助理)医师人数从1.62人增加到2.67人。基本公共卫生服务项目补助资金从人均30元提高到105元。人均预期寿命从77.74岁(男性75.07岁,女性80.52岁)提高到83.19岁(男性80.78岁、女性85.57岁)。全市标准化儿童预防接种门诊建成率100%,65周岁以上老年人免费健康体检率达72.2%。市疾控中心建成南通地区首家县级PCR实验室,全市具备核酸检测能力的医疗机构8家,全市最大日10:1核酸混检容量达73万人次。妇幼保健院全面运行,率先实现"所转院",建成复旦大学附属儿科医院启东分院。成功创建国家卫生城市,建成国家卫生镇7个。

体育事业异彩纷呈 党的十八大以来,启东深入实施"共乐东疆"文体活动,推动群众喜闻乐见的体育活动项目,组织吸引群众广泛参与。全市拥有各类体育协会32个、体育健身俱乐部11个,江苏省级体育健身俱乐部3个。主城区、主功能区建成"10分钟健身圈",261个行政村和54个社区的体育活动室及多功能运动场全部建成。全市拥有体育场地320个,其中体育馆1个,人均体育场地面积达3.2平方米,全市75所中小学校体育场地全部实现对外开放。成功举办国家级体育赛事沙滩排球巡回赛、圆陀角风筝冲浪国际邀请赛、国际铁人三项邀请赛、环启自行车邀请赛等高水平赛事,极大地丰富了人民群众文体娱乐生活。获评2017—2020年度全国群众体育先进单位。

加速发展
城市品质亮出新名片

交通运输引擎加强 党的十八大以来,启东全面融入长三角一体化发展格局,对外交通越来越便捷。2019年,宁启铁路二期通车并开通动车组列车,启东彻底告别"地无寸铁"历史。2021年,全市实现铁路客运量83.13万人。公路网络不断完善,2021年,全市公路里程2926.48公里,公路密度达237公里/百平方公里。通州湾新出海口吕四起步港区"六大工程"建设全速推进,"2+2"码头工程建成开港运营,10万吨级通用泊位正式启用。北沿江高铁可研报告正式获批,启东客整所征拆完成。洋吕铁路全线开工建设,宁启铁路二期复线工程、沪崇启铁路列入省专项规划。

现代城市加快建设 党的十八大以来,启东按照城市"南进、东拓、北延"发展思路,基本形成"一主两副三片区"的城镇发展格局。建成区面积由2012的21.5平方公里拓展至38.7平方公里,城镇化率达60.7%,比2012年提高9.7个百分点,建成区绿化覆盖率达到43.4%。城区燃气气化率和居民用户普及率均达100%,供水普及率达100%,城乡生活垃圾无害化处理率达100%。全市新建并开通投入使用5G基站1295个,5G移动电话用户256175个。城市景观不断美化,灵秀公园、蝶湖公园、头兴港滨河公园对外开放,文体中心、国际版画艺术中心投入使用。2020年,启东以全国第七、全省第二、南通第一的佳绩创成全国文明城市。

协调发展
生态环境交出新答卷

生态屏障持续加固 党的十八大以来,启东城乡生态环境质量明显改善,主要污染物排放总量大幅下降,突出环境问题有效化解,人民群众对生态环境满意度显著提升。2021年,二氧化硫、氮氧化物、化学需氧量、氨氮等主要污染物完成省下达减排约束性指标,单位GDP能耗比2012年下降31%,受污染土地安全利用率达100%。主要水体水质得到有效改善,市考以上断面水质优III类比例达100%,消除劣V类断面和城乡黑臭水体,城市污水集中处理率达94.5%,农村生活污水治理行政村覆盖率达95.4%。大气环境质量持续改善,2021年,环境空气质量优良天数达标率93.2%,$PM_{2.5}$年均值23.2微克/立方米,连续三年蝉联全省空气质量桂冠。

城乡面貌日新月异 党的十八大以来,启东以创造长三角最佳人居环境、最佳创业环境为目标,全力打造江风海韵北上海、蓝天碧水新启东。十年间,新增成片造林面积20.39万亩,森林覆盖面积从2012年的1.85万公顷拓展至3万公顷。城乡人居环境持续向好,2018年起全市着力推进老旧小区改造,至2021年完成36个老旧小区改造,总面积约218万平方米。村容村貌不断美化,美丽宜居乡村建成率达82.5%,秸秆综合利用水平达到95%。2020年成功创建国家园林城市。

(汤丹花)

启东市实施镇村史馆全覆盖工程纪实

2018年起，启东市全面启动镇村史馆建设工作。至2021年底，全市14个镇（区）、261个村实现镇村史馆全覆盖。一家家镇村史馆成为启东人了解乡村历史、寻根溯源、感念时代的重要窗口。

唤醒记忆 留住田园乡愁助振兴

启东是长江入海口一块移民垦荒、沙洲成陆的新土，自1928年设立县治，至今尚不足百年。近年来，随着新型城镇化建设和美丽乡村建设的深入推进，启东由20世纪90年代初的48个乡镇逐渐撤并成2015年的14个镇（区），一些承载乡村文化的老物件、老技艺逐渐消失，一些沙地特色的传统习俗习惯、农谣俚语逐渐被淡忘，一些留有历史痕迹和记忆的镇名、村名不再沿用，甚至一些先辈英烈、乡贤能人也少有人记起，乡村的吸引力和凝聚力减小，“回不去的乡村，找不到的乡愁”成为乡村振兴发展中需要直面的课题。

为了留住乡村的“根脉”，激发新一代对家乡文化、乡风民俗的认同，提振乡村振兴的强大精神动力。2018年5月，以全市推进各镇村综合文化服务中心建设提档升级为契机，市委宣传部、市地方志办、市档案馆联合对建设镇村史馆进行一次全方位的调研摸底。在综合各方意见的基础上，形成了一份在全市先试点、后铺开、全覆盖开展镇村史馆建设的工作方案。

2018年7月，市委宣传部、市地方志办下发《在全市开展镇村史馆建设工作意见》《关于镇村史馆建设的工作方案》，明确展陈内容、工作安排、工作进度，各镇及所辖2个村的镇村史馆建设作为一期工程，先行试点铺开。在建设谋划上，镇村史馆着重突出“镇（村）情概况、镇（村）史沿革、红色印记、镇（村）域发展、乡贤善举、知名人物、生产生活、乡村风貌、大事记、照片实物”等10个版块，记述村风民情、传承红色基因、展现新时代风采，通过文字、图片、视频等形式，以展板、实物为载体，直观地展示新中国成立以来特别是改革开放以来，启东镇村的历史沿革、重大事件、村容村貌、自然生态、风俗民情、人文特色、乡贤名人、工农业生产、生活变迁、教育卫生等镇史村情。在组织落实上，各区镇的党政领导、村党组织书记，对镇村史馆建设工作高度重视，切实把镇村史馆建设工作摆在重要位置，明确责任，落实专人推进，在人力、物力方面给予相应支持，加快工作进度。2018年12月底，王鲍镇、东海镇2个试点镇史馆和近海镇大圩村、合兴圩村，合作镇臣义村、周云村，惠萍镇果园村、东海镇德字村等8个村史馆相继建成。

第一批试点建成的镇村史馆成为留住乡愁、传承民俗和弘扬传统的一种有益载体，得到人们广泛的认同和赞赏。近海镇大圩村村史馆收集到80多件老物件，生动记录大圩村人民耕耘桑梓的往事，春掩犁耙，夏挥锄头，冬抡钉耙，是先辈劳动耕作的场景；石磨、炖粥壶、纺车、织布机是先辈旧时生活的场景。从荒无人烟的盐碱地到欣欣向荣的小康村，大圩村人经历了从茅草屋到小洋房，从芦花鞋到小汽车，从织布机到品牌服装，从石磨面粉到吐司面包的翻天覆地的质变。合兴圩村是典型的新涨围垦沙田，诞生初期土地贫瘠、盐碱严重，田间沟头长满茅草和蒿枝。如今的合兴圩村道路宽敞、景致迷人、生态优美，一代代合兴圩村人在党的领导下致富奔小康、奋进新时代。在村史馆里，一段段历史被重新挖掘，一个个即将消失的风俗被留传下来，极大丰富本土文化的历史内涵，详细记录了农村的文化变迁。

以点带面 因地制宜推进全覆盖

先行试点的镇村史馆为全市推广探索了经验、树立了榜样，取得的良好社会效应也极大鼓舞了全覆盖推进的信心。2019年初，市委宣传部、市地方志办及时总结经验，以点带面，提出因地制宜推进全市镇村史馆建设全覆盖。

项目启动后，启东市镇村三级联动，形成群策群力的良好局面。各镇由分管领导负主要责任，宣传委员负

惠萍镇惠安村村史馆一景　　（市委党史办/供图）

责直接推进，建立微信工作群，及时交流沟通，建立每月工作进度汇总通报制度。各村成立以退休村干部、老教师、老党员等为主体的村史编撰小组，许多知村情、有热情的乡贤积极参与。特别是在文稿整理、实物收集、布展设计等方面，调动村民群众的积极性，利用多方渠道、整合社会资源、发挥群众力量深入挖掘镇村历史资源，村民忆村史、知村情、晓村事。东海镇建民村组织6位老教师为村史馆筹集考证各种历史资料；惠萍镇鸿西村党支部书记带领5位村干部四处征集图片、实物资料；寅阳镇长兴村组织10余人深挖拓荒先贤、革命英烈、乡村振兴人物事迹。据不完全统计，在镇村史馆建设过程中，帮助提供采访口述的村民达1万多人次，直接参与记录的工作人员达3100多名，村民提供相关照片8000余幅，捐赠实物资料2300余件。在建设经费保障上，市提出"八仙过海、各显神通"的策略，吕四港镇整合渔业、电动工具业等各类专业展馆资源，投入1000多万元打造高品位、高质量的镇史馆；经济条件好的村，投入十几万元、几十万元来保障村史馆建设；经济条件有限的村，由乡镇一级统筹，几个村打包组织项目招标，一揽子解决村级在村史馆建设中存在的资金问题；也有村发动村里的成功人士支持赞助部分资金。

镇村史馆建设全覆盖离不开职能部门的专业指导。市地方志办每月对试点建设的镇村史馆进行实地调研、指导和点评，面向全市选聘地方史志人才，成立史志人才库，积累从事志鉴编修的人才资源。东海镇显中村的老党员陆凤贤主动请缨参与筹建村史馆。他曾长期在市地方志办、市政协文史委工作，对启东的历史、传统文化等比较熟悉，也很热爱。为办好村史馆，年过古稀的他走遍村里的500多户人家，查资料、收文物、布场馆。在指导过程中市地方志办始终强调，镇村史馆建设要贴合实际，突出特色、放大亮点，注意整合利用现有资源，培养乡村新风，营造爱家爱村爱国的良好氛围。比如汇龙镇临江村在解放前坍塌5次，损失土地200多公顷，百姓流离失所，20世纪70年代，在县委的统一领导下，打响了一场沿江治坍工程，确保人民生命财产安全，为村子发展打下坚实基础。村史馆以"治坍保民为什么能"为特色亮点，围绕这一主题讲述村史变迁。"江苏渔业第一村"吕四港镇海渔村突出渔业改革为乡村带来的巨大变化，围绕"改革带来的巨变"这一主题展示农村发展。

在镇村史馆建设过程中，启东没有采取"一刀切"的方式，而是紧密结合各地实际，使展示形式实现多样化。比如吕四港镇范龙村没有建设场所，就设计村史长廊，利用墙面、展板等平面空间进行展示。南阳镇东昌镇村、合作镇周云村还将村史馆内容搬到线上，运用VR技术将村史馆转化为可听、可看、可参与的"活历史"，既扩大村史馆的传播途径，也为更多的流动党员、外出人员提供掌上村史馆。

正因为坚持因地制宜、不雷同造馆，整合资源、不贪大求全，反映特色，不千篇一律的原则，启东打造出一个个特色鲜明的"一镇一品""一村一品"。比如，吕四港镇吕滨村、海晏村等沿海村落重点打造仙渔文化专线，海复镇滨海村、均里村、搬场村依托张謇创办实业、教育的遗存打造垦牧文化专线，王鲍镇九令村、更生村，合作镇洋桥村、臣义村等革命老区的村落突出红色文化专线，圆陀角旅游度假区圆陀角村、东海镇兴垦村等滨海村史馆突出套圩垦荒、向海图强专线，北新镇万安村等沿江村史馆打造绿色生态专线，将农耕文明基因、优秀传统文化基因、红色基因融入其中，兼收并蓄，升华精神内涵。

激活阵地
镇村史馆宣讲颂党恩

为用好镇村史馆这块阵地，各镇村组建起由优秀党员、"启东好人"、威望高的村干部、乡贤组成的村史讲解员队伍，在"七一"、春节、外出务工人员返乡高峰等重要时间节点，开展"我说家乡美"等宣讲活动。馆内陈列的老物件、展出的民俗风情画等，融思想引领、道德教化、文化传承等功能于一体，成为重要的基层思想文化阵地，让人们记住乡情、知村爱村，以良好家风带动村风，用淳朴民风倡树新风，打通宣传、教育、服务群众的"最后一公里"，推动乡村文化振兴。同时，注重把镇村史馆与新时代文明实践中心、党性教育基地相结合，通过必要改扩建，实现"一馆多能"。比如，将特色鲜明的镇村史馆提档升级为党性教育基地，打造启东历史名人园、启东第一个中共支部诞生地、陆铁强公园等11个党性教育基地。2021年，启东市在中国共产党成立100周年之际广泛开展"村史馆里讲党史"活动，组织专场5800多场次，受众超10万人次。录制"村史馆里讲党史"短视频100辑，通过"i启东"App等融媒体平台集中展播，访问量超40万人次。开展村史馆"云参观"线上活动，受众超8万人次。

传承文明，倡树新风。镇村史馆成为新时代文明实践的特色阵地，为农村精神文明建设与青少年教育提供社会课堂。一些村史馆被列为爱国主义教育基地，对于改善乡风民俗、激励青少年成长成才有潜移默化功效。村史馆成为周边学校的热门课外学习基地。2021年，各地依托镇村史馆开展"七彩夏日"等各类主题活动1000多次，参观量达24000多人次。

启东市镇村史馆全覆盖建设引起社会热烈反响，《党建》《党的生活》《新华日报》《南通日报》《江海晚报》、"学习强国"江苏学习平台、江苏党史网等报刊网络予以宣传报道。镇村史馆建设项目申报"南通市宣传思想文化工作改革创新奖立项项目""省地方志创新项目""省宣传思想文化工作创新成果项目"。

（钮伟钢　陈广辉）

责任编辑　黄亦美

大事记

※ 1月
※ 2月
※ 3月
※ 4月
※ 5月
※ 6月
※ 7月
※ 8月
※ 9月
※ 10月
※ 11月
※ 12月

7月27—29，中国共产党启东市第十四次代表大会举行　（市融媒体中心/供图）

1月

6日 启东市举行"初心如磐使命在肩"庆祝首届中国人民警察节·喜迎建党100周年专题汇报会。

11日 省政协副主席、民建江苏省委主委洪慧民率队到启东调研海工产业发展情况。南通市政协副主席、民建市委主委马啸平陪同调研。

12—15日 市政协十五届五次会议召开。会议听取市政协常委会工作报告、市政协十五届四次会议以来提案工作情况报告、市政协十五届五次会议期间提案审查情况的报告,通过《政协启东市第十五届委员会第五次会议决议》。

13—15日 市十七届人大五次会议召开。市委副书记、代市长杨中坚代表启东市人民政府向大会作工作报告。大会选举杨中坚为启东市人民政府市长、石光辉为启东市人民代表大会常务委员会副主任、吴勇军为启东市人民法院院长。会议表决通过选举办法(草案)及民生实事项目票决办法(草案),公布2021年政府民生实事项目。表决通过《启东市第十七届人民代表大会第五次会议关于议案的审查报告》,决定将《关于加快推进我市新型城镇化建设的议案》立为大会议案,交由市人民政府办理。表决通过《关于启东市人民政府工作报告的决议》《关于启东市国民经济社会发展第十四个五年规划和二〇三五年远景目标纲要的决议》《关于启东市2020年国民经济和社会发展计划执行情况与2021年国民经济和社会发展计划的决议》等决议。

21日 全市疫情防控工作会议召开。会议强调要全面落实中央、省和南通市对疫情防控工作的最新部署,提高思想认识,时刻绷紧疫情防控这根弦,责任要压实、措施要扎实、作风要务实,全力做好当前疫情防控各项工作。

26日 全市乡村振兴和新型城镇化大会召开。会议强调要以更大力度、更实举措统筹推进乡村振兴和新型城镇化,努力走出一条具有启东特色的城乡融合发展之路。

27日 南通中集太平洋海洋工程有限公司建造的全球最大20000立方米LNG运输加注船(S1043),在舟山长宏国际船舶修造有限公司下水。

1月 市妇幼保健院通过江苏省卫生健康委验收,成为全省首家纳入三级医院管理的县级妇幼保健院。

2月

8日 由市评弹团原创的节目《十指连心》在央视少儿频道播出,节目同时入选第九届全国少儿曲艺展演。

20日 南通市委副书记、市长王晖到启东调研经济社会发展情况。他强调,要深入学习贯彻党的十九届五中全会精神和习近平总书记视察江苏重要讲话指示精神,全面落实省、市委全会工作部署,围绕"跑好对接浦东'第一棒',百强排名年年进两位"的目标定位,统筹抓好区域性基础设施建设、实体经济发展、创新体系打造、沿江沿海开发保护等重点工作,努力为南通勇当全省"两争一前列"排头兵作出更大贡献。

2月 协兴港文旅综合开发项目被列入2021年省级重点文化和旅游产业项目建设和投资计划。

2月 市税务局被评为2020年度全国税务系统文明单位。

1月4日,协兴港文旅项目建设现场 (姜新春/摄)

3月

3日 晶澳太阳能科技股份有限公司20GW(吉瓦)光伏电池、组件及配套光伏装备项目签约仪式举行。该项目总投资102亿元。

6日 由中国石油天然气第一建设有限公司与江苏华滋能源工程有限公司合作建造的4000吨级抽余液塔在启东华滋能源重件码头整体装船发运。该塔高约117米,最大外径14.09米,筒体最大壁厚145毫米,设备净重3940吨,驳运重量约4370吨,水压试验重量1.66万吨,为亚洲最重的钢制石化塔器。

10日 省政协副主席、党组副书记阎立一行到启东,调研海洋科技创新工作情况。南通市政协主席黄巍东参加活动。

12日 全市党史学习教育动员会议召开。市委书记、市委党史学习教育领导小组组长李玲作动员讲话,强调要深入学习贯彻习近平总书记在党史学习教育动员大会上的重要讲话精神,认真落实中央、省、南通市委关于党史学习教育的决策部署,在全市上下迅速兴起党史学习教育热潮,学史明理、学史增信、学史崇德、学史力行,学党史、悟思想、办实事、开新局,切实增强"四个意识"、坚定"四个自信"、做到"两个维护",在新时代新征程中奋勇争先、建功立业,以优异成绩迎接党的百年华诞。

17日 启东领先资产经营管理有限公司项目负责人领到“五证”（建设用地规划许可证、不动产登记证、工程规划许可证、施工图审查合格证、施工许可证），这标志着强村加油站（生命健康科技园）项目成为市首个享受“拿地即开工”改革红利的工程建设项目，也是南通首个落地的强村加油站项目。

同日 江苏省人社厅公示新一批省级乡土人才大师工作室名单，倪忠辉乡土大师工作室上榜。

19日 市委书记李玲率队赴上海市崇明区考察现代农业、乡村振兴、生态保护、农业科技创新等情况，并与崇明区委书记李政就推进跨行政区域城镇圈协同发展、建立健全议事协调机制，以及打通一批省际交通断头路、办好第十届中国花博会等方面进行交流。

同日 2021启东（上海）产业发展合作恳谈会在上海浦东喜来登由由大酒店举行。恳谈会上，12个产业项目集中签约，总投资达195亿元。

20日 市委人大工作会议暨纪念启东人大设立常委会40周年大会召开。

23日 出席南通市农村工作会议的代表到启东参观国家级返乡创业示范基地、乡村振兴示范村，以及高效设施农业和紫菜深加工龙头企业。

31日 省委常委、常务副省长樊金龙到通州湾新出海口吕四起步港区“2+2”码头调研。

3月 新冠病毒疫苗免费接种工作全面开展。

3月 南通二建集团承建的新疆艺术中心项目获鲁班奖。

3月 圆陀角旅游度假区连兴港村获评全国民主法治示范村（社区）。

3月 市公安局连兴港边防派出所社区民警刘剑获评敬业奉献“中国好人”。

4月

12日 由启东中远海运海工承建的浮式生产储卸油船N999 FPSO项目主船区域建成。这是BP英国石油公司在中国建造的首个浮式生产储卸油船项目。

19日 南通市政协主席黄巍东率队到启东，调研“有事好商量”协商议事室建设工作。

21日 以“书香致敬百年路，阅读追梦新征程”为主题的党史学习教育加油站暨2021年第七届全民读书节启动仪式在市图书馆举行。

同日 2021年长三角生物医药产业协同高质量发展论坛（上海—启东）在上海张江举行。会上，《长三角生物医药协同发展暨启东生命健康科技城医药产业园产业规划》发布。

同日 市妇幼保健院与启东市家庭文化研究中心合作签约仪式举行，标志着市首个家庭文化建设实践基地正式建成。

26日 市委书记李玲以“提振干事创业精气神，打造奋进发展新高地”为主题，结合党史学习教育和启东工作实际，为党员干部上专题党课。

27日 南通市政协主席黄巍东率队到启东，深入挂钩联系的乡村振兴示范村和先进村、党建联系点，就开展“我为群众办实事”进行专题调研。

29日 市委、市政府召开全市创新发展大会，把全域创新作为启东发展的重要战略，加快构建一流的创新生态，助推转型升级，促进高质量发展。

5月

6日 江苏联测机电科技股份有限公司在上交所科创板上市。该公司是启东市首家科创板上市企业。

8日 南通市委副书记、市长王晖到启东，调研经济社会发展情况，现场查看沿江沿海生态景观带建设进展，实地检查渔船伏休和渔业安全生产相关工作。他强调，要完整、准确、全面贯彻新发展理念，深入落实全省沿海发展座谈会精神，更大力度推进沿江沿海高质量发展，更高水平统筹发展和安全，努力为全市勇当“争当表率、争做示范、走在前列”排头兵作出更大贡献。

18日 南通市委书记徐惠民率队到启东调研通州湾新出海口吕四起步港区建设情况。徐惠民强调，要深入落实省委、省政府推动沿海地区高质量发展的部署要求，自觉扛起争当江苏沿海崛起龙头的光荣使命，紧扣“一年建设、两年开港、三年成规模”目标，全力推动通州湾新出海口建设，加快完善集疏运体系，着力招引高质量重大产业项目，持续掀起沿海高质量发展热潮。南通市领导姜东、王洪涛参加调研。

同日 通州湾新出海口洋口港区至吕四港区铁路联络线工程（洋吕铁路）正式开工。

20日 副省长潘贤掌到启东调研海洋伏季休渔、长江禁渔、防灾救灾等工作，并就安全生产作专题宣讲。南通市副市长赵闻斌参加活动。

23日 央视新闻频道《奋斗百年路 启航新征程·今日中国》栏目，播出通州湾新出海口开发建设情况。节目用5分钟时间，详细介绍吕四起步港

5月23日，央视新闻频道将吕四起步港区“2+2”码头工程誉为“水工博物馆”
（市融媒体中心/供图）

6月29日,施简烈士纪念馆开馆　　（姜雨蒙/摄）

区“2+2”码头工程,并称该工程为“水工博物馆”。

同日　南通市委、市政府召开民营经济发展大会暨第四届通商大会,通报表彰“张謇杯”杰出企业家、杰出通商和百家优秀民营企业。江苏东成电动工具有限公司董事长、总经理顾志平获评“张謇杯”杰出企业家,江苏神通阀门股份有限公司总裁吴建新获评“张謇杯”杰出通商。盖天力药业、乾朔电子、三信塑胶装备、捷捷微电等12家企业获评南通市优秀民营企业。

5月　全省首批绿色蔬菜产业特色县(镇)公布,市四青作物产业入选。

6月

1日　启东市哲学社会科学界第二次代表大会召开。

同日　启东市试点施行婚姻登记“跨省通办”。

2日　最美江海岸线首开区——森林公园项目举行开工仪式。最美江海岸线项目全线178公里,基于江海堤岸公路为载体,沿线200米腹地为扩展。首开区森林公园总占地面积约207.8公顷,范围内堤岸长度共计4350米。

5日　以“向海扬帆启东疆,跨江融合创未来”为主题的2021中国·启东国际经贸洽谈会举行。会上举行首届“垦牧杯”启东市杰出企业家颁奖仪式。江苏神通阀门股份有限公司总裁吴建新获评首届“垦牧杯”启东市杰出企业家。经贸洽谈会期间,全市累计签约项目20个,其中10亿元以上项目7个、百亿元以上项目3个。

6日　市乡村振兴局挂牌成立。

8—9日　市委书记李玲率党政代表团赴陕西西乡县开展对口协作。西乡县委副书记、县长王亚珍,县人大常委会主任周庆福,县政协主席朱小平等陪同考察。

15日　南通市创建“四好农村路”全国示范市攻坚会在启东召开。启东市作创建经验介绍。

17日　市委理论学习中心组(扩大)学习会召开。会议回顾启东十年“并港建闸”历史,学习“并港建闸”精神,从中汲取启东人民艰苦奋斗、团结拼搏、开拓进取的力量,激励全市广大党员干部接续奋斗不懈怠、砥砺前行再出发,为建设“强富美高”新启东再立新功。

21日　“百年恰是风华”——启东市庆祝中国共产党成立100周年大型群众文艺晚会在南苑中学体育场举行。

22日　市委副书记、宣传部部长、市委党校校长邵茂华为全市700多名党员上“百年风华”情境党课。党课中,市委书记李玲为5位优秀代表颁发“光荣在党50年”纪念章。

27日　晚,“颂歌献给党”启东市庆祝中国共产党成立100周年歌咏大会在保利大剧院举行。市四套班子领导与来自全市各条战线的代表队参加。歌咏大会通过网络平台进行直播,线上近10万人次观看。

28日　市红色音乐公路在合作镇建成通车。这是南通市首条音乐公路。

29日　位于北新镇铁昌村的施简烈士纪念馆开馆。

30日　三峡资本、启东市人民政府、林洋能源举行战略合作签约仪式。签约后,三方在分布式绿色能源等领域加强合作。

同日　“青声畅想花开逐梦”2021年庆建党百年·崇启海三地青年干部交流活动在启隆镇举行。

6月　惠萍镇大兴镇村获评省级乡村旅游重点村。

7月

1日　市举办“中国共产党在启东”庆祝中国共产党成立100周年图片展。

同日　启东市试行开通往返沪启两地的人才定制1号线,同时新增一条沪启健康定制专线,更好地服务往返启东上海的创新创业人才、方便市民赴上海就医。

10日　2021年第八届长三角运动休闲体验季启东站启动仪式在黄金海滩风景区举行。启东站活动吸引来自上海、浙江、江苏、安徽等地200多名户外运动爱好者参加,活动持续2天。

13日　启东中远海运海工自主研发设计建造的国内首艘动力定位穿梭油轮“北海新希望”完工交付。该艘油轮为中国自营勘探开发的首个1500米超深水大气田“陵水17-2气田”服务。

16日　2021中国·启东国际版画艺术中心全国版画名家邀请展开幕。开幕活动上,水印版画材料与技术研究文化和旅游部重点实验室创作研究基地、中国水印版画研究中心创作研究基地、南京艺术学院美术学院版画系教学实践基地、启东吴元新蓝印花布艺术馆、启东美术馆揭牌。

22日　市正式启动乡村复兴少年宫建设,首场诵读沙龙活动暨建设启动仪式在北新镇施简烈士纪念馆举行。

26—27日　中国民间文艺家协会第十次全国代表大会在北京召开。启东籍文艺家吴元新作为国家级非遗传承人的唯一代表,再次当选中国民间文艺家协会副主席。

27—29日　中国共产党启东市

第十四次代表大会举行。市委书记李玲代表中国共产党启东市第十三届委员会向大会作题为《跑好第一棒，奋进新征程，全力谱写“强富美高”新启东现代化篇章》的报告。会议选举产生中国共产党启东市第十四届委员会、中国共产党启东市第十四届纪律检查委员会，选举产生启东出席中国共产党南通市第十三次代表大会代表，通过《关于中国共产党启东市第十三届委员会报告的决议》和《关于中国共产党启东市第十三届纪律检查委员会工作报告的决议》。

29日 中共启东市第十四届纪律检查委员会举行第一次全体会议。会议选举产生新一届市纪委常务委员会；选举产生新一届市纪委书记、副书记。选举结果报中共启东市第十四届委员会第一次全体会议通过。郭建当选市纪委书记。

同日 中国共产党启东市第十四届委员会第一次全体会议在市行政中心举行。会议选举产生中共启东市第十四届委员会常务委员会委员；选举产生书记、副书记。李玲当选书记，杨中坚、龚心明当选副书记。会议通过中国共产党启东市第十四届纪律检查委员会第一次全体会议选举结果。

7月 江苏省首届科技创新发展奖名单公布，江苏神通阀门股份有限公司被省政府授予“江苏省科技创新发展奖优秀企业”称号。

7月 圆陀角旅游度假区入选江苏省美丽海湾优秀案例。

7月 市43名医护人员驰援南京，在江北六合区等地负责核酸采样检测工作。

8月

7日 即日起，在全市范围内开展为期5天的全员核酸检测实战演练。

12日 折桂中学“学党史跟党走”主题班会在中国教育电视台CETV2展播，中国教育网络电视台、“长安书院”App等新媒体平台同步上线。

25日 第16届东京夏季残疾人奥林匹克运动会开赛首日，市残疾人运动员钱王伟在场地自行车女子3公里个人追逐赛C1-3资格赛中，以4分31秒476的成绩打破C1级别世界纪录，创下首场比赛佳绩。在8月27日女子C1-3个人500米（场地赛）计时赛中，以38秒070的成绩，再次打破C1级别世界纪录，夺得铜牌，成为登上东京残奥会领奖台的第一位南通籍选手。此前4月21—27日，全国第十一届残疾人运动会暨第八届特殊奥林匹克运动会自行车比赛在深圳龙岗举行。钱王伟分别在公路赛和场地赛项目获得两金两银。

31日 由振华重工为中交一航局建造的140米级打桩船“一航津桩1”在海工园顺利下水。该船是国内乃至全球最大的打桩船。

8月 启东市被农业农村部评为全国农民合作社质量提升整县推进试点单位。

8月 工业和信息化部公布第三批专精特新“小巨人”企业名单，江苏联测机电科技股份有限公司及全资子公司南通常测机电设备有限公司入围。

8月 2020年度江苏省城乡交通运输一体化发展水平评估结果发布，启东市获评5A级县（市、区），这也市首次获此荣誉。

8月 江苏华神药业有限公司的“霜菊”牌系列产品，被认定为“南通老字号”，为启东市首家。

8月 市残联在南通率先推出“残疾人居家托养”项目。

9月

1日 启隆镇、海门区海永镇、国网启东市供电公司及海门区供电公司共同举行启隆（海永）供电服务站揭牌仪式，标志着隶属南通的两块“飞地”供电管理权正式由上海移交至江苏。此后，由国网启东市供电公司为启隆、海永两镇提供供电服务。

同日 14时30分，启东市举行全市新冠肺炎疫情处置联合实战演练。

8日 国家能源局综合司公布整县（市、区）屋顶分布式光伏开发试点名单，启东市入选。

同日 《中国乡镇综合竞争力报告2020》公布，汇龙镇首次进入百强。

9日 南通市志愿服务“我报到”现场观摩推进会在启东召开。启东市作经验交流。

11日 2021第五届全国净滩公益江苏分会场（启东）活动暨“美丽启东·青年建功”启动仪式在圆陀角旅游度假区黄金海滩举行。此次活动，得到中国海洋发展基金会支持，并经基金会评估，启东站获评全国净滩公益示范点。启东市是江苏省唯一县级市、全国仅有的两家县级市活动站点。

23日 沿江沿海最美党建带全域创建工程暨党建引领网格化治理现场推进会召开。

23—24日 第14届全运会群众龙舟赛男子组（12人龙舟）、混合组（12人

9月1日，启隆（海永）供电服务站揭牌仪式举行，标志着隶属南通的两块“飞地”供电管理权正式由上海移交至江苏　　（市供电公司/供图）

9月23—24日,第14届全运会群众龙舟赛中,消防队员周钰钒(左一)、张晓峰(左二)获3枚铜牌 (市融媒体中心/供图)

龙舟)100米、200米直道赛在浙江温州龙舟运动中心举行。启东市2名消防队员周钰钒、张晓峰所在的南通市崇川区龙舟队代表江苏参赛。周钰钒获男子组200米和混合组100米2枚铜牌,张晓峰获男子组200米直道赛铜牌。

26日 启东市、太仓市、上海市崇明区三家检察院通过线上方式共同签署《关于建立办理长江口生态环境公益诉讼案件“三警联动”协作保障机制的相关意见》。

28日 中国中小城市高质量发展指数研究课题组、国信中小城市指数研究院联合发布《2021年中国中小城市高质量发展指数研究成果》,揭晓全国综合实力百强县市、全国绿色发展百强县市、全国科技创新百强县市等榜单。启东名列全国综合实力百强县市27位,排名前移4位,在南通各县(市、区)中排第二。列全国绿色发展百强县市19位、全国科技创新百强县市12位,均为南通第一。

29日 市委常委会召开会议,传达学习中国共产党南通市第十三次代表大会精神,研究启东市贯彻落实工作。

10月

9日 全国文明典范城市创建常态长效管理工作会议召开。会议动员全市上下思想再统一、力量再凝聚、工作再落实,深入推进文明城市常态长效管理,保持启东市在南通乃至全省的领先地位,为争创全国文明典范城市打下坚实基础。

11日 南通市政协组织住通全国、省政协委员,部分市、县(市、区)政协委员和市政协机关离退休老同志到启东,就长江大保护、沿江沿海生态景观带建设等开展视察。南通市政协主席黄巍东,全国政协委员施卫东,南通市政协党组成员、主席会议成员陈宋义、陈本高、金元、马啸平、施学雷、羌强、刘洪、邵怀德等参加活动。

12日 市委副书记、市长杨中坚率市发改委、住建局、城管局等26个部门、区镇负责人,走进南通广播电台“民心专列·政风行风热线”直播间,倾听百姓呼声,接受群众监督。

13日 南通市委、市政府举行重大产业项目观摩推进会。全体与会人员到启东,实地观摩市药明康德研发中心、捷捷电力电子器件、海四达锂离子电池及电源系统3个产业项目建设现场。

14日 江苏“最美人物”发布会在市融媒体中心演播大厅举行。江苏城市频道品牌栏目《江苏最美人物》通过视频故事、现场访谈等形式进行现场录制,展现南通泰胜蓝岛海洋工程有限公司研发中心主任朱军的先进事迹。

17日 “美德之光”——第八届江苏省道德模范颁奖仪式在省广电总台荔枝大剧院举行。宋陶获评见义勇为模范,郭中良获评诚实守信模范,苏晓琳获道德模范提名奖。启东市道德模范获奖人数居全省各县(市)首位。

同日 江苏省妇幼保健协会县级妇幼保健机构分会学术年会在启东市举行,来自全省县级妇幼保健机构的150余名代表参会。

18日 北京市天安门管委会将2016年6月1日在天安门广场升起过的国旗赠予抗大九分校纪念馆。2016年6月1日是中国人民抗日红军大学成立80周年纪念日,此面国旗具有特殊意义。

同日 武船集团南通顺融重工有限公司建造的4000马力LNG动力守护供应船(SPS型)首制船交付。该船是国内首次将LNG清洁燃料应用到

10月18日,4000马力LNG动力守护供应船(SPS型)首制船交付 (姜新春/摄)

OSV（海洋工程支持船）上，是践行国家低碳战略及国企改革“双百行动”的重要项目。

21日 启东·西乡苏陕协作联席会议召开。会上，两地签署《启东·西乡“十四五”战略合作框架协议》。

同日 南通市“奋进现代化 跑赢新赛程”媒体见面会走进启东。来自中央、省、南通市媒体的20多名记者通过集中采访、听取介绍、现场提问等方式，全方位了解启东市加快向海发展、打造沿海高质量发展新样板的举措与成效。

22日 联合国全球契约组织“一带一路”行动平台首个公共卫生健康试点项目下线仪式暨实践基地揭牌仪式在寰宇东方国际集装箱（启东）有限公司举行。该项目由寰宇启东公司与清华大学无锡应用技术研究院合作研发，隆基绿能科技股份有限公司提供光伏及储能系统。

30日 中央广播电视总台英语环球节目中（CGTN）策划推出的“海上看中国”大型主题报道，走进市海工船舶工业园，对启东中远海运海洋工程有限公司建造的“希望4号”圆筒型海洋钻井平台进行中英文直播报道。“希望4号”海上工作平台，是全球首制圆桶型深海石油钻进平台，创造了钻探深度、甲板载荷、平台稳定等多项世界第一。

10月 中国中小城市发展指数研究课题组、国信中小城市指数研究院对外发布“2021年中国中小城市发展指数研究成果”，将建制镇的综合实力纳入研究范围，形成《2021年全国千强镇名单》。汇龙镇、吕四港镇和寅阳镇上榜，分别位列第108名、第121名和第507名。

10月 东海镇兴旺村入选全国乡村治理示范村。

11月

2日 酥田南粳46生态田秋收庆典仪式在吕四港镇举行，标志着“酥田南粳46生态种植基地”正式落地启东市。酥田南粳46专属生态种植园总面积1333多公顷。庆典仪式上，苏宁易购社交电商公司总裁张奎与杭州杭佳农产品销售有限公司签订5000万元年度销售合同。

11日 南通市三级人大代表到启东视察沿江沿海生态景观带建设情况。

同日 市农业农村局、市融媒体中心以“推介+带货”的线上直播形式助农惠农，助力乡村振兴。此次助农直播现场设在北新镇灯杆村全国劳动模范于冬娟的冬娟家庭农场。

同日 市委、市政府专题召开新型城镇化建设现场推进会。会议要求全市上下要按照“一年出形象、三年大变样、五年高质量”的总体目标，通过3~5年的努力，使得镇区面貌焕然一新，镇区产业集聚壮大，镇区功能配套全面完善，镇区商业繁荣有活力，确保城镇发展能级实现一个大的跃升。

同日 启东市与上海崇明区在启隆镇签订《跨界河道协同治理协议》，标志着2022年度两省市跨界河道治理有了制度性保证。

15日 南通通易航天科技股份有限公司（“通易航天”）从新三板“精选层”平移至北交所上市，成为启东市首家在北交所上市的企业。

16日 南通市委书记王晖率队专题调研交通工作。他强调，要认真贯彻落实南通市第十三次党代会部署要求，全力以赴抓攻坚、破难点，推动重大交通工程快落地、快建设，实现更多的“天堑变通途”，全力打造畅联全国通达世界的现代综合交通枢纽，为南通发展提供更坚实的战略支撑。

同日 2020—2021年度启东市道德模范颁奖典礼暨启东市道德模范与身边好人现场交流活动举行。活动中，市领导为2021年“中国好人”“江苏好人”颁授美德奖励金，为2020年启东市道德模范及提名奖颁奖。

19日 全市旅游发展暨国家全域旅游示范区创建动员大会召开。会议深入研究旅游业发展形势，明确发展方向，全面部署旅游业高质量发展和国家全域旅游示范区创建工作。

同日 国家发改委正式批复关于新建上海至南京至合肥高速铁路（“北沿江高铁”）可行性研究报告。其中明确启东西站相关段建设工期。

20日 由江苏省电力有限公司投资、江苏省送变电有限公司承建的启东永阳220千伏开关站建成投运，标志着中国单体容量最大的海上风电项目外送通道全面畅通。

24日 中央电视台《新闻直播间》播出《江苏启东在职党员进社区服务送到家》，点赞启东以“我为群众办实事”实践活动为载体，创新开展在职党员进社区活动，把贴心服务送到群众家门口的做法。

30日 第八届“创青春”中国青年创新创业大赛（互联网专项）在杭州落幕。由启东团市委选送的创客青年潘亦鹏团队“多域搜救领航者”项目获该赛事银奖，为南通唯一获奖项目。

11月 农业农村部公布第六批中国重要农业文化遗产名单，共认定21项。启东沙地圩田农业系统成为南通唯一上榜项目。沙地圩田农业系统是爱国实业家张謇在启东地区从农田水利、种植布局、农耕习俗到民居格局和民俗文化诸方面统一规划设计建造的。该系统位于海复镇搬场村，基本保存完好。

11月 南阳镇网格微治理模式入选江苏省首批20个乡村治理典型案例。

11月 启东市通过2021年度江苏知识产权强省建设示范县（市、区）验收。

11月 清华大学博士研究生社会实践启东基地升级为五星级基地，系全国范围内唯一县级市五星级实践基地。

12月

3日 “启吾东疆 向海图强”通州湾吕四起步港区发展研讨会召开。港口产业专家和海洋经济知名专家学者，南通港（港口）集团、南通报业传媒集团主要负责人，主流媒体代表等参加活动。

4日 由司法部、全国普法办、中央广播电视总台共同主办的《宪法的精神 法治的力量——2021年度全国法治人物》特别节目在CCTV12首播。市网格员倪伯苍当选“2021年度全国法治人物”。倪伯苍是启东市首个获此殊荣的典型。

6日 全国县域经济专业智库社会组织——中郡研究所发布《2021县域经济与县域发展监测评价报告》。第二十一届全国县域经济基本竞争力百强县名单中,启东排名第17位,较上年前进1个位次。

同日 南通中集太平洋海洋工程有限公司向德国Hartmann集团交付全球首艘5000立方米双燃料全压式LPG运输船。

9日 全市乡村振兴现场推进会暨农村人居环境整治提升五年行动动员大会召开。

10日 启东市市镇两级人大代表换届选举法定投票日,全市100多万名选民,分批次参与选举投票。

11—12日 省委副书记、代省长许昆林在南通调研。在深入了解吕四起步港区“2+2”码头建设情况后指出,要坚持系统观念,加快融入长三角一体化发展,紧扣规划目标、对标国际一流,全力推动通州湾新出海口建设,锻长板、补短板,着力完善集疏运体系,招引更多重大产业项目,在服务经济腹地中拓展空间、发展壮大。

14日 中国建筑业协会公布2021年度中国建设工程鲁班奖(国家优质工程)获奖名单。南通二建集团承建的启东市文化体育中心项目和新疆医科大学新校区(一期)教学楼及图文信息中心项目获鲁班奖。其中市文化体育中心是启东本土首个鲁班奖项目。

同日 市委、市政府召开会议,专题研究技能型人才发展工作。

15日 “e网同心 共建文明”——市领导和网友见面会举行。市委书记李玲与11名网友代表面对面交流,倾听网民心声,共话家乡发展。会上发布启东市“网络文明加油站”标识,公布首批启东市“网络文明加油站”名单。

14—17日 中国文学艺术界联合会第十一次全国代表大会在北京召开。启东籍文艺家吴元新作为国家级非物质文化遗产项目南通蓝印花布印染技艺代表性传承人赴京参加大会。

17日 市数字档案馆经国家档案局审定,批准为“国家级数字档案馆”,为南通地区首家。

18日 学习贯彻党的十九届六中全会精神南通市委宣讲团报告会在启东举行。南通市委宣讲团成员、南通市委组织部常务副部长陆国强作宣讲报告。

21日 全国老干部工作先进集体和先进工作者表彰大会在北京举行。市委老干部局副局长、二级主任科员施建琴获“全国优秀老干部工作者”称号。全国共20人获该项荣誉,施建琴为全省唯一获此殊荣的老干部工作者。

同日 市工商业联合会(总商会)第十三次代表大会召开。

22日 通州湾吕四起步港区10万吨级通用泊位正式启用。此次启用的通用泊位总投资约16.05亿元,岸线总长556米,码头宽度42米,采用引桥式布置并预留集装箱功能,设计年通过能力散杂货710万吨,主要货种包括风机叶片、机械设备、钢材、建筑材料及其他件杂货。

同日 晚,2021江苏省文艺大奖·曲艺奖颁奖仪式暨惠民演出在启东保利剧院举行。江苏省文艺大奖·曲艺奖是由省委宣传部批准设立的全省曲艺专业最高奖项。中篇评弹《板凳姑娘》获第九届江苏省文艺大奖·曲艺奖节目奖。

23日 南通市政协主席黄巍东到启东开展外商投资企业大走访活动,实地了解企业发展经营状况,面对面倾听企业呼声,零距离帮助解决困难需求。

25日 启东800兆瓦海上风电项目实现全容量并网。该项目位于启东市海域,场区中心离岸距离约40公里,规划用海面积114.5平方公里,配套建设3座220千瓦海上升压站和1座陆上集控中心。该项目并网发电后,年上网电量可达22.26亿千瓦时,每年可节约标煤71.7万吨,减少二氧化碳排放146.9万吨。

31日 市委十四届二次全体会议召开。全会以习近平新时代中国特色社会主义思想为指导,全面贯彻党的十九大、十九届历次全会以及中央经济工作会议精神,深入落实习近平总书记对江苏工作重要指示精神,按照省委、南通市委的部署要求,回顾总结2021年工作,部署安排2022年任务,动员全市上下向海图强、扬帆奋进,加快建设沪苏一体融合发展窗口城市。

12月 南通中集太平洋海洋工程有限公司在浙江舟山向英国Avenir LNG公司交付全球最大20000立方米LNG运输加注船。此次交付采用“云交付”的方式进行。

12月 中宣部、公安部联合开展2021“最美基层民警”学习宣传活动。市公安局刑侦大队俞海忠作为南通市公安机关唯一代表入围候选。

12月 省政府发布《关于表彰第三届江苏技能大奖获得者的决定》,南通泰胜蓝岛海洋工程有限公司的朱军和启东中远海运海洋工程有限公司的宋铁获“江苏工匠”称号。

12月 由市行政审批局承担的启东市政务服务综合标准化试点项目以高分通过省级考核验收。这是启东市首个通过省级社会管理和公共服务标准化验收的试点项目。

12月 省水利厅公布首批省级水利遗产名录,全省共117处。启东市通海垦牧公司海堤挡潮墙遗址名列其中。

12月 2021年全国营商环境百强县(市)名单公布,启东排名20,位列南通第一。

12月 启东市发出首张“一照多址”营业执照。

是年 前三季度,广汇能源应税销售总额为110亿元,成为启东市突破百亿元的首家服务业企业。江苏东成电动工具有限公司累计完成应税销售收入102亿元,比上年增长44.26%,成为启东市第二个应税销售破百亿元企业,也是市首个本土应税销售超百亿元的制造业企业。

(陈银银)

责任编辑 黄亦美

启东概览

※综　述
※地　理
※资　源
※历史沿革与区划
※人口与民族
※文化遗存
※风景名胜
※地方特产
※国民经济和社会发展

城区一景

（市融媒体中心/供图）

综　述

【概况】 启东位于江苏省东南端，长江入海口北岸，是江苏省日出最早的地方。濒海临江，三面环水，形似半岛。启东市行政区域总面积为1681.29平方公里，拥有国家一类开放口岸，江海岸线178公里，可利用深水海岸线30公里，中深水长江海岸线20公里。境内气候温和，日照充足，雨水充沛，沟河纵横，土地肥沃，资源丰富，素有“粮棉故里，东疆乐土”之誉。启东海工船舶重装产业、新能源及装备产业、港口机械产业、电动工具产业、高端机械装备产业、电子信息及半导体产业、生命健康产业发展快速，形成具有江海特色和启东魅力的产业品牌，是全国有影响力的“海洋经济之乡”“建筑之乡”“电动工具之乡”“教育之乡”“版画之乡”“长寿之乡”，先后获国家科技进步示范县(市)、全国农村综合实力百强县(市)、国家卫生城市、全国休闲农业和乡村旅游示范县、国家知识产权强县工程示范县(区)、国家园林城市、全国文明城市等荣誉。2021年，全市户籍总人口108.74万人，其中城区(汇龙镇和启东经济开发区)人口28.03万人。实现地区生产总值1345.94亿元，人均地区生产总值139548元。列全国县域基本经济竞争力百强县市第17位，比2020年提升1位。

(启　鉴)

地　理

【位置】 启东南濒长江入海口北支，其中东段以江心为界，西段永隆沙与上海市崇明区接壤。宁启铁路建成通车，使南京启东实现铁路直达；国家高速公路G40沪陕高速公路横贯启东，崇启大桥与上海崇明岛相连。北沿江高铁可研报告正式获批，启东客整所征拆完成；洋吕铁路全线开工建设，宁启铁路二期复线工程、沪崇启铁路列入省专项规划。东、北濒临黄海，西与南通市海门区毗邻。地理坐标为北纬31°41′06″～32°16′19″，东经121°25′40″～121°54′30″。

【地貌】 启东属长江口沉积平原，除通吕水脊区成陆千年以上外，大部分仅有二三百年历史。启东市境内地势平坦，沟河纵横，属沿海低平地区。微域地形略有起伏，西北向东南微倾，倒岸河为南北地貌的自然分野，河南高程(吴淞标高)3.6～4.6米，河北高程在5.1～6.1米，南北倾斜度约1/30000米。东西倾斜度约1/43500米。常年地下水位1.2～1.6米。

【土壤】 启东市成土母质系海相沉积物和长江冲积物，具有强石灰。吕四地区土壤类型为壤性或沙性潮盐土；蒿枝港以南，头兴港以西，协兴河以北地区主要为黏性灰潮土；沿海、沿江地区主要为壤性或黏性潮盐土。

(启　鉴)

【气候】 2021年，启东市主要气候特征：气温异常偏高，降水正常，日照正常。

气温　2021年，启东市年平均气温17.2℃(上年17.0℃)，比常年(1981—2010年，下同)高1.7℃，属异常偏高。按中国气象局2012年发布的气象行业标准《气候季节划分》统计，启东地区实际一年四季：3月22日之前(含22日)处于2020年冬季；3月23日入春；5月27日入夏；10月16日入秋(创1951年有气象记录以来最迟入秋记录)；12月1日进入2021年冬季。春季65天，夏季142天，秋季46天，冬季112天(2020年冬季81天和2021年冬季31天)。按月气温异常度统计，2021年气温异常偏高有2月、3月、9月、10月，显著偏高有4月、5月，1月和6月属偏高，其余4个月气温属正常。

2021年气温极值：年极端最低气温-8.7℃，出现在1月8日；年极端最高气温36.5℃，出现在7月12日。全年最高气温≥35℃的高温日4天，最高气温≥37℃的高温日0天。

降水　2021年，全年降水量1292.6毫米，属正常(常年1112.1毫

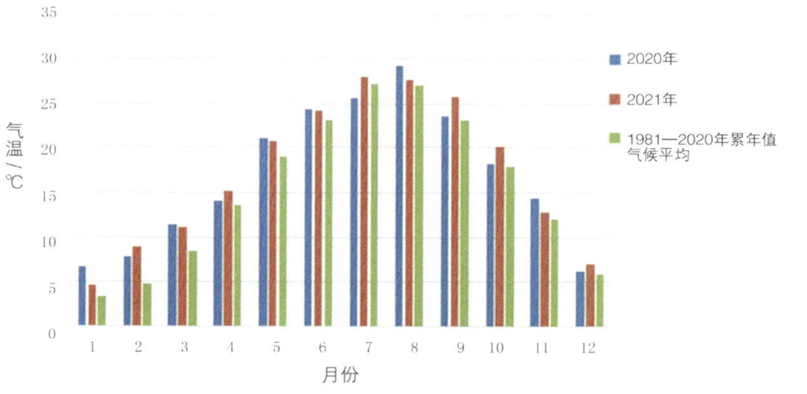

图1　2020年、2021年及历年(1981—2010年)逐月平均温度示意图

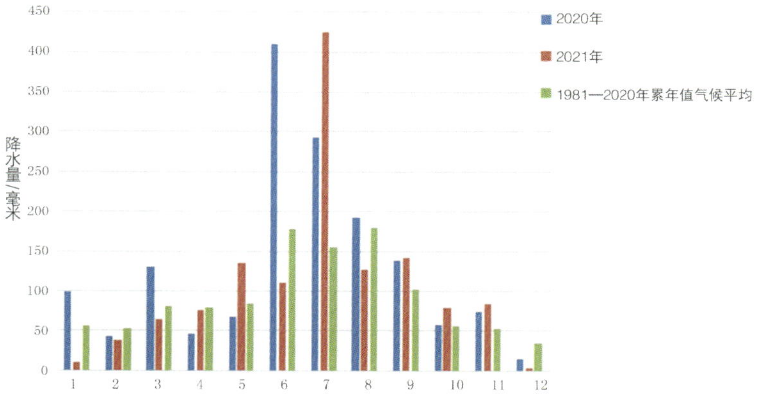

图2　2020年、2021年及历年(1981—2010年)逐月降水总量示意图

米),年降水距平百分率达16。

2021年梅雨入特征:入梅偏早,出梅正常,梅期略偏长。6月13日入梅,偏早(常年6月20日);7月11日出梅,正常(常年7月13日);梅期28天,略偏长(常年23天)。梅雨量分布不均,西南多,东北少。总降水量269.6毫米,较常年(224.5毫米)偏多两成左右,最大雨量出现在兴隆沙,为476.7毫米。降水呈过程性、间歇性特征,暴雨日明显减少。梅雨期出现3段连续性降水过程(6月13—19日、6月25—27日、7月2—10日)和2段降水间歇(6月20—24日、6月28日—7月1日)。多强对流天气,局地短时降水强度大。梅雨期有6次较大范围的短时强降水、雷暴大风、强雷电等强对流天气。局地短时降水强度大,其中7月2日,兴隆沙出现1小时雨量90.4毫米的短时强降水。

全年有5个月降水量超过历史平均值。其中比常年异常偏多的有:7月降水量424.9毫米,降水距平百分率超175。降水量≥0.1毫米131天,其中最长连续降水日数9天,出现在7月2—10日,期间总降水量206.3毫米。日降水量≥25毫米(大雨)14天,日降水量≥50毫米(暴雨)4天,日降水量≥100毫米(大暴雨)2天。一日最大降水量116.4毫米,出现在7月2日。最长连续无降水日数15天,出现在1月6—20日。

日照　全年日照时数1933小时,较常年偏少一成左右。农业气象上,将日照时数≤3小时定义为阴天。2021年阴天日数大于15天的月份为0。

(陆鑫海　王　辉)

【水系】　启东为长江干流北支苏北沿江地区,属长江水系。新中国成立后,对境内干河有计划地进行调整布局,并港建闸、拓浚新辟、裁弯取直、连接续长,又全面整治乡村河网,使河河相连、沟沟相通,形成新的能引、排、蓄河网水系。整个水系按地形高低,以倒岸河、三和港北闸为界,分为南、北两片:北片属通吕河水系,即高地水系,以通吕运河尾段为主干,由南北串场河、倒岸河向东西延伸,以总沟网覆盖全境。南片为低地水系,以新三和港、通启运河为骨干,两河一纵一横,纵向直接或间接贯穿蒿枝港、通启、塘芦港、协兴、中央、南引6条干河,横向直接或间接贯穿灯杆、聚星、三和、红阳、头兴、聚阳、三条、五效、戤效、连兴共10条干河。区内干支河纵横交错,河河相通、联网,形成竖河—横河—民沟三级引排水系。

【潮汐】　启东沿海及长江口口外潮汐属正规半日潮类型,长江口口内潮汐属非正规半日浅海潮,一个太阳日内两涨两落,日潮不等现象较为明显。高潮间隙12小时10分左右,高潮时间每天推迟45~50分钟。一个朔望月中,有两次大潮两次小潮,农历初一、月半(十五)为子午潮。吕四大洋港海潮,平均高潮位4.01米,平均大潮高潮位6.15米,平均低潮位2.39米,平均潮差3.82米。每年3月下半月至9月上半月,白天的高潮位比夜间的高潮位高。9月下半月至次年3月上半月,夜间的高潮位比白天的高潮位高。一年中,平均潮位8月至9月最高,12月至翌年2月最低。

长江潮汐,根据三条港长江潮位站观测,多年平均高潮位3.69米,平均低潮位0.68米,平均潮差3.01米。三条港潮位站最大潮速每秒6.95米,最小潮速每秒0.06米,平均潮速每秒3.07米。平均涨潮历时4小时54分,平均落潮历时7小时31分。

(市水务局)

资　源

【土地资源】　根据南通市第三次国土调查领导小组办公室核定后的全市土地资源数据:耕地56413.13公顷(84.62万亩),园地1775.40公顷(2.66万亩),林地6853.63公顷(10.28万亩),草地1286.42公顷(1.93万亩),湿地17485.30公顷(26.23万亩)。湿地是"三调"新增地类。其中沿海滩涂17377.83公顷(26.07万亩),占99.39%;内陆滩涂107.47公顷(0.16万亩),占0.61%。

(刘忠华)

【生物资源】　根据2019年度启东市生物多样性本底调查研究成果发现,全市共记录到生物物种1337种,包括水生及陆生维管植物562种,陆生脊椎动物188种,陆生昆虫202种,鱼类、底栖动物和浮游生物等水生生物252种,海洋游泳动物、潮间带底栖动物、海洋底栖动物、海洋浮游植物、海洋浮游动物133种。其中,有外来入侵物种20种。

(倪红宇)

【湿地资源】　启东长江口(北支)湿地省级自然保护区由原启东县兴隆沙鸟类自然保护区扩建而成。启东长江口(北支)湿地省级自然保护区分南区和北区,总面积为21491公顷,其中核心区7515公顷,缓冲区7444公顷,实验

沿江湿地　(市融媒体中心/供图)

区6532公顷。南区位于长江入海口部位,西起吴仓港外,东至启兴沙东,南起崇启交界,北至长江大堤外2.4公里,保护区面积20218公顷,其中核心区7515公顷,缓冲区7444公顷,实验区5259公顷。北区位于长江口北侧黄海部位,恒大海上威尼斯大堤外300米以东黄海潮间带,保护区面积1273公顷,全部为实验区。

江苏启东圆陀角滨海省级湿地公园地处启东市东南部,位于长江入海口处,总面积1011.60公顷,由江苏省启东圆陀角旅游度假区管理委员会管辖。地理坐标为:北纬31°44′11″~31°45′54″,东经121°55′06″~121°57′53″。2017年获批省级湿地公园,是南通首个省级湿地公园。湿地公园根据功能进行科学合理分区,实施分区管理。共分为五个区:湿地保育区874.97公顷,主要功能是保护滨海湿地生态系统和生物多样性;恢复重建区48.21公顷,主要功能是修复、恢复受损的湿地生态系统,净化水质,为湿地保育区提供支撑屏障;宣教展示区54.98公顷,主要功能是湿地服务功能、湿地文化的展示及宣传教育;合理利用区27.72公顷,主要功能是开展生态旅游等不损害湿地生态系统的活动;管理服务区5.72公顷,主要功能是游客服务和集散,湿地管理和后勤服务。

【林业资源】 2021年,启东市严格遵守国家、省关于禁止耕地"非农化""非粮化"政策要求,深挖潜力,适地适树,见缝插绿、应栽尽栽。完成新增成片造林170亩,低效林改造更新造林等650亩。通过抓沿路沿水绿化、庭院绿化、休闲绿地绿化和农田林网建设四个方面做好省级绿美村庄创建工作,全年共有8个自然村通过省级验收。

(王晶晶)

历史沿革与区划

【历史沿革】 唐高祖武德年间(618—626),长江口外形成江中岛屿,犯人被流放于此,从事盐业生产。与胡逗洲(今南通市区及通州平潮、西亭一带)一起同属广陵郡,隶于淮南道。五代后梁开平元年(907),长江口东洲、布洲合并为海门岛。后周显德元年(954),设政、场合一的地方管理机构吕四场,这是启东境内首次出现行政管理机构。后周显德五年,海门建县于东布洲,隶于通州。海门县域包括今启东中部、北部地区。至北宋至和年间(11世纪中叶),胡逗洲向东扩展,与海门岛相接,形成东西长约75公里、南北宽约20公里的"通吕水脊"(西至南通唐闸附近,东至吕四)。元末至明朝中叶(14世纪—15世纪),长江主泓北移,海门沿江地带大面积坍塌,先后四迁县治,仅留吕四一地。由于民户所剩无几,清康熙十一年(1672)撤销海门县建置,改为海门乡,并入通州。

清康熙末年,长江口北岸开始新的淤积。在此后的200多年中,许多小的沙洲逐渐并连形成启海陆地。清乾隆三十三年(1768),划通州19个沙、崇明11个沙和新涨的10个沙,设置海门直隶厅,隶于江苏布政使司。今启东中部地区,时为海门直隶厅的东境。清雍正至光绪初年(1723—1875),长江口北岸的惠安沙、杨家沙、永丰沙等13个沙洲陆续形成并连成一片,因临近崇明,大多为崇明人开垦,称崇明外沙(崇明岛称为内沙)。清光绪二十三年(1897),崇明县设崇海司巡检署于九龙镇(后更名为久隆镇)。崇明海门两县间开挖崇海界河,西起庙桥,经南阳村东流入海,南为崇明外沙,北属海门。与此同时,通海界河开挖完成,南为海门,北为通东(通州东部)。今启东地域分属三县的格局至此形成。

1912年1月,海门废厅设县;5月,通州改称南通县。今启东中部地区属海门县,隶属于沪海道;北部地区属南通县,隶属于苏常道。1920年,崇明县在外沙惠隆镇(今汇龙镇)设行政公署。1928年1月,应外沙民众反复要求,民国江苏省政府作出决议,"崇明外沙应即设县分治,定名'启东'"。2月,国民政府作出"准予备案"的决议。3月1日,启东县宣告成立,县治汇龙镇,隶属于江苏省,下辖10个乡,居民33万人。1933年,启东县隶于江苏省行政第七区。1936年,第七区改为第四区,启东隶属于第四区。

1940年11月,新四军挺进启东,建立启东县抗日民主政府。16日,接管启东县政权,国民党启东县政权到此结束。启东县抗日民主政府最初设在汇龙镇,后撤到江家镇。1941年3月,日军占领汇龙镇后,日伪炮制临时伪政府"启东地方自治会";启东县抗日民主政府在农村流动。9月,为对付日军"扫荡",抗日民主政府将启东、海门两县合并为海东行署。12月,改称海启行署。1942年7月,崇明划入,改称海启崇行署;9月,通东地区划入,成立东南行署,驻地在聚星镇。1943年4月1日,日伪正式成立伪政权"苏北清乡区启东特区公署"。其管辖范围为崇海界河以南的老启东区域。1945年8月31日,日伪军撤逃,日伪政权垮台。

1946年1月,国民党"还乡",在南通城组建启东县政府;10月起,随国民党军进驻汇龙镇。辖区崇海界河以南,即原国民党启东县政府管辖区域。同年3—11月,民主政府将启东、海门两县恢复建置,隶属于苏皖边区第一行政区。12月,启东、海门两县再度合并为东南行署,隶属于苏皖边区第九行政区。1949年1月,启东、海门全境解放。两县恢复建置,划海门的东部地区、通东的吕四地区归启东,县政府驻曹家镇。5月起,县政府迁回汇龙镇,隶属于苏北行政区南通专区。1953年,隶属于江苏省南通专区,1968年隶属于江苏省南通地区。

1983年3月,江苏省实行市管县新体制,启东县隶属于南通市。1989年11月,经国务院批准,民政部发文,同意撤销启东县,设立启东市(县级),12月,省政府发文决定启东市仍由南通市人民政府管理,实行计划单列。1990年2月15日,启东召开撤县建市大会,市委、市人大常委会、市人民政府、市政协挂牌,宣告启东市正式成立。

(启　鉴)

【行政区划】 2021年,惠萍镇新设立2个社区,全市区域布局更趋合理。至年底,全市有12个镇、261个村委会和54个城市社区居委会。

2021年启东市行政区划一览表

表1

区域名称	所辖村、居数(个)	所辖村、社区名称
汇龙镇	27个村	城北村、克明村、汇东村、城河村、圩北村、合兴镇村、汇龙村、东郊村、城东村、亚光村、五四村、永阳村、台角村、冬藏村、士清村、圩南村、爱新村、万英村、光荣村、正诗村、大陆村、近江村、取丰村、鹤群村、临江村、双庆村、南郊村
吕四港镇	35个村、 5个居委会	村:东皇山村、念总村、太阳庙村、菜园村、袁家灶村、吕滨村、吕北村、三甲村、十甲村、十二总村、海晏村、海渔村、石堤村、垦北村、二补村、边防村、秦潭村、培根村、吕复村、南星桥村、锡康村、通兴镇村、巴西村、平东村、巴掌村、元鹏村、洋章村、如意村、天汾镇村、闸河村、六斧头村、念四总村、念五总村、西宁村、范龙村 居:鹤南社区、鹤东社区、公园社区、仙鹤社区、晓明社区
北新镇	24个村	铁昌村、双仙村、三和村、建西村、富民村、光卫村、介英村、灯杆村、北新村、新桥村、普东村、庙南村、永济村、邦道村、永丰村、振兴村、民丰村、新庄村、建新村、安联村、永安村、红阳村、小花效村、万安村
东海镇	18个村	武东村、丰盛村、大丰镇村、东安镇村、丰利村、仲辉村、云祥村、建民村、锦秀村、显中村、兴旺村、兴垦村、东海镇村、共乐村、戴祥村、德字村、东余镇村、星宏村
惠萍镇	15个村	永胜村、河湾村、东兴镇村、鸿东村、海鸿村、鸿西村、惠安村、临河村、惠和镇村、士连村、南清河村、大兴镇村、公和村、庙港村、果园村
南阳镇	29个村	南兴村、南阳村、秉章村、佐鹤村、红星村、合丰村、汇城角村、永和村、安平村、中北村、光明村、武陵村、启兴村、良仁村、康乐村、北清河村、正谊村、富兴村、悦兴村、曦阳村、新河村、乐庭村、永兴村、东昌镇村、元祥村、耕南村、元庆村、聚阳村、小塘沙村
海复镇	17个村	季明村、复南村、糖坊村、清虎村、垦牧村、北固村、均里村、搬场村、兴益村、家禄村、庙基村、三圩村、桃洪村、安东村、滨海村、五圩村、四堤村
合作镇	17个村	兴隆村、周云村、曹家镇村、洋桥村、达育村、五星村、臣义村、四楼村、竖海村、新义村、庙店村、蟠龙村、二效镇村、竖河镇村、中央镇村、无畏村、志良桥村
王鲍镇	22个村	建群村、安良村、三岔店村、中施村、长安村、松桥村、洪桥村、聚星村、黄英村、九令村、义南村、元北村、二厂村、新港村、大生村、合南村、庙桥村、新桥镇村、久西村、久隆村、久东村、更生村
高新区 (近海镇)	20个村、 1个居委会	村:公益村、塘芦港村、临海村、爱民村、大圩村、海丰镇村、川流港村、杨香圃村、合兴圩村、利民村、黄海村、东进村、小闸口村、海界村、协兴港村、向阳村、新阳村、建东村、向北村、向西村 居:滨海新居
海工园 (寅阳镇)	26个村	林启村、寅南村、寅中村、寅北村、江夏村、寅西村、侯字村、戤效港村、稷字村、和合镇村、江楼村、农武村、裕丰村、和丰村、建丰村、庆佳村、洪飞村、临海桥村、晁汀村、东清河村、步梯村、益成村、拥政村、常乐村、长兴村、白港村
启隆镇	3个居委会	兴隆社区、永隆社区、长岛社区
南城区街道	18个居委会	
北城区街道	19个居委会	民乐新村社区、幸福一村社区、幸福二村社区、和平新村社区、万豪花园社区、文汇新村社区、长江新村社区、明珠新村社区、紫薇花苑社区、紫薇一村社区、长龙一村社区、长龙二村社区、紫薇二村社区、紫薇三村社区、长龙三村社区、绿城花园社区、御河湾社区、克明花园社区、长龙五村社区
启东经济开发区(代管)	8个村	汇龙镇7个村:城西村、华石村、大洪村、瑞章村、庙效村、小效村、三星村 北新镇1个村:新村村

(周　洁)

人口与民族

【人口】 2021年,全市户籍总人口108.74万人,其中城区(汇龙镇和启东经济开发区)人口28.03万人。全年出生人口4124人,出生率3.79‰,出生婴儿男女性别比为105:100;全年死亡人口10694人,死亡率9.83‰,人口自然增长率-6.04‰。年末常住人口96.15万人,年末城镇化率60.7%,比上年提高0.7个百分点。

(市统计局)

【民族】 2021年,全市共有45个少数民族族别,少数民族人口共计7192人,散居在全市各地。其中,启东户籍少数民族族别41个,计2370人,比上年增加97人,占全市户籍人口的0.22%。在常住少数民族人口中,排名第一位为苗族,366人。流动少数民族人口4822人,其中排名第一位为彝族,1501人。

(杨润兰)

文化遗存

【概况】 2021年,启东市有文物保护单位18个,其中省级1个(苏北抗大九分校)、南通市级3个(三清殿、通海垦牧公司挡潮墙遗址和郁寿丰墓)、启东市级14个。有56个非遗项目,其中省级4项(吕四渔民号子、色织土布技艺、沙地灶头画、洋钎说书),南通市级5项(吕四十番、评弹北调、吕洞宾的传说、灶君菩萨的故事、启东芦编工艺)。有省级非遗传承人2人,南通市级非遗传承人5人。有4个非遗传承基地,1个非遗数字化展厅。

【苏北抗大九分校】 江苏省级文物保护单位。位于海复镇东南中学内,管理单位为海复镇、东南中学。原为通州师范学校第二附属小学,由张謇创办。1938年南通师范乔迁该校。1942年2月,粟裕率新四军一师师部进驻海复镇,同年5月在此创办"抗大九分校"。新中国成立后,启东一直加强对抗大九分校旧址的保护。1962年,郭沫若为该校题词"东风永健"。2014年6月,启东市人民政府完成对旧址的全面维修,2015年3月,完成抗大九分校纪念馆展陈工作并对外开放。旧址建筑面积2170平方米,占地面积4490.64平方米。坐北朝南,三进两院,东、西两侧有厢房,房屋共80间。房屋、树木保存尚好。旧址内设主题馆:张謇垦牧教育纪念馆(东疆启明)、抗大九分校纪念馆(东南烽火)和东南中学校史馆(东风永健)。其中,抗大九分校纪念馆是国家AAA级旅游景区。该校多次被省委宣传部、省教育厅评为"革命传统教育基地",2002年被江苏省人民政府公布为江苏省级文物保护单位。2021年被省委党史工办命名为第三批江苏省党史教育基地。

【三清殿】 南通市级文物保护单位。位于启东市吕四港镇环北街道,管理单位为吕四港镇。始建于元末明初,明洪武四年(1371)扩建,曾经是通东地区一处著名的道院,也是启东仅存的一处道观,有着600多年的历史。史载三清殿初建时原有殿房16间,正中供奉太清天、上清天、玉清天,后又请来元始、灵宝、道德三大天尊,还供奉千手观音、温公元帅、真武大帝等圣人。清末,吕四镇大佛殿被毁,仅存的药师、释迦、弥陀三尊佛像被搬入三清殿内供奉,形成"道佛一家"的独特现象,故三清殿又被称为三圣殿。民国年间,三清殿屡遭毁坏,仅存5间旧殿房以及汉白玉石碑底座和石狮一对。1982年政府拨款重修三清殿,基本恢复原貌。1993年,因城镇建设公路用地需要,三清殿向南迁建到现址。现存正殿为主体建筑,坐北朝南。砖木结构,歇山顶,面阔五间20米,进深七檩9.5米,高6.6米。迁建后的三清殿按明代建筑样式还原历史风貌,具有一定的历史和艺术价值,对于研究启东古代的发展、民俗、宗教、艺术有着十分重要的历史意义。1998年被南通市人民政府公布为南通市级文物保护单位。

【通海垦牧公司挡潮墙遗址】 南通市级文物保护单位。通海垦牧公司挡潮墙遗址位于吕四港镇秦潭村,管理单位为吕四港镇。挡潮墙为张謇创办的通海垦牧公司的重要护堤设施,位于原通海垦牧公司第一堤外,是为阻挡海潮冲击堤岸而建。1911年,张謇出资,邀请荷兰水利专家特莱克作技术指导,历时近10年修筑而成。最初是木板墙,屡建屡毁。1930年前后改用钢筋混凝土建筑。挡潮墙高3.3米,厚0.7米,墙体两侧每隔数米有斜坡支撑,全长1585米。因海浪冲积滩涂不断涨出,海岸线向外延伸,现只保留原貌约500米,已成为海堤内一处景观。2004年被南通市人民政府公布为南通市级文物保护单位。2021年,入选首批省级水利遗产名录。

【郁寿丰墓】 南通市级文物保护单位。位于合作镇曹家镇村,管理单位为合作镇。郁寿丰(1873—1926),字芑生,原名世丰,又名鸿兴,海门县人,早年在浦东同昌纱厂谋生,粗通英文。清光绪三十二年(1906),张謇于崇明外沙筹办大生分厂,郁寿丰受张謇委派去英国采购纺纱机,后在大生分厂供职。民国2年(1913),郁寿丰在上海设立大生机器公司。他热心于教育、慈善事业,在家乡先后办了小学6所,造"寿丰"石桥11座、水泥桥3座,在上海创办圣心医院。郁寿丰墓占地面积1000平方米,墓冢圆形,坐北朝南,后有弧形护墙。墓前有一座方柱体青石墓碑,该碑碑文由清末状元刘春霖撰写,榜眼夏寿田题词,探花郑沅书丹,具有较高价值。2004年被南通市人民政府公布为南通市级文物保护单位。

【吕四渔民号子】 吕四渔民号子属于我国汉民族民歌的一种,系原生态渔歌。2010年,入选江苏省第一批省级非物质文化遗产名录。主要反映吕四一带渔民出海捕鱼劳作过程,它是渔民群体劳动协作、配合过程的一种号令。共有对草、拢绳、接潮、拔篷、起锚、测水、摇橹等40多种长短不一的号子。吕四渔民夏家兄弟表演的《吕四渔民号子》曾获全国南北民歌大赛金奖、全国渔歌号子大赛金奖第一名、“江苏省五星工程奖”金奖等荣誉。夏阿林为省级非遗传承人。

【色织土布技艺】 “色织土布”即运用已经浆染上色的纱线在传统布机上进行纺织，通过不同的手法织出芦扉、囍字等花纹，这和用白纱织出白布后再进行浆染的蓝印花布是不一样的工艺。2011年，色织土布技艺入选江苏省省级非物质文化遗产名录。袁水玉为南通市级非遗传承人。

【洋钎说书】 最早起源于唐朝和尚化缘边念边敲，随着时代变迁，到清光绪年间启东土地面积逐渐扩大，来垦牧的人越来越多，这时起“洋钎说书”开始盛行。说书者身着长衫，一手端着圆盘一样的铜质乐器，一手持着竹棍，一阵敲击后开口就是一段妙趣横生的说书。唱词文字粗浅通俗，说唱时均用启东方言，吐字清晰，语言好上口，乡音亲切，听众易懂。20世纪90年代中期至2004年，原启东评弹团团长王晓东共收集整理洋钎说书3万字左右，创作长篇小说5部、中篇小说2部、短篇小说30多篇，并完成洋钎说书汇编。2015年，洋钎说书入选江苏省第四批省级非物质文化遗产名录。王晓东为省级非遗传承人。

【沙地灶头画】 沙地灶头画主要流传于启东南部沙地乡村。起初农民们在灶上作画，为了祭祀灶神，祈求来年风调雨顺。新中国成立后，这种祭祀功能逐渐被美化功能所取代，沙地灶头画的题材也开始丰富起来，五谷丰登、六畜兴旺、年年有余、花草山水成为常用题材，具有浓郁的江海地方特色。早期灶头画是黑白的，所用之墨就是铁锅上的“镬锈”。随着水彩油画颜料的出现，灶头画进入彩色时代。为确保色彩的耐久性，在绘制上采用湿壁画工艺。灶头画的画师一般由泥瓦匠老师傅兼任，他们都没有受过专门训练，全是依靠天赋。随着农民生活水平的提高，砖灶逐渐退出历史舞台。没有了砖灶，灶头画失去赖以生存的基础，这一民间传统美术项目面临濒临消失的境地。2015年，沙地灶头画入选江苏省第四批省级非物质文化遗产名录。杨锦辉、高黄鑫为南通市级非遗传承人。

（徐海华）

风景名胜

【圆陀角旅游度假区】 江苏省级旅游度假区，是江苏省“十二五”旅游发展规划重点项目和南通市现代服务业集聚区。位于江苏省最东部，东临黄海，西至连兴港河，南依长江，北至国道336线，规划总面积约45平方公里，下辖3个自然村。这里是万里长江的入海口，也是长江、黄海、东海三水交汇之地和长三角地区最早迎接日出的地方，旅游资源丰富，生态环境优美，区位条件优越。景区有圆陀观日、玉龙礼佛、大禹祈福、金滩拾贝、湿地畅游等景点，有恒大海上威尼斯、新湖长江公园、碧海银沙双色海、黄金海滩景区、滨江沿海景观大道、连兴港渔人码头等各类旅游项目。度假区放大三水交汇、咸淡分潮、第一缕阳光等独特资源优势，做精做美江海岸线，提升休闲娱乐、观光度假、体育运动等业态品质，积极创建国家级旅游度假区。

【碧海银沙】 国家AAAA级旅游景区。位于圆陀角旅游度假区东侧滨海区域，围海7.23平方公里，滤沙净水，打造华东地区独有的蔚蓝色海域和绵延3.5公里极富观赏价值的双色海奇观。移植海南原版细致柔软白沙，形成“水蓝、沙白、椰林树影”的人工沙滩。第一缕曙光、双色海、休闲沙滩形成景区的核心特色，滨海酒店、九大中心、酒吧街、美食街等设施组成景区完善的旅游服务配套，各类休闲娱乐活动丰富多彩，多次承办沙滩排球等大型国际赛事。景区建成后，吸引长三角地区大批游客到此观光度假，年接待游客超过百万人次。2016年，景区入选江苏省十大新景区，2020年被评为国家AAA级旅游景区，2021年被评为国家AAAA级旅游景区。

【黄金海滩】 国家AAA级旅游景区。位于江苏省最东端、长江入海口北侧。景区总占地面积约180公顷，拥有丰富而独特的江海旅游资源，是一个集生态湿地、滨海沙滩、科普教育、休闲度假于一体的生态旅游景区，设有鲸鱼馆、新能源科普馆、湿地动植物教育基地、农耕文化区、滨海广场等旅游设施，可以开展科普教育、农耕文化展示、文蛤采摘、闲牛赶海、风筝冲浪等众多旅游活动。2011年被评为国家AAA级旅游景区，2017年被评为江苏省省级湿地公园。

（周健飞）

地方特产

【概况】 启东地方特色产品主要有农产品和水产品两大类。农产品主要有蚕豆、大红袍赤豆、朝天小辣椒、乌皮青仁豆、香芋、芦稷、青皮长茄、洋扁豆、山药、东疆梨等，其中青皮长茄、洋扁豆、绿皮蚕豆、沙地山药、芦稷获农业部颁发的农产品地理标志登记证书。启东江海资源丰富，仅吕四渔场就有2000多种海产资源，其中有重要经济价值的300多种。主要有吕四海蜇、黄鱼、鲳鱼、梭子蟹、文蛤、紫菜、海鳗等。吕四海蜇盛产于吕四沿海，是中国“海产八珍”之一，获准实施国家地理标志产品保护。启东沙地文蛤饼、启东醉泥螺、启东油浸吕四带鱼、启东青皮茄子洋扁豆河虾汤入选江苏省百道乡土地标菜名单。

【特产选介】 大红袍红豆　沙地人称为赤豆、赤小豆，色红、粒大、皮薄、肉细、易酥，营养价值极高，有补血功效。沙里乡亲常以赤豆做成赤豆米饭、赤豆馅圆子、赤豆红枣汤等。

青皮长茄　为启东、海门、崇明特产。烂茄子、螃蜞茄子、茄块烧洋扁豆等是沙地人家最常见又最亲切的菜肴。

朝天斑椒　因椒果朝天生长而得名。在沙地，小辣椒又称为“小红斑椒”，个小辣重。虽然沙地人不吃辣，但很多菜肴中也要有些辣味调制。比如“红烧羊肉”。冬天，沙地人家用面粉、花生、茶干、肉丁等再配以辣椒做成的“斑椒酱”温热可口，人人喜爱。

绿皮蚕豆　启东是中国乃至世界蚕豆的主产区，沙地人开发种植的“大粒绿皮蚕豆”是国内外的最优品种，畅销国内外。蚕豆既是粮食，又是小菜。每入初夏，碧绿清香的炒青蚕豆，入口软酥、沙中带糯、柔腻适宜、美味可口、营养丰富。蚕豆还可提取淀粉、加工粉条和制作酱原料，兰花豆、兰花片、速冻青豆远销海外。

洋扁豆　又叫利马豆，原产美洲，20世纪30年代引进启东。搭棚架栽培，是一种藤蔓类作物。荚扁平呈刀形，壳青籽白。洋扁豆糯香可口，洋扁豆炒酱瓜、洋扁豆炒茭白丁、洋扁豆炒茶干（豆腐干）是农家夏秋季家常菜肴。

香芋　香芋在启海和崇明地区有种植，其他地区则少见。香芋有球状块根，小者如算珠，大者如圆萝卜，褐皮白肉，气味清香，味如板栗。因为名字中有“芋”字，常被混同芋艿。香芋一般可蒸食或烧炖食用，香芋烧鸡、香芋炖蹄膀等，都是特色菜肴。香芋烧茶干，有“素菜之王”美誉。

芦稷　又名甜芦粟，属一年生禾本科植物，是高粱的别种。株高3米左右，茎有节，可食用，以青皮长节为佳，汁多甘甜，营养丰富，可与甘蔗媲美。叶子可喂猪羊，根皮作柴火，穗头晾干褪籽后成为扎扫帚的材料。沙地农户家家种植芦稷，是消夏休闲食品。

启东白山羊　启东白山羊是在长江口特定的条件下孕育而成的特产，属皮毛肉兼用型品种，被国家命名为“长江三角洲白山羊”。羊肉质鲜美、油而不腻，营养丰富、风味独特。脱骨制烂的羊膏，是冬季御寒助暖、抗病延年的滋补佳品。

（启　鉴）

国民经济和社会发展

【概况】　2021年，启东市实现地区生产总值1345.94亿元，按可比价计算，比上年增长8.4%。分产业看，第一产业增加值88.66亿元，增长4.5%；第二产业增加值656.96亿元，增长9.1%；第三产业增加值600.32亿元，增长8.2%。全年三次产业结构调整为6.6∶48.8∶44.6。全市人均地区生产总值139548元，增长8.5%。列全国县域基本经济竞争力百强县市第17位，比2020年提升1位。

【农业】　全年实现农林牧渔业总产值177.93亿元，比上年增长5.7%。其中，农业产值52.59亿元，增长8.3%；林业产值0.63亿元，增长3.6%；牧业产值14.89亿元，增长9.9%；渔业产值88.11亿元，增长3.7%；农林牧渔服务业产值21.70亿元，增长4.8%。全年粮食种植面积121.15万亩，比上年增长0.1%；粮食总产量32.80万吨，与上年基本持平。其中，夏粮产量9.60万吨，减产1.5%；秋粮产量23.20万吨，增产0.7%。粮食平均亩产270.76公斤，减产0.1%。全年生猪出栏26.44万头，增长19.8%；羊出栏54.30万只，增长19.7%；家禽出栏638.71万羽，增长1.5%；水产品产量32.12万吨，增长2%。现代农业加快推进。全年新建高标准农田5.3万亩，比上年增长10.4%，主要农作物全程机械化率超90%。启东市入选全国绿色食品原料标准化生产基地，获评首批省绿色蔬菜产业特色县，成功举办2021年农民丰收节。

【工业】　全年完成规模工业产值1120.58亿元，比上年增长28.2%。规模工业增加值增长14.5%。“两主两新两优”六大产业完成工业产值1008.41亿元，比上年增长32.2%。其中，海工及重装备产业产值244.98亿元，增长55.6%；新能源产业产值183.28亿元，增长49.1%；新材料产业产值165.85亿元，增长38.2%；精密机械产业产值252.82亿元，增长18.6%；电子信息产业产值111.81亿元，增长14.2%；生命健康产业产值49.66亿元，下降2.8%。战略新兴产业产值461.58亿元，占规模以上工业产值的比重为41.2%。实现工业应税销售1118.01亿元，增长31.8%。全年应税销售净增2000万元以上的工业企业254家。寰宇东方、东成电动工具应税销售突破100亿元。全年新开工亿元以上产业项目85个，其中百亿级项目2个、50亿元以上项目5个、10亿元以上项目31个，新竣工10亿元以上工业项目5个。新签约亿元以上产业项目102个，其中总投资10亿元以上重大产业项目30个，百亿级以上特大项目4个，制造业项目占比达93.1%。12月，启东800兆瓦海上风电项目实现全容量并网，成为全国单体容量最大的海上风电项目。

【建筑业】　全市拥有资质以上建筑业企业664家。其中，施工总承包特级资质建筑企业2家、一级资质建筑企业13家、二级资质建筑企业47家。全年实现建筑业总产值1401.3亿元，比上年增长8%。全年获“鲁班奖”5个、“国优奖”1个、“詹天佑奖”4个。全年房屋建筑施工面积1560万平方米，比上年下降11%，其中新开工面积643万平方米，下降0.5%；房屋竣工面积838万平方米，增长40%。

【固定资产投资】　全年固定资产投资额比上年增长7.7%。其中，工业投资增长12.3%、服务业投资增长2.7%。制造业投资占全社会固定资产投资的比重达46.4%，比上年提升4.2个百分点。建安工程投资比上年增长20.3%、基础设施投资额比上年增长2.9%。全年房地产开发投资146.32亿元，比上年增长20.4%。住宅施工面积1270.2万平方米，增长4.4%。安置房城区新开工面积77万平方米、竣工面积75万平方米。

【国内贸易】　全年实现社会消费品零售总额482.57亿元，比上年增长16.7%。分行业看，批发业零售总额58.75亿元，增长16.8%；零售业零售总额379.90亿元，增长16.6%；住宿业零售总额2.40亿元，增长17.2%；餐饮业零售总额41.52亿元，增长17.0%。分城乡看，城镇消费品零售总额409.70亿元，增长16.7%；乡村消费品零售总额72.87亿元，增长16.7%。全年限额以上单位消费品零售总额90.87亿元，比上年增长24.8%。从消费品分类看，金银珠宝类增长53.4%、粮油食品类增长47.6%、石油及制品类增长24.8%、烟酒类增长17.9%、汽车类增长16.4%、饮料类增长13.9%。

【旅游业】 全市共有国家AAA级以上景区7家、省级旅游度假区1家、省星级乡村旅游区12家；星级旅游饭店6家、旅行社9家、分社2家，营业网点32家。碧海银沙景区成功创建国家AAAA级旅游景区，梦幻长岛、江天生态园创成国家AAA级旅游景区，惠萍大兴镇村获评省级乡村旅游重点村。皇冠假日、国瑞豪生、玲珑源创成四星级旅游饭店。

【开放型经济】 全年实现进出口总额404.18亿元，比上年增长87.7%。其中，出口总额259.84亿元，增长68.9%；进口总额144.34亿元，增长134.5%。年末与市建立进出口贸易关系的国家和地区151个。全市有进出口业绩的企业434家，比上年增长3.8%。全年累计新批外商投资企业24家，增资扩股企业8家，实际利用外资3.85亿美元。全市累计总投资超3000万美元的重大外资项目11个。全年新批境外投资企业5家，中方协议投资额6180万美元。新签对外承包劳务合同额7465万美元，比上年下降27.3%；完成对外承包劳务营业额8137万美元，比上年增长31.9%。

【交通运输和邮电】 全市公路总里程2922.01公里，其中高速公路62公里。全年完成公路货运量575万吨，比上年增长12.2%；全年实现铁路客运量42.27万人次、公路客运量184万人次。优化新增14条公交线路。通州湾新出海口吕四起步港区“六大工程”建设全速推进，“2+2”码头工程建成开港运营，10万吨级通用泊位正式启用。北沿江高铁可研报告正式获批，启东客整所征拆完成。洋吕铁路全线开工建设，宁启铁路二期复线工程、沪崇启铁路列入省专项规划。年末全市汽车保有量27.4万辆、私家车拥有量21.6万辆，分别比上年末增长7.9%和7.5%。

全年邮政业务收入4亿元，比上年增长9.9%。全年通信业务收入8.91亿元，比上年增长13.9%。年末全市固定电话用户12.46万户、移动电话用户92.44万户、移动互联网用户73.2万户、宽带网用户（含广电）41.3万户，年末5G基站1295个。全年全社会用电49.02亿千瓦时，比上年增长14%。其中，第一产业用电0.76亿千瓦时，增长27.7%；第二产业用电30.23亿千瓦时，增长14%；第三产业用电7.65亿千瓦时，增长22.9%。城乡居民生活用电10.37亿千瓦时，增长7.3%。

【财政金融】 全年完成一般公共预算收入77.81亿元，比上年增长8.0%。其中税收收入63.79亿元，增长7.9%。税收收入占一般公共预算收入比重达82.0%。主要税种中，增值税21.43亿元，增长1.3%；企业所得税14.62亿元，增长25.1%；个人所得税2.52亿元，增长5.1%；契税10.16亿元，增长34.6%。全年一般公共预算支出118.22亿元，其中民生支出93.3亿元，占一般公共预算支出的比重达79.0%；教育支出22.2亿元，增长2.1%；公共安全支出6.4亿元，增长2.9%；卫生健康支出15.43亿元，增长5.8%。

年末全市金融机构本外币存款余额1909.65亿元，比上年末增长9.4%。其中，住户存款余额1231.02亿元，增长10.9%。年末金融机构本外币贷款余额1486.5亿元，增长16.7%。从贷款期限看，短期贷款余额508.02亿元，增长10.1%；中长期贷款余额913.16亿元，增长20.8%。从贷款类别看，消费贷款385.34亿元，增长11.7%；经营贷款192.79亿元，增长20.7%；制造业贷款144.2亿元，增长14.6%。全年新增上市公司2家，累计上市公司6家，资本市场累计募集资金133.79亿元，“新三板”挂牌公司4家，江苏股交中心挂牌企业69家。年末全市保险公司27家，其中产险公司12家，寿险公司15家。全年保费总收入24.66亿元，比上年增长7.5%，其中寿险17.50亿元，增长5.7%；财产险7.16亿元，增长9.4%。

【科技教育】 全年专利授权量3508件，比上年增长14.6%，其中发明专利授权509件，增长394%；有效发明专利拥有量3448件，增长15.6%；万人发明专利拥有量35.65件，增长13.5%。商标注册量3618件，增长69.6%。全年新认定高新技术企业79家，高新技术产业产值占规模以上工业产值的比重达57.4%，比上年提升2.8个百分点。全年实施产学研合作项目202个，完成技术合同成交额20.83亿元。新增省级以上企业研发平台5家，入选省“双创人才”10名。全年新增19家省级三星级以上“上云”企业，1家国家级、4家省级专精特新“小巨人”企业，20家企业通过国家两化融合管理体系贯标评定。

全市拥有各类学校147所，在校学生90996人，专任教师7722人。小学学龄儿童净入学率、初中阶段毛入学率、九年义务教育巩固率均达100%。蝶湖实验小学、蝶湖中学、少年宫新校区开工建设，6所幼儿园建成启用，普惠性学前教育覆盖率达94.8%，37所中小学获评省智慧校园。义务教育“双减”工作扎实开展，校外学科类培训机构监管有力，校内延时服务全面推行。

【文化、卫生和体育】 全市拥有文化馆1个、公共图书馆2个、24小时城市书房5个，图书总藏量210多万册。“启吾大讲堂”举办人文讲座60场次、主题书画摄影展19场次、各种阅读推广活动134场次，举办纳凉晚会78场次。中国·启东国际版画艺术中心于7月正式运行，启东市美术馆、启东版画博物馆、蓝印花布艺术馆同步开馆。成功举办2021全国版画名家邀请展、百家金陵画展历届优秀作品巡展、镌刻百年·全国版画名家木版画作品展等10个展览，版画作品《广场神韵》入选第二十四届全国版画展、《2020》被中国版画博物馆收藏。评弹中篇《板凳姑娘》完成创作首演巡演，获评江苏省文艺大奖·曲艺奖节目奖。

全市共有各类医疗卫生机构437个、执业医师（助理）2589人、注册护士2769人。每千人口执业（助理）医师2.67人、每千人口注册护士2.86人，每千人拥有床位数4.36张。启动名医工作室建设，建成北上广医疗团队1

个、长三角名医工作室18个。基本公共卫生服务项目补助资金提高到每人100元,人均预期寿命提高到83.19岁(男80.78岁,女85.57岁)。全市标准化儿童预防接种门诊建成率100%,65周岁以上老年人免费健康体检率达72.2%。全市具备核酸检测能力的医疗机构8家,全市最大日10:1核酸混检能力达50万人次。

全市拥有各类体育协会32个、体育健身俱乐部13个。年内新增公共体育设施面积25.65万平方米。全年举办"共乐东疆"群众性体育活动35项,成功举办2021年全国青年U19沙滩排球锦标赛、第十一届环启168公里自行车邀请赛等赛事活动。承办国家级比赛1项、省级比赛1项。主城区、主功能区建成"10分钟健身圈",261个行政村和54个社区的体育活动室及多功能运动场全部建成,改造老旧小区及镇村体育设施76套。全市75所中小学校体育场地全部实现对外开放。年末全市拥有体育场地320个,其中体育馆1个,人均体育场地面积达2.9平方米。启东市获评全国群众体育先进单位。

【人民生活】 全年居民人均可支配收入44191元,比上年增长10.2%。其中,工资性收入28448元,增长9.2%;经营净收入6431元,增长10.6%;财产净收入3683元,增长11.4%;转移净收入5629元,增长14.0%。按常住地分,城镇居民人均可支配收入54910元,增长9.3%;农村居民人均可支配收入30710元,增长11.2%。城乡居民收入比由上年的1.82缩小为1.79。全年居民人均生活消费支出31863元,增长19.6%。按常住地分,城镇居民人均生活消费支出40167元,增长18.2%;农村居民人均生活消费支出21419元,增长21.8%。城镇居民人均住房面积55.4平方米,比上年末增长3.9%,农村居民人均住房面积68.8平方米,比上年末增长0.1%。全年新增城镇就业10081人、新增转移农村劳动力1250人、促进城镇失业人员再就业5675人,城镇登记失业率1.76%。扶持城乡劳动者自主创业2618人,引导大学生自主创业332人。全市工商登记各类在业企业26324家,其中国有及集体控股企业257户,私营企业24618户,其他内资企业925户。当年新登记各类企业4630户,新增个体工商户6702户。全市居民消费价格指数101.3,物价总水平比上年上涨1.3%。其中,服务项目价格上涨0.4%,消费品价格上涨1.9%。八大类消费品及服务项目价格呈"六涨二跌"态势。

【社会保障】 年末,全市企业职工养老保险参保缴费人数17.13万人,比上年末增长6.4%;城乡基本医疗保险参保人数99.66万人,比上年末下降0.9%(其中,职工基本医疗保险参保人数24.43万人,比上年末增长5.6%;居民基本医疗保险参保人数75.23万人,比上年末下降2.8%);城镇职工失业保险参保人数13.46万人,增长8.0%。养老、医疗、失业三大保险综合覆盖率达98%。企业退休人员月均养老金2495.8元,增长5.4%;基础养老金标准由每人每月170元提高至190元;城乡低保标准由每人每月710元提高到750元;城镇三无人员供养标准每人每月1945元;农村五保供养标准每人每月1010元。全年累计发放保障资金6985.62万元。

【城市建设】 全年新建改建江海南路、紫薇东路等7条城市道路。农村公路提档升级30公里,改造危险桥梁40座。中心城区建成区面积38.7平方公里,城市道路总长274.44公里,道路总面积597.5万平方米。新建公园绿地2个、小游园5个,新增城市绿地60万平方米。系统化改造老旧小区24个,拆除违法建设92.59万平方米。建成区绿地率40.6%、绿化覆盖率43.4%,城区燃气气化率和用户普及率均达100%,供水普及率达100%。

【生态环境】 全年环境空气质量优良天数达标率93.2%,比上年提高1.9个百分点。$PM_{2.5}$年均值23.2微克/立方米,比上年下降7.2%。两项指标均列居全省第一位,3年蝉联全省空气质量桂冠。全年万元GDP能耗比上年下降0.9%,规上工业企业综合能耗下降1.05%,二氧化碳、二氧化硫、氮氧化物、化学需氧量、氨氮等主要污染物减排完成年度目标。新建污水处理厂1座,扩建污水处理厂2座,新建改造污水管网340公里,城市污水集中处理率达94.5%。农村生活污水治理行政村覆盖率达95.4%,分散农户生活污水治理1.7万户。建成生态河道608条,建成生态河道示范村36个。整治农村黑臭水体53条,疏浚三级河道3条。市考以上断面水质优III类比例达100%,受污染土地安全利用率达100%。新增成片造林170亩。

(市统计局)

责任编辑　黄亦美

中共启东市委

※重要会议
※重要决策
※巡察工作
※组织工作
※宣传工作
※精神文明建设
※统战工作
※港澳台侨事务
※老干部工作
※党校工作
※机构编制管理

启东市行政中心前一景

（市融媒体中心/供图）

重要会议

【中国共产党启东市第十四次代表大会】 7月27—29日，中国共产党启东市第十四次代表大会召开。大会听取和审议市委书记李玲代表中国共产党启东市第十三届委员会所作的《跑好第一棒，奋进新征程，全力谱写“强富美高”新启东现代化篇章》的报告。大会总结过去五年的成绩，同意报告提出的今后五年工作的指导思想和奋斗目标，强调要统筹推进“五位一体”总体布局，协调推进“四个全面”战略布局，完整、准确、全面贯彻新发展理念，紧扣“强富美高”总目标，围绕“争当表率、争做示范、走在前列”总要求，坚持稳中求进工作总基调，以高质量发展、高品质生活、高效能治理为导向，深入实施向海发展战略、接轨上海战略，跑好第一棒，奋进新征程，加快建设沪苏通一体融合发展窗口城市，积极推进社会主义现代化建设探索实践，全力谱写“强富美高”新启东现代化篇章。实现这一奋斗目标，必须坚持把创新、协调、绿色、开放、共享的发展理念贯穿于发展全过程和各领域，统筹谋划打造对接上海门户城市、全域创新样板城市、全国文明典范城市、最美江海花园城市、共同富裕幸福城市，努力展现“最靓窗口”的现实模样。大会明确今后五年的工作重点和关键举措。要全面接轨上海，打造创新资源强磁场、对外开放新高地、深化改革先行区、交通互联新节点，培育经济高质量发展新动能。要加快向海发展，以产业升级引领高质量发展，以全域旅游助力高质量发展，以重大项目推动高质量发展，以园区转型支撑高质量发展，打造沿海高质量发展新样板。要聚力能级提升，不断提升城区品质内涵、综合配套功能、城镇建设水平，增创城市高质量发展新优势。要推进乡村振兴，推动农业高质高效、农村宜居宜业、农民富裕富足，激发“三农”高质量发展新活力。要建设美丽启东，全力打造最美江海岸线，聚力抓好生态保护修复，大力推动绿色低碳发展，绘就生态高质量发展新画卷。要促进共同富裕，提供更加均衡的社会保障，丰富更优质量的公共服务，完善更有效率的治理体系，建设更高水平的平安启东，共享民生高质量发展新成果。此次大会应到代表400人，实到代表389人。

【中国共产党启东市第十四届委员会第二次全体会议】 12月31日，中国共产党启东市第十四届委员会第二次全体会议举行。全会回顾总结2021年工作，部署安排2022年任务，动员全市上下向海图强、扬帆奋进，加快建设沪苏一体融合发展窗口城市。全会认为，2021年，市委围绕“对接浦东第一棒、百强年年进两位”的目标定位，统筹疫情防控和经济社会发展，深入实施向海发展战略、接轨上海战略，坚定不移推进高质量发展，综合实力再上新台阶，转型升级迈出新步伐，项目建设取得新成效，城乡面貌展现新形象，生活品质实现新提升，党的建设得到新加强，实现“十四五”发展开好局、现代化建设起好步。全会强调，做好2022年工作，必须扎实做好“六稳”“六保”工作，深入实施向海发展战略、接轨上海战略，向海图强、扬帆奋进，加快建设沪苏一体融合发展窗口城市，坚定扛起“争当表率、争做示范、走在前列”光荣使命，以优异成绩迎接党的二十大胜利召开。全会明确2022年经济社会发展主要预期目标，要求重点从六个方面精准发力、攻坚突破：一是聚焦港口开发，更大格局统筹江海联动发展；二是聚焦项目攻坚，更强定力壮大实体经济；三是聚焦“缤纷百里”，更大力度发展全域旅游；四是聚焦城乡品质，更富成效推进新型城镇化；五是聚焦强村富民，更加有力推动乡村振兴；六是聚焦民生关切，更实举措增进群众福祉。全会强调，必须深入贯彻新时代党的建设总要求，高质量打造最美江海党建带，做靓“五大东疆”子品牌，实施政治建设引领提升行动、理论武装创新提质行动、基层组织强基提标行动、干部队伍赋能提优行动、党风廉政从严提效行动，用江海党建“红色引擎”激发扬帆奋进的澎湃动力。市委常委会主持会议。市委委员34名、候补委员6名出席会议。市纪委委员、有关方面负责同志、市第十四次党代会代表中部分基层同志列席会议。

【全市党史学习教育动员会议】 3月12日，全市党史学习教育动员会议在市党教中心召开。市委书记、市委党史学习教育领导小组组长李玲作动员讲话，强调要深入学习贯彻习近平总书记在党史学习教育动员大会上的重要讲话精神，认真落实中央、省市委关于党史学习教育的决策部署，在全市上下迅速兴起党史学习教育热潮，学史明理、学史增信、学史崇德、学史力行，学党史、悟思想、办实事、开新局，切实增强“四个意识”、坚定“四个自信”、做到“两个维护”，在新时代新征

3月12日，全市党史学习教育动员会议召开　　（潘　杨/摄）

程中奋勇争先、建功立业，以优异成绩迎接党的百年华诞。

【全市创新发展大会】 4月29日，市委、市政府召开全市创新发展大会。就做好全域创新工作，市委书记李玲强调，要以提高自主创新能力为主攻方向，以科技赋能为实施路径，积极策应长三角科技创新共同体、上海科创中心建设，全面融入南通沿江科创带建设，加快构建"如鱼得水、如鸟归林"的创新生态，推动各类创新主体高效协同、各类创新要素良性循环、各类创新成果加速涌现，让新理念、新技术、新产业、新业态、新模式充分激活城市发展的新动能，全力建设长三角北翼全域创新之城。要突出企业创新主体地位，鼓励"1521"工业龙头企业等骨干企业持续加大研发投入，加快推动传统产业转型升级，持续加大产业招商、科技招商力度，促进产学研合作向纵深发展；要夯实全域创新人才基础，深入实施人才强市战略，多措并举聚人才，着力高效育人才，用心用情留人才，打造人才集聚高地；要健全全域创新政策体系，认真落实国家、省和南通市关于科技创新的各项政策，进一步加强政策的宣传解读和落实落地力度，健全金融服务政策和人才支持政策，推动各方面人才竞相涌现；要协同推进其他领域创新，在园区平台、现代农业、社会事业、城市建设等各个领域全面发力、系统推进。

【全市庆祝中国共产党成立100周年座谈会暨市"两优一先"表彰会】 6月30日，全市庆祝中国共产党成立100周年座谈会暨市"两优一先"表彰会在市党教中心举行。会议回顾党的光辉历程，讴歌党的丰功伟绩，表彰全市各条战线上涌现出的优秀共产党员、优秀党务工作者和先进基层党组织，激励全市各级党组织和广大党员干部不忘初心、牢记使命，锐意进取、砥砺前行，奋力开启全面建设社会主义现代化新征程。

【全国文明典范城市创建常态长效管理工作会议】 10月9日，全国文明典范城市创建常态长效管理工作会议在市党教中心召开。会议动员全市上下思想再统一、力量再凝聚、工作再落实，深入推进文明城市常态长效管理，保持启东市在南通乃至全省的领先地位，为争创全国文明典范城市打下坚实基础。市委书记李玲强调全市上下要迅速把思想和行动统一到市委、市政府的决策部署上来，锚定"争创全国文明典范城市"的总目标，全力推进文明城市常态长效管理工作，把高分夺牌的优势保持好、发扬好，进一步提升城市的美丽指数、宜居指数和市民的文明指数、幸福指数，确保更高水平文明城市创建工作持续走在南通、全省前列。

【全市旅游发展暨国家全域旅游示范区创建动员大会】 11月19日，全市旅游发展暨国家全域旅游示范区创建动员大会在市党教中心召开。会议深入研究旅游业发展形势，明确发展方向，全面部署旅游业高质量发展和国家全域旅游示范区创建工作，动员全市上下进一步统一思想、凝聚共识，抢抓机遇、乘势而上，全面掀起国家全域旅游示范区创建热潮，努力把"日出江海、美丽启东"的品牌擦得更亮，奋力开创旅游业高质量发展新局面。市委书记李玲强调，2021年是"十四五"开局之年，也是启东市创建国家全域旅游示范区的起步之年。全市上下必须立足全局和战略高度，深化对发展旅游业重要性的认识，着力以景区理念规划整个市域，以景点标准建设每个镇村，加快构建宜居宜业宜游的全域魅力空间，全力打造"沪苏一体融合发展窗口城市"，吸引各地游客"到美丽启东、过诗意生活"。确保到2025年，创成国家全域旅游示范区，全年接待游客突破1000万人次。

【全市乡村振兴现场推进会暨农村人居环境整治提升五年行动动员大会】 12月9日，全市乡村振兴现场推进会暨农村人居环境整治提升五年行动动员大会召开。会议回顾总结2021年全市乡村振兴战略总体实施情况，研究部署下阶段乡村振兴和农村人居环境整治工作。市委书记李玲强调，全市上下要进一步统一思想、提高认识，凝心聚力、攻坚克难，掀起全面推进乡村振兴工作热潮，加快农业农村现代化步伐，强化农村人居环境整治提升，全力推动农业高质高效、乡村宜居宜业、农民富裕富足。

【技能型人才发展工作专题会议】 12月14日，市委、市政府召开会议，专题研究技能型人才发展工作。市委书记李玲强调，技能型人才是市海工船舶、精密机械等制造业产业实现可持续发展十分重要的人力资源基础，对市加快产业优化升级、提升企业竞争力、推动技术创新转型等方面具有至关重要作用。解决技能型人才短缺，推进技能型人才队伍建设，是一个系统性课题。市委组织部、市教育体育局、人社局等相关部门要深入实施"十四五"时期人才强市战略，健全体制机制，优化人才政策，整合优质资源，强化信息沟通，倍加重视技能型人才的培养、引进和发展工作，建立充实技能型人才库。要加强政企校联动，充分利用南通大学杏林学院启东校区与启东职业学校的教学资源，锁定市海工、机械、建筑等产业发展态势和需求，设置高匹配度专业，培养高匹配度人才。要瞄准建立一流高职院校的目标定位，加快推进职业学校资源优化整合，持续提升本土职业教育质量与水平。要加强与上海、苏南等周边地区职业学校沟通合作，引育并举打造高水平师资队伍。要通过开展"千人千企"挂钩帮服活动和实施部门挂钩联系重点产业制度，畅通信息渠道，及时掌握信息，着力解决"1521"企业、百强企业、高端制造企业等技能型人才需求。要提高技能型人才政治待遇，将技能型人才列入各级劳动模范的推荐人选，提高"两代表一委员"中技能型人才比例，设立技能工匠评选等项目；提高经济待遇，优化补助政策，增加技能型人才的生活津贴、购房补贴；提高社会待遇，在医疗、教育、生活等方面给予更多优惠与支持。要强化"工匠精神"的宣传，提高技能型人才社会地位，营造全社会关心、尊重技能型人才的浓厚氛围。

（李菲菲）

重要决策

【推进吕四港高质量发展】 1月25日,市委、市政府制定《关于推进吕四港高质量发展的实施意见》,提出要深入开展规划研究,完善港产城规划;加快发展临港产业,发展壮大临港先进制造业、培育发展海洋新兴产业、打造现代航运物流基地、建设吕四渔港经济区;全力招引重大项目,优化招商机制;完善提升集疏运体系,加快对外集疏运体系建设、加快港区基础配套建设、探索多种港口运营模式;持续优化营商环境,要加大用地保障、强化资金保障、加大人才保障力度。

【推进美丽启东建设】 3月27日,市委、市政府印发《关于推进美丽启东建设的实施意见》,提出持续优化市域空间布局,完善国土空间规划体系、构建高品质国土空间格局、强化区域空间特色塑造;全面改善生态环境质量,完善环境治理体系、奋力打好蓝天碧水净土三大保卫战、推进生态保护与修复;积极提升城乡宜居水平,完善城市功能品质、推进美丽田园乡村建设、构建城乡水利保障体系、建设综合交通枢纽;大力彰显人文特色魅力,健全高品质公共文化服务、传承弘扬江海文化、打造文旅融合产业新高地、加强文物保护和非遗传承;着力构建和谐稳定社会,加强和创新社会治理、全面提高社会文明程度、建设更为和谐的社会形态;推进绿色低碳发展方式,加强资源节约和高效利用、加快发展绿色产业、推广普及绿色生活方式;切实强化美丽启东建设组织推进,加强组织领导、创新保障机制、引导公众参与。到2025年,美丽启东建设的空间布局、发展路径、动力机制基本形成,生态环境质量持续改善,城乡面貌焕然一新,市域治理扎实推进,建成美丽南通样板城市。到2035年,基本实现人与自然和谐共生的现代化,全面建成生态宜居、文明和谐的美丽南通典范城市。

【全面推进乡村振兴示范村、先进村建设】 5月19日,市委办、市政府办印发《关于全面推进乡村振兴示范村、先进村建设行动实施意见》,提出大力实施乡村建设行动,全面推动乡村振兴战略,促进农业高质高效、乡村宜居宜业、农民富裕富足。2021年底,建成南通市级乡村振兴示范村8个;南通市级乡村振兴先进村8个,其中产业兴旺类2个、生态宜居类1个、乡风文明类1个、治理有效类2个、生活富裕类2个。梯队培育乡村振兴示范后备村10个、先进后备村10个。到2025年底,全市建成南通市级乡村振兴示范村20个、先进村50个。

【全面推进乡村振兴加快农业农村现代化】 6月10日,市委、市政府制定《关于全面推进乡村振兴加快农业农村现代化的实施意见》。意见明确"十四五"期间,农业农村现代化取得重大进展,农业基础设施现代化迈上新台阶,农村生活设施便利化水平巩固提升,城乡基本公共服务均等化机制基本建立;粮食等重要农副产品供应保障更加有力,农业质量效益和竞争力显著提升,现代乡村产业体系基本形成;城乡居民收入差距持续缩小;农村生产生活方式绿色转型取得积极进展;美丽田园乡村建设取得明显成效,乡村面貌发生根本变化,乡村活力显著增强,乡村文明程度得到更大提升,农民获得感、幸福感、安全感明显提高;开展率先基本实现农业农村现代化探索的目标任务。提出要提升农业质量效益和竞争力,加快推进农业现代化;实施乡村建设行动,加快推进农村现代化;巩固拓展脱贫致富奔小康成果,接续推进乡村全面振兴;强化党的全面领导,确保农业农村发展任务落地落实,并明确2021年的目标任务。

【加快构建科创体系全面提升创新能力】 6月24日,市委、市政府印发《关于加快构建科创体系全面提升创新能力的实施意见》。意见提出通过三年努力,构建以"产业创新融合、载体平台搭建、企业主体培育、创新人才集聚、创新环境优化、区域协同创新、多领域创新拓展"七个方面为重点的科技创新体系,形成以制造业创新为支撑,农业、建筑业以及教育、医疗、养老等服务业多领域创新齐头并进的科技创新格局,全力建设长三角北翼全域创新之城。

(李菲菲)

巡察工作

【概况】 2021年,启东市委巡察机构坚持政治巡察定位,发挥巡察工作领导小组作用,7次向书记专题会、市委常委会汇报巡察工作情况,研究解决巡察工作重要问题。组织开展三轮巡察,对市检察院党组等7家单位党组织和35个村党组织开展常规巡察,对市委十次全会精神落实情况开展专项巡察,对启晟集团、锦汇集团开展机动巡察,对高标准农田建设绩效、市人社局等6家单位和35个村开展巡察"回头看",发现各类问题1086个,移送问题线索139件,留置3人,完成一届党委任期内巡察全覆盖目标。

【巡察整改】 2021年,市委巡察机构完善上下联动工作格局,配合全省涉粮问题专项巡视巡察工作,保障省委巡视组、崇川联动巡察组在启东开展工作,督促市涉粮单位积极迎查、主动整改;组建联动巡察组对通州区、通州湾示范区开展涉粮问题专项巡察。深化智慧巡察系统建设,强化平台运行管理。探索"小切口+大数据"工作模式,组建巡察大数据分析人员队伍,将大数据与养老惠民资金发放等专项巡察有机贯通,依托数据比对分析,发现问题线索74条,立案38件。全面做好巡视巡察"后半篇文章",协助市委抓好省委第四轮巡视,南通市委对启东市脱贫攻坚、高标田、"六保"专项巡察的整改工作;实施巡察整改常态化督导,多方会审解决疑难问题,确保巡视巡察反馈问题整改到位。

(谢黎明)

组织工作

【概况】 2021年，启东市深入贯彻落实新时代党的建设总要求和新时代党的组织路线，以实施组织系统"创新争优"竞赛为主线，推进十大创新项目，深化政治建设引领力提升、基层组织组织力提质、干部队伍担当力提振、年轻干部成长力提档、人才创新驱动力提效"五提工程"，推动党的建设和组织工作提质增效。至年底，全市共有基层党组织2356个，其中党委70个、总支354个、支部1932个。

3月18—20日，331名村（社区）党组织书记、驻村"第一书记"参加集中学习培训，图为颁奖仪式　　（市融媒体中心/供图）

【基层党组织建设】 村（社区）"两委"班子建设　在新一届"两委"干部中开展"办好履新十件事·扬帆远航启新程"活动，开展大走访、大调研，办结群众"急难愁盼"事2632件。3月18日，全市村（社区）党组织书记专题培训班开班仪式暨"头雁领航、赛马东疆"绩效大比拼主题活动启动仪式在市委党校举行，市委书记李玲作开班动员，为新一届村（社区）党组织书记上"任职第一课"。

骨干队伍建设　深化基层党组织"三化"（村书记专职化、社区书记职业化、"两新"党务工作者专业化）管理，在南通市率先实施农村定职干部员额制管理，连续8年开展村（社区）党组织和党组织书记"双星联创"，择优选聘10名村（社区）党组织书记进入事业编制。推进"两新"组织党务工作者专业资格认证，评定初级党务工作者155人、中级党务工作者32人、高级党务工作者3人。研究制定《启东市"两新"组织党建工作指导员考核评价细则》，选派专兼职党建指导员149人，联系指导269家"两新"组织党组织。

运行机制健全　建立党员干部联系群众"两联四清"工作机制，推行干部联片、党员联户，做到户头清、矛盾清、诉求清、困难清，收集解决各类问题2500余件。海复镇庙基村第一网格党小组组长倪伯苍获评2021年度全国法治人物。成立通州湾新出海口吕四起步港区党建联盟，建立健全联盟章程和运行机制，助力吕四港区开港运营。在老旧小区改造项目一线，由社区党组织牵头，联合施工方、业委会、物业公司等单位组建18个临时党支部，设立党员先锋岗128个，健全党员联管、活动联办、服务联动、资源联享、问题联解"五联机制"。

【党员队伍建设】 2021年，启东市落实"拓源提质"行动，继续推行"1234"工作法（坚持每月一天主题党日和党员领导干部双重组织生活，抓实组织生活数量、质量、能量"三量齐升"和事前、事中、事后、长期四个阶段），完善发展党员定期分析研判制度，严格落实党员发展对象联审制度，全年共发展党员960名。举办党员发展对象培训班4期，参训1000多名。制定《关于激励关爱全市党员干部人才在疫情防控一线担当作为的若干举措》，排摸并确定疫情防控一线拟发展对象22名。加大党员管理力度，做好全市发展党员违规违纪问题排查整顿工作，持续在夯实基础、落实制度和健全出口上抓推进。加强流动党员管理，深化流动党员教育管理"321"工作机制。进一步在全市范围内挖掘党性教育资源，助推全市红色教育资源提档升级，以全市11个党性教育基地、261个村史馆为载体，加强党员日常培训教育，全年共近5万名党员赴现场学习。开展优秀主题党日案例评选，评比典型案例70个。开设庆祝中国共产党成立100周年"百年风华"情境党课，"七一"前夕表彰100人为市级优秀共产党员，做好"七一"党内关爱、"光荣在党50年"纪念章发放等工作。关心关爱困难党员，全年市级以上层面组织慰问老党员和生活困难党员2500多人次，发放慰问金超300万元。指导基层党组织在党史学习教育中开展"接力信仰、接续奋斗"专题活动。制作10个"不忘初心·我的入党故事"微视频，并在微信公众号宣传推送、展播。做好先锋90后评展对象、"砥砺初心牢记使命、身边党员风采展示"专题宣传活动报道对象的征集报送和宣传、展播工作。

【领导班子和干部队伍建设】 换届工作　2021年，启东市完成12个镇党委班子换届工作，选举产生新一届镇党委委员116名、纪委委员60名。推动市委换届相关工作，配合南通市委对全市领导班子、党代表的推荐、考察、选举等工作。

年轻干部培育　创推"研训一体、炼用结合"扎实历练机制，优选65人到沪苏锡和区镇跟班锻炼。推行"青蓝携手接力奋进"计划，组建485组师徒对子。《新华日报》头版专题宣传报道。9月17日，举行全市年轻干部"两

在两同　攻坚有我"实践锻炼出征仪式暨"青蓝携手　接力奋进"工作推进会,35名"90后"年轻干部赴拆迁、拆违、信访、巡察等攻坚一线,进行为期2个月实践锻炼。常态化研判年轻干部综合表现,累计提拔重用"85后"干部47人、"90后"干部17人,年轻干部数量在乡科级干部中的占比稳步提升。

干部教育培训　制定年度干部培训工作要点和重点班次计划,举办名师、实境、主体三大课堂,共开办13个主体班、27期专题培训班,累计培训各类干部4530多人次。引入"人民学习·智慧教室"云端培训系统,组建"东疆讲师团",调优专兼职师资库,1人入选南通现场教学点"十佳讲解员"。专项划拨466万元党费建设抗大九分校纪念馆、施简烈士纪念馆等红色教育点。

干部激励警示　实施干部监督信息畅联工程,深化干部"递进式"预防警示机制,梳理形成监督信息"e档案"831份。联动开展容错纠错审核研判,3名因失误受处分、影响期满表现优秀的干部被提拔重用,16名干部被容错减责,为2名受诬告干部澄清正名。全年累计编发案例选编4期,入编151个。开展不再担任领导职务干部"担当再出发"行动,指导推动117名退职干部履新责建新功。评选16名"担当有为好干部"和10个"攻坚团队"、10个"攻坚先锋"。

【公务员管理】　2021年,市委组织部完成年度公务员招录计划,全年新录用公务员197名。做好全市100多名公务员职级晋升后的工资兑现工作,完成3700多名人员年度考核工作。核发2020年度年终一次性奖金和考核奖、年休假补贴等待遇以及2021年度公务员工资正常晋升共计1.3万人次。试点实施公务员"大比武"行动,不断完善加强公务员能力建设长效机制。健全公务员考核机制,优化年度考核,抓实平时考核,加强专项考核,推动试点落实。

【人才队伍建设】　*政策制度完善*　2021年,市委组织部进一步完善《关于进一步加快人才发展的若干意见》及配套细则,构建具有区域竞争力的政策体系,对"高精尖缺"人才以一事一议、一人一策给予支持。综合运用政策宣讲、高层次人才推介等形式,扩大人才政策的知晓度和覆盖面。建立健全人才工作重点成员单位个性化考核,提升职能部门参与人才工作积极性。

引才渠道拓宽　围绕全市重点产业发展目标,编制"十四五"人才发展规划。举办第六届"启创杯"创业大赛,深入国内各大城市、科研院所密集开展各类精准对接活动,共引进高层次及产业紧缺人才318人。推动"省双创计划""东疆英才计划",深化与沪上高校合作,从上海交大、复旦大学、同济大学等高校选聘20名科技镇长团成员。

人才服务优化　实施"启创无忧"人才服务工程,健全集政务服务、金融支持、生活保障于一体的服务网络。编制"一本通"服务索引,开辟人才项目审批"绿色通道"。开通沪启人才免费班车"1号线",建立定期租赁、定级补贴、定向购置"三位一体"人才安居体系。高标准推动市级人才公寓二期装修,筹集120套销售型人才住房,定向发放"购房券",面向符合条件人才出售。

【最美江海党建带全域创建工程】　2021年,市第十四次党代会报告提出,要深入贯彻新时代党的建设总要求,弘扬伟大建党精神,以打造沿江沿海最美党建带为抓手,系统推进江海党建"四大工程",即江海扬帆领航工程、江海先锋示范工程、江海堡垒锻造工程、江海清风涵养工程。9月23日,全市沿江沿海最美党建带全域创建工程暨党建引领网格化治理现场推进会召开。会上,发布最美党建带品牌创建标识。全年新建立互联网、快递物流、渔业三个行业党委,新建非公企业党组织52个、物业企业党组织13个,指导31个业委会、物管会成立党支部,非公企业党组织应建尽建率动态保持100%。对照南通市委组织部要求,打造基层党建示范点50个。加大农业产业链、专业合作社等领域党组织建设力度,培育隆升和专业合作社、冬娟家庭农场等7个党员创业示范基地,引领190多名党员带头创业,创造就业岗位近3000个。

(茅凯丽)

【机关党建】　2021年,市级机关党工委以庆祝中国共产党成立100周年为主轴,对市级机关党组织开展学习作出具体部署,会同市委宣传部举办"庆祝建党百年——颂歌献给党"市级机关专场合唱比赛,传承红色经典。深入推进党史学习教育,依托组织生活"巡学旁听"制度载体、"三会一课"平台等,围绕习近平总书记系列重要讲话、十九届历次全会精神等学习重点,累计上党课近300次,受众达2万多人次。实行"调研式"考核,及时掌握基层的一手资料。重点围绕基本组织、基本队伍、基本活动、基本制度、基本保障五个方面,分门别类设计相关工作模板,编制支部标准化工作记事,督促落实"三会一课"、组织生活会、主题党日等制度,严肃党内政治生活的氛围日益浓厚。实施机关组织生活巡学旁听制度,引导各机关党组织围绕党史学习教育主线,开展党史知识竞赛、主题演讲、座谈交流等活动,促进机关党务干部之间的交流和业务能力的提升,同时增强组织生活吸引力。严格履行发展党员工作程序,从严把好政治审查关,确保发展党员质量,制度化开展入党前谈心谈话,全年共发展预备党员81人,转正预备党员36人,延长1人预备期。组织机关党员干部投身"两在两同建新功""访民情、解企忧、聚人心"调研走访等系列服务活动,特别是在支援社区开展疫情防控工作中,3600多名机关党员干部下沉37个社区,充实社区一线疫情防控工作力量。有1人获评省抗击新冠肺炎疫情先进个人,17人获评南通市抗击新冠肺炎疫情先进个人,8人获评启东市"担当有为好干部"。6月30日,全市庆祝中国共产党成立100周年座谈会暨市"两优一先"表彰会召开,会上表彰一批先进基层党组织、优秀党员、优秀党务工作者。

(江　南)

宣传工作

11月17日，市委宣传部副部长、市新闻出版局局长陆红琴到汇龙镇南郊村为村民宣讲党的十九届六中全会精神 （徐秋逸/摄）

【意识形态管理】 2021年，启东市将意识形态工作责任制落实情况纳入领导班子、领导干部目标管理，纳入全市党建工作考核内容及“两个责任”季度检查内容，列入基层党委(党组)理论学习中心组必学专题。印发《启东市党委(党组)意识形态工作责任制2021年度任务清单》。召开全市意识形态领域情况分析研判联席会议，通报情况，分析形势，部署工作。强化舆情收集、分析研判、监测预警和应对处置，全年向上报送舆情信息近1000篇、舆情线索560多条。开展意识形态专项巡察，对市检察院、总工会、农业农村局等7家市级机关以及王鲍镇、北新镇等4个镇所辖的35个行政村同步开展两轮巡察，发现问题53个，及时组织整改，有效推动意识形态主体责任细化实化。

【思想理论建设】 2021年，启东市继续学好用好“学习强国”学习平台，覆盖率、活跃率稳居南通市前列。深入实施“理响东疆”工程，组建市镇村三级宣讲队伍390支，借助全市2000多个新时代文明实践所(站、点)，530多个“党建微家”等载体，开展“千场党史宣讲进基层”活动4800多场次，受众超110万人次。发挥融媒体传播优势，录制“村史馆里讲党史”“新征程青年说”“红色基地悟初心”等短视频150多辑，通过“i启东”App等平台广泛传播，累计访问量超40万人次。启东市获评2021年度全省基层党员冬训工作示范县(市、区)。

【文化事业】 2021年，市深入开展“永远跟党走”群众性主题宣传教育活动。组织开展“百年恰是风华”大型文艺晚会、“唱支山歌给党听”歌咏比赛等群众性主题活动4600余场次，受众超80万人次。围绕“请党放心 强国有我”主题，组织开展“有理想、有故事、有风景”的思政课，“星火足迹”红领巾寻访等活动2600余场次。推动文艺精品生产创作，向上申报相关作品130件。中篇评弹《板凳姑娘》获江苏省文艺大奖·曲艺奖。推进第六届启东青年风尚节、第11届环启168KM国际自行车邀请赛、“我们的节日”系列主题公益活动、全民健身节系列活动等大型文体活动。

10月21日，“奋进现代化 跑赢新赛程”媒体见面会走进启东 （王海兵/摄）

【新闻舆论宣传】 2021年，围绕学习贯彻习近平新时代中国特色社会主义思想、庆祝中国共产党成立100周年、高水平全面建成小康社会、党史学习教育等重大主题，市开展“奋斗百年路 启航新征程”大型主题采访活动，组织开展“红色基地悟初心”融媒体新闻行动，推出《学党史 悟思想 办实事 开新局》《跑好第一棒奋进新征程》《百年初心，榜样力量》《我为群众办实事》等专题专栏。强化与中央电视台、新华社、《新华日报》《解放日报》《南通日报》等中央、省、市和沪上媒体的沟通联系，做好对外新闻宣传。在中央电视台综合频道、财经频道、中文国际频道、新闻频道四个核心频道用稿28条，在《人民日报》《经济日报》《农民日报》《新华日报》《文汇报》《解放日报》《扬子晚报》《现代快报》等重点报刊用稿50多篇，江苏卫视“江苏新时空”“新闻空间站”等用稿30篇，新华社客户端、人民网、新华网、交汇点等重点网络媒体用稿800多篇。完成央视《奋斗百年路 启航新征程——今日中国》栏目组在启东的现场直播，全景展现吕四起步港区建设。配合CCTV4《远方的家》节目组做好

“行走海岸线”系列专题摄制和《江苏文化名片》的摄制工作。开展对外文化交流,承办2021年“Go Jiangsu”海外社交媒体粉丝线下行活动启动仪式,在“美好江苏”“发现南通”等海外平台,对蓝印花布、版画艺术、评弹北调等进行现场直播。完成CGTN“海上看中国”之《走进“深蓝利器”基地——启东海工船舶工业园》直播活动,通过海内外各类新媒体平台进行短视频、推文等分类传播。持续推进媒体融合发展,融媒体中心突出“移动优先”战略,不断强化技术开发,充分拓展“荔枝云”功能运行,探索建设以“i启东”App为龙头,聚合微信、微博、抖音等新媒体的全媒体矩阵,提高融合新闻生产能力,拓展优化直播互动、便民服务等模块,聚力打造启东高质量传播平台。12月2日,市委宣传部、南通报业传媒集团战略合作协议签约暨南通报业传媒集团启东新闻中心揭牌。

【网络宣传管理】 2021年,市成立互联网行业党委和全省首家县级互联网行业团工委。开展网信系统党史学习教育,打造“e企同心”互联网企业党建示范点。持续开展“江风海韵·点赞启东”网友采风行活动。利用属地新闻网站、新媒体平台,加强网上主题宣传、典型宣传和成就宣传。打造“爱在e启”“九九公益”“守护江海岸线”“清凉一杯水”等网络公益品牌活动项目。组织“e网同心·共建文明——市领导和网友见面会活动”,发布网络文明加油站品牌标识及第一批站点单位。承办南通市委网信办组织的“网心筑梦迎国庆 扬帆护航新征程”联合主题党日活动、南通市网络文明“一城一品”建设现场会等活动。激发综合治网“新动能”。全年开展防电诈、E动普法等网络宣传,推进网络空间法制化建设,遏制不良信息传播。落实落细《关于加快建立启东网络综合治理体系的意见》,压实责任清单,强化属地管理责任,加快形成多主体参与、多手段结合的综合治网格局。深化网上“扫黄打非”、打击网上侵权假冒、网络非法金融活动、软色情等专项整治。加强网络谣言治理,开展防范非法集资、互联网诈骗等普法宣传,统筹协调全市网络信息管理执法工作。围绕学习贯彻《中华人民共和国网络安全法》,开展网络安全宣传周、网络安全事件应急演练、网络安全业务培训等活动,提升各企事业单位、部门防范化解网络安全风险意识及对网络安全事件的应急处置能力。开展网络安全“四不两直”(不发通知、不打招呼、不听汇报、不用陪同接待,直奔基层、直插现场)检查。对全市机关事业单位、企业开展互联网资产普查登记、弱口令专项整治、人脸识别应用户外LED屏安全排查,筑牢网络安全防护屏障。

(朱陈博)

精神文明建设

【全国文明典范城市创建】 2021年,市十四次党代会提出“打造全国文明典范城市”的目标定位,要求高水平推进全域文明创建,促进城乡协调融合,塑造现代化城市文明典范。建立以市委、市政府主要领导任组长的推进文明城市长效管理工作领导小组,统筹推进各项工作。实施市文明城市长效管理指挥部办公室月度例会制度,每月召开文明城市长效管理工作例会,分析当前形势任务,研究部署下阶段工作。领导小组办公室实施“巡查交办—整改反馈—考核通报”闭环工作机制,每日巡查、交办测评点位的各类问题,每周梳理分析点评,每月对各区镇、街道、重点职能部门的测评成绩进行考核通报。强化落实各地各部门主要领导、牵头领导、分管领导、创文专员和现场巡查人员五级责任制,严格对照标准,聚焦重点任务,全方位、精细化巡查整改实地测评点位的各类问题。以“十大专项提升行动”为工作抓手,持续推进市政设施建设改造,加快老旧小区整体改造,系统实施方便市民生活的微改造,着力对主次干道、背街小巷进行提档升级,推动城市功能不断完善。推进第二批老旧小区改造,涉及18个社区、24个居民小区,近123万平方米。推进城市常态精细管理,在交通秩序、小区物业、市容环卫、建设工地、文明养犬等方面进一步落实长效管理举措。推进电动自行车上牌及驾乘人员佩戴头盔管理工作。常态化开展小区机动车堵塞消防通道、违停绿化带整治工作。统筹建立停车管理信息共享和工作协同机制,形成常态化、全覆盖的现场提醒、贴单警告和快速处置工作合力。统筹推进城乡一体全域创建,以“每家净、家家竞”工作为抓手,发动村民每家每户参与到人居环境常态长效治理,以乡风文明积分为抓手,探索基层治理长效管理新路径,城乡面貌进一步改善。

【新时代文明实践中心建设】 2021年,启东市以基层公共文化服务阵地为主体,建立形成新时代文明实践中心、所、站、点四级阵地载体。发挥文明行业、文明单位作用,在全市城乡村居、工厂企业、学校医院、窗口行业联建打造100个示范实践站点,向全市广大市民开放。建立形成1个市级总队、16个区镇支队和50个专业服务队的志愿服务体系。发起实施“每户每月奉献一小时”志愿服务项目,依托全市1600多个城乡社区网格,设计理论宣讲、清洁家园、疫情防控、文明引导、文体活动、便民维修、红白理事、应急帮扶等“16+N”类便于群众参与的随手公益活动。培树区镇、街道新时代文明实践所、站示范点位。重点培育北城区街道紫薇二村社区、绿城花园社区,南城区街道城河新村社区,汇龙镇南郊村等一批新时代文明实践示范点位。整合新时代文明实践“五大平台”资源,组织开展“千戏进基层”“中华经典诵读大赛”“百年心向党,建功新征程——五一庆祝大会”“阅读吧,少年”“世界地球日”“我和我的大长江”“你好,妈妈”“一颗红心向着党”广场舞大赛等系列文明实践活动。

【志愿服务】 2021年,结合“我为群众办实事”主题实践,全市开展“深耕红色责任田,多为群众办实事”党员志愿服务活动。组织全市在职党员到所在辖区参与志愿服务“我报到”、结对帮扶“我来帮”主题实践活动,帮助群众解决“急难愁盼”问题7000余件,央视、人民网、新华网等媒体深入宣传报道。9月9日，南通市志愿服务“我报到”现场推进会在启东市召开。推进志愿服务标准化站点建设，各村(居)、办事大厅、客运中心、商场超市等均建成学雷锋志愿服务站，高标准打造公园路驿站、圆陀角黄金海滩、张新柱工作室等特色站点。组建“一路有礼”文明交通志愿服务队，在城区21个主要路口开展文明引导志愿服务，全年累计服务6.1万人次。开展“健康小蓝鲸”疫情防控专项志愿服务行动，2万余名志愿者参与。

9月9日，南通市“志愿服务我报到”现场会在启东市举行 （汇龙镇/供图）

【青少年主题教育实践】 2021年，市文明办围绕“童心向党”主题，抓实青少年群体党史学习教育。组织开展“有理想、有故事、有风景”的思政课，举办“学党史、诵经典、传百年红色记忆”中华经典诵读大赛、“星火足迹”红领巾寻访等活动2430余场次。组织开展“亲子沟通营”系列活动750场，围绕“八礼四仪”“童在蓝天下”“走启读村”，开展青少年主题教育实践，超3.2万人次参与。开展“劳模工匠进校园”宣讲活动，录制宣讲视频6期，累计开展线上线下宣讲148场次，覆盖全市81所中小学校。开展民俗文化展览进校园、送戏曲进校园、“启吾大讲堂”等活动。

【公民道德建设】 2021年，市文明办持续组织开展身边好人评选活动，评选公示“启东好人”74人(组)。挖掘培育道德典型，蔡仲章夫妇、仇佩英等4组5人获评“江苏好人”，刘剑获评3月敬业奉献“中国好人”，郭中良、宋陶获评第八届江苏省道德模范，苏晓琳获第八届江苏省道德模范提名奖。健全落实好人礼遇制度，春节前夕，为全市60余名道德典型送上关爱慰问金18万元。拟定道德讲堂年度方案，创新道德讲堂活动形式，分别围绕“学雷锋志愿服务”“爱国爱家爱卫生”“强国有我”等主题，举办道德讲堂示范观摩活动。深化诚信建设制度化，每季度更新人民路诚信“红黑榜”，指导红星美凯龙、吾悦广场开展诚信示范街区“3·15放心消费”主题教育实践活动。

4月3日，在启东第一个中共支部诞生地——合作镇洋桥村村史馆内，“百姓名嘴”朱永继为学生们讲述党史故事 （郁卫兵/摄）

【未成年人思想道德建设】 2021年，市文明办组织参与“童”字系列作品征集活动，第三届“童真里的色彩”收到作品695件，“童声里的中国”收到作品298篇。挖掘先进典型参评南通市新时代好少年、江苏省新时代好少年。折桂中学宋凯伦获评江苏省新时代好少年，9名中小学生获评南通市新时代好少年。未成年人成长指导中心运转正常，推进乡村复兴少年宫试点建设。北新镇新时代文明实践所、汇龙镇南郊村新时代文明实践站、近海镇川流港村新时代文明实践站被确定为南通市乡村复兴少年宫试点单位。联合市妇联、教育体育局、关工委、机关工委等部门，拓展提升“太阳花”四位一体“爱伴童行”关爱项目，对367名困境青少年，制订“一人一策”“一人一组”的精准帮扶措施。组建启东市中小学第一届心理健康教育指导小组，挂钩结对全市中小学校，推动青少年心理健康教育工作。

【社会主义核心价值观教育引导】 2021年，市文明办制定《关于开展强化公民仪式感教育工作的实施方案》《启东市“节日里的党史教育”工作方案》。策划开展“我为家乡自豪”“留启过年七天乐”“缤纷的冬日”“民俗体验官”等主题文明实践活动。开展“劳模代表讲党课”活动，让党员干部从身边典型汲取奋进力量。拍摄“党啊，亲爱的妈妈”主题快闪，组织“唱支山歌给党听·咱们工人有力量”大型主题快闪活动，3万多人参与。

（袁雨澄）

11月25日，高新区（近海镇）新的社会阶层人士联谊会成立

（高新区〈近海镇〉/供图）

统战工作

【概况】 2021年，启东市统一战线工作围绕立足新发展阶段、贯彻新发展理念、构建新发展格局，深入实施思想政治引领、民营经济助力、和谐稳定护航、联谊互动通脉、统战品牌创树、两支队伍建设“六大工程”，推动统战各领域工作实现新突破。

【党对统战工作的领导】 2021年，市委将贯彻落实《中国共产党统一战线工作条例》纳入全面从严治党责任考核，提升全市统战工作的科学化、制度化、规范化水平。全市多次召开专题会议传达上级统战会议精神，研究部署启东市工作。市委统战、对台、民宗工作领导小组召开会议8次。建立统战工作联席会议制度、新的社会阶层人士统战工作联席会议制度、海外统战工作联席会议制度、民营经济统战工作协调机制、对台工作协调机制，形成领导小组议大事、各领域抓日常的工作格局。利用“启吾·同心大讲堂”等教育平台，举办“同心学党史·建功新时代”等主题活动，加强对统战成员的思想引领。

【党外代表人士和新阶层人士统战】 2021年，市委统战部建立市委常委、市政府党员副市长与党外代表人士联系交友和特约人员制度，召开党外人士情况通报会，发挥参政议政、民主监督作用，全年提出建议提案超700条。在卫生、教育系统成立“党外知识分子之家”，发挥知联会作用开展“三下乡”活动。承办南通市新联会“凝聚‘新’力量，献礼一百年”主题观摩交流活动，“启吾·同心荟”统战实践创新基地受到高度肯定。在区镇建立新联会分会，全市形成“1+5”新联会体系，开展直播带货、送温暖、送清凉和净滩等活动。扬州新冠肺炎疫情暴发期间，市新联会捐赠医疗设备支援。

【非公有经济领域统战】 2021年，市委统战部细化民营经济统战工作三年行动重点任务，明确各责任部门分工，建立市领导挂钩联系重点企业制度。每季度召开“服务企业畅聊会”，市委、市政府主要领导与企业家面对面交流，协调解决问题。加强民营企业“1+N”服务平台建设，推进警企联动服务、法律服务、银企对接，为民营企业提供证件办理服务80余起，接受咨询求助等300件。深入推进“531”青年企业家培养工程，培养的青年企业家被推选、推荐为南通、启东人大代表共6名、政协委员共29名、启东市工商联常执委10名。按照“四好”标准建成异地商会9个，数量南通领先。发挥市外启东商会、在外乡贤对家乡招商引资、招才引智作用，举办四川“东疆之子”家乡行活动，促成项目总投资4.5亿元。实施“光彩行动”，引导非公经济人士履行社会责任。

【民族宗教统战】 2021年，启东市召开全市民族团结进步座谈会，举行2021年度民族团结进步创建活动表彰暨文艺会演，开展民族团结进步创建“五进”活动，创成省级“红石榴家园”2家。举办少数民族党史学习教育专题宣讲会，组织开展“种下石榴籽，绘好同心圆”“民族团结一家亲、爱心义诊颂党恩”“亲子生活心体验、民族团结始于心——少数民族亲子游”等民族团结主题活动。在全市宗教活动场所深入开展安全专项整治三年行动，宗教活动场所安全稳定态势持续向好。承办南通市宗教活动场所安全工作现场会并在会上作经验交流。推进宗教信息化建设，全市33个宗教活动场所实现技防全覆盖。在南通市率先完成宗教活动场所既有建筑排查鉴定工作，并针对鉴定结果积极整改。

【统战品牌创树】 2021年，市委统战部打造“统惠东疆”全市统战领域党建品牌，推动党建工作和统战业务品牌同频共振。围绕“启吾·同心荟”品牌，高标准打造“江海同心荟”等15个实践创新基地。实施“汇启新乡贤·助力新发展”品牌工程，以助力产业兴旺、助力乡村治理、助力生态宜居、助力文化建设、助力公益慈善“五大行动”助推乡村振兴。在7个镇和4个村试点建立乡贤联谊组织和阵地，建成1000余人的新乡贤库，促成新乡贤投资项目超10个。

（李朱雾）

港澳台侨事务

【概况】 2021年，启东市港澳台侨工作对照凝聚人心、汇聚力量工作目标，以平台阵地和帮扶机制建设为重点，助推全市经济社会发展。全市有在启台商台干34人、在启港人17人、归侨5人，旅外侨胞、港澳同胞有1万人左右，其中海外重点人士近400人、海外重点侨领8人。全年共举办各类招商联谊活动10次，外出拜访台商40余人次，先后邀请香港中华工商总会、缅甸中资商会、日本清酒项目考察团等团队到启东开展经贸考察交流。引导台企加强科技创新，2家台企成功入选省科技型中小企业名单。针对部分台企土地利用率不高、厂房长期闲置等情况，主动与市商务局和相关区镇沟通对接，帮助台企盘活存量资源。全市新增港澳台侨企业21家，总投资超12亿美元，累计有港澳台侨企业178家；净增规模以上工业企业5家，累计有规上工业企业37家。有12家港澳台侨企业获评2021年度启东市金银铜牌企业。

【平台建设】 2021年，启东市在全省率先启动县级华创苑平台建设，采取“一苑五基地”模式，分别在启东经济开发区、吕四港经济开发区、高新区、海工船舶园和生命健康科技园设立五大基地，对照“整体开发、各具特色、齐头并进”工作思路，精准对接生命健康科技、海洋工程及重装备、新材料、新能源、电子信息及半导体、精密机械等产业方向，为海内外高层次人才创新创业需求提供项目对接、签约落地、政策支持等全链条服务。以“一区域一特色”为工作思路，全面铺开“侨台之家”建设。至年底，有15个“侨台之家”建成并投入使用，基本实现区镇涉侨平台全覆盖。在南通台办的牵头指导下，持续推动海峡两岸渔业合作试验区创建工作，为启、台两地合作发展拓展新空间。

【服务优化】 2021年，市委统战部发挥港澳台侨企业发展工作小组协调作用，建立挂钩联系制度和服务网格化管理体系，以企业需求为导向，不定期联合金融、税务、科技、司法等部门举办政企交流对接活动，面对面为港澳台侨企业答疑解惑，推动解决各类生产经营难题。定期召开侨商侨领座谈会，为更多海外人才到启东发展牵线搭桥。依托启东市中医院设立“中医惠侨”基地，开通“侨爱医疗”绿色通道，为全市侨胞侨眷提供快捷优惠的医疗服务。联合外事部门做好海外人士新冠肺炎疫苗接种情况统计工作，为有意接种疫苗的海外同胞做好服务对接。实时关注海外安全形势变化，第一时间与南非和刚果（金）的侨胞取得联系，提醒注意个人安全。市外事办摸排掌握全市范围内港澳资企业及港澳籍居民的最新情况；成功推荐江苏泰林建设有限公司总经理王朝纬接受香港媒体采访并协助拍摄“港澳人士话江苏”短视频；将每年5月定为启东侨法宣传月，组织区镇、街道开展侨法宣传活动。提升服务响应速度，全年共受理涉台诉求15人次，办结率100%，平均办结时间小于2天。

【联谊交流】 2021年，市委统战部与崇明、浦东和奉贤等地签订联谊合作协议，建立区域合作共享机制，在经济协作、人才引进、归侨创业、为侨服务等方面保持协调互动，实现优势互补、资源共享。拓展海外关系网络，畅通沟通渠道，先后与缅甸中国企业商会、非洲总商会江苏总商会、阿联酋上海总商会、欧美精英创业家协会等华人华侨社团建立联系。利用传统节日，邀请在启侨胞侨眷开展文化体验和联谊交流活动。举办“端午粽香　情暖侨心”文化体验活动，30名侨胞侨眷参加；组织“云端寄相思　共叙中华情”中秋联谊会，邀请南通市委统战部和台办有关领导与全市130余名港澳台侨界人士代表参加。组织侨台界人士参加“传承红色基因·提振创业激情”党史学习教育活动、启东侨界迎建党100周年座谈会和“启吾·同心大讲堂”等活动，持续引导广大港澳台同胞和海外侨胞传承好爱国爱乡光荣传统。

（陈文浩）

5月27日，总投资1亿美元的台企鲲宝物流项目开工

（市委统战部/供图）

老干部工作

【概况】 2021年，启东市老干部工作以“创特色创品牌”为目标，确立点抓示范、整体规范、全面提升的思路，强措施务实效，重创新求突破，围绕庆祝中国共产党成立100周年，抓实党史学习教育，老干部工作呈现良好的发展

趋势。至年底,全市共有离休干部176人,其中1945年9月2日前参加革命工作离休干部23人,享受副(县)处级及以上待遇66人;市管退休干部1245人,其中副处级及以上67人、正科级481人;外省市易地安置在启东离休干部5人。启东市委老干部局获全国涉老工作部门庆祝中国共产党成立100周年暨党史学习教育宣传工作优秀奖,获评南通市三八红旗集体。施建琴被中组部、人力资源社会保障部授予"全国优秀老干部工作者"称号。

【离退休干部党建】 2021年,启东市离退休干部党建工作列入市委党的建设工作领导小组工作要点和全市党的建设考核范畴。制定出台《2021年度离退休干部党建工作考评细则》,紧扣"江海银发先锋计划",部署推进市级层面43项、基层老干部党组织11项重点工作。

组织建设 指导成立12个非建制性、新增6个建制性离退休干部党支部,32个党支部换届,18个党支部书记进行调整。明确党组织活动经费标准和开支渠道。加强骨干力量素质教育,举办全市离退休干部党组织书记培训。强化流动党员教育管理,建立外出报告等6项机制,破解老干部流动党员管理难题。深入区镇和部分机关开展重点工作调研,增强工作指导的针对性和有效性,书面提出整改措施和工作建议。

阵地建设 建成运营"启东市离退休干部党员之家",开辟政治信仰空间、江海银发先锋驿站、医疗保健等功能区域,打造政治学习、风采展示和红色基因传承阵地。筹建启东市老干部党校。

品牌建设 培育示范支部,评选表彰9个启东市级示范离退休干部党组织,重点培育2个南通市级示范离退休干部党组织并推荐上报。汇龙镇汇龙离退休干部党总支被评为江苏省离退休干部"百佳党支部"。创建党建品牌,点对点指导交流创建品牌28个,其中市级层面创建"党耀东疆"二级子品牌"东疆银发先锋"、"理响东疆"二级子品牌"东疆银话筒",评出启东市十佳离退休干部党建品牌。东海镇新安党支部党建品牌被评为南通市十佳离退休干部党建品牌,合作镇新义、寅阳镇和合党支部党建品牌被评为南通市优秀党建品牌。组织开展支部书记讲党课活动,制作8个活动微视频报送南通市委老干部局,其中《丹心如槭晚晴浓》获二等奖。

【庆祝中国共产党成立100周年专题活动】 *党史学习教育* 组织老同志收看网上专题报告会、参观启东红色教育基地等。邀请市委党史宣讲团成员作"启东地方党史""党的十九届六中全会精神解读"专题讲座,组织参与全省老干部系统党史知识竞答活动,评选"答题之星"180人次。组织参加长三角老干部工作联盟"百年追梦"和全省离退休干部庆祝中国共产党成立100周年主题征文活动。举办"学党史、明初心、跟党走"主题征文,评选优秀作品70多篇和优秀组织单位4家。

专题庆祝活动 指导离退休干部党组织开展"回望百年路 助力新征程"主题党日活动,召开"我看建党百年新成就"老干部座谈会。在"启东老干部"微信公众号推出《银发先锋 共学党史》《讴歌百年荣耀》《不忘初心,我的入党故事》等专栏;举办老干部翰墨书画展、光影颂辉煌摄影展、庆祝建党百年集邮展等。开展"百岁党员讲百年党史"访谈,离休干部倪少达话百岁初心被省市三级媒体平台广泛宣传。组织老同志编排男女声三重唱《党旗飘飘》等庆祝建党百年优秀艺术作品,荣登南通风采展示舞台。

4月21日,市委老干部局组织老干部开展参观活动(市委老干部局/供图)

【离退休干部作用发挥】 2021年,市组建东疆银发志愿服务联盟,吸纳76支老干部志愿服务队开展扶贫帮困、调解矛盾、青少年关爱等项目45个,服务受众6万多人次。组建启东市银发宣讲团,开展党史宣讲212场,累计受众超5万人次。创建13个"江海银发先锋驿站"和13个"老党员工作室",对汇龙镇布谷鸟驿站、陈振超理论工作室等9个具有示范带动效应的典型给予支持。组织老干部代表参观考察民生实事、重点工程等,为启东发展出谋划策。组织老干部参与"七彩夏日"主题教育活动,带领青少年参观镇村史馆,激发热爱家乡的情感。组织老干部深入学校、社区,向青少年讲述革命历史,涌现朱永继、施晓伟等一批银发宣讲达人。《江苏启东:银发先锋讲党史,红色精神润童心》在"学习强国"学习平台刊登。开展启东市"最美老干部"评选,10人入选。老干部郭中良获评江苏省道德模范、江苏省优秀共产党员,项觉生获评江苏省离退休干部"百佳"党员。

【服务管理】 7月,市委老干部局组织新任老干部工作者开展政策解读和业务辅导,组建管理员队伍,推进离退休干部服务管理信息化平台运用,提升精准管理质效。9月9日,召开全市离退休干部工作推进会,深入郭中良银发先锋驿站、汇龙镇老干部党总支开展现场观摩交流。10月，举办全市首届“荣退耀初心 乐龄再出发”市管干部荣誉退休仪式。

加强走访慰问 6月22日，在全市基层党组织庆祝中国共产党成立100周年情境党课上，市委书记李玲为5位老干部党员代表现场颁发“光荣在党50年”纪念章，向老同志致敬。开展“与党同龄、与党同行”百岁离休干部慰问活动，慰问7位百岁老人。坚持常态化走访与“面对面、心连心”大走访相结合，对全市211名离休干部进行普访，了解个性需求，帮助解决实际困难26个。

落实待遇保障 根据上级有关规定及时下发通知，提高离休干部生活补贴标准和高龄护工费补贴标准，做好跟踪督促和沟通协调，确保按时按标准发放到位。

优化医疗保障 召开离休干部看病就医“三有一落实”工作联席会议，落实解决老干部病房、费用结报等方面存在的问题。完善一站式诊疗服务，发放211张离休干部爱心就诊卡。为93名无固定收入离休干部遗属购买“医惠保”。增设苏州科技城医院就医绿色通道，邀请苏州医疗专家团到启东义诊。

（袁晓燕）

党校工作

【概况】 2021年，启东市委党校共举办主体班13期，培训轮训干部1967人次；举办各类部门班27期，培训轮训干部2563人次；承办南通市政务服务管理研修班、南通党校秋季学期中青年干部培训班、南通市大数据和新型智慧城市建设专题培训班等各类培训班次47期，培训2万多人次。6名教师入选市委党史学习教育宣讲团，全年共开展理论宣讲205场次，受众8000多人次。推动干部培训模式创新，建立领导干部选学跟班听课制度。全年完成选课修学4个批次，参训选修学员1327人次，参训率达96.8%。市委党校在南通市党校系统高质量办学评选中被评为“教学工作先进单位”。

【人才强校】 2021年，市委党校大力实施培训者培训工程，加大对教研骨干和青年教师的培养、挖潜力度，以提高教学水平和科研能力为重点，选派教师到上级党校、行政学院跟班听课，鼓励教师参加学术研讨、教学观摩、外出调研等活动。市委党校共有专职教师13人，其中高级讲师6人，讲师4人，助理讲师3人。

【教学教研创新】 2021年，市委党校持续推进精品课试讲制度，全年共推出20余个新课题，课程《陈树湘“断肠明志”与伟大建党精神》在南通市党校系统第六届精品课评选活动中被评为精品课，另有两门课程入选南通市第一批干部教育培训优质课程，2名教师的课程获启东市干部教育“好课评选”决赛二等奖。围绕深入学习习近平总书记在庆祝中国共产党成立100周年大会上的重要讲话和党的十九届六中全会精神，组织全校教师开展集体备课、说课评课、专项宣讲，相关活动被人民网江苏频道、中组部共产党员网《开讲啦》活动专栏、《启东日报》报道；与启东中学、启东经济开发区签订共建合作协议，围绕党员干部教育培训、课题研究与成果转化、机关党建与廉政建设等方面开展合作共建。重点做好抗大九分校纪念馆等红色革命传统教育和基层党建、现代服务业现场教学点的开发，梳理提升南通沿海开发现场教学的线路安排，打造“四色”现场教学品牌，即“红色”主题线路以党性教育、党性锤炼为特色，着力增强宗旨意识，坚定理想信念、筑牢精神之基；“蓝色”主题线路以增强创新能力、打造深蓝利器为特色，国之重器，驰骋大洋，大国重器，启东智造；“绿色”主题线路以坚持绿色发展、绽放生态之美为特色，体现“绿水青山就是金山银山”的发展理念，展现乡村振兴的生动画面；“金色”主题线路以加快向海发展、推动高质发展为特色，突出兴港口、强产业、抓项目、优平台，努力打造江苏沿海高质量发展经济带靓丽明珠的启东实践。

【科研资政】 2021年，市委党校获课题立项16个，其中省级课题2个，南通市级课题4个，启东市级课题10个，5个调研课题获启东市2021年度经济与社会发展重点应用研究课题三等奖。在各类学术期刊杂志上发表论文20篇，其中省级以上12篇，3篇文章在《启东日报》上发表，1篇决策咨询获市领导批示，3篇文章《推进基层党校机关党建“四同工作法”探索与实践》《基层党校作风建设研究》《打造“红色+”党建品牌，助推党建与业务工作融合创新》收录于南通市委党校理论汇编《地方党校党建创新之路的探索与实践》。在启东市第四届哲学社会科学优秀成果评比中，获一等奖1项、二等奖1项、三等奖2项，获奖数量和质量均列全市第一位。

（张敏琦）

机构编制管理

【综合行政执法体制改革】 2021年，根据省、南通市推进“大数据+指挥中心+综合执法队伍”改革要求，以市镇两级社会治理现代化指挥中心建设为依托，推动大数据、云计算、人工智能等现代信息技术与综合行政执法深度融合，探索综合执法新路径。启东市委机构编制委员会办公室制定《启东市“大数据+指挥中心+综合执法队伍”试点工作方案》《深化启东综合执法新模式重点任务分工方案》，明确改革的17项重点任务，深入推进综合执法新模式。在市镇分别设立社会治理现代化指挥中心，落实市镇两级综合行政执法联动指挥联席会议制度，构建以指挥中心为中枢、市级综合执法部门为重点、12个镇为基础的“1+7+12”综合执法联动指挥体系。聚焦党委政府中心工作和综合执法实际，推动执法监管应用场景创新。制定《启东市综合行政执法职责清单（试行）》，建立市、镇综合执法职责清单，理清执法职责边界。持续推动执法重心下移，核定镇级城管执法人员编制60名，落实下沉城管执法队员“市属、镇管、镇用”，强化基层执法力量。协调市司法局、城市管理局等部门,制定《启东市区镇综合行政执法暂行规定》《关于规范镇域综合行政执法处罚案件办理流程的通知》等改革配套文件,明确综合行政执法新模式下的执法职责分工、协调联动、执法程序、执法监督、案卷材料及相关工作标准等内容,推进市、镇综合执法高效协同。

【基层整合审批服务执法力量改革】 2021年,市委编办紧扣构建简约高效基层治理体系,持续完善职责准入、资源下沉、权力调整、全员培训、考核评估和信息共享六大机制,加强部门间、市镇间统筹协调,巩固基层整合审批服务执法力量改革成果。会同市行政审批局、司法局、指挥中心等部门,指导汇龙、寅阳等镇"三整合"示范点的创建工作。协调市行政审批局、司法局、指挥中心等部门,出台有关"三整合"标准化建设的规范文件,形成以《启东市为民服务中心标准化管理办法》《启东镇(园区、街道)合法性审查工作规范化标准》《2021年度启东市镇(园区、街道)治理现代化指挥中心规范化建设考评办法》为主的文件汇编。开展"三整合"巩固提升和综合执法新模式推进落实情况调研,推动12个镇对照"三整合"改革和综合执法新模式任务要求,完善运行机制,提升治理效能。

【开发园区管理体制机制改革】 2021年,市委编办促进开发园区将工作重心向经济发展、项目招引、园区建设等方面聚焦,构建体制简约、运行高效、多方协调的开发区管理格局。按照市十四次党代会任务分解要求,会同市商务局制订优化开发园区体制机制的五年任务分解计划,助力省级开发区高质量发展。开展启东经济开发区、吕四港经济开发区两个省级经济开发区"去行政化"改革调研,了解开发区关于推进招商、建设、园区服务市场化改革,深化人事制度、绩效考核等改革的思路和做法。以市编委名义印发《关于明确吕四港区镇相关职责的通知》,进一步明确吕四港经济开发区和吕四港镇职责关系,厘清涉海、涉渔相关职责边界,构建职责边界清晰、管理高效顺畅的区镇职责体系。

【事业单位编制管理】 2021年,市委编办贯彻落实国家长江大保护战略,按照上级关于执法人员的标准,增加市渔政监督大队事业编制;落实"双减"政策要求,增加市教育体育局行政、事业编制;积极应对疫情防控常态化实际,批复市疾控中心用编计划。提前保障卫生领域人才需求,一次性批复2021—2022年医疗集团事业人员、备案制人员和编外聘用人员使用计划。审批全年教师招聘和定向师范生使用计划;保障学前教育需求,批复公办幼儿园教师备案计划;调整学校布局,独立设置启东经济开发区实验小学等学校;推动教育均衡,根据"县管校聘"联席会议精神批复教师城乡、校际调动计划;按照班师比与师生比相结合的方式重新核定各校教职工编制。在事业人员公开招聘、转业军官及退役士官安置、村党组织书记进编和大学生村官、"三支一扶"(毕业生基层落实政策,指大学生在毕业后到农村基层从事支农、支教、支医和扶贫工作)、在启服务满1年优秀青年人才落编上优先向区镇倾斜。重新制定全市公立医院和基层医疗卫生机构、市域治理现代化指挥中心、市文联等"三定"规定。明确林业执法职能归属并制定人员划转方案;制定市社会调解服务中心管理体制调整方案。联合市纪委监委、市人社局赴全市各镇和部分机关事业单位开展编外聘用人员使用专项督查,规范编外用工使用管理;严格核定市级机关事业单位2022—2023年度编外聘用人员使用计划,控制编外用工数量。按照中央编委、省委编委开展第二次全国机构编制核查决策部署和工作安排,全面完成机构编制核查工作。

【事业单位监管】 2021年,市委编办抢抓南通地区试点,构建公立医院信用等级评价体系,联合市卫生健康委、信用办出台《启东市公立医院信用等级评价试点工作实施方案》,并会同市纪委监委、财政、人社、公安等13家部门组建公立医院信用等级评价试点联席办公室,研究市级公立医院信用评价指标体系,并对人民医院、中医院、妇幼保健院3家市级公立医院开展两轮评价。分两批次对全市11家事业单位开展"双随机、一公开"抽查,对发现的问题实时跟踪,确保整改落实到位。按时按规完成上年度全市261家事业单位的信用等级评价,AAA级事业单位占比达97%。完成全市323家事业单位年度报告公开。梳理全市事业法人异常情形,形成事业单位法人异常名录清单,并完成第一批次46家异常名录事业单位整改。探索事业单位"掌上登记"服务,提升便民服务水平。配合南通市级承担省机关赋码和事业单位登记管理系统试点。

(毛颖弘)

责任编辑　周晓婷

启东市人大

※综　述
※重要会议
※人大监督
※人大代表工作
※人大任免
※议案和建议办理

1月13日，启东市第十七届人民代表大会第五次会议开幕　（潘　杨/摄）

综　述

【概况】 2021年，启东市人大常委会召开常委会会议11次、主任会议13次，听取和审议“一府一委两院”专项工作报告28个，作出决议、决定、审议意见13项，开展执法检查和集中视察和调研49次、专题询问2次，任免“一府一委两院”工作人员77人次。

【重大事项决定】 2021年，市人大常委会听取和审议市政府落实市人大常委会关于加快推进吕四港区建设决议情况的报告，要求在巩固已有成绩的基础上，不断推进项目建设、完善服务保障、凝聚各方合力，促进吕四港深度融入大通州湾一体化开发建设，为吕四港“十四五”高质量发展开好局。听取和审议市政府“七五”普法工作完成情况和“八五”普法规划的报告，从普法内容和对象、公民素养提升、法治文化建设等方面为“八五”期间法治宣传教育工作提出建议意见。作出关于开展第八个五年法治宣传教育的决议，号召全市上下以习近平新时代中国特色社会主义思想为指导，全面贯彻落实习近平法治思想，把党的领导贯彻到全民普法全过程各环节，推动普法工作守正创新、提质增效、全面发展。

【部门工作评议】 2021年，市人大常委会除了对市教育体育局、农业农村局、自然资源和规划局、卫健委、地方金融监管局5个政府部门开展评议外，首次对人民银行启东市支行、启东海关、启东海事处、启东供电公司4个条管单位进行工作评议，推动市委、市政府决策部署在条管单位的贯彻落实。部门工作评议结果纳入市级机关作风建设年度综合绩效考核，并作为被评议部门工作业绩的重要依据。

【审议意见闭环办理完善】 2021年，市人大常委会创新打造“清单化闭环式”监督，以“问题清单”为靶标，细化实化“加班—承办—督办”的审议意见办理流程，运用“二次回审”拓展深化“满意度测评”，促进审议意见从“办理回复”向“办理落实”转变。此项工作得到省人大常委会副主任陈震宁批示。

【民生实事项目全过程监督】 2021年，市人大常委会建立群众“点单”、代表“定单”、政府“买单”、人大“验单”模式，延伸政府民生实事项目代表票决制工作内涵。采取“多方协作+市镇联合+代表参与”模式，广泛征集民生实事候选项目。建立每个项目由1名人大常委会领导带队、1个相关工委对口联系、若干基层代表参与的“1+1+N”动态监督模式，综合运用定向调研、满意度测评等方式，构建民生实事项目闭环式监督体系。市委书记、市长分别以人大代表身份调研民生实事项目，推进项目如期高质量完成。

1月13日，与会代表审议第十七届人大第五次会议报告

（市融媒体中心/供图）

【“智慧人大”建设】 2021年，市人大常委会整合启东人大网站、人大议案建议办理系统、电子会务系统等平台，打造2.0版启东“智慧人大”平台，实现手机端、电脑端“两端互联”，把代表的信息库、代表的履职情况、人大的故事上网，提升代表工作活跃度、监督工作精准度、宣传工作影响力、政务工作便捷性。

【互通联动】 2021年，市人大常委会配合上级人大组织开展的各项调研视察、执法检查，参加学习培训、法律讲座、理论研讨等活动。加强与区镇、街道人大的沟通联系和业务指导，定期召开工作例会，支持区镇、街道人大在密切代表与选民联系、发挥代表主体作用、增强监督实效等方面总结和推广好的做法和经验。加大崇启海三地人大工作协同力度，拓展协同层次，提高协同实效。

（虞成晨）

重要会议

【市十七届人大五次会议】 1月13—15日，市十七届人民代表大会第五次会议在启东保利大剧院举行。大会应到代表353名，实到325名。会议听取和审议市人民政府工作报告、市国民经济社会发展第十四个五年规划和二〇三五年远景目标纲要草案、市人大常委会工作报告、市人民法院工作报告、市人民检察院工作报告，作出相关决议；审查和批准启东市2020年国民经济社会发展计划执行情况的报告和2021年国民经济社会发展计划、启东市2020年财政预算执行情况的报告和2021年财政预算；依法选举杨中坚为启东市人民政府市长、石光辉为启东市人民代表大会常务委员会副主任、吴勇军为启东市人民法院院长。会议将茅炎生等代表提出的《关于加快推进我市新型城镇化建设的议案》列为大会议案，并收到代表建议、批评和意见422件。会议票决产生“基层医疗卫生设施建设”等2021年政府民生实事项目10个。

【人大常委会会议】 市十七届人大常委会第三十八次会议 1月8日，市第十七届人大常委会召开第三十八次会议。会议听取市政府关于启东市国民经济社会发展第十四个五年规划纲要（草案）、2021年政府民生实事候选项目的说明；听取市人大常委会所作的《市第十七届人民代表大会代表变动和补选代表资格审查情况的报告》《市人民政府市人民法院领导人员变动情况的报告》《市十七届人大五次会议组织机构及各项名单（草案）》《市十七届人大五次会议筹备工作情况报告》《人大常委会工作报告（稿）》，会议同意将以上事项提交市十七届人大五次会议审议。会议还表决通过有关辞职事项，补选南通市人大代表。

市十七届人大常委会第三十九次会议 3月26日，市第十七届人大常委会召开第三十九次会议。会议听取和审议市政府关于2020年度环境状况和环境保护目标完成情况的报告，听取市人大常委会环资城建工委关于2020年度环境状况和环境保护目标完成情况的调查报告；审议通过《市人大常委会2021年工作要点和重点工作安排》《关于组织人大代表评议部分政府部门工作的实施方案》。会议还表决通过有关人事任免和辞职事项。

市十七届人大常委会第四十次会议 5月28日，市第十七届人大常委会召开第四十次会议。会议听取和审议市政府关于落实市人大常委会2020年度审议意见情况的报告；听取和审议市政府关于市域社会治理现代化建设情况的报告，听取市人大社会建设委员会关于区域社会治理现代化建设情况的调查报告；听取和审议市政府关于基层医疗卫生服务体系建设情况的报告，听取市人大常委会教科文卫工作委员会关于基层医疗卫生服务体系建设情况的调查报告。会议还听取和审议市人大常委会任命的部分工作人员履职情况的报告，审议通过《市人大常委会司法监督工作暂行办法》，表决通过有关人事任免事项。

市十七届人大常委会第四十一次会议 6月29日，市第十七届人大常委会召开第四十一次会议。会议听取和审议市人民法院、市人民检察院2021年上半年工作情况的报告。会议还表决通过有关人事任免和辞职事项。

市十七届人大常委会第四十二次会议 8月26日，市第十七届人大常委会召开第四十二次会议。会议听取和审议市政府关于2021年上半年国民经济和社会发展计划执行情况的报告、2020年市本级财政决算（草案）和2021年上半年财政预算执行情况的报告；听取和审议市政府关于启东市2020年度本级财政执行和其他财政收支情况的审计工作报告，听取市人大财政经济委员会关于2020年市本级财政决算和同级审计工作及2021年上半年计划和预算执行情况的初审意见；听取和审议市政府关于活水畅流工程实施情况的报告，听取市人大常委会农业和农村工委关于活水畅流工程实施情况的调查报告；听取和审议市政府关于《中华人民共和国固体废物污染环境防治法》执行情况的报告，听取市人大常委会关于检查《中华人民共和国固体废物污染环境防治法》情况的报告。会议还表决通过有关人事任免事项。

市十七届人大常委会第四十三次会议 9月24日，市第十七届人大常委会召开第四十三次会议。会议听取和审议市政府落实市人大常委会关于加快推进吕四港区建设决议情况的报告；听取和审议市政府关于城市管理综合执法工作情况的报告，听取市人大常委会环资城建工委关于城市管理综合执法工作情况的调查报告。会议还听取和审议市教育体育局、农业农村局、自然资源和规划局、卫健委、地方金融监管局、人民银行启东市支行、启东海关、启东海事处、启东供电公司等部门关于人大评议整改落实情况的报告；听取部分南通市人大代表履职情况的报告。

市十七届人大常委会第四十四次会议 10月8日，市第十七届人大常委会召开第四十四次会议。会议听取和审议市政府关于《中华人民共和国渔业法》《江苏省渔业管理条例》执行情况的报告，听取市人大常委会关于检查《中华人民共和国渔业法》《江苏省渔业管理条例》执行情况的报告。会议还审议通过全市市、镇两级人大换届选举工作的有关事项，表决通过有关人事任免和辞职事项。

市十七届人大常委会第四十五次会议 11月24日，市第十七届人大常委会召开第四十五次会议。会议听取和审议市政府关于启东市法治宣传教育第七个五年规划实施情况及第八个五年规划主要内容的报告；听取和审议市政府办理市十七届人大五次会议代表议案和建议情况的报告。会议作出关于开展第八个五年法治宣传教育的决议，表决通过有关人事任免和辞职事项。

市十七届人大常委会第四十六次会议 12月17日，市第十七届人大常委会召开第四十六次会议。会议听取和审议市政府关于落实人大常委会2021年度审议意见情况的报告，并分别进行满意度测评；听取和审议市政府关于2021年国有资产管理情况的综合报告；听取和审议市政府关于2021年审计工作报告中指出问题整改情况的报告；听取和审议市人大常委会代表资格审查委员会关于市十八届人民代表大会代表资格审查情况的报告，确认市人大常委会主任会议关于市镇选举委员会部分成员辞职情况的备案报告；作出关于召开市第十八届人民代表大会第一次会议的决定，通过会议列席人员范围。会议还表决通过有关人事任免和辞职事项。

市十七届人大常委会第四十七次会议 12月30日，市第十七届人大常委会召开第四十七次会议。会议听取和审议市十八届人大一次会议有关筹备事项；听取和审议市政府关于2021年度民生实事项目完成情况的报告、2022年度民生实事候选项目情况的报告和市人大常委会关于2021年度政府民生实事项目实施情况的评价报告；听取和审议市司法局、商务局、医保局、生态环境局关于2021年财政预算执行情况和2022年度财政预算草案的报告和编修情况说明;听取和审议市政府关于调整2021年市级本级财政预算的报告,决定批准2021年市本级财政预算调整方案。会议还表决通过关于表彰2021年度市人大代表优秀议案和建议、启东市“最美人大代表”的决定。

(虞成晨)

人大监督

【经济工作监督】 2021年,市人大常委会听取建筑业发展、规模企业培育、国有企业高质量发展等情况的报告,调研不动产登记、口岸发展、对外招商引资、北大生科华东院运行、政府债务化解等工作,督促政府不断夯实产业基础,优化服务保障,增强发展动能。突出“三农”领域重点,听取高质量发展家庭农场情况的报告,调研农业“四青”作物产业化和现代农业产业园建设发展情况,拓展农民增收渠道,提高农业质量效益,推动乡村产业振兴。

【预算监督审查】 2021年,市人大常委会听取和审议国有资产管理情况的报告,支持政府进一步发挥国有企业在推进发展方式转变、新旧动能转换方面的示范引领作用。听取和审议2021年上半年财政预算执行情况的报告、2020年财政决算和其他财政收支情况的审计工作报告、审计查出问题整改情况的报告,审查批准2020年市级财政决算,督促政府提高财政资金配置效益和政策实施效果,更好地发挥公共财政对经济社会发展的支撑保障作用。深化部门预算初步审查工作,推动部门预算编制和财政资金使用更加科学精细。完善预算联网监督系统,实现预算、决算等基本信息网上在线查询、预算支出情况实时全程监管。对市自然资源和规划局、农业农村局、卫健委、退役军人事务局4个部门2021年的预算开展初步审查。

【生态环境工作监督】 2021年,市人大常委会听取和审议2020年度环境状况和环境保护目标完成情况报告,促进环境保护长效管理,提升解决环境突出问题的能力,提高全社会环境保护意识。重点关注扬尘污染、农业面源污染、黑臭水体治理、江海生态岸线修复等内容,推动政府持续加强环境保护,筑牢生态基底,高起点建设全域美丽启东。调研生活垃圾分类情况,推动市生活垃圾分类工作有力有序开展。听取和审议活水畅流工程实施情况的报告,督促政府采取扎实有效举措,加快打造“水清、河畅、岸绿、景美”的水环境。

7月12日,市人大常委会对市城管局《中华人民共和国固体废物污染环境防治法》执法情况进行检查　(周　玲/摄)

【城乡建设工作监督】 2021年,市人大常委会听取和审议城市管理综合执法工作的报告,推动城管执法水平更加精细,城市整体面貌进一步提观、管理水平更加科学精细。听取建筑业发展、规模企业培育、国有企业高质量发展等情况的报告,促进政府不断夯实产业基础,优化服务保障,增强发展动能。督办市人代会《关于加快推进我市新型城镇化建设的议案》,推动小城镇基础设施、公共服务、产业配套提档升级。

【民生事业监督】 2021年,市人大常委会听取和审议基层医疗卫生服务体系建设情况的报告,推动政府科学规划全市医疗卫生资源布局,提高基层医疗机构运行质效。听取关于优化教育管理工作情况的报告,加快推进教育事业优质均衡发展,不断推动教育事业高质量发展。听取关于城乡公交一体化工作情况的报告,确保更好地服务人民群众出行和城乡经济社会发展。就食品安全、中小学生课后服务、公共体育场地设施规划、文体中心运行、宗教场所改扩建等情况开展调研,促进发展成果更多、更公平地惠及全市人民。

【法治建设监督】 2021年,市人大常委会加大法律实施情况检查力度,严格对照法律原文,逐条逐项对《中华人民共和国固体废物污染环境防治法》《中华人民共和国渔业法》《江苏省渔业管理条例》等法律法规开展执法检查。发挥专家小组作用,从专业角度真查深挖问题,审议意见的针对性、说服力明显增强。出台《启东市人大常委会司法监督工作暂行办法》,实行法制委员会、监察和司法委员会例会制度。加强规范性文件备案审查,组织人大常委会各工作机构、政府相关部门深入学习相关法律政策,邀请专业人员参与审查工作，推进审查有序有效开展。

（虞成晨）

人大代表工作

【概况】 2021年，市人大常委会注重发挥代表履职平台的作用，不断规范人大代表之家和人大代表联络工作站建设。组织开展市人大常委会主任、副主任和“一府一委两院”主要负责人“接待人大代表日”活动。深化部门工作评议，首次开展对条管部门的评议监督。落实人大常委会领导联系委员、委员联系代表、代表联系群众的“三联系”机制，试点实行人大代表“三访三促”新机制，延伸代表履职阵地进网格、到社区。采用“积分制管理”模式，制订代表“履职评分册”，强化对代表的约束管理。以人大代表之家和人大代表联络工作站为主阵地，依托“美丽南通·最美代表”“接待代表日”“代表接待选民”等活动，将田间地头作为“一线课堂”，打造集中民情民智的“加油站”。围绕每位代表至少提出1条建议、召开好2次人代会、组织好3次代表小组活动、举行好4次主席团会议、执行好5个方面制度的基层人大工作“12345”基本要求，促进基层人大工作依法、有序、务实、高效开展。建议梳理汇编、集中交办、确定重点、督办推进、年中汇报、集中视察、满意度测评、跨年度追踪、人代会通报、表彰鼓励等“十步工作法”，健全“报告、评价、公开、激励、跟踪”五大督办机制，落实常委会领导和各工委督办重点建议制度，加强与“一府两院”的联系沟通，采取现场看、会议听、当场评、追实效“四步曲”形式，推动建议落实。市十七届人大常委会第四十五次会议对每一条重点建议的办理情况开展满意度测评，满意率均超半数。

8月19日，南阳镇武陵村人大代表进网格与村民座谈，听取意见

（南阳镇/供图）

【换届选举】 9月，全市启动市镇人大换届选举工作，先后召开全市市镇人大换届选举工作会议、4次选举委员会会议、3次换届选举工作转段会议。常委会领导、各委室分别联系全市16个选举单位。12月10日，市镇两级人大代表换届选举法定投票日，全市100多万名选民选举产生359名市人大代表、1155名镇人大代表。

（虞成晨）

人大任免

【概况】 2021年，市人大常委会坚持党的领导，依法行使人事任免权。先后任免启东市政府组成人员21人次，启东市监察委员会工作人员5人次，启东市人民法院工作人员21人次，启东市检察院工作人员5人次，并对相关拟任命人员进行任前法律知识考试。开展任后监督，专题听取部分工作人员履职情况报告，进行评议测评，推动任免权与监督权的有机结合。

【人员任免】 2021年，市十七届人大常委会第三十九次会议任命姚锦涛为启东市人大常委会办公室副主任，朱咏梅为启东市人大常委会汇龙镇南城区街道工作委员会主任；任命陆健为启东市农业农村局局长；任命刘小荣为启东市人民检察院检察委员会委员、检察员，朱连花为启东市人民法院审判员。免去施建洪启东市人大常委会办公室副主任职务，陆琛杰启东市人大常委会启东经济开发区工作委员会副主任职务，林锋风启东市人大常委会汇龙镇南城区街道工作委员会主任职务，张海兵启东市农业农村局局长职务，袁爱兵、童跃飞启东市人民法院审判员职务，周柳柳启东市人民检察院检察委员会委员职务。接受施建辉、徐张禄辞去启东市第十七届人大常委会委员职务。

市十七届人大常委会第四十次会议任命秦广荣为启东市人民政府副市长，虞星为启东市民政局局长，陈玲为启东市市场监督管理局局长。免去陈玲启东市民政局局长职务，王振宇启东市市场监督管理局局长职务。

市十七届人大常委会第四十一次会议任命何玮为启东市人民检察院副检察长、检察委员会委员、检察员，代理检察长职务。免去陈新建启东市人民检察院检察委员会委员、检察员职务，方海军启东市人民检察院副检察长、检察委员会委员、检察员职务。接受陈新建辞去启东市人民检察院检察长职务。

市十七届人大常委会第四十二次会议任命郭建为启东市监察委员会副主任、代理主任职务，蔡海伟、柏永辉为启东市监察委员会委员；任命李爱

11月24日，明珠社区居民在选民榜上寻找自己的名字，仔细核对，保障自己的合法权利　（姜新春/摄）

玲为启东市人大常委会民宗侨台工作委员会副主任，魏清见为启东市人民法院吕四人民法庭庭长。免去陈伟启东市人大常委会民宗侨台工作委员会副主任职务，魏清见启东市人民法院民事审判第二庭（执行裁判庭）庭长职务，吴启飞启东市人民法院吕四人民法庭庭长职务。接受沈良杰辞去启东市监察委员会主任职务，佘德华辞去启东市人民政府副市长职务。

市十七届人大常委会第四十四次会议任命沈辉为启东市人民法院和合人民法庭庭长，姚雪松为启东市人民法院民事审判第一庭（家事审判庭）庭长，张艳、孙驾飞、朱志亮为启东市人民法院审判委员会委员，陆涛为启东市人民法院民事审判第二庭（执行裁判庭）庭长，姚桢荣为启东市人民法院久隆人民法庭庭长。免去沈辉启东市人民法院民事审判第一庭庭长职务，姚雪松启东市人民法院刑事审判庭庭长职务，陆涛启东市人民法院久隆人民法庭庭长职务，姚桢荣启东市人民法院和合人民法庭副庭长（中层正职）职务，陈春花启东市人民法院开发区人民法庭副庭长职务，蔡中中启东市人民法院民事审判第二庭（执行裁判庭）副庭长职务，陈黎启东市人民法院审判员职务。接受张卫生辞去启东市第十七届人大常委会副主任职务，其担任的启东市第十七届人大常委会代表资格审查委员会主任委员职务相应终止。

市十七届人大常委会第四十五次会议任命李昌浩为启东市人民政府副市长，郭海健为启东市司法局局长，陈娟为启东市文化广电和旅游局局长，陈卫丰为启东市行政审批局局长，赵琛为启东市统计局局长，王兴建为启东市信访局局长；任命郁向辉为启东市监察委员会副主任；任命邓卫星为启东市人大常委会财政经济工作委员会主任，杜国华为启东市人大常委会监察和司法工作委员会主任，姚锦涛为启东市人大常委会人事代表工作委员会主任，陈飞为启东市人大常委会环境资源城乡建设工作委员会主任，郁锦标为启东市人大常委会教科文卫工作委员会主任，张海兵为启东市人大常委会农业和农村工作委员会主任，陈张贤为启东市人大常委会民宗侨台工作委员会主任，唐卫卫为启东市人大常委会办公室副主任，陈玲玲为启东市人大常委会财政经济工作委员会副主任，郭鉴生为启东市人大常委会环境资源城乡建设工作委员会副主任；任命王同武为启东市人民法院审判员。免去徐东林启东市人大常委会财政经济工作委员会主任职务，陈庄启东市人大常委会监察和司法工作委员会主任职务，龚觉海启东市人大常委会人事代表工作委员会主任职务，茅炎生启东市人大常委会环境资源城乡建设工作委员会主任职务，王建石启东市人大常委会教科文卫工作委员会主任职务，顾胜豪启东市人大常委会农业和农村工作委员会主任职务，潘炜华启东市人大常委会民宗侨台工作委员会主任职务，姚锦涛启东市人大常委会办公室副主任职务，卞彩红启东市人大常委会财政经济工作委员会副主任职务，唐卫卫启东市人大常委会环境资源城乡建设工作委员会副主任职务，陈卫丰启东市人大常委会启东经济开发区工作委员会主任职务，江海龙启东市司法局局长职务，郁锦标启东市文化广电和旅游局局长职务，杜国华启东市行政审批局局长职务，陈飞启东市统计局局长职务，郁豪杰启东市监察委员会副主任职务。接受方波辞去启东市人民政府副市长职务，陈卫丰辞去启东市人大常委会委员职务。

市十七届人大常委会第四十六次会议任命黄坤为启东市科学技术局局长，陈阳为启东市审计局局长；任命龚锦兵为启东市人大常委会启东经济开发区工作委员会主任。免去邓金涛启东市科学技术局局长职务，邓卫星启东市审计局局长职务。接受陆圣华辞去启东市人大常委会委员职务。

（虞成晨）

议案和建议办理

【概况】　2021年，在市十七届人大五次会议上，代表们围绕全市经济社会发展大局和人民群众关心的热点难点问题，积极议政督政、建言献策，提出议案及建议、批评、意见。会后，经市人大人事代表工作委员会整理并移交市政府及各职能部门办理的大会议案1件，建议、批评、意见（以下简称建议）422件，其中经济发展方面30件，城市建设管理方面109件，农业和农村工作方面105件，科教文化卫生方面80件，社会事业和民生保障方面33件，社会治安稳定方面19件，依法行政方面25件，其他方面21件。所有代表议案和建议均办理答复。从建议办理情况看，所提建议已经解决或基本解决的198件，占46.9%。所提建议正在解决或已列入计划准备解决的188件，占44.5%。所提建议因受条件限制或其他原因只能以后研究解决的26件，占6.2%；所提问题留作参考或不可行的10件，占1%。从反馈意见看，代表们对市政府及各承办单位办理工作的过程和结果给予充分肯定，初次答复满意率达99.53%，二次满意率达100%。

【议案办理】 市十七届人大五次会议上，茅炎生等代表提出的《关于加快推进我市新型城镇化建设的议案》被列为2021年的1号议案。市委、市政府成立市新型城镇化建设工作领导小组，由市委、市政府主要领导担任组长，市发展改革委、住建、自然资源和规划、城管、农业农村等部门和各区镇主要负责同志为成员，负责议案的具体办理，领导小组办公室设在市住建局，牵头负责议案的日常推进工作。各区镇和相关职能部门均建立由主要领导担任第一责任人的专项工作班子，建立健全内部推进、考核、督查机制，切实履行属地责任，共同做好季度、年度考核等工作，确保新型城镇化建设稳步推进。2021年，各区镇新建、改扩建道路23.5公里，镇区“十个必接”有力推进，污水管网覆盖率不断提升，新增污水管网20公里，镇区绿化、节点及主出入口绿化美化等推陈出新，累计新增绿化15公顷。镇区配套设施不断完善，功能逐步健全，新增7个消防站点、10个公交回车场地、11个文体活动中心及文体活动广场和10个集中守灵中心。全市11个建制镇及12个老集镇结合自身特点，科学编制镇容镇貌提升方案，修复镇区道路、出新建筑立面、增加街面绿化及翻新户外广告，合理设置道路标线、停车位等，不断美化镇容镇貌。同时，各区镇深挖存量资源，出台鼓励农民“弃宅进镇”政策，全年全市签约弃宅进镇农户978户，盘活土地21.6公顷；盘活闲置国有资产10.4公顷，低效工业用地55.93公顷，镇区面貌显著提升。

【重点建议办理】 《关于推动国有企业高质量发展的建议》

政府办理情况：完成启晟、城投、吕四港、锦汇四大集团组建，逐步统一股权与管理权关系，加快实现优质资源向核心领域集聚。探索推行职业经理人制度，以市场化方式选聘优秀的专业管理高级人才进入国企，实行任期制和契约化管理。强化企业市场主体地位，坚持政企分开，拟订《启东市市属国有企业董事会管理暂行办法》，强调董事会在企业依法自主经营中的决策作用。深化平台公司市场转型，做好园区与国企间债务底数核查工作，通过厘清园区与对口国企间的债权债务往来关系，明确双方权利义务，突出企业的市场独立性，确保企业轻装上阵、稳健运转。充分发挥国企服务社会功能，按计划规范实施城建、民生实事及重点工作项目。安置房、道路、港口、老旧小区改造、最美江海岸线等项目有序推进。

《关于加强基层卫生服务体系建设的建议》

政府办理情况：组建市、镇、村一体、“九合一”管理紧密型医疗共同体，构建整合型医疗卫生服务新体系，使集团内部在区域合作、教育科研等方面合作共赢。组建19个市级质控中心，实现集团内部同质化管理。建立心电诊断、影像会诊等技术共享机制，有效促进城乡医疗水平均衡发展。变单一医院管理为集团化管理，全面提高基层医疗机构管理水平。全市新增省、市级重点(建设)专科、特色专科8个，6家乡镇卫生院标准化门诊部及医养结合型护理院改造工程全面竣工，全市基层医院新增省、市级基层特色科室15个，建成示范、标准村卫生室170家。通过沪启合作组建名医工作室、开展龙头医院专家下沉基层门诊等形式，方便市民就近享受上级三级医院专家服务。“先看病后付费”模式实现全覆盖，就医流程不断简便优化。建立健全医疗费用管控机制，启东市成为南通地区唯一居民医保基金总量平衡县市。

《关于进一步推进我市职业教育发展的建议》

政府办理情况：研究制订市职业教育长远发展规划，以省现代化示范学校、省领航学校为标准，加快构建技能人才成长立交桥，大力发展五年制高等职业教育，提高职业学校服务地方经济能力。建立启东中专与生命科技产业园共生共长机制，实现学校与园区同规划、同建设、同成长。深化产教融合，重点建设海工船舶、生物医药、机械制造等专业，扩大现代学徒制试点范围，构建工作学习一体化教学模式，实现学生综合素质和就业竞争力的双提升。探索与工学结合人才培养模式相适应的教学管理制度，推行“引厂入校”“引校入厂”等合作模式。制订并落实职业学校教师素质提升计划，建立职业教育教师到企业实践制度，鼓励企业为职业教育教师实践提供便利条件，制定优惠政策接纳教师在岗进修。

《关于规范儿童青少年视力诊断和矫治工作的建议》

政府办理情况：专题制作《医疗行业专项整治在行动》等节目，通过电视广播、微信公众号等平台广泛传播，引导广大儿童青少年和家长科学认知近视矫正，自觉抵制近视矫正虚假违法广告，提高儿童青少年近视防控能力。对市人民医院、中医院等4家专业医疗机构的资质管理、医务人员管理、药品和医疗器械管理等开展执业监管，并依法查处检查中存在的违法行为，对文慈医院质量管理等方面问题给予警告并处罚1万元；推进学生近视防控“蓝盾护航”工程，推动学校教学环境改造提升，全市80所学校1897间教室完成采光照明改造。依法严厉打击无证机构、无证人员擅自开展眼科医疗服务行为，对好视力视光中心、爱视力电子产品经营部等单位进行监督检查,并对明月视光眼镜店擅自开展眼科诊疗行为,予以没收医疗器械、罚款3000元的处罚。

《关于加快居家适老化改造的建议》

政府办理情况:出台《关于做好居家适老化改造民生实事的通知》,对改造目标、改造对象、改造内容等提出明确要求,并结合老年人实际需求,确保改造标准不低于每户3000元。改变以往由市级层面统一招标方式,由各区镇(街道)通过政府采购、公开招标等自行确定改造承接机构,切实提升适老化改造质量;各区镇(街道)、村(居)联合第三方专业评估机构入户调查、评估和设计,为相关老年群体量身制定以基础设施改造为主、辅具配备为辅的个性化改造方案。对适老化改造工作开展情况进行抽查,发现问题,立即责令整改。随机抽取已完工改造对象,进行满意度回访。全年全市居家适老化改造累计完成1100户,群众满意率100%。

《关于排查、清理镇村道路交通事故隐患的建议》

政府办理情况:组织相关单位研究部署排查工作,排查里程累计达3357公里。其中,达标路段2530公里,存在问题需完善路段827公里。针对存在问题路段,精准施策,严格按照工作流程,组织实施防护工程。联合第三方专业机构对相关路段进行现场调查、评估,出具合理化改造方案;多次邀请上级部门开展业务指导,不定期对工作开展情况进行抽查及满意度回访,确保施工质量与成效。全年累计完成50公里临河安全隐患路段改造,完成100公里路域环境整治。研究制定《启东市农村公路平交道口安全隐患排查整治三年行动(2022—2024年)方案》,结合美丽乡村建设,加大整治力度,力争到2024年末全面完成农村公路安全隐患排查整治工作。

《关于加快实施活水畅流工程,全力推进全域治水的建议》

政府办理情况:加快推进城市河道综合整治、城乡污水处理厂提标、排口高标准截污工程,清理沿河问题点位859个、整治城市排口282个、消灭城市黑臭河道8条、清洗城市厢涵8.6公里、养护城市雨污管网350公里,乡镇污水处理厂完成提标,城市截污工作顺利完成。打破城市断头河瓶颈,拆除影响水体流动的碍水阻水建构筑物,实现17条堵塞、束水、断头河道全连通,疏浚城市河道25.6公里,清除淤泥34万立方米,拓宽水道4010米,拆除坝埂暗涵36处,建桥4座,不断恢复河道过流能力。完善城市河道32个控导设施,加大水系控制力度,形成区域内有序水位差,促进水体自然流动,初步实现全面、持续、按需、两利、高效、连片"六个"活水。开展河道公园建设,拆除城市河道沿线31家砂石码头,先后建成丁仓港健康公园、紫薇公园河等美丽河道12条。

7月14日,市区灵秀路污水管道改造工程建设现场　　(姜新春/摄)

《关于高质量推进老小区改造的建议》

政府办理情况:在改造现场成立18个临时党支部,将社区干部、居民代表、施工单位代表等纳入党支部。每周组织召开工作例会,与社区群众采取拉家常、召开"小板凳"议事会等方式,听取群众意见,将群众最迫切、最急需的要求列为优先实施项目,切实解决推进过程中的矛盾与问题。全年为社区居民解决屋面改造、雨污水分流、小区积水等70多个"急难愁盼"问题。精选施工队伍,不断优化招标方式,选取信用良好的企业参与老旧小区改造。强化现场管理,明确要求施工单位加强配合,在实施开挖工作时,做到同沟同井、一次开挖;加强对工程质量的抽查频次,每月围绕安全文明施工组织检查,并根据检查结果,对相关不文明行为进行处罚,累计开出处罚通知书37份。采用新闻媒体宣传、微信公众号发布、召开群众代表座谈会等方式,广泛宣传老旧小区改造的重要意义,争取群众的理解与支持。每月编制印发工作简报,通报工程进展、工作举措、存在问题等,推动老旧小区改造取得成效。

《关于依托大数据平台推进市域治理现代化的建议》

政府办理情况:建成市级政务信息资源共享交换平台,汇聚55个部门资源目录772项,数据交换49.04亿次。优化升级区镇一体化平台,实现"为民服务"模块与行政审批平台数据对接。打造"一键联动、一图展示、一屏指挥"江海堤防综合治理智慧工程,排查处置各类安全隐患1900余件。开发智慧内涝决策平台,建立"物联+互联""技防+人防""横向+纵向"的城市内涝治理体系。制定《启东市市域治理现代化联动指挥运行管理办法》等制度,建立现场核查、发函督办、联合督查工作机制,推进"大数据+指挥中心+综合执法队伍"新模式,努力实现科技执法、体系执法、精准执法。围绕民生热点难点问题，及时分流交办、联动处置工单14.6万件，按时办结率96.6%，群众满意率98.6%；围绕创建文明典范城市、乡村振兴等工作，加强部门联动，及时协调处置跨地区、跨部门、跨层级问题1196件；围绕疫情防控、防汛防台等特殊紧急情况，开展市镇村网格四级实战演练103场次，形成可视化巡查、跨层级跨部门联动的调度体系。

《关于农产品质量安全的建议》

政府办理情况：完善基层监管队伍，全市所有区镇均建立农产品质量安全监管服务所，累计有各类安全监管员、协管员314名；健全监管检测体系，12个涉农区镇均建立农产品质量安全检测室，在重点村设置村级服务站点，鼓励规模生产主体建立农残速测室，形成市、镇、村、企业（园区、基地）四级农产品质量安全检测体系。推进标准化生产，推广主要粮油作物“绿色优质农产品生产技术规程”7项，畜禽、水产健康养殖标准6项，通过农民培训、科技入户、标准化生产等项目，推行绿色优质标准化生产技术，农业标准化推广率100%；注重绿色优质农产品发展，新获证绿色食品生产基地4个，认证绿色食品10个，申报绿色食品生产基地30个，加快推进25万亩全国绿色食品原料（大豆）标准化生产基地创建工作。加强农药经营许可管理，探索建立农药集中采购、统一配送体系，全市共设农药集中配送点105家。开展农产品质量安全“利剑”行动、蔬菜水果违法使用禁限用农药、农药残留及非法添加行为专项整治，查处不合格农产品质量安全案件1起，各类农产品抽检均达99%以上。

2021年启东市人大代表优秀建议一览表

表2

建议号	建 议 内 容	建议人
001号	关于高度重视并大力推动启东电动工具产业发展的建议	陈红飞
002号	关于持续推进农村“厕所革命”的建议	姚锦涛
003号	关于积极应对人口老龄化大力发展老年教育的建议	施仲元
006号	关于推动国有企业高质量发展的建议	徐东林
008号	关于通州湾新出海口吕四起步港区加快融入上海国际航运中心的建议	陶　郁
016号	关于积极应对新冠肺炎疫情对企业生产经营影响的建议	陆旭辉
018号	关于引进科技人才支撑企业做大做强的建议	朱　静
020号	关于当好对接浦东第一棒，生态环境保护要先行的建议	沈琦博
021号	关于依托大数据平台推进市域治理现代化的建议	杨莹莹
022号	关于弘扬传承张謇精神的建议	袁飞天
024号	关于加大全市旅游业发展扶持力度的建议	薛　海
033号	关于适当调整启东城区道路临时停车收费的建议	张红梅
044号	关于进一步加强老小区改造工程推进力度的建议	龚　健
053号	关于加快火车站周边配套设施建设的建议	刘　辉
066号	关于加快实施启东市镇村规划的建议	龚磊磊
081号	关于高质量推进老小区改造的建议	顾培源
094号	关于老居民小区多层住宅加装电梯的建议	张海兵
095号	关于加大老旧小区改造力度的建议	袁赛花
119号	关于加强启东经济开发区公用工程设施建设与规划的建议	沈　涛
121号	关于加快推进污水管网改造的建议	王元飞
138号	关于农产品质量安全的建议	茅赛赛

续表2

建议号	建 议 内 容	建议人
139号	关于将农村垃圾收集车改用密闭压缩车运输的建议	吴允辉
148号	关于加强中远大道两侧摊档管理的建议	邱少华
171号	关于打造优质乡村路田、宅田分离示范区的建议	李荣昌
181号	关于综合利用秸秆、助推美丽乡村建设的建议	杨军华
201号	关于推动乡村振兴的建议	于冬娟
225号	关于传统老式保洁车辆进行更新换代的建议	高海玲
231号	关于农业产业发展的建议	徐张禄
240号	关于农村人居环境整治方面的建议	顾云忠
256号	关于整合医疗机构、优化配置医疗资源的建议	施健华
270号	关于在中小学实施校车接送学生上下学的建议	江秀泉
282号	关于将盆底肌力评估筛查列入中老年女性常规体检的范畴的建议	朱咏梅
285号	关于增加合作医疗门诊报销的建议	黄玉萍
300号	关于提高疾病防控能力的建议	沙伟红
305号	关于加强基层卫生服务体系建设的建议	王建石
311号	关于进一步推进我市职业教育发展的建议	沈衍冰
312号	关于规范儿童青少年视力诊断和矫治工作的建议	吴风云
342号	关于加快居家适老化改造的建议	潘炜华
346号	关于加强食品安全管理的建议	盛 平
349号	关于取消公交长寿卡年度审验的建议	方 遒
369号	关于排查、清理镇村道路交通事故隐患的建议	陈 庄
378号	关于大力整治市区背街小巷乱停车的建议	王晓矗
391号	关于加强电动自行车管理的建议	黄新辉
413号	关于文明祭扫的建议	张建平
416号	关于加快实施活水畅流工程,全力推进全域治水的建议	顾胜豪

(虞成晨)

责任编辑　周晓婷

启东市政府

※综　述
※重要会议
※政务服务
※人力资源管理
※政府投资项目工程建设
※信访工作
※外事工作
※对口帮扶支援与合作

启东市“24小时智慧政务大厅”　　（叶　娟/摄）

综　述

【概况】 2021年，启东市政府坚持稳中求进工作总基调，坚定不移推动高质量发展，围绕“对接浦东第一棒、百强年年进两位”目标定位，深入实施向海发展战略、接轨上海战略，全市经济社会保持良好发展态势，实现“十四五”和“强富美高”新启东现代化建设的良好开局。全年实现地区生产总值1345.9亿元，比上年增长8.4%。完成一般公共预算收入77.8亿元。全社会固定资产投资比上年增长7.7%。实际利用外资3.8亿美元。完成进出口总额404.8亿元，比上年增长87.7%。实现社会消费品零售总额482.6亿元。城乡居民人均可支配收入分别达54910元、30710元，分别比上年增长9.3%、11.2%。列全国综合实力百强县市第27位。

不断优化产业结构，全年实现规模工业应税销售1120.6亿元，比上年增长28.2%；临港产业、特色产业、战略性新兴产业实现应税销售1077.7亿元，比上年增长41.1%，寰宇东方、东成电动工具应税销售突破100亿元，净增规上工业企业90家，新认定国家两化融合贯标企业20家，联测科技、通易航天成功上市；能耗“双控”成效显著，工业企业度电产出达44.1元；建筑业完成总产值1401.3亿元，获鲁班奖5个、国优奖1个、詹天佑奖4个；服务业实现应税销售842.3亿元，增长13.5%，广汇能源成为首家应税销售百亿级服务业企业；旅游业加速回暖，碧海银沙获评国家AAAA级旅游景区，抗大九分校完成提档升级，德汇海粟湾、协兴港文旅等项目加快推进，文化、生态、旅游实现深度融合发展。

持续扩大有效投资，全年新开工重大产业项目85个，其中10亿元以上31个。亿纬林洋、药明康德研发中心等项目开工建设；中城高端医疗器械、万洋众创城等项目加快推进；华峰尼龙6、海四达动力科技等项目竣工投产，全国单体容量最大的海上风电项目并网发电。建立项目质量综合评估机制，调整组建产业招商分局，新签约亿元以上项目102个，其中10亿元以上31个，制造业占比达93.1%，4个百亿级重特大项目接连落户。强化要素保障支撑，新增制造业贷款15.1亿元，盘活低效用地291.2公顷、闲置厂房30万平方米。

纵深推进“放管服”改革，在南通率先开展“一业一证”改革试点，政务服务综合标准化建设全省领先，新增减税降费8.1亿元，列全国营商环境百强县第20位。创新能力持续增强，全社会研发投入占比达2.66%，高新技术产业产值占比达57.4%。开展产学研合作项目202个，与北大生科华东产业研究院签订第二轮合作协议。新增省级以上企业研发平台5家，新认定高新技术企业79家。创成知识产权强省区域示范市，入选省“双创人才”10名。

快速提档综合交通，通州湾新出海口吕四起步港区通用码头建成启用，10万吨级进港航道投运，疏港公路335省道西段、通港大道南延完工通车，洋吕铁路开工建设，鹤港大桥、天汾大桥全速推进。北沿江高铁可研报告正式获批。“十四五”综合交通运输体系、干线公路网等规划形成最终成果，宁启铁路二期复线工程、沪崇启铁路列入省专项规划，S11通沪高速及北延、228国道改扩建等规划研究稳步实施。深度融入上海“一小时通勤圈”，开通人才专线、健康专线，沪启快线日发班次增加至188班。

抢抓长三角更高质量一体化发展战略机遇，承接优质溢出资源，引进上海、苏南亿元以上项目78个，其中10亿元以上15个。启东配套浦东产业园等平台效应不断放大，沪启两地要素共享、优势互补的协同发展态势逐步显现。主动策应崇明世界级生态岛建设，高质量承办第十届中国花博会启隆分会场。建立行政审批通办协调机制，实现88个事项“跨省通办”。积极落实稳外贸系列措施，鼓励企业加快“走出去”步伐，完成境外协议投资6180万美元。

持续优化“一区多园”管理机制，内生动力加速迸发，开发园区承载力和贡献度不断提高。启东经济开发区加快推动新能源、半导体装备及材料、生物医药三大主导产业集群发展，成功引进易事特5G云技术、华晶半导体等一批重大项目，产业资源和创新要素集聚度显著提升。吕四港经济开发区全面推动港产城融合发展，卫华港机、中储粮等重大项目签约落户，“一主两新两特”临港产业发展格局逐步形成。圆陀角旅游度假区加快国家级旅游度假区创建步伐，获评省“美丽海湾”。

持续完善规划体系，国土空间总体规划加快修编，东城区控制性详细规划、中心城区综合交通规划完成编制。城市品质不断彰显，少儿图书馆、蓝印花布艺术馆建成开放；新建公园绿地2个、小游园5个，新增城市绿地60万平方米。路网结构逐步优化，江海南路、紫薇东路建成通车，牡丹江中路等3条道路完成改造。城市面貌明显改善，系统化改造老旧小区24个、122万平方米，改造规模南通领先；提升改造巷道4个，拆除违章建筑92.6万平方米；餐厨废弃物处置中心、餐饮油烟在线监测平台建成投运。全面巩固文明城市创建成果，推进常态长效治理，城市精细化管理水平不断提高。

不断夯实高效农业基础，新建高标准农田5.3万亩，主要农作物全程机械化率超90%，入选全国绿色食品原料标准化生产基地，获评首批省绿色蔬菜产业特色县。实施新一轮农村人居环境整治，干道沿线破落建筑和“三棚”整治稳步推进；智慧水利加快建设，河长制工作保持全省领先。建成南通市级乡村振兴示范村、先进村16个，获评省级特色田园乡村1个、省级传统村落1个，挡潮墙遗址入选首批省级水利遗产名录，沙地圩田农业系统获中国重要农业文化遗产认定。富民增收渠道不断拓宽，建成强村加油站3个，获评全国农村创业基地3家；完善防止返贫长效机制，为全市低收入人口购买防贫保险。

深入打好污染防治攻坚战，首轮中央、省环保督察交办问题全部完成整改。空气质量优良率达93.2%，$PM_{2.5}$年均值降至23.2微克/立方米，均列全省第一名。市考以上断面水质优Ⅲ类比例达100%，完成分散农户生活污水治理1.7万户。土壤环境风险有效管控，受污染土地安全利用率达100%。最美江海岸线建设全面展开，森林公园开工建设，沿江沿海生态景观带特色示范段基本建成，海洋生态保护修复项目获国家专项资金补贴。长江大保护扎实推进，率先实施长江岸线“五位一体”长效管护，沿江一公里范围内化工企业如期完成关停退出。

全力办好十大类民生实事项目，民生投入占财政支出比重达79%。千方百计稳就业，抓好重点群体就业援助，新增城镇就业10081人。基础养老金、居民医保筹资标准分别提高至190元、1400元，社会救助覆盖面持续扩大。养老服务体系不断健全，完成适老化改造1100户。开工建设安置房77万平方米，交付5000套。建成国家示范型退役军人服务站6个。

不断提高教育现代化建设水平，中高考核心指标位列南通前茅。蝶湖实验小学、蝶湖中学、少年宫新校区开工建设，6所幼儿园建成启用，37所中小学获评省智慧校园。义务教育“双减”工作扎实开展，校外学科类培训机构监管有力，校内延时服务全面推行。紧密型医共体建设不断深化，“先看病后付费”诊疗服务覆盖全市公立医疗机构，新增长三角名医工作室18个，基层卫生服务能力和队伍建设获省政府表彰。建成国家卫生镇3个、省健康镇3个。开展“文化三送”“共乐东疆”等文化惠民活动500余场次，建成南通首家国家级数字档案馆。启东市获评全国群众体育先进单位。

社会文明程度、市民文明素质显著提升，获评“中国好人”1名、省道德模范2名、“江苏好人”4组。市域治理现代化指挥中心新址建成使用，网格微治理入选省乡村治理典型案例。村居“两委”换届顺利完成，第七次全国人口普查圆满收官。矛盾纠纷排查化解体系更加健全，“有事好商量”协商议事与基层治理有机融合，获评全国乡村治理示范村1个、全国民主法治示范村1个、全国法治人物1名。加强财政资金绩效管理，政府债务风险有效管控。常态化开展扫黑除恶斗争和反走私综合治理，严厉打击非法集资、通讯网络诈骗等违法犯罪行为，社会大局保持和谐稳定。

毫不松懈抓好常态化疫情防控，落细落实“外防输入、内防反弹”总体要求，第三人民医院“平战结合”改建完成，日核酸混检能力达50万人次，公共卫生应急保障水平有效提高。高标准推进“三年大灶”，深入开展危化品、城镇燃气、既有建筑、海洋渔业等32个重点行业领域专项整治，省安全生产巡查、专项整治督导组反馈意见全部完成整改，事故起数和死亡人数实现“双降”。加强海上施工船舶防台应急管理，8家区镇消防站投入执勤，综合应急救援能力持续提升。食品药品监管扎实有效，群众“舌尖上的安全”更有保障。

【十大民生实事项目】 *扩大教育教学供给项目* 实施蝶湖实验小学、少年宫新校区地下人防及基础施工；汇龙小学学华分校（二期）完成主体结构封顶。

基层医疗卫生设施建设项目 合作镇社区卫生服务中心医养结合型护理院，以及惠和、决心、少直、秦潭、茅家港5家区镇医疗机构危房改造全部完成；全市公立医疗机构远程心电中心、区域影像中心实现全覆盖，并正常运行。

医养服务改善项目 纳入免费健康体检人群年龄范围扩大到63周岁及以上，并增加失独家庭、建档立卡低收入户人群和严重精神障碍患者，体检项目比国家规定增加尿酸、甲胎蛋白、癌胚抗原（CEA）、艾滋病病毒抗体等，完成免费健康体检210369人；完成居家适老化改造450户。

便民服务提升项目 新市民（产业）服务中心完成地上建筑二次结构封顶，实施内装施工；城区10座公厕完成改造提升并投入使用；汇龙镇城北大型货车停车场完成建设；西气东输完成管道铺设。

综合环境提升项目 智慧环保云平台建设项目一期视频会议系统建成并试运行，重点排污单位视频监控系统调试运行，生态环境监测站2021年度实验室能力建设完成验收；300公里雨污水管网检测及修复、12公里雨污合流管分流改造、60公里供水管网修复全部完成；分散农户生活污水治理完成1.7万户。

安置房建设项目 汇龙镇台角六期完成桩基、围护桩施工，实施地下结构施工；实施汇龙镇士清村安置区（一标）、合兴镇村安置区（东区）场地平整施工。

老旧小区改造提升项目 第一批10个老旧小区系统化改造基本完工，第二批10个老旧小区系统化改造项目完成工程总量70%；12个小区、800户老旧小区燃气表完成改装；20套老旧小区及镇村体育设施完成改造。

道路升级畅通项目 433省道（吕久二号桥至336线）完成沿线杆线搬迁，路面改造进场施工；惠阳南路新建完成工程总量的80%，江海南路建成通车，紫薇东路新建完成工程总量

5月19日，新市民（产业）服务中心项目建设现场 （潘　杨/摄）

的90%;幸福岛西街路、瀛东巷、制药厂东侧巷道、幸生巷4个巷道完成提升改造。

完善农村出行条件项目　30公里农村公路提档升级、30座危桥改造、50公里农村公路安防工程全部完成;100公里路域环境整治完成。

消防安全提升项目　新建启隆、吕四港镇、启东经济开发区、王鲍、惠萍、合作、东海、南阳8个区镇消防站并投入使用。

(黄　健)

重要会议

【市政府常务会议】　市政府第55次常务会议　1月6日召开,讨论并原则同意2021年城建和交通工程计划安排、2021年政府投资项目情况和民生实事项目计划安排、启东市政府领导班子成员工作分工、《关于吕四港高质量发展的实施意见》《启东市国民经济和社会发展第十四个五年规划和二〇三五年远景目标纲要(草案)》《政府工作报告》《关于启东市2020年国民经济和社会发展计划执行情况与2021年国民经济和社会发展计划(草案)的报告》《关于启东市2020财政预算执行情况与2021年财政预算(草案)的报告》。

市政府第56次常务会议　1月25日召开,传达学习全国安全生产电视电话会议精神,听取全市安全生产工作情况汇报,讨论并原则同意2020年度金银铜牌企业、工业百强企业、服务业十强企业、服务业行业三强企业名单、《国有建设用地节约集约利用考核办法》《增减挂钩、工矿废弃地复垦和耕地占补平衡工作三年行动计划》《关于加快推进新型城镇化建设的实施意见》。

市政府第57次常务会议　3月4日召开,讨论并原则同意《启东市突发事件总体应急预案》《关于进一步深化安全生产三年专项整治工作的意见》《启东市优化政府投资项目审批服务实施方案》《启东市"1521"工业龙头企业三年双倍增计划(2021—2023年)(试行)》《关于推进美丽启东建设的实施意见》《启东市居住区配套幼儿园规划建设及管理使用办法》《关于促进企业利用资本市场实现高质量发展的实施意见》,听取关于全市地方政府债务风险防范和化解工作情况汇报。

市政府第58次常务会议　4月21日召开,学习《中华人民共和国长江保护法》,讨论并原则同意2021年度高质量发展7个专项指标考核办法、晶澳太阳能项目投资协议与补充协议、《启东市2021年大气、水、土壤污染防治工作计划》《关于促进全市服务业高质量发展的若干政策意见》,听取关于2020年全市食品安全工作、江苏省南通市启东市与四川省绵阳市涪城区建立友好城区关系协议情况汇报。

市政府第59次常务会议　5月26日召开,讨论并原则同意惠萍镇设立社区居委会相关事宜、卫华重型机械项目投资协议和补充协议、《2021年区镇党(工)委政府(管委会)履行安全生产工作责任考核评价指标》《2021年市安委会成员单位履行安全生产工作责任考核评价指标》《关于加快构建科创体系全面提升创新能力的实施意见》《关于成立启东市科技创新委员会的通知》《高新技术企业五年倍增计划实施办法》《支持科技创新型企业发展政策的实施办法》《科技创新型企业贷款风险补偿专项资金管理办法(试行)》《启东市水生态环境质量预警和应急管控办法(试行)》《关于2021年加快推动农业农村全面发展的政策意见》《启东市化工产业安全环保整治提升奖补资金实施细则》《启东市化工产业安全环保整治提升行动企业关停并转工作考核奖励办法》,听取关于抗大九分校(垦牧高等小学)提档升级方案、2020年度第二批涉企奖补及2021年外地员工"留启过节"补贴、2020年度全市重大产业项目奖补、拜耳健康消费品产业基地支持政策情况汇报。

市政府第60次常务会议　6月24日召开,讨论并原则同意启东·万洋战略合作框架协议、启东(高新区)万洋众创城项目投资协议和补充协议、《北京大学　江苏省启东市人民政府进一步深化校地合作、加快推进北京大学生命科学华东产业研究院建设合作协议》《北京大学生命科学学院　江苏省启东市人民政府第二轮合作共建北京大学生命科学华东产业研究院实施协议》《关于工业综合体建设的实施方案》《关于支持外经贸企业平稳发展若干政策意见》《启东市烈士纪念设施和革命遗址保护管理办法》《启东市居民最低生活保障实施办法(修订)》,听取关于全市安全生产工作、上半年全市信访工作、全市地方政府债务风险防范和化解工作、市属国有企业入股江苏启东农村商业银行情况汇报。

市政府第61次常务会议　8月6日召开,传达学习全国、省、南通市相关会议精神,学习《江苏省优化营商环境条例》,听取全市疫情防控工作、追加产业发展扶持专项资金、2021年上半年市政府重点工作及民生实事项目推进情况汇报,讨论并原则同意《全面贯彻落实国务院安委会开展深化江苏安全生产专项整治指导工作实施方案》《启东市深化农村公路管理养护体制改革实施方案》《启东市农村公路建设管理实施意见(试行)》《启东市生态环境保护责任清单》《2021年城建交通计划及政府投资项目中期调整方案》《启东市政府投资基金暂行管理办法》。

市政府第62次常务会议　9月6日召开,传达中央、省、南通市关于坚决遏制"两高"项目盲目发展和做好能耗双控工作有关要求,学习《中华人民共和国退役军人保障法》,讨论并原则同意《启东市关于坚决遏制"两高"项目盲目发展和进一步加强能源消耗总量强度"双控"工作实施意见》《关于进一步压实重点场所重点单位重点人群常态化精准化疫情防控"四方责任"的实施意见》《启东市集体经营性建设用地租赁管理暂行办法》《启东市人民政府与中华人民共和国启东海关关于促进启东高质量发展的合作协议》,听取关于盘活部分行政事业单位存量不动产、2019—2020年外来投资项目第一引荐者奖励补贴情况汇报。

市政府第63次常务会议　10月2日召开,听取关于全市安全生产工作、全市地方政府债务风险防范和化解工作、启东江海产业园更名为启东江海澜湾旅游度假区情况汇报,讨论并原则同意启东市新村沙项目结算补偿方案、《启东市市属国有企业“三重一大”事项暂行规定》《关于加强全市农村宅基地和住房建设管理的实施意见》《启东市市长质量奖管理办法(修订稿)》。

市政府第64次常务会议　10月29日召开，讨论并原则同意2021年东疆英才计划资助对象建议名单、《启东市创建国家全域旅游示范区的实施意见》《关于加快全域旅游发展的若干政策意见》《启东市住宅区地下停车位管理办法》《新建商品房预售资金第三方托管方案》《启东市农村生态河道建设管护实施意见》《启东市2022年度农村水利与水土保持工作实施意见》，学习《防范和处置非法集资条例》，听取关于2022年度居民医疗保险和照护保险筹资标准及资助参保对象情况汇报。

市政府第65次常务会议　12月8日召开，听取全市安全生产、违法违规“小化工”专项审计反馈意见整改落实工作、启东市各镇权力清单编制、城乡居民基本养老保险基金委托投资情况汇报，讨论并原则同意《启东市农村人居环境整治提升五年行动实施方案》《启东市干道沿线破落建筑和“三棚”整治专项行动方案》《启东市社会治安防控体系示范城市创建方案》《启东·西乡“十四五”战略合作框架协议》《中储粮吕四港仓储物流项目投资协议书》《中储粮吕四港仓储物流项目补充协议书》，学习传达《江苏省省级财政专项资金管理办法》。

（黄　健）

政务服务

【概况】　2021年，启东市行政审批局(政务服务管理办公室)共办理各类行政许可和其他公共服务事项93万余件，日均办件4500余件，工作日日均接待办事群众3000余人，人均办事等待时长10分钟，群众满意率达99.6%。全年24小时智慧大厅的总办件量52640余件，月均办件量4380余件。累计完成公共资源交易项目1060个，其中工程建设、政府采购项目合计885个，交易额140.98亿元，节约资金11.36亿元；产权交易、土地出让交易项目合计175个，交易额136.12亿元，溢价资金11.93亿元。推进新市民服务中心项目建设，预留“跨省通办”“互联网+政务服务”等政务服务发展空间，打造集事项办理、政策公布、市民文化休闲、城市地标、政府门面等多维一体的一站式市民服务中心。该局获“2019—2021年江苏省文明单位”“2021—2022年度全国公共资源交易综合竞争力百强机构”等称号。

【“1120”改革常态化】　2021年，市行政审批局在开办企业领域推行企业开办“一件事、一次办、零费用”，在南通率先推行免费刻制公章、发放创业礼包、政银合作；在不动产登记领域推行“一证通办”“一窗受理、集成服务”等改革，将线上不动产抵押登记拓展到全市各大银行，实现“集成网办1日办结”。整合税务、水、电、气等部门，通过“一窗受理、集成服务”全面提升不动产登记效率；在项目审批领域深化工程建设项目审批制度改革。在办事环节、提交材料、审批时间上均实现“极简模式”。打破“先拿地，再办证”的传统做法，压缩审批事项，部门间实现“并联”审批、容缺预审，实践“拿地即开工”创新举措。

【综合标准化政务服务体系建设】　2021年，启东市政务服务综合标准化试点项目高分通过省级考核验收。根据《江苏省为民服务中心标准化评价指标(试行)》，市行政审批局不断完善政务服务综合标准2.0版，拟订《启东市为民(便民)服务中心标准化管理办法》，指导14个镇(园区)263个村(社区)在政务服务机构设置、功能定位、服务范围、服务场所、服务模式、服务标准上的“六统一”，创建具有启东特色的市镇村三级政务服务标准化管理体制。

【限额以下电子交易系统使用】　2021年，市公共资源交易中心限额以下电子交易系统平台在全市18个区镇(含吕四港经济开发区、江海澜湾旅游度假区、生命健康科技园、生命健康产业园)、4个市属国企及2个市级部门全面使用。至12月底，限额以下智能化交易平台成功交易813个项目，成交金额5.19亿元，为政府节约投资资金17107.29万元，为投标人节约成本1618.15万元。平台在实现招标投标全程电子化，科学排查防范违规行为，在基层廉政风险防控特别是基层政府投资工程建设领域廉政风险防控中发挥积极有效作用。4月8日，省委常委、省纪委书记、监委主任王常松到启东，就限额以下招标投标全流程电子化工作开展调研，给予充分肯定。

【“新生儿出生一件事”办理】　2021年，市行政审批局践行党史学习教育

2021年，启东市在南通率先实现“新生儿出生一件事”从“多头办”升级为“医院一次办”。图为11月5日，专窗揭牌　（市行政审批局/供图）

“我为群众办实事”实践活动,在南通率先实现“新生儿出生一件事”从“多头办”升级为“医院一次办”。与人社、医保中心、公安、妇幼保健院、疾控中心5个部门联动,实现出生医学证明办理、出生户口登记、社保卡申领、医保参保缴费、预防接种证、生育保险待遇申领等多个事项“一窗式”办理,在南通率先将办事窗口延伸至医院助产机构,持续提升“一件事”改革整合效率。

【“一业一证”改革试点南通率先推行】 2021年,市行政审批局在南通地区率先推出“一业一证”改革试点。首批选取与市民生活关联度高、办事频次多、市场准营许可环节多的10个行业业态进行试点,建立“一门办理、一次告知、一表申请、一窗受理、一标核准、一网联动、一证准营、一体联动”的“八个一”协同高效运行机制,实现同一行业综合许可的申请材料统一、办事标准统一、工作流程统一,市场主体凭一张行业综合许可证,即可在全市开展相关经营活动,实现“一证准营、一码亮证”。此项改革措施被省政务办、交汇点、《南通日报》、南通电视台等上级部门、媒体广泛宣传。

(李　倩)

【不动产登记】 2021年,市自然资源和规划局大力推行“全程网办、跨省通办”,运用大数据、人工智能、电子证照等手段,实现不动产抵押登记、商品房预售、抵押预告登记、抵押注销等业务异地审核办理,登记资料查询全程网办,跨城业务1个工作日内办结,有效解决企业和群众异地办理“多地跑”“折返跑”等问题。优化“互联网+不动产登记”系统,实现一手房登记自动核税、线上缴税,“零资料”自助秒办。推行抵押登记申请表、合同表、身份证明“三表合一”,提升实体经济和金融机构办理业务便利度。通过前置权籍调查、企业事项承诺制、一站式缴税、水电气网联动办理,实现“交房(地)即发证”常态化。全年共办理不动产登记业务72278件。

(沈滢滢)

人力资源管理

【事业单位人事管理】 2021年,启东市人力资源和社会保障局共组织9批次事业单位公开招聘,为148家事业单位招聘388人。与市委组织部、党校共同举办新聘用事业单位工作人员岗前培训班,共培训94人。推进事业单位岗位设置、聘用管理,完成对32个事业单位岗位设置变更方案审核和10个镇综合服务中心岗位设置、聘用工作。做好2020年度2348名事业人员奖励审核备案和奖励证书发放工作,完成“2020年度南通全面建成小康社会暨决战‘过万亿’先进集体、先进个人”评选表彰推荐、省级脱贫攻坚暨对口帮扶支援合作表彰推荐等相关工作。选派教育、卫生、农业系统21名专技人员赴陕西西乡、佛坪对口帮扶工作。

【专业技术人员管理】 2021年,市人社局完成审核各系列中高级职称材料1100份,其中正高级职称材料36份、副高级职称材料466份、中级职称材料598份。启东市综合工程中级专业技术资格评委会评审通过108人,参评通过率89.3%。至年底,全市有正高级职称34人、副高级职称298人、中级职称480人。南通二建集团建设工程中级职称评审通过80人,参评通过率94.1%。大中专毕业生初级专业技术资格通过考核认定936人,完全实现初定职称电子证书自行下载、不见面审批等流程。

【招才引智】 2021年,市人社局组织林洋、神通阀门、东成电动工具、启东建筑集团等120多家重点企业赴上海、陕西、南京、镇江、扬州、徐州、盐城、连云港、湖北等地高校开展人才服务进校园活动,同时开展30多场次启东人才新政4.0版的政策推介活动,促进企业与高校毕业生达成就业意向近4500人次。全年引进高校毕业生5028人,其中博士16人,硕士289人,本科2281人,大专2442人。8月,新录用优秀青年人才19人,落编至各事业单位共77人。发放优秀青年人才专项生活补贴659人次,计171.375万元;发放专项购房补贴343人次,计49.15万元;发放一次性安置费19人次,计9.5万元;发放人员经费478人次,计384.76万元。全年获评“江苏工匠”“省企业首席技师”各2人、省级技能大师工作室1个。

【人才培育】 2021年,市人社局会同市人才工作领导小组、发展改革委、财政局共同出台《启东市人才引进综合补贴实施办法》修订内容,放宽人才的引育面,进一步提升人才引进、培育、服务等领域政策覆盖面和含金量,不断优化人才发展环境。全年共发放各类人才补贴2375.11万元,涉及2430人,惠及企业162家,发放金额比上年增长148%。贯彻落实《启东市“乡土人才培育计划”实施办法》,从前期挖掘、中期培育到后期宣传的各个环节,给予工作经费和奖励激励,把乡土人才打造成为特色载体品牌,在省乡土人才“三带”行动计划中获奖21人,其中“三带”名人1人、“三带”能手3人、“三带”新秀17人,倪忠辉乡土大师工作室获评省级乡土人才大师工作室。

【平台建设】 2021年,清华大学博士研究生社会实践基地组织实施实践项目9个,清华大学启东实践基地升级为五星级,成为全国唯一一个县级五星级基地。江苏林洋能源博士后工作站引进博士1人,并通过国家级博士后工作站综合评估。启东留学回国人员创新园成功申报第二批“江苏省留学人员之家”。探索技能人才培养新模式,引进南通工贸技师学院到启东办学,依托启东科信技工学校、3家民办培训机构开展技能培训。鼓励启东中远、神通阀门等重点企业设立技能培训中心,开展企业自主培训。牵头举办“中远海运杯”“陶桂林杯”“柳工杯”等职业技能竞赛、岗位练兵活动,配合筹办第六届“梦启东方、创享未来”“启创杯”创业大赛深圳、南昌赛区比赛，推动优质项目落地转化。

【人事代理】 2021年，人事代理系统全面完成电子标签管理项目，启动上线省一体化平台。全年新接收高校毕业生档案5198份，转出1815份，出具调档函589份，办理档案核实等相关证明1230份。接听档案方面热线咨询电话5200个。

（龚倩倩）

政府投资项目工程建设

【概况】 2021年，启东市政府投资项目工程建设中心有在建房屋建筑类代建项目39个，建筑面积20.44万平方米，总投资额15.3亿元，竣工16个；水利工程方面，有防汛畅通工程、入江河道畅流工程、长江绿化工程、河道疏浚整治及护岸工程、黄海堤加固等项目11个，总投资额约3.20亿元，竣工8个。

【重点工程】 启东市江海清风馆工程 展厅面积约700平方米，投资金额约631万元，设计、施工单位均为北京三月雨文化传播有限责任公司，监理单位为江苏伟业项目管理有限公司。2021年3月开工装修，5月竣工并全面开馆。展馆分为“序厅”“忠诚铸魂”“干净立身”“担当有为”四个部分。

启东市市域治理现代化指挥中心内装修工程 项目总投资约3500万元，面积约6351平方米，2021年3月开工，7月竣工。

启东市城北客运站工程 项目为框架结构两层，建筑面积2963平方米，总投资约2330万元，南侧长88.3米，宽28.6米，总高度13.5米。设计地面车位55个、公共停车位38个，2020年9月开工，2021年8月竣工。城北客运站建成后成为启东公交营运中心，与火车站相互配合，形成启东市内交通与铁路一体化换乘的综合交通枢纽。

（黄凯华）

7月，清华大学博士研究生到启东开展社会实践　　（市人社局/供图）

信访工作

【概况】 2021年，启东市落实“主要领导包重点区镇、其他领导分片包干”挂钩联系机制，常态化下沉基层一线，会同基层党委政府及时就地开展信访矛盾排查化解工作。重大活动期间，公安、信访等多部门联合办公、集中研判，实现高效处置。深化“事前警信联合预警、事中警信联合处置、事后警信联合教育”的“三联”工作机制。全年信访部门共接待群众上访587批2732人次，其中集访106批1807人次。办理群众来信3430件、市人民政府信访复查件86件。办理各级交办督办、领导批示件19件，百日攻坚省交办重点信访事项6件化解4件。市领导接访下访130批178人次，市党政主要领导化解信访案件13件。各区镇、街道和部门党政领导接访群众2798批次。全年召开信访事项协调会35次。启东市信访局获评2021年度江苏省“人民满意窗口”建设质量提升工程先进单位。

【基础建设】 2021年，市信访局推进来访接待“人民满意窗口”质量提升工程建设，对硬件设施进行提档升级，健全完善“信访部门综合协调、职能单位动态协作、工作流程规范完整、服务群众便捷高效”的工作机制，落实来访必登、登记必办、办必规范“三必”要求。推进网上信访“人民满意窗口”创建，高标准建设网上信访大厅；推进“网上信访大厅”矩阵，阳光智慧信访系统联通职能部门及区镇、街道；严格信访事项首办责任制度落实，标准化验证合格率达99%以上，及时受理率和按期办结率100%，网上信访一次性化解率82.35%。

【重复信访专项工作】 2021年，市信访局对中央联席办交办的287件、省联席办交办的188件、南通市联席办交办的16件重复信访和信访积案进行梳理甄别、建档立册，强化组织推动，落实领导包案，压实化解责任，规范工作流程，细化目标措施，按照“三先三后”工作法（先解决要求最为强烈的问题，再解决附带问题；先解决实际困难，再解决思想困难；先解决现实问题，再解决历史遗留问题），高质高效推动重复信访治理进度。中联办交办的第一批重复件287件，化解报结率100%；中联办交办的第二批72件国治件完成办理17件待审，完成率23.6%；省交办重复件188件，报结率93.08%，达到省要求的序时进度；南通交办的全部报结完成。

(杨凯峰)

外事工作

【概况】 2021年,启东市外事办深入推进各领域对外务实合作,统筹推进对接昆山接驳转运、涉外协调、海外安全、对外友好交流合作等各项工作。受新冠肺炎疫情影响,全年共办理党政干部因公出国(境)团组1批2人次,赴澳门参加旅博会。在全市范围内开展外籍人士信息排摸,形成数据库并保持动态更新,及时为外籍人士提供涉外政策解答和帮助,并在“知情自愿”的前提下推进外籍人士疫苗接种工作;配合教体、公安出入境等部门做好全市外籍英语教师的管理工作;在全市范围内开展海外启东籍同胞排摸,为中国政府在海外开展的“春苗行动”计划提供数据支撑;与宣传等部门共同做好3批次境外媒体和外国记者到启东采访的管理工作;与公安出入境、商务、侨办、侨联等单位共同排查掌握启东市境外企业(项目)和人员情况,发布安全预警,共同做好海外安全保障工作。全年共妥善处理6起启东市人员在境外身故、染疫或求助以及1起涉及外籍船员死亡的事件。2月,市外办组织召开启东市人民对外友好协会成立大会暨第一届理事会全体会议,启东市成为南通第二家成立友协的县(市)。

【服务经济社会发展】 2021年,市外办为江苏神通阀门、南通二建集团、多森新材料科技有限公司等企业新申办APEC商务旅行卡17张,成功推荐南通迪皮茜电子有限公司入选南通市APEC商务旅行卡“白名单”企业,为企业领卡出国、申办新卡等提供便利。做好非经贸类邀请工作。为拜耳医药、上海极丹德工程技术有限公司启东分公司等企业办理非经贸类外国人来华邀请3批5人次。成功推荐韩华新能源(启东)有限公司、江苏利恒幕墙科技有限公司、江苏宸丞工艺品有限公司入选南通市外事服务“一对一”联系挂钩重点园区、重点项目、重点企业名单。

【友好交往】 4月,推荐园区参与上级对外友好协会组织的“与海外加强交流合作乡镇”评选,促进特色乡镇产业国际化深度融合,推动中外乡镇建立友好合作交流关系。3—4月,与国际友城韩国巨济市通过邮件往来,互相交流最新的城市概况、风景图文和视频材料等。5—6月,在“启东融媒”微信公众号和“中国启东”网站等平台上对巨济市进行宣传推介。5月、9月,先后为新加坡驻沪总领事到启东出席国际幼儿园和双语小学项目计划签约和奠基仪式、马来西亚驻华大使馆武官到启东验收舰船服务。9月13日,“Go Jiangsu·走进江海明珠南通”海外社交媒体外籍粉丝线下行活动在启东市启动。来自意大利、印度、巴基斯坦、日本、伊朗、墨西哥等国家的9位外籍友人到启东,品味江海文化的魅力。

(张婧婧)

对口帮扶支援与合作

【概况】 2021年,启东市按照“坚持帮扶标准不降、支持力度不减,深化多领域、全方位合作”总要求,制定印发《启东市2021年度东西部协作工作要点》。全年向西乡县提供苏陕协作资金6000万元,分别用于产业类6个项目1934万元,易地搬迁后续扶持配套服务设施15个项目1388.98万元,培训类3个项目110万元,苏陕区中园1个项目1964.02万元,基础设施1个项目110万元,教育类2个项目493万元。向西乡额外援助资金136万元,动员社会力量投入西乡帮扶资金38.9万元,捐赠物资折合32.24万元。全年派往汉中的援建合作技术人才共21人。与西乡两地共有6个镇镇结对、5个村企结对、3个村村结对、2个医院结对、3个学校结对。6月8—9日,市委书记李玲率党政代表团赴陕西西乡县开展对口协作。西乡县委副书记、县长王亚珍,县人大常委会主任周庆福,县政协主席朱小平等陪同考察。考察期间,双方举行苏陕协作与经济合作联席会,启东驻西乡县联络组、两地发改部门分别汇报相关工作,并举行捐赠仪式。10月21日,启东·西乡苏陕协作联席会议在启东市召开。

【消费扶贫】 2021年,市党政机关、企事业单位和社会各方力量加大对西乡消费扶贫的力度,扶贫金额达1300多万元。按照政府引导、社会参与、市场运作、创新机制的原则,以“三专”建设为抓手,拓宽扶贫产品销售渠道,建立长效机制,巩固脱贫成果。全市建设消费扶贫专柜180台、消费扶贫专馆1个、消费扶贫专区2个。9月11日,启东·西乡苏陕对口帮扶消费协作物资到达市港东路农贸市场。此次西乡农特产品总价值约600万元,涵盖西乡15种农特产品。

(朱荣华)

责任编辑　周晓婷

政协启东市委员会

※综　述
※重要会议
※参政议政
※协商建言
※民主监督
※文史编研
※委员工作

1月15日，政协启东市第十五届委员会第五次会议胜利闭幕　（潘　杨/摄）

综　述

【概况】 2021年，启东市有省在启政协委员1人，南通市在启政协委员25人。市政协委员316人，分布在17个界别。新聘委员26人，解聘委员27人。全年召开全体会议1次、常委会议5次、主席会议17次；开展重大协商活动50多次，提出建议意见140多项。市政协委员、政协各参加单位和政协各专门委员会提交意见、建议436件，立案审查352件，均在规定时间内办结。全力打造“协商为民、协商于民”的“有事好商量”协商议事平台，此项工作在南通乃至全省保持领先。市政协获评省政协系统先进集体。民主评议重点提案和重要协商议政成果办理工作获评全省政协工作提名创新案例。《人民政协报》《新华日报》《江苏政协》多次报道启东市政协工作亮点。

（陆飞飞）

重要会议

【市政协十五届五次会议】 1月12—14日，政协启东市第十五届委员会第五次会议召开。会议学习和讨论市委书记李玲在大会开幕时所作的讲话，听取和讨论市长杨中坚代表市政府在市第十七届人民代表大会第五次会议上所作政府工作报告、市人民法院工作报告、市人民检察院工作报告及其他相关报告。会议审议并一致同意政协主席孙建忠代表市十五届政协委员会常务委员会所作工作报告和副主席蔡建平所作提案工作情况报告，通过关于市政协十五届五次会议提案审查情况报告。会议期间，委员们通过分组讨论、提交提案等方式参政议政，提出高质量的意见和建议。

【市政协常委会会议】 市政协十五届十八次常委会议　1月8日召开。会议审议通过《关于召开中国人民政治协商会议启东市第十五届委员会第五次会议的决定》；审议通过《中国人民政治协商会议启东市第十五届委员会第五次会议议程（草案）》、日程、大会秘书长和副秘书长名单等有关事项；审议通过《中国人民政治协商会议启东市第十五届委员会常务委员会工作报告（草案）》；审议通过《中国人民政治协商会议启东市第十五届委员会常务委员会关于四次会议以来提案工作情况的报告（草案）》；审议通过有关人事事项；审议通过政协委员调整事项。

市政协十五届十九次常委会议第一次会议　1月14日上午召开。会议听取各讨论组对市委书记李玲讲话的学习讨论情况、对市政府工作报告及其他相关报告协商讨论情况、对市政协常委会工作报告和提案工作情况报告审议情况的汇报。

市政协十五届十九次常委会议第二次会议　1月14日下午召开。会议听取各讨论组对市人民法院、市人民检察院工作报告协商讨论情况、对大会决议（草案）修改情况的汇报；审议通过大会决议（草案）。

市政协十五届二十次常委会议　6月24日召开。会议听取市农业农村局关于乡村振兴战略实施情况的报告；听取市政协常委会调研组有关实施乡村振兴战略的调研报告；听取市政协常委会调研组有关园区高质量发展的调研报告；审议通过《关于实施乡村振兴战略的建议案》《关于园区高质量发展的建议案》；审议通过政协委员调整事项。

市政协十五届二十一次常委会议　11月23日召开。会议听取市政府办理《关于健康启东建设的建议案》《关于做大做强国有企业的建议案》情况的通报；听取市政府2021年提案办理情况通报；审议通过有关人事事项；审议通过政协委员调整事项。

市政协十五届二十二次常委会议　12月27日召开。会议审议通过《关于召开中国人民政治协商会议启东市第十六届委员会第一次会议的决定》；协商决定中国人民政治协商会议启东市第十六届委员会委员聘任名单；审议通过中国人民政治协商会议启东市第十六届委员会第一次会议议程（草案）和日程（草案）；审议通过《中国人民政治协商会议启东市第十五届委员会常务委员会工作报告（讨论稿）》；审议通过《中国人民政治协商会议启东市第十五届委员会常务委员会提案工作情况报告（讨论稿）》；审议通过《关于中国人民政治协商会议启东市委员会常务委员会工作报告、提案工作情况报告报告人的决定》；审议通过《关于授权中国人民政治协商会议启东市第十五届委员会主席会议主持中国人民政治协商会议启东市第十六届委员会第一次会议预备会议的决定》；审议通过邀请列席中国人民政治协商会议启东市第十六届委员会第一次会议人员名单、邀请上主席台人员名单。会议表彰2021年度优秀提案。

（陆飞飞）

参政议政

【提案办理】 2021年，市政协共收到提案436件，通过审查立案352件，合并提案51件。一次办理满意347件，基本满意4件，满意率98.58%。对初次反馈未达到满意的提案，政协各专委会加强督办，召集有关部门和委员当面协商，达成共识，落实办理。完善考核激励机制，建立以质量为导向的委员提案履职考评机制，突出质量考核权重。组织评选年度优秀提案，适度增加每年优秀提案评选数量，在全会上予以通报表扬，激发提案者运用高质量提案议政建言的积极性。市融媒体中心《提案追踪》栏目对重点提案办理作追踪报道，提升提案办理落实水平和人民政协民主政治的影响力。

【视察调研】 6月，市政协主席会议围绕“复旦大学附属儿科医院启东分院建设发展情况”组织专题调研。视察组一行实地了解医院建设发展情况，听取医院特色诊疗服务、医疗合作、规划设想等方面内容，提出进一步优化妇幼保健院定位、提升综合服务水平、明确合作双方权利和义务、完善合作机制等建议。8月，市政协主席会议围绕“加大金融对民营企业支持力度工作”开展专题调研。视察组一行在江苏海四达动力科技有限公司、启东农商银行，听取企业发展情况介绍并召开座谈会。会议强调，融资担保公司要持续提升担保能力，全力服务民营企业发展；银行要提供便捷高效的转贷服务，金融机构和企业、政府要合力共解融资难问题，降低民营企业融资成本；各职能部门要认真研究相关政策，为民营企业发展提供更多“金融活水”。10月，市政协主席会议围绕“市级医院规划发展情况”开展视察调研和协商座谈，提出推进以品质提升和流程优化为重点的人民医院北区改扩建工程，推进以与上海中医药大学合作提升中医药服务水平和市级感染性疾病治疗中心建设为引领的中医院异地新建工程，推进以强基层为重点的东部、西部和北部区域医疗中心建设工程的建议。围绕“智慧交管建设”组织调研，提出根据建设高品质城市的总体规划，在“城市大脑”的大平台下，建设智慧交通平台的建议。11月，市政协主席会议围绕“加快推进电商发展”组织调研，提出调整政策引导方向、加大政策扶持力度、加速电商发展、支持启东特色农产品营销等建议。

6月30日，市政协主席孙建忠一行到复旦大学附属儿科医院启东分院（启东市妇幼保健院），了解医院的建设发展情况　　（市政协办/供图）

2021年启东市政协优秀提案一览表

表3

序号	提案号	标　　题	提案人
1	78	关于优化金融生态环境，全面加强金融支持实体经济高质量发展的建议	朱卫强
2	350	关于弘扬张謇精神，培养“张謇式”企业家的建议	毛菊兰
3	222	关于统筹规划、建管运并重，做好我市高标准农田建设的建议	秦启明
4	351	关于着力推介“四青作物”的建议	林焱尧
5	57	关于构建社会支持体系，提升我市生育率的建议	医药卫生界
6	155	关于对市区主要路段两侧单位私设道闸进行整治的建议	龚海燕
7	174	关于科学合理地编制公交线路的建议	龚海燕
8	263	关于整体搬迁启东市中医院的建议	医药卫生界
9	310	关于丁仓港河公园提档升级的建议	陆建新
10	120	关于持续有效推进移风易俗工作的建议	施正辉
11	7	关于实施乡村振兴战略，促进城乡统筹发展的建议	朱　伟
12	10	关于清除城市“牛皮癣”，进一步美化城市的建议	林锋风
13	13	关于优化营商环境打造活力启东的建议	陈　玲
14	23	关于进一步加强交通秩序管理的建议	张卫华
15	25	关于全方位开展启东市“预防网诈，保平安”大行动的建议	陆　周
16	27	关于进一步推进我市基层社区文化建设的建议	顾红时
17	31	关于加快发展现代家政服务业的建议	邓金涛
18	33	关于优化创新环境促进中小企业健康发展的建议	张笑慰

续表3

序号	提案号	标　　题	提案人
19	38	关于进一步开展全民健身活动的建议	蔡　辉
20	42	关于发展我市健康疗养产业的建议	顾东磊
21	66	关于重视并吸纳中小微企业加入吕四渔港现代农产品物流冷链的建议	曹国安
22	80	关于发挥中医药优势助推启东乡村振兴的建议	梁　枫
23	83	关于助推实体经济加快数字化建设与发展的建议	沈晓彦
24	88	关于打造“弘扬张謇精神”人文旅游线路的建议	端木玲玲
25	96	关于延伸108路公交线路的建议	俞井杰
26	103	关于加快构建启东“双循环”新发展格局的建议	文云全
27	106	关于进一步加大长江口北支大港前期研究工作力度,为启东储备未来发展增长极的建议	金永宝
28	109	关于贯彻落实社会稳定风险评估机制为全市经济高质量发展提供坚实保障的建议	吴胜昔
29	110	关于推进我市江海生态岸线修复,打造美丽启东江海岸线的建议	陈　樊
30	113	关于对接上海第三机场,推进北沿江高铁建设,加快启东高质量发展的建议	吴春华
31	132	关于加强乡镇全科医生队伍建设的建议	杨　娟
32	140	关于进一步增建新能源汽车充电桩的建议	钱周全
33	143	关于加大政府采购对本土企业产品和服务扶持力度的建议	宋春决
34	169	关于持续推进“烟头不落地启东更美丽”活动的建议	陈素伟
35	170	关于提档升级拆迁安置区生活服务配套、提升安置区居民居住满意度的建议	仇春雷
36	173	关于进一步完善小区物业管理监督机制的建议	顾　英
37	176	关于加强托幼(育)服务机构建设的建议	赵凯旋
38	182	关于加强农村村民住房规划和建设管理工作的建议	印雪平
39	183	关于提高市区交通管理水平的建议	倪晶晶
40	196	关于加大学校、社区等心理咨询师和社工心理专业系统培训,提升业务能力的建议	唐　俊
41	198	关于加强小区消防通道管理的建议	苏　俊
42	207	关于高度重视并大力推动启东电动工具产业发展的建议	曹永华
43	211	关于进一步加强我市技能型人才队伍建设的建议	吴　杰
44	226	关于“深入弘扬垦牧文化,打造张謇‘实业救国’践行之地”的建议	马　昕
45	251	关于发展社区居家养老服务的几点建议	侨联界
46	255	关于加强知识产权保护推动企业创新发展的建议	王振宇
47	257	关于继续加强农村环境卫生治理的建议	周红九
48	275	关于提高老旧小区改造质量的建议	环境资源和城乡建设委员会
49	278	关于打造最美江海岸线彰显启东江海特色的建议	朱海荣
50	280	关于切实妥善做好境外人士和华侨捐赠工作的建议	戴　宏
51	284	关于推进农村污水治理促进美丽乡村建设的建议	张燕峰
52	287	关于成立启东信息产业协会的建议	黄鑫鑫
53	290	关于加强餐厨垃圾管理的建议	陈永生
54	291	关于设立老小区改造专门工作机构的建议	周　兵

续表 3

序号	提案号	标　　题	提案人
55	292	关于加快实施智慧交通的建议	秦祖平
56	302	关于扩大优质教育资源共享覆盖面的建议	李新勇
57	309	关于进一步推进食品安全监督管理的建议	田建业
58	333	关于加强地理标志证明商标的开发、利用,促进农业增效、农民增收的建议	薛　峰
59	336	关于进一步提高农村改厕实际成效的建议	郁丽春
60	348	关于切实解决法院生效判决“执行难”问题的建议	姜莉莉

（陆飞飞）

协商建言

【助推乡村振兴战略】 2021年,市政协常委会组织三个子课题调研组,分别围绕“产业兴旺”“生态宜居”“治理有效”开展工作。坚持问题导向,深入基层一线,赴浙江、天津、重庆等地学习调研。通过视察现场、召开座谈会,全面了解情况,广泛听取意见,提出提升高标准农田建设水平、提升产业链服务能力、加大乡村产业发展支持、正确定位加快新型城镇化、加强“有事好商量”协商议事室建设提升基层治理能力和治理水平等建议意见。市委、市政府主要领导批示,要求办理落实好建议案。

【献计园区高质量发展】 2021年,市政协常委会组织三个子课题调研组,分别围绕“大健康和生物医药产业”“电动工具产业和冷链物流产业”“机械制造业”开展工作,听取和吸收委员、专家们的意见建议。赴广东、吉林、浙江、山东、重庆等地学习调研。就加快发展生命健康和生物医药产业,提出发展健康疗养产业、医疗器械产业,建好生物医药集聚地;建立联席会议制度、大健康和生物医药产业专家智库;建设公共服务平台、临床试验中心等建议。就发展电动工具产业,提出支持企业拓展产品门类、建立创新服务体系、提供土地要素支撑等建议。就发展冷链物流产业,提出注重冷链加工,招引具备国际化水产品加工贸易能力的企业;扩大养殖规模,优化养殖结构,提升养殖收益;建设交易市场,配套旅游观光、鲜活水产批发、临港加工等功能的建议。就发展机械制造业,提出建设金属表面处理中心、高端铸造中心、模具中心的建议,为市委、市政府加快推进园区高质量发展提供决策参考。

（陆飞飞）

10月11日,328国道吕四段平安公路建设“有事好商量”协商议事会议在吕四港镇举行　　（黄燕鸣/摄）

民主监督

【民主评议重点提案办理】 2021年,从市政协十五届五次会议以来的352件提案中遴选出10件社会关注度高、建议明确具体、可行性较强的提案作为重点提案,采取走访、座谈等方式,加大督办力度,以点带面,提高提案办理工作成效。把市政协重点提案办理和“我为群众办实事”活动相结合,政协机关副科职以上同志挂钩联系一个以上民生实事项目,推进项目落地见效。组织民主评议重点提案办理工作,在11月召开的民主评议重点提案办理工作会议上,各承办单位的办理工作评分均在9分以上(满分10分)。

【“有事好商量”协商议事工作】 2021年,市政协党组提请市委批转出台《协商议事室建设工作常态长效提质提效实施意见》,形成5大方面20项工作意见。开展分级培训。制定“加力四项”行动方案,召开相关区镇、街道“有事好商量”协商议事室建设工作推进会、新任政协工委主任会议、新任村(社区)党组织书记会议和全市“有事好商量”协商议事室建设工作会。在市委组织部开展的全市村(社区)党组织书记专题培训班上,开展基层治理体系和治理能力建设的专题讲座。常态化开展“村村到、人人议”活动。组织“有事好商量”工作指导组采取“四不两直”方式,常态化赴区镇(街道)、村(社区)协商议事室开展“村村到、人人议”活动。组织专题议事活动。和相关职能部门联合组织“文明安全祭扫”“新冠病毒疫苗接种”“老旧小区改造”“降低万人民商事立案率”等专题协商活动。在全省统一组织的“民生专题协商议事月”活动中创新组织方式、活动内容和活动形式,与市“两新”工委、民政局、住建局、人社局等11个部门联合发出《关于开展“有事好商量·民生专题协商议事月”活动的实施方案》,选择在区镇开展“农民工工资支付与权益保障”、在街道社区开展“社区物业管理”、在各村开展“养老服务”专题协商议事活动。注重成果转化。在《启东日报》开辟《有事好商量》专栏,市融媒体中心编播“有事好商量”专题报道。专门组建工作班子开展走访调研工作,分层次分类别开展“有事好商量”专题协商调研,形成《党建引领住宅物业管理新格局》的调研报告,提出要在城市综合治理的总框架下,坚持党对城市基层工作的全面领导,统筹谋划、通盘考虑、统一部署,全面构建党建引领下的住宅物业管理新格局,落实街道属地管理责任,打通住宅物业与城市管理对接通道,用好社区“有事好商量”协商议事平台,全面提升城市基层治理和住宅物业管理的综合能力与水平等建议。市委常委会专门听取调研汇报,决定搭建专门班子,明确市委政法委书记和市政府副市长组织专门力量,作为重要工作,认真落实,逐步形成社区治理和物业管理良性循环,切实提升基层的治理能力和治理水平。在“养老服务”专题协商议事活动中,提出构建“志愿者+政府购买”居家养老服务体系,发挥村级组织作用、提供精准养老服务、加大政策宣传力度等建议。市委常委会要求有关部门按照政协的建议,切实加以整改落实,全面评估民生事业等领域财政资金使用绩效,进一步增强人民群众的幸福感、获得感。全年全市共开展“有事好商量”协商议事活动3511次,群众参与达71000多人次。

(陆飞飞)

文史编研

【概况】 2021年,市政协把握文史服务时代、服务发展、服务社会性质定位,助力高质量发展。充分发挥政协联系广泛的优势,全方位、多层次、广领域征集文史资料。策划编辑出版文史专集《开疆拓土》,召集20多位作家和文史工作者,与40多位当事人面对面交流,听取情况介绍。把文史工作与“书香政协”建设有机结合,推进政协文史资料进机关、进农村、进社区、进企业,切实发挥好政协文史工作“存史、资政、团结、育人”的作用。

【《开疆拓土》编纂出版】 12月,市政协完成《开疆拓土》编纂工作,由中国文史出版社出版发行。该书由爱国实业家张謇之孙,全国政协原常委、政协社会与法制委员会原副主任张绪武题写书名,以通讯、访谈、自述为体裁,大量运用图片资料,收集40篇以围垦为主线的文章,分6个章节,共33.9万字,全面记录百年来启东人民在艰苦环境中围垦开生田、抗洪救灾建家园、并港建闸改造旧河网等故事,以及从这些故事中孕育出来的开疆拓土的垦荒牛精神,概述启东的历史演变过程。

(陆飞飞)

委员工作

【“四位一体”委员工作室建设】 2021年,市政协办公室印发《市政协关于深入推进“有事好商量”协商议事室、委员工作室、“书香政协”读书室和社情民意收集点“四位一体”建设实施方案》,对委员工作室建设要求提出明确的指导意见。各专委会对口联系各界别,点对点组织指导委员工作室建设工作。至年底,共建立“四位一体”委员工作室18个。

【委员培训】 5月,市政协传承红色基因政协委员培训班在启东、闽西举行。培训期间,委员们分别听取市政协秘书长陆建新、厦门大学杨海峰教授所作的《永远跟党走》《健全社会主义协商民主制度》等专题讲座,参观抗大九分校、首届县政府所在地、陆铁强纪念馆,参加闽西“一苏大”“二苏大”“官厅会议”“古田会议”会址等现场教学,瞻仰古田会议纪念馆、瞿秋白纪念馆、杨成武将军纪念馆、毛泽东旧居等纪念地。

【委员履职管理】 2021年,市政协对委员参加会议、视察、开展“有事好商量”协商议事会等履职活动,实行目标管理,做到细化考评。开展规范性管理工作,密切与市委组织部、统战部沟通,互相通报情况,根据实际和工作需要提出委员调整建议,及时更新委员信息。配合市委统战部做好新一届政协委员换届选聘相关工作。根据《政协启东市委员会委员履职考核细则》,综合委员2018—2020年度履职得分情况、防疫抗疫期间表现和界别召集人参与政协工作情况等,经市政协十五届五十次主席会议审定,对72名委员授予“优秀政协委员”称号。

(陆飞飞)

责任编辑　周晓婷

启东市纪委监委

※综　述
※重要会议
※党风廉政建设
※执纪问责
※案件查办

7月8日，机关干部在市江海清风馆接受廉政教育　　（市纪委监委/供图）

综　述

【概况】 2021年,启东市纪委监委把握全面从严治党总要求,主动担当,忠诚履职,党风廉政建设和反腐败工作取得新成效。市纪委监委被评为全省纪检监察系统先进集体,并被南通市纪委监委表彰为年度综合绩效考评优秀单位。

【体制机制改革】 2021年,市纪委监委推进"大党风"体制机制改革,理顺党风政风监督室、监督检查室、市效能推进考评组职能,建立由党风政风监督室牵头抓总,6个监督检查室督促推进,派驻机构、区镇街道纪(工)委组织实施的监督工作格局;优化职能配置,强化资源整合,夯实党风政风监督室力量,不断提升工作成效。落实派驻机构驻点办公制度,由分管副书记(副主任)、常委(委员)牵头建立6个协作组,委机关2个监督检查室对口联系18个派驻纪检监察组,通过周例会、月例会等形式,分层分片强化对派驻机构的指导管理,派驻机构全年运用第一种形态258人次,立案38件,问责16人。实施技术保障室与电子监察中心合署办公,提升监督办案信息化水平。健全完善监察员办公室履职制度,强化监察员办公室层级管理,调动干部工作积极性,监察员办公室政务立案115件,监察职能向基层延伸成效明显。

(谢黎明)

重要会议

【市纪委十三届六次全体会议】 3月4日,市纪委十三届六次全体会议召开。出席会议市纪委委员18人,列席会议349人。市委书记李玲出席会议并讲话,要求着力在提升"政治三力"上下功夫,充分发挥全面从严治党引领保障作用;着力在优化"三不"机制上下功夫,不断巩固发展反腐败斗争压倒性胜利;着力在纠治"四风"问题上下功夫,努力在新征程上谱写作风建设新篇章;着力在统筹"四项监督"上下功夫,加快构建系统完善的监督制度机制。全会审议通过市委常委、纪委书记、监委主任沈良杰代表市纪委常委会所作的题为《推动新时代纪检监察工作高质量发展,为奋力开启全面建设社会主义现代化新征程提供坚强保障》的工作报告。全会总结过去一年的工作体会,实事求是分析纪检监察工作和干部队伍建设中存在的问题,要求高度重视、认真研究解决。全会强调,2021年主要抓好七个方面的工作任务:强化政治意识,在政治监督上再发力;强化纪律意识,在整治顽疾上再发力;强化民本意识,在执纪为民上再发力;强化创新意识,在深化改革上再发力;强化质效意识,在政治巡察上再发力;强化纪法意识,在标本兼治上再发力;强化担当意识,在自身建设上再发力。

【全市领导干部警示教育大会】 2月7日,全市领导干部警示教育大会召开。在集中观看警示教育片《贪欲毁初心》后,市委书记李玲要求,广大领导干部要以案为鉴知敬畏、以人为镜严律己,让利剑高悬成为常态,让警钟长鸣不绝于耳,砥砺绝对忠诚的政治品格、坚如磐石的抵腐定力、全面过硬的党性修养,不断夯实廉洁从政、廉洁用权、廉洁干事的坚固防线。市委副书记、市长杨中坚主持会议。

【全市机关作风建设大会】 2月18日,全市机关作风建设大会召开。会上,市委书记李玲对机关作风建设进行全面部署。李玲强调,2021年是"十四五"规划和全面开启社会主义现代化建设新征程的开局之年,新形势需要新担当,新征程呼唤新作为。全市上下要坚定打持久战的决心,敢于动真格、下重手、出猛拳,持之以恒推进作风建设。市委副书记、市长杨中坚主持会议并就贯彻落实会议精神提出要求。市委常委、纪委书记、监委主任沈良杰通报2020年全市机关作风建设情况。与会人员观看机关作风建设专题片。

(谢黎明)

3月4日,市纪委十三届六次全体会议召开　　(市纪委监委/供图)

党风廉政建设

【夯实"两个责任"】 2021年,市纪委监委准确把握全面从严治党的新形势新任务,及时总结分析全市党风廉政建设和反腐败工作情况,定期向市委常委会报告相关工作,提出具体工作建议。深化落实"两个责任",协助市委制定《2021年度启东市落实全面从严治党责任对照清单》,督促全市及时修订"两个责任"清单,做好履责记实工作。加强对"两个责任"落实情况督查,及时向市委常委会汇报督查情况,并公开通报。对同类问题多次出现或问题较严重的单位，分管市领导约谈党组织主要负责人6人次，区镇街道党（工）委、纪检监察组织约谈直接责任人31人次。

【日常督查】 2021年，市纪委监委把新冠肺炎疫情防控监督作为统筹纪检监察工作和经济社会发展的切入点，围绕进口冷链、隔离酒店、车站、大型商超等重点场所，强化工作督查；定期对南通市疫情防控通报中涉及启东市的存在问题进行“回头看”督查。全年开展督查509批次，发现问题1846个，现场反馈整改问题1363个，编发通报20期，发出交办单345张，交办问题483个，追责问责51人，严肃查处1名副科职干部违反防疫相关规定问题。开展化工产业安全环保整治提升工作，现场督查45次，发出督查专报5期，及时督促园区落实属地责任，19家企业全部完成关停签约，并督促落实“三断五清”（断水断电断气，清设备、清原材料、清场地、清固废、清废水）。监督推进违法违规“小化工”专项整治工作，对非法储存危化品问题和安全生产问题及时核查，立案处分6人，运用第一种形态处置10人。聚焦隐性债务风险隐患，开展非法集资风险专项排查整治行动，将发现的6条线索纳入省监测预警系统，移送公安机关立案1件，对融资成本8%和9%以上的隐性债务督促加快清理。采取线上实时监督和线下实地督查结合的方式，将沿江沿海高质量发展、沿江沿海生态景观带建设、民生实事等10大类575个项目，纳入日常线上督查；组建7个督查小组，每季度对相关项目实行全覆盖线下督查，形成督查专报4期，供市委、市政府主要领导决策参考。

【通报曝光】 2021年，市纪委监委开展年节假期和日常作风建设督查，查处“四风”问题39起，处理96人，其中处分73人。发挥典型案例的警示教育作用，对查处的13起形式主义官僚主义问题、12起违反中央八项规定精神问题、8起群众身边不正之风和腐败问题公开通报。

5月12日，启东市江海清风馆开馆　　（市纪委监委/供图）

【宣传教育】 2021年，市纪委监委协助召开全市领导干部警示教育大会，拍摄专题片《贪欲毁初心》，教育引导广大党员干部以案为鉴、警钟长鸣；组织观看《折翼的青春》《醉与罪》，分类分层开展公职人员警示教育。发出纪检监察建议10份，提升查案治本、以案促改质效。高标准建成江海清风馆，打造具有启东特色的廉政教育基地，共接待参观近70批次3000多人。组织开展“5·10”思廉日、算账教育月、“12·9”国际反腐败日等主题活动，党员干部主动上缴礼金、礼券、购物卡价值合计27.9万元。组织“弘扬新风正气，共建廉洁启东”廉政微视频比赛，13部作品在南通市评选中获奖，获奖数位列南通第一。

（谢黎明）

执纪问责

【突出问题纠治】 2021年，市纪委监委聚焦“慵懒散慢拖”等作风顽疾，组织开展“激扬狼性精神，整治‘不担当、不作为、不落实’专项行动”，系统纠治执行决策部署不坚决不到底、维护群众利益不担当不作为等问题，发现问题231个，运用第一种形态处理99人，立案16人，问责14人。协助市委召开机关作风建设大会，制作专题片《持之以恒正风肃纪》，曝光各类问题43个，督促整改落实。围绕龙豪海景湾等突出问题开展督查，责令4家单位向市委、市政府作出深刻检查，对32名相关责任人追责问责。

【专项治理】 2021年，市纪委监委围绕群众关切，聚焦群众“急难愁盼”问题，组织开展提升行政执法水平营造良好营商环境等“四大专项整治”行动，开展上级部署的养老惠民资金发放使用、公共停车收费管理、欺诈骗取医保基金、居家和社区养老服务、粮食购销领域腐败等问题专项整治，并配合开展相关专项巡察，运用第一种形态处置86人，问责9人，立案41人，公开通报曝光典型案例6批11起，向职能部门制发监察建议3份。推动问题整改落实、编外聘用人员使用管理专项整治两项工作被南通纪委信息专刊推广。

【换届廉政审查】 2021年，由市纪委监委主要领导担任督查组组长、2名副书记牵头负责，抽调6人参与指导组工作，严肃市镇党委换届纪律。严格执行《廉政审查实施办法（试行）》，加强与组织部门的沟通联系，按照干部管理权限和工作程序对换届考察、拟提名市镇党代表和拟提拔任用等审查对象开展审查工作，对存在违纪违规行为的，如实向征求意见单位反馈具体情况。全年对12813人次进行廉政审查。

【工作创新】 2021年，市纪委监委研究制定《关于加强市委巡察机构与市监委派出监察员办公室协作配合的意

2021年，市纪委监委综合电子监察中心以“互联网+监管”为载体，将群众较为聚集的服务场所监控视频接入综合电子监察一体化平台，进行集中监控展示。图为工作人员对为民服务中心音视频汇聚平台开展视频监察

（市纪委监委/供图）

见》等制度，促进各类监督贯通融合。整合监督检查室、审查调查室、派驻机构、派出监察员办公室、区镇街道纪（工）委工作力量，优化人员配置，实施“室组地”联动监督、联合办案模式。全年共运用第一种形态处置463人次，立案215件。深化限额以下招投标全流程电子化工作，平台全年成交项目801个，成交金额5.13亿元，为政府节约资金1.69亿元。相关工作受到省纪委监委主要领导肯定，并获评首届南通市纪检监察工作“优秀创新项目”。深化村级会计委托代理服务工作，督促推进全市所有行政村全面实行村级会计委托代理服务机制，全年收到农村集体“三资”管理方面信访举报20件，同比下降25.9%；查处该类案件19件，同比下降67.24%。发挥智慧廉情信息管理平台作用，推进平台升级，做好监察对象廉政档案申报、抽查工作。健全完善《启东市村级会计委托代理服务工作农村集体“三资”管理制度》等“小特精”制度。探索电子监察“互联网+监管”，紧盯“小微权力”，完善监察系统，督办一般预警信息711条，移交重点预警信息103条，运用第一种形态处置68人，立案25人。加强行贿人信息库建设，对党的十九大以来所有立案案件进行梳理、排查，抓好行贿信息录入工作。

（谢黎明）

案件查办

【概况】 2021年，市纪委监委受理群众信访举报493件次，处置问题线索1003件，运用监督执纪“四种形态”处理1346人次，立案508件，涉及副科以上干部22人，留置8人，移送司法机关3人。把政法队伍教育整顿与正风反腐结合起来，查处违纪违法政法干警20人，运用第一种形态处置10人。加强党内问责工作，细化问责流程，提高问责质效，问责党组织17个、党员干部68人。

【办案安全管理】 2021年，市纪委监委加强对留置和一般性谈话的监督管理，将安全工作做深做细做实，确保审查调查安全。修订完善《南通市第四留置点（启东）疫情防控管理办法》《留置看护工作管理办法》《留置点安全手册》《留置场所防疫工作手册》等工作制度，规范留置安全和工作流程，压实工作责任。常态化开展留置场所和一般性谈话场所有关安全风险事项自查自纠和重点整改，定期对相关场所进行检查，通过检查、整改、回头看、再整改，不断夯实审查调查安全基础。

（谢黎明）

责任编辑　周晓婷

群众团体

※启东市总工会
※共青团启东市委员会
※启东市妇联
※启东市科协
※启东市侨联
※启东市工商联(总商会)
※启东市残联
※启东市文联
※启东市红十字会
※启东市关工委

3月6日，全市“东疆百业巾帼建功献礼党百年华诞”主题活动启动仪式暨“三八”国际妇女节111周年纪念活动在南苑中学举行
（王海兵/摄）

启东市总工会

【概况】 2021年，启东市基层工会涵盖单位总数达2581家，职工总数172898人，工会会员163883人，其中农民工110314人。工会组建率达95.2%，职工入会率达94.8%。启东市总工会获江苏省县以上工会财务会计工作竞赛一等奖，南通市五一劳动奖状，南通市集体协商竞赛一等奖，南通市仲裁员(含书记员)、调解员岗位技能竞赛团体优胜奖，南通市住建系统建筑信息模型技能竞赛优秀组织奖，南通市第二十四届“五一新闻奖”优秀组织奖等荣誉。

【职工思想政治引领】 2021年，市总工会围绕建党100周年组织开展“理论面对面”引领活动、“中国梦·劳动美·幸福路”主题教育活动、“颂歌献给党”全市职工合唱比赛、“站在党旗下”红色经典诵读比赛、“百年奋斗路·启航新征程”百场经典电影进企业、“网聚职工正能量 争做职工好网民”职工思想政治工作优秀案例征集活动等全市职工“永远跟党走”系列活动。推荐产生江苏省劳动模范8名、南通市五一劳动奖章获得者5名。开展“匠心筑梦 劳动育人”劳模工匠大宣讲，实现全市81所学校全覆盖。举办“百年心向党·建功新征程”表彰大会，表彰各级各类先进集体和先进个人444个。拍摄2021年新命名的江苏省劳动模范、先进工作者微视频，在市融媒体中心及全市各企事业机关单位微信公众号、微信群、QQ群等平台同步展播。“启东工会”官微持续推出“致敬平凡里的伟大”先进典型展。成立“双进讲师团”，开展“双进”活动300场次，直接参与职工6万余人。江苏省劳模朱军的事迹在“学习强国”学习平台被推送。

9月25—26日，2021年度南通市第二届“柳工杯”暨启东市第十七届“为劳动者喝彩”职业技能大赛举行，图为比赛现场 (姜新春/摄)

【产业工人队伍建设】 2021年，市总工会出台《启东产业工人队伍建设改革工作要点及责任分工方案》《启东产业工人队伍建设改革重点实施项目清单》，建立成员单位挂钩联系试点企业制度。全年10多次到联席会议成员单位、试点区镇(街道)、试点企业调研督导，推进产改走深走实。以“当好主力军·建功新时代”为主题，叫响做实启东市“为劳动者喝彩”竞赛活动。全年完成邮政、卫生、教育、建筑等10个行业50个工种市级比武。镇、园区、企业三级工会累计完成200余场次劳动和技能竞赛，参赛职工达4万人次。承办南通市“中远杯”、南通市住建系统建筑信息模型、南通市“柳工杯”等技能大比武，在吕四港“2+2”码头等全市重点项目、重点工程中开展“六比六创”劳动竞赛，中交第二航务工程局南通港吕四作业区西港池8～11号码头工程EPC项目A标段项目经理部在南通重大项目劳动竞赛中获评南通市“工人先锋号”。全面推行企业职业技能登记自主认定，补助职工230人，补贴金额近15万元。392名优秀职工参加学历提升圆梦行动。新命名3家劳模创新工作室，累计有劳模创新工作室24家。全年全市劳模创新工作室共提交128个创新项目，获国家级创新成果12项、省级6项，其他创新成果54项；通过各级专利26项，实用专利14项；获评省级工法6项；各劳模创新工作室提出合理化建议500多条，完成职工培训4000多人次，60多名职工在劳模创新工作室的培养带领下走上技术岗位。

2021年启东市劳模创新工作室创新成果一览表

表4

序号	创新成果类别	创新成果名称	劳模创新工作名称
1	国家级创新成果	圆筒型浮式生产储卸油平台	黄剑劳模创新工作室
2		实用新型专利授权:钢板坡口自动打磨除锈装置	
3		发明专利授权:基于原油转驳船的原油输送系统的动力定位方法	
4		发明专利:装配式建筑梁柱钢结构连接构件发明	陈向阳劳模创新工作室
5		发明专利:装配式箱板钢结构多高层结构体系及施工办法发明	

续表 4

序号	创新成果类别	创新成果名称	劳模创新工作名称
6	国家级创新成果	发明专利:建筑垃圾分选装置发明	陈向阳劳模创新工作室
7		发明专利:建筑施工废水处理装置发明	
8		发明专利:自清洁混凝土搅拌装置发明	
9		实用新型专利授权:开关柜电缆室微型红外测温系统	赵继东劳模创新工作室
10		实用新型专利授权:安全帽外挂式供暖降温辅助装置	
11		实用新型专利授权:基于生命体征检测的预警手环	
12		实用新型专利授权:基于电力大数据公共查询平台的智能充电桩控制器	
13	省级创新成果	高适应性智能电能表关键技术及产业化应用	朱德省劳模创新工作室
14		基于统一终端软件平台的能源控制器	
15		基于主动防御和安全隔离区的下一代网络安全	
16		内置混凝土止水导墙施工工法	陈向阳劳模创新工作室
17		深远海多功能原油转驳船自主开发与工程应用	黄剑劳模创新工作室
18		圆筒型浮式海上油气生产储卸平台设计与制造	
19	其他创新成果	基于轻量级操作系统的高安全性能智能电表	朱德省劳模创新工作室
20		智能量测终端	
21		基于软件定义的开放式能源控制器及边缘计算 App	
22		配用电智能终端自动化测试系统	
23		耐磨地坪施工中的柱周施工缝定型模板	陈向阳劳模创新工作室
24		屋面排气管与防水砖胎膜组合施工操作法	
25		可缩放外挑网式悬挑卸料钢平台	
26		开关柜智能测温装置的研制项目	赵继东劳模创新工作室
27		“雄程 9”多功能坐底平台研发	黄剑劳模创新工作室
28		数控刀柄自动化清洗保养装置	文云全劳模创新工作室
29		高速泄压双壳贝类活体脱壳分离装置	
30		声光震动一体智能入睡苏醒调节装置	
31		防自动化应急逃生管道	
32		新型绿色建筑墙体种植系统	
33		两轮车刹车智能平衡装置	
34		儿童用咽拭子采样辅助装置	
35		刹车储能器	
36		风光雨自动感应闭窗装置	
37		无动力可穿戴下肢助行机器人变刚度关节	
38		家用小型豆芽机的洒水喷头之改进	
39		智能降尘机器人	
40		后浇带独立格构柱早拆装置	
41		自动巡逻智能救生圈	
42		发明技法特征演示器	

续表4

序号	创新成果类别	创新成果名称	劳模创新工作名称
43	其他创新成果	高速泄压双壳贝类活体脱壳分离装置	文云全劳模创新工作室
44		窗帘智能清洗机	
45		基于飞轮短时储能和高能微波(脉冲)输电的电动牵引车快充系统	
46		基于二苯乙烯和铜酞菁的RFID食品保质期量化标签	
47		数控刀柄自动化清洗保养装置	
48		声光震动一体智能入睡苏醒调节装置	
49		发明技法特征演示器	
50		血糖激素调节模拟演示器	
51		中小学优秀自制教具能手称号	
52		高速泄压双壳贝类活体脱壳分离装置	
53		窗帘智能清洗机	
54		基于飞轮短时储能和高能微波(脉冲)输电的电动牵引车快充系统	
55		基于二苯乙烯和铜酞菁的RFID食品保质期量化标签	
56		数控刀柄自动化清洗保养装置	
57		声光震动一体智能入睡苏醒调节装置	
58		可降解透油性半透膜呼吸涂抹液的研究	
59		自动化应急逃生管道	
60		新型绿色建筑墙体种植系统	
61		两轮车刹车智能平衡装置	
62		数字式外压密闭性检测装置	
63		缺陷影响二维自旋电子学材料磁性的物理机制研究	
64		版画作品《2020》	朱建辉劳模创新工作室
65		版画作品《广场神韵》	
66		版画作品《鸟儿飞过太行山》系列3件	
67		版画作品《索线》系列2件	
68		版画作品《魔方·NO7》《魔方·NO.13》	
69		版画作品《魔方·NO.19》《魔方·1921》	
70		版画作品《茧》	
71		《走向智性的整体教学理论与实践研究》	刘爱东劳模创新工作室
72		《智性学习:让数学课堂散发应有的魅力》	

【职工法律援助】 2021年,市总工会组织开展"尊法守法·携手筑梦"服务职工法治宣传行动、"工会在身边·法律锦囊送百企"企业劳动用工巡回监督评估服务行动以及"五一劳动法治宣传月"等活动。举办"构建和谐劳动关系"业务培训班。参加第四届江苏省南通赛区劳动人事争议调解员岗位业务技能竞赛,获团队优胜奖。建立健全"10100"职工法律援助服务体系,全年共开展劳动用工企业体检149家、劳动法律监督服务2次,接待职工来访129人次、职工网信237人次、职工来电183人次,调处矛盾纠纷12件,为职工群众提供法律援助代理41件,帮助102名职工追索劳动报酬、工伤社会保险560万余元。组织开展集体协商春秋季"要约月"行动和星级评定工作,督促企业签订集体合同、工资专项集体合同,鼓励企业(重点产改试点单位)签订"能级工资专项集体合同""技术创新专项集体合同"。

【职工实事项目】 2021年,市总工会确定全国级特困职工13人、市级特困职工19人、市级困难职工8人,每季度发放生活费补助48000元、水电气补助4650元；开展免费体检；对符合条件的24名学生发放助学金，共计8.8万元；对符合条件的15户职工家庭发放大病援助金11.9万元。实施元旦、春节、国庆慰问困难职工、一线职工温暖关爱行动，惠及7000多名职工，发放慰问金67.4万元。开展"关爱·圆梦"行动，累计提供就业岗位221个，招聘2035余人，确认"关爱·圆梦"就业实践基地6家，提供爱心岗位32个，为100名青年学生提供勤工俭学轮岗实践岗位。举办2场职工心理健康讲座，服务职工150人次。组织2批180名一线优秀职工参加疗休养活动。开展户外劳动者"爱心驿站"建设，新建19家"爱心驿站"，实现区镇（街道）站点布局全覆盖。加强工会劳动保护工作，218家单位参加"安康杯"竞赛。

（钱　瑾）

共青团启东市委员会

【概况】　2021年，启东市有基层团（工）委138个、团员31481人，新发展团员1260人，其中学生团员1100人、社会领域团员160人。共青团启东市委员会编制出台《启东市"十四五"青年发展规划》，为全省15家、南通唯一一家规划试点编制单位。团市委获评2021年度全省共青团工作先进单位。

【基层组织建设】　2021年，团市委创新实施书记室班子成员团建工作联系点制度，工作举措在《江苏共青团信息》刊发。完成12个区镇、261个村团组织换届工作，园区、街道、社区团组织建设同步优化。成立启东市青年社会组织孵化中心，新建4家"青年之家"，至年底，全市共有"青年之家"25家，总数列南通第一位。创成南通市"筑梦空间"2家，承办南通市新兴领域青年"青社学堂"沙龙活动。创新"启舞飞YOUNG"联谊交友品牌，社会组织团建工作在团中央社会组织团建工作调研座谈会作经验交流，"联青服务站"工作在《中国青年报》报道，"四增四强"助力"双减"工作在全省共青团基层建设培训班作案例分享。完成困境青少年"梦想小屋"改造30家，获南通市"梦想改造+"关爱计划优秀组织奖，实施"六筑一体"关爱工程，工作经验在《中国青年报》、团省委工作简报上刊发。举办"青马工程"培训班7期，培训350余人。

【思想政治文化工作】　2021年，团市委推进青少年思想政治文化工作，不断增强团的引领力。开展"青年大学习"活动，用好"青年大学习"主题微团课等网络载体，平均参学率南通第一位，全省前列。举办"青春心向党·奋进新征程"第六届启东青年风尚节系列活动，风尚节开幕式上，"启东市青年文明号服务'大项目'联盟"揭牌。打造"江海星火　寻访红色印记""启吾东疆　奋斗之路"等青年学习社线路。高标准推进团干部、青少年党史学习教育全覆盖，相关工作在团省委信息专报中作经验交流。承办"学百年党史　筑青春梦想"南通市共青团干部演讲比赛。组建"青启之声"青年宣讲团、"童启之声"红领巾宣讲团，开展"百年党史青春说"，开辟《习近平总书记"七一"重要讲话精神·青年说》等专栏，持续掀起青少年党史学习教育热潮。实施"大手拉小手"志愿服务项目，整合青商会、青年文明号、爱心人士、公益组织等社会资源，深入贫困、孤残、服刑人员未成年子女等特殊群体，开展助困帮扶、心理疏导活动，保障青少年合法权益，促进青少年健康成长；开展"轻松备考·12355与你同行"——心理健康宣传服务月特别活动，以电台节目的形式解读考前常见的心理压力问题；深入实施重点青少年群体"成长护航工程"，法律知识、禁毒防艾知识进校园实现常态化；在微信平台推出《青春护航》专栏，传播青少年自护知识；举办"Young帆'启'航　法治'童'行"启东市首届青少年模拟法庭庭审观摩活动，150余名青少年参与现场活动；指导启东中等专业学校在南通市中等职业学校在校生模拟法庭大赛中获银奖。

【服务发展】　2021年，团市委谋划部署经济发展、全域创新、乡村振兴、美丽启东青年建功"四大行动"，打造新出海口吕四港起步工程等3家南通市级"青年突击队"示范点，净滩公益行动在央视网、新华网、人民网等媒体报道，践行"五送五到"助力乡村振兴志愿服务项目入选全省共青团工作创新创优工程项目。召开"薪火相传　启企与共"新生代企业家座谈会；举办中国启东第六届"启创杯"创业大赛、首届TED青年沙龙活动。选送的"多域搜救领航者"项目获"创青春"国家级大赛银奖，为南通唯一获奖项目。举办2021年"东疆学子家乡行"大学生暑期社会实践活动，40家单位提供61个见习岗位，168名大学生参与见习；开展青年联谊活动26场，参与青年

4月28日，"青春心向党　奋进新征程"第六届启东青年风尚节开幕式在启东市广播电视台演播大厅举行　（姜新春/摄）

3000余人次。启东市爱心力量与西乡县百名贫困学生一对一结对帮扶,25.9万元帮扶资金全部到位;启动2021年希望工程“圆梦行动”,为贫困大学生争取“希望英才”“希望之光”“圆梦行动”等助学金共5.8万元;发动“苏青益筹”“99公益日”等活动,为贫困学生募集资金近80万元。

【首届TED青年沙龙】 11月26日,启东市“全域创新·青年建功”启动仪式暨首届TED(Technology,Entertainment,Design缩写,即技术、娱乐、设计)青年沙龙活动在启东生命健康科技园举行。此次活动是“让全国看见你”青年创新创业路演——启东站活动,也是启东首届TED青年沙龙活动,由团市委、市科协联合主办。美国佛罗里达理工大学博士潘亦鹏、华东理工大学博士王鹏伟,以及启东中专学生等8名青少年围绕科技创新、生态环保、乡村振兴等重点领域,进行TED分享。潘亦鹏负责的空潜一体跨介质无人机航行器项目,获活动一等奖。

(黄凌燕)

启东市妇联

【概况】 2021年,启东市有区镇、街道妇联17个、村(社区)妇联313个,其中新建社区妇联5个;有机关妇联53个、团体会员13个。全部村(社区)妇联完成换届工作,产生妇联执委5297名,比上一届增加1170名,妇联主席100%进“两委”。全市妇联系统获省级先进荣誉8项、南通级先进荣誉66项。

【基层基础建设】 2021年,启东市全面落实新一届村(社区)妇联班子“履新启航六件事”,累计开展妇情走访10700余次。实施三级执委“一执委一实事”工程,各级执委亮出领办实事项目5800余个,涉及创业就业、权益维护、家庭文明、扶孤助困、志愿服务、法律援助等多个领域。举办三级执委“履新增能 启航远征”培训班暨“5800个执委实事项目”推进会,推动“我为妇女儿童办实事”实践活动深入开展。

【思想政治引领】 2021年,市妇联实施“巾帼领航‘她’宣讲”项目,开展线上线下各类宣讲活动1000余场次,参与人数超过15万人次。组织200余名各界妇女录制快闪《妈妈教我一支歌》。评选表彰各类先进妇女典型,其中先进个人61人、先进集体28个,并广泛宣传优秀事迹。新增南通市三八红旗手6人、南通市三八红旗集体5个、南通市最美三八红旗手工作室1个;苏晓琳获评江苏省巾帼志愿服务十大感动人物、《板凳助梦人》微电影获评江苏省巾帼志愿服务十佳微电影;微信图文报道《百个家庭红色骑行献礼党百年华诞》获江苏女性融媒体创意大赛二等奖。全年在省市妇联门户网站发布信息187篇,“启东妇联”微信公众号发布信息312篇。

【服务发展】 2021年,市妇联联合市人社局等部门开展职业技能培训、高技能人才培养和以赛促学提技能等活动,累计为26101人提供培训,其中女性超过85%。举办“慧创她时代”——巾帼创新活动,“0~3岁赋能计划”项目获评省优秀奖。完成女企业家协会换届,开展女企业家师长寄语征集、“隔离不隔爱 启扬一家亲”防疫抗疫活动、海安专题调研、“科技引领时代 创新助力发展”座谈会等活动。深入调研走访,推荐全市各类巾帼农业基地申报省市示范基地,5家基地获评南通市级示范基地,2家基地获评省级示范基地。组织妇女参加技能培训,共举办家政服务技能培训班10期、妇女素质提升班7期,受益妇女超过1000人次。开展“百岗百业巾帼建功献礼党百年华诞”主题活动,112家启东市级以上巾帼文明岗常态化开展岗村对接、岗企对接活动。

【家庭文明建设】 2021年,市妇联不断创新“最美家庭”寻访形式,开展“讲述我家的故事”、幸福家庭讲习班、“最美家庭故事分享”等活动。朱瑾高家庭获评全国最美家庭,4个家庭获各类省级家庭荣誉称号,6个家庭获评南通市级“最美家庭”,35个家庭获评启东市文明家庭(“最美家庭”)。成立启东市最美家庭联盟,有成员50家。实施“优化家庭教育指导”项目,推进示范性“家长学吧”建设,评选表彰20个示范性家长学吧。以7个省级家庭教育指导服务社区(“三全”社区)为重点,寻访在你身边的“榜样家教”,征集“四史”学习微感言600余条、家教故事128个,并进行线上展示,学习成果获评江苏省“四史”学习教育进家庭微感言三等奖。拍摄制作家庭教育微视频16个,通过网络宣传普及科学家庭教育理念。以“四史学习进家庭”为主题,组织开展“点亮红色足迹——少年儿童心向党”寻访活动、“百个家庭红色骑行,献礼党的百年华诞”亲子红色骑行活动、“童心向党·礼赞百年”亲子共读活动、“阅读吧,少年!”党史学习教育分享活动之“四史”学习教育进家庭等活动11场,参与家庭超过2500个。联合启东市家庭文化研究中心实施“讲好红色故事 传承红色基因”项目,视频在“学习强国”学习平台展示。培育、挖掘“美丽家园”建设典型63个,其中13个家庭获评南通市百佳美丽庭院。

【妇女儿童维权服务】 2021年,市妇联开展法律宣传活动17场次,牵头召集开展“维护妇女儿童合法权益”座谈会。前移婚恋教育关口,开展婚前辅导工作,将结婚誓词、反家暴宣誓引入结婚登记流程。全市307个妇女议事会常态化开展“家家访月月谈”议事活动,共获评南通市优秀妇女议事会1个、优秀妇女议事人1人、优秀妇女议事案例2个。3294名巾帼网格员、妇情信息员排查调处化解婚姻家庭类矛盾纠纷112件,调处成功率100%。联合市教育体育局开展启东市未成年人心理健康教育、“365+工程”家长学校家庭教育宣讲活动500余场次。实施心晴计划项目,建成市级妇女儿童心理咨询服务中心1个、心晴工作站4个,成立由16名心理咨询师、专业医师组成的妇女儿童“心晴赋能”服务联盟专家团队,开展心理咨询312次。实施“爱伴童行”项目,各级妇联组织牵头召集367个关爱小组，为关爱对象提供学业辅导、生活资助、思想引领和心理关爱等活动6000余次，联合市红十字会为327名关爱对象购买“医保南通保”，项目获评南通市妇联系统改革创新实践项目二等奖。市妇儿工委启动新一轮10件妇女儿童民生实事，新建4家爱心母婴室，确立7个省级家庭教育指导服务示范社区建设点，推进儿童友好城市项目建设。开展“两癌”宣传活动469场次，受益妇女约25850人。联合市慈善基金会，为54名农村贫困“两癌”妇女购买“医保南通保”，走访慰问“两癌”妇女34人次，慰问金额3.18万元。

（王　婷）

启东市科协

【概况】 2021年，启东市12个区镇和2个街道科协完成换届，新增启东经济开发区、圆陀角旅游度假区2个园区科协组织。启东市科学技术协会获2021年江苏省“全国科普日”优秀组织单位、江苏省全国农民科学素质网络知识竞赛县区级优秀组织单位、南通市第三十二届青少年科技创新大赛优秀组织单位、南通市2021年科普宣传周活动优秀组织单位、南通市第三届公民科学素质网络知识竞赛优秀组织奖。

【科技创新教育】 *启东市“创客+”工匠节暨全国科技工作者日活动* 4—12月，市科协以党建带群建、群团同心建的“五带五同”为指导思想，以“创客+”工匠节为载体，以“一课、一队、一营、一节、一赛”形式开展系列活动。作为中国科技志愿者服务平台的一个品牌项目，市科协联合启东中等专业学校等单位，围绕农村青少年科创教育、农村文创产品开发和孵化等多项业务开展活动，覆盖全市20所中小学、20个社区、10家企业，涵盖职业体验、科技节、科创大赛、科普展等内容。

青少年科技创新成果评选活动 6月22日，市科协会同市教育体育局、科技局举办第三届启东市“林洋杯”青少年科技创新优秀项目评选活动。面向全市中小学生征集科技创新成果项目，共收到申报项目30项，涵盖互联网技术、人工智能、清洁能源、实用机械等诸多领域。评出优秀作品10项，进行表彰奖励与成果展评。

参加南通市第二届青少年科技创新市长奖活动 组织人员参与南通市第二届青少年科技创新市长奖活动，获市长奖3名、市长提名奖3名、耕耘奖3名、摇篮奖2名，奖项及获奖人数均列南通各县（市、区）首位。

【科技志愿服务】 2021年，市科协依托江苏省启东中等专业学校科技志愿服务大队，与紫薇小学、善成小学、启东中学、折桂中学等创客联盟学校开展校外科技社团活动，组织师生进校园，开展创客体验活动。组织科技志愿者进企业，协助相关企业完成各类项目设计10多项。组织志愿者队伍深入社区，开展科普宣传和科技作品展示等科普活动。发挥医院院长、学校校长、农技站站长、科技型企业家“四长”作用，面向企业、园区、社区、乡村等组织设立科技志愿服务项目，开展科技攻关、科学普及、扶贫攻坚等专项活动，吸引市民和青少年参与科普公益活动。

【科技工作者服务】 2021年，市科协开展“众心向党、科技惠民”主题活动，组织部分科技工作者赴南通博物苑等地参观学习。结合寻找“最美科技工作者”活动，宣传优秀科技人才的先进事迹。向上推荐在重大科研项目、基础技术研究中贡献突出的企业创新达人，服务创新人才成长。1人获评江苏“最美科技工作者”，1人获评省企业“创新达人”。

【科普宣传教育】 2021年，市科协举办“科学普及，人人有责”“学党史、知科技、话百年”等科普主题宣讲32场，举行卫生知识宣传，受益群众近万名。组织科普团队在海复镇、王鲍镇等地开展多场科普宣传活动，受益群众6000多人次，发放科普资料5000余份。会同市人民医院举办药学科普宣传周系列活动。邀请专家在汇龙镇等地开展义诊、科普活动。会同市科技局、市老科协科技分会走进各区镇现代农业基地，开展“知史爱党　知史爱国”建党百年党史学习党课活动和科技培训暨送科技下乡活动，邀请江苏沿江地区农科所专家作设施蔬菜、水稻小麦玉米粮食作物栽培管理技术培训，参加培训约500人次。

（黄永琴）

启东市侨联

【概况】 2021年，启东市归国华侨联合会坚持“两个并重”（国内和海外、老侨和新侨并重）、“两个拓展”（拓展海外工作、新侨工作），发挥“六大作用”（服务经济发展、以法维护侨益、有序参政议政、拓展海外联谊、弘扬中华文化、参与社会建设），较好地完成各项工作任务。市有启东侨胞海外联络站4个，启东籍侨胞和留学生人数约3000多人。全市建成“侨胞之家”9个。启东市被列为省侨联侨情数据库信息录入试点县（市），录入数据3766条，列南通各县（市、区）第二位。市侨联获评2021年南通市侨联系统新闻宣传工作先进单位。

【思想引领】 2021年，市侨联以党史学习教育为重点，组织开展“侨心向党，携手追梦”主题征文和“追梦中华、侨瞧启东”图片征集活动，共收到征文46篇、图片36幅，评出一、二、三等奖和鼓励奖若干名，给予表彰奖励。6月下旬，召开“不忘初心砥砺前行”启东侨界迎百年华诞座谈会，邀请20多位归侨侨眷代表参加。

【服务发展】 2021年，市侨联利用侨务资源优势，服务经济发展大局。两次邀请阿联酋上海总商会会长成富强、中国纺织服装协会会长施坤等在启侨商侨领进行座谈交流，分享在海外创业发展的经历，围绕创新发展、引进海外人才、服务家乡建设、加强交流交往等方面为家乡发展建言献策。在

9月17日,在启东市港澳台侨界人士中秋联谊会上,侨界幸福家庭受到表彰
(市侨联/供图)

英国、加拿大、缅甸等国家和地区组建启东侨胞海外联络站,建立微信联络群,了解掌握启东籍侨胞和留学生在当地的学习工作生活状况,及时通报家乡发展情况,开展互帮互助,定期开展联谊联络活动,组织侨胞回国回启考察交流。

【为侨服务】 2021年,市侨联组织开展侨法宣传月侨法进社区进村组活动,各区镇(街道)侨联组织采取多种方式开展《中华人民共和国归侨侨眷权益保护法》等涉侨法律法规的宣传。做好维权工作。针对侨眷和海外侨胞提出的户籍迁移、拆迁安置补偿、购买商品房、异地经济纠纷案件、婚姻变更中的财产纠纷、异地就医医药费报支、海外侨胞新冠肺炎死亡后的善后处理等问题,与相关区镇、部门、海外侨领等沟通联系,尽最大可能以法维护侨眷和海外侨胞的合法权益。做好侨界困难、空巢侨眷家庭的关爱工作。及时摸清困难侨眷和空巢家庭底数,市、镇两级侨联组织上门走访慰问,并动员社会力量、志愿者共同做好结对帮扶工作。重阳节前夕赴各地看望36个空巢家庭。开展重大节日暖侨活动,全年累计走访慰问300多人次。

【交流联谊】 2021年,市侨联邀请海外在启侨领参加南通市侨联举办的海外侨领南通行活动,与海外侨团保持密切联系,对海外侨团开展抗击新冠肺炎疫情、组织公益活动、海外社团开展庆祝建党100周年活动等进行宣传报道。配合市融媒体中心和城投公司举办网络春晚,向11位在海外和中国香港的启东籍侨胞征集拜年视频。中秋前夕举办“云端寄相思·共叙中华情”全市港澳台侨界人士中秋联谊会,全市港澳台侨界人士代表130余人参加。活动中为8位优秀侨领、14位新侨创新创业之星、28个侨界幸福家庭颁证。

(陈　辉)

启东市工商联(总商会)

【概况】 2021年,启东市工商业联合会(总商会)围绕促进“两个健康”(即非公有制经济健康发展和非公有制经济人士健康成长)总目标,强化非公经济人士思想引领,推进商会组织建设,抓好为非公企业服务工作,发挥工商联桥梁、纽带作用。至年底,全市有在外启东商会9家,其中新建1家,即北京启东商会。南京启东商会的各项筹备工作准备就绪;指导无锡启东商会完成换届工作;成立首家异地商会——启东市河南商会,完成民政部门的依法登记。有行业商会4家,其中新建1家,即启东市渔业商会,完成民政部门的依法登记。有区镇商会12家。加强规范化建设,指导合作镇商会、海复镇商会、北新镇商会、启隆镇商会和王鲍镇商会按期完成换届。推进相关商会在民政局的登记注册工作和办公场所、活动阵地的建设工作。至年底,全市12个区镇商会均在民政部门依法登记。省人大常委会副主任、省工商联主席许仲梓到启东调研,对合作镇商会的工作予以充分肯定。启东市工商联获评2020—2021年度全国“五好”县级工商联。

【市工商联第十三次代表大会】 12月21日,市工商联第十三次代表大会在市党教中心召开。大会代表总额239人,其中非公经济人士占91.2%,实到代表219人。市委书记李玲、南通市工商联(总商会)主席(会长)陆建新到会并分别作重要讲话。大会听取并审议通过市工商联副主席(副会长)朱蓉艳代表第十二届执行委员会所作的工作报告,选举产生启东市工商联第十三届执行委员会。执行委员共105人,其中非公经济人士89人。

【商会党建】 2021年,市工商联(总商会)打造“共商共建共促,助推商会党建”党建品牌,总商会党委批准重庆启东商会、在外企业家联谊会教仪分会、北京启东商会、启东市河南商会和启东市渔业商会成立党支部。至年底,基层商会、异地商会实现党组织建设全覆盖。推动民营企业党建工作,启东建筑集团、启安建设集团等建立党建工作展示馆。

【非公人士政治素质提升】 2021年,市工商联(总商会)以“庆百年·感党恩·跟党走”为主题,组织开展非公经济代表人士理想信念教育实践活动。利用“东疆大讲坛”平台,邀请市委宣传部领导作“习总书记七一讲话”辅导,组织工商联常执委代表、“531”新生代企业家培养工程对象及市青商会成员100多人参加培训。发挥商会党组织的作用,组织引导各商会开展“建党百年”庆祝活动和“学党史”教育活动。组织商会党员到湖南韶山、上海一大会址、抗大九分校等地开展“追寻红色足迹，感悟百年党史”的红色之旅；组织商会开展“献礼建党百年，真情慰问老党员”“党群骨肉情，军民鱼水情”、走访慰问“光荣在党50年”老党员等活动，组织商会负责人集中收看“七一”重要讲话并撰写心得感悟，开展“颂歌献给亲爱的党”歌咏比赛、“送党课到商会”、红色经典影视作品观摩等活动。以“两个健康”为主题，组织非公经济代表人士参加省、南通市举办的理想信念教育培训班和报告会。开展“弘扬张謇企业家精神”活动，组织商会负责人到张謇教育纪念馆参观，提升非公企业家的政治素质。组织开展“垦牧杯”启东市杰出企业家评选活动，江苏神通阀门股份有限公司党委书记、董事长、总裁吴建新当选。实施“531”青年企业家培养工程，培养一批优秀“创二代”。

10月9日，市工商联组织首次服务企业畅聊会　（市工商联/供图）

【服务非公经济】 工商联“1+N”服务平台建设　2021年，市工商联（总商会）打造“服务企业畅聊会”工作品牌，每季度组织一次企业家与市领导面对面沟通交流，市主要领导定期走访民营企业，帮助企业解决困难；与市税务局联合开展助力小微企业“春雨润苗”专项行动；与中信银行等金融部门加强合作，向民营企业推出惠企金融产品；与市总工会深入推进民营企业产改工作；开通异地网上企业服务平台。推动“法治民企”建设，与公检法司联合开展“送法进会进企”活动；与市检察院、法院联合成立启东市民营企业家法律服务工作站；与市司法局、律师协会联合建立“万所联万会机制”；与市检察院联合建立“涉案企业合规第三方监督评估机制”。全年为58家民营企业提供政策咨询、法律宣讲、诉求受理、沟通协调等服务。与市公安局推进“警企联动服务中心”建设，至年底，市外商会“警企联动服务中心”实现全覆盖，市内商会建立“警企联动服务站”10家。全年为民营企业提供证件办理80余件，接受咨询求助等服务300多件。

企业家能力培训　市工商联（总商会）会同团市委，组织工商联常执委、“531”工程青年企业家、规模以上民营企业家和经营管理者约60人赴苏州大学等高等院校举办“东疆大讲坛”暨企业高级经营管理人才培训班，促进企业家能力提升。

走访调研　市工商联（总商会）围绕“疫情对中小企业影响”这一课题，深入常执委企业和区镇商会，及时掌握企业生产经营情况，与企业共商解决方案，撰写专题报告反馈给市相关部门，为政府制定企业扶持政策建言献策；撰写《增强金融支持服务能力，缓解民企融资难题——关于金融支持民营企业发展的调研报告》报上级工商联，并入选南通市工商联调研报告集。9月，组织召开民营企业家专题座谈会，就如何发扬“张謇企业家精神，打造张謇式企业家群体”开展交流。

【招商引智】 2021年，市工商联（总商会）开展“引老乡、回故乡、建家乡”活动，通过异地商会平台，邀请启东籍在外乡贤回乡考察，并通过他们邀请有投资意向的客商到启东考察、投资兴业、提供商务信息，助推市高水平开放、高质量发展。6月10日，四川启东商会举行“东疆之子”返乡考察交流座谈会，市委书记李玲到会，与50多名企业家共叙乡情、共谋发展。会上，成都永陵博物馆与启东市文广和旅游局签订战略协议，举行《东疆之子在四川》赠书仪式。各异地商会先后协助市委、市政府承办启东在上海、深圳、北京、无锡、苏州、四川、重庆等地的投资环境推介会和人才工作招引会等重大活动。通过活动，四川启东商会常务副会长黄卫东和其他合作伙伴一起回乡投资江苏拓尔奇光电技术有限公司；重庆启东商会副会长兼秘书长陈卫国回乡投资干细胞项目，并与启东生命健康科技园洽谈。

【公益志愿活动】 2021年，市工商联（总商会）向商会发出“与陕西西乡开展结对助学及扶贫认购”的爱心倡议及“慈善一日捐”的活动倡议，得到众多商会和民营企业的响应，仅汇龙商会采购西乡扶贫产品70万元。开展“光彩圆梦”助学活动，上海启东商会、苏州启东商会、无锡启东商会积极响应，支助开发区中学30名贫困学生。东海镇商会深入实施“绿苗护航计划”，每年资助中小学生50名。惠萍等商会出资参与“梦想改造+”关爱服务活动。东海镇商会秘书长企业黄海滩涂公司，对接2个村，投入数百万元用于村的道路建设、桥梁修造、排水管铺设和村公共服务中心修建，为2个村的7000多名村民缴纳合作医疗费用。面对疫情、水灾等严峻形势，各商会积极动员会员企业捐资捐物，派员参与疫情一线防控志愿服务，采购慰问品对卡口等重点区域的抗疫人员进行慰问。

（张裕群）

6月11日，南通市“感党恩、听党话、跟党走”残疾人先进典型事迹启东专场报告会在市党教中心举行　（市融媒体中心/供图）

启东市残联

【概况】 2021年，启东市残疾人联合会立足机构改革和残疾人事业“十四五”规划的目标要求，深入实施“精准康复、社会保障、培训就业、载体活动、队伍建设”五项提优工程，为全市残疾人提供优质高效的服务。至年底，全市有基层残联16个，残疾人专门协会5个，“残疾人之家”26个；共有持证残疾人24317人。为残疾儿童提供康教融合教育服务，开展关爱孤独症儿童公益项目、南通市第三届听障儿童演讲比赛启东选拔工作。开展残疾人自主创业“东疆之星”评选表彰活动，共表彰奖励14人。

【培训就业】 2021年，市残联将培训对象从就业年龄段残疾人拓宽至重度残疾人直系亲属；丰富培训内容，常规化举办农村残疾人种养植培训、中(西)式面点师培训、农村实用技术培训等班次，并结合当下流行的网络直播带货形式，联合社会培训机构举办残疾人电商培训班。全年培训残疾人460人，实现残疾人新增就业129人。协助市税务局根据年审情况对未按比例安排残疾人就业的单位征收保障金。全年共有119家用人单位年审，安置332名残疾人就业。

【残疾人文体】 8月，启东籍残疾人运动员钱王伟参加东京残奥会，在场地自行车C1-3级3公里个人追逐赛、500米个人追逐赛等4项比赛中两度打破世界纪录，并获一枚残奥会铜牌。“启东融媒”“南通发布”多次头版头条宣传报道钱王伟的事迹。市残联组织残疾人参加“同心向党　同行东疆”活动，安排40名残疾人代表和残联机关党员志愿者，走进惠萍果园经济生态区，参观抗大九分校纪念馆和陆铁强史料陈列室，缅怀革命先烈，重温红色历史，感悟使命初心。6月11日，南通市“感党恩、听党话、跟党走”残疾人先进典型事迹巡回报告会在启东举行。苏晓琳、张丹等6位来自南通各县(市、区)的残疾人先进典型上台，讲述自身经历。

（沈超林）

启东市文联

【概况】 2021年，启东市文学艺术界联合会所属作家协会、美术家协会、曲艺家协会等10个协会和16个区镇、街道文联活动丰富，会员数量增加。全年新增中国作家协会1人、省作家协会1人、省曲艺家协会3人。全市国家级会员达38人，省级会员达134人。中篇评弹《板凳姑娘》、蓝印花布《如鱼得水》分获江苏省文艺大奖第九届曲艺奖和第六届民间文艺奖。落实《关于对2020年度启东市宣传文化人才扶持奖励的决定》，对51人次文艺创作骨干人才进行重点扶持奖励。

【创作活动】 2021年，市文联“感知启东”主题创作采风持续开展，在高新区(近海镇)、海复镇、圆陀角、北城区街道、王鲍镇、海工园(寅阳镇)开展创作采风，并组织创作骨干赴泰州、扬州

3月25日，市文联在王鲍镇奥林鸡爪槭基地开展“感知启东”主题采风活动　（市文联/供图）

开展红色学习教育采风活动，来自文联各协会、分文联的200人次艺术家参加。"感知启东"采风作品在《启东日报》组稿专版6期，并组织编辑采风优秀作品集《感知启东》(第六辑)，内容涵盖散文、诗歌、小戏小品、歌曲、美术、书法、摄影等艺术门类作品共115件。全年开展"书香启东·悦读畅谈"读书改稿会8场，针对作家协会骨干会员开展专项辅导点评，邀请储成剑、朱一卉、毛雨森、仇红、黎化、葛芳6位知名作家到启东开展文学讲座与点评活动。开展"作家进校园"本土作家中小学讲座活动，参与作家及文学爱好者近3000人。开展摄协、美协专项采风活动，组织文艺家参加南通市文联组织的美丽南通行县市区采风活动及云南、贵州采风活动，向南通、省文联、省作协推荐5名青年文艺人才参加各类文艺培训班、高研班、读书班。文学杂志《三角洲·沙地》出刊4期，总字数40万字。

（王思林　黄陈阳）

启东市红十字会

9月6日，市红十字会在启东中专开展救护培训　　（市红十字会/供图）

【概况】 2021年，启东市红十字会注重学习教育与推动工作相结合，开展"我为群众办实事"主题实践活动。与启安集团联合设立50万元"启安光明基金"；帮助97名困难眼疾患者完成全免费手术，共使用专项资金21.2万元；开展"红色帮扶"项目，为全市200名困难老党员每人发放1000元救助金，并开展上门慰问和养老照护服务；参与"太阳花"四位一体关爱行动，出资9.5万余元为324名关爱对象办理"医保南通保"。

【基层阵地】 2021年，市红十字会新建"博爱家园"2家，全市累计有6家。常态化开展救护培训、养老照护、防灾减灾宣传、义诊咨询等服务。东洲新村博爱家园获评南通市优秀博爱家园，圆陀角村博爱家园获评江苏省及南通市优秀博爱家园。积极创建红十字学校，引导青少年开展红十字志愿服务、应急演练等活动，取得较好的社会反响。开发区中学创建成南通市红十字达标学校，启东中专创建成江苏省红十字示范学校。

【疫情防控】 2021年，市红十字会与启东邮政分公司签订战略合作协议，开启物流、仓储等方面的战略合作，提升突发事件应对能力。主动对接街道社区、交通部门，采购帐篷、防护服等急需物资，急救包、矿泉水、方便面、金银花露、防暑用品等保障物资，分别送往市疾控中心、高速公路查验点、南北街道社区卡口。参与疫情防控志愿服务，市红十字会党员干部和赈济救援队志愿者为市人民医院、市中医院、市妇幼保健院等医疗机构搭建30顶红十字封闭帐篷，组成临时隔离区。

（张倩倩）

启东市关工委

【概况】 2021年，启东市有关心下一代工作组织825个。其中，区镇(街道)关工委16个、村(社区)关工委306个、市级机关关工委17个；中小学校关工委88个、企业关工委366个、派出所关爱工作站15个、医疗单位关工委17个。全市参与关工工作的"五老"(老干部、老战士、老专家、老教师、老模范)1.01多万人。王鲍镇关工委常务副主任高飞昌《给孩子一双奋飞的翅膀》的事迹被编入省关工委《五老赞歌》一书。各级关工委在各级各类报刊网站发表稿件80多篇。《情况交流》编发7期20万字、"启东关工"微信公众号推文132篇、"启东关工"视频号推出15个视频。市关工委、市教育体育局关工委获评全省关心下一代工作优秀集体，市关工委另获评《中国火炬》杂志宣传工作先进单位、2019—2021年度南通市"五老"网吧义务监督工作最佳单位、2021年南通市宣传工作先进单位。全系统中有7人获评全省关心下一代工作优秀个人，6个单位获评南通市关心下一代工作先进集体，12人获评南通市关心下一代工作先进个人。

【青少年主题教育】 2021年，全市投入建设经费30多万元，扩建和修缮校外教育指导中心会议室。指导中心成立市级关工委党史宣讲团，编撰下发《中共党史知识百题》册子1000本至各中心校外教育辅导站。组织党史宣讲团骨干成员及骨干教师集中辅导备课，制作主题教育、法治教育、心理健康教育等25讲视频课件。其中，6讲心理健康视频在南通层面宣传推广，2讲法治教育视频在"江苏少年网"宣传推广。市关工委联合市教育体育局组织发动各学校、校外辅导站参与省关

6月19日，市慈善基金会、市关工委向江苏银洲置业集团颁发定制的100万元捐赠基金证书　（市关工委/供图）

工委主题征文及创作演讲等比赛。在全省关工委“童声齐颂建党百年”主题征稿活动中，全市有316篇（幅）获奖，7个单位获优秀组织奖；在“对话2035年的我们”征文活动中，全市有9篇获奖，4个单位获优秀组织奖；在“童心永向党　筑梦新辉煌”创作演讲比赛中，5个单位获先进组织奖，9人获评优秀演讲者。5月25日，市关工委在惠萍镇召开2021年“颂建党百年　做时代新人”主题教育现场推进会，共160多人参加会议。6月29日，市关工委与市文明办、市教育体育局、市委老干部局联合举办全市中小学“争做党的好少年”演讲总决赛，共有小学、初中、高中3个组别41个代表队参加，评出特等奖7个、一等奖13个、二等奖21个。

【中小学生心理健康教育】 2021年，全市各级关工委依托校外教育辅导站开展每月至少一次心理健康教育讲堂活动；依托“崇德少年法学苑”，每学期至少开展一次有关青少年学生心理健康的法治教育活动；与市文明办、教育体育局、妇联等部门整体联动，开展“太阳花”四位一体“爱伴童行”关爱行动，建立困境儿童关爱帮扶机制。全市209名“五老”点对点深入排查核实，开展一人一档思想引领、精准结对关爱困境儿童活动。3月22日，南通市关工委中小学生心理健康教育工作调研座谈会（南片）在启东折桂中学举行。

【校外辅导站暑期公益班】 7月2—12日，全市校外辅导站采取线上线下相结合的办班形式，统一部署要求、时间节点、活动内容、视频课件，在全市51所小学共开设139个高年级暑期公益班。460名辅导老师、245名“五老”及志愿者带领6500余名学生参与活动。办班期间，市关工委、市教育体育局、市融媒体中心分组定期赴各区镇（街道）办班点开展巡查、采访。7月19日，市融媒体中心《百姓人家》栏目专题报道《公益课堂里的精彩暑期》。8月25日，《启东日报》专版报道全市关工委暑期公益班工作及其取得的成果。

【网吧管理监督】 2021年，全市有营业性网吧27个、“五老”网吧义务监督员61人。除新冠肺炎疫情防控重要时段营业性网吧暂停营业外，“五老”网吧义务监督工作均正常开展。12月，市关工委对全市27名优秀“五老”网吧义务监督员和7个网吧义务监督先进单位进行表彰奖励。有7名“五老”被评为2019—2021年度南通市优秀“五老”网吧监督员。

【民营经济关工工作】 2021年，市民营经济关工委和各民企关工委履行“立德树人”责任，开展思想引领、技能培训，为青年职工成长成才提供发展空间。搭建平台、实施关爱联动，助推青年成才；加强协调，建立企业联合关爱互动机制。其中，高新区关工分会与30个非公企业“党建联盟”，组织青年职工理想信念教育和学习交流、技能培训，开展“将先进员工培养成党员、将党员培养成先进典型”的“双培”计划。7月21日，市市场监督管理局、民营经济关工委、江苏林洋能源股份有限公司召开“颂建党百年　育时代新人”全市民营经济关心下一代工作交流汇报会，150多人参加会议。会上2个分会、3个民企关工委开展主题教育和关工工作的经验介绍，表彰奖励20名关爱工作先进个人和20个先进集体。

【首个100万元“关爱基金”】 6月19日，由江苏银洲置业集团捐资100万元设立“银洲集团关心下一代爱心基金”。爱心基金用于资助低保家庭或因病因突出事故致贫的青少年学生继续学业，奖励受到市级以上表彰或有突出表现的优秀学生和关工委“五老”等。这是启东市关心下一代工作历史上首个“爱心基金”。12月，开展全市37名受助学生摸底申报及其人均800元助学金发放工作，并赠送省医惠保1号保险。

（施洪辉）

责任编辑　仇赛君

法治

※综述

※依法治市

※市域治理现代化

※公安

※检察

※法院

※司法行政

11月1日，国家安全暨反间谍宣传活动在市人民公园广场举行（王海兵/摄）

综　述

【概况】 启东市政法系统以建党100周年大庆安保维稳为主线，以全国第一批政法队伍教育整顿为重点，开展各项工作。群众安全感达99.62%，位居全省前列；网格服务知晓率、矛盾纠纷调解率和解决率、反诈宣传满意度均位列南通前三名；政法队伍满意度创历史新高，政法工作在南通绩效考核中排名第四位。建立健全启东市执法监督工作联席会议制度，进一步规范案件协调流程，提高案件协调质效。委托专业第三方开展案件评查，通过优化评查人员、评查标准、评查结果，提升评查质效。开展涉法涉诉信访重点案件集中化解活动，化解终结率达97.9%，在南通各县（市、区）中名列前茅。推进"平安三哨"建设，把"网格"建成维护平安法治的三个哨口。海复镇庙基村第一网格成为"平安三哨"工作实践点。海复镇网格员倪伯苍获评2021年度全国十大法治人物、全国平安卫士、南通政法工作特别贡献奖。圆陀角旅游度假区连兴港村获评全国民主法治示范村。南阳镇《夯实基层基础，促进协同共治，提升网格微治理水平》乡村治理模式入选首批全省乡村治理典型案例。3人获省沿海国家安全人民防线专项表彰奖励，1人获评2021年度江苏省人民防线"先进个人"，1名干警被中央政法委聘为全国教育转化专家。12月20日，市举办"法治之光耀江海"——2021年度启东平安法治建设展示活动。活动中对启东市最美网格员、最佳网格服务团队、十佳"法律明白人"、2020—2021年度十大法治人物和十大法治事件颁奖，为连兴港村授牌。

【安全稳定维护】 2021年，启东市委政法委打造"防线前哨"工程，发挥"网格+政治安全"机制作用，构建覆盖区镇、街道、重点部门以及渔业捕捞、海工船舶企业等领域的国家安全人民防线体系。深入落实风险防控"四项机制"，全面推进政治安全反制、涉恐隐患管控、矛盾排查化解、社会治安整治、公共安全监管、网络舆情监控等"六大攻坚行动"，圆满完成建党100周年、十九届六中全会、上海进博会等安保维稳任务，专项考核均在南通位列第一名，市委政法委获评南通市安保维稳工作先进集体。全年完成163个项目稳评备案。

【社会治理】 2021年，启东市创新专属网格服务管理模式，"全要素"网格考核机制在南通推广。开展网格巡查走访、信息采集、事件上报、服务群众等工作，采集上报事件21.3万件，解决民生问题2375件。打造江海堤防综合治理智慧工程，排查处置安全风险隐患1832件，该工作获评南通市2021年度政法工作十大创新成果。全面推进新一代社会安全系统，列南通首位。开展涉路矛盾纠纷、突出治安问题和安全隐患"三项检查"专项活动，铁路护路联防机制基本建成、畅通运转。常态化开展扫黑除恶斗争，建立健全源头防范机制，推动重点行业领域专项整治，发挥"三书一函"（监察建议书、司法建议书、检察建议书、公安机关提示建议函）作用，有效解决问题32个，一审判决涉黑涉恶九类案件315件735人。

【政法队伍教育整顿】 3—11月，启东市开展政法队伍教育整顿。通过落实筑牢政治忠诚、清除害群之马、整治顽瘴痼疾、弘扬英模精神"四项任务"，抓好学习教育、查纠整改、总结提升"三个环节"，圆满完成各项目标任务。参加单位全部通过评估验收，相关工作获中央第六督导组、省驻点指导组和南通教整办肯定。制定完善正风肃纪、规范执法、能力提升、交流轮岗等方面长效机制83个，查结销号各类顽瘴痼疾247条，开办"启东政法讲堂"，举办政法系统政治轮训班13期，累计培训政法干警近1500人次。

（谢良汇）

6月22日，海复镇平安法治网格管理创新示范点——庙基村第一网格"平安三哨"揭牌，为启东市第一家　（市委政法委/供图）

依法治市

【概况】 2021年，启东市将法治建设纳入市"十四五"规划，制定《启东市委全面依法治市2021年工作要点》《法治启东建设规划(2021—2025)》。深化法治领域改革，着力解决执法、司法、守法等领域突出问题和矛盾，推动各项工作有效落实。省司法厅在全省行政执法协调监督工作要点中，明确要求推广启东市基层综合执法工作经验。市司法局探索公职律师进村居进网格加强公共法律服务，获得省司法厅领导的批示肯定。市检察院、司法局会商签署《关于共同推进行政争议实质性化解的实施办法（试行）》，探索将行政复议案件纳入检司联合行政争议实质性化解框架，相关经验获得省检察院、省司法厅肯定。市法院、司法局联合出台《关于为拒不执行判决裁定案刑事自诉人提供法律服务的实施意见》，省高院就此专门到启东调研，相关做法获得认可。在全省范围内率先开展行政复议体制改革，通过“加减乘除”工作法，有效应对“人少案多”的新形势。市司法局获评江苏省行政复议工作先进集体。

【责任落实】 2021年，市全面落实省委依法治省办《关于印发〈中国特色社会主义法治体系江苏实践指标〉的通知》《关于做好2021年度法治建设监测评价工作的通知》，将各项任务分解到具体责任单位，合力推进法治建设工作。各区镇建立完善全面依法治镇（园区、街道）委员会，统筹全面依法治镇工作；全面依法治镇委员会指导辖区内的村（社区）建立依法治村（社区）办公室，明确专人负责法治工作。将法治建设工作列入市委、市政府年度重要工作任务，列入全市党的建设和高质量建设考核，把党政主要负责人落实法治建设第一责任人履职情况纳入各单位、各部门年度考核。成立督察组，对市级单位、镇、园区（街道）围绕职责和法治建设情况分别开展书面和实地督察，抓好情况反馈和整改落实。严格落实法治提示函制度，全年对13家单位发出22份法治提示函，要求落实整改，推进依法行政。

【依法行政】 2021年，市司法局加强行政规范性文件管理。全年共审查规范性文件11件，审查后符合发文条件的全部报送备案，并将发布的政府规范性文件在政府公众信息网上予以公示。完善立法民意直通车机制。对南通下发的立法民意征求函以及立法民意直通车项目，通过政府平台和微信推送平台、村居社区民意征集区，召开座谈会，征求专家意见，走访人大代表、政协委员等方式向全社会征集修改意见，提高民意征集的针对性、有效性以及民众立法参与率。强化重大行政决策目录管理。编制市政府年度重大行政决策事项目录，严格落实重大行政决策程序。制定《启东市重大行政决策立卷归档规定》，制发《启东市政府合同管理办法（试行）》，保障财政资金、国有资产安全。完善政府法律顾问工作机制，确保法律顾问有效参与政府重大项目建设、招商引资、土地征收等重要事项的可行性论证，在政府决策前提出法律意见，有效防范法律风险。在全市范围内开展提升行政执法水平营造良好营商环境专项整治，以行政执法“三项制度”落实作为督查重点予以推进。建立首届启东市行政执法监督员人才库，推进行政执法监督工作。印发《启东市区镇综合行政执法暂行规定》，结合《行政处罚法》新要求，加强基层综合执法规范化建设。将基层综合执法能力建设放入全市高质量考核。印发《启东市机关事业单位编外聘用人员管理暂行办法（试行）》，提升编外聘用人员管理规范化水平。全年市司法局代表市政府共收到行政复议申请194件，受理164件，不予受理等其他处理30件。作出复议决定141件，直接纠错数28件，其中确认违法17件，撤销（责令履行）11件，撤回终止审理26件。直接纠错率达20%，在全省县、市、区中排名第二位。

【简政放权】 2021年，市司法局统筹推进行政审批制度改革和商事制度改革，在更大范围和更多行业推动照后减证和简化审批，推出87个涉企经营事项的改革清单，其中实行告知承诺的事项为16项。开展“一业一证”改革试点工作，发放南通地区首批行业综合许可证。深入推进“前台综合受理、后台分类审批、统一窗口出件”的“受审分离”机制，助力“综合窗口”无差别受理政务服务改革。加强政银合作，提升便民服务水平。在银行网点推行企业开办“一站式”服务专区项目，助力江苏启安、江苏卫华等重大项目落地。推进审批服务便民化。推动涵盖自然人、涉企经营、项目建设三个方面共87个“一件事”改革事项，19个牵头部门开设68个“一件事”专窗，基本覆盖自然人全生命周期和企业全生命周期的事项办理，平均缩短办理时间15个工作日，平均精简材料6份，月均办件量突破4000件。

【法治化营商环境建设】 2021年，全市政法系统继续保障和服务民营企业做大做强。市人民法院完善执行与破产衔接机制，加快“僵尸企业”有序退出市场，推动丰顺公司整体资产成功拍卖。市公安局持续推进警企联动服务中心建设，先后为启东市走出去投资的企业，提供公安职能贴靠服务136次，破获涉企案件12起，为企业挽回经济损失3600余万元。市司法局组织法律顾问进企业进园区开展法治体检，为企业答疑解惑。研究制发《启东市司法局关于开展“两在两同”“攻坚有我”全力聚焦项目建设和重大任务的若干意见》，从“加快推进法治政府建设，为服务重大项目和重要任务营造良好法治环境”等十个方面提出具体举措。

【学法用法】 2021年，市高标准谋划“八五”普法，广泛开展法治宣传教育，严格落实“谁执法谁普法”责任制，推动多层次多领域依法治理，培育全民法治意识。完善立体化普法体系。落实普法责任“三单”“两书”闭环运行管理机制，开展“谁执法谁普法”年度履职评议。在全市范围内征集“十大优秀案例”和“十大好案例”。按照“突出重点、分类指导”的原则，有针对性地开展法治宣传教育工作。围绕“美好生活·法典相伴”主题，开展法律“八进”活动400多场次。通过中心组集中学法、旁听庭审、任前考法等形式推动领导干部带头尊法学法守法用法。开展“典亮青春　护航成长”“情暖东疆·律师校园行”等活动，送法进校园200多场次。加强法治文化阵地提档升级，建成启东市法治宣传教育中心。开展“民主法治示范村（社区）巩固提升年”活动，用好“有事好商量”“援法议事”等基层法治建设品牌，深化村（社区）顾问全覆盖，推行公职律师进网格，培育“法律明白人”1455名、学法用法示范户1566个。

（杨青青）

市域治理现代化

【概况】 2021年，启东市市域社会治理现代化指挥中心聚焦“数据共享、预

8月30日，市市域治理现代化指挥中心对江海堤防进行智慧综合治理
（潘　杨/摄）

警预判、联动指挥、行政问效”四大核心功能，以高效能治理为导向，充分发挥功能优势，有效整合数据资源，实现市、镇、村网格四级高效联动指挥，推动中心运行规范化、标准化运行，提升市域治理数字化、智能化。全市20个区镇街道办均建立高标准规范化镇域社会治理现代化指挥中心，人员配置到位。建立健全网格化共治体系、12345热线联动体系、大数据赋能服务体系，汇龙镇、南阳镇、吕四港镇等区镇创新开发“智慧养老”“智慧农业”“智慧环保”等特色模块，镇级指挥中心应用功能和实战能力明显提升。

【12345热线】　2021年，中心开设12345“一企来”专席，整合政务服务类热线，实现“一号对外、一网通办”。全年累计受理企业、群众诉求62万件，及时向部门分流交办、联动处置工单11.8万件。12345热线接通率稳定在95%以上、工单及时办结率超过97.5%、群众满意率达98.9%。

【网格化服务管理】　2021年，市网格化服务管理工作持续推进，坚持完善“大数据+网格化+铁脚板”治理机制，初步形成“标准统一、流程规范、服务精准”的网格化服务管理体系。全年累计采集核实实有人口信息数据119.6万条、实有房屋57.3万条、标准地址40.1万条，主动服务走访重点人员13.7万人次，采集上报网格事件21.3万件，帮助群众解决重点复杂民生问题2375件。“全要素”网格考核机制在南通推广，南阳镇“网格微治理”入选首批全省乡村治理典型案例。网格员倪伯苍获评全国安全卫士、全国法治人物，网格长陆佩获江苏省“最美网格员”提名奖，获评南通市“最美网格员”。9月7—8日，南通市政法重点工作暨社会治理现代化试点工作推进会召开，参会人员观摩南阳镇武陵村现场点。启东市网格化服务管理工作质效继续走在省市前列。

【主动协同联动】　2021年，中心创新建立“大数据+大联动+大督查”的工作机制，加大监测研判、会商会办和督查核查力度，推动部门从“被动受理”向“主动协同”转变，发挥视频监控和融合通信作用，提升联动处置质效，逐渐打造成为市域社会治理的“联动中枢”。全年累计处置各类来源疑难复杂工单592件，开展各类现场核查133次，远程核查事件83次，与市效能办联合督查问题工单15件，曝光慢作为问题35件。及时发现处置城市管理类事件4.8万件，对1622个“启吾东疆”论坛网贴分流交办、在线答复，按期答复率94.4%。政府网站公开发布信息11566条，其中主动公开政府文件278个、政策解读81件，财政预决算及专项资金信息72条、社会公益事业信息276条、公共安全管理信息45条、城乡建设管理信息279条、公共资源交易信息76条；全年访问量达86.93万人次。加大对部门政府信息公开工作的监督检查力度，及时处理网站发布不规范、不及时等问题。上线运行新协同办公系统，进一步优化公文收发等业务流程，全面提升工作效能。

【监测预警预判】　2021年，中心加强12345热线诉求、危化品预警信息、网格事件、网站论坛、微博微信等各类渠道信息的预警预判工作。全面监测市域范围内危化品车辆实时动态信息，及时分析研判、现场核查预警信息564条，查实违法违规行为47件，立案调查13件，助力职能部门提升危化品安全监管质效。依托江海堤防综合治理智慧一期工程，市沿江沿海安全形势较为稳定，共排查发现各类安全风险隐患1900余件，协处各类违法行为60余件次，沿江沿海区域警情比上年下降36%，未发生重大人员伤亡案件。研究民生诉求热点、监管盲区漏洞，累计形成市域治理专报61期(领导批示5期)，其中专题研判分析报告10期。

【数据汇聚共享】　2021年，中心推进市政务信息资源共享交换平台功能迭代，增加级联、短信通知、提示警报等功能。全年平台共接入55个部门，归集数据3.5亿条，向部门反哺数据5294.75万条，累计实现数据交换51亿次，实现跨部门数据共享。优化升级区镇一体化平台，推动“为民服务”模块与市行政审批平台数据对接，开发“警网融合”“智慧养老”“智慧农业”“智慧环保”“平安乡村”等应用。参照三级等保标准要求，对电子政务基础设施进行改造升级，保障机房、网络等安全运行，全年未发生事故。为全市61场视频会议提供技术支撑，特别在疫情防控工作中，发挥优势，实现指挥调度的上下联动。

【特色创新应用】　2021年，中心正式上线启用“领导驾驶舱”1.0版，实时展示经济运行、城市税收、工业发展、服务业发展、人才引进、空气质量、重大项目、视频展播、城市监控九个专题及

386项各类指标，实时掌握城市运行态势，助力科学研判决策、远程指挥调控，打造市域治理"新模式"。深化建设"南通百通"启东频道，进行16项个性化升级。如市创文办的"启东文明啄木鸟"、市发展改革委的"启东政企云"、市统计局的"数据启东"、市教育体育局的"评教活动"、市公安局的"来启申报"等功能。该项目获区县频道竞赛活动综合奖，注册用户总数列南通市第一位。

（虞佳敏）

公　安

【概况】　2021年，全市公安机关以建党100周年安保维稳和推进公安工作现代化为主线，以改革创新为动力，以从严治警为保障，统筹推进防风险、保安全、护稳定、促发展各项工作，在全国两会、建党百年、十九届六中全会等系列重大安保维稳任务中均取得第一的成绩。启东市公安局获"建党百年安保全国先进集体"称号。推进实战练兵，公共科目练兵竞赛再夺南通第一名。出台市级层面的《警务辅助人员管理办法》，调优队伍结构。开展"红色细胞工程""三争三评"创建活动，"两在两同"建新功、"我为群众办实事"项目化、清单化推进。队伍中涌现"中国好人"刘剑、"江苏最美警察"俞海忠、"民警的贴心人"潘海华、"南通最美警察"王亚军等一批典型，共有8个集体和个人获部、省厅先进集体和先进个人荣誉称号，326名个人获市级以上表彰奖励。

【基础建设】　2021年，市公安局将社会治安防控体系建设作为政府重大工程立项推进，数字警务基础进一步夯实，社会面监控六期全部落地，环城、环市的圈层防护更加严密。推进实战数据模型研发，路面高危车辆预警、校园周边异常人员等60个实战模型投入使用。重大案事件复盘、应急处突警力调度、"135"快反警力布防等一批创新型机制体系化建成。"平安前哨"工程建设扎实推进，建设以"李树干式民警"邱允辉个人命名的"老邱警务室"，建成288家"平安前哨"工作站并实现村居全覆盖，社区警务与网格治理加快融合。

【政务服务】　2021年，公安行政服务科实体化运行，建成5个综窗，列南通第一名，"一件事"改革事项全面落地，窗口服务质效群众满意度保持南通前列。警企联动服务中心布局全国十大经济区域，为企业提供优质服务300余次，"精准助企、护航万亿"品牌持续擦亮。严打涉企违法犯罪81起，挽回损失8000余万元。长江大保护战略深入实施，成功破获长江流域系列非法捕捞案，抓获违法犯罪嫌疑人71名。

【治安管理】　2021年，启东市扫黑除恶常态推进，多警种合力攻坚效能更加突显，"八类"案件破案率达100%。实施电信网络诈骗专项打击治理行动，源头发案同比下降59.16%。持续推动治安复杂重点区域和突出治安问题整治，A类挂牌区域华山路摘牌。疫情防控平战结合，数据核查快速精准，社会防控扎实有效。压实公共安全监管责任，群租房、基层消防等安全隐患专项整治常态开展，校园安全"守门工程"获评南通市公安局"六六战略"创新项目。道路交通事故预防"减量控大"全力推进，亡人交通事故数和亡人数均同比下降22.95%，公安监管领域安全生产事故实现零发生。

【见义勇为基金会】　2021年，全市共表彰奖励见义勇为人员7人，颁发奖金12.25万元。组织参加各级见义勇为评选表彰活动。推荐的宋陶获评江苏省见义勇为道德模范；"救火英雄"陈鹤飞被表彰为启东市见义勇为先进个人，并且向南通市见义勇为基金会申报表彰。12月15日，全市见义勇为表彰大会召开，表彰启东市见义勇为先进个人1人、启东市见义勇为好市民6人，表彰基层先进工作站8个、先进个人20人。市见义勇为基金会配合公安机关开展庆祝中国共产党成立100周年等重大活动安保任务、防范电信网络诈骗等专项行动，制定专项奖励办法，共表彰防范电信网络诈骗有功辅警、银行职工和群众18人，并对事迹突出的120余名联防保安人员进行奖励。做好见义勇为人员的优抚保障工作。春节前夕共向全市126名获得国家级、省级、南通市级、启东市级见义勇为称号的先进分子发放慰问金22.6万元。10月下旬，慰问20名见义勇为困难人员，共发放救助金、补助金3.55万元。组织历年受到市级以上表彰的134名见义勇为人员健康体检。与中国平安财产保险启东分公司签订协议，由基金会出资，按照127元/人的标准，为受到市级以上表彰、60岁以下共69名见义勇为分子投保人身意外险。采取就近原则组织开展疗养活动，组织全市69名见义勇为人员赴上海崇明参观第十届中国花卉博览会。与市城管局协调，解决江苏省见义勇为先进个人陈卫忠退休后，其儿媳顺替东海镇环卫所工作的问题。推行"社区警务+见义勇为网格"双融合工作机制，在南阳镇启兴村建立见义勇为规范化村居点样板。

（杨　阳）

检　察

【概况】　2021年，启东市人民检察院共批准逮捕各类犯罪嫌疑人314人，提起公诉896人。对高检院指定管辖、贩卖范围达十多个省份的特大系列涉枪案依法提起公诉，办案经验做法被南通市人民检察院刊发。深入推进"断卡行动"，办理电信诈骗、帮助信息网络犯罪活动等案件31件76人。拍摄的防诈短视频获全国金融检察微课堂大赛三等奖。联合市应急管理局开展安全生产协作座谈，分析近三年安全生产事故案件，撰写的调研报告被市主要领导批示肯定。落实"七号检察建议"，与市邮政管理局开展联合座谈，就强化寄递安全监管提出检察建议，通过建立检邮联动机制，共同促进寄递行业健康有序发展。立足检察职能，对徐某恶势力团伙案及毛某某恶势力犯罪集团2名同案犯依法提起

10月22日,《北长江口检察协作办公室工作意见》签约仪式举行
(市检察院/供图)

公诉。加强与市纪委监委的工作衔接,落实互相配合、互相制约原则,逮捕起诉4件4人。通过“不起诉公开宣告+现场普法”的形式对某学校教职工挪用公款案公开宣告不起诉决定,进行现场训诫,对学校教职工代表等与会人员以案释法开展法制宣传教育。办理的不起诉案被评为江苏省检察机关典型案例,9件案例被评为南通市检察机关“精品”“优秀”案例。全年共获市级以上集体荣誉21项,121人次受到有关部门表彰。市检察院获评南通市检察机关护航民企、信息工作先进院;在南通市第十九届检察业务技能竞赛中获团体二等奖,第二检察部被南通市检察院记集体三等功;特色亮点工作141次被国家级媒体报道。其中,2人的先进事迹分别被省、市两级宣传宣讲;1人在全省民事检察业务竞赛中获评优秀办案能手,系南通唯一;护航民企办案团队,被列为南通重点培育办案团队,在南通市检察机关办案故事讲述评比中获三等奖;开展“我为群众办实事”,推行“1234”工作模式,工作成效3次被《检察日报》头版报道,特色做法获中央督导组肯定。

【刑事检察】 2021年,市人民检察院提前介入、引导侦查139件,监督立案33件,撤案18件,追捕追诉24人,依法不捕不诉142人。推动降低审前羁押率,通过羁押必要性审查建议变更强制措施124人。全面落实认罪认罚从宽,适用率达93.5%。对一起可能被判处十年以上有期徒刑的诈骗案及时监督立案,在办理的涉众型诈骗案件和聚众斗殴案件中,依法追捕嫌疑人19人。在一起非法吸收公众存款案中,依法追加犯罪金额600万余元。

【民事行政检察】 2021年,市人民检察院依法办理民事行政监督案件127件,办理支持起诉、支持仲裁等案件67件,保障劳动者享有工伤保险待遇178.28万元。与市司法局会签办法,将行政争议案件纳入行政争议实质性化解框架,3日内化解一起养老保险领域的行政复议案件,推动诉源治理。相关做法被省检察院转发推广。

【刑事执行检察监督】 2021年,市人民检察院加强对财产刑执行、指定居所监视居住、强制医疗过程中易发性、典型性问题现场检察,在办理黄某某强制医疗监督案时,联合法院与乡镇召开协调会,理顺强制医疗交付环节症结难点,成功解决强制医疗对象交付执行难问题。在南通市检察院开展的社区矫正专项检察中,监督纠正异地法院判决书缓刑考验期计算错误案4起、适用法律条文错误案51起。在村(社区)“两委”换届选举中,依法监督剔除4名被剥夺政治权利罪犯选举资格,围绕县、乡两级人大代表选举工作,决定停止15名重大刑事犯罪嫌疑人选举权。

【公益诉讼检察】 2021年,市人民检察院就废旧农用薄膜污染问题发出检察建议,督促行政机关做好清理工作;对某公司私设暗管非法排污行为,及时督促生态环境部门与污染公司开展磋商,恢复受损环境;办理的某固废处理有限公司非法填埋危险废物生态环境损害赔偿磋商案被评为江苏省生态环境损害赔偿磋商十大典型案例。依托市域治理现代化指挥中心大数据资源,设立检察公益诉讼研判室,实时监测、汇总、研判案件线索。对接12345公共服务热线,以诉前检察建议推动召开窨井盖隐患排查圆桌推进会,敦促排查窨井盖47765个,修复、更换窨井盖436个,工作做法被省人民检察院转发推广。针对私家车占用消防通道、盲道铺设不规范等问题,及时制发检察建议督促整改。梳理小区外立面大理石脱落问题,开展调查取证,提出整改建议。相关工作成效被《检察日报》头版报道。与上海铁检院签订公益诉讼协作的工作机制,联合沪、启两地相关行政部门召开磋商会,理顺执法症结,野生河豚销售得到有效监管。与上海崇明区人民检察院、南通市海门区人民检察院共同签署《北长江口检察协作办公室工作意见》,建立北长江口检察协作办公室,市检察院长江大保护经验做法在长江口生态检察论坛上作交流发言。

【护航民企】 2021年,市人民检察院通过涉企案件绿色通道、民营企业家法律服务工作站、检察长“三进”“一案一评估+公开听证”等机制做法,为企业提供法律服务30余次。用足用好司法政策,依法对4起涉企案件作不起诉处理。推进企业合规改革试点工作,成立企业合规改革试点工作领导小组,与市发展改革委、工商联、司法局、财政局等单位会签企业合规第三方监督评估机制。经省检察院批准,对2家涉嫌污染环境的企业开展合规工作。

【未成年人权益保障】 2021年，市检察院严厉打击侵害未成年人权益犯罪，逮捕30人，起诉25人。贯彻“教育、感化、挽救”方针，依法附条件不起诉15人。依托红色资源，建立青少年法治教育基地。落实“一号检察建议”，制发检察建议2件，规范管理非学科类培训机构，强制报告制度落地落实。办理支持起诉撤销监护权案件1件，发出家庭暴力告诫书1件、督促监护令1件，支持起诉民事赔偿1件。深化“法治进校园”活动，开展法治巡讲、主题宣传71次，受众2万余人。

【参与市域治理】 2021年，市检察院对201件群众信访件均做到“七日回复”，办理司法救助案件26件。创新普法方式，举办公开听证会21场，开展不起诉公开宣布10件，结合办理的全国典型案例、央视专题报道案例开展法治宣传、法律咨询17场次。依法妥善办理一起涉三峡移民妨碍公务案，协助当地政府共同化解社会矛盾。延伸检察职能，落实人权保障，帮助1名无户籍犯罪嫌疑人落实户口登记，相关工作被《检察日报》报道。

（朱殊敏）

法　院

【概况】 2021年，启东市人民法院共新收案件19698件，审执结案件19501件，员额法官人均结案252件。市法院获全省法院类型化纠纷诉调工作先进集体、城市建设工作先进单位等18项集体荣誉，受到省市级表彰的干警有89人次，破产审判、优化营商环境、打击拒执罪等工作经验被最高法院简报、“学习强国”学习平台推介。

【民事审判】 2021年，市法院审结民事案件10575件，运用调解方式化解纠纷，共调解撤诉案件4889件。高度重视未成年人权益保护，办理的陆某某诉江某某、某保险公司道路交通事故案入选《中国法院年度案例》，审结的高某诉刘某变更抚养权案入选南通法院维护妇女儿童权益五大典型案例。与市人社局等部门座谈，合力开展劳动争议案件源头治理和化解，劳动争议诉裁对接工作南通领先。严惩销售不符合安全标准产品的行为，保护群众身体权健康权，办理的钱某某诉某生物科技公司产品销售者责任纠纷案入选南通法院保护消费者权益典型案例。

【刑事审判】 2021年，市法院严厉惩治严重影响群众安全感的犯罪，依法审结故意伤害、非法拘禁等侵犯人身权利犯罪案件57件，判处罪犯72人。审结寻衅滋事、聚众斗殴等妨害社会管理秩序犯罪案件144件，判处罪犯236人。严厉打击危害食品药品安全犯罪，审结案件8件，判处罪犯16人，其中河豚致人死亡案被央视等国家级媒体报道。加大对电信诈骗、非法集资、非法吸收公众存款罪等涉众型经济犯罪打击，依法审结涉53名被告人的电信诈骗案。

【服务发展】 2021年，市法院加强群体性纠纷处置，妥善审结梧桐置业等涉众型房地产纠纷。成立破产企业安全检查工作小组，检查13家破产企业。严格落实涉安全生产案件必发司法建议制度，向企业发出加强安全管理司法建议12份。发布买卖合同案件审判白皮书及7件典型商事审判案例，优化营商环境。完善执破衔接机制，通过“执转破”程序优化存量资源配置，化解执行积案279件。依托案件审判，创新院企对接机制及市场主体救治机制，深入南通二建等企业进行法律服务。运用府院企联动机制，发挥法院在企业破产处置中的协调联动作用，推动丰顺公司整体资产成功拍卖，25.67万平方米土地、14.65万平方米房产重新得到高效利用。

【诉讼服务体系建设】 2021年，市法院建成24小时自助诉讼服务中心。加强网上立案、跨域立案工作，共网上立案5586件，跨域立案35件，降低群众诉讼成本。依托12368诉讼服务热线“一号通办”功能，提供案件查询、联系法官等诉讼服务5630件次。推进鉴定工作，完成在线委托鉴定案件650件，在线委托鉴定率达94.61%，居南通基层法院之首。设立“全域诉服”窗口，依托全域诉讼服务平台，为当事人提供“就近能办、同城通办、异地可办”的便捷服务。

【诚信诉讼建设】 2021年，市法院强化信用惩戒工作，依法将2477名失信被执行人纳入“失信黑名单”，对2960名失信被执行人限制高消费。联合市司法局出台《关于为拒不执行判决裁定案刑事自诉人提供法律服务的实施意见》，有效解决拒执罪自诉难题，共审结拒执罪案件18件18人，5件拒执罪自诉案件均在一个月内审结，1件拒执罪案件入选南通法院服务“六稳”“六保”十大执行典型案例，打击拒执罪工作位居南通第一。加大对虚假诉讼惩治力度，发出8份司法惩戒决定书，对当事人共计罚款20.70万元。12月16日，市法院召开整治虚假诉讼典型案例发布会，并发布典型案例。

【诉源治理】 2021年，市法院推广使用“江苏微解纷”，共分流诉前调解案件7480件，分流率达75.63%。运用“道路交通事故纠纷一体化处理平台”调解案件6004件，涉案金额2516万元，案件调解数量居全省第一，工作经验受到省院表彰并被南通中院推广。加强人民法庭与镇村有关部门的沟通联络，与辖区多个村居签订共建协议，打造“无讼村居”。将诉源治理纳入政协“有事好商量”平台，与市工商联出台加强合作意见，推动构建诉源治理新模式。开展涉民生集中大执行、集中发放案款、构建金融类纠纷案件诉源治理新模式等为民办实事活动231场，解决涉众跨国劳务纠纷等具体问题167个。深入机关、社区、企业开展民法典宣讲155次，受益群众超过万人。选派28名干警担任全市中小学法治副校长，加强未成年人司法保护。12月4日，市首届青少年模拟法庭庭审观摩活动在市人民法院举行，推进青少年普法。加强信访调解工作，落实院领导包案化解责任制度，共化解南通中院、市委政法委、市信访局交办的重点信访案件101件。

【执行工作】 2021年，市法院开展执行攻坚活动，共执结案件7709件，执行到位金额12.51亿元。开展清晨、夜间集中执行专项行动14次，出动干警700余人次，有效化解一批执行积案。开展集中强制腾房专项行动5次，强制腾空房屋110套。加大司法网络拍卖力度，共成功拍卖物品845件，成交额2.80亿元。加强与市域治理现代化指挥中心对接，推动网格员协助执行工作融入网格化社会治理智能应用平台，相关工作获省综合治理执行难现场评估工作组高度肯定。

【司法改革】 2021年，市人民法院出台《关于加强关联案件和类案强制检索的若干规定》，强化对利用虚假诉讼、“套路贷”逃避债务行为的防范。坚持院庭长带头办案制度，院庭长共办结案件9425件，占案件总数的48.33%。出台《关于办案人员权力和责任清单的规定》，依法加强对法官办案指导监督，确保裁判权公正合理行使。制定《关于加强审限变更案件管理工作的规定》等文件，强化院庭长、审判管理部门监督管理责任，依法加强对审判权运行的管理。健全审判质效分析、通报工作机制，共发布审判管理工作通报12期、审判质效数据周报50期。开展案件质量评查活动，共评查案件1403件，健全评查结果通报、整改、反馈机制，提高案件质量。以“智慧法院”建设推动法院工作高质量发展，49个科技法庭具备法庭录音录像、庭审直播功能。推进全流程无纸化办案工作，通过“中间库”将纸质档案材料转化为电子数据，实现法官“云端办案”。推进电子卷宗随案同步生成和深度运用，提升办案效率。提高智能审判系统应用水平，通过网络系统审理案件1052件、送达36490次。

（王俊博）

司法行政

【概况】 2021年，启东市司法局下辖司法所16个、律师事务所9个、基层法律服务所19个。全市有执业律师194人，其中专职律师91人、公职律师101人、兼职律师1人、法援律师1人，基层法律工作者79人。建成省级法治文化建设示范点5个、南通市级法治文化建设示范点25个，共有家庭普法站610个。

【普法工作】 2021年，市司法局印发“八五”普法规划。落实普法责任“三单”“两书”闭环运行管理机制，全年联动事项完成率达100%；召开“谁执法谁普法”履职报告评议会。以“美好生活·法典相伴”为主题，结合法律“八进”，全市共宣讲400多场次。注重群众性法治文化供给，评出优秀法治文化作品53个；升级法治文化阵地，市法治宣传教育中心建设投运。助力乡村振兴，实施学法用法示范户和“法律明白人”培育工程。10月19日，市举办“乡村振兴与法同行”系列活动之“法律明白人”骨干培训班，126名骨干代表参加培训。

【特殊人群管理】 2021年，市司法局完善社区矫正工作制度，成立社区矫正执法中队。全年累计接收社区矫正对象454人，无一人脱管、漏管。全年回归安置帮教对象641人，信息核实率、衔接回执率、安置率均为100%。在册后续照管对象105人，共结对帮扶23人，推介就业7人，发放米油生活慰问品10人份，发放临时救助金8000元。

【公共法律服务】 2021年，市司法局加强全市公共法律服务体系建设，全面推进实施村（社区）法律顾问工作巩固提升工程，全市161名律师和法律工作者担任313个村（社区）法律顾问，采取“定时+及时”“线上+线下”方式提供服务，助力乡村振兴。围绕保障弱势群体权益的工作主线，把“法援惠民生·拓展工程”与“为群众办实事”项目结合，对全市7828户建档立卡户发放法律援助联系卡；主动为老年人、残疾人等提供上门服务，实现法律援助应援尽援。法律援助中心接待群众来访8588人次，接受电话咨询4284件，办理法律援助案件1292件。实施“根治欠薪”专项行动，办理民工维权案件549件，为民工挽回经济损失986.32万元。市司法局获评江苏省法律援助先进集体。

【公证便民服务】 2021年，市公证处办理各类公证事项4002件。其中，办理国内公证3139件、涉外公证831件、涉台31件、涉港澳1件。开展上门公证、省内联办、预约公证、延时公证等服务，推行远程视频公证，全年共办理远程视频公证40件。

【律师行业发展】 2021年，市司法局建立健全检律协作机制，推动法律职业共同体建设；组建法律服务团队，党员律师带头参与“我为群众办实事”活动，打造“法润启东船舶企业”法律服务平台，推进“产业链+法律服务”专项行动，形成党建共驻互联机制，累计帮助处理问题27次。开展“情满东疆·律师行”法治宣传进校园活动，全年举办校园法治讲堂65次场。

（蔡秋燕）

责任编辑　黄亦美

军事

※人民武装
※武警启东中队
※人民防空
※双拥工作

5月31日，市退役军人“红色先锋”志愿服务队开展沿江沿海环境保护活动　（市退役军人事务局/供图）

人民武装

【概况】 2021年,启东市人民武装部紧盯“听党指挥、能打胜仗、作风优良”强军目标,聚焦军事斗争准备主线,以战备规范化建设、民兵军事训练、征兵质量提升、单位安全稳定等重点工作为抓手,聚中心、抓落实,强担当、抓作风。紧抓思想政治建设。专题组织学习习近平总书记“七一”重要讲话精神和党的十九届六中全会精神;组织参观陆铁强纪念馆、祭拜江允升烈士墓园、重温入党誓词、观看红色电影等活动,开展党史学习教育。规范国防后备力量建设。持续推进战备规范化建设,常态落实值班抽查和战备拉动;严密组织民兵训练和专武干部集训;开展基层武装部规范化建设达标清零活动,完善出台基层武装工作考核细则,实施军地联合考评,提高基层武装部抓全面建设能力。推进从严治军。加强教育引导,严格车辆派遣,落实重大活动安全风险评估制度,促进安全工作常态化、制度化落实。

【国防后备力量建设】 2021年,市人武部加强国防后备力量建设,不断提高遂行任务能力。开展节日战备,组织完成全要素、全流程应急指挥组紧急出动演练,实案拉动6个民兵应急排,保持良好的战备状态。组织民兵分队训练,民兵“四会”教练员参加南通市比武考核获第三名。贯彻建用为战原则,统筹军地资源,扭住重点领域,深挖融合潜力,组织潜力数据核查,抓实资源征储,开展能力评估。强化民兵应急应战能力,出动民兵投身抗台和防疫一线,有关情况被央广网、中国民兵报道。

【征兵工作】 2021年,市人武部严格落实兵役登记制度,及时播发和张贴兵役登记通告,兵役登记率100%。学习宣传《南通市激励大学生参军入伍若干措施》《南通市事业单位招聘退役大学生士兵实施办法》,提升优惠政策知晓率。严把上站体检关,做好政审和役前训练,役前训练严格按照军事化管理组织,完成新兵征集任务,大学毕业生征集完成预定目标。探索形成“带编入伍”和“入伍就业”两种军企共育人才模式,累计协调12家企业出台激励政策,实现应征员工得实惠、企业不吃亏、军队得人才的三赢局面。严格落实廉洁征兵监督员、“零报告”、信息公开公示制度,确保规范有序、安全托底。

(陆思凯)

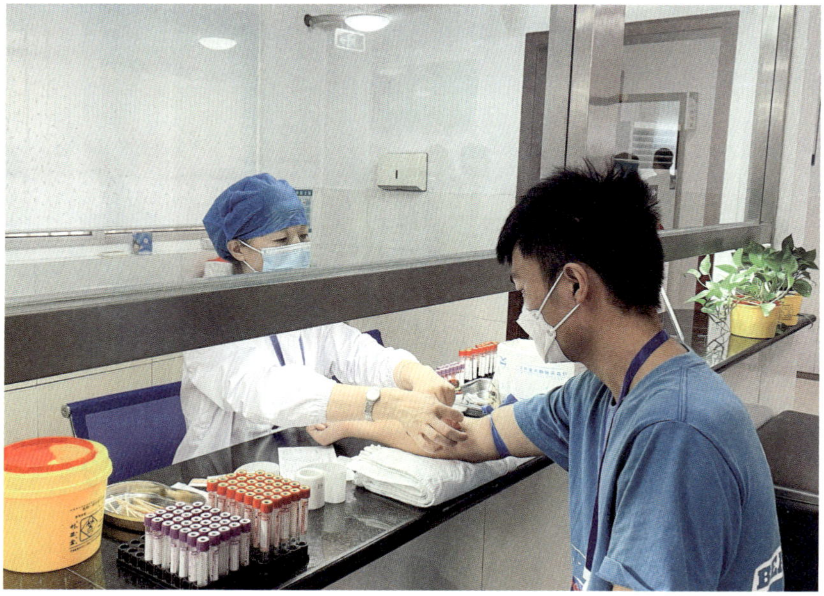

8月19日,市征兵办组织应征青年接受体检　　(姚小玲/摄)

武警启东中队

【概况】 武警启东中队主要担负启东市看守所武装看守任务。中队坚持用雷锋精神建队育人,用强军目标铸魂励志。2021年,中队完成以执勤处突为中心的各项任务,全年安全无事故,被武警江苏省总队评为基层建设“四铁”先进中队,2人获支队三等功,8人获支队嘉奖。

【政治教育】 2021年,中队广泛开展学雷锋事迹、读雷锋日记、讲雷锋故事、写雷锋格言活动。将雷锋精神融入经常性思想教育,通过理论宣讲、集中学习、讨论辨析、体会谈心、形势任务报告等活动,以郭明义、向南林等新时期先进人物为榜样,开展“争当四有军人,争做雷锋传人”活动,不断为学雷锋活动注入新内涵、增添新活力。

【执勤战备】 2021年,中队依托正规化执勤等级评定载体,抓好以岗前培训、专勤专训和应急训练等为主要内容的勤务训练,不断提升官兵执勤时处置突发事件的能力。常态抓好应急班、应急小组建设,突出实战化背景拉动演练。以各项执勤战备整顿活动为抓手,定期查隐患、补缺漏,提升执勤安全系数,加强与目标单位的沟通交流,确保执勤目标安全无事故。全年担负异地押解10余次,累计行程超过5000公里。

【训练竞赛】 2021年,中队开展“岗位学雷锋、人人当尖兵”主题实践活动,通过岗位练兵、结对帮带、体能创破纪录、比武竞赛等形式,培养训练尖子,提高训练水平。中队在支队以上组织的比武中,30人次夺得第一名;在支队应急班比武中获团体第一名;多次参加支队组织的会操活动,名列前茅,为部队培养一大批优秀的教练员。

(郑　磊)

人民防空

【概况】 2021年，启东市人防工程立项23个，竣工项目20个。收缴人防易地建设费1385.67万元。

【人防工程管理】 2021年，市住建局加大人防在建工程质量检查。突出隐蔽阶段检查和治理力度，全年共检查在建工程300多次。提前完成2013—2019年竣工的54个人防工程的标识标牌制作。开展追加经费、招标、收集数据等工作，根据上级要求修订完成县级人民防空方案。健全人防专业队伍编成和骨干力量配备，落实人员编制，完成专业队整组工作任务。制作完成《启东市人民防空“十四五”发展规划》。市人民防空办公室获评2021年度全省县（市、区）人防工作先进单位。

9月18日，市住建局在南苑小学城南分校组织开展“9·18”防空警报试鸣暨防空疏散演练　（陈文骁/摄）

【人防指挥通信】 2021年，市住建局坚持人防指挥所机动指挥车每周必外出自主拉练，每周必对车上各系统反复检测。3月10日，赴如皋参加全市人防工作会议暨人口疏散（训练）基地揭牌仪式暨2021年度人防开训动员大会；4月22—23日，人防机动指挥所赴盐城参加“通盐防护区”机动指挥通信系统联合拉练暨党史学习教育活动，合练中迅速完成机动指挥所的互联互通，并交流分享人防指挥通信保障工作经验。联合海门区、通州区及海安市人防机动指挥所，开展县级机动指挥车联合拉动训练，增强市应急机动通信保障能力和组织指挥能力，特别是与兄弟县、市机动通信的协同保障能力。

【人防宣传教育】 2021年，市住建局全面加强人防工作的宣传引导，强化人防意识。人防指挥所指挥车参与建筑工程事故（火灾）应急救援处置综合演练。“5·12”期间，进社区开展“防灾减灾”宣传周活动，制作展板、悬挂宣传条幅、观看防灾减灾节目，投入宣传经费1.1万元，发放人防知识宣传手册1300多份。借助“5·12”“9·18”等重大活动，向全市中小学生发放人防知识读本总计1700册。利用电视台、报纸等宣传媒介向市民宣传防空警报试鸣活动的意义。全市防空警报器鸣放率达100%，市区覆盖率达100%，完成全省统一组织的“9·18”防空警报试鸣任务。

（李　钦）

12月9日，市人防指挥所在圆陀角沿海，组织开展县级机动指挥通信车联合拉动训练，邀请通州区、海门区、海安市人防机动指挥通信车共同参训　（市住建局/供图）

双拥工作

【拥政爱民】 2021年，市人武部始终坚持服从服务于地方经济建设大局，发扬拥政爱民光荣传统。多次深入一线开展“走帮服”和“阳光扶贫”活动，挂钩帮扶南阳镇中北村和北城区街道办民乐社区建设。会同市退役军人事务局为立功受奖的启东籍现役官兵登门送喜。结合春节、“八一”等时机，走访慰问特困官兵、帮扶对象、助学对象、困难复退军人等。加大军人子女教育优待力度，积极协调军人子女入学入托工作。开展一对一助学活动，资助4名贫困学生完成学业。

（陆思凯）

【拥军褒扬】 2021年，市退役军人事务局出台《2021年市级机关双拥工作评分办法》《2021年双拥军地互办实事双清单》等文件，将双拥工作纳入高质量考核项目。做好双拥模范城创建迎评工作。在2021年财政预算中新增资金用于拥军实事，完成军事管理区标志牌的统一制作和更换安装；完成驻启某部的营区绿化工程施工；为驻启部队采购8台立式空调和一批健身器材；完成驻启某部篮球场修复工作。“八一”期间，市政府、结对共建单位、社会各界共慰问驻启部队31批次。在市财政安排专门资金对重点优抚对象进行普惠慰问的同时，全市市镇村三级和志愿者、企业共慰问退役军人、优抚对象等5352人次。春节前夕，市退役军人事务局联合市人武部、合作镇党委政府将二等功喜报送到现役军人茅卫东家中，并对其家人给予慰问。与相关部门配合在交通要道与街头设立双拥宣传牌，通过微信平台和《启东日报》线上线下同步推进双拥主题知识竞赛，开展全民国防教育。加强烈士纪念设施管护，投入1057.9万元对烈士纪念馆实施升级改造，整修迁建11个区镇30余处烈士纪念设施。结合“清明祭英烈”“9·30”烈士纪念日等纪念活动，共接待现场祭扫232批7370余人次。为追认的施锡林烈士树碑立传，举办张林华烈士安葬仪式。为驻启部队和现役军人子女择校提供优质教育资源。开展第二次商贸企业拥军优属优惠服务活动，201家单位参与。推进双拥主题公园、双拥示范街建设，组织培育双拥示范单位，推进双拥工作社会化。与各区镇及工商银行对接，推进“通通优”拥军卡的发放激活，发放拥军卡36022张，激活27191张。

（李灵芝）

2月5日，市退役军人事务局为现役军人蔡风玲的家人送上三等功喜报和慰问金 （市退役军人事务局/供图）

责任编辑 黄亦美

经济管理

※ 国有资产投资管理
※ 财政
※ 税务
※ 地方金融监督管理
※ 审计
※ 统计
※ 物价管理
※ 市场监督管理
※ 知识产权管理

8月16日，南通通易航天科技股份有限公司在北交所上市　（市地方金融监管局/供图）

国有资产投资管理

【概况】 2021年,市财政局出台国企投资监督管理暂行办法、国企机构设置与员工管理办法、国企负责人经营业绩考核暂行办法等一系列国资监管制度,制定国资办履行出资人监管权力和责任清单,初步建成以权责清单为基础、多层面制度为补充的管理监督体系。对国有企业重大决策、重要人事任免、重大项目安排和大额度资金运作等"三重一大"事项作进一步明确。挖掘区域内优质资产资源注入国企,持续扩大市属国企规模效益,不断改善资产质量。通过引导国企做好公益类项目成本控制与资金平衡,拓展符合战略导向、产业政策及经济效益目标的市场化业务,充分兼顾国企经营行为的社会效益和经济效益,增强企业市场属性和内生动能。新增启晟集团、吕四港集团两家AA+资信评级企业。

【国有资本布局优化】 2021年,市财政局对原7家市属国有企业(含下属公司)及部委办局、区镇的所有国有企业重组整合,组建启晟、城投、吕四港、锦汇四大国企集团。划转企业产权35家,注销空壳低效企业19家,优化资源配置,统一股权与管理权关系,形成"打造一个地方龙头企业、做强一个城市运营载体、做大一个港城开发集团、做优一个产业服务平台"发展新格局。四大集团分别以"交通+文旅+金融""城市服务+城市建设+城市更新与综合开发""港口建设服务+港城开发+园区投资""片区开发+园区服务+产业投资"作为核心战略发展方向,聚焦聚力国资效益最大化,推动国有资本投向吕四起步港区、最美江海岸线等重点项目及医疗康养、文体旅游、高品质农业等重点领域集中,加快国有企业更高质量发展。

(王　雷)

【全市首家"医养护康"专业护理院开业】 12月21日,位于市社会福利中心院内3号楼、4号楼的启东颐瑞护理院开业。该院由城投集团投资建设,系启东市首家公建民营的专业护理院。总建筑面积12000平方米,共有床位485张,分期开放,一期开放100张床位。病区按住院形式设置,为长期卧床患者、晚期姑息治疗患者、慢性病患者、生活不能自理老年人等,提供24小时全天候的医疗护理、康复促进、安宁疗护等服务。内设内科、康复医学科、医学检验科等特色专科和康复大厅,配备专业医生9名、护士23名,以及各类康复治疗专业设备。

(陆　星)

【启东城投集团有限公司】 2021年,启东城投集团有限公司以经营为核心,以管理为抓手,以融资为渠道,深入开展市场化、实体化转型,在水务业务、房地产开发、工程建设、医疗康养、城市服务及对外投资等六大业务板块取得实质性突破。至2021年底,总资产620亿元,净资产279亿元,实现收入48亿元,收入同比增加21.5亿元。

水务业务　城市供水、污水管网建设提升改造有序推进,城投集团完成12个老旧小区、6条道路给水改造,累计改造旧管网35公里;新建管网总长约10257米,雨污分流管网改造总长约5.3平方公里,污水集中处理率从年初的35%上升至65%;新建东元污水厂、扩建江海污水厂。

房产开发　推进阅峯汇、海畔东方城、印象江南的建设与销售,全年实现营业收入29.54亿元,同比增长168%。其中,商品房销售997套,销售额18.22亿元;安置房销售2442套,回笼资金11.31亿元(其中拍卖170套,收入3亿元)。研究存量土地的开发方案,人民医院北区地块、原热电厂地块分别按照人民医院和房地产市场需求进行规划。传统保障安置房开发业务平稳发展。全年在建安置房项目14个,总建筑面积158万平方米,涉及瀛东小区一、二、三期,双庆二期一、二标段,东郊二期等;公建项目3个,总建筑面积9万平方米,涉及江海路商办楼、城投商务楼等;年内竣工项目5个,竣工面积35万平方米,包括庙港东区、制药厂东侧2栋、文汇四期、台角多层、江海路商办楼。

工程建设　新开工建设道路5条,总长4.62公里,包括惠阳路、乌江路、新安江路、江海南路等;老路改造7条,总长3.97公里,包括紫薇东路、牡丹江路、港东路、瀛东巷等;新增绿化面积15.65万平方米,包括蝶湖二期、城市贯通绿道、5个小游园等;改造紫薇三村、长龙二村、城河新村、建都新村等老旧小区24个,总建筑面积122万平方米,包含楼宇改造、室外配套、强弱电改造;竣工项目6个,包括港东路等道路路灯安装,牡丹江路、江海南路、松花江路改造等。

医疗康养　重点投入和培养医疗康养新兴板块,依托市社会福利中心和市妇幼保健院,规划打造福利中心

12月28日,紫薇东路改造工程建设现场　(姜新春/摄)

CCRC康养新社区，形成集居家自理、机构养老、健康体检、康复医疗优势于一体，覆盖全生命周期的康养综合板块。市社会福利中心累计在院老人506人，入住率29.07%，各项收入累计1445万元。完善市社会福利中心医养结合的相关功能，投资建设护理院及健康体检中心。12月21日，启东颐瑞护理院试运营。

城市服务　全民健身中心投入使用，5月，篮球馆、羽毛球馆、乒乓球馆、健身馆陆续开放；10月，少儿图书馆、历史陈列馆陆续开放；大小剧院资产使用效率逐渐提升；江海戏曲团重组成立，开展送戏下乡、庆祝中国共产党成立100周年系列演出等全市性演出活动。与民资合资成立文化传媒创意公司，整合各方资源，挖掘发展潜力，全年实现营业收入1176万元。加强智慧城市建设。全市有收费泊位6163个，免费泊位7713个，累计有效停车泊位13876个。开拓智慧停车资源业务，开展托管非公共停车资源业务，新增人民医院、第二人民医院、农行等地停车收费业务。全年实现营业收入960万元。加快提升城建物业管理服务水平，全力做好创建全国文明典范城市工作。与江苏开元物业服务有限公司成立启东市城开物业服务有限公司，为混合所有制物业管理公司，承接启东保利大剧院物业服务，在手对接项目2个。全年完成港东路农贸市场农改超，开辟农副产品市场新的运营模式，加速扩张“优菜鲜配”服务范围，年底实现收入6142.14万元。完成城市供热，全年售热量为69.84万吨，实现收入1.5亿元，比上年增长18.56%。

融资工作　应对债务管控和融资新形势，全年新增融资额度128亿元（含借新还旧），平均融资成本4.32%。其中，资本市场直接融资90.4亿元，平均融资成本3.7%；隐性债务置换贷款3.6亿元；政策性银行贷款10.41亿元。至12月底，集团所有融资余额的综合平均成本为4.6%，较2020年降低0.5%，南通县级市领先。

（陆　星）

11月，总投资2亿元的丹桂花园安置房完成建设　（海复镇/供图）

【江苏启晟集团有限公司】 2021年，江苏启晟集团有限公司在片区开发、金融服务、文化旅游三大主营业务板块取得实质性突破。至年底，集团总资产568.13亿元，实现营业收入28.36亿元，利润总额4.01亿元。

片区开发　做好项目开发和建设，下属启东市临海公路建设工程有限公司、启东市御龙房地产开发有限公司、启东蓝湾新城投资控股有限公司累计完成产值28.27亿元。惠萍家园三期、南阳镇、海复镇丹桂花园、吕四港镇、北沿江高铁等安置房项目有序实施，累计完成产值5.38亿元。335省道吕四港镇段道路、通港大道南延、345国道、天汾大桥、运输河大桥、合作大桥、鹤港大桥等重点交通基础设施项目加快建设，累计完成产值8.5亿元。江海产业园潜堤、达标堤、圆陀角达标堤、国投商务中心、国投金融大厦、启晟写字楼项目进展顺利，累计完成产值7.26亿元。南通大学四期二批、人才公寓装修二期、启东市第二人民医院、城北客运站、强村加油站、启东市客运总站巴士停车场景观提升工程、北新菜市场、通海垦牧公司复建工程等城市配套项目建设与城市发展协同并进，累计完成产值5.53亿元。启东市公安业务技术用房、启东看守所、拘留所业务用房项目等重大代建项目有序实施，累计完成产值1.6亿元。

金融服务　启东国投融资担保有限公司完成在保余额11.37亿元，比上年增长71.97%，中小微企业占比97.45%，保费累计收入1196.91万元，比上年增长68.21%，担保费率为1.0%。担保公司为小微和“三农企业”提供担保额1000万元以下的业务发生额占比在南通排名第三位；启东邦盛企业转贷服务有限公司为全市中小微企业提供累计37.46亿元的转贷扶持，资金营业收入累计完成818万元，有效降低企业融资成本。

文化旅游　2月，渔人码头街区开幕。至2021年底，海底小纵队乐园、360极限飞球、珍食汇餐饮、海上明月酒楼、盛仕铭豪KTV、美乐佳便利店正式运营，另有6家进入装修，实现营业收入224.19万元，累计接待游客近3万人次。开展招商工作，有效对接客商28家，签订租赁合同15份。景区交通不断完善，圆陀角旅游专线（双层巴士）开通，15辆景区观光车投入使用，郁金香花会期间吸引大批游客。联合早鸟、美团、今启同城等线上平台拓宽销售。

企业融资　国投公司主体信用获得AA+评级，至年底，启晟集团融资规模341.48亿元（包含园区、表外平台等代管企业），平均融资成本5.34%；当年新增融资132.94亿元，平均融资成本4.96%。资金成本控制较好。

衍生产业　启晟集团下属启东市天卓贸易有限公司累计销售额50.456

亿元(含税),实现毛利润1.245亿元(含税),上缴税款2785.53万元。启东苏沪现代农业发展有限公司实现营业收入4216万元;启东交投再生资源有限公司累计收入976.92万元;启东市江海汽车服务有限公司累计实现租车营业收入748万元;启东江海传媒有限公司累计完成销售额2014.6万元;启东交投大数据有限公司共完成医疗、卫生、财政、交通等项目20个,累计投入金额8795万元。

(周　笛)

【江苏吕四港集团有限公司】 2021年,江苏吕四港集团有限公司进一步深化国有企业改革,向多元化和专业化的综合性集团发展,形成"三主两副"业务板块,即港口建设、新城开发、产业配套为主营业务板块,基础设施提升和资产经营管理为副营业务板块,各板块业务协同发展,实现优势资源集中发挥、资产运营集约管理。至年底,吕四港集团总资产245亿元,净资产138亿元,企业信用评级为AA+。集团获评2021年度南通市勇当全省"争当表率、争做示范、走在前列"排头兵先进集体。组织撰写的《浅述内部审计在国有企业高质量发展中的作用》获江苏省内部审计协会2021年内部审计理论研讨优秀奖。江苏通吕港口发展有限公司(吕四港集团下属子公司)获南通市五一劳动奖状,其承建的项目南通港吕四作业区西港池8号~11号码头项目获评南通市公路水运品质工程,高分通过江苏省公路水运"平安百年品质工程"验收;该项目通过2021年度全省公路水运工程平安工地建设省级示范工地考评验收,项目BIM技术成果获中国勘察设计协会组织的第十二届"创新杯"建筑信息模型应用大赛交通工程类一等奖。

港口建设　吕四港集团围绕新出海口吕四起步港区建设目标,主要负责"2+2"码头、内河转运码头、通用码头、航道港池建设,以及港口支持系统等港口基础配套设施的投资建设与运营。2021年,"2+2"码头项目建成开港并运营;内河转运码头工程按期完成各项建设任务,实现和"2+2"码头同步开港运营的建设目标;西港池10万吨级进港航道疏浚、西港区粮油码头土方堆填工程和港口支持系统工程均完成阶段性目标。

新城开发　吕四港集团致力于吕四港区镇、高新区的新型小城市建设与吕四港新城区片区一、二级联动开发。2021年,中国吕四电动工具发展中心项目完成设计方案;吕四港镇部队营房东侧安置房工程(鹤南苑)项目所有单体全部封顶并完成对主体结构的验收;吕四老气象站地块安置房(海港花苑)项目主体结构施工全部完成并验收合格;洋吕新村安置房项目、吕四港镇自来水厂北侧地块安置房(桂林苑)项目均完成阶段性目标。

产业配套　高新区新材料产业园项目是吕四港集团所出资企业混合所有制改革探索的第一个项目,2021年建设完成第一个入驻企业协鑫厂区的厂房主体结构及装饰装修;中心渔港制冰厂项目南、北岛制冰车间和预留车间主体工程全部完成并验收合格,进入设备安装、室外配套施工阶段;港口重装物流项目完成项目签约并正式运营。港口拖轮项目完成项目签约;燃气及新能源项目、工业绿岛表面处理项目等均完成阶段性目标。

基础设施建设　吕四港集团主要负责吕四港开发区和高新产业园区配套设施建设。2021年,集团完成吕四中心渔港拓展区岸线改造工程、通港大道改造、高新区道路交通安全隐患整治工程、高新区华辉产业园污水管道工程以及吕四港开发区纬九路改造、吕四渔港纵五路、吕四渔港标志标线、张謇挡浪墙遗址公园提档升级文化展览馆等一系列基础设施提升项目。

资产经营管理　通过对外公开招租、招商入驻等形式,对集团名下的海域滩涂、办公用房、商铺用房、码头使用权等进行租赁。神鲜街全面招商,至12月底,与知名餐饮企业海景苑完成签约3250平方米,实施进场装修;与南通茂晟商务信息咨询有限公司完成签约租赁面积14081.05平方米。通过与综合执法局、渔政部门沟通、联合管理,组织参与滩涂违法船只清理、码头违章建筑拆除、港区消防演练、道路环境整治等工作;引进大物业管理,从保洁、安全、巡查、维修等方面全面整治渔港区域。

(吴燕华)

6月15日,锦汇集团与苏州吴中金融招商服务公司举行共建启东产业资本中心签约仪式　(锦汇集团/供图)

【江苏锦汇集团有限公司】 2021年2月,启东创新投资集团有限公司正式更名为江苏锦汇集团有限公司,同步调整各部门及子公司组织架构。集团及子公司共设5个职能部门,下属子公司9个,其中实体化运作4个。集团推进"园区开发""园区服务""股权投资”三大业务板块，实行全面转型升级。截至12月末，锦汇集团资产总额179.55亿元。

三大业务板块　大力推进园区开发。与启东经济开发区、生命健康科技城加强沟通，对接两个园区三年行动计划，明确三年重点工作任务。参与空间重构、基础设施、标准厂房、商业配套等建设项目。实施启东经济开发区内安置房、新产业服务中心、启东生命健康科技城域内基础设施配套等相关项目。逐步推进园区服务。下属物业公司职能升级，将辖区内20个安置房小区物业管理市场化，由上市物业服务企业接手安置房小区物业管理工作。通过混改方式成立新乔物业，提升管理水平逐步走向市场。提升股权投资。与吴中金控等国有金融投资集团合作，筹备成立产业资本中心，发挥产业资本服务平台聚合效应，促进域内外资本融合，促成域外项目落户。加强与上市企业及专业基金公司合作，与三峡资本控股有限责任公司等公司合作，成立三峡绿色能源（江苏）有限公司；成立至纯半导体产业基金，基金总规模1亿元；对接专业基金管理团队，筹备成立规模不超过1亿元（初定）的天使基金。

项目建设　围绕民生实事、城市配套、产业配套等板块，推进重大项目建设。至年底，城建交通项目竣工1个（钱塘江路绿化项目），完成投资520万元；按序时进度实施3个工程（海洪南路、掘头港紫薇河雨水泵站挡墙工程，富源路污水改造工程），完成投资500万元。民生实事项目中锦绣家园三期、科创嘉园东区、锦瑞花苑西区项目竣工验收，钱塘佳苑一期安置房项目主体结构完成50%，至年底累计完成产值5亿元；老旧小区改造项目中善成新村雨水改造、凯洪C区雨污水分流改造、农机校小区雨污水改造项目竣工验收，推进锦绣A区、锦绣B区雨污水改造项目，累计完成产值1000万元。城市配套项目中北大生科内装修项目、申港城停车场项目竣工验收，累计完成产值3100万元。产业配套项目中高标准厂房一期项目完成，二期建设施工单位进场；新产业服务中心项目完成产值3亿元。

债务化解　履行市委、市政府“双降”工作要求，全年平均融资成本6.2%，比上年下降0.6%。通过财政拨款和代建工程补贴收入化解债务5.72亿元，通过安置房销售及物业租金等经营收入化解债务2.09亿元。

融资工作　结合锦汇集团发展和资金兑付需要，优化融资结构，压降融资成本，系统制定融资计划和使用计划，年度融资总量38.56亿元。

（王　娜）

财　政

【概况】　2021年，启东市一般公共预算收入77.8亿元，完成调整预算的99.9%，同比增长8.0%。其中，税收收入63.8亿元，完成调整预算的99.9%，同比增长7.9%；非税收入14.0亿元，完成调整预算的99.7%，同比增长8.7%。税收收入占一般公共预算收入比重为82.0%。全市一般公共预算支出118.2亿元（含上级转移支付支出），完成总支出预算的93.8%，同比下降0.6%。全市一般公共预算总财力来源139.3亿元。其中，一般公共预算收入77.8亿元，上级补助收入28.3亿元，地方政府一般债务转贷收入1.1亿元，调入资金28.5亿元，上年结转3.6亿元。全市一般公共预算总支出139.3亿元，其中一般公共预算支出118.2亿元，上解上级支出15.9亿元，地方政府一般债务还本支出1.2亿元，结转下年支出4.0亿元。启东市获评全省财政重点工作绩效考核先进市县。

【债务情况】　2021年，全市地方政府债务限额为250.1亿元，新增地方政府债券26.8亿元。其中，一般债券1.1亿元，主要用于中央河贯通、汇龙小学及实验小学新城校区建设等9个项目；专项债券25.7亿元，主要用于棚户区和老旧小区改造、港口建设、区域供水、高标准农田建设等20个项目。启东市财政局围绕“三个确保”目标（确保不发生政府性债务风险、确保不发生违法违规融资行为、确保隐性债务规模得到有效合理控制）和“清、规、控、降、防”五项要求，化存量、遏增量、优结构，不断加大债务风险管控力度，落实落细各项风险管控举措，债务风险管控成果得到进一步巩固。当年拨付一般公共预算资金2.4亿元、政府性基金49.5亿元，出让部分政府股权以及经营性国有资产权益2.9亿元。年末债务率压降30个百分点，实现债务规模与债务率“双下降”，地方政府债务风险总体可控。

【助力经济发展】　2021年，市首支政府投资母基金——“金北翼基金”完成13个基金项目立项，完成投资5支子基金（项目），基金总规模15.3亿元，母基金出资1.9亿元，吸引新医药、智能制造等多个产业项目落地。设立皓玺创业投资基金，规模1亿元，扶持重点领域初创科技型企业创业发展，吸引半导体等项目落地，撬动社会资本6.5亿元。市本级财政全年拨付7亿元，兑现各项财政奖补政策，支持传统优势产业做大做强、中小微企业开拓市场以及科创企业科技研发和成果转化。

【民生投入】　2021年，市财政拨付社会保险基金支出失业金、失业保险稳岗返还、技能提升培训补贴等共计1.1亿元。安排公益性岗位和基层公共服务岗位人员工资社保、灵活就业社保、创业扶持、就业见习等补贴经费6050万元。投入4736万元，足额保障义务教育生均公用经费。投入教育装备专项资金3961万元，提高教育现代化水平。专项奖补30所幼儿园建设改造资金1.9亿元，安排校舍基建维修资金3.0亿元。安排3357万元，保障“双减”政策落实。投入医保基金财政补助5.4亿元、基层卫生机构健康运转经费3.2亿元、计划生育奖励扶助资金2.1亿元、基本公共卫生服务资金9500万元、照护险财政补助3085万元，助力卫生健康事业持续发展。安排预算资金1.6亿元，保障各类生活困难群体基本生活。统筹提高城乡低保、重残等困难群体社会保障待遇标准至750元/人·月，困境儿童供养标准提高至2070元/人·月。安排6543万元，支持多层次养老服务体系构建。投入229万元，扶持各类养老机构建设及运营，对社会养老机构5000张床位进行补助。加大政府购买养老服务力度，社会化养老服务受益对象超5万人。申报专项债券5.2亿元，解决老旧小区改造项目和御龙花园棚户区改造项目资金需求。拨付预算资金4.8亿元，支持锦绣家园三期、林洋好家园东区、科创嘉园东区、惠萍家园等7个安置房项目建设。筹措高标准农田建设资金5.5亿元，提高农业综合生产能力。安排农村绿化造林、水利建设、农村环境整治、现代农业建设等方面资金3.4亿元，改善农村生产生活条件。投入改厕经费1.3亿元，提升农村居民生活质量。通过"一折通"直接发放涉农补贴资金1.3亿元，惠及35万农户。

【财政监管】 2021年，市财政局研究制定新一轮区镇财政体制，进一步理顺市与区镇两级财政分配关系，调动区镇发展经济、培植财源和增收节支的积极性，提高区镇财力自我保障能力。围绕预算平衡目标，优化支出结构。压减非急需非刚性支出，优先用于"三保"(保基本民生、保工资、保运转)，用于市委、市政府决策部署的重大发展项目和重点民生项目，提高财政资金配置效率。全年完成800个政府投资项目施工图预算评审，核减建设资金2.84亿元，完成265个工程货物类及服务类招标控制价备案，核减建设资金6228万元。严格把关367个政府集中采购项目，核减支出1.1亿元，节支率达4.3%。开展国有资产使用管理专项整治行动，要求7家行政事业单位整改资产管理方面存在的问题，确保资产权属清晰、及时结转、账实相符。对全市行政事业单位土地和建筑物资产全面摸底排查，梳理出土地面积367.6万平方米，账面资产价值43.1亿元，建筑物面积240.3万平方米，账面资产价值12.4亿元。出台绩效管理实施细则和绩效评价操作规程，监督指导全市预算单位编报2021年度部门整体支出和100万元以上项目支出的绩效目标。在编制2022年部门预算时，审核全市5500多个预算项目绩效目标，实现全覆盖。在部门(单位)绩效自评价的基础上，聘请第三方机构对"北大生科""卫健委部门整体支出""科技进步扶持专项"等7个重点项目进行绩效再评价。

(王　雷)

税　务

【概况】 2021年，启东市税务系统共组织入库税收收入114.26亿元，同比增长9.15%。其中，国内增值税入库43.29亿元，同比增长2.34%；企业所得税入库36.97亿元，同比增长23.5%；个人所得税入库6.36亿元，同比增长5.22%；"地方十税"入库25.21亿元，同比增长5.67%；契税入库10.16亿元，同比增长34.58%。组织入库地方一般预算收入64亿元，同比增长8.27%，完成人代会计划63.7亿元的100.47%。完成社保费41.37亿元，同比增长32.58%；完成非税收入3.03亿元，同比增长10.59%。

【税收征管】 2021年，市税务局梳理税收征管改革任务清单，共采集市税务局解决问题36个、上级局解决问题33个，率先完成一次调查问卷、形成一份问题清单、撰写一篇调研报告，完善政策确定性管理，优化全局的延伸点管理。成立一把手为组长的电动工具产业研究服务工作专班，按照"周月季年"工作机制，成功助力东成电动工具销售破百亿元。运用建筑项目监控系统，全年共录入项目4210个。合同6746个，动态掌握建筑业税源达4.66亿元。项目匹配、纳入管理和异地施工企业报验登记率均达100%。下发2批次风险应对项目共66户次，补缴相关税款10089.85万元。完成股权转让资产转让1146户，入库税款2.34亿元。全年土增税清算29个项目，补税项目11个，补税金额8048.63万元。制定欠税管理操作规程(2021版)，加强拍卖环节的欠税追征，全年追征欠税入库2.21亿元。

【减税降费】 2021年，市税务局持续强化"第一书记"制度，开展"千人进万企"走访调研，召开座谈会22场次。税收优惠惠及18865户纳税人，社保费免缓惠及27914家企业，全年新增减税降费8.04亿元。审核审批出口退(免)税申报3549户次，办理增值税退库23.03亿元。

【纳税服务】 2021年，市税务局开展"我为纳税人缴费人办实事暨便民办税春风行动"、税收宣传登渔船、"税医共建·青年共学"共建活动、"企业办税人员轮训"个十百千创意项目、船舶工业带纳税人税政专列等活动。推进"一件事一次办"改革，35个原需多头跑事项"办税服务一次成"。依托14个税邮合作便民办税服务点和32个税邮共建便民服务点，组建税邮合作业务支持团队，及时解决运行过程中出现的问题，全年实现委托代征税款总额1418.2万元，在南通六县(市、区)中排名第二位。"税邮合作"作为纳税服务延伸和补充，被南通市政府列入为民办实事项目。

(徐坚笙)

地方金融监督管理

【概况】 2021年，启东市金融服务实体经济能力持续增强，信贷规模持续加大，普惠金融综合指数列南通第一位；江苏省综合金融服务平台建设推进显著，累计新增注册企业2639家，帮助1080家企业获得融资60.1亿元，在南通各县(市、区)中处于领先地位。资本市场推进取得新突破，全年新增上市企业2家。新增商业保理、科技小贷两类机构，新设地方金融从业机构3家，其中商业保理公司1家、典当行1家、科技小额贷款公司1家。至年底，全市有银行机构21家、保险公司27家、证券营业部3家、农村小额贷款公司6家、融资担保公司3家、典当行3家、融资租赁公司3家、商业保理公司1家。金融生态环境持续改善，启东市继续获评江苏省金融生态优秀县(市)。

【支持地方经济】 2021年，启东市强化金融制度供给，推进金融服务实体经济，出台《2021年度启东市金融支持地方经济高质量发展评分细则》。至年底，全市本外币各项存款余额1909.65亿元，比年初增加164.02亿元，增幅9.40%；各项贷款余额1486.50亿元，比年初增加212.99亿元，增幅16.72%。普惠金融保持领先。截至12月末，市普惠金融领域贷款余额280.16亿元，普惠金融领域贷款余额占比18.9%，综合指数列南通第二位。政府助融机制持续优化。出台《启东市中小微企业转贷服务管理细则》，引导邦盛转贷着力扩大企业受益面，优化转贷服务流程，缩短企业转贷周期，降低企业转贷成本，推动转贷机制高效运转。市财政出资成立的邦盛转贷公司全年提供转贷589笔，累计转贷金额37.46亿元，惠及企业431家，未发生一笔不良贷款。当年累计转贷额和转贷笔数的同比增量均列南通第一位。启东国投融资担保公司全年担保176笔，惠及企业118家，担保总额突破12亿元，比上年增长71.56%；在保余额11.37亿元。组建市金融顾问团，通过举办对接会、开展企业走访等活动，实施精准化、差异化的金融服务。活动期间，各金融顾问通过走访调研，排摸企业资金需求共计24.66亿元。全市各金融机构与97家企业进行融资对接，共为68家企业授信23.13亿元，发放贷款8.31亿元。举办金融顾问大讲堂14次、金融服务对接会35场，活动参与人数累计达400余人。组织专场金融服务对接会。会同市人才办举办“‘启’动金融引擎　助力人才‘企’飞”人才企业专场金融服务对接会，推进人才强市战略，引导金融资源向人才企业倾斜，对全市39个重大项目开展融资需求排摸工作，共排摸有融资需求的重大项目15个，计划融资16.51亿元。9月底，会同市大项目办举办全市重大项目银企对接会，10家重大项目建设企业代表、22家金融机构参加会议。加大乡村振兴金融支持力度。辖内银行机构铺设镇、村网点，推进普惠金融，“阳光E贷”“整村授信”等亮点工程为全市涉农主体提供金融支持。南阳镇成为省银保监局在南通地区新增的金融支持乡村振兴试点示范乡镇。

【金融创新融合】 2021年，市地方金融监管局推进江苏省综合金融服务平台建设。印发《关于下达2021年南通综合金融服务平台工作任务的通知》，引导中小微企业通过平台获得信贷支持，提高平台企业获得率和活跃度。督促平台接入银行机构加大对平台注册企业融资服务力度，做好企业融资服务。鼓励金融机构创新信贷产品、创优金融服务。农行、中行、农商行、工行推出“链捷贷”“增保贷”“小微贷”等创新产品。

【企业上市】 2021年，市地方金融监管局组织开展2021年度后备企业申报工作，各区镇申报后备企业47家；带领证券公司、股权机构等开展上市后备企业走访调研活动，了解后备企业发展现状及发展前景，为企业送去最新的资本市场政策，组织开展资本市场专题培训活动，增强企业直接融资能力。协同住建、国土、税务、环保、人社、市管等部门为通易航天、久正工学、康耐特等企业开具合规性证明。推动企业通过股权、债券融资做大做强，实现直接融资142.23亿元。至年底，全市共有上市企业6家，当年新增2家，其中联测科技在上交所科创板上市，为市首家在科创板上市企业；通易航天在北交所上市；全市共有上市入轨企业7家，其中新增入轨企业3家（木里木外、北新新能源、获捷工业）。新增辅导备案企业3家（吉莱电子、久正工学和爱普车辆）。全年新增省股权交易中心挂牌企业40家。

※上市企业选介※

【南通通易航天科技股份有限公司】 11月15日，南通通易航天科技股份有限公司（“通易航天”）顺利从新三板“精选层”平移至北交所上市，成为市首家在北交所上市的企业。公开发行740万股，发行价格8.5元/股，募集资金6290万元，主要用于扩大公司聚氨酯保护膜的产能。该公司创立于2008年3月，是一家军民两用航空制品专业生产企业。公司总部位于启东高新区，在上海等地设有子公司。公司主营业务为军用特种航空制品以及聚氨酯、碳纤维等新材料制品的研发、生产和销售。在军品领域，公司生产的军用航空供氧面罩和飞机软油箱等产品长期稳定配套供应国内诸多在研和在役军机，实现海陆空三军的覆盖。民用领域，公司利用自身军民两用工艺技术优势和质量管理优势，实现部分民用聚氨酯保护膜、橡胶零件、油囊、胶布的生产及销售。2021年，公司实现营业收入1.04亿元，净利润5580万元。

【江苏联测机电科技股份有限公司】（内容见“工业”篇“特色产业”分目）

【地方金融从业机构监管】 2021年，市地方金融监管局在新设机构过程中，严把准入关口。1月26日，启东市新越商业保理有限公司正立成立。该公司是由市城市建设投资开发有限公司出资设立的全资子公司，为启东市首家商业保理公司。出台《启东市金融支持地方经济高质量发展考核实施办法》，对地方金融从业机构服务地方经济高质量发展设定量化考核，鼓励机构加大对“三农”和中小微企业融资支持力度。出台《启东市融资担保风险分担机制业务管理办法》，构建“银政担担”模式，通过由担保机构、省再担保南通分公司、合作银行、市级财政以15%、50%、20%、15%比例分担民营企业贷款风险的方式，搭建银企信用桥梁。至年底，全市15家地方金融从业机构和1家转贷公司累计投入服务实体经济达47.82亿元，服务中小微、“三农”客户935户，实现税收1080.42万元。其中，6家农村小额贷款公司贷款余额5.38亿元；3家典当公司典当余额3208.32万元，较年初上升103.95%；2家融资担保公司在保余额11.37亿元，较年初上升67.7%；1家商业保理公司发放保理融资款4.27亿元；1家转贷公司完成转贷37.46亿元，较年初上升460.78%。现场监管与非现场监管双管齐下，开展全覆盖现场检查2次、专项现场检查4次。开展机构年审、评级工作，1家农村小贷公司开展动态评级，1家商业保理公司、2家典当行、2家融资担保公司参加年审。对在检查中发现的问题，共下发整改通知书9件，列入非正常经营机构3家。

【金融风险防范化解】 2021年，市地方金融监管局以集中宣传和日常宣传相结合的形式，组织各区镇（街道）、市各成员单位通过线上线下两个渠道，开展宣传活动。结合《防范和处置非法集资条例》的正式施行，重新编辑印制8万余份防非宣传折页、3万余份宣传海报（年画）、3万余个宣传布袋，通过金融网点网格和社会综治网格向社会发放，金融机构门口显示屏常态化滚动播放防非宣传口号。全年共举办广场宣传活动6场次，进社区、进银行宣讲56场次。开展法律知识普及，在《启东日报》专版举办《防范和处置非法集资条例》知识有奖竞答活动。通过"启东发布""启东指尖政务"微信公众号、《启东日报》开展防非宣传。会同物业管理企业在6座商务楼宇开展防非宣传活动，发放宣传折页2000余份。开展"送戏下乡"文艺宣传，聘用演艺团队编排启东方言防非小品《利剑穿心》和防非表演唱《非法集资害死人》两个文艺节目，利用社区（村）乘凉晚会向市民推送公演76场次。会同市市域治理现代化指挥中心召开网格员防范非法集资工作培训会议。围绕市场准入、企业落户、账户监测、人员招聘、宣传造势五道关口，会同市有关部门着力构建全流程长效治理体系。全年共对68家投融资服务企业就商事注册登记开展会商，通过商务楼宇物业管理渠道排查新入驻企业213家，银行机构监测资金异动账户2起，人社部门纳入防控指导的招聘机构1家。组织对注册在启东市的私募基金管理人和私募基金产品进行专项风险排查，共排查私募基金管理人1家、其他类机构26家，未发现重大违法违规风险问题。开展2021年非法集资风险排查专项整治行动，全面排查所有面向社会公众吸收资金的行为，共排查企业2088家，发现涉嫌非法集资风险线索1条，联合公安、市场监管等部门上门核查并责令整改，并通过《启东日报》、"启东发布"微信公众号等媒体向市民提示风险，同步向上级部门和市公安局移交线索。开展已注销登记涉嫌非法集资风险机构跟踪排查，严防仍通过借壳变换其他市场主体、无证无照设点经营、营销人员口口相传等方式继续从事非法活动，共排查机构46家，未发现违法违规情况。组织市场监管、城管等部门开展"双随机、一公开"抽查活动，随机抽取5家名称或经营范围中带有"金融"等字样的企业，现场检查企业经营情况，未发现非法集资活动情况。加强刑事打击力度，全年市公安局共新立非法集资案件4起，涉案资金375万元，涉案32人。加快陈案处置攻坚，14件陈案中进入法院执行程序6件，检察院向法院提起公诉5件，其余3件进入侦查程序。做好投资受损群体信访接待工作，全年共现场接访2次，通过阳光信访平台和信件方式答复信访诉求100件。

（邵凯捷）

审　计

【概况】 2021年，启东市审计局实施完成审计项目22个，查出违规和管理不规范金额29亿元，促进增收节支3亿元；提出审计建议57条，被采纳54条；向纪检监察机关及有关部门移送问题线索3条。

【预算执行审计】 2021年，市审计局对启东市2020年度本级预算执行和其他财政收支情况实施审计，重点关注新增财政资金直达市县基层直接惠企利民情况、政府债券发行使用情况以及绿化造林专项资金管理和林地管护情况等，并对市级177家一、二级预算单位的财务电子数据进行总体分析，对41家单位上报的自查结果进行核查。审计查出问题涉及金额14.48亿元，促进整改落实3.6亿元，其中增收节支2.79亿元。审计关注区镇执行2019年调整完善的财政管理体制落实情况，对新旧体制财力分成及区镇2018—2020年支出进行分析，建议进一步完善现行的财政管理体制，合理划分市镇两级政府的事权、财权，促进基本公共服务能力均等化、财权事权相匹配。审计指出被抽查的林地整体管护不佳，部分企业合作造林地块树木数量不足、管护严重缺失。市委、市政府重视审计发现问题，促进出台《启东市全面推行林长制工作方案》，健全市、镇（区）、村三级林长制体系。

【经济责任审计】 2021年，市审计局实施完成10名领导干部经济责任审计，查出被审计单位管理不规范金额9.08亿元。审计指出相关单位存在会计核算、工程管理、执行政府采购等不规范、固定资产管理、网络安全工作落实等不到位问题。审计分别提出建议，督促整改，推动领导干部贯彻落实新发展理念，树立和践行正确的政绩观。

【政府投资审计】 2021年，市审计局推进投资审计工作转型，加强和规范政府投资建设项目审计监督，指导建设单位承担工程竣工结（决）算主体责任，促进市代建中心以及市属国有企业切实履行竣工结（决）算主体责任。对于暂时不具备承担主体责任的相关单位，审计继续履行竣工结（决）算监督职责。全年对580个政府投资建设项目实施工程结算审计，送审金额33.6亿元，审计核减2.12亿元。对学校、医院、道路等6个工程实施竣工决算审计，指出个别建设项目建设程序执行不规范，未办理工程规划许可证、建设工程许可证、施工许可证、施工图审查等手续，未按规定签订合同、缴纳履约保证金、多分摊财务成本等问题，审计要求建设单位加强管理，促进提高政府投资绩效。

【重大政策措施落实情况跟踪审计】 2021年，市审计局组织实施社会保险基金审计，聚焦政策执行、基金管理、运行风险等群众关心的热点、难点、重点，指出相关单位违规向死亡人员支付养老金和医疗保险、人员重复参保、个别人员跨省重复领取养老保险、未及时清退个人账户沉淀资金、定点医疗机构违规收费、跨险种或跨统筹区参加基本医疗保险、个别定点医疗机构过度医疗等问题，涉及违规和管理不规范金额495.53万元。审计期间追回违规支付及清理个人账户沉淀资金36.8万元；督促过度医疗涉及的医保基金14.08万元退回医保基金账户，相关医院、药房被扣除违约金4.53万元；督促被审计单位对1279名重复参保的城乡居民养老保险账户作出处理。

【上级统一安排实施项目审计】 2021年，市审计局组织实施重大产业项目推进情况专项审计调查，摸清全市2016—2020年签约、开工、续建的95个重大产业项目情况，涉及投资622.92亿元，累计建设用地881.13公顷，海域用地1367.53公顷。审计指出重大产业项目投资拉动效益不明显、部分项目投资不到位、产业基金投入本地区的资金不到位、个别基金长期闲置、投资协议权责不对等、对投资方责任缺少有效约束等问题。针对相关项目国有企业担保和对外投资存在风险问题，市委主要领导专门批示，要求各部门联合开展专项巡察。该项目获评南通市审计机关实施重大产业项目推进情况专项审计一等奖。组织实施中小学教育经费管理使用情况专项审计调查，对盐城市大丰区10所学校及相关职能单位进行审计，揭示大丰区在教育政策执行、教育经费投入和管理使用、工程建设和教育设施采购、教育资源配置和学校食堂经营管理等方面存在58个问题，促进整改管理不规范金额899万元。

【自然资源资产审计】 2021年，市审计局实施完成2名领导干部自然资源资产审计，指出某镇未完成耕地保有任务、基本农田被建筑物占用、土地征而未供、绿化造林任务未完成、病死动物无害化收集处理不到位等问题。

【内部审计】 2021年，市审计局加强内部审计工作指导和监督。对全市审计监督对象及其117家下属单位开展调查，了解内审人员及内审项目开展情况，促进内审常态化管理。加强内审人员培训，组织内审人员10人次参加省市培训，抽调内审人员“以审代训”。全市61个内审机构共完成审计项目238个，审计总金额39.52亿元，促进增收节支11158.26万元，提出建议意见被采纳268条，3人受到行政处分，相关单位出台内审制度9项，7篇内审论文和案例、2个内审项目获省、市内审协会表彰，1名内审人员参加全省大数据审计技能竞赛决赛。

【审计整改】 2021年，审计工作报告中指出的7个方面31项问题，完成整改24项；促进整改问题金额4.41亿元，促进增收节支和挽回损失1.94亿元，盘活财政存量资金4073.97万元；促进完善制度5项。

（施　思）

统　计

【概况】 2021年，启东市统计局围绕三大考核体系，加强对重点行业、重点企业和重点指标的动态监测，深入开展分析研究、数据测算，发现数据异常波动及时监测预警。每季度进行GDP核算预判，抓好GDP核算基础指标支撑。9月15日，全市能耗“双控”业务培训会召开，市统计局邀请南通市统计局专家进行业务辅导。每月上报重点能耗项目监测表，对19家重点能耗企业进行核查调研，提出精准调控建议，统筹协调好节能降耗与GDP增长的关系。利用市管、税务等部门行政记录更新维护统计名录库，确保“一套表”调查单位数据质量，对全市1000多家没有社会信用代码的企业进行催报审核。加强与发改、商务、住建等行业主管部门沟通衔接，在挖掘、培育、申报、审核、培训等方面加大协作力度。全年审批新增“四上”单位共计通过340家。其中，工业155家，批零住餐业95家，房地产业13家，服务业60家，建筑业17家。建立数据质量内控机制，加强数据的趋势性、匹配性和结构性审核，按时保质圆满完成统计年定报任务。组织完成2020年度社会经济基本情况年报、GDP核算年（季）报以及上级部门布置的各项统计调查任务。围绕省市高质量监测指标体系，结合现场调研、统计调查和数据监测情况，从数据生产的全流程中，分析经济发展中的现象。全年形成深度统计监测报告15篇，其中7篇得到市委、市政府主要领导批示。完成撰写《数说启东“十三五”》《决胜全面小康　共圆百年梦想》。国家统计局启东调查队出刊地方采编载体《启东调查》14期，其中4篇调查报告获市领导批示。

【统计服务】 2021年，市统计局根据《2021年全市产业项目建设综合考评办法》及《10亿元以上工业项目转化达产认定细则》，编制申报要点，通过全市统计工作会议，及时传达转化达产项目申报的业务要求，布置、培训到区镇分管领导、统计人员。及时向区镇传达、解读认定细则的变化情况。及时掌握重大产业项目转化达产进度，每个季度从税务部门调取企业的应税销售数据，完善产业项目数据库，监测项目产出效益情况。抓住重要时间节点，指导区镇和企业做好重大产业项目转化达产申报工作。全年实现转化达产项目3个。

【统计调查】 2021年，市统计局开展2021年人口变动抽样调查，完成企业外地员工就地过年补贴调查工作、二手车交易和二手车统计调研、老年人消费情况分析专项调研等工作。完成第七次全国人口普查的行职业编码，审核、质量验收工作，发布人口普查数据。完成百岁老人调查。启东调查队开展住户调查工作，引入专职辅调员队伍，摸清住户底数，全面提高访户覆盖率；配合总队、市队开展专题调研，定期召开全市增收联席会议，收集居民增收亮点，为上级部门评估启东城乡居民收入和消费支出提供政策支撑。开展消价工作，按制度要求抽选新基期调查网点和规格品，做好数据衔接等工作；加强部门合作，会同市发展改革委、农业农村局等部门掌握的粮棉油价格、畜牧业价格、出租车服务等民生指标，进行对比分析，做好数据质量监控；专业人员在消价工作中增加陪采频率。开展劳动力调查工作，严格执行陪访制度；完善和建立各类基础台账，提高反馈速度、审核效率以及月度劳动力调查的基层数据质量。开展农作物遥感面积调查暨粮食测产工作，做好样本轮换；与市农业农村局、气象局和发展改革委等涉农部门沟通，及时掌握各类粮食作物每月、每季度的生产情况，准确把握全市粮食生产水平，科学研判全市农业生产情况；配合总队开展专题调研，搜集三农信息。开展畜禽调查工作，给所有大中型户和生猪小型户发放日历台账，便于养殖户记录填报。

【统计执法】 2021年，市统计局持续完善统计行政管理和统计执法中的各项制度，推进统计行政行为规范化建设。加强领导干部和统计执法人员的依法行政知识培训，自觉规范行政行为。规范统计执法程序，细化行政处罚标准，严格执行行政权力网上公开运行制度，建立健全统计法治工作电子台账，加大统计法治信息化建设。强化对行政权力的监督制约，执行《江苏省统计行政处罚裁量基准》，注重监督效能，推进政务公开，严格行政问责。启东市成为“南通统计督查试点”。7月21日，启东调查队邀请南通市队、兄弟县队的执法骨干共同完成对10家采购经理和工业品价格调查企业的执法检查。

（黄赛宇　陈菁菁）

物价管理

【概况】 2021年，启东市发展和改革委员会、财政局落实专项资金使用管理办法，强化价格调节专项资金预算安排和使用管理。动用价格调节基金64.8万元，用于储备和放冻猪肉，稳定物价，保障市场猪肉供给。贯彻落实省市出台的系列价费政策，加强价费调控政策执行情况的跟踪督查。落实农业生产用电价格政策，降低农产品初加工企业用电成本，促进农业稳产保供，推进农业高质量发展，通过与供电、农业、粮食等部门会商审核上报，7家单位享受相关优惠政策。实施阶段性水气价费优惠政策，出台非居天然气销售价格、配气价格、热力销售价格、中小学收费、课后服务收费、启迪外国语学校教育收费、汇龙中学住宿收费等相关调价文件。开展商品住房销售价格行政指导，严格落实商品房价格备案制、“一价清”等制度。全年对27家房地产开发企业开发的27个楼盘，共57批次的商品房住房销售价格进行备案管理，总计套数21799套，审核备案面积212.19万平方米。对实行政府定价的停车场进行备案，要求其严格执行文件要求收费，做好明码标价工作；对住宅小区外来车辆临时停车收费进行备案，适时核查停车场价格公示情况。开展物业收费备案“回头看”，规范物业备案手续。

【价格指数】 2021年，启东市居民消费价格总指数为101.3%，比上年下跌1.8个百分点；商品零售价格总指数为102.5%，比上年下跌0.3个百分点。其中，食品烟酒类100.5%，医疗保健类100.6%，教育文化和娱乐类99.9%，居住类101.2%，衣着类100.7%，生活用品及服务类100.6%，交通和通信类105.3%。食品类中食用油105.6%，粮食类99.3%，蛋类115.1%，水产品类116.5%，鲜菜类111.0%，干菜干菌及制品类96.8%，畜肉类83.4%，禽肉类93.8%，其他畜肉及副产品84.9%，其他禽肉及制品98.3%。

【价格监测和成本监审】 2021年，市发展改革委做好对省、南通市常规报表规定品种的价格监测工作。对农贸市场价格实行五日一监测，随时掌握市场价格变化动态。开展对生猪、液化气、农资、主副食品等市场价格以及棉花收购、春秋茧收购等价格的监测分析，做好特色海鲜专项价格监测。做好对大豆、玉米、棉花成本及收益情况的上报工作。完成对市长安陵园部分墓穴管理费、启迪外国语学校中小学学费住宿费、汇龙中学住宿费、南通国启和南通润启工业危险废物处置成本的定价成本调查，及启东华润、九丰、彩虹三家天然气公司2018—2020年度购气及配气成本的成本监审工作。

【价格认证】 2021年，启东市价格认定中心共办理公安部门委托刑事案件价格认定366起，认定金额884.2万元；政府各行政执法机关委托价格认定案件10件，认定金额1511.91万元；受理涉监案件4件，认定金额60.58万元。受理税务部门提出的涉税房地产交易价格认定个案242件，认定金额17.38亿元。其中，企业股权和资产转让等个案112件，认定金额13.36亿元；营业办公用房转让个案126件，认定金额2.81亿元；其他类案件4起，认定金额1.21亿元。完成全市存量房涉税基准价格数据库更新上线。

（陈赛群）

市场监督管理

【概况】 2021年，启东市市场监督管理局聚焦保护和公平“两大主题”，聚力守底线、严监管、抓质量、促发展“四大关键”，全力推进高效能治理、推动高质量发展，为群众创造高品质生活。全年全市安全态势基本平稳。

【食品安全监管】 （内容见“公共安全”篇“食品药品安全”分目）

【药品安全监管】 （内容见“公共安全”篇“食品药品安全”分目）

【特种设备监管】 2021年，市市场监管局实施特种设备安全隐患闭环治理，检查特种设备使用单位1440家，发现并推动整改隐患461条。推进特种设备信息化建设，实行企业特种设备安全责任承诺制，引导全市1245家特种设备使用单位通过南通市特种设备云平台完成备案；实施特种设备开工告知、使用登记、检验申报等线上不见面办理和检查记录、监察指令书的无纸化运行，会同南通特检院启东所为吕四港区“2+2”码头项目等市级重大项目涉及业务开辟绿色通道，助力码头按时建成运营。全年办理开工告知2291件、使用登记4215件。推进电梯安全治理体系建设，将全市10660台电梯纳入96333电梯应急处置平台管理，通过平台成功解救被困人员597人。推进气瓶安全专项整治，实施固定充装单位充装自有产权气瓶制度，全面运用气瓶"阳光充装"不见面监管模式，实施液化石油气充装单位分类分级监管，全市民用液化石油气瓶责任保险覆盖率达100%。

3月12日，市市场监督管理局举办"3·15"假冒伪劣产品集中销毁活动
（市市场监督管理局/供图）

【市场综合监管】 2021年，市市场监管局推进农贸市场常态长效管理，围绕全国文明城市创建、国家卫生城市复评推动农贸市场管理提档升级。深化"放管服"改革，在原有7个"一件事一次办"项目基础上，新增足浴店、烟花爆竹2个开办事项，一窗受理，全程办理。开展长期未经营企业清理吊销工作，吊销各类企业226家。牵头全市"双随机、一公开"联合监管工作，全市制定"双随机"抽查任务723件，检查市场主体5263家，结果回填率95%，其中市市场监管局参与检查315件，检查市场主体3349家，结果回填率100%。出台免罚轻罚清单，推行包容审慎监管，探索实行轻微违法行为不予立案机制，对18起轻微违法案件作出不予处罚决定，减免罚款近200万元。强化市场价格监管，开展转供电、物业收费、公共停车收费、公立医院医疗服务收费等涉企收费专项检查，立案查处转供电违法行为主体6家，清退电费177.67万元；责令物业服务企业整改价格公示问题11例，立案查处并罚款4例。突出民生领域价格执法和打击假冒伪劣工作，组织开展房地产领域价格违法打击、长江禁渔、非法流动加油专项整治等专项行动，对4家知名房地产公司的价格欺诈等违法行为进行立案查处，罚款共计162万元。"3·15"期间举办罚没物资集中销毁行动，涉及货值100多万元。开展"长江禁捕　打非断链"专项行动，查办案件入选长三角典型案例，系南通唯一。全年立案552件，结案444件，罚没款入库1333万元。收到政府采购核查申请374份，涉及财政资金3.38亿元，实施抽样检验271批次，其中不合格3批次，均立案调查。加强反不正当竞争，推进商业秘密保护示范点、维权联系点建设，培育创建启东市级维权联络点1个、示范企业35家，南通市级示范企业1家。加强网络合同监管，组织开展清理整治网络销售和宣传"特供""专供"标识商品、线上打击野生动物非法贸易"清风行动"等专项行动。加强广告监管，加大虚假商业宣传行为、网络交易、线上线下广告监测力度，开展元旦、春节期间防范非法集资、违法违规商业营销集中整治、电信诈骗违法犯罪打击治理及广告领域"护苗助老"、校外培训机构广告专项整治等活动，对发现问题责令整改。

【质量技术管理】 2021年，市市场监管局推进"质量强市"建设，开展质量提升行动，建设质量基础设施"一站式"服务平台，健全启东电动工具质量合作社管理制度。修订完善《启东市市长质量奖管理办法》，组织开展2021年度启东市市长质量奖评审活动及电动工具行业质量标兵企业评选活动，评选出启东市市长质量奖（组织类）及提名奖4家、启东市市长质量奖（个人类）及提名奖2名、电动工具行业质量标兵企业5家。指导企业申报2021年度南通市市长质量奖、江苏省质量信用AA级评价、"江苏精品"企业认证等，江苏林洋能源股份有限公司获评市长质量奖（组织类），启东建筑集团有限公司董事长陈向阳获评市长质量奖提名奖（个人类）。新发展首席质量官250人。

【认证认可工作】 2021年，市市场监管局开展认证认可工作，全市新增各类认证证书89张，全年检查获证企业及检验检测机构69家。指导检测机构组建启东市东启机动车信息咨询服务部，组织开展《检验检测机构监督管理办法》宣传贯彻培训，指导3家小微企业开展质量管理体系质量提升行动。

【标准化建设】 2021年，市市场监管局加强标准化基础工作，指导帮助92家企业完成产品标准网上备案283个，条码申报新增企业42家，续展65家，辅导105家企业完善条码网上信息。企业标准网上自我声明公开310个。推动参与国家标准和行业标准制修订，发布实施国家标准8项、行业标准6项，推动江苏东成电动工具有限公司作为主要起草单位参与制修订激光测量工具行业标准。开展对标达标专项提升行动，30家企业共有60个产品对标国际先进标准。帮助企业健全产品标准，指导吕四地区8家激光标线仪规模企业制订企业标准。

【信用体系建设】 2021年，市市场监管局加强市场主体信用体系建设，开展信用助企行动，推出企业信用自助移出，帮助修复经营异常815次，停止通过国家企业信用信息公示系统公示处罚信息7家，线上自助移出150次，"信用助企促发展　规范监管提质效"

项目被选树为启东市“放管服”“十佳创新案例”之一。

【消费维权】 2021年,市市场监管局加大消费维权力度,受理并办结各平台投诉举报工单8287件。强化投诉举报月度数据分析,及时发布消费提示警示。提高投诉举报处置效能,专人对接五大平台负责工单处置,对工单实行事后回访制度。建立健全消费维权约谈告诫机制,妥善化解落实“双减”工作相关退费群体性投诉。建立健全投诉快速处理机制,发展在线消费纠纷解决(ODR)机制,引导10家企业新增在线消费纠纷解决资格。开展“3·15”系列宣教活动,举行12345政风行风热线线上答疑、“3·15”消费维权新闻发布会等活动,普及消费知识,提升维权意识。加强放心消费创建,推行线下实体店七日无理由退货,新增南通市放心消费创建先进企业(区域)7家,指导申报省级放心消费创建先进企业(区域)10家、省级品牌消费集聚区放心消费创建先进单位1家,指导2个行政村开展“美丽乡村放心消费”创建活动。

【计量检定】 2021年,市市场监管局组织开展计量监督专项检查,结合节假日检查超市、饭店和集贸市场在用衡器890台件,抽检零售预包装产品和定量包装产品380批次。落实“两免费”检定工作,开展集贸市场和乡镇医疗机构计量免费检定,完成全市36家乡镇医院13家村卫生服务中心589台血压计、2255台电子秤检定工作。开展加油站、眼镜配制场所和农贸市场计量“双随机”检查。贯彻强制检定计量器具免费检定政策,共受理计量检定企业439家,强检计量器具4318件。加大计量知识宣传力度,举办“5·20”世界计量日宣传咨询活动。推进计量检定项目建设,新增心电图、无创自动血压计、体温计等检定项目。加强电动工具检验检测体系建设,筹建吕四光电实验室,提升电动工具检测平台服务能力。

【工业产品质量监管】 2021年,市市场监管局加强对工业产品生产许可证获证企业监管和重点领域产品质量检查,围绕燃气器具及配件产品、电线电缆、民用口罩、夏令用品、电动自行车及其零配件等领域开展质量检查,发出责令改正通知书65份,立案查处案件3起。组织产品质量抽检,完成各类工业产品质量抽检180批次,不合格产品的核查处置及风险控制15批次。

【全省首例企业负责人被列入严重违法失信名单案件】 11月30日,市市场监管局依法将市一企业负责人列入严重违法失信名单。这是9月1日《市场监督管理严重违法失信名单管理办法》正式施行后启东市查办的首起案例,也是江苏省首起该类案例。市某制衣厂负责人曹某某因未经注册商标所有人许可,2019年10月擅自加工生产假冒某注册商标卫衣,非法经营获利42万余元,属于情节特别严重,构成假冒注册商标罪,2021年9月24日被常熟市人民法院判处有期徒刑一年十个月,缓刑二年,并处罚金22万元。根据《办法》第九条、第二十四条规定,市市场监管局在收到法院生效法律文书后,依法将曹某某列入严重违法失信名单,并依据《办法》第十五条规定,对曹某某实施联合惩戒。曹某某在政府采购、工程投标、登记注册、相关政策扶持、授予荣誉称号等方面,依法将被予以限制或禁入,同时将被列为重点监管对象。

(陈率芸)

知识产权管理

【概况】 2021年,启东市以国家知识产权强县工程示范市、强省区域示范市建设为主要抓手,出台《启东市知识产权质押融资补助实施办法》,鼓励社会创新主体申报专利、商标。全市万人发明专利拥有量达33.88件,商标申请3573件,注册3094件,授权专利20件以上的企业20多家。10家企业开展主导产品核心技术专利布局,培育专利产品50多件。新增知识产权管理贯标创建企业102家,开展省绩效评价13家,通过贯标第三方认证企业40家。启东市顺利通过江苏省知识产权强省区域示范市验收,启东经济开发区通过国家知识产权试点园区期满验收。

【知识产权工作量质齐升】 2021年,市市场监管局实施知识产权增量提质工程,向南通市知识产权保护中心递交发明专利申请1250件。培育专利强企试点、示范,指导神通阀门申报中国专利奖。促进专利与金融结合发展,全市新增专利权质押贷款2.3亿元。落实“两反两保”(反垄断、反不正当竞争,保护知识产权、保护消费者权益),对知识产权侵权领域重点检查假冒商标、冒用批号等违法行为,立案查处案件44件,罚没13.3万元。加强知识产权宣传,开展“4·26世界知识产权日”等专题宣传,举办广场咨询活动2次,开设培训班3期,开展科技下乡3次,发放知识产权宣传册3000余册。

(陈率芸)

责任编辑 黄亦美

开放型经济

※综　述
※对接上海（浦东）
※对外及港澳台贸易
※利用外资及港澳台资
※对外及港澳台经济技术合作
※招商引资
※口岸管理

寰宇东方集装箱码头　（市融媒体中心/供图）

综 述

【概况】 2021年,启东市商务局瞄准启东“跑好对接浦东第一棒,百强县(市)排名年年进两位”目标定位,抢抓发展机遇,持续加强经济形势研判和运行调节,着力稳增长、促改革、惠民生。调整驻外招商分局,优化人员配置,高质量举办各类招商活动112场次,项目招引取得新突破。全市累计签约亿元以上产业项目102个,其中总投资10亿元以上项目30个,益海嘉里、卫华港机、晶澳太阳能、万洋众创城等百亿级项目4个。在谈项目中,相对成熟的10亿元以上重点项目52个,亿元以上“专精特新”项目20个。市商务局克服国际疫情形势影响,持续加强对外贸易政策引导。对外贸易止跌回稳,保持良好的增长态势。进出口龙头企业支撑作用明显,全市完成进出口总额404.18亿元,同比增长87.7%。其中,出口259.84亿元,同比增长68.9%;进口144.34亿元,同比增长134.5%。实际利用外资3.85亿美元,贡献全市11.91%的份额,总量规模列南通第一位,同比增幅12.32%,增速列南通第二位,高质量发展考核综合排名列南通第一位。全年制造业外资增速列南通第一位,制造业外资占南通全市比重较上年提升4.36%。全市累计完成服务外包执行额2.3亿美元,同比增长59.32%。加强对绿色商场创建单位的业务指导。12月23日,省商务厅发文,确认启东文峰大世界有限公司为2021年国家级绿色商场,成为整个文峰系统首家获评企业,也是启东首家获评企业。

【“霜菊”牌产品被认定为“南通老字号”】 2021年,市商务局推荐申报的江苏华神药业有限公司“霜菊”牌系列产品,被认定为“南通老字号”。华神药业成为启东市首家成功申报“南通老字号”的企业。公司生产的“霜菊”牌风油精、清凉油、炉甘石洗剂、复方土荆皮酊都成为药品市场上值得信赖的老字号产品。“霜菊”牌肌酸烟酸酯(冻疮膏)于1990年获国家级新药认定。“霜菊”牌丁香罗勒油为全国唯一的药准字号原料药。

(樊理彬)

对接上海(浦东)

【概况】 2021年,启东市制定印发《2021年启东对接上海工作实施方案》,促进现代服务业融合发展,制定《关于促进启东市服务业高质量发展的若干政策意见》,并对《服务业远期发展规划》和《物流专题规划》再次修订完善。进一步加强与上海全方位、多层次、宽领域的合作交流,推进与上海在产业、城市、交通、生态等领域协同发展,跑好对接浦东第一棒,加快建设沪苏一体融合发展窗口城市。

【产业体系对接】 2021年,全市各区镇主要领导外出拜访上海地区项目426个,市领导外出拜访上海地区项目165个。在上海地区举办各类招商活动69场。新签约来自上海亿元以上项目56个。新开工来自上海重大产业项目29个,其中10亿元以上13个。加强优质农业与上海深度对接,全年直供上海蔬菜生产基地面积累计新增3800亩左右,对上海销售农副产品总值达25亿元。全面提升合作共建平台。进一步深化“三建立、三深化”[三建立:建立启东配套浦东产业园、东江生物医药产业园、半导体装备及材料启东产业园三大新平台;三深化:深化上海外高桥集团(启东)产业园、浦东祝桥(启东)产业园、绿地生命健康产业园三个产业平台建设]工程。启东经济开发区东江生物医药产业园、半导体装备及材料产业园,高新区上海外高桥启东产业园、浦东祝桥产业园、启东配套浦东产业园,生命健康科技园绿地生命健康产业园等沪启合作园区,园区软硬件不断提档升级,入园项目质量不断提升,在园企业应税销售不断增加。深化科技人才对接。启东市企业与交通大学、同济大学、上海大学等15所高校实施产学研合作项目24个,产学研合作项目合同金额达723.2万元。

【城市功能融合】 2021年,市推进市民服务一体化,实现长三角一体化“跨省通办”。全年崇启专窗办件14件,与上海宝山地区合作通办长三角企业登记4件。与上海中金资本合作设立启东市第一支母基金启东金北翼母基金,母基金已完成子基金立项13支,储备的子基金有12支,直投启东市项目1个。发挥“东疆合伙人”平台作用,引入上海中汇金玖投资等5家投资机构作为平台会员,为23家企业完成股权融资12.34亿元。制定印发《启东市名医工作室建设方案》。建成北上广医疗团队1家、长三角名医工作室18家。基层医疗机构建成地市级名医工作室7家,覆盖4个基层医疗机构。引进上海职业院校参与启东中专新校区建设。市特教学校与上海青浦区辅读学校建立结对学校,进行长期合作交流。加强文化旅游交流互动。市文联组队赴上海市闵行区文联开展“文化接轨上海”启东·闵行文联交流活动;市文化馆组织赴上海市开展“文化大串门”交流演出、启东·上海戏曲交流演出;上海评弹团到启东开展文化采风交流活动;上海评弹团、苏州评弹团、常熟评弹团与启东市评弹团共同完成中篇评弹《板凳姑娘》在保利大剧院的首演。

【交通对接格局优化】 2021年,按照“一年建设、两年开港、三年成规模”的总体要求,吕四10万吨级进港航道、疏港公路、港区道路与通用码头同步建成启用,起步港区开港运营。北沿江高铁先导段启东客整所建设有序展开,洋吕铁路项目吕四全线完成征地组卷上报任务,吕四港南站、西港池特大桥及通吕运河特大桥建设稳步推进。开通启东至上海张江的人才专线,至长海医院和红房子医院的健康1号专线,直达长征医院、华山医院、耳鼻喉科医院、中山医院、肿瘤医院的健康2号专线。

【生态环境合作】 2021年,市深化崇启两地环境保护合作基本框架,签订《崇明区、启东市关于深入实施〈环境保护合作协议〉的意见》,通过共建“联防联治区”,打破行政区域界限,加强两地生态环境保护交流合作，协同推进崇明、启东两地实现生态环境资源共享。

（朱荣华）

对外及港澳台贸易

【概况】 2021年，全市完成进出口总额404.18亿元，同比增长87.7%。其中，出口259.84亿元，同比增长68.9%；进口144.34亿元，同比增长134.5%。全市有进出口实绩企业445家，其中超100万元企业303家，超500万元企业200家，超千万元企业152家，超亿元企业29家。进出口前20强企业共计实现进出口额349.41亿元，占全市进出口总额的86.4%。20强企业中有17家企业实现正增长。全市445家外贸进出口企业中负增长企业144家，占比为32.4%。50家外贸进出口骨干企业中有9家企业进出口同比负增长。全市主要有新能源、医药化工、海工船舶、电动工具等七大行业有进出口贸易。其中，海工板块增幅很大，纺织板块有一定幅度下跌，其他板块基本保持平稳发展。

2021年启东市外贸进出口前20强企业情况一览表

表5

序号	企业名称	进出口额(万元)	比上年增长(%)
1	寰宇东方国际集装箱(启东)有限公司	1042091.60	205.30
2	广汇国际天然气贸易有限责任公司	893134.30	179.30
3	启东中远海运海洋工程有限公司	436160.00	407.70
4	韩华新能源(启东)有限公司	392513.30	-6.10
5	南通中集太平洋海洋工程有限公司	144371.90	118.20
6	江苏好收成韦恩农化股份有限公司	130577.50	68.40
7	江苏东成机电工具有限公司	87814.20	46.40
8	江苏国强工具有限公司	44433.00	75.00
9	江苏康耐特光学有限公司	40927.10	13.80
10	江苏林洋能源股份有限公司	37875.80	121.00
11	江苏云帆化工有限公司	37707.30	29.00
12	江苏捷捷微电子股份有限公司	34364.80	82.40
13	江苏海四达电源股份有限公司	32806.00	472.00
14	南通富顺柜业制造有限公司	27517.80	312.60
15	南通市久正人体工学股份有限公司	27350.30	-26.80
16	启东乾朔电子有限公司	21611.30	41.00
17	江苏启微半导体设备有限公司	17943.40	85.40
18	江苏凡雅金属制品有限公司	15400.90	93.30
19	南通艾德旺化工有限公司	14932.60	-42.20
20	技源健康科技(江苏)有限公司	14611.00	5.30

2021年启东市外贸七大板块进出口情况一览表

表6

七大板块	进出口额(万元)	比上年增长(%)	占全市(%)
新能源	1296301.3	75.4	32.1
医药化工	321742.7	35.3	8.0
海工船舶	1647198.3	217.4	40.8
电动工具	211422.6	47.4	5.2

续表6

七大板块	进出口额（万元）	比上年增长（%）	占全市（%）
纺　织	76572.2	-25.4	1.9
食　品	54662.5	74.7	1.4
其他板块	433940.4	14.1	10.7

【进出口超亿元重点外贸企业进出口运行情况】 寰宇东方国际集装箱（启东） 2021年，由于新冠肺炎疫情影响，集装箱周转时长较大幅度延长，全球对海运集装箱需求大幅增加，寰宇东方的集装箱出口大幅增加。公司全年外贸进出口总额104.21亿元，同比增幅205.3%。其中，出口总额96.94亿元，同比增幅238.3%；进口总额7.27亿元，同比增幅32.9%。

广汇国际天然气 公司是启东外贸进口的支柱型企业，全年实现进口总额89.31亿元，同比增幅179.3%。

中远海运海洋 2021年，公司外贸进出口总额43.62亿元，同比增幅407.7%。其中，出口总额14.36亿元，比上年增长约14亿元；进口总额29.26亿元，同比增幅240.6%。

好收成农化 在环保政策、国际市场需求变化、新冠肺炎疫情等不利因素下，好收成农化出口保持韧性，全年农化产品进出口总额13.06亿元，同比增幅68.4%。其中，出口总额13.05亿元，同比增幅68.7%。

东成机电 2021年，公司进出口总额8.78亿元，同比增幅46.4%；出口总额8.78亿元，同比增幅46.4%。

海四达电源 2021年，公司进出口总额3.28亿元，同比增幅472%；出口总额3.27亿元，同比增幅474%；进口总额63.2万元，同比增幅106.4%。

【外贸企业服务】 2021年，市商务局累计走访外贸企业153家，跟进外贸企业发展情况，解决企业生产经营中遇到的用能、用人、用地等问题；为企业解决进出口货物疫情防控问题，指导高新区、启东经济开发区建立进口货物集中监管仓，降低企业防疫成本。组织外贸企业申报中央外经贸发展专项资金、省级商务发展专项资金、市级资金扶持项目，企业累计享受奖补金额2306万元。全年组织22家企业参加境内外展会，帮助企业拓展国际市场。

（姚晓波）

12月5日，进口LNG船停靠在吕四港经济开发区广汇能源LNG接收站码头，准备接卸17万立方米进口LNG　　（耿　宇/摄）

利用外资及港澳台资

【概况】 2021年，市商务局从进一步扩大高水平对外开放、加强外资企业和项目服务保障、优化外商投资环境等方面入手，推动稳总量、优结构、提质量，更加积极有效利用外资。省商务厅表扬启东市积极利用外资且提质增效成效明显。规模、增速双提升，全市贡献度第一名。全年实际利用外资3.85亿美元，其中港澳台资3.71亿美元，同比增幅12.93%，总量规模列南通第一名；实现高基数上稳定增长，同比增幅12.32%，增速列南通第二名；高质量发展考核综合排名南通第一名。全年制造业外资增速列南通第一名；制造业外资占南通全市比重较上年提升4.36个百分点。

【项目建设】 2021年，市聚焦电子信息及半导体、生物医药、新能源等重点产业，精准开展制造业外资专题招商，加大世界500强、知名跨国公司及细分行业"隐形冠军"等外资项目的招引力度。全年新注册益海嘉里、广钢气体、竞衡、易事特等24家外资企业，其中制造业12家。总投资15亿美元的益海嘉里粮油加工项目是当年全市总投资最大的外资项目。组建重点外资项目服务专班，推动药明康德、中集太平洋、西普拉等一批优质外资项目增资扩能，累计实现企业增资到账超1亿美元，占比30%，同比增长76.64%。

【企业服务】 2021年，市领导带队累计走访外资及港澳台资企业85家，现场解决增资扩股项目审批备案、企业用工用电问题等。强化中央外经贸资金、服务业专项资金、技改项目资金支持等系列政策引导，企业累计享受奖励资金超1000万元。商务、市管、外管、中行等部门联动上门服务，将项目审批现场搬到企业生产现场。累计帮助企业办理外籍人员来华邀请函1227人次。12家外资企业主动引荐相关配套产业链企业到启东投资考察78人次。

（倪苗苗）

对外及港澳台经济技术合作

【概况】 2021年，全市新签承包劳务合同额7465万美元，同比下降27.29%；完成对外承包劳务营业额8137万美元，同比上升31.86%；新派劳务人员331名，期末在外人员555人，同比上升130.29%；完成境外投资中方协议投资额6180万美元，同比上升2815.09%，总量及增幅列南通第一。

【境外投资】 2021年，全市获批境外投资项目5个。分别是江苏林洋能源股份有限公司在新加坡增资新加坡林洋能源科技有限公司，中方协议投资额5000万美元；在澳洲增资林洋澳洲新能源有限公司，中方协议投资额200万美元。江苏南通二建集团在马来西亚公司增资500万美元；南通圣美供应链管理有限公司在马来西亚设立国嘉贸易有限责任公司，中方协议投资额200万美元；启东天泽产业投资合伙企业（有限合伙）在美国并购诺维药业，中方协议投资额280万美元。

【境外承包工程】 江苏南通二建集团是启东市唯一有在境外承包工程业绩的企业，在以色列获得住宅建设的五年资格，项目从劳务分包向总包项目过渡。2021年，南通二建集团在以色列新增11个项目，合同额总计6551万美元；在柬埔寨新增1个柬埔寨金边机电分包项目，合同额680万美元；在马来西亚新增1个MRT2隧道轨道安装工程项目，合同额234万美元。全年累计完成9个项目，金额1386.49万美元。

【对外劳务合作】 2021年，全市新派各类劳务331人，年末累计在外555人，同比上升130.29%。市商务局协助劳务合作公司拓展劳动力富余地区业务，组织江苏南通二建集团、启东市对外经济技术合作有限公司赴湖南长沙参加中非博览会，与湖南相关劳务公司进行业务对接，初步达成合作共识。

【涉外劳务市场监管】 2021年，市商务局开展涉外劳务市场整治工作，推进企业合规经营，及时处置涉外劳务纠纷。涉案的江苏枫鹤建筑安装有限公司实际控制人周某某被公安机关刑事拘留。会同吕四港镇政府推进企业与中南集团、北京城建对账工作。加大外派劳务服务中心宣传力度，通过启东电视台、“启东融媒”公众号、发放宣传资料等多形式、多渠道宣传引导劳务人员通过正规渠道报名、外派，提升平台知名度，进一步规范外派劳务市场秩序。

（黄东辉）

招商引资

【概况】 2021年，全市举办各类招商活动112场次，市领导带队拜访“推进项目”294个，其中主要领导推动项目57个。全市累计签约亿元以上产业项目102个，其中总投资10亿元以上项目30个，百亿级项目4个。在谈项目中，相对成熟的10亿元以上重点项目52个，亿元以上“专精特新”项目20个。重大项目招引、“专精特新”项目招引均取得历史性突破。

【项目质效】 2021年，市商务局严格项目预审研判，严把项目准入关口，30个10亿元以上签约项目中有2个世界500强、4个央企国企、24个头部企业；102个亿元以上签约项目中“专精特新”56个，占比54.9%。发挥市领导挂钩重大项目制度，加快在谈项目签约落户。实现“当年洽谈、当年签约”的亿元以上项目有83个，占签约总数的81.4%；“当年洽谈、当年签约、当年开工”项目42个，占签约项目总数的41.2%。深入实施“全方位对接上海、全方位融入苏南”战略。102个亿元以上签约项目中77个来自上海、苏南，占比75.5%；54个在谈10亿元以上重点项目中，38个来自上海、苏南，占比达70.4%。

【产业集聚】 2021年，102个亿元以上签约项目中，从产业类别看，制造业项目95个，占比93.1%，其中临港产业项目10个，生命健康、半导体装备及材料、新能源、智能制造等战略新兴产业项目61个，电动工具、精密机械等特色产业项目25个，现代服务业项目4个；从落户平台看，89个项目落户启东经济开发区、吕四港经济开发区、高新区等重点园区，占比为87.3%；10亿元以上签约项目全部落户在上述重点园区。

【招商信息渠道】 2021年，启东市生物医药、电子信息、智能制造、临港装备四个驻外产业分局和北京、广州深圳两个区域分局，园区10个产业分局，主要聚焦上海、苏南等区域，主攻重特大项目和“专精特新”项目招引。与中远海运、中集集团、招商局集团、中信集团、中储粮集团、中航科工集团等大型央企国企建立战略合作关系，借助国企央企产业带动效应，吸引产业链上下游企业到启东投资兴业。与世邦魏理仕等世界五大行战略合作，利用其资源信息、专业服务、影响决策、市场运作等优势，获取重大外资制造业项目信息。对接中国半导体行业协会、上海生物医药行业协会、上海重型装备行业协会、上海外资企业协会等知名协会组织，引进益海嘉里、鲲宝智能物流等重特大项目。放大“金北翼”母基金作用，对接兴橙资本、中芯聚源、元禾璞华等半导体产业基金，嘉乐资本、金浦健康、恩然创投等生物医药基金公司和中欧资本、前海秋石资本、爱平资本等智能制造基金公司，为在谈的战略新兴项目提供资金扶持。发挥上海、北京等地启东商会及启东中学校友会桥梁纽带作用，举办“东疆之子家乡行”等活动，开展乡贤招商。

【2021中国·启东国际经贸洽谈会举行】 6月5日,以“向海扬帆启东疆,跨江融合创未来”为主题的2021中国·启东国际经贸洽谈会在国瑞豪生大酒店举行。万洋集团有限公司董事长苏孝锋,卫华集团有限公司总裁郑要杰,国家电力投资集团新能源总工程师、中国电力国际发展有限公司董事局主席贺徙,上海社会科学院副院长,应用经济研究所所长、教授、博导干春晖,晶澳太阳能科技股份有限公司执行总裁牛新伟,以及来自国内装备制造、新能源、智能制造、生命健康等行业的领军人物代表和企业、科研院所、行业协会代表等200多人参加。开幕式上,上海社会科学院副院长,应用经济研究所所长、教授、博导干春晖;复旦大学世界经济研究所所长、教授,联合国、亚洲开发银行前高级官员万广华分别作主旨演讲。启东经济开发区、吕四港经济开发区、高新技术产业开发区、海工船舶工业园、生命健康科技园依次作主要产业特色和相关资源推介。大会还举行首届“垦牧杯”启东市杰出企业家颁奖仪式。江苏神通阀门股份有限公司总裁吴建新获评首届“垦牧杯”启东市杰出企业家。江苏南通二建集团有限公司董事长杨晓东、江苏海四达集团有限公司董事长沈涛、启东盖天力药业有限公司董事长徐无为、江苏捷捷微电子股份有限公司董事长黄善兵获首届“垦牧杯”启东市杰出企业家提名。会上,举行重点项目签约文本交换仪式及重特大产业项目签约仪式。总投资100亿元的高端智能港口机械项目,总投资102亿元的晶澳20GW光伏电池、组件及配套光伏装备项目,总投资100亿元的万洋众创城项目集中签约。洽谈会期间,全市累计签约项目共计20个,其中10亿元以上项目7个、百亿元以上项目3个。此次国际经贸洽谈会还举办吕四港临港装备产业发展推介会、启东高新区存量资产招商发布会、启东电动工具产业高质量发展论坛、启东新能源产业发展论坛、2021年植介入医疗器械创新启东论坛等系列活动,并成立浦东·启东跨江融合生命健康产业联盟。

(陆沈平)

口岸管理

启东港口岸

【概况】 2021年,启东港口岸共计进出国际航行船舶323艘次,比上年增长9.49%;实现外贸吞吐量453.7万吨,比上年增长25.5%。筑牢口岸防疫屏障,通过各部门联动,妥善处置国际航行船舶疑似感染新冠肺炎病毒预警2起(后经确认排除),未发生境外疫情输入病例。开展打击走私综合治理行动,全年共破获走私案件4起,缴获走私香烟3万余条、冻品320余吨、海砂1万余吨,涉案案值4000余万元,抓获嫌疑人21人,扣押涉案船舶5艘。

【口岸开放】 5月29日,江苏大唐国际吕四港发电有限责任公司专用煤炭码头2号泊位获得批复。2号泊位为5万吨级泊位,长240米,总投资500余万元。11月28日,南通中集太平洋舾装码头2号泊位和重件吊装码头3号泊位对外开放获得批复。12月22日,通州湾新出海口吕四起步港区10万吨级通用泊位正式启用。

(蒋青云)

海　关

【概况】 2021年,启东海关统筹推进口岸新冠肺炎疫情防控和促进外贸稳增长工作。组建疫情防控封闭式工作专班,加强口岸疫情监测和重点布控,严防疫情输入,共检疫查验入境国际航行船舶119艘次,完成船员换班检疫监管537人次,处理紧急下船就医15人次。严格执行进口冷链食品和进口高风险非冷链集装箱货物口岸疫情环节新冠病毒采样及消毒工作要求,将防控工作落到实处。全年监管进出口货量611.61万吨,比上年增长42.93%;税收征管入库8.2亿元,比上年增长146.17%。

【国门安全维护】 2021年,启东海关全方位强化正面监管,全面应用新一代查验管理系统,优化与新一代通关管理系统的衔接统筹,布控查验质量稳步提升。创新后续监管模式,稽核查作业进系统、留痕迹、可追溯。加强船员行李物品查验和船舶登临检疫,截获检疫性有害生物2批、非检疫性有害生物6批。开展进口食品国门守护行动,保障进出口食品安全,共检查出口备案食品生产企业14家,发现52个不符合项。国门生物安全防控持续加强,提升初筛实验室鉴定能力,做好有害生物监测。助力反走私综合治理,共计核查偷逃税款860多万元,查发走私香烟刑事案件1起。开展海关全员打私行动,办理行政案件17起,移交一般行政案件2起。

【服务经济】 2021年,启东海关支持通州湾新出海口吕四起步港区“2+2”码头建设和开港运营。支持启东中远“猎鹰”轮改造项目,协调解决进口模块通关监管模式,保障改造项目正常运行。优化服务助力LNG进口,坚决落实国家能源保供战略举措,共监管进口LNG201.2万吨,同比增长43.1%。为15家企业办理特殊资质许可,保护市场主体活力,扩大企业国际市场竞争力。支持外贸新业态,通过“9710”贸易方式出口货物,货值7476.1万元。多形式、多频次开展RCEP协定政策宣讲和原产地签证业务培训,助力企业搭乘“RCEP发展快车”。开展线上线下企业信用培育,助推广汇能源顺利通过海关AEO高级认证。

【改革创新】 2021年,启东海关持续推进全业务领域一体化改革,建立“牵头部门+专业协作组”机制,开展出口食品企业核查15起。先行先试进口货物集中查检作业模式,每批查验时间压缩至半小时内。推进原产地证书自助打印改革,9月24日,吕四港镇天汾电动工具行业启用原产地证书打印终端,为吕四港镇123家外贸企业及周边其他乡镇企业服务。全年全市自助打印证书2500多份。参与验估集约化改革,选取广汇能源作为长三角属地纳税试点企业。开展“智慧海关”建设探索,指导吕四“2+2”集装箱码头引进云计算、大数据、物联网、移动互联网、人工智能等技术。

【首票公式定价货物备案业务办理】 9月9日，启东海关为来自印度尼西亚的5万吨煤炭办理公式定价货物备案，这是9月1日海关总署2021年第44号《关于公式定价进口货物完税价格确定有关问题的公告》正式施行后，启东海关办理的首票公式定价货物备案业务。煤炭、液化天然气是启东口岸最主要的进口大宗商品，事关地区能源供应安全。启东海关以微信群推送、线上研讨、专人辅导等方式多次为辖区煤炭、天然气等进口及代理企业开展政策宣讲，并及时解答企业反馈的问题，确保新公告顺利实施。至年底，启东海关累计为35.30万吨煤炭、107.08万吨液化天然气等大宗商品完成公式定价货物备案。

（孙网进）

海　事

【概况】 2021年，南通启东海事处全面履行海事职责，坚持依法行政，在保障水上交通安全、防治船舶污染、水上应急搜救中发挥重要作用，服务港口开发开放，促进重点工程顺利完工。

【服务保障】 2021年，启东海事处靠前服务通州湾新出海口吕四起步港区“2+2”码头、海上风电开发建设等重特大项目；协调地方政府和口岸部门全力保障新造船（海工产品）涉水作业安全，成功进靠超大型油轮“猎鹰”号、全球最大打桩船“一航津桩1”号、“希望6号”海工平台等一系列具有代表性的船舶和海工产品；保障启东广汇能源LNG船舶安全进出港，全年广汇能源安全接靠LNG船36艘次，接气215.27万吨，成为启东服务业首家应税销售超百亿元企业；支持口岸开放，至年底，启东辖区有大唐电厂2号泊位等7家码头企业、14个泊位正式开放。在严格落实新冠肺炎疫情防控工作的前提下，开辟夜间审批渠道，避免扩大企业损失。全年为企业夜间审批32件。

【执法检查】 2021年，启东海事处全面推行信息化执法、现场检查、诚信管理“三轨”并行，针对沿海风电场施工、吕四起步港区“2+2”码头施工及沿海航道建设等水上工程，联合地方政府和崇明海事局等部门，开展施工船舶、运维船舶和交通船舶专项治理工作，实现参与施工船舶零事故、零伤亡。全年共开展现场联合巡查16次、网上比对检查236次、无人机巡查17次，实施海巡艇现场驻守120余小时，驱赶违规浮吊船9艘次。开展内河船涉海上运输、集装箱船舶和干散货船舶配员、无线电秩序管理、“三无”船舶等水上交通安全整治活动，全年共计开展网上检查367次、现场核查199次，依法实施行政处罚216起，处罚金额共计153.68万元，船员违法记分29人次128分，实现内河船涉海运输等全面动态清零。开展船舶船籍港管理和非体系公司专项治理，全面收集辖区船舶工程服务类非体系航运公司公示型信用承诺49份，对注册在启东的170多艘船舶全覆盖开展现场检查和远程检查。推进船载危险货物安全监管江苏模式建设，基本实现靠港船舶生活污水、生活垃圾全部上岸；推广“船E行”App，确保靠泊船舶全部使用岸电系统。

【疫情防控】 2021年，启东海事处联合地方职能部门开展疫情联防联控工作，督促企业落实疫情防控主体责任。联合地方职能部门对辖区开放码头开展明察暗访50多次，对检查的问题进行集中反馈，督促企业整改；强化船岸界面疫情管控检查，每日通过电子巡查检查开放码头疫情管控落实情况；将疫情防控与专项行动结合，严格国际航行船舶进港预评估。建立船舶代理、开放码头以及交通、发改、海关、边检等部门的信息互通机制，强化疫情防控政策的宣传和指导。

【机制优化】 2021年，启东海事处突出辖区重点船舶、重点行为、重点时段的现场监管，根据人员调整情况，完善“一中心两单元”（“一中心”即南通海事局启东快反处置中心，“两单元”即吕四快反执法单元和长江北支快反执法单元）等6个工作专班建设。其中，快反单元重在船舶安检、专项整治、“一零两全”（靠港和锚泊船舶污染物零排放、全接收，在航船舶污染物排放全达标）检查。优化职责分工，规范工作流程，日常现场检查、船舶安全检查等执法活动严格执行双人执法制度，全程录音、录像。建立廉政电话台账，不定期对行政相对人进行回访。在电话回访和政风社会监督员会议上，行政相对人对海事处执法活动的满意度达100%。

（彭玉章）

9月26日，南通启东海事处开展沿海风电场现场巡航，服务海上风电项目建设
（启东海事处/供图）

边　检

【概况】 2021年，启东出入境边防检查站主要担负中远海工、华滋奔腾、大唐电厂、广汇能源等7个码头13个泊位共35公里江海岸线出入境船舶、人员的边防检查任务，严防境外新冠肺炎疫情输入。全年共检查出入境(港)船舶325艘次、人员7426人次，签发各类行政许可20000余份，办理船员换班232人次，推送疫情重点船舶56艘、涉疫重点船员1345名，提示入境涉疫高风险来启返启人员407人，妥善处置重症疾病船员离船就诊9起13人、死亡船员转运手续1起。

【口岸管控】 2021年，启东边检站推进“滤网”工程、沿海预警感知系统和海防重点项目建设，组建后台数据综合研判中心，与上海总站崇明边检站签订《区域联动协作助推长三角移民管理融合发展合作备忘录》，强化与驻地联防联控部门开展执法合作。多次牵头召开口岸联席会议，联合开展“反走私”“三非”外国人等专项治理，部署打击长江口船舶非法出入境筛查整治行动，开展联合执法行动7次。依托长江口、吕四港海防监控点和码头一线监控，搭建沿江沿海技防网，对入境(港)外轮及长江北支航道船舶逐船筛查，提前发现违法违规苗头，执勤一线科技应用水平和管控能力得到极大提升。其间，利用技防设施查处非法搭靠、非法出入境案件3起。全年共查处口岸违法违规案件8起8人次，配合查处开设赌场案1起，协助处置2名外国人非法入境案，查处“三无”船舶2艘，圆满完成庆祝中国共产党成立100周年、十九届六中全会、上海进博会等重大安保任务。

3月2日，启东边检站联合长航公安开展“警警联动　护航两会”水上巡查行动
(启东边检站/供图)

【服务地方经济】 2021年，启东边检站开展报检业务、法律法规培训4次，推动口岸“物防”“技防”设施升级，参加口岸开放协调会议9次，提出整改完善意见12项，指定专人驻点督导帮建，为企业开通“绿色通道”10余次，为船方节约靠泊时间500余小时，节约运营成本1000余万元。圆满完成吕四起步港区“2+2”码头临时对外开放、中集太平洋码头泊位扩大开放的服务保障，不断优化政策指导、服务对接和勤务保障措施。主动跟进口岸发展“十四五”规划，制定“我为群众办实事”实践活动清单，通过设置宣传展板、发放宣传资料、现场咨询讲解等形式，向船舶代理人、码头作业工人开展宣传推广“12367”全国出入境管理服务平台，随时为服务对象在线答疑解惑。全年召开口岸座谈会3次，选聘行风监督员11名，协助市外办处置1起外籍船员通过外交途径要求入境事宜。定期向市政府报送《边检业务数据分析报告》，对出入境流量变化、口岸风险防控要点、周边关联形势、边检阶段工作情况等内容进行汇报，服务地方党委政府决策。

(陈万茜)

责任编辑　汤巍威

园区经济

※江苏省启东经济开发区
※江苏启东吕四港经济开发区
※江苏省启东圆陀角旅游度假区
※启东海工船舶工业园（寅阳镇）
※启东高新技术产业开发区（近海镇）
※启东江海澜湾旅游度假区
※启东生命健康科技园
※启东生命健康产业园
※启隆生态科技产业园（启隆镇）

启东海工船舶工业园　　（叶　娟/摄）

江苏省启东经济开发区

【概况】 2021年，江苏省启东经济开发区行政区域面积27.73平方公里，有户籍人口3.05万人，常住人口4.739万人，辖8个行政村。全年实现地区生产总值133.69亿元，同比增长10.2%；一般公共预算收入6.14亿元；全社会固定资产投资同比增长14.19%。实现规模工业产值178.6亿元，增长27.5%；工业应税销售突破185亿元。强化企业绩效产出评价管理，建成园区企业综合信息管理平台。聚焦新能源、半导体装备及材料、生物医药三大主导产业发展，调结构、促转型，三大产业呈现迅猛增长态势，累计实现产值127亿元，同比增长32%，占园区全部规上工业产值68.4%以上。半导体装备及材料产业建链延链，关联企业累计达26家，完成应税销售60亿元，同比增长108%。新能源产业持续做强，光伏电池及组件项目加速扩容，储能基地项目加快建设，海上风电项目提前布局，氢能产业项目超前介入，完成应税销售56亿元，同比增长8%。生物医药加快向医用材料、医用耗材及疫苗等领域发展，形成园区经济发展新增长极，完成应税销售9亿元，同比增长30%。全年新增海四达电源、乾朔电子等应税销售20亿元以上企业2家，净增规模以上企业16家。江苏联测机电科技股份有限公司在科创办成功上市，园区上市公司(子公司)增至8家。新增爱普、久正、吉莱3家上市后备企业。服务业不断壮大，完成应税销售70亿元，同比增长1.65%；新增规上服务业企业9家。在市级扶持政策基础上，制定《鼓励企业高质量发展激励办法(试行)》，形成完善的企业扶持政策体系，年度扶持资金突破2000万元。

【规划编制】 2021年，开发区结合国土空间总体规划，完成“沿江科技新城”概念规划及城市设计方案优化，加快推进产城融合发展。拉开园区道路框架，完成海洪路西侧成片开发地块控规编制，世纪大道南、林洋路东9.53公顷商住地块强排方案设计，锅炉厂地块旧城改造强排方案设计。坚持规划服务项目理念，完成药明康德、亿纬林洋、优思通信、紫琅汽车等项目用地红线、用地规划许可、建设工程规划许可等手续的审核办理。坚持民生配套规划优先，完成市中医院搬迁、开发区商业中心等城市功能配套项目选址，完成开发区公交首末站初步选址方案，完成消防站、钱塘佳苑邻里中心、雅居乐邻里中心、新产业服务中心等民生工程规划建设手续的办理。

【创新能级提升】 参与南通市沿江科创带建设 组建园区科创委员会领导小组，根据产业优势和发展需要，加强招商引资与招才引智联动，实现产业、人才资源共融共享。在上海、深圳、苏州等地举办人才招引推介活动5场次，涉及半导体、生物医药、外商投资等领域，招引人才项目6个。

创新平台建设 围绕电子信息和生物医药两大主导产业，与国内顶尖高校合作建立产业研究院，平台聚才效应逐步显现。“北大华东院生物技术孵化器”通过认定，依托北京生科华东产研院建设北大生科(北京)离岸孵化器，探索“北京孵化、启东转化”飞地引才模式，通过北大离岸孵化器培育项目29个，来启转化项目5个，投入资金超4000万元。力合科创成功举办“清华大学国强研究院杯”全球人工智能与机器人双创大赛，5～8个参赛项目有意向落户园区，启东新微智造智能科技有限公司签约落户。留学人员创业园通过省级留创园认定，百年生科孵化器获省级孵化器公示。

企业科技创新 全年新增高新技术企业21家、省级企业研发机构2家，完成企业研发投入6.88万元，开展产学研项目对接12个，签订技术合同6.96亿元，完成专利申请293件，授权102件。鼓励园区内规模以上工业企业引进高端人才，全年引进各类高层次人才1200人，药明康德新增本科以上高层次人才300人。推进大学生社保缴纳工作，新增大学生社保缴纳1000人。

【招商引资】 2021年，开发区进行招商队伍改革，成立启东经开招商管理有限公司，形成市场化招商体系。强化资本杠杆撬动作用，设立1亿元的半导体产业基金并正式运营。组织开展招商推介活动12次，实际利用外资4580万美元，其中制造业利用外资占100%。积极策应长三角一体化发展战略，主动承接上海产业溢出效益，全年引进来自上海产业项目12个，总投资额超过43亿元。

【项目建设】 2021年，开发区继续实行园区班子成员分别挂钩联系重大项目推进机制，健全推进机制，明确责任人，充分发挥项目建设推进合力。全

2月19日，乾朔电子组装车间内，工人们在操作零部件自动组装机器
(王海兵/摄)

年新开工亿元以上项目19个，其中10亿元以上重特大项目8个，20亿元以上高端制造业项目2个，竣工转化18个，完成制造业投资61.72亿元。细化项目推进每个环节，实行“一企一策”，开展“保姆式”服务，确保所有新开工项目应开尽开。坚持可持续发展观，严格执行国家、省、南通、启东市能耗双控要求，严控高耗能项目。

【要素保障】 2021年，开发区坚持内挖潜力，搭建企业资源利用效率评价系统，对园区所有企业按照产出效益实行ABCD分类，形成“一企一档”。将低效用地项目，先行列入资产盘活、空间重构对象，利用三年时间，力争腾出土地空间200公顷。将和平工业区14家工业企业、海洪工业区17家低效企业以及相关低效企业作为首批空间重构区域。完成19家市领导挂钩低效企业现状调研，对照投资协议约定条款督促企业提质增效。

【社会民生】 2021年，开发区加快安置房建设，锦绣三期、科创嘉园东区、锦瑞花苑西区竣工，富南小区进场施工。清风路、果园路办理征地手续。建成雨污水管道125公里，对园区管道进行专业化、影像化、电子化检测。完成申港城美食一条街、果园路夜排档等区域路面黑色化改造，新建停车场1500平方米。完成道路沿线绿化节点改造8.25万平方米。改造小区完成雨污分流5个，完成7处易涝区域整治提升方案设计。“社区雨污分流改造”“闲置用地高效利用”等民生事项被“学习强国”学习平台、《南通日报》等主流媒体推介。

【文明城市建设】 2021年，开发区推进文明城市长效管理。优化市容管理机制，对农贸市场、人员聚集场所等重点区域成立环境整治工作组，建立“管委会领导、创建工作领导小组统筹、相关条线和行政村分工负责”的工作机制，实行驻点督查管理。整治拆除各类违章建筑130处，共计2.51万平方米。突出抓好企业、学校周边“游商小贩”专项整治，全面清理占道经营、规范车辆停放等。整治已拆迁未利用地块环境问题，公开拍租闲置土地300多公顷。

3月3日，晶澳太阳能科技股份有限公司20吉瓦光伏电池、组件、及配套光伏装备项目签约 （潘 杨/摄）

【园区首个百亿级项目签约落户】 3月3日，晶澳太阳能科技股份有限公司20GW光伏电池、组件及配套光伏装备项目签约仪式在市行政中心举行。该项目位于启东经济开发区，总投资102亿元，建设高效光伏电池、组件及配套光伏装备产业，打造高度自动化、信息化、智能化的光伏电池、组件生产制造和光伏装备产业基地。

【光华康养综合体项目开工】 7月18日，光华康养综合体项目开工仪式在启东经济开发区举行。上海市中医药大学领衔其附属上海光华中西医结合医院、上海中医药大学老教授协会，携手启东市光华养老服务有限公司、南通同仁本草堂医药有限公司，合力建设上海光华中西医结合医院启东分院、启东同仁本草堂中医医院、启东光华康养综合体、上海中医药大学老教授协会名医专家启东工作基地，共同创办以中医康养为特色的“启东光华康养中心”。光华康养综合体项目总投资25亿元，集医疗、养老、居住、文化、娱乐、休闲、商业服务于一体，并配套建设占地面积10公顷的高标准“光华养老有机蔬果生态农庄”。开工仪式上，“上海中医药大学老教授协会名医专家工作基地”揭牌。上海中医药大学附属光华医院、日本湖山医疗福祉集团分别与启东光华养老服务公司签订战略合作协议。

（蔡 杰）

江苏启东吕四港经济开发区

【概况】 2021年，江苏启东吕四港经济开发区累计实现一般财政预算收入6.3亿元，同比增长22%；固定资产投资101.56亿元，同比增长22%；规模工业总产值103.28亿元，同比增长76.55%；工业应税销售106.04亿元，同比增长74.2%；服务业应税销售126.96亿元，同比增长75.63%；进出口总额98.35亿元，同比增长213.52%。2021年全省开发区高质量考核排名前移8名。以重特大项目为基础，搭建平台，推动企业做精做强。全年新增高新技术企业1家，华峰省级研发中心通过申报。引进符合国家重大人才工程申报条件的海外人才2人，入选南通市“333”人才工程项目1人。洋吕铁路先导段开工建设。“智慧安监”平台投入运行，全年未发生重大事故。

【港口规划】 2021年，吕四港开发区推进《南通港总体规划（2018—2035年）》规划报批工作。解决海域证申领过程中面临的占用湿地保护与恢复、近岸海域环境功能区划调整等问题,完成环抱池式港池区域东港池以及码头区域1500余公顷的湿地占用与补偿方案,取得近岸海域环境功能区域调整批复,用海项目调整变更方案经省政府同意报备至自然资源部东海局。统筹规划港口开发建设,研究国土空间、城镇建设、集疏运体系等规划,确定港口、产业及城镇功能布局,完成《吕四港产城融合发展战略规划》《吕四港新城概念规划及核心区城市设计》《吕四港电力专项规划》《吕四港新城控规》《渔港经济区控规》。推进码头、航道、内河转运区、疏港道路、港区道路和洋吕铁路六大工程建设,打造"铁路进堆场、内河连码头、海港通大洋"的多式联运体系,提升港区承载能力。年内,通州湾新出海口吕四起步港区10万吨级通用码头启用。

【招商引资】 2021年,吕四港开发区在上海、北京等地举办招商恳谈会10场次;与中国重型工业机械行业协会、上海新材料协会、上海进出口商会、上海起重机运输机械行业协会、江苏省苏商会等第三方专业机构合作,签约落户重特大项目7个,其中制造业项目4个、港口物流产业项目2个、服务业项目1个。签约100亿元以上项目2个,分别为益海嘉里金龙鱼食品产业园、卫华港机及重型设备装配制造基地;10亿~100亿元项目5个。签约并注册外资项目3个。其中,总投资100亿元(外资折算)的益海嘉里金龙鱼项目,注册资本10亿元(境外人民币),到账11000万元(境外人民币);总投资1.5亿美元的广钢气体空分项目,注册资本2亿元(境外人民币),到账2000万美元;总投资2亿美元的松芝股份酒店及产业项目,注册并到账5000万美元。

【项目建设】 2021年,吕四港开发区新开工产业项目10个,其中10亿元以上项目6个、竣工项目3个、转化达产项目1个。华峰超纤公司31条生产线均进入生产阶段,实现应税销售30亿元;总投资10亿元的分布式能源站项目投入使用;金丝楠膜新型功能薄膜项目10万平方米厂房竣工,进入试生产;东方雨虹新型防水材料项目1万平方米厂房竣工并投入使用。广汇能源项目实现应税销售超110亿元,实现地方税收7亿元;完成海上风电项目安装;大唐电厂100兆瓦光伏发电项目并网发电。广钢气体(南通)冷能综合利用空分项目进场施工;宝安电缆项目完成公司注册和备案,前期工作启动。益海嘉里吕四港金龙鱼食品工业园项目完成海域证办理及土地平整,厂房和储罐设计有序推进;中储粮物流项目进入吹沙回填阶段,罐体设计有序推进。

【基础设施建设】 2021年,吕四港开发区开展28个项目、750余公顷区域海域证申领工作。14个项目取得用海批复并完成海域证办理,总面积378公顷,其中基础设施类项目9个,总面积224公顷;工程类项目5个,总面积154公顷。2个项目取得用海预审意见,3个项目通过用海评审。

11月3日,东方雨虹(启东)产业基地建设现场　　(潘　杨/摄)

【通州湾新出海口吕四起步港区10万吨级通用码头启用】 12月22日,通州湾新出海口吕四起步港区10万吨级通用码头启用。该码头于2020年6月29日开工建设,总投资额16.05亿元,海岸线总长556米,码头宽度42米。采用引桥式布置并预留集装箱功能,设计年通过能力散杂货710万吨,主要货种包括风机叶片、机械设备、钢材、建筑材料及其他件杂货。推动通州湾吕四起步港区成为以高端装备制造、新材料、新能源为主的上海北翼临港产业基地、重要港口物流中心。

(沈威宇)

江苏省启东圆陀角旅游度假区

【概况】 江苏省启东圆陀角旅游度假区位于江苏省最东部,东临黄海,西至连兴港河,南依长江,北至国道336线,规划总面积约45平方公里。2021年,度假区有户籍人口12013人,下辖3个自然村和1个社区。这里是万里长江的入海口,也是长江、黄海、东海三水交汇之地和长三角地区最早迎接日出的地方,旅游资源丰富,生态环境优美,区位条件优越。度假区先后被纳入江苏省"十二五"旅游发展规划重点项目和南通市现代服务业集聚区,并于2015年3月被江苏省政府批准为省级旅游度假区。建成国家AAAA级旅游景区1个(碧海银沙景区)、AAA级景区1个(黄金海滩景区),有高品质旅游度假酒店2家(威尼斯酒店、城堡酒店)、旅游商业街区2处(渔人码头街区、恒大美食街),各类景区景点共计8处,初步形成相对完善的旅游度假产品体系。

【园区创建】 2021年,度假区围绕旅游规划及创建实施方案编制,加快推进园区创建前期工作。初步完成园区创建提升规划、创建实施方案及度假区总体规划的修编任务，申请报告书、申报台账及视频等相关资料制作完成，具备向上级旅游部门汇报、提交的条件。按照规划实施方案，初步展开旅游交通体系、核心服务设施、旅游导视系统及度假氛围提升等重点项目的规划设计及建设工作。

【项目建设】 2021年，度假区围绕创建国家级旅游度假区的总体目标，进一步强化重大项目建设，完善旅游基础设施，提升旅游服务水平。万豪德尔塔酒店加快推进，主体结构封顶并展开室内外装饰；新湖邻里中心施工至地上三层；最美江海岸线建设取得阶段性成果，四大旅游驿站全面完工并对游客开放，旅游观光车辆投入运营，沿线旅游标识标牌安装到位；太阳湖景区全面建成并对游客开放，大型水上激光音乐秀设备安装到位并投入使用。

【碧海银沙成功创建市首家国家AAAA级旅游景区】 2021年，碧海银沙景区克服新冠肺炎疫情不利影响，不断提档升级，基本完成游客中心、停车场、旅游厕所及旅游导视系统的升级改造，旅游标准化建设全面推进。12月14日，碧海银沙被江苏省文旅厅正式确认为国家AAAA级旅游景区，为启东市首家。全年景区共接待游客67万人次。

（徐楠楠）

10月8日，圆陀角江海景观大道边3座造型别致的服务驿站基本完工。3座驿站分别为海豚站、海螺站、三水站（潘　杨/摄）

启东海工船舶工业园（寅阳镇）

【概况】 启东海工船舶工业园（寅阳镇）位于万里长江入海口，西邻崇启大桥、东依圆陀角旅游度假区，规划面积35.8平方公里，岸线总长20.8公里。2021年，区镇行政区域面积106.6平方公里，总人口11万人，下辖26个行政村。作为全市经济发展的重要板块，区镇完成一般公共财政预算收入4.1亿元，比上年增长15%；实现规模工业总产值246.8亿元，比上年增长56.5%；实现固定资产投资32.47亿元，其中制造业投资29.41亿元、服务业投资3.06亿元；实现规上工业应税销售237亿元，比上年增长42.6%，其中沿江规上工业应税销售231.66亿元，比上年增长44.2%；到账外资1000万美元。

3月23日，启东中远海运海洋工程有限公司承建的FPSO（浮式生产储卸油船）成功停靠码头（姜雨蒙/摄）

【招商引资】 2021年，区镇完成签约项目3个，分别是总投资10亿元的上海电气风电集团股份有限公司风电主机生产项目、总投资20亿元的江苏京沪重工有限公司桥梁生产基地扩建项目、总投资8亿元的三峡资本控股有限责任公司新能源开发项目。落户项目5个，分别是总投资10亿元的江苏宝安电缆有限公司海底电缆制造基地项目、总投资20亿元的南通中集太平洋海洋工程有限公司特种船舶制造项目、总投资10亿元的东恒盛投资集团东恒盛园区建设发展项目、总投资1亿元的新力能源开发有限公司新能源开发项目、总投资8亿元的启东霓辉新材料科技有限公司工厂化混凝土预制构件建设项目。盘活存量工业项目11个。

【项目建设】 2021年，启东海工船舶工业园新开工产业项目5个，分别为红通核电风电装备制造项目、中远海工平台及模块制造技改项目、卓铭传感器制造项目、大正海工配套设备生产线项目、寰宇集装箱智能绿色车间技改项目，其中10亿元以上项目2个，分别为红通核电风电装备制造项目、中远海工平台及模块制造技改项目。完成竣工产业项目1个，为现代建筑产业基地项目；完成转化项目1

个，为平衡式电磁天平生产线改造项目。

【科技创新】 2021年，南通泰胜蓝岛海洋工程有限公司与浙江大学、同济大学、中国船舶重工集团公司第七〇四研究所，中交三航（南通）海洋工程有限公司与江苏科技大学，南通中集太平洋海洋工程有限公司与上海船舶运输科学研究所都签订新一轮产学研协议。寰宇东方国际集装箱（启东）有限公司成功申报江苏省企业技术中心，中交三航（南通）海洋工程有限公司成功申报南通市工程技术中心。至年底，园区累计有12家企业设有南通市级以上科技创新平台。区镇有高新技术企业16家，当年成功申报3家，为南通泰胜蓝岛海洋工程有限公司、中交三航（南通）海洋工程有限公司、启东市林冲电测电器有限公司。

【镇村建设】 2021年，区镇对标新型城镇化建设最新部署要求，紧扣城市副中心的发展定位，不断提升区镇功能承载。专题编制新镇区概念性规划及核心区城镇设计，形成“一核、一轴、一网、四区”的新城概念格局。完成新镇区农武路、腾飞路等道路建设，和合苑（农武四期）项目竣工，江景壹号住宅项目持续推进，新镇区南部区域初具雏形。推进功能配套区建设，加快公共服务设施建设。推进沿江一带5个生活配套区建设，中远生活区安置点项目施工单位招标挂网，华滋配套服务区EPC招标完成，西功能区进场施工，侯字小区配套服务区及白港村公共服务综合配套项目建设完成。小春港文体公园、区镇为民服务中心项目竣工，东部医疗中心项目开展前期征地手续，城市综合体基本完成征地前期手续。围绕特色田园乡村创建，完成白港村（宋石小区村）河道生态修复、梨园文化区建设、老油坊改造、村史馆扩建等一系列项目，特色田园乡村成为“网红打卡点”。围绕美丽宜居乡村创建，戤效港村、林启村等规划自然村在绿化环境、基础设施等方面得到全面提升。

【生态环境建设】 2021年，区镇推进重大建设项目4个，总投资3.316亿元。横河疏浚3条，土方0.72万立方米；泯沟疏浚122条，疏浚土方4.35万立方米；泯沟填埋37条，填埋长度3875米；完成拆坝建桥5座，高标准建设生态河道1条；治理黑臭水体沟4条。推进“河长制”，落实河道长效管护，全年镇级应巡河1056次，实际巡河1123次，完成率达106%；村级应巡河936次，实际巡河1103次，完成率达117%。推进农路农桥及污水管网建设，完成常乐中心路、拥政西路等8条道路新改扩建8.1公里，完成常乐南桥、裕丰村五组横河桥等4座桥梁重建，完成江楼村、和合镇村农村污水先行村建设。对生产、生活、建筑垃圾实行分类处理，生活垃圾日产日清，生产垃圾和建筑垃圾处置到位，全年累计处理生活垃圾约2.19万吨。

【民生实事】 2021年，区镇优化7个新型合作农场的运营，加大高标准农田的流转力度，通过拆旧、占补、引进农业项目、盘活资产存量等方式增加集体收入。村营总收入1704.1万元，26个村集体经济收入超55万元。全年累计发放低保补助金、大病医疗、临时救济及各类优抚资金1.4亿元。完成新一轮农村户厕改造和修缮提升13224座。全面排查区镇所有低收入户，共计5家，对受疫情影响无法顺利复工的农户，开发各种渠道，安排公益性岗位，稳定农户收入。完成8户危房户的修缮、1户危房户的重建工作。

【社会治理】 2021年，区镇高标准建设镇域治理现代化指挥中心，上报问题16907个，接收社情民意1046条，完成两级联动处置事件422条，处理矛盾纠纷519条。深入开展打击治理电信网络诈骗违法犯罪活动，发放宣传折页30000余份、海报1500份、横幅180条，自制反诈宣传视频1个。全年召集信访联席会议26次，推进解决初信初访事项29件，有效防范苗头性问题4件。各类调解组织共接待来访群众69批次146人次，开展矛盾纠纷排查360余次，共受理矛盾纠纷32件，调处成功32件。开展各类安全生产大检查，对259家船舶企业与一般工贸企业开展执法检查，开具执法文书259份，发现隐患2420个，全部完成整改。对因安全生产台账不全、特种作业人员无证上岗等问题进行立案处罚28起，处罚金额42.96万元。

（季雨雯）

11月10日，启东高新区（近海镇）一景　（王海兵/摄）

启东高新技术产业开发区（近海镇）

【概况】 启东高新技术产业开发区（近海镇）由原滨海工业园与近海镇合并组建而成，位于长江入海口北侧的黄海之滨，北靠通州湾吕四港区和华东地区最大的发电企业吕四港大唐电厂，南连崇启大桥，距上海市浦东区直线距离仅53千米，西接南京与启东之间的宁启高速公路、宁启铁路和沿海高速公路。沪崇启过江通道开通后，园区与上海浦东国际机场、上海虹桥机场、上海外高桥港区之间，都只有1小时车程。2021年，区镇行政区域面积109.6平方公里，其中园区面积30平方公里，总人口7万人，户籍人口5.8万人，下辖20个行政村、1个社区。全年实现一般公共预算收入3.5亿元，比上年增长14%；实现工业应税销售184.3亿元，比上年增长27%；完成制造业投资60亿元，占全市投资总量的20%；新增规模工业企业39家，占全市新增工业企业数的29%，累计205家；新增南通市级专精特新企业6家；认定高新技术企业22家，占全市新增总量的25%。培育1亿元以上企业44家，比上年增长46.7%。培育上市后备企业9家，木里木外家具公司、获捷设备公司入轨；通易航天、康耐特母公司成功上市。区镇获评国家卫生镇，近海镇综合文化中心获评省最美公共文化空间。

【项目建设】 2021年，区镇举办招商推介活动10场，签约项目21个，其中100亿元以上重特大项目1个、10亿～100亿元项目6个。签约项目中专精特新“小巨人”企业4家、省级高新技术企业10家。实际利用外资1613万美元。建立项目进度节点清单制，出台企业资源利用绩效评价办法，促进低效产出企业和低效用地企业提质增效。新开工项目28个，其中10亿元以上项目4个。整合存量厂房32万平方米，盘活存量项目28个。

【农业经济】 2021年，区镇加大资金投入，提升重大项目实施水平。全年建设高标准农田6000亩，总投资1900万元。近农现代化万头猪场、新成食品深加工、绿色设施甜瓜种植、绿色优质葡萄种植4个重大农业项目总投资4.3亿元。着力提升“百企联百村、共走振兴路”实施水平，格林豪泰、木易·海舍等与20个村联建，累计筹集资金100万元。

【科技创新】 2021年，区镇加强与上海市、合肥等地高校、科研院所合作，达成产学研合作项目16个。申报国家级人才工程“启明计划”12个，引进、认定省“双创”人才10人，新增南通市“226”高层次人才5人。加快启东配套浦东产业园建设。成立浦东·启东跨江融合生命健康产业联盟，构建上海市浦东新区和启东市两地生命健康产业协同发展生态；浦东祝桥（启东）产业园企业入规率超85%。万洋众创城项目落户；与上海外高桥集团开展合作交流，加快智能制造、医疗器械设备产业发展；新增高新技术企业22家。

【镇村建设】 2021年，区镇完成南海路提档升级改造，人民路、新华街、公益街美化、亮化升级改造工作有序推进，道路交通隐患整治工程竣工验收。完成36条道路污水管网805处点位修复，总投资额1.2亿元；完成11条农村桥梁安全风险隐患排查和修复，投入1000余万元治理乡村公共空间。污水处理厂日处理量9000吨。新增绿化面积8000平方米，建成区绿化覆盖率30%。为民服务中心主体工程竣工，启东高新区医院开工建设。实施“大数据+网格化+铁脚板”治理机制，建立镇域治理现代化指挥中心基础网格、专属网格。实施平安村居技防建设工程，安装、维护安全设备。

【民生实事】 2021年，区镇在人力资源招聘网、公众号等平台累计推送招聘信息142期，发布岗位7785个，实际录用员工1400多名。举办第二届南通市“柳工杯”职业技能大赛，吸引135名职工参加比赛。标准化建设新冠疫苗接种点，区镇疫苗首针接种覆盖率136%。圆满完成全员核酸检测压力测试，累计采样66156人次。投资300万元为近海镇卫生院配备螺旋CT机。省级、南通市级优质幼儿园覆盖率96.3%。

（冯旌弛）

启东江海澜湾旅游度假区

【概况】 启东江海澜湾旅游度假区前身为启东江海产业园。园区西至临海高等级公路，东临黄海，北至吕四港经济开发区、南至启东高新区，总规划面积约39平方公里，其中陆地面积约20平方公里，海域约19平方公里。园区坚持独特韵味滨海新城的定位，抓高质量发展、文旅发展、招商引资三个重点，打造长三角高端商务、休闲、文旅等业态集聚魅力“澜湾”。2021年，园区对产业定位、发展策略、功能构建做规划及研究，编制江海产业园概念性规划，并开展城市设计，重点突出绿色、生态、低碳，践行绿色发展和以人为本的新理念，由单一功能的产业园区向产城融合的旅游度假区发展。为更好地打造特色，园区向市委、市政府提交更名申请。10月2日，经启东市政府第63次常务会议审议通过；10月20日，正式获市政府批复，更名为江海澜湾旅游度假区。全年园区完成固定资产投资6.4亿元。地方税收收入1057万元，实现服务业应税销售收入702万元。按照“一年启动、二年推进、三年决胜”的目标，稳步推进省级旅游度假区创建工作。

【“蓝色海湾”建设】 2021年，园区加快重点点位布置，做好“蓝色海湾”建设。实施达标堤提升工程，建设长约15.68公里的百年一遇防灾减灾大堤。至年底，外侧一级护坡完成，主体工程基本完工。实施“最美澜湾”工程，建设长约9公里的潜堤。该潜堤工程是启东江海澜湾旅游度假区北区岸线整治与生态建设项目的重要组成部分，为新建弧形堤，总长约9374米，形成湾内掩护水域面积13.6平方公里。实施最美岸线示范段工程。按照市委、市政府打造沿江沿海最美江海岸线的要求，建设长度6公里的最美江海岸线，其中3公里打造示范段，包括堤顶广场、堤顶公园、最美党建带等。至年底，最美岸线示范段工程完成工程量的40%。

【招商引资】 2021年，园区举办专题招商引资推介活动3次。在手在谈重大项目4个；新签约10亿元以上重特大项目2个，即总投资10亿元的启航国际青少年营地项目和总投资100亿元的萨马兰奇体育运动中心项目。配合各部门定期上报经济发展情况，联系重点企业、走访重点项目,促进招商引资和重点项目建设。

【重点项目】 2021年,园区全力推进重大文旅项目建设。龙湾水镇投入运营,裸心酒店、国际会展中心、安麓酒店等项目加速推进。完善"最美澜湾"配套设施建设,加快110千伏变电站、东元污水处理厂、道路配套雨污水管网工程、江海路、纬十路建设,加强对隐患道路的维修和养护。实施海洋生态保护修复项目,总投资约5.28亿元。该项目申报2022年中央财政支持海洋生态保护修复项目,经过多轮评审,最终以全国第一的成绩,获中央补助。分两年实施,首年中央补助资金2.5亿元下达市财政局,年底完成初步设计招标。

【德汇·海粟湾生态文旅项目开工】 12月6日,德汇·海粟湾生态文旅项目开工仪式在江海澜湾旅游度假区举行。该项目规划总面积410公顷,总投资388.9亿元。分四期开发,首期开发104公顷,重点建设华师大附属启东学校一期、六星级裸心湾酒店度假区、艺展中心、科创体育研学基地、四大景观公园等重大工程。

(姜佳雯)

启东生命健康科技园

【概况】 启东生命健康科技园总规划面积6.7平方公里,园区按照"协同张江、创新发展、产城融合"发展定位,聚焦高端医疗器械、生物医药、健康服务三大产业生态圈。与上海交大健康传播发展中心签署合作协议,签约落户上海理工大学上海介入医疗器械工程技术研究中心。成立浦东·启东跨江融合生命健康产业联盟,全年开展"探讨医疗器械CDMO发展方向""关注医疗器械知识产权的运用、管理与服务"等活动6场。

【项目建设】 2021年,园区在上海、北京、深圳等地共举办生命健康、生物产业交流活动14场,招引迈伦3D打印骨科器械研发生产项目、凯联医疗微量药物输注系统研发生产项目、鑫道医药(江苏)研发中心项目等科创型产业项目10个,协助11家企业完成项目备案、18家企业完成营业执照办理。至年底,园区入驻科技型项目12个,6个科技型项目基本完成装修,其中4个项目入驻运营。总投资50亿元的中城高端医疗器械产业基地项目一期第一批5.1万平方米产业载体完成结构封顶,二期7.53公顷用地前期工作启动。

【科技创新】 2021年,园区全力吸纳上海、苏南地区的产业资源、人才资源、高教资源转移,以上海介入医疗器械工程技术研究中心为依托,推进中城医疗器械专业孵化器、众创空间建设。推进高层次人才引进,新增1人入选省"双创人才",新增符合国家重大人才工程申报条件的海外高层次人才2人,新增引进符合省"双创人才"申报条件人才6人,入选2021年启东市"东疆英才"5人。

【配套设施建设】 2021年,园区初步具备药械企业正常生产生活的基本条件。首开区一、二期共计29幢产业楼宇、30幢商业楼宇于年底完成竣工备案,三期21幢产业楼宇主体结构封顶;一期13条道路(路段)达到通行条件,二期7条道路完成道路红线图、地勘等前期工作;10千伏开闭所完成通电,污水增压泵站与城市污水管网联通。

(朱文君)

启东生命健康产业园

【概况】 启东生命健康产业园前身为滨江精细化工园。2021年,园区积极策应"省级生态园区"建设,加快规划建设以"新医药、新材料"为特色的专业化园区,不断探索新思路、新机制和新方法,全面推进安全环保整治提升。关停并转51家化工企业,推进整治工作。按照机构不撤、标准不降、设施不停的要求,加强对园区保留企业的规范化管理。实施创新驱动和绿色可持续发展战略,培育战略性新兴产业,推动产业结构、产品结构、组织结构、布局结构不断优化。全年园区完成一般公共预算收入1.84亿元;完成规模工业产值118亿元,同比增长19%,其中,战略性新兴产业产值占比65.25%;完成规模工业应税销售134亿元,同比增长36.7%。

【招商引资】 2021年,园区根据全市"两转一上"专项行动工作方案要求,落实月度及年度新增规上企业培育工作,排摸辖区内规下企业情况,对1家拟上规模企业开展追踪落实工作。做好园区内极少部分非化工、存量项目的建设推进工作。积极落实高质量发展要求,围绕"两主两新两优"的总体布局,与生命健康科技园优势互补,协调联动,做好强链、延链、补链工作,基本实现产业共通、信息共享、平台共用。全年共签约项目2个,实现外资到账250万美元,在手在谈项目10个,开展招商活动1场次,获得有效信息20余条。

【科技创新】 2021年,园区利用政策资源、信息网络、专业特长等帮助企业对接大院大所,开展产学研合作。园区共有高新技术企业28家,全年完成高新产值91.78亿元,占总产值的77.78%;规模企业中有研发投入25家,涉及研发经费投入3.88亿元,占主营业务收入的3.1%;完成高新技术企业申报10家;科技型中小企业入库8家;科创培育项目1个;发明专利申请21个,发明专利授权19个。申报启明计划人才2名、"双创人才"1名、省"333"人才1名、市"226"人才6名。全年共举办小型人才对接会6场,中型人才交流会1场,大型人才政策推介会1场。

【安全监管】 2021年,园区加大安全监管专项整治攻坚行动落实力度。至年底,共开展12轮夜间领导抽查、6轮月度服务、4轮安全专家咨询服务、1轮执法检查,以及庆祝中国共产党成立100周年、燃气安全、危化品经营、危化品使用、关停企业

位于启东生命健康产业园的东岳药业　　（启东生命健康产业园/供图）

物料储存、工业企业安全风险报告、小化工等多项安全专项检查，共检查出隐患问题1785条，所有发现的问题隐患均完成闭环。

【环境保护】 2021年，园区以废气整治工作为抓手，围绕改善环境质量目标，推进园区生态环保工作。加强环境网格化巡查，结合园区环境质量例会、企业约谈、移动走航等工作机制，对大气质量、河道水质等重点环节做好严格把控。全年共发放整改通知单28份，向启东生态环境局执法二分局发放联系单21次，集中约谈企业4次，涉及13家企业。科学处置信访，共办理12345等信访件88件、阳光信访平台信访件18件。加强环保检查工作的事前沟通，坚持现场督导，确保清退企业能按时、合规、有序做好“三废”处置工作。升级监控中心，对园区河道及雨水排口，企业污水治理装置、雨水排放口全部安装视频监控装置，全天候实时监控。上级环保部门不定期突击检查，对园区的环保监管工作给予充分肯定。

（杨云凤）

启隆生态科技产业园（启隆镇）

【概况】 启隆生态科技产业园（启隆镇）位于中国第三大岛崇明岛中北部，是启东在崇明岛上的一块飞地，与启东本土隔江相望。区域呈狭长型，东西长22.5公里，南北平均宽2.2公里。2021年，区镇行政区域面积48.31平方公里，耕地面积1546.67公顷，户籍人口5335人，下辖3个社区。实现地区生产总值9.67亿元，同比增长9.3%；完成一般公共预算收入0.44亿元，同比增长19.5%。通过省级垃圾分类试点乡镇评估验收，创成省级健康镇。

【生态岛建设】 2021年，区镇紧扣发展定位，主动融入崇明世界级生态岛建设，积极创建省级旅游度假区。邀请专业规划编制单位到区镇调研，召开创建省级旅游度假区咨询对接会，启隆镇兴隆沙作为扬子江世界级城市休闲旅游带重点项目写入《江苏省“十四五”文化和旅游发展规划》。研究制订《启隆镇旅游发展专项奖励办法》，承办2021中国·启东文化旅游推介会，举办“共筑花博，同赴花约”提前看花博游览活动，惠及群众7000余人。打造“花博+”休闲旅游线路，花博会期间，累计接待游客2万余人。完成最后1家工业企业兴隆园瑞孚管路系统有限公司整体搬迁，彻底切断工业污染源。完成崇明新河港北延伸段及新河港北闸工程，缓解崇明中北部排涝压力。建立跨界河道协同共管机制和联合河长制，共同提升河道生态环境质量。

【项目建设】 2021年，区镇开展招商交流活动26场次，拜访客商70余人次，拜访企业30余家，组织招商推介会9次，签约项目3个，分别为总投资22亿元的玲珑源高端康养和总部经济项目，总投资1000万美元的永洋光伏项目和总投资1亿元的特色民宿项目。在手在谈项目6个，分别为总投资3亿元的中国啦啦操总部基地项目，总投资3亿元的中传民宿旅居营地项目，总投资1亿元的途远民宿项目，总投资1.5亿元的哈尔滨纳诺机械设备项目，总投资5亿元的苏州新药项目和总投资约10亿元的钢构项目。投资5亿元的中国花博会启隆分会场暨林洋“花田秀水”项目，实现当年开工当年竣工当年运营。玲珑源酒店获评四星级酒店。长岛梦幻岛景区被评定为国家AAA级旅游景区。

【生态环境建设】 2021年，区镇完成总投资100万元的东方绿洲横河（部分段）、农道南横河生态河道示范片工程。打造六大生态廊道，即滨海（沿江）、长江北支分岔、老滧港、新河港、东平河、相见港六条生态廊道，种植绿化约5.5公里。完成黑臭水体整治2条。农村人居环境整治基础设施建设和运行维护投入资金约570万元，设置32处人居环境公益广告，新建垃圾亭23座，推进垃圾分类全域覆盖。拆除违法、破损广告牌162宗836.8平方米，拆除各类违章建筑51宗6932.06

梦幻长岛景区　　（启隆镇/供图）

平方米。创文、人居环境考核均位列全市前茅。

【民生实事】 2021年，镇卫生院疫苗接种点设施升级，添置除颤仪、心电监护仪等设备。完成首针接种4498人次，18周岁以上常住人口首针接种率达170.05%。完成全员核酸检测实战演练工作，共采集样本近7000人。启动9个宅区的房屋搬迁工作，安置128户136套房屋。完成清表、土地平整并开设水系约395.27公顷，种植出苗182.67公顷，退出土地完成81.93公顷增存挂钩申报和13.2公顷耕地占补平衡项目入库工作。完成城乡建设用地增存挂钩和工矿废弃地复垦12.53公顷，超额完成市下达任务，完成率全市领先。小型水利建设工程及配套工程总投资120万元，疏浚泯沟73条，填埋15条，疏浚横河4条，新建涵洞4座。完成镇区雨污水管网改造和污水处理厂提标改造工程，雨污管网升级4.4公里，绿化种植约18000平方米，新增路灯212盏，街面亮化4.3公里，路面提档1.2公里。改造公厕6座。优化为民服务中心窗口功能，设置服务窗口17个，设置"崇明启隆通办窗口"，由"专科型"窗口转变为"全科型"窗口。对照赋权文件，整理出审批和公共服务事项97项，制定办事指南，累计办件2700余件。为群众提供"就近办、代帮办"服务，为群众企业代办300多件。

【社会治理】 2021年，区镇检查各类企业162次，发现隐患649处，全部完成整改。开展安全生产讲座11场，张贴宣传海报200余份，发放宣传册1000余份。接待群众127批次340余人次。集中调处各类矛盾纠纷16起，涉及50余人。全年上报办结动态信息事件556条，办结率100%。推动社会安全系统提档升级，排摸新增监控点位39个。建立省际平安边界建设轮值联席会议制度，守护边界稳定。

【启东市与崇明区签订《跨界河道协同治理协议》】 11月11日，由启东市与上海崇明区充分协商而成的《跨界河道协同治理协议》在启隆镇正式签字生效，此举标志着2022年度两省市跨界河道治理有了制度性保证。启隆镇与崇明区城桥镇有友谊河1.5公里的交界河道。按照协议规定，双方明确责任河段，树立协同共管公示牌。主要工作标准为：河道无新增坝头坝埂、鱼网河簖等阻水物；重点清理水体漂浮物及恶性水生植物；河坡整洁无垃圾；河岸坡坎无新增违章搭建、乱占河道行为。两地河长部门每季度召开一次碰头通报会，商讨协同共管中的新矛盾新问题，以实现交界河道治理管护无死角无盲区。

（沈灵卫）

责任编辑　汤巍威

农　业

※综　述
※种植业
※畜牧业
※蚕桑业
※渔　业
※渔政管理
※农业机械化
※农业综合开发

9月8日，北新镇冬娟家庭农场的植保员正用无人机对稻田进行管护　（王海兵/摄）

综　述

【概况】 2021年，启东市粮食生产总面积为121.155万亩，比上年增长0.11%；蔬菜播种面积68.69万亩，比上年增长0.69%；水产养殖面积33.9万亩，与上年持平。生猪存栏14.5万头左右；生猪出栏26.44万头，比上年增长19.8%；肉禽出栏982.35万羽，比上年增长0.005%；蛋禽存栏164.25万羽，比上年增长0.03%；奶牛存栏1412头；羊出栏54.26万只，与上年基本持平。全市新(续)建重大农业项目25个，完成资金投入26.93亿元，成功举办2021年中国·启东农民丰收节。实现休闲农业综合收入11.2亿元，比上年增长13.2%；农业网上营销销售额达5.81亿元，比上年增长87%。建设启东农业产业新板块——吕四水产品集中加工区，总计入驻70多家企业，实现年产值20亿元；做强4个省级现代农业产业技术体系，建成南通市级以上休闲农业和乡村旅游星级企业8个、示范村3个，创建标准化健康养殖园区5.7万亩。实现全市村营集体经济收入达55万元村的全覆盖；新建高标准农田5.3万亩，农业机械化率超90%。畜禽粪污资源化利用率超九成。全市农业安全生产形势持续向好，未发生一起重特大安全事故。启东市成为全国农民专业合作社质量提升整县推进试点单位，获评全国第六批率先基本实现主要农作物生产全程机械化示范县，成为全国绿色食品原料(大豆)标准化生产基地创建单位；成为全省首批绿色蔬菜产业特色县(镇)，市四青作物产业成功入选。启东沙地圩田农业系统成功获批第六批中国重要农业文化遗产。

(江骐骥)

【现代农业产业示范园建设】 2021年，启东市现代农业产业示范园按照“扩量与提质并举、品牌与市场齐抓、园区与企业共建”的总体思路、“一园两区”的总体布局规划，推进园区提档升级。“一园”，即一个产业示范园区，共投资28393万元，土地流转2806.67公顷，拥有接入国家可追溯平台企业104家，种植面积2809.486公顷，总产值3.96亿元，其中主导产业设施蔬菜总面积462公顷，总产值0.98亿元；主导产业四青作物总面积1732公顷，总产值1.82亿元。“两区”，即示范园区横跨南阳、海复两个镇，立足区域特色优势，深化产业结构调整，形成特色鲜明、产业聚集、效益较好的局面(“一心三园”)。“一心”指现代农业展示中心，“三园”指现代农业科普示范园、双创基地示范园、上海孙桥现代农业产业园启东分园。“一心三园”主要依托园区现代农业展示中心，打造集农业基础数据展示、农业指挥调度、远程监管、农产品质量安全、专家服务于一体的智慧农业大数据中心。园区建有秸秆综合回收利用中心、“四新”(新品种、新技术、新装备、新模式)展示基地，配套生态循环型规模生猪养殖场。通过青毛豆、设施叶菜全程机械化生产试点等示范推广工作，成功打造主导产业“四青作物产业”“设施蔬菜产业”“农机联盟”等亮点工程，形成具有启东特色的高水平现代农业产业示范园。

启东市现代农业产业园展示厅　(王海兵/摄)

现代农业科普示范园投入700多万元采购农机设备80余台(套)，通过农业科普的方式，在农机设备展示厅向各界人士进行参观讲解。园内开展农机农具科普与实地操作展示，增强农业科普的趣味性。双创基地示范园建有智能控制中心及智能温室约6.4万平方米，集中展示高水平设施农业发展的新成果、新模式，吸引示范园劳力入园创新创业。上海孙桥现代农业产业园启东分园创建于2015年，示范园分为东、中、西三个区域：东区为管理区、果蔬育苗区、观光中心及仓库；中区为塑料温室新品种试验示范区、优质苗木繁育区、温室基质生产区；西区为果蔬生产区。2018年与上海孙桥农业产业有限公司达成战略合作。

四青作物产业是示范园区南阳镇内的特色产业，全年种植大豆5.5万亩、青豌豆1.5万亩、青刀豆1万亩、青蚕豆8000亩，产品销往上海、浙江、武汉等地，年产各类四青作物4万吨，年产值超2亿元，成为农民重要的增收途径，户均增收3720元；全镇实现设施农业规模化种植，各类设施栽培面积1.1万亩，年产各类蔬菜5万吨，年产值1亿元，产品销往北京、上海、浙江等地，户均增收1900元。在示范园区海复镇内，有各类设施农业规模化种植栽培面积8000亩，年产各类蔬菜4万吨，年产值0.8亿元，产品销往北京、上海、浙江等地，户均增收1300元；全镇种植甘蓝8900亩，年产甘蓝2.6万吨，年产值0.4亿元，产品销往北京、天津、山东等地，户均增收1000元。

(高　雪)

【四大农产品集中加工区建设】 2021年，启东市充分利用资源优势，建强四大农产品加工集中区，即吕四港水产品加工集中区、启东市四青作物加工集中区、启东市吕四紫菜加工集中区、启东市汇龙镇农产品加工集中区，加大农产品开发利用的深度，开拓新产品，实现农产品多层次、多环节的转化增值。其中，吕四水产品集中加工区入驻企业30多家，实现年产值20亿元。四青作物加工区逐步形成较为完善的深加工链，建成稳定的园区产地配送直销网络。

（唐凯健）

【启东市获批创建全国绿色食品原料（大豆）标准化生产基地】 12月，中国绿色食品发展中心下发《关于发布第二十六批全国绿色食品原料标准化生产基地创建单位的通知》，同意启东市人民政府创建全国绿色食品原料（大豆）标准化生产基地，2021年全国获批的仅20家。启东市人民政府为全国绿色食品原料（大豆）标准化生产基地的建设主体，建设总面积达25万亩，南阳镇、汇龙镇、合作镇、北新镇等11个镇为建设单元，启东市绿色田园农副食品有限公司、南通银鑫食品有限公司、南通恒昌隆食品有限公司等10家农业龙头企业为产业化带动农业龙头企业，统一推行种植品种、统一实行绿色种植标准、统一病虫害防治、统一零差价农资供应、统一协议价收购、统一使用"全国绿色食品原料标准化生产基地产品"标识推广销售启东绿色大豆。

（顾洪生）

【省四青作物产业技术创新战略联盟在启东成立】 5月16日，江苏省四青作物产业技术创新战略联盟成立大会在启东召开。联盟共有23家成员单位，包括企业、高校、研究机构等，其中启东苏沪现代农业发展有限公司任理事长单位。该公司所辖园区规划3600公顷，主要以四青作物和水稻种植为主，园区建有农产品检测中心、"双创"基地、智慧农业大数据云平台等项目。

（高 雪）

【农业综合执法】 2021年，全市累计出动执法人数1247次，共立案查处案件64起，其中农机30起、林业4起、农业19起、动监11起；渔政大队组织专项执法行动87次，出动执法人员655人次，清理取缔浮子筏449艘、快艇6艘、其他非法船舶9艘，查扣外籍乡镇渔船18艘。

（丁 君）

国绿标大豆生产基地 （王鲍镇/供图）

种植业

【概况】 2021年，启东市不断提高种植业发展质量，助力乡村振兴，坚持以绿色发展为导向、以改革创新为动力、以结构调整为重点，精准发力，强化措施，种植业发展实现稳中向好。全市粮食播种面积121.155万亩，总产量32.8万吨。成功发布农业主推技术10项，新建农业科技示范基地11个；水稻绿色高质高效创建示范面积1.6万亩，实现优质食味稻米品种全覆盖；新增高标准农田5.3万亩，其中高效节水灌溉0.5万亩；培育省级示范家庭农场3家，获第二批江苏特色优势种苗中心（企业）认定1家；新建省级绿色防控示范区3个。堂闯蔬果种植专业合作社、盛鑫蔬菜种植专业合作社获评2021"江苏味美菜园"。推进惠萍镇水果小镇、合作镇十里阳光葡萄园区、吕四港镇范龙村黄桃节、圆陀角郁金香花海等文旅品牌建设；组织世界园艺博览会（扬州）、第十届中国花卉博览会（上海崇明）参展参评，其中花博会共获2个银奖、3个铜奖、2个优秀奖。

（高 雪）

【粮棉油生产】 2021年，市农作物生产形势总体平稳，油菜亩产221.67公斤，比上年增长0.76%；小麦亩产337.1公斤，比上年减少1.46%；水稻亩产518.33公斤，比上年增长0.2%；玉米亩产417.6公斤，比上年减少0.13%；大豆亩产143公斤，比上年略减0.42%；棉花亩产63.53公斤，比上年减0.73%。

（董芙荣）

【蔬菜生产】 2021年，全市蔬菜播种面积（含四青作物）68.69万亩，蔬菜总产量120.815万吨，比上年增长1.32%；蔬菜总产值26.022亿元，比上年增长0.84%。随着农业种植结构的不断调整优化，四青作物种植面积稳步提升，形成规模生产和区域优势。四青作物播种总面积52.15万亩，其中青毛豆种植面积25.189万亩，产量20.65万吨，产值8.372亿元；青蚕豆种植面积14.922万亩，产量17.16万吨，

2月23日,南阳镇北清河村永和蔬菜专业合作社,工人们在田间采收花菜
(姜雨蒙/摄)

产值8.837亿元;青玉米种植面积2.017万亩,产量2.2万吨,产值0.607亿元;青豌豆种植面积10.022万亩,产量6.61万亩,产值3.041亿元。总体上蔬菜产品较为丰富,生产形势较为平稳,为保障城乡居民"菜篮子"农产品有效供给、持续推进农业提质增效发挥积极作用。

(陈思思)

【果树种植】 2021年,全市果树种植面积15246.9亩,其中成片12699亩,产量15958.37吨,产值15582.5万元;与2020年相比面积、产量、产值分别增长0.2%、18.5%、5.2%,总体上稳中有增,桃、梨、葡萄等果树作为主要常规树种分别占全市种植总面积的27.88%、29.96%、20.06%。

(董友磊)

畜牧业

【概况】 2021年,全市生猪存栏14.5万头,年出栏26.44万头;市级以上生猪规模养殖场有117户,规模占比为82.1%;肉禽年出栏982.35万羽,市级以上家禽规模养殖场62户,规模出栏量717.4万羽,规模占比为77.25%;蛋禽养殖存栏164.25万羽,市级规模养殖存栏153.44万羽,规模养殖占比达93.51%;羊存栏量虽在38.5万头,但是羊的养殖还是以小散模式为主,市级规模占比仅为8.6%。全市有奶牛场2家,存栏1412头,规模养殖达100%。

【动物疫病防控】 2021年,市农业农村局制定主要动物疫病免疫计划以及春、夏、秋集中防疫行动方案,持续抓好高致病性禽流感、牲畜口蹄疫、小反刍兽疫、高致病性猪繁殖与呼吸综合征、猪瘟等重大动物疫病强制免疫。全年使用生猪免疫口蹄疫疫苗39.86万头次,免疫高致病性蓝耳病疫苗27.67万头次,免疫猪瘟疫苗40.31万头次,羊免疫口蹄疫疫苗54.95万头次,免疫小反刍兽疫疫苗41.94万头次,家禽免疫禽流感疫苗861.81万羽次,免疫新城疫疫苗505.44万羽次。全年未发生重大动物疫病。

(吴幸民)

【畜禽产品质量监督】 2021年,市农业农村局加强产地检疫,规范产地检疫现场出证行为,全年共开具产地检疫证明13376张,检疫出证动物近870万头(羽),全部实行电子化信息系统出证。加强对规模养殖场的防疫监督和畜产品质量监管,开展畜禽产品质量安全监督抽检抽样工作,共抽样106批次,送检均合格。开展违法违规调运生猪专项整治百日行动,共检查车辆117辆,检查生猪7960头,全市未发生一起重大畜产品质量安全事故。开展安全生产检查工作,对全市饲料生产企业、兽药生产企业和无害化处理中心实施检查全覆盖。全年未发生一起安全生产事故。开展"瘦肉精"检测工作,共抽检检测3908份尿样,结果都为阴性;无害化处理生猪19729头、山羊13545只、禽40146.7千克。

(顾胜杰)

惠萍镇惠安村规模山羊饲养场 (市融媒体中心/供图)

【畜禽粪污资源化利用】 2021年,全市产生畜禽粪污约63.5万吨。生猪全年产生量约33万吨,其中28万吨由养殖户就近还田消纳处理,5万吨由第三方服务组织收集处理。家禽和山羊粪污约30.5万吨,规模家禽和山羊养殖场都采用全进全出模式,即养殖一批出栏一批,粪污处理一批。粪污由第三方专门上门收购作有机肥处理。有2家大型蛋鸡场建设发酵罐,采取发酵处理鸡粪技术。东海镇畜禽粪污处理中心经改造后,年处置粪污达1.2万吨。全年市畜禽粪便综合利用率为97.32%,规模养殖场粪便处理设施装备配套率为100%,生猪小型分散养殖户治理率达90%以上。

（王　岳）

9月28日,一艘艘满载海鲜的渔船陆续返回吕四渔港　（姜新春/摄）

蚕桑业

【概况】 2021年,启东市农业农村局抓好小蚕共育室蚕种催青、小蚕共育、桑园病虫防治、极端天气桑园管理等蚕桑生产技术指导,做好养蚕保险投保、蚕茧收购信息等服务工作。发布桑园病虫测报预警信息4期,促进蚕桑业发展。全市累计桑园种植面积450亩,发种657张,蚕茧总产量29.48吨,蚕桑总产值164.378万元。其中,春蚕平均张产茧量46.72千克,秋蚕平均张产茧量40.64千克。全市投保蚕种590.5张,投保率89.8%,理赔金额5806.8元。

（董友磊）

渔　业

【概况】 2021年,启东市下辖渔业镇1个、渔业村8个、渔港4个,其中吕四渔港是国家级中心渔港。有渔业服务公司5家,渔业户33410户,渔业人口50036人,其中专业渔民16965人。全年渔民人均收入29781元。全年渔业总产量32.12万吨,比上年增长2%;渔业总产值88.11亿元,比上年增长3.7%。主要有中国吕四盈港水产品市场、江苏吕四港水产品批发市场和中国吕四国际水产品交易中心3家交易市场。全市新增稻渔综合种养36公顷。实施“河蟹产业技术体系启东推广示范基地”工程,培训养殖渔民100人。

3月10日,惠萍镇东兴镇村的近千亩蟹塘在修整清塘　（姜新春/摄）

【海洋捕捞】 2021年,全市拥有海洋捕捞渔船(苏启渔)602艘,总功率10.21万千瓦,总吨位8.95万吨,其中张网457艘、拖网41艘、刺网104艘。有渔获物辅助船42艘,养殖渔船18艘。渔获物资源主要为鲳鱼、带鱼、小黄鱼、梭子蟹、金钩虾、黄姑鱼、鮸鱼、鮟鱇等经济鱼虾蟹类,全年海洋捕捞总渔获量为15.53万吨,比上年增长2.96%,其中鲳鱼1.5万吨、带鱼2.6万吨、小黄鱼1.09万吨,小杂鱼等次生资源产量为4.44万吨。全年江苏源友远洋渔业公司6艘金枪鱼延绳钓渔船捕捞总产量2470吨,实现产值5310余万元。所捕获的主要品种为黄鳍金枪鱼、大目金枪鱼、长鳍金枪鱼、剑鱼等,兼捕乌鲂、沙低刺鲅等鱼类。

【水产养殖】 2021年,全市水产养殖总面积33.9万亩,总产量15.5万吨,总产值39亿元。主要养殖品种为紫菜、文蛤、西施舌、四角蛤蜊、梭子蟹、脊尾白虾、扣蟹、鳗鱼、南美白对虾、克氏原螯虾、四大家鱼等,特种水产品占养殖总产量的近80%。其中,紫菜养殖面积0.4万亩,贝类养殖面积20万亩,三疣梭子蟹、脊尾白虾混养面积2.2万亩,扣蟹养殖面积2万亩。

【水产品加工】 2021年,全市共有水产冷冻加工厂157家、冷库117座,冷冻能力18万吨。全年产值25亿元。水产品加工企业中获得ISO质量体系认证企业9家,获得HACCP认证的企业11家,获得有机食品认证企业1家,有各类获奖企业11家。启东水产品加工主要有:鲜品冷冻、鲜品腌制糟制、风味食品、紫菜一次加工、紫菜二次加工、以低值水产品为原料进行深加工、小包装速食水产品、海洋生物制药等。水产品深加工以紫菜为主,全市共有紫菜一次加工企业21家,加工机组28台,年产干紫菜0.8万箱;紫菜二次加工企业12家,加工机组29套,紫菜二次加工总产值约2.5亿元。紫菜出口品种主要为烤紫菜、调味紫菜、干紫菜三大系列并延伸至棒棒卷、夹心、甜点、油炸等50多个品种,产品主要销往美国、俄罗斯、乌克兰、英国、德国、以色列、加拿大、巴西、泰国、波兰等60多个国家和地区。其他加工类水产品出口以切块梭子蟹、鮟鱇鱼块、鮟鱇鱼肝为主,主要销往韩国、日本。

【渔业资源养护】 2021年,市农业农村局规范启东海域、长江段水生生物增殖放流行为,科学养护水生生物资源。全年启东内河水域放流草鱼、白鲢、鳙鱼、青鱼等各类鱼苗,启东海域放流黑鲷、半滑舌鳎、大黄鱼、黄姑鱼、日本对虾、三疣梭子蟹、曼氏无针乌贼等7个品种,累计0.93亿尾(粒)。

(刘俊杰 胡振新)

※水产品选介※

吕四处于长江径流与黄海、东海的三水交汇处,形成吕四渔场独特的海域生态环境,在吕四海域所捕的众多水产品肉质鲜嫩,口感绝佳,营养丰富。主要品种有吕四四角蛤蜊、吕四鲳鱼、吕四小黄鱼、吕四大黄鱼、吕四黄鲫、吕四马鲛鱼、吕四大竹蛏、吕四麻蜇、吕四缢蛏、吕四毛蚶、吕四泥螺、吕四泥蚶、吕四墨鱼、吕四鲈鱼、吕四鱿鱼、吕四鲻鱼、吕四梭鱼、吕四河豚、吕四鳗鱼、吕四海螺、吕四海鳗、吕四鲐鱼、吕四刀鱼。

【吕四鲈鱼】 真鲈科,地方名花鲈、鲈板、花寨、鲈子鱼、七星鲈等。鱼体较长,鳞片十分粗糙,一般身长110~120厘米,体重15~18千克,前部平扁,粗大,亚圆筒形,向后渐侧扁细小;背缘和腹缘浅弧形;背缘和腹缘浅弧形,躯干前半部稍高,腹鳍基部处体最高;尾柄低长。头宽大,平扁,背缘浅弧形,与上颌相交约25度,头部腹缘浅斜。吻宽大,圆钝,吻长约为眼径2倍。下鳃盖骨和间鳃盖骨无棘。胸鳍基部上方无肱棘。眼间隔凹入。前鼻孔和后鼻孔均具短管状皮突。其他部位无凹洼,无皮瓣。

【吕四鱿鱼】 枪乌贼科,地方名柔鱼、枪乌贼。身体细长,呈长锥形,头部两侧具有一对发达的鳃围绕口周围,体内有两片鳃作为呼吸器官。常活动于浅海中上层,垂直移动范围达百余米。

【吕四鲻鱼】 鲻科,地方名乌支、葵龙、田鱼、乌头、乌鲻等。鱼前部近圆筒形,后部侧扁。体青灰色,腹部颜色较浅,体侧上半部有几条暗色纵带。鳍条浅灰色,腹鳍基部有一黑色斑块。鳞大,体鳞为栉鳞,头部为圆鳞,除第一背鳍外,各鳍均有小圆鳞,尾鳍叉形,上叶稍长于下叶。一般体长20~40厘米,体重500~1500克。由于体型细长,呈棒棰型,沿海群众又称其为“棰鱼”。

【吕四河豚】 鲀科,地方名气鼓鱼、气泡鱼、鸡泡鱼、青郎君、刺豚鱼等。体圆棱形,体背侧灰褐色,并散布白色小斑点,有些斑点呈条状或虫纹状。鳃小不明显,肚腹为黄白色,背腹有小白刺,鱼体光滑无鳞,呈黑黄色。河豚的牙齿融合成一个喙。河豚体长一般5~28厘米,大多数体长10~20厘米,体重一般约300克。其肝脏、卵巢有毒素,可提炼河豚素、河豚酸、河豚巢素等名贵药材。

【吕四鳗鱼】 鳗鲡科,地方名白鳝、白鳗、河鳗、鳗鲡、溪滑等。无鳞,外观类似蛇。鳗鱼具有洄游特性。一般产于咸淡水交界海域,在淡水环境中成长,成熟后洄游到深海中产卵繁殖。在自然条件下,鳗鱼的最大个体约45厘米,体重约1.6千克。

(刘俊杰)

渔政管理

【长江禁渔】 2021年,市农业农村局组织开展长江禁捕执法巡航48次,出动渔政执法人员1100余人次,巡航9000多海里,查处违规渔船6艘,清理取缔浮子筏等涉渔“三无”船舶490艘,清理残留破损网具2620余口。办理涉嫌非法捕捞水产品罪案件3起,行政处罚4起,罚款2.4万元。

【海洋伏季休渔管理】 2021年,市农村农村局开展史上最严伏休管理,强化渔船管理及异地监管,组织教育培训,切实提高伏季休渔管理成效。伏休期,中国渔政32543、32544船开展海上执法行动12个航次,出动执法人员600余人次,查处违规渔船5艘,查处违规涉渔“三无”船舶(浮子筏)11艘。办理涉嫌非法捕捞水产品罪案件

1起，涉案人员3人，移送公安调查处理。

【内河渔业管理】 2021年，市农业农村局在内河开展网簖、摇网、地笼等非法网具拆除行动，严厉查处偷捕案件，开展内河渔业增殖放流，促进渔业资源环境修复，确保水域生态环境稳定。全年查处电捕鱼案件12起，没收电捕器具15套；查处非法捕捞螺蛳案件11起，拆除非法螺蛳收购点6个；清理各类违规渔具2800口。

【浮子筏专项整治】 2021年，市农业农村局严打涉渔"三无"船舶，开展非法船舶综合整治行动，采取"海上查、港口堵、岸上管"的方式，进行拉网式摸排，对非法船舶发现一艘拆解一艘，实现高频次动态清零。全年组织专项执法行动87次，出动执法人员655人次，清理取缔浮子筏449艘、快艇6艘、其他非法船舶9艘。

11月13日，新型200吨级中国渔政32563船从浙江舟山抵达吕四渔港渔政码头，加入市渔政执法行列　（市融媒体中心/供图）

【渔港综合管理】 2021年，市农业农村局科学整合涉渔涉港部门和沿海区镇渔业管理力量，推进"人船港"一体化综合管理。依据渔港等级、服务功能和辐射范围，实行渔港分级管理，吕四国家中心渔港综合服务中心由市渔政监督大队、吕四港镇渔业渔港局、市公安边防等部门驻港办公，实行"一支队伍、综合执法、智慧管理"的常态化运行模式。吕四渔港办事服务大厅全年服务渔民群众2600多人次。加大渔港升级改造力度，投入300余万元，完善吕四渔港基础设施。在塘芦港、蒿枝港等开放式港口，建设工作房，设置拦河索，派驻专人管理，渔船进出港登记管理全面落实。抓好渔港安全生产监管，落实依港管船管人，筑牢渔港安全防护坝。全年累计检查出港渔船1234艘次，查出渔船安全隐患1686处，查处安全案件144起，强化安全隐患整治闭环管理，确保渔船"不安全不出海、不安全不生产"。

（冯　琪）

12月1日，市渔业安全指挥中心工作人员实时监控渔船作业情况（市融媒体中心/提供）

农业机械化

【概况】 2021年，启东市以实现乡村振兴为目标，以农业生产全程全面机械化推进行动和农机装备智能化绿色化提升行动为主攻方向，开展全程全面机械化、特色农业机械化、农业装备智能绿色化等一系列工作，推动市农机化转型升级高质量发展。全市农机装备总量持续增长，农机总动力达67.6万千瓦。市创建全国主要农作物全程机械化示范市现场推进会在东海镇显中村举行，来自江苏省、南通市的农技专家，以及市农业部门负责人、新型合作农场和家庭农场主代表参会，观摩夏收夏种机械化生产现场和新型高端智慧农机具使用情况。

（徐　荣）

10月11日,全市青毛豆生产全程机械化收获现场会在合作镇曹家镇村青毛豆种植基地内举行 (王海兵/摄)

【农机机械化还田】 2021年,市农业农村局继续推进农作物秸秆机械化还田和生态犁耕深翻工作,发挥好秸秆机械化还田和生态犁耕深翻作业补助政策效应。除对夏季麦秸秆还田进行20元/亩的定额补助外,对秋季稻秸秆生态型犁耕深翻作业者实行40元/亩的定额补贴。补助对象为按作业标准实施全量秸秆机械化还田和生态型犁耕深翻作业的实际种植户。全市夏季秸秆机械化还田面积共计18.62万亩,比上年同期增长6%,夏季秸秆机械化还田率达88.28%。秋季秸秆机械化还田面积8.24万亩,比上年同期增长10.6%,秋季秸秆机械化还田率达95.63%。全年发放秸秆还田补贴701.53万元。

【农机安全生产管理】 2021年,全市参加农机政策保险农机共417台,共发放农机驾驶证54本。检验手扶拖拉机及运输机组71台、大中型拖拉机332台、联合收割机91台。全年注销手扶拖拉机及运输机组47台、手扶和小型拖拉机28台、大中型拖拉机208台、联合收割机139台。9月29日,由省农机安全监理所组织,启东市、灌云县承办的"办实事解难题 促农机安全生产"农机年检活动在市北新镇举行。两市、县农业综合执法大队共为70台在启东从事农业生产的灌云籍大中型农机实施年检。

(黄丽婧)

【职业技能培训】 2021年,市农业农村局创新"校所合作""校校合作"模式,与农业农村部南京农业机械化研究所、全国农机化教育培训中心联合举办农机技术员培训班,培训70人;与常州机电学院联合举办新型职业农民培训班,培训50人。

(徐　荣)

农业综合开发

【概况】 2021年,全市建设高标准农田5.3万亩,涉及8个区镇,其中国家项目8个,建设总面积5.2万亩;启东本级项目1个,建设面积0.1万亩。项目财政总投资18925万元,其中争取上级财政资金6868万元。

【国家高标准农田建设项目】 2021年,全市有国家高标准农田建设项目8个,建设总面积5.2万亩,其中高效节水灌溉0.5万亩。合作镇0.65万亩,其中高效节水灌溉0.08万亩,涉及蟠龙村、周云村、兴隆村3个村,财政投资2335万元;惠萍镇0.55万亩,涉及鸿西村、临河村2个村,财政投资1925万元;东海镇0.95万亩,其中高效节水灌溉0.07万亩,涉及武东村、云祥村、丰利村、东余镇村、戴祥村5个村,财政投资3377.5万元;南阳镇0.5万亩,其中高效节水灌溉0.1万亩,涉及汇城角村、合丰村、红星村3个村,财政投资1825万元;北新镇0.8万亩,其中高效节水灌溉0.06万亩,涉及灯杆村、安联村、建新村3个村,财政投资2845万元;王鲍镇0.95万亩,其中高效节水灌溉0.13万亩,涉及更生村、建群村、聚星村、洪桥村、合南村5个村,财政投资3422.5万元;近海镇0.5万亩,涉及向阳村、东进村2个村,财政投资1750万元;吕四港镇0.3万亩,其中高效节水灌溉0.06万亩,涉及闸河村、巴西村2个村,财政投资1095万元。项目主要新建灌溉泵站50座、低压管道31.157公里、变压器及输电线路49套、过水涵1094座、渡槽1个、岸坡防护47.6千米、机耕桥32座、机耕路70.793公里、烘干房3580平方米、仓库4600平方米、恒温储藏仓库830平方米、晒场6500平方米、防护林7900株等,并完成2%耕地占补平衡指标。

【启东本级高标准农田建设项目】 2021年,全市有启东本级高标准农田建设(提档升级)项目1个,建设面积0.1万亩,涉及近海镇向阳村,财政投资350万元。项目新建路下涵79座、水泥路4.43公里、河道护岸0.3公里。

(龚伟杰)

责任编辑　黄亦美

工业

※综　述

※临港产业

※特色产业

※战略性新兴产业

韩华新能源(启东)有限公司拥有领先的光伏技术，已形成完整的产业链，电池年产能达2.5GW，连续3年位列全球十大光伏制造企业。图为12月28日，公司太阳能电池组件全自动生产车间　　（潘　杨/摄）

综　述

【概况】 2021年,启东市共有工业企业5527家(税务部门一般纳税人口径),累计实现应税销售1284亿元,比上年增长34%;共有规模以上工业企业592家,实现规模工业增加值增幅14.5%,累计完成规模工业产值1120.6亿元,比上年增长28.2%。完成工业用电量29.1亿千瓦时,比上年增长13.6%。全社会固定资产投资比上年增长7.7%,其中工业投资比上年增长12.3%。新开工产业项目85个,其中工业项目72个,计划总投资540.2亿元;新开工10亿元以上产业项目31个。全市达到应税销售净增2000万元的企业有254家,较上年同期增加75家,实现工业应税销售增量344.5亿元,拉动全市工业应税销售增幅36个百分点。其中,增量超亿元的企业55家,超5亿元的企业14家,超10亿元的企业5家,德威涂料增量超20亿元,东成电动工具、广汇天然气增量超30亿元,寰宇东方增量超50亿元。全年工业百强企业累计实现工业应税销售786.8亿元,累计实缴税金20.7亿元。东成电动工具亩均应税销售达3185万元,排名第一位;拜耳医药亩均税收达427.2万元,排名第一位。百强企业中应税销售超亿元的企业81家,实现应税销售773.5亿元,占全市应税销售的60.2%;超10亿元企业17家,超20亿元企业10家,超50亿元企业3家。寰宇东方、东成电动工具两家工业企业应税销售超百亿元,取得历史性突破,市百亿级工业企业数在南通跃居第二位。全市各产业实现应税销售收入1188.8亿元。其中临港产业、特色产业、战略性新兴产业等重点产业累计实现工业应税销售1077.7亿元,比上年增长41.1%,占全市工业应税销售的83.9%;完成规模工业产值987.7亿元,比上年增长37.4%,占全市规模工业产值的88.1%。

2021年启东市各产业应税销售收入一览表

表7

产业名称	应税销售收入(亿元)	比上年增长(%)
临港产业	638.4	59.0
新能源及装备	197.9	47.5
海工船舶重装	238.9	60.5
港口机械	90.6	95.7
特色产业	304.6	28.7
电动工具	139.9	41.3
高端机械装备	164.8	19.7
战略性新兴产业	134.7	7.3
生命健康	57.0	5.0
电子信息及半导体	77.6	9.1
其他产业	111.1	53.6

【产业平台建设】 2021年,市发展改革委通过市级、部门、区域、企业四级联动方式,探索建立完善各产业发展平台的运行模式。通过产业资源整合,创建产业创新中心,为关键核心技术创新供给、系统性技术解决方案研发、高成长型科技企业孵化提供重要支撑。以共建共享为目标,发展提升工业互联网、检验检测、工业设计等公共服务平台,不断提升市公共平台的服务能力。

【重点产业研究服务】 2021年,市全面开展部门挂钩重点产业研究服务工作,组建由市政府主要领导挂帅,常务副市长任组长的产业研究服务领导组。建立部门挂钩研究服务制度,设立9个部门挂钩重点产业服务小组,各挂钩部门设立产业研究服务工作专班,围绕土地、人才、耗能、技术等核心要素,帮助企业疏堵、补断、解难、发展,针对产业龙头企业实施“一对一”精准服务,适时出台“一企一策”,合力推动产业研究服务。

【重点产业精准招商】 2021年,市发展改革委研究市重点产业布局规划、发展方向,紧盯产业链细分领域和上下游相关环节,梳理排定产业强链补链的关键环节、目标客户。依托区位优势、资源优势和产业基础,建立专业的招商队伍,开展定向招商、精准招商、产业链招商、基地型招商,引进一批提升产业基础能力、弥补关键核心技术、有效补链强链延链的重特大项目。

(姜姝雯)

临港产业

【概况】 2021年,启东市依托大港口、深航道、全路网的资源优势,重点发展海工船舶重装、新能源及装备、港口机械等细分产业，一批带动性强、支撑性强的重特大项目如卫华港机、红通重工、万洋众创等相继落户，地标性、航母型的先进产业集群初具规模。全年临港产业累计实现工业应税销售638.4亿元，比上年增长59.0%。产业主要分布在沿海沿江区域，启东经济开发区、海工船舶工业园、吕四港经济开发区等园区是产业发展的主阵地。

【海工船舶重装产业】 海工船舶重装产业有寰宇东方、中远海运等近40家重点工业企业，以海工装备、特种船舶、风能装备、钢结构等领域为主攻方向。2021年得益于国际航运市场回暖，集装箱海运需求旺盛，同时在"碳达峰、碳中和"的影响下，风电市场持续火热，产业内重点企业发展迅猛。11月23日，启东中远海运海工设计建造的M019北极2液化天然气项目1-TMS-001模块成功交付。M019项目为超大型天然气处理系列模块，是启东中远承建的首个大型陆地工艺模块建造项目，其单个模块重量超万吨。12月22日，中交上航局2艘3000方等级耙吸挖泥船"航浚4019""航浚3011"的交船仪式在上海振华重工启东海洋工程股份有限公司举行。全年海工船舶重装产业累计实现工业应税销售238.9亿元，比上年增长60.5%。

【新能源及装备产业】 新能源及装备产业有韩华、林洋、海四达等30家重点工业企业，重点推进超超临界火力发电系统、LNG分销转运站等项目建设；研究新一代光伏核心技术及产品，突破集中监控、微电网、光伏储能等光伏发电应用、并网技术；发展新一代风电整机及碳纤维风机叶片、关键铸件、大型塔架、高性能复合材料等风电产品。得益于"碳中和、碳达峰"的有效推动，光伏能源领域整体回暖，在重点企业的强力拉动下，整体呈现良性发展态势。6月30日，三峡资本、启东市人民政府、林洋能源举行战略合作签约仪式。签约后，三方在分布式绿色能源等领域加强合作。全年新能源及装备产业累计实现应税销售197.9亿元，比上年增长47.5%。

【港口机械产业】 港口机械产业有获捷工业成套、柳工建机等30多家工业企业，依托吕四港环抱式港池的良好条件，港口机械产业重点面向临港重大技术装备，大力发展大型石化成套设备、港口重型机械、海洋环保设备、大型环保设备、海水淡化等资源综合利用设备和大型基础施工设备。2021年，一批重点产业项目相继投产，全年港口机械产业累计实现工业应税销售90.6亿元，比上年增长95.7%。

【800兆瓦海上风电项目实现全容量并网】 12月25日，启东800兆瓦海上风电项目实现全容量并网。该项目位于启东市海域，场区中心离岸距离约40公里，规划用海面积114.5平方公里，配套建设3座220千瓦海上升压站和1座陆上集控中心。项目建设过程中创造"单月单船完成14根单桩沉桩""单月完成31台风机安装""40天完成72根海缆敷设""15天完成134台风机并网调试送电"等多项国内海上风电工程施工纪录。项目团队创下海上风电领域多项"首个"：国内首台国产化7兆瓦、10兆瓦风机吊装，为全产业链结构优化积累经验；国内首个外加电流规模化推广应用项目，为海洋环境保护开创友好探索；国内首座"三站合一"的海上风电场，有效降低工程成本、缩短施工周期、减少运维成本，为后续大容量海上风电项目建设开拓思路；国内风电机组配置最多元的项目，共计安装4个厂家、7种机型的134台风电机组，为大体量、规模化风电场建设提供推广模板。该项目并网发电后，年上网电量可达22.26亿千瓦时，每年可节约标煤71.7万吨，减少二氧化碳排放146.9万吨。

【亚洲最重钢制石化塔器发运】 3月6日，由中国石油天然气第一建设有限公司与江苏华滋能源工程有限公司合作建造的4000吨级抽余液塔在启东华滋能源重件码头整体装船发运。该塔高约117米，最大外径14.09米，筒体最大壁厚145毫米，设备净重3940吨，驳运重量约4370吨，水压试验重量16600吨，为亚洲最重的钢制石化塔器。在制造过程中，创新运用超大型塔器环缝埋弧焊技术、大直径厚壁筒节液压顶升技术、设备筒体自动开孔技术等11项关键技术。

【林洋能源与山东冠县人民政府签订建设200兆瓦分布式光伏电站合作协议】 8月17日，林洋能源与山东冠县人民政府签订整县推进分布式光伏开发建设合作协议，计划开发建设总装机容量约200兆瓦的分布式光伏电站。作为分布式光伏领域的先行者，林洋能源长期聚焦中国中东部地区分布式光伏市场，从2014年涉足光伏电站投资领域开始，持续稳健推进分布式电站项目的投资、开发、建设和运营。先后在山东冠县投资建设70兆瓦冠县万善油用牡丹光伏电站项目、冠县桑阿镇光伏+储能30兆瓦发电项目、新集镇和烟庄镇多个屋顶扶贫项目、张庄村村级扶贫电站项目及公共事业屋顶项目等。国家分布式光伏整县推进政策的落地，进一步助推林洋能源电站投资战略。

※重点企业选介※

【寰宇东方国际集装箱（启东）有限公司】 公司是中国远洋海运集团下最大的集装箱制造和销售企业，年产量30万TEU（英文全称是Twenty feet Equivalent Units，即指20尺相等的换算单位，也就是20尺换算箱，习惯被称为标准箱）。产品包括各类ISO标准干货集装箱、20'、20'HC（英文全称是High cubic，即指高箱）、40'、40'HC冷箱和45'、53'、开顶箱及其他特种箱。ISO标准干货与冷藏集装箱、特种集装箱处于行业领先。公司成功收购胜狮货柜等三家优质集装箱工厂后，集装箱制造能力跃居全球第二，集装箱产量占全球30%。2021年，集装箱生产订单充足，全年实现应税销售109.0亿元，比上年增长145%。

【南通泰胜蓝岛海洋工程有限公司】 公司是上海泰胜风能装备股份有限公司的全资子公司,国家高新技术企业、江苏省民营科技企业。公司生产的导管架、钢管桩、塔筒、升压站等海上风电成套基础装备处于国内市场领先地位,经权威鉴定,部分产品已达到国际先进水平,成为国内主要的海上风电装备制造商之一。2021年风电市场持续向好,企业在手订单充足,全年实现应税销售18.4亿元,比上年增长71.1%。

【江苏林洋能源股份有限公司】 公司是在上海主板上市的国家级高新技术企业,产品涵盖智能、储能、新能源三大领域。公司聚焦"智慧分布式能源管理"核心技术,打造具有双向互动特性的可再生能源生产及用户侧能源高效利用系统平台,其中包含"林洋智慧光伏云平台""林洋智慧能效管理云平台"。公司建有国家企业技术中心、江苏省电力电子应用工程技术研究中心等科研中心;先后承担36项省级以上科技计划项目,领衔参与和制定34项国家或行业标准,获得各种专利授权229项。2021年,公司完成应税销售58亿元,比上年增长9.0%。

【江苏海四达集团有限公司】 公司是中国电子元件百强企业、中国电池行业百强企业,是一家集研发、生产、经营于一体的国家级高新技术企业,产品涵盖新能源电池、化工、机电、特种气体、包装材料五大领域。位于启东经济开发区的海四达电源是全国领先的高能二次化学电池生产企业之一,主要生产高功率动力型电池和高温、低温、标准能量型电池等系列产品,产品质量、技术水平、市场竞争力在全国同行业中名列第一位。电源公司与上海空间电源研究所合作制作的航天电池成功应用于"神舟八号""天宫一号"和"神舟九号"。2021年,公司完成应税销售29.5亿元,比上年增长120.6%。

【启东荻捷工业成套设备有限公司】 公司是上海无声机电于2012年在高新区建立的生产基地,是一家在自动化分拣行业中为客户提供项目规划、细化设计、加工制造、装配、电气控制、信息对接等服务的系统集成商。其产品在物流、汽车、电子、食品行业得到广泛应用。2021年,公司进入上市辅导期。全年实现应税销售4.2亿元,比上年增长64.9%。

【柳工建机江苏有限公司】 公司创立于2007年,是中国工程机械知名企业广西柳工股份有限公司旗下全资成员企业,是一家集混凝土机械产品研发、生产和营销于一体的高新技术企业。公司主要生产具有自主知识产权的高科技产品,主要包括HBC车载泵、THB臂架泵车、HBT拖泵、MP工业泵等泵送系列产品,混凝土搅拌输送车、混凝土搅拌站(楼)、干粉砂浆搅拌站(楼)、精品机制砂生产线等搅拌机械成套产品。2021年,公司上市发布5款新产品,包含2款臂架泵车、2款车载泵和1款搅拌车,新产品上市后立即实现批量销售,全年实现应税销售2.3亿元。

(姜姝雯)

特色产业

【概况】 2021年,启东市充分放大本土电动工具、高端机械装备等传统特色产业优势,积极引导产业高端化、智能化、绿色化发展,着力推动产业技术创新、智能升级和制造模式转变,实现产业迭代升级。全年累计实现工业应税销售304.6亿元,比上年增长28.7%。产业分布由沿海向高新技术产业开发区、吕四港镇、汇龙镇、惠萍镇、南阳镇等区镇延伸。

【电动工具产业】 电动工具产业是启东市起步较早、规模集聚优势明显、市场竞争力较强、发展潜力巨大的传统特色产业,重点以锂电池、无刷电机、新能源电子、新材料在电动工具生产制造中的应用为主攻方向,开发人性化环保型电动工具、机电一体化的智能工具。2021年,电动工具产业互联网项目成功签约落地,跨境电商与产业深度对接,电动工具检测中心提档升级,外贸综合服务平台入驻运行,产业内龙头企业持续发力,产业内部分配套企业紧随其后,带动整体电动工具产业稳步提升。启东市外贸转型升级基地(电动工具)正式获批。电动工具产业基地成功获评南通市"两业"融合重点单位,天汾电动工具商贸城获评江苏省生产服务业示范集聚区、江苏省出口产品质量安全监管示范区。全市共有注册电动工具企业近1200家,在吕四地区共有注册登记电动工具企业1100余家,实际经营的企业537家,其中规模工业企业71家。全年电动工具产业累计实现工业应税销售139.9亿元,比上年增长41.3%。

【高端机械装备产业】 高端机械装备产业是市传统优势产业,以核电阀门为重点,加快发展大型核电机组配套设备,打造新一代核电设备相关配套产品;加快推动节能装备、环保机械向高端化、系列化、配套化方向发展,突破润滑设备、油泵阀门、智能数控等关键共性技术,达到国内一流、世界先进水平。2021年,全市高端机械装备产业有工业企业276家,规上企业215家。全年高端机械装备产业累计实现工业应税销售164.8亿元,比上年增长19.7%。

【启东电动工具产业高质量发展论坛】 6月5日,启东电动工具产业高质量发展论坛在皇冠假日酒店举行。会上,全国电动工具标准化技术委员会主任委员、中国电器工业协会电动工具分会执行副理事长刘建华作主旨发言,上海企源新联科技有限公司运营中心总经理宋天罡、上海电机学院产业技术研究院常务副院长赵朝会、阿里巴巴ICBU跨境供应链渠道运营专家赵修齐作主旨演讲。会上还举行"国家外贸转型升级基地(电动工具)"授牌仪式。此次论坛,专家、学者旨在助力市电动工具产业立足提升核心竞争力、科技创新力和品牌影响力，加快推进技术、产品和管理创新，提升产业基础高级化、产业链现代化水平，全力拓展市场、做强品牌，加快形成规模优势和引领效应。

11月30日，江苏东成电动工具有限公司本部改扩建项目加紧建设

（姜新春/摄）

※重点企业选介※

【江苏东成电动工具有限公司】公司是国内专业电动工具制造重点骨干企业之一，中国电器工业协会电动工具分会副理事长单位。公司主要生产各类电动工具产品及转子、定子等零配件，产品远销东南亚、南亚及中东等60多个国家和地区。“东成”商标被认定为江苏省著名商标、中国驰名商标，“东成”产品被评为江苏省名牌产品、江苏“双百品牌”产品，“东成”品牌被评为江苏省重点培育和发展的国际知名品牌。公司建有完善的工业生产基地，占地面积28.68万平方米，建筑面积15.68万平方米，拥有现代化的工业厂房和一流的生产及检测设备。2021年，东成电动工具继续引领产业发展，保持产业龙头地位，产销两旺，累计实现应税销售102.15亿元，比上年增长36.95%，成为启东市第三个应税销售破百亿元企业，也是启东市首个本土应税销售超百亿元的制造业企业。

【江苏国强工具有限公司】　公司是美国史丹利百得集团Stanley Black & Decke在华全资子公司。产品涉及钻孔紧固、金属加工、混凝土、木工等大类，广泛应用于工业、建筑和公众生活等各个领域。公司拥有自营进出口经营权，且配有十多条生产流水线和一流的检测仪器。2021年，公司实现应税销售5.2亿元，比上年增长64.6%。

【江苏神通阀门股份有限公司】公司是国家级高新技术企业、中国阀门协会理事长单位、工信部单项冠军培育企业。公司专业从事新型特种阀门研发、生产与销售。“神通”品牌产品享誉核电、冶金、石油和天然气集输及石油炼化等领域。应用于核电领域的蝶阀、球阀，国内市场占有率达90%以上，“蝶球”商标被认定为国家驰名商标。公司建有江苏省核电阀门工程技术研究中心、江苏省核电阀门重点实验室等科技创新平台；先后承担国家火炬计划等21个省级以上科技计划项目，主持和参与制（修）订39项国家或行业标准，拥有331件授权专利。公司于2010年6月在深交所上市，成为启东市首家A股上市公司。2021年，公司实现应税销售10.9亿元，比上年增长15.3%。

【江苏联测机电科技股份有限公司】　公司是动力系统测试解决方案提供商、国家级专精特新“小巨人”企业，拥有60多项专利、30多项软件著作权。其产品及服务主要应用于新能源汽车、燃油汽车、船舶和航空等细分领域动力系统测试，为新能源汽车整车、动力总成及相关零部件、燃油汽车动力总成及相关零部件、船舶发动机、航空发动机等动力系统相关设备提供智能测试装备和测试验证服务。2021年，公司在上交所科创板成功上市。公开发行1600万股，发行价格19.14元/股，募集资金30624万元。全年实现营业收入3.39亿元，净利润1.37亿元；应税销售2.2亿元，比上年增长30.4%。

（姜姝雯）

战略性新兴产业

【概况】　启东市以推进产业基础高级化、产业链现代化为路径，加快突破电子信息及半导体、生命健康两大战略性新兴产业，迭代升级步伐明显加快，逐渐打响具有全国影响力的名牌标签。2021年，战略性新兴产业累计实现工业应税销售134.7亿元，比上年增长7.3%。启东经济开发区、生命健康产业园、高新技术产业开发区是产业发展的前沿区。

【电子信息及半导体产业】　2021年，市优先发展大数据、5G等新一代信息技术领域，重点发展大面积宽带隙半导体材料与器件、大功率LED芯片及其封装模块、大尺寸晶圆等集成电路的关键材料和零部件，着力发展集成光电子与微纳电子封装用高分子材料等重点产业，打造在全国有影响力的第二代及三代半导体全产业链产业基地。得益于国家新基建发展的战略机遇，产业整体发展较快，共有电子信息及半导体研发、生产及相关企业近50家。全年累计实现工业应税销售77.6亿元，比上年增长9.1%。

【生命健康产业】 生命健康产业以打造卓越产业链为主要任务，全面对接张江全球医药研发中心及国外优势资源，围绕高端医疗器械、创新型临床体外诊断、生物制药、高端化学医药、高端药食功能食品、中成药等重点产业，打造生命健康制造基地。依托药明康德、睿智医药等生物医药头部企业补链强链，打造高端医药产业生态圈。产业通过培育发展，已经初具规模，同时得益于社会对健康产业的关注，产业整体呈现加速上升态势。2021年，全市共有以原料药和医疗机械等为主体的生命健康产业相关企业近40家。全年生命健康产业累计实现工业应税销售57.0亿元，比上年增长5.0%。6月5日，浦东·启东跨江融合生命健康产业联盟成立暨2021植介入医疗器械创新启东论坛在启东生命健康科技园举行。会上，浦东·启东跨江融合生命健康产业联盟正式成立。

【2021年长三角生物医药产业协同高质量发展论坛(上海—启东)在上海举行】 4月21日，2021年长三角生物医药产业协同高质量发展论坛(上海—启东)在上海张江举行。上海市生物医药技术研究院院长、上海市生物医药行业协会会长傅大煦，中国医药生物技术协会执行会长吴朝晖，华东理工大学生物工程学院党委副书记陆兵，上海市生物医药行业协会执行会长兼秘书长陈少雄等生物医药领域的知名专家学者、企业家、投资家，以及启东市领导邵茂华、黄晨参加活动。会上，《长三角生物医药协同发展暨启东生命健康科技城医药产业园产业规划》发布。中国医药生物技术协会执行会长吴朝晖、江苏省生物化学与分子生物学学会理事长王旻、易方达资产管理有限公司研究员龚元超、睿智医药江苏有限公司副总经理杨伟敏分别作主旨演讲。

【生命健康产业创新与发展研讨会在北京召开】 5月20日，启东市在北京市中科智汇工场召开生命健康产业创新与发展研讨会。国家药品监督管理局药品不良反应监测中心处长董放、中科院北京国家技术转移中心副主任崔常男、中国药品生物制品检定所医疗器械检验中心前主任奚廷斐、中国医疗器械行业协会秘书长徐珊、北京大学生命科学华东产业研究院副院长张泳、北京康爱瑞浩生物科技股份有限公司副总经理李君阳等生命健康领域专家学者、商界精英参加研讨会。

※重点企业选介※

【启东乾朔电子有限公司】 公司由国内最大的手机连接器生产企业深圳市乾德电子投资建设，占地13.33公顷，总投资6.5亿元。主要从事新型电子元器件、电子连接器、电声元件成品及相关零部件的生产，产品在全国手机连接器市场占有率达70%。公司被授予“江苏省企业技术中心”“江苏省两化融合试点企业”“江苏省精密连接器工程技术研究中心”等称号。2021年，公司虽然外销订单有所减少，但新承接华为公司部分订单，内销订单较为充足，全年完成应税销售20.2亿元，比上年增长57.0%。

【江苏捷捷微电子股份有限公司】 公司是江苏省创新型企业、中国半导体协会会员单位，专业从事半导体分立器件、电力电子元器件研发、制造、销售，是国内最早生产方片式单、双向可控硅且品种最齐全的厂家之一，是国内电力半导体器件领域晶闸管器件芯片方片化细分行业的龙头企业。企业总资产24.55亿元，共获得授权专利53项，拥有江苏省高新技术产品19个。2021年，公司完成应税销售8.2亿元，比上年增长24.5%。

【拜耳医药保健有限公司启东分公司】 拜耳作为一家跨国企业，在生命科学领域具有核心竞争力。拜耳启东分公司是拜耳健康消费品在中国最大的非处方药和营养补充剂生产基地，主要产品包括爱乐维、达喜、开瑞坦、白加黑等，并建有拜耳健康消费品全球四大研发中心之一。2021年，公司加大数字化改造力度，各类产品产能进一步释放，全年累计实现应税销售12.3亿元，比上年增长24.5%。

【江苏科本药业有限公司】 公司为世界五百强上市企业物产中大集团下属控股公司，国家高新技术企业，建有江苏省手性药物工程技术研究中心，在产品工艺改进、技术创新、新药开发等方面具有较强的科研实力。拥有国家发明专利12项，主要产品有索非布韦、泰诺福韦、拉米夫定等手性药物，在国内市场占有率达60%以上。产品销往国内多个省市及东南亚、欧盟地区。2021年，公司完成应税销售3.4亿元，比上年增长16.1%。

(姜姝雯)

责任编辑 汤巍威

建筑业

※综　述
※产业发展
※建筑管理
※获奖工程选介
※企业选介

启东本土第一个鲁班奖工程——启东市文化体育中心　（市融媒体中心/供图）

综　述

【概况】 2021年,启东市建筑业企业完成建筑业总产值1401.3亿元,比上年增长8%;实现建筑业税收15.76亿元,比上年增长3%。税收占全市总量的13.43%。第十次包揽鲁班奖、国家优质工程奖、詹天佑奖三项国家优质工程大奖,刷新年度创国家级优质工程数量新纪录。当年启东建筑企业承建或参建的工程获中国建设工程鲁班奖5个(承建2个,参建3个),累计鲁班奖项目44个,其中承建项目18个,参建项目26个。南通二建、建筑集团、启安集团获评2020年度江苏省建筑业竞争力百强企业。

【资质建筑企业】 2021年,全市共有各类建筑企业664家,比上年新增97家。其中,总承包企业282家、专业承包企业158家、其他224家。总承包特级企业2家、一级13家、二级47家、三级220家;专业承包一级企业12家、二级72家、三级73家;特种工程(建筑物纠偏和平移)企业1家、混凝土企业25家、模板脚手架企业84家、施工劳务企业115家。南通中超、南通江洲晋升建筑工程施工总承包一级,江苏恒绿晋升机电工程施工总承包一级。

2021年启东市十强建筑企业总产值一览表

表8

序号	企业名称	建筑业总产值(亿元)
1	江苏南通二建集团有限公司	729.35
2	启东建筑集团有限公司	215.91
3	江苏启安建设集团有限公司	150.92
4	江苏银洲建设集团有限公司	50.52
5	江苏中润建设集团有限公司	129.13
6	启东市市政园林建设有限公司	0.72
7	江苏恒绿建设工程有限公司	13.91
8	南通江洲建设工程有限公司	6.25
9	南通恒润建设工程有限公司	3.497
10	南通中超建设工程有限公司	0.49

【建筑人才队伍建设】 2021年,启东市建筑工程学校创新培训方式,开发和采用优质网上资源,运用线上线下并行、学员自主选择的继续教育模式,开展建造师、安全员、特种作业、职业技能和退役军人适应性培训等线下教育培训32期,培训各类人员24313人。全市建筑企业新增中高级职称人员284人;866人次通过建造师继续教育考试;325人参加特种作业人员新证、复审考试;188人获中级职称,96人获高级职称。全市有一级注册建造师1432人,二级注册建造师4355人;新录用大学毕业生500多人。

9月28日,2021年南通市住建系统建筑信息模型技能竞赛在启东举办,图为颁奖现场　（市住建局/供图）

【南通市住建系统建筑信息模型技能竞赛在启东举办】 9月28日,2021年南通市住建系统建筑信息模型技能竞赛在市建筑工程学校举办。南通各县(市、区)共7支代表队53人24家建筑企业参赛。竞赛由理论考试和实操作业组成,评委们通过卷面成绩,模型搭建完成率、准确度、精细化程度等方面对参赛选手打分。最终产生一等奖1名,为启东建筑集团选手;二等奖3名,其中1人为启东建筑集团选手;三等奖6名,其中1人为南通二建集团选手。

（李　钦）

产业发展

【市场拓展】 2021年,启东建筑铁军精研市场布局,着力拓宽发展空间。坚持市场为先导向,努力形成专业覆盖宽、产业链条长、产品附加值高的发展新格局。扩展国内业务领域。南通、苏州、南京、京津、东北等市场占据当地建筑企业排头兵位置。其中,南通市场完成施工产值341.06亿元,苏州市场完成施工产值178.82亿元,南京市场完成施工产值60.19亿元,京津市场完成施工产值53.48亿元。南通二建长三角沪宁线规模持续扩大,完成产值占集团总量的63.2%,新签合同额占集团总量的60.4%。在疫情严重、人员难管的境外市场,南通二建各涉外事业部指导施工人员加强自我保护,严格实施项目封闭式管理,确保经营生产正常开展。南通二建进入ENR250国际承包商行列(排名第232位),获得以色列G5资质三年延期许可。全年南通二建在境外施工总面积达129万平方米,比上年增长6.7%;施工总产值达21.56亿元;新签合同额达21.83亿元。其中,以色列市场在建项目有13个。江苏启安与国企、央企设计院联合参与市场竞争,通过"施工承包+""特长+""投资+"等方式,寻找发展新空间。

【名优工程】 2021年,启东建筑企业承建或参建的工程获中国建设工程鲁班奖5个(承建2个,参建3个),分别为启东市文化体育中心、新疆医科大学新校区(一期)教学楼及图文信息中心、乌鲁木齐奥林匹克体育中心。其中,启东市文化体育中心是启东市本土第一个鲁班奖项目。获国家优质工程奖1个(参建),为苏州城北路综合管廊工程。获詹天佑奖4个(承建3个,参建1个),分别是华润中心·威海湾九里项目、南京小行里51号危旧房改造地块经济适用房项目、新疆乌鲁木齐世界冠郡住宅小区二期工程。

2021年启东市建筑业企业获奖项目一览表

表9

奖项名称	工程名称	承建(参建)单位
鲁班奖	启东市文化体育中心	江苏南通二建集团有限公司(承建) 江苏启安建设集团有限公司(参建)
	新疆医科大学新校区(一期)教学楼及图文信息中心	江苏南通二建集团有限公司(承建) 江苏启安建设集团有限公司(参建)
	乌鲁木齐奥林匹克体育中心(体育馆及地下建筑)	江苏启安建设集团有限公司(参建)
国家优质工程奖	苏州城北路(金政街—江宇路)综合管廊工程	江苏南通二建集团有限公司(参建)
中国土木工程詹天佑奖(优秀住宅小区金奖)	小行里51号危旧房改造地块经济适用房项目	江苏南通二建集团有限公司(承建)
	华润中心·威海湾九里项目	江苏南通二建集团有限公司(承建)
	世界冠郡住宅小区二期项目	江苏南通二建集团有限公司(承建) 江苏启安建设集团有限公司(参建)
中国安装之星	研发中心(会展中心、办公楼及地下车库)安装工程	江苏南通二建集团有限公司(承建)
	天津中电晟发太平镇窦庄子二期65MW渔光互补光伏发电工程	江苏南通二建集团有限公司(承建)

【转型升级】 2021年,启东建筑业发展调优内部结构,着力加快转型升级。引导和发展装配式建筑生产企业,提升市建筑业的竞争力和管理水平,业务领域不断拓宽。南通二建运用品牌及资源积累,承建外资项目;提高综合实力,承接高端业务、绿色业务、基建业务;在物流仓储领域竞争力显著提升,形成强项。建筑集团发挥信用分领先的优势,参与国有投资项目公开投标,承接启东市高铁新城安置房工程总承包项目及启东第一个高架项目——吕四港环抱式港池西港西路工程总承包(EPC)项目等标志性工程,全年在启东本土承接工程近20个,合同造价合计近35亿元。转型升级步伐稳健。建筑集团旗下总投资10.8亿元的现代建筑产业基地——启东市筑城装配式建筑有限公司,经营市场逐步稳定,主攻上海市场,辐射长三角周边城市。该产业基地年产装配式建筑构件7.3万立方米,最高月销售额2630万元,年产值达1.88亿元。江苏枫达建筑科技有限公司等PC生产企业推动墙体材料企业绿色发展,加快行业转型升级。江苏泰林建设有限公司的蒸压钢筋陶粒混凝土轻质墙板产品和启东市俊杰建材有限公司的新墙材水泥砖产品均获得省新墙材产品认证证书,填补市场空白。江苏恒绿注重在公建市政项目的拓展,跨省与优秀企业形成长期互惠互利合作。

【创新创优】 2021年,全市建筑企业获国家发明专利4个,获省部级工法9个,获国家级QC成果24个。8月11—13日,中国施工企业管理协会2021年工程建设质量管理小组竞赛活动落幕。启东建筑集团陈向东等发布的《研发动水环境旋喷坑内施工技术》QC成果获一等奖。

(李 钦)

建筑管理

【概况】 2021年,市住建局全面落实《市政府关于印发促进建筑业高质量发展意见的通知》,从发展壮大建筑企业规模、支持建筑企业创新发展、鼓励建筑企业创优创牌、加强建筑企业人才培养、营造建筑企业发展环境、优化建筑企业服务效能等方面进行政策扶持,推动建筑业高质量发展。组织建筑企业信用考核活动,将考核结果应用于政府项目招投标,并根据考核结果和备案情况,建立企业优选库,健全市场进入和退出机制,规范企业市场行为、促进企业诚信经营、营造建筑市场优良的发展环境。鼓励企业做大规模、创优夺杯,全年核发建筑业地方财政贡献奖金883万元,其中启安集团596万元、银洲集团72万元、大同建筑劳务89万元、新城园林82万元、市政园林31万元、通启公路13万元;核发创优夺杯奖、科技创新奖、晋升资质等各项奖金662万元,累计发放奖金1545万元。深入推进"放管服"改革,强化监督管理,提升服务质量,优化营商环境。监管服务涉及合同备案、审图服务、档案服务、培训服务、资质管理、消防监管、质量监督、安全监督等方面。

【工程质量监督管理】 2021年,市住建局共受理土建项目报监项目单体833个,建筑面积593万平方米。1253个竣工单体项目验收合格率100%。开展质量监督抽查巡查213次,监督抽测108次,发现结构隐患67起,发出整改通知书128份、局部停工通知书20份,对发现的项目中严重影响结构安全的质量问题,均及时予以查处,杜绝重大质量事故的发生。加强施工和监理合同管理,共归集勘察设计合同469件、施工总承包合同274件、监理合同173件。严格落实人员变更审核手续,共办理项目现场人员变更176人次。全年办理市政工程施工许可手续9件、容缺审批手续5件、竣工项目4个;出具工程质量监督报告2份,开展监督抽查40次;发出整改通知书19份、停工通知书2份,对2个项目12%石灰土无侧限抗压强度、3个项目水泥稳定碎石成型情况和厚度及无侧限抗压强度、2个项目沥青混凝土沥青含量和压实度及厚度、2个项目混凝土强度和钢筋间距及钢筋保护层厚度、1个项目钢结构杆件截面尺寸和抗拉强度及焊缝质量进行抽测。

全年完成施工图设计审查项目183个,施工图审查面积219.2万平方米,发放施工图审查合格证183份;完成特殊建设项目消防专项审查89个、新建住宅小区配套工程审查10个、市重点工程容缺审批项目施工图技术性审查15个、小区旧楼加装电梯施工图审查41个。完成施工图审查收费343万元。做好绿色建筑、抗震、防雷、消防、新建住宅小区精装设计及配套设计专项审查工作和新建项目推广应用"三板"(预制楼梯板、预制楼板、预制内外墙板)工作,在省"三板"应用项目实施范围内把好"三板"的施工图审查关。共发现违反工程建设强制性条文167条、违反工程建设强制性标准592条,责成勘察、设计单位完成勘察设计整改工作,消除施工图中存在的侵犯公共利益和质量安全、消防安全隐患。制定公布《关于加强建设工程施工图审查人员管理工作的通知》,规范施工图审查人员的行为。

推行业主开放日。通过设置群众投诉专线、开展工地开放日活动,征集住房买受人对各自房屋及公共部位质量的意见或建议,对不符合设计要求和标准规范的质量问题要求建设单位整改落实,形成闭合材料。对记录不真实、存在影响主要使用功能或存在严重观感质量问题,责令改正,符合要求后组织竣工验收。对24个老旧小区改造开展专项检查,完成建材抽检29轮,共计约210项样品。在检查中共下发质量整改通知书10份、巡查记录40份。

加强预拌混凝土行业监管工作。全市共有25家有资质的预拌混凝土企业,全部通过市住建局组织的绿色生产验收,其中南通浩辰、江苏泰林取得绿色建材标识三星级认证。全市取得绿色建材标识三星级证书企业共4家。

【建设工程造价管理】 2021年,市住建局在造价管理方面加强咨询市场监管,规范市场秩序。全年造价咨询企业、招标代理企业招标控制价备案536个项目。出台《关于发布建设工程材料价格波动预警的通知》,3次集中发布调整部分主要材料指导价,及时预警各建设方主体及施工企业,适时调整工程造价。制定《启东市建设工程造价专家库管理办法》,确定15人为专家库成员,涉及建筑安装工程、市政园林绿化工程、装饰工程三个专业。发布《启东建设工程造价信息》八期。定期发布典型工程造价经济指标和工程造价指数,全年共发布6个项目。

【安全监督】 2021年,市住建局在监项目数量307个,项目总建筑面积约1560万平方米,其中新增项目209个。开展各项安监检查项目抽查665项次,开具隐患限期整改通知书624份,开具隐患停工整改通知书41份;检查大型起重机械1360台(塔吊492台、施工升降机283台、吊篮511台、桩机67台、爬架7台),依法提请移交处罚违法违规行为84起。组织11275名安全管理人员参加年度继续教育培训,1405人次安管人员参加考前培训。

建筑工地严格落实扬尘污染防治"六个百分之百"(工地周边100%围挡,物料堆放100%覆盖,出入车辆100%冲洗,施工现场地面100%硬化,土方100%湿法作业,渣土车辆100%密闭运输),督促建筑工地各方责任主体严格落实扬尘污染防治主体责任。对存在扬尘污染问题的项目,开具隐患限期整改通知书,督促整改,移交处罚。全年共提请移交处罚扬尘污染违法违规行为21起。

加快安全监管信息化建设,向各镇、各园区建管人员和各项目管理人员推广"云智建"应用程序,推进智慧监管在属地、企业、项目的落地和实施,提升对风险隐患的发现和掌控能力。"云智建"应用程序共注册使用1439人,其中镇、园区建管人员84人。依托"智慧工地"平台高效开展监管工作,发挥"启智建"应用程序的数据支撑作用,核查关键岗位人员考勤情况。

全年共开具建筑市场行为不规范整改通知书120余份，移交15余起，提升在建项目关键岗位管理人员到岗履职率。

【招投标监督】 2021年，市住建局出台《关于进一步推进本地建筑业企业参与大型基础设施建设的通知》，推进启东当地优质企业以联合体投标的模式参与桥梁（含高架）隧道、城市快速道路、综合管廊、港口航道、地方铁路、高速公路、轨道交通、水利工程等大型基础设施工程建设，同时优化招标评标方法。吕四环抱式港池西港区西港西路工程总承包（EPC）项目首先采用联合体投标的模式，并完成招标工作。全年共完成536个项目招标控制价备查、528个项目招投标监管工作，发现并认定串标围标事实5起，移送相关单位进一步处罚；受理投诉8起，协助纪委调查处理1起。与2020年相比，启东当地建筑企业中标率由34.7%提高到54.7%。

【信用考核】 2021年，市住建局加快推进和完善建筑市场诚信体系建设，规范建设市场秩序，对全市范围内有在建项目并具有建筑工程、市政公用工程施工总承包资质的346家企业进行信用考核，并及时公布信用分，同时完善信用考评机制，征询各方意见，修订考核办法。

【建设工程消防审验】 2021年，市住建局开展纸质材料流转、网上系统使用、工程档案管理培训，加强科室及窗口工作能力。依据《建设工程消防验收评定规则》《验收工作指南》，采取“行政人员+专家”的模式进行消防验收。行政中心住建窗口共受理消防设计审查项目80个、消防验收项目77个、消防验收备案项目174个，所有审查、验收、备案项目受理均通过江苏省建设工程消防审查验收管理系统实施。

【行业服务】 2021年，市住建局在资质、教育培训、档案等方面提供服务，进一步优化营商环境。受理270家企业申办资质事项，其中首次申请97家，增项申请54家，升级申请6家，资质平移进启33家。核查企业不合格资质，对27家存在建筑工程施工总承包净资产、注册建造师不达标等问题的企业，下发整改通知书，责令整改。完成审核、接收单体工程竣工档案886份，出具建设工程档案接收凭证161份，完成纸质档案22503张文字材料、5242张图纸的数字化扫描处理，房屋建筑工程声像档案归档率达100%；接待查阅来访912人次，提供档案1463卷，出具复印凭证17176份；拍摄、收集630张城市建设专题照片。政务中心住建窗口全年共受理各类审批事项1171件，收取农民工保证金104件、城市基础设施配套费175件。优化营商环境，全年所有施工图审查项目和特殊工程消防审查项目全部在数字化联审系统中运行，并且对接江苏省和南通市政务服务网上平台，建设单位用户可直接从“江苏政务网”入口进入数字化审图系统查询。

【法制服务】 2021年，市住建局持续做好行政诉讼、信息公开工作。全年共处理行政诉讼案件12件，其中5件为往年结转案件，7件为当年度新增诉讼案件；共收到信息公开申请102件，其中当面申请63件，网络申请21件，信函申请18件，均在20个工作日内依法依规答复办结。移交违法案件101件。12345电话工单系统、微信工单系统和市域综合治理中心网格化应用系统共处理工单6638件。全年共收悉各渠道来信304件，接待群众来访13批次，均妥善处理。

【农民工工资保障】 2021年，市住建局建立健全长效机制，做好农民工工资保障工作。全市共有302个在建项目安装实名制系统和开设农民工工资专户，全年实名制考勤13.77万人次，代发工资16.87亿元，列南通市第二位，其中在建房地产项目累计打款6.48亿元。将8家企业纳入“全省限制市场准入”黑名单，对2020年3月至2021年3月期间存在农民工欠薪上访的43家企业进行通报。

（李　钦）

获奖工程选介

【启东市文化体育中心】 项目位于启东市新城蝶湖片区，西临江海南路，东临民胜南路，由北区和南区组成。北区为A级高度高层建筑，包含大剧院和文化馆，地下一层，地上三层，建筑高度29.5米；南区为多层建筑，包含全民健身中心、博物馆与规划馆、美术馆与版画馆，地下一层，地上四层，建筑高度23.87米。总建筑面积79570.97平方米，结构类型为框架结构。南区玻璃幕墙采用横明竖隐框架玻璃幕墙系统、全明框玻璃幕墙系统，有穿孔铝板幕墙、水波纹装饰幕墙等。内部北侧独立柱高24米，整体采用干挂石材装饰。北区玻璃幕墙采用外倾式斜玻璃幕墙、内倒式斜玻璃幕墙，玻璃全部采用双曲面玻璃，造型奇特，施工难度大。剧院共享大厅采用大面积曲面穿孔铝板吊顶，观众厅吊顶、墙体采用GRG新型材料。工程于2017年5月27日开工，2020年6月26日竣工。由江苏南通二建集团有限公司承建，江苏启安建设集团有限公司参建。工程推广应用建筑业十项新技术中10个大项32个子项，技术水平达国内领先，自创技术8项，其中省级工法1项、专利成果6项、国家级QC成果2项。工程获2020—2021年度中国建设工程鲁班奖。

【新疆医科大学新校区（一期）教学楼及图文信息中心】 项目位于乌鲁木齐市河马泉新区，是一座集图书存储、阅览、学术报告、科研办公于一体的地标性文化建筑。图文信息中心地下两层，地上六层，建筑面积48467.97平方米，藏书量100万册以上，属一类高层民用公共建筑，耐火等级为一级。建筑地下二层为人防车库、生活水泵房、制冷泵房；地下一层为变配电室、密集书库、报告厅、自习室等；一层及以上包含自习室、阅览区、自助上网区、办公室等。工程内设给排水、供暖、喷淋、消火栓、水炮、电气动力、照明、防雷接地、火灾报警、气体灭火、送排风、

新疆医科大学新校区（一期）教学楼及图文信息中心工程

乌鲁木齐奥林匹克体育中心（体育馆及地下建筑）工程

小行里51号危旧房改造地块经济适用房项目

世界冠郡住宅小区二期项目

华润中心威海湾九里项目　　（市住建局/供图）

防排烟、舒适性空调等众多机电系统。工程用热源由校区内锅炉房供给，冷源由制冷泵房内2台制冷机组辅之屋顶3台冷却塔供给。工程于2018年8月29日开工，2020年5月9日竣工。由江苏南通二建集团有限公司承建，江苏启安建设集团有限公司参建。工程推广应用建筑业十项新技术中8个大项18个子项，涉及安装专业的4个大项10个子项，获国家级QC成果2项。工程获2020—2021年度中国建设工程鲁班奖。

【乌鲁木齐奥林匹克体育中心（体育馆及地下建筑）】 项目位于乌鲁木齐市米东区，地下一层，地上四层，建筑面积76678平方米。地下一层为车库、设备用房，一层及以上为赛场及观众坐席。工程内含火灾自动报警系统、消火栓系统、自动喷水灭火系统、防排烟系统等。工程于2017年6月1日开工，2020年4月30日竣工，由江苏启安建设集团有限公司参建。工程推广应用建筑业十项新技术中10个大项34个子项，自创技术4项，其中创自治区工法2项，有专利成果2项、国家级QC成果6项。工程获2020—2021年度中国建设工程鲁班奖。

【苏州城北路（金政街—江宇路）综合管廊工程】 项目位于苏州市姑苏区，主要途经金阊新城、虎丘景区和平江新城版块。自西向东沿城北路布置，起于金政街，终于江宇路。沿途下穿21条道路口、3条河流，上跨轨交4号线、2号线、一个军分区。管廊全长12443米，为四舱结构（电力舱、水信舱、燃气舱、热力舱），纳入电力、通信、燃气、热力等8类管线，并在两端预留节点与新区、园区对接。配套附属系统有自用负荷的供配电系统、电气控制与照明系统、接地及等电位联结系统、排水、通风、消防报警系统等。工程于2016年7月22日开工，2018年8月8日竣工，由江苏南通二建集团有限公司参建。工程推广应用建筑业十项新技术中7个大项9个子项，其中创自治区工法2项、专利成果2项、国家级QC成果1项。工程获2020—2021年度中国施工企业管理协会国家优质工程奖。

【小行里51号危旧房改造地块经济适用房项目】 项目位于南京市雨花台区赛虹桥街道小行里51号，总建筑面积73205.79平方米，其中住宅建筑面积45197.87平方米，配套用房及商业10897.5平方米，地库17110.42平方米。项目共4栋建筑，其中01栋配套用房为框架结构，02栋、03栋28层住宅采用剪力墙结构，03栋底层为附建式配套商业，04栋6层独立式配套商业设计为框架结构。工程于2016年12月23日开工，2019年8月13日竣工，由江苏南通二建集团有限公司承建。工程推广应用建筑业十项新技术8个大项25个子项、江苏省新技术6个大项12个子项，并且使用多项自主创新技术，做好绿色施工技术的推广和应用。工程获2021年中国土木工程詹天佑奖优秀住宅小区金奖。

【华润中心·威海湾九里项目】 项目位于威海市环翠区金线顶，项目地块为填海造地而成的独立岛状用地。整个项目分六期开发建设，江苏南通二建集团有限公司承建项目四期、五期工程，总建筑面积约19.59万平方米。其中，四期总建筑面积11.83万平方米，由4栋34层高层住宅、两个1层商业网点及地下车库组成；五期总建筑面积7.76万平方米，由2栋超高层，3栋多层洋房、大跨度薄壳清水混凝土会所及地下车库组成。超高层地下2层，地上41层；洋房地下1层，地上6层，桩筏基础，剪力墙结构。工程于2016年8月10日开工，2019年9月12日竣工，由江苏南通二建集团有限公司承建。工程推广应用建筑业十项新技术7个大项18个子项，自创技术4项，其中创山东省级工法1项、专利成果2项、国家级论文《施工技术》1篇。工程获2021年中国土木工程詹天佑奖优秀住宅小区金奖。

【世界冠郡住宅小区二期项目】 项目位于乌鲁木齐市天山区，B2区规划总用地面积5.02公顷，总建筑面积26.24万平方米，其中地下车库面积6.48万平方米。项目共11栋高层住宅，地上层数为18～30层不等，地下皆为2层，主要的结构为框架、剪力墙结构。工程于2016年6月开工，2018年8月竣工，由江苏南通二建集团有限公司承建，江苏启安建设集团有限公司参建。工程使用建设业十项新技术8个大项19个子项。工程获2021年中国土木工程詹天佑奖优秀住宅小区金奖。

【研发中心（会展中心、办公楼及地下车库）安装工程】 项目位于南京市浦口高新区星火北路西侧，由A区主楼和B、C区裙房组成，总建筑面积56239.9平方米，其中地上建筑面积38829.4平方米，地下建筑面积

研发中心安装工程 （市住建局/供图）

17410.5平方米。地下室为一层框架剪力墙结构,层高5.6米,主要功能为汽车库、设备用房及配套人防工程。地上主楼为19+1层,结构层高1~2层为3.6米,3~19层为4米,建筑最高点为83.05米,结构形式为框架剪力墙结构,主要使用功能为办公楼;裙房局部3层,主要功能为报告厅会议室和展厅,其中展厅屋面为钢结构屋面。工程于2014年5月1日开工,2016年7月30日竣工,由江苏南通二建集团有限公司承建。工程推广应用建筑业十项新技术9个大项19个子项。工程获评2019—2020年度中国安装之星。

(李　钦)

企业选介

【江苏南通二建集团有限公司】 集团具有国家房屋建筑工程施工总承包特级资质,市政公用工程施工总承包一级和机电设备安装、建筑装饰装修、钢结构及地基基础工程4个专业承包一级资质,拥有水利水电、隧道、环保、铁路、公路、桥梁等12个关联资质,是一个跨行业、跨地区、多元化经营的大型建筑企业集团。共创"鲁班奖"24项、国家优质工程奖24项、詹天佑奖21项,"白玉兰杯""扬子杯""长城杯"等省市级优质工程奖448项。主编国家标准和行业标准3项,创6项国家级工法、43项发明专利、145项实用新型专利,获国家级科技进步奖1项、省级科技进步奖3项。10次列江苏省建筑业综合实力百强企业第一名,17次上榜中国企业500强(2021年列255位)、中国民营企业500强(2021年列第96位)、中国承包商80强(2021年列第11位);获评全国"重合同、守信用"企业,中国建设银行总行、中国银行总行AAA级资信企业和重点客户。项目公司化管理模式在全国工程建设领域有名。党和国家领导人多次视察南通二建承建的项目。南通二建注册商标获评中国驰名商标。2021年,二建集团有中高级职称人员2097人,其中一级注册建造师625人,下属单位(公司)44个,省级技术中1个。完成建筑业总产值729.3亿元,承建施工面积6500万平方米。

【启东建筑集团有限公司】 集团拥有房屋建筑工程施工总承包特级资质,具有市政公用工程施工总承包壹级及建筑机电安装、消防设施等专业承包壹级,建筑装修装饰、防水防腐保温、起重设备安装等专业承包贰级资质,建筑装饰工程设计专项甲级资质及石油化工、地基基础、钢结构等专项资质。公司是一家以建筑施工总承包为主业,集房地产开发、建筑装饰、建筑机械制造、装配式建筑生产、酒店服务业、金融及职业技能教育等于一体的综合型现代企业集团。先后创国家优质工程奖7项,以及"长城杯""白玉兰杯""扬子杯""长安杯""西夏杯"等省(市、自治区)优质工程奖100余项。集团获全国工程建设诚信典型企业、全国建筑业AAA级信用企业、江苏省建筑业综合实力百强企业、江苏民营企业200强、江苏省建筑业企业安全生产先进单位、首批南通市非公有制企业党建带工建"三亮三比"市级示范单位(南通市共20家、启东市仅3家)等荣誉。2021年,集团有中高级职称人员457人,其中一级注册建造师218人,下属单位(公司)68家。完成建筑业总产值215.9亿元,建筑施工面积1658.4万平方米,新签合同额197.4亿元。

【江苏启安建设集团有限公司】 江苏启安建设集团有限公司具有国家机电、建筑、石油化工、市政公用工程施工总承包壹级和钢结构、机电、装修装饰、消防等多项专业承包等级资质及承装(修、试)电力设施许可证等多项特种作业许可。公司下设八大区域公司和40多个分公司,工程项目分布于全国华北、东北、西北等各地。2009年起,连续13年获省建筑业百强企业建筑安装类第一名。在行业内率先成立贝姆设计公司,创建省建筑业企业技术中心,先后承建或参建国家大剧院、浦东国际机场、上海国际会议中心、世博德国馆等工程。获鲁班奖、国优工程奖等省部级以上奖项100余个,获国家实用新型专利5个,获评国家级QC成果9个。2021年底,公司有职工2000余人,其中一级、二级建造师460余人,高级工程师100人。完成建筑业产值150.92亿元,占全市总量的10.77%;实现营业收入89.5亿元;完成税收3.2亿元;房屋建筑施工面积523.07万平方米,占全市总量的4.96%;新开工面积138.93万平方米,占全市总量的5.15%;新签合同额137亿元。

【江苏银洲建设集团有限公司】 江苏银洲建设集团有限公司业务立足启东当地,辐射上海、天津、浙江、山东等省市。承建的多项工程获江苏省文明工地、天津市建设工程"海河杯"、浙江省建设工程"钱江杯"、南通"紫琅杯"等奖项,其中希尔顿酒店、金融中心三期项目均获南通市优质结构工程奖,金融中心三期获评南通市星级工地,希尔顿酒店获评江苏省星级工地。共获省级工法3项、QC成果1项。集团获评江苏省"重合同、守信用"单位、南通市建筑业优秀企业、启东市建筑业十强企业、启东市金牌企业等荣誉。2021年,集团有中高级职称人员56人,其中一级注册建造师85人。完成建筑业总产值50.52亿元,完成入库税收9800万元,涨幅11.6%;新签合同额46.2亿元。

(李　钦)

责任编辑　黄亦美

服务业

※综　述
※商贸流通业
※旅游业
※金融业
※房地产业
※电子商务
※服务外包
※邮政服务
※通信服务业

十里海湾（协兴港文旅项目）　（姜新春/摄）

综　述

【概况】 2021年,启东市实现服务业应税销售836.5亿元,比上年增长11.2%;实现营利性服务业营业收入27.2亿元,比上年增长38.0%;完成月度新增服务业企业30家,全年新增规模以上服务业企业60家。全市服务业九大行业中有7个行业为正增长,与上年同期持平。批发和零售业实现应税销售391亿元,比上年增长78.3%;占全市服务业应税销售额的46.8%,比上年同期的占比提高17.6个百分点。批发零售业增幅一直为各行业之首。租赁和商务服务业实现应税销售33.6亿元,比上年增长28.0%,比上年同期增幅提高16.4个百分点。科学研究、技术服务业和交通运输、仓储、邮政业增速较快,分别实现应税销售38.9亿元和21.6亿元,比上年增长40.5%和18.1%。住宿和餐饮业实现应税销售5.5亿元,比上年增长21.0%。金融业实现应税销售27.1亿元,比上年增长2.2%。房地产业实现应税销售290.6亿元,占服务业应税销售额的34.7%,比上年同期下降17.6个百分点,下降较为明显,服务业行业结构调整初显成效。

【载体建设】 2021年,启东经济开发区强化规划引领,依托国动产业园、科创园平台招引龙头项目,助力楼宇经济发展。启东生命健康科技园一期初具规模、二期结构封顶、三期雏形渐显,全年有10家医药研发企业入驻园区,其中6家开始运营,4家进入装修。圆陀角旅游度假区创建国家级旅游度假区,碧海银沙成功创建国家AAAA级景区,黄金海滩完成升级改造重新开放接纳游客。吕四港经济开发区港产城融合发展步伐不断加快。启隆生态科技产业园积极策应崇明世界级生态岛建设,全力创建省级旅游度假区。江海产业园更名为江海澜湾旅游度假区,打造滨海宜居新城、文旅新高地。北大生科华东产业研究院、上海张江高校协同创新启东研究院等平台载体效用不断放大,平台承载能力不断增强。

【项目建设】 2021年,在制造业的带动下,全市生产性服务业累计实现应税销售138.9亿元,比上年增长18.9%,占全市的比重为16.6%。药明康德实现应税销售5亿元,增幅60%,先期租赁启东经济开发区4.5万平方米土地,一期项目占地6.67公顷整体封顶,二期项目6.13公顷完成拿地手续。北大生科华东产研院累计在启东引进各类生物医药项目32个,正常孵化23家,实现开票额超1.83亿元,研究院医药制剂中试平台项目基地有超20000平方米(全部面积50261平方米)正常开展中试研发工作,两种制剂(片剂、胶囊)开展中试。

【规模企业培育】 2021年,市发展改革委加强新增规模以上服务业企业尤其是月度新增规模以上服务业企业的培育工作,全年月度新培育规模服务业企业数达近年最高水平。制定专项政策,出台《全市"两转一上"专项行动工作方案》。加强跟踪服务,对纳入规模服务业企业培育库的96家企业,根据行业类别落实到相关行业主管部门和所在区镇,实行"多对一"挂钩服务。将新增规模服务业企业分别纳入高质量发展考核和月度评估考核,采取目标完成和争先进位相结合的形式,每月初对各区镇规模企业推进工作进行督查通报,每季度初对上季度各区镇新增企业情况进行考核。

【重点企业发展】 2021年,全市完成应税销售超50亿元企业1家,超10亿元企业18家,超亿元企业95家,超亿元企业比上年同期增加7家,合计完成应税销售631.5亿元,比上年增长23.9%。全市新增应税销售增量超2000万元服务业企业44家,共计实现应税销售120.9亿元,占全市应税销售总量的14.5%,其中广汇能源新增应税销售32.4亿元,上海电气启东分公司新增13.17亿元,中交第一航务工程勘察设计院启东分公司新增5.04亿元。受天然气价格上涨和项目竣工达产双重利好,广汇集团旗下企业累计完成应税销售突破百亿元,达137.8亿元,比上年增长137.5%;启东市临海贸易有限公司完成应税销售33.8亿元,比上年增长366.2%。

【营商环境优化】 2021年,市发展改革委强化政策扶持,制定出台《关于促进启东市服务业高质量发展的若干政策意见》,从"支持服务业企业做大做强""助推服务业项目建设"等8个方面全面促进服务业高质量发展,兑现上年各类政策奖补资金492.61万元。完善规划指导,再次修改完善《服务业远期发展规划》和《物流专题规划》。开展业务培训,组织3批次35家服务业重点企业参加南通市张謇培训班,组织重点物流企业参加省物流行业高质量发展专题培训,推荐广汇能源申报江苏省物流行业重点企业。辅导企业申报上级各类项目扶持资金,药明康德、领星医药等企业获国家、省现代服务业专项引导资金扶持,补助金额超4000万元,启东市连续三年辅导项目获国家级服务业引导资金扶持。

(朱鑫海)

商贸流通业

综　述

【概况】 2021年,全市实现社会消费品零售总额482.6亿元,比上年增长16.7%;限上社会消费品零售总额90.9亿元,比上年增长24.8%;限额以上企业社会消费品零售总额76.7亿元,比上年增长27%。全市城镇市场实现零售额409.7亿元,比上年增长16.7%,城镇社会消费品零售额占全市社会消费品零售总额的比重为84.9%,与2020年持平。全市乡村市场实现零售额72.9亿元,比上年增长16.7%,乡村社会消费品零售额占全市社会消费品零售总额的比重为15.1%。全市新增限上企业96家。

【市场运行监测预警】 2021年,市商务局对主要生活必需品、生产资料、重点流通企业和汽车销售企业进行监控，全市网上直报企业共有48家，全年报送月度（专题）分析12篇、周分析48篇、商务信息70条，完成药品流通、商务服务业、商务流通业等统计工作。开展拍卖等行业风险排查工作，上门了解企业的运营模式，确保企业依法经营。做好再生资源布点规划和报废汽车拆解监管工作。

（王　华）

供销合作

【概况】 2021年，启东市侧重打造绿色农资优生态，加快电子商务发展；多方联动强化区域品牌宣传，推介启东特色农产品，塑造品牌强企；发挥供销系统优势，助农助销；统筹谋划社有资产的规范管理和社企、供销基地建设，拓展服务，提档升级为农服务社，健全体系强基础。7月15日，南通市供销合作社综合改革暨为农服务现场会在启东市召开。

【绿色农资服务】 2021年，市供销合作总社坚持常态化推进农药零差价配送和废弃包装物回收工作，该项为农服务项目被启东市政府列入政府民生实事项目。全市共设置农药配送网点105个。与上年相比，农药品种增加87%，农作物适用面积增加20%，项目适用范围进一步扩大；累计发生农药配送额1300万元，回收农药包装废弃物667万件，回收农膜1243吨，均超额完成南通下达的考核指标；累计无害化处置农药包装废弃物126吨，处置率100%。

【产销服务平台】 2021年，市供销合作总社持续优化“供销村村通”平台服务功能，加快搭建新型电子商务服务平台。“供销村村通”平台自开通后，日均发布各类农产品供需信息30多条，日均发生农产品、农资销售额20多万元，有效帮助农户解决滞销问题，相关经验做法被全国供销总社《中华合作时报》等报道。推进启东市农副产品电商交易中心项目的运行发展。智能云柜于12月初正式运营，至12月底，完成市行政中心、文汇新村和团结新村等20处社区、机关单位的智能云柜设备安装调试工作，并逐步推广新型生鲜配送服务。截至12月底，完成订单约2000单，平均客单价约80元。

4月30日—5月2日，市供销合作总社在市区一号广场举办“春暖东疆”供销名特优农产品展销会　（市供销合作总社/供图）

【农产品展促销】 2021年，市供销合作总社持续推动启东特色农产品展销推介和品牌宣传。拍摄制作启东“四青作物”宣传片《四季青青四季》，在相关推介会上播放。探索创建“四青作物”净菜精深加工产业联盟合作新模式，将启东优质农产品销往上海各地农贸市场、连锁超市。成功举办2021启东供销名特优农产品展销会，全市28家农业企业100余种名优产品参展销售，并展出汉中市和西乡县的名特优农产品。推荐全市名特优农产品百余品种进驻上海花博会特色商品旗舰店。牵头平台企业启东新城农业有限公司与上海铭言集团签订农副产品配送协议，持续推进农副产品上海直营店配送工作。至年底，在上海市区建立农产品直销店（区）6家，实现销售额80万元。联合市农业农村局、市邮政分公司开展“寻鲜记·启东四青作物农产品直播活动”，通过“室外+室内”互动模式，吸引全国各地网友进入“邮乐直播间”观看、购买启东特色农产品，推动农企产销对接。

【中国农批启东农产品批发市场】 中国农批启东农产品批发市场由中国供销农产品批发市场控股有限公司与南通市供销合作总社联合投资兴建，覆盖水果、蔬菜、肉类、冻品、水产海鲜、副食品、日杂百货、冷库物流等业态，是启东最大的农产品一站式采购交易中心。市场一期建筑面积53937.91平方米，于2019年10月开业运营；二期建筑面积50557.28平方米，于2021年底完成竣工验收并交付。2021年，市场交易量约25402吨，年交易额约41616.5万元。实现营业收入33161万元，产生净利润709.4万元；资产总额达61002万元，负债29884万元，资产负债率为49%。

（张赛华）

粮食流通

【概况】 2021年，全市粮食系统持续增强粮食保障供给能力，完成国有粮食企业政策性购销3.61万吨，其中小麦2.36万吨、稻谷1.25万吨。推进粮食仓储和流通加工设施建设，加强粮油数量及质量监管，全市政策性粮食质量检测实现全覆盖。依法加强粮食流通监管和粮食流通政策法规宣传，确保全市粮食安全。

【粮食流通监管】 2021年,市发展改革委加强对粮油市场的监督检查力度。组织粮油市场、夏秋粮收购、库存粮食专项质量检查,抽查稻谷、小麦、大米、面粉等品种,加强粮食经营户的管理,维护正常的粮食市场秩序。对全市粮油市场组织4次全面检查,检查样品达100多批次。利用世界粮食日、食品安全宣传周等活动,通过悬挂宣传标语、上街发放宣传手册等形式宣传粮油质量安全和科学储粮、爱粮惜粮知识,定制和发放粮油食品安全基本知识和保管宣传册,发放宣传资料500多份。

【地方储备粮管理】 2021年,全市地方储备粮体系健全,储备粮油保管、轮换和质量监管等制度完善。定期开展储备粮质量抽样检查,并利用粮食清仓查库对全市地方储备粮的库存数量、质量进行全覆盖检查,经检查市地方储备粮数量真实、质量合格,地方储备粮安全。

【粮食仓储设施建设】 2021年,市加大对粮食仓储设施财政投入,计划投资6000多万元新建4万吨日新河储备库、50吨/日大米生产线、240吨/日烘干系统及配套设施。至年底,该项目完成拆迁和地面平整工作,项目设计进入完善阶段。

(茅巍巍)

专营专卖

【食盐专营】 2021年,启东市盐业有限公司承担确保消费者食盐安全的责任,以"双带双保"(党员干部带头深入市场、带头坚守岗位,全力保障食盐供应,确保生产安全运行)的实际行动维护启东食盐市场秩序。成功抵御11月3日开始的因囤购生活物资而引发食盐市场的抢购风暴,全力保障全市食盐市场供应。全年实现盐品销售4686吨。

(唐红星)

【烟草专卖】 2021年,启东市烟草专卖局(分公司)共完成卷烟销售3.2万箱,重点品牌销售30752.27箱,销售结构181.43元/条,比上年增长6.42%。全年共查处违法违规案件247起,查获卷烟2706.17万支,总案值5227.82万元。完成疑似虚假违规客户摸排筛查858户,累计对336户实施停供货源处理。严格监管市场,以快递查处、物流监管、道路运输、公开摆卖为查案重点,进行电子烟零售户清点排摸,并纳入监管名单。进一步深化"放管服",优化办事流程,提升办证效率,群众服务满意度为100%。全年新办证件554份。落实中小学、幼儿园周边许可证清理工作,排查整顿100~200米间客户共197户。推进"金丝利通家号"建设。"金丝利零售"加盟终端共建成5户,"金丝利通"正常运行105台,"金丝利"公众号注册会员人数占启东常驻人口比例的6.7%。诚信互助小组建设覆盖面达99.63%。围绕"四区、三站、两口"(交通枢纽服务区、公众休闲区、旅游景区、创建全国文明城市需要覆盖的其他重点区域;公交站、汽车站、火车站;商场商务办公区出入口、大型场馆出入口)重点区域,共建成300个吸烟点。全年行政处罚、行政许可均无行政复议、行政诉讼。

(江佳玲)

【石油经营】 2021年,中国石化销售股份有限公司江苏南通启东石油分公司完成销售总量10.1万吨,其中零售经营8.9万吨(汽油6.6万吨,柴油2.3万吨),直分销经营1.2万吨,实现非油销售3563万元。IC卡充值1.49亿元,发卡8478张。成品油销售受大环境影响及大力开发轻资产加油站的影响,自有站的零售销售与上年相比稳中稍有升,但动力不足,上升幅度只有4.7%;批发业务有小幅下降;易捷便利店非油业绩与上年相比较稍有下降,下降幅度为2%。98#汽油有17座加油站有售,其中自有站12座、轻资产站5座。中石化启东石油公司60%以上的站点实现24小时营业。至年底,启东石油公司共有11座轻资产站。原启东民主加油站异地重建。

(钱玉红)

旅游业

【概况】 2021年,启东市围绕创建国家全域旅游示范区和国家级旅游度假区的目标,按照全域景区化、景区精品化、文旅一体化、业态多样化的标准,大力发展江风海韵文旅产业,不断打响"日出江海、美丽启东"旅游品牌。碧海银沙创成国家AAAA级旅游景区,实现启东AAAA级景区零的突破;皇冠假日、国瑞豪生、玲珑源创成四星级旅游饭店,实现启东高等级旅游饭店零的突破。梦幻长岛、江天生态园创成国家AAA级旅游景区。惠萍镇大兴镇村成功获评省级乡村旅游重点村。圆陀角获评省"美丽海湾"。至年底,全市有省级旅游度假区1家、国家AAAA级景区1家、国家AAA级景区6家、省星级乡村旅游区12家、省级工业旅游区1家,有星级酒店6家(四星级酒店3家、三星级酒店2家、二星级酒店1家),星级酒店拥有床位数1242张、餐位数2900个,有旅行社9家、分社2家。全年实现旅游业总收入55.96亿元。1月,市旅游协会成立。12月17日,市旅游协会2021年年会暨一届二次会员大会召开。会议公布"2021年度启东市特色旅游产品"评选结果,米歌酒庄有限公司"米歌精酿黄酒"、品源生态农产品有限公司"乌小馆休闲食品"等13家会员单位产品入选。全年检查旅游市场经营单位250余家次,出动检查人数750余人次,办理相关案件2起,罚款1.2万元。

【政策制定】 2021年,市按照"一核一环三级"(以城区为依托的主城文旅休闲服务核;依托沿江沿海生态景观带形成的"缤纷百里"最美江海岸线、吕北公路沿线形成的最美乡村生态景观环线;圆陀角旅游发展增长极、江海澜湾旅游发展增长极、启隆旅游发展增长极)的全域旅游发展总体布局来谋划全市旅游业的发展。11月19日,全市旅游发展暨国家全域旅游示范区创建动员大会召开,出台《关于加快全域旅游发展的若干政策意见》《启东市创建国家全域旅游示范区的实施意见》《启东市旅游发展专项扶持资金实施暂行办法》等文件，设立5000万元旅游发展专项扶持资金，助推启东旅游高质量发展。

【项目建设】 2021年，协兴港文旅综合开发等11个项目列入南通市文化产业重点项目，实际完成投资22.98亿元。唐韵龙湾综合文旅项目加快推进，洲颐温泉酒店开放运营，龙湾水镇沿街店面外部装修全部完成，对外招商全面启动。海粟湾文旅生态城项目正式启动。张謇垦牧文旅项目、果园生态经济区高起点谋划、高标准建设。黄金海滩完成提档升级。江海景观大道围绕旅游咨询服务、驿站、观光交通方式等方面提升旅游公共服务配套水平。启隆镇发挥接壤上海的优势，借力在上海崇明举办的第十届中国花博会，完成林洋“花田秀水”（花博会分会场）、农道、梦幻长岛、玲珑源等项目建设与提升，长岛铂瑞酒店对外营业。

【旅游配套设施建设】 2021年，城区一级集散中心、圆陀角二级集散中心完成建设，江海澜湾、启隆镇2个二级集散中心启动建设。城区至圆陀角的旅游专线公交投入运营。全域全景导览体系建设启动。两大高速服务区与四个主干道沿线驿站启动方案设计。保利大剧院、国际版画艺术中心全面启用，圆陀角旅居车营地投入运营。唐韵龙湾“寻梦龙湾·极乐之夜”沉浸式演出对外开放，首演观众3000余人。

【宣传推介】 2021年，启东市以“乐游启东”等作为主阵地，借助“携程”“驴妈妈”、启东融媒体、“启东发布”、文旅集团等平台推介启东文旅产品。成功举办2021上海崇明启东旅游推介会、2021上海浦东启东旅游推介会，举办风筝冲浪、铁人三项赛、沙滩排球邀请赛等高级别赛事。

（周健飞）

※景点选介※

【渔人码头】 位于长江入海口北侧，紧依江苏省重点渔港——连兴渔港，总占地面积近12.4公顷，总建筑面积约4.2万平方米，是一条集餐饮、娱乐、休闲、文化、旅游于一体的特色文旅商业街区。项目整体建筑为新中式风格，建有扬帆广场、圆陀广场、演艺广场、巨蟹广场、球幕电影等旅游设施。

【江海文化景观大道】 依长江，临黄海，串联圆陀角旅游度假区滨江沿海旅游资源，沿线拥有碧海银沙、黄金海滩、郁金香花海三大景区景点，并建成五大观景平台、五座旅游驿站、4.5公里彩色跑道、18公里彩虹路，形成一条展示长江文化、凸显江海特色的观江望海旅游线路和最美江海岸线。

【五国温泉城】 位于恒大海上威尼斯北侧地块，总占地面积约13.33公顷，规划建筑面积43000平方米。建设泰国、日本、土耳其、芬兰、意大利5个国家不同风格的温泉场馆，配套建设温泉别墅、儿童游乐园。利用地下3200米天然温泉，使游客一站式体验泰式风情浴、日本樱花浴、芬兰冰火浴、土耳其泥土浴、意式风情浴。

【仙渔小镇】 位于吕四港镇。吕四仙渔小镇经省发改委报请省委、省政府批准，成为江苏省第一批建设的25个特色小镇之一。仙渔小镇以吕四国家中心渔港为依托，以海洋渔业产业为主导，以海洋文化体验为特色，采用“海洋健康产业+”的创新发展模式，通过产业、旅游、文化三位一体和生产、生活、生态三生合一的有机融合，重点打造集海洋捕捞、综合物流、加工研发、生产销售、休闲旅游、养生文化于一体的海洋综合产业体，形成以江海美食为特色的江苏省渔业转型旅游示范区和国家文化产业与渔业结合示范基地。

【长泰海滨城】 位于江海澜湾旅游度假区，由长甲集团投资建设，总规划面积约24平方公里，预计总投资700亿元，是集文化、休闲、养生、度假、宜居于一体的海滨休闲度假胜地。其中包括龙湾水镇、五福龙娃冒险乐园、飞鸟湿地乐园、滨海乐园、龙湾新天地、精品酒店、主题客栈等多种文旅业态、度假酒店及产业新城，将打造成华东沿海地区最大的休闲旅游示范区。

【龙湾水镇】 坐落于长泰海滨城内。总占地面积约34公顷，总建筑面积30万平方米。小镇依托滨海度假发展轴，以水为脉，形成“一岸三核、陆水两街、一镇三片区”的总体布局。包含游客接待中心、多家民俗客栈、龙湾塔、唐文化风情体验街、演艺中心、龙梦剧场等，涵盖文创、商业、温泉、演艺、水上激光秀等各种业态。至2021年底，所有建筑均结构封顶，并完成外部装修。剧

龙湾湖畔公园　　（王海兵/摄）

本杀、民宿、温泉汤馆等项目基本确定运营商。

【十里海湾】 位于东海镇，由招商局集团和碧桂园集团共同注资，计划总投资12亿元，总规划建筑面积约9万平方米。十里海湾(协兴港文旅项目)定位加勒比航海主题的特色文旅小镇，2020年5月30日首期文旅示范区开放，一期引入招商健康、慢姑娘轰趴馆等品牌方，并打造蓝鲸餐厅、烘焙馆、便利店、颐乐中心等旅游基础配套，生态沙滩改造完成。二期为核心商业区，纯文旅商业业态，该区域核心业态包含特技演艺秀、国际知名IP亲子主题乐园、营地乐园、沉浸式互动航海科技馆、加勒比主题飞翔影院、80米看海摩天轮、鲸鱼艺术中心、贝壳剧场等项目，并配套建设加勒比风情商业街以及酒店设施。商业街区、海景酒店、飞翔影院等均结构封顶；邮轮酒店、摩天轮完成基础施工；贝壳剧院、航海博物馆进行主体施工。

【郁金香公园】 位于圆陀角旅游度假区南部沿江地块。总占地面积约26.67公顷，花卉种植面积达3万多平方米，种植各类郁金香约120万株，包括“狂人诗”“小黑人”等珍贵品种，更有荷兰顶级园艺师培育而成的新湖专属品种，被誉为“新湖之花”的“羞涩阿波罗”。郁金香公园配套建设江海观光平台、景观湖、风车长廊、荷兰风车等景观设施。

【米歌酒庄】 江苏省工业旅游项目。占地10公顷，总投资5亿元，由18幢独栋别墅组成，有黄酒文化品鉴体验区、近10万平方米的欧式景观工厂、10万平方米的现代生态农业展览区，致力于打造集现代化黄酒酿造及品评、工业旅游于一体的综合性黄酒庄园。首期3万吨，二期扩展到6万吨。

【张謇垦牧文化遗址公园】 位于吕四港经济开发区内。为传承垦牧文化，发扬近代名人张謇精神，重点打造挡潮墙遗址文化核心，营造集服务接待一体化的旅游文化主题公园。总体景观面积约49万平方米，其中一期占地总面积约20万平方米，二期占地总面积约29万平方米。主要以还原挡潮墙历史面貌为主，继承和弘扬科普知识为辅；有效保护历史遗迹和景观营造，着重对挡潮墙遗址区、潮汐文化区、民宿建筑区、风车观光区、天象湿地科普区景观进行深化设计。以挡潮墙遗址为出发点，以张謇一生的主要功绩为脉络，形成一核多点的文化结构格局。

【呆住·番茄俱乐部】 国家AAA级旅游景区。位于王鲍镇中施村。项目占地约6.67公顷，总投资4000多万元，由上海呆住酒店集团改造升级，定位于江浙沪的亲子度假产品。有客房28间，其中22间别墅客房，可容纳约66人住宿，团建、婚宴餐饮室内可接待300人，室外200余人。设有室内儿童俱乐部Tomato Kids、手工坊、酒吧、番茄有机厨房及包间、会议室、露天泳池、沙滩、户外无动力儿童乐园、小树屋、星空影院、小小试验田、动物之家、湖心茶室、码头、垂钓台、野餐草地、烧烤BBQ、田园餐厅、番茄农庄、艺术家村落等。园区实行生态耕种，形成生态施肥的绿色农业。餐饮用的蔬菜均采摘自俱乐部的菜园。种植的生态葡萄、番茄、草莓可供客人采摘。

【江天生态园】 全国五星级休闲农业与乡村旅游企业、全国首批农村创业创新园区、江苏省五星级乡村旅游区位于汇龙镇鹤群村。生态园占地面积40公顷，总投资1.2亿元，是全市首家以生态开发为宗旨，集绿色餐饮、生态居住度假、农事劳作体验、娱乐活动体验、农业文化展示、乡村休闲游乐等功能于一体的绿色创意农业园区。生态园以“农文化展示、民俗风情体验、农业休闲娱乐、现代农业知识普及”为重点，打造“渔”文化创意农业休闲体验园。该项目曾获首届江苏省创意休闲农业设计大赛农园与景观类创意银奖，并成功入选江苏100个主题创意农园。生态园另获全国群众性体育先进单位、江苏省巾帼农家乐示范基地、江苏省青少年农业科普示范基地、南通市十佳乡村旅游点、“我喜爱的长三角休闲农业与乡村旅游景点”等称号。

【大自然度假村】 全国四星级休闲农业与乡村旅游区、江苏省四星级乡村旅游区。位于惠萍镇大兴镇村。占地面积20多公顷，建筑面积2.3万平方米，有高效养殖水面、优质采摘果园、优良苗圃及楼顶4000多平方米智能化有机蔬菜园，总投资超过1.2亿元。有餐饮面积9000多平方米，可同时容纳1500人用

呆住蕃茄俱乐部一景 (潘 杨/摄)

餐；有豪华包间38间和宴会大厅1个，可设宴50多桌；2个多功能厅分别可设宴30多桌、50多桌。有客房面积8000多平方米，有103个豪华间和14幢别墅，均为水上建筑。建有农副产品展示销售中心。度假村获评中国特色农庄、2014年南通餐饮业十大农家乐品牌、南通市农业产业化重点龙头企业。

2021年启东市旅游景区、景点一览表

表10

景区类别	景区名称	级别	地　址
旅游度假区	圆陀角旅游度假区	省级	圆陀角旅游度假区
旅游景区	碧海银沙	AAAA	圆陀角旅游度假区东部
	moumou农场	AAA	海复镇东元盐场
	黄金海滩	AAA	圆陀角旅游度假区中部
	抗大九分校	AAA	东南中学内
	呆住·番茄俱乐部	AAA	王鲍镇中施村
	江天生态园	AAA	汇龙镇鹤群村
	梦幻长岛	AAA	启隆镇绿地长岛内
省星级乡村旅游区	江天生态园	五星	汇龙镇鹤群村
	大自然度假村	四星	惠萍镇大兴镇村
	金港农庄	四星	汇龙镇江海北路
	呆住·番茄俱乐部	三星	王鲍镇中施村
	田仓农庄	三星	汇龙镇光荣村
	滨海村渔家乐	三星	海复镇滨海村
	如意农庄	三星	吕四港镇如意大道68号
	盈康农庄	三星	寅阳镇戤效港1号
	印象沙地	三星	惠萍镇大兴镇村
	渔家风情	三星	海复镇家禄村
	目田农场	三星	北新镇红阳村
	果园生态区	三星	惠萍镇果园村
工业旅游区	米歌酒庄	省级	汇龙镇华石北路108号

【旅游线路】 追江赶海之旅　果园生态经济发展区—渔人码头—碧海银沙—五国温泉城—黄金海滩—长泰海滨城—吕四海洋风情区。

文化研学之旅　法音寺—公园道明清古建—启东版画院—沈铁公故居—德勒撒教堂旧址—抗大九分校（张謇垦牧博物馆）—吕四古镇。

乡村旅游休闲之旅　江天生态园—印象沙地—大自然度假村—金港农庄—滨海渔家乐—呆住番茄俱乐部—田仓农庄。

乐享美食之旅　市区美食街区（幸福岛、华山路、申港城美食街区）—乡村旅游区（江天生态园、印象沙地等）—吕四渔港风情区（杏花村大酒店、海鲜排挡）—圆陀角旅游度假区（渔人码头、海防镇）。

（周健飞）

金融业

银行业

【概况】 2021年，启东市本外币各项存款余额1909.65亿元，比年初增加164.02亿元，增幅9.40%；各项贷款余额1486.50亿元，比年初增加212.99亿元，增幅16.72%。中国人民银行启东市支行（以下简称人行启东市支行）累计向2家法人银行业金融机构发放支农、支小再贷款资金21.67亿元，发放额位居南通六县（市、区）第三位，累计支持2539户经营主体，办理再贴现资金2.3亿元，惠及28户经营主体。用足用好普惠小微信用贷款支持计划、延期还本付息支持工具等，2家法人银行业金融机构普惠小微信用贷款净增21.2亿元，实施阶段性延期偿还的普惠小微贷款本金75.25亿元。人行启东市支行被评为

2019—2021年度江苏省文明单位、人民银行南京分行系统“五星级党支部”。

【经理国库建设】 2021年，人行启东市支行开展国债进乡村、进校园活动，指导辖内3家商业银行试点设立国债服务直达站，全年国债服务直达站办理业务9笔，累计金额33.8万元。推进国债承销机构开展储蓄国债到期提醒兑付工作，共计兑付国债60笔，金额515.11万元，兑付完成率86.96%。推动跨省异地电子缴税业务落地，办理业务50笔，缴税金额1048.66万元。为3家企业办理财政“点对点”拨付业务77.47万元。

【金融生态创建】 2021年，人行启东市支行指导启东农商银行通过中征应收账款融资服务平台，为江苏东成电动工具有限公司上游供应商办理应收账款融资100万元。坚持反洗钱监管从严从实，对银行、保险、证券机构开展走访。加强同公安部门沟通联系，组织辖内银行业金融机构通过线上线下多种方式常态化开展打击电信网络诈骗、跨境赌博宣传，严格落实紧急止付和快速冻结机制。督促银行机构贯彻落实好各项利率政策，维护良好的存款市场竞争秩序，推动辖内银行不良贷款率下降0.04个百分点。

【惠农便民工程】 2021年，人行启东市支行有序推进农村普惠金融服务点机具改造升级，推动线下机具终端“手机号码支付”功能上线。借助普惠金融服务点平台，增加“信用贷款咨询”功能，设立农村普惠金融服务点262家，覆盖行政村261个，农村普惠金融服务点交易55万笔，交易金额2.41亿元。在全市新增3处征信自助查询点，其中指导启东农商银行吕四支行增设的个人信用报告自助查询机，为南通县域乡镇首台个人信用报告自助查询机。联合启东农商银行，借用外卖骑手的优势，创新存款保险宣传方式，推进存款保险制度普惠百姓。至年底，发放存款保险宣传贴纸、折页等各类宣传资料5000余份。重点关注“一老一少”两类群体，开展征信知识进校园、进养老院、进老年大学活动。

【现金服务】 2021年，人行启东市支行持续推进现金服务示范区创建工作，指导商业银行落实规范化、标准化的现金服务。建立拒收人民币现金专项整治网格化管理体系，覆盖市区所有街道，开展以银行网点为主体、街道商户为对象的宣传工作，对市区1192家商铺进行宣传。

【农村信用体系建设】 2021年，人行启东市支行联合市农业农村局、地方金融监管局、信用办开展新型农业经营主体信用体系建设，联合出台《关于加强启东市新型农业经营主体信用体系建设的意见》《启东市新型农业经营主体信用评定管理办法(试行)》。指导辖内涉农银行业金融机构开展新型农业经营主体现场走访、信息采集与信用评定工作，为全市98户新型农业经营主体新增信贷资金7267.16万元。

【跨境金融服务】 2021年，人行启东市支行开展货物贸易外汇收支便利化试点，支持韩华新能源(启东)有限公司办理便利化试点收支业务51笔，累计金额3557.74万美元。持续推进外汇行政许可网络无纸化办理，网上办件62笔。推动南通地区综合金融服务方案首笔成果在启东落地，办理业务1215.17万元。

2021年启东市金融机构本外币存款及信贷余额一览表

表11　　单位：万元

指标名称	年末余额	比年初增减额
各项存款	19096458	1640172
境内存款	19089660	1639204
住户存款	12310169	1212731
活期存款	1663836	-5517
定期及其他存款	10646333	1218248
非金融企业存款	4355304	246477
活期存款	1955416	-47509
定期及其他存款	2399887	293987
财政性存款	324874	66097
机关团体存款	1998123	115019
非银行业金融机构存款	101190	-1119
境外存款	6797	967
各项贷款	14864982	2129875
境内贷款	14864268	2129888

续表11

指标名称	年末余额	比年初增减额
住户贷款	5781264	735214
短期贷款	1624071	130514
消费贷款	194507	12540
经营贷款	1429564	117974
中长期贷款	4157193	604700
消费贷款	3658889	391645
经营贷款	498304	213054
非金融企业及机关团体贷款	9083004	1394674
短期贷款	3456055	337573
中长期贷款	4974431	964949
票据融资	652518	93441
各项垫款	0	-1290
境外贷款	714	-13

（江霜铭）

※银行选介※

【工行启东支行】 2021年，中国工商银行启东支行实现本外币各项存款余额187.91亿元，较年初新增4.49亿元。其中，本外币储蓄存款余额104.52亿元，较年初新增4.63亿元；本外币对公存款余额83.39亿元，较年初减少0.14亿元。加强上市公司、拟上市公司的服务维护，紧盯存量有贷户，强化重点项目资金营销。全年共拓展9个项目，累计投放20.65亿元贷款。持续扩大普惠贷款市场，年末，普惠贷款余额139118万元，较年初增加54200万元，余额列系统第一名。全年累计实现本外币各项贷款余额138.18亿元，较年初新增19.32亿元。

业务拓展 加快推进GBC场景建设，恢复多项财政住建资金代理管理行资格，至12月底共中标7笔，合计资金6.24亿元。恢复启东市住建局授权的预售房资金监管行及农民工工资专户开办行资格，至12月底新开资金监管账户7户，新增监管资金1300万元。获得启东市非税收入收缴代理行资质及财政授权支付代理行资质，挖抓他行预算单位零余额账户70余户，挖转30余户行政事业单位代发工资业务及公务卡业务，新增公务卡350余张。

经营转型 全年销售趸交保险1.16亿元，期缴保险2404万元，重点首发和持营基金2.05亿元。深化银行卡服务，做大信用卡分期业务市场。年末e分期交易额2.89亿元，分期余额2.93亿元，比年初新增1亿元，1—12月，直客式汽车分期交易额1.22亿元。拓展国际业务市场。全年新开外汇资本金账户3户，新增外汇时点存款2667万美元，新增外汇日均存款1834万美元。

网点建设 落实滨海购房所有手续，做好城北支行装修前各项准备工作，完成电力大厦支行装修改造。着力低效网点竞争力提升，12月末，滨海新城支行各项存款余额超5亿元。

（曹丽丽）

【中行启东支行】 2021年，中国银行股份有限公司启东支行本外币各项存款余额142.37亿元，比年初增加11.31亿元。其中，公司存款余额62.86亿元，比年初增加3.01亿元。个人存款余额79.51亿元，比年初增加8.3亿元。人民币各项贷款余额141.51亿元，比年初增加24.06亿元。其中，公司贷款余额91.61亿元，比年初增加19.02亿元；个人贷款余额49.90亿元，比年初增加5.04亿元。实现营业净收入4.25亿元，同比增幅12.54%；中间业务收入0.96亿元，同比增幅30.7%；拨备前利润3.52亿元，同比增幅13.09%。

服务地方经济 支行深度融入重大项目建设、新兴产业培育、中小企业发展、民生事业建设等领域，年内贷款新增投放18.98亿元。举办“百场千户银企对接会”，参加政府组织的“启动金融引擎 助力人才企飞”活动，宣传普惠政策。至12月末，公司普惠金融贷款余额11.16亿元，比年初增加3.73亿元；个人普惠金融贷款余额4.5亿元，比年初增加1.62亿元。公司普惠客户数214户，比年初增加87户；个人普惠客户数337户，比年初增加79户，均超额完成全年新增目标。

跨境业务 支行联合市商务局、外汇管理局举办外贸政策宣讲会，为外贸企业累计叙做远期业务14.59亿元，产品包括普通远期、单卖期权、组合区间宝等。加大中行电子交易平台宣传，为外贸企业现场安装及指导，实现线上全流程办

4月29日，江苏启安集团广润有限公司申请人率先体验建行启东支行“企业开办一站式”专区服务 （吴玉章/摄）

理。全年国结交易量14.74亿美元，比上年增长50.22%；叙做跨境人民币业务40.22亿元，比上年增长19.01%。

客群建设 全年支行代发薪加权公司客户完成640户，比上年增长17.78%；加权千元以上客户较年初新增15877户；以优化产品配置夯实客户基础，万元以上客户投资类产品覆盖率31.22%，较年初提升3.06%；以场景建设、线上活动夯实客户基础，定期推送优惠活动，至12月末，支行手机银行月活完成41600户；借记卡快捷支付客户65706户，快捷支付交易金额70.72亿元。

（王　健）

【农行启东市支行】 2021年，中国农业银行启东市支行本外币各项存款余额255.89亿元，比年初增加29.56亿元，总量、增量居四行第一名。其中，个人存款、对公存款分别比年初增加26.24亿元、3.32亿元，均列四行第一名。本外币各项贷款余额132.8亿元，比年初增加22.74亿元，比上年提升10个百分点。全年实现营业收入5.64亿元，拨备后利润4.31亿元，各项工作实现总量、质量、效率、份额协同推进，综合绩效考核位居南通分行系统第二名，省行县域支行穿透考核位列第五名，监管指标全面达标，全行保持平安和谐稳健运行。

信贷投放 全年获批项目6个，累计金额31.8亿元，实现项目投放12.99亿元。新增大优客户8户，新增授信2.6亿元。新增“一项目一方案一授权”项目15个，新增授信4.56亿元。新增法人普惠贷款2.88亿元、个人普惠贷款3.9亿元，其中农户贷款净增2.4亿元，个人生产经营贷款净增1.5亿元。按揭贷款累计投放19亿元，按揭贷款余额新增11亿元。

重点工作 数字化转型成效明显，互联网有效场景净增19个，其中K12学校新增18个，各类场景共发生交易1854万笔，场景流量突破4000万元。中间业务转型步伐加快，全年实现金融市场交易10.4亿元，其中利率债分销7.4亿元。实现广汇涉外保函20917.36万美元、国际收支8.03亿美元、结售汇量2.81亿美元。累计销售偏股型基金4.7亿元，实现基金业务收入842万元；实现贵金属业务收入162万元、分期交易额2.98亿元、信用卡中收673万元。代理保险保费收入908亿元。新增代发工资业务量26.27万元，新增账户4979户。综合营销转型升级，成功中标市财政局直接支付项目代理银行资格，与东海镇政府签订“三资平台——政经分离”项目合作协议。

（范佳裕）

【建行启东支行】 2021年，中国建设银行启东支行一般性存款日均余额216.17亿元，日均新增24.3亿元；对公存款日均余额74.46亿元，日均新增3.73亿元；个人存款日均余额141.71亿元，日均新增20.57亿元。各类贷款余额160.83亿元，比上年增加7.69亿元。其中，对公贷款余额79.16亿元，比上年增加2.7亿元；个人贷款余额81.67亿元，比上年增加4.98亿元。全年完成国际结算量51615万美元，结售汇35828万美元，分别比上年增加2089万美元和8581万美元；完成福费廷自营余额1.7亿元，列系统第一名。全年实现国际业务中收1126万元。年底外汇结算账户累计152户，其中活跃客户82户，比上年增加10户。全年实现中间业务净收入1.38亿元，主营业务收入6.31亿元，拨备前利润5.18亿元，净利润3.88亿元。

普惠金融 年底实现普惠金融八项贷款余额25.6亿元，比年初新增7.38亿元。

金融科技 全年新投“智慧工地”项目125个，累计460个，在用350个；开立农民工保证金专户480多户，累计发放农民工工资超27亿元，服务超10万人次。通过“智慧工地”延伸营销预售房资金监管项目，开立预售房资金监管账户28户，余额12.8亿元。开拓智慧政务“新样板”，法院政融支付“一案一户一码”项目，不仅在全国首创，并在系统内作为服务法院项目模板被推广。中标财政集中直接支付系统，新增资金3.5亿元，在支行本部上线当地首个企业“一站式”服务专区。建设智慧生活“新场景”，通过建行生活与连锁商超、校园、停车出行等搭建各类应用场景，成功上线文峰千家惠、欧伟仕、邻利易购城区3家大型超市；“建融慧学”覆盖4家学校,"校园一卡通"覆盖5家学校,"教育云"平台覆盖40余家中小学校,教育类商户拓展90户,服务学生家长客群4.3万人,教育场景年缴费1.2亿元,并在市东安中学成功上线南通市首家智慧食堂。

住房租赁 在系统内第一批次完成公租房管理系统建设,住房租赁监管系统达成目标,且"智慧建筑"系统平台运行良好;启东市人才公寓保障性租赁住房1亿元融资进入项目准入阶段。

绿色金融 拓展风力发电塔筒等零部件制造、良好水体保护及地下水环境防治、太阳能发电装备制造、绿色建筑材料制造、污水处理再生利用及污泥处理处置设施建设运营、太阳能利用设施建设和运营、无毒无害原料生产与替代使用、绿色建筑等领域绿色信贷大中型客户85户,累计302户,完成绿色信贷余额14.65亿元,比年初净增2.68亿元,系统考核第三名。

乡村振兴 成立乡村振兴金融部,有序部署开展各项工作。"裕农通"业务的行政村覆盖率达92.47%,零签约服务点和不合规服务点均清零;服务点活跃率为98.64%,列系统第一名;农户签约数量、高星级服务点完成率并列系统第四名;三季度在服务点建成"裕农学堂"1所,2次进村开展反洗钱金融知识科普活动。发放涉农贷款。对当地24家"7+2"联盟涉农企业、31家龙头农业企业分别走访6家和7家。其中,信贷授信2家,意向客户3家,其中1家有下属24家家庭农场。和省农担公司南通分公司实地调研2户新型农业经营主体,落实1户50万元授信材料收集申报工作。在当地首批10个农地合作社试点村之一的启东市东海镇德宇果蔬农地股份专业合作社,达成403户整村授信意向。建设智慧村务与三资平台。全市行政村中61户经济合作社账户、38户政经分离村民委员会专户在支行开立账户。对接吕四港镇"智慧渔港"项目。

风险管理 全年完成不良贷款处置7695万元,其中现金回收5769万元,呆账核销689万元,回收盘活1040万元,证券化现金回收42万元,证券化核销155万元,"不良资产经营能力"考核列系统第二名。年末不良贷款总额8352万元,其中公司类4156万元,公司类考核口径3404万元,个人类792万元;逾期贷款总额6097万元,其中公司类4189万元,个人类1908万元。

(吴玉章)

【启东农商银行】 2021年,江苏启东农村商业银行股份有限公司年末资产总额586.82亿元,比年初增加29.19亿元,增幅5.24%。各项存款余额491.31亿元,比年初增加36.47亿元,增幅8.02%。各项贷款余额370.40亿元,比年初增加34.65亿元,增幅10.32%,其中实体经济贷款余额308.42亿元,比年初增加22.68亿元,增幅7.94%,涉农及小微企业贷款余额362.87亿元,比年初增加31亿元,增幅9.34%。五级分类不良贷款余额4.99亿元,占比1.35%。全年实现营业收入12.58亿元,净利润3.85亿元;资本充足率16.6%。监管评级相关指标保持二级标准。

业务拓展 开展"深入推进扩面强基 全力服务乡村振兴"专项竞赛活动,持续做好普惠金融大走访送服务工作。涉农贷款余额307.28亿元,比年初增加22.92亿元。开展"阳光信贷—整村授信"工程,用信客户7250户,比年初净增1306户。支持启东地方特色产业,重点扶持新型农业经营主体。全年"船易贷"余额2.67亿元,"惠农(快)贷"余额1.54亿元。推出纯信用"惠农小贷",发展新客户18户。保障小微企业融资需求,小微企业贷款余额230.12亿元。推出"首贷户"支持政策,年末用信客户达223户,金额3.9亿元。普惠小微贷款余额105.22亿元,比年初增长16.44亿元,其中普惠小微信用贷款余额20.17亿元,比年初增长9.41亿元,新增占比达57.23%。助力绿色经济发展,鼓励节能减排和传统产业结构升级。绿色信贷余额5.02亿元,比年初净增2.64亿元,增速110.57%。"环保贷"余额3230万元。

(高彦涌)

保险证券业

【保险】 2021年,全市有保险公司分支机构27家(含营销服务部6家),其中财险15家,寿险12家。全市保险机构实现保费收入24.66亿元,较上年增长6%。

※保险公司选介※

【人保财险启东支公司】 2021年,中国人民财产保险股份有限公司启东支公司累计实现全险种保费收入

10月11日,启东农商银行与南阳镇签订合作协议 (启东农商银行/供图)

26478万元,比上年增长9.6%;实收保费26271万元,比上年增长9.1%;赔款支出18284万元,比上年增长32.8%。其中,受费改降费、新车芯片受限等因素影响,全年完成车险业务17345万元,比上年降低1.19%。受职工大病保险充实、PP类保险落地等因素影响,公司全年实现非车险保费收入4897万元,增速39.39%。全年实现农险业务保费收入4236万元,增速36.89%,市场份额占85%。主要提升较快的为责任类保险,特别是政保项目如医疗责任险、综治责任险、大灾保险等较为明显。针对国家层面落地的强制类法律,如安责险、食安险等,公司及时配套相关保险产品。公司题为发挥保险风险减量管理工具,推进羊养殖业高质量发展的课题通过南通乡村振兴战略研究中心的结题评审。

【人寿保险启东支公司】 2021年,中国人寿保险股份有限公司启东支公司实现总保费收入8.93亿元,增长率2.91%。其中,长险首年标准保费10463.21万元,比上年增长18.77%;首年期交1.68亿元,比上年减少4.52%;短险保费5070.2万元,比上年减少19.38%。个险业务首年期交保费1.47亿元,比上年减少6.1%。银保业务首年期交保费2133.66万元,比上年增长7.92%。团险业务短期险保费2143.27万元,比上年减少34.56%。全年理赔给付5433.41万元。南阳镇成为江苏银保监局新增加的金融支持乡村振兴试点乡镇之一,公司与南阳镇建立结对帮扶关系。全年为南阳镇19903人次老年人、637人次计划生育妇女、364位失独人员、196位村干部网格员提供意外伤害保险服务,合计保费216万元;老年险和计生险的赔付率约70%,失独人员的保险赔付率超过100%。12月1日,省首个面向全省与基本医疗保险相衔接的普惠型商业补充医疗保险产品"江苏医惠保1号"正式上线,公司积极向市民推广。参与社会管理创新类险种3个,即老年人意外伤害保险、育龄女性计划生育保险、村干部网格员意外伤害保险。为全市享受计划生育特别扶助的计生失独家庭成员办理综合医疗保险,全年参保3292人,合计保费59.256万元。

【证券】 2021年,全市3家证券经营机构证券账户数14.63万户,资金账户数8.3万户,分别较年初增长11.51%和14.64%。托管市值(不含限售)197.53亿元,较年初增加32.96亿元,增幅20.03%;托管市值(限售流通股)65.79亿元,较年初增加65.56亿元。证券交易金额1357.47亿元,比年初增加48亿元,增幅3.67%。实现营业收入3652.36万元,较上年减少88.08万元,降幅2.35%,其中佣金及手续费收入3647.53万元,较上年减少89.96万元,降幅2.41%。

※证券公司简介※

【中信证券启东营业部】 2021年,中信证券启东营业部服务启东上市公司,为各机构提供投融资一体的综合金融服务;普及金融知识,为群众树立理性投资观念。至年底,托管资产170亿元,当年累计股基交易量592亿元,营业收入2325万元。当年新增客户2965名,新增客户资产4.75亿元,产品销售约5.5亿万元。

【华泰证券启东营业部】 2021年,华泰证券启东营业部实现考核收入2200万元,营业部股基份额0.214‰,累计金融产品销量20.13亿元,金融产品收入276.9万元,其中权益类基金销售1.68亿元。新增有效户1460户,新增"两融"(融资融券)账户212户。营业部累计有效户1.02万户,期末客户总资产26.78亿元。营业部从上海及浙江引入3个私募基金产品。在启东当地寻找个人高净值客户,特别是上市公司股东,围绕财富管理转型,以资金端入手寻求与私募基金的合作,缓解营业部市场份额压力。加强金融产品销售,至12月15日,营业部完成产品销售总量目标91%,私募基金销售实现零的突破。紧抓睿远、兴全、南方、易方达、广发等头部权益类产品的销售机会,做大做实权益类产品销售工作。针对客户不同风险等级,推动中高风险等级理财产品销售工作。对于符合新三板开户的客户重点进行"两融"业务推荐。全年新增融资融券账户212户,完成率95%,融资融券存量业务规模4.7亿元。拓展机构业务。通州惠通、启东城投、港闸国资均有发债项目落地。与市财政局、金融监管局举办业务推荐活动,梳理与城投集团平台的业务对接关系。引入2家私募证券投资基金及1家私募股权投资基金,实现私募产品托管和服务外包零的突破。

【南京证券启东营业部】 2021年9月,南京证券启东营业部成立。至12月底,托管资产2205万元,当年累计股基交易量1.17亿元,代理买卖收入2.15万元,收入总额3.44万元。当年新增客户247户,其中普通有效客户41户,高净值客户15户。实现重点公募基金销售117.8万元。持续推进江苏股交中心四板挂牌业务,当年顺利实现推荐14家企业挂牌。

(邵凯捷)

房地产业

【概况】 2021年,市住建局共批准商品房网上预售许可60件,批准网签面积194.68万平方米,批准商品房现售备案58个,批准现售备案面积396.88万平方米。完成33个项目(65份)商品房预售资金监管协议(三方协议)的签订工作,共归集预售资金130.46亿元,完成24.63亿元重点监管资金的划拨和93.32亿元非重点监管资金的划拨。累计销售商品房19802套,销售面积204.75万平方米,销售金额207.09亿元;二手房累计交易9596套,交易面积115.7万平方米,交易额72.32亿元。办理商品房网上合同变更、撤销598份。受理壹级资质1家，核准贰级资质33家，暂定贰级资质延期41家、叁级资质延期9家、肆级资质延期1家，事项变更6家。完成单位自建房实测绘134宗，地上测绘面积129.5万平方米、地下测绘面积1.59万平方米；完成商品房实测绘40宗，地上测绘面积229.8万平方米、地下测绘面积46.6万平方米，均出具测绘报告。完成统计全市自2013年以来所有项目竣工验收相关测量电子(CAD)平面图，共计1117件。全年房地产实现税收35.22亿元。

【房屋产权交易】 2021年，全市共完成存量房交易网签7566件，其中驻政务中心自助服务区受理网签3954件、驻政务中心窗口受理网签326件、中介门店客户端提交网签3286件。针对存量房交易合同网签业务，实行"网上备案、短信推送、不见面审批"模式，鼓励中介选择在自家门店外网的客户端上完成网签备案申请的操作，中介门店客户端网签量占比为43.43%，是上年同期的两倍左右。

【房地产市场监管】 2021年，市住建局不断加强房地产市场监管，下发《关于对捆绑搭售等行为开展自查自纠的通知》，出台新的《启东市商品房预售资金监管银行考核办法》，相继出台"一城一策"方案、商品房价格备案指导工作细则、片区设置及指导价方案等，加大预售资金监管力度和房产销售市场整治力度，出台《启东市新建商品住宅项目预售资金第三方托管办法(试行)》及《启东市住宅区地下停车位管理办法》，及时化解龙豪海景湾、姚记御江湾等房地产项目的群诉群访纠纷。会同市市场监督管理局对58个批次的商品房预售合同相关条款进行审核。加强市房地产中介机构和从业人员执业规范，落实中介机构备案制度，提高经纪机构备案条件，要求房地产经纪机构的营业执照经营范围中必须含有房地产经纪服务的内容，全市符合要求的房地产经纪机构共有175家。实行诚信档案管理制度，对存在违法违规行为的中介机构和从业人员，其失信行为记入诚信档案并在启东房地产热线网上公示。推行从业人员实名服务制度，共发放816张房地产经纪从业人员工作牌。全面推行商品房代理机构备案执业制度，遏制违规代理行为。全年新增备案代理机构5家，已备案代理机构16家，其中外地到启东市从事代理业务的机构11家。

（李 钦）

电子商务

【概况】 2021年，启东市依托实体经济、有形市场和现代物流网络优势，大力扶持电商企业发展，支持新型电子商务企业跨越式发展，鼓励传统企业加快转型升级，把电子商务作为传统产业发展的"加速器"和经济发展的"增长极"。与阿里集团B类事业群本地商业发展部负责人进行三次对接，邀请市发展改革委等部门对项目进行初步评估。利用市农业电子商务联盟，加强成员联系，开展培训23场，参训企业超100家，参训人数超800人。策划市电子商务服务中心建设。引导支持商贸企业自主建设电子商务平台，发展网络销售。增强启东电子商务对消费品市场的提升和带动作用，建立、形成基于网络的新型流通业态，形成集聚效应，同时带动相关行业发展，促进网上消费快速增长。全年启东市网络零售额393753万元，零售量14762.9万件，其中实物电商零售额313978.9万元，占比79.74%，零售量9510.9万件，占比64.42%；活跃店铺5943个，其中实物活跃店铺383个，占比6.44%；从业人数8782人，其中实物从业人数2271人，占比25.86%；全网农产品零售额22374万元，占比5.68%；新零售交易规模17789万元，零售量1156万件。

【电子商务品牌培育】 2021年，汇龙镇和吕四港镇被阿里研究院评为"电商镇"，汇龙镇东郊村，吕四港镇吕北村、秦潭村、西宁村，天汾镇村被阿里研究院评为"电商村"，有电子商务企业东成电器、南通亚固工具、南通威尔妮光电仪器、华本企业管理、东成网络科技、和创网络科技、灵硕电脑、淘鲜电子商务、南通日隆光电科技、凯怡食品。

【跨境电商】 2021年，市商务局成立推进跨境电商发展工作小组，健全工作机制，畅通渠道、挖掘潜能、量化数据，跨境电商业绩从无到有，实现突破。至年底，20家跨境电商企业在启东海关完成备案。全年完成跨境电商进出口总额7440.56万元，超额完成南通下达的5000万元任务。

【海外仓储南通首建】 2021年，市商务局立足外贸新发力点，大力招引业务成熟的外贸综合服务平台开展海外

8月13日，吕四港镇"电商助农，桃醉吕四"第三届范龙黄桃节在范龙村党群服务中心举行

（王海兵/摄）

11月11日，启东邮政分公司吕四快包分部的处理中心车间，工人将电动工具打包装车 （姜新春/摄）

仓建设。推动外贸综合服务平台公司圣美供应链公司顺利落户，帮助圣美供应链在马来西亚投资建设南通首家海外仓。12月13日，圣美供应链马来西亚海外仓经省商务厅认定为省级公共海外仓。

【南通跨境电商产业联盟走进产业带启动仪式暨启东电动工具主题峰会】 4月8日，南通跨境电商产业联盟走进产业带启动仪式暨启东电动工具主题峰会在启东市举行。南通市商务局、南通海关、启东市商务局、启东海关、吕四港镇人民政府等相关部门负责人，以及跨境电商专家、电动工具企业家代表100余人参加活动。4月9—10日，南通跨境电商产业联盟根据市电动工具产业带特性开展系列实操培训。

（王　华　姚晓波）

服务外包

【概况】 2021年，启东市累计完成服务外包执行额2.3亿美元，比上年增长59.32%。其中，离岸执行额完成1.87亿美元，比上年增长101.93%。两项指标增长率列南通第一。新认定服务外包企业2家，总数达42家。其中，药明康德是启东最大服务外包企业，药物研发部平台、核心分析平台、生物技术平台初成规模，全年完成服务外包执行额7541万美元。

【企业服务】 2021年，市商务局指导药源生物、睿智医药认定为南通市服务外包企业，实现服务外包执行额100万美元；组织瑞立环保申报中央外经贸发展服务外包专项资金1万元，组织药明康德申报国际服务外包项目289.47万元。全年组织3场服务外包从业人员培训会，拜访上海、杭州等服务外包企业10余家，引培服务外包专业人才56人。

（姚晓波）

邮政服务

【概况】 2021年，启东市实现邮政业务收入2.5亿元，比上年增长0.7%，利润增幅达20%。非寄递业务收入2.06亿元，比上年增长214万元，其中金融业务收入1.74亿元。寄递业务收入4557万元，比上年减少30.69万元。成立启东市快递行业党委、共青团启东市快递行业团工委，创新打造“青启速递”品牌。实施交邮合作，签订四方合作框架协议。推进邮政业绿色发展、高质量发展，下发《启东市邮政业绿色网点、绿色分拨中心创建工作实施方案》。启东市邮政管理局与市住建局联合下发《关于推进住宅小区智能信包箱和邮政服务用房建设有关事项的通知》，推广应用住宅智能信包箱工作；联合市公安局开展全市邮政快递行业反诈宣防专项活动，邮政快递企业发挥防范电信网络诈骗犯罪专项行动工作主阵地作用；做好邮政快递行业疫情防控工作，至年底，快递行业从业人员二针接种率为99.8%；与疫情防控部门对接，每月为快递行业从业人员进行核酸检测，做到应检尽检。启东邮政分公司获评2019—2021年度江苏省文明单位，公司工会被评为江苏省模范职工之家，紫薇邮爱驿站被评为2021年度全省“最美工会户外劳动者服务站点”。

（袁宁峰　石佳艳）

【邮政机构设施】 2021年，启东邮政有营业网点50处，其中金融类服务网点44处，均配备齐补登折机、ATM（CRS）自助机具，纯邮政服务网点6处。邮政平均每一营业网点服务面积为132.5平方米，平均每一营业网点服务人口为2.2万人。建成覆盖全市行政村的加盟店452处、电商运营中心1个，建成具备“报刊邮件投递+邮件自提功能”的红色驿站212个、邮乐购站点420个。有各类服务用车71辆、计算机（在用）215台、终端机365台。

【邮政通信网络】 2021年，全市有汽车邮路38条、投递段道113条、便民服务站（简称村邮站）261个。其中，农村投递线路94条，农村投递线路长度（单程）1049公里；城市投递线路19条，城市投递线路长度（单程）645公里。邮政城区投递无休，每日平均投递2次；农村快递包裹投递无休，每日投递2次。

【四方合作框架协议签订】 2021年，市邮政管理局、市商务局、市农业农村局、启东邮政分公司联合签订四方合作框架协议，推进启东商农邮协同发展。启东邮政分公司对接市农业农村局，邮农共同联营特色基地——“四青作物”农产品基地，引进“地产三宝”农产品，以创新农产品、创建销售体系、创立邮政惠农品牌等方式，拓展农民增收致富道路，不断延伸惠农服务。至年底，该基地种植面积扩充至200亩，年产量达150吨，帮扶农户近30户。作为为群众办实事项目之一，启东邮政分公司通过邮乐平台直播带货，帮助农民增收致富。7月2日，启东邮政分公司员工变身主播，带领全国网友参观市优质玉米生产基地——王鲍镇忠辉果蔬专业合作社，见证“区域特色农产品项目启东四青作物基地”揭牌仪式，并分享四青作物的家常做法。此次直播带货，合作社收获订单近万个，其中青玉米订单达5万公斤。11月12日，启东邮政分公司联合市委网信办、团市委共同策划举办“团”聚网络、“青”力助农、“邮”你“政”好农产品线上直播活动、“四青作物”农产品直播等活动，重点推出启东嘉美源生态农业有限公司的殷家伯梨膏、忠辉果蔬合作社的“地产三宝”、恒富隆合作社的青毛豆等特色农产品，实现销售额38万元。货物运输选用专为“生鲜特产”设计的EMS特快专递——极速鲜寄递服务，配置专职客服人员，定时跟踪订单，及时解决运输中可能出现的各类问题。

（石佳艳）

【交邮合作】 9月27日，市交通运输局与市邮政管理局、市飞鹤公交公司、启东邮政分公司签订启东市“交邮合作”框架协议。在231路启隆线和231路王鲍线开展交邮合作试点工作。239启隆线是过江线路，邮件数量比较多，市邮政管理局根据实际需求调整车型，采用10米级的公路客车，确保行李舱放得下全部邮包；231王鲍线主要通过城乡公交承担揽件上行。日带件量200件左右，降本成效显著。至年底，两条线路带件20126件。启东邮政分公司打造协同寄递，创建98条惠农邮路，延伸乡村物流服务网络，通过村级电商服务站点建设，推动建立农产品进城、工业品下乡双向流通机制。

【快递行业市场监管】 2021年，市邮政管理局对全市邮政快递企业及营业网点开展日常安全监督检查。依法查处快递企业末端网点未备案等行为，规范和维护快递市场的合法经营，全年查处5家未备案的营业网点。督促快递企业严格落实“三项制度”（实名收寄、收寄验视、过机安检），确保寄递渠道的安全。每月开展快递企业处理场所和营业网点的安全监督检查，及时做好安全隐患的排查整治工作。至年底共检查快递企业、营业网点95家，检查出安全隐患186条，下发整改书79份，快递企业及营业网点在规定时限内完成整改。在全国“两会”、庆祝中国共产党成立100周年活动期间，市邮政管理局与公安、国安、应急、交通等寄递渠道安全领导小组成员单位多次联合执法检查，共检查快递企业8家、营业网点19个。

【邮政普遍服务监督】 2021年，市邮政管理局重点对四项法定业务开办、投递频次、实名收寄、收寄验视等情况，采取现场查看、查阅资料、调阅监控等方式，开展邮政普遍服务场所日常检查。至年底，共检查邮政普遍营业场所50家。抽查的普遍服务网点基础服务设施及硬件配备较为齐全，均能按要求开办四项法定业务，每周营业天数在6天及以上，“三项制度”执行情况较好。通过现场检查、调取视频等方式就邮政企业规范收寄、内部处理、运输、投递等各个环节，对机要通信开展检查，机要通信工作各项环节落实较好。开展邮票发行专项监督检查，未发现违规销售、损害消费者权益等违法行为。

【关爱快递小哥“暖蜂行动”】 9月，市邮政管理局联合市总工会在佳慈体检中心开展“关爱快递小哥”免费健康体检活动，390名快递员获免费体检。在春节、高温季节慰问快递员，赠送慰问礼包。全年共支出体检费9万元、春节和高温季慰问1.2万元。

（袁宁峰）

通信服务业

【概况】 2021年，启东市实现通信业务收入8.91亿元，比上年增长13.9%。年末全市固定电话用户12.46万户、移动电话用户92.44万户、移动互联网用户73.2万户、宽带网用户（含广电）41.3万户，年末5G基站1295个。

【电信】 2021年，中国电信股份有限公司启东分公司积极落实集团云改数转战略，加快实施新型智能通信网络的升级换代，全面实现高质量全业务的规模发展经营目标。至年底，全

9月3日，电信启东分公司在吾悦广场开展提速降费活动

（电信启东分公司/供图）

市有电信营业厅101个、各类服务人员530人。公司抓市域治理平台、公安实战应用平台、智慧社区平台等建设,组织开展10GPON设备扩容、高带宽用户提速割接、老旧设备退网、双路由整治等网络优化工作。加强无线网络建设,高质量开展5G和云网建设,优化电信网络覆盖质量。全面完成5G站点的组网和开通,开展1.8G网络深耕,加快室分系统建设,新增LTE扇区,提升无线网络品质。与政府、供电部门联系,有效应对两次较大台风恶劣天气,防止机房大面积掉电故障。夯实网络基础维护工作,提升政企支撑响应能力,完成农行、邮储银行的数字电路提速,完成市市场监督管理局的网络调试、公安视频专网的电路割接、江苏科信工贸学校的Wi-Fi覆盖建设等。加强客户响应及重大项目支撑保障工作,门店、装维、直销、电渠合理分工。关注满意度、NPS、触点测评、投申诉,重点保障好5G、携号转网、智慧家庭、云网融合服务感知,建立服务长效机制,维护用户权益。开展"两深入、两服务、两创造"(深入市场、服务客户,为客户解决问题,创造价值;深入基层、服务员工,为员工解决问题,创造价值),聚焦营业厅服务、政企服务、装维服务、网络质量提升中的短板、难点,提升服务质量。

(陆玲玲)

【中广有线】 2021年,中广有线信息网络有限公司启东分公司确保广播电视节目安全传输,完成传统节日及全国"两会"、庆祝中国共产党成立100周年、十九届六中全会等重要保障期的安全播出工作。发展互动电视、高清电视、宽带数据业务、付费业务和本地信息化服务。推进北新镇、寅阳镇、合作镇等7个镇FTTH网络改造,全方位支撑高清业务、双向业务、智慧业务落地。落实城区老旧小区网络升级改造工作,推动广电基础设施改造与老旧小区整体改造工程同步实施。汇聚江苏有线、华数集团等优势资源,深挖智慧化项目、新媒体应用等方面的潜力,全面拓展视频监控、数据专线和信息化项目等市场,完成教育网、市政府1号视频会议等数据专线的维保工作,保障各类数据专线通畅运行。完成2021年启东市智慧广电示范乡镇(王鲍镇、南阳镇)试点项目建设,提升广电高清和4K超高清终端普及率,区域电视门户与平安乡村、在线教育、智慧党建等各类平台资源的有机融合丰富服务业态,促进基层社会文化服务提质增效。

(黄　丹)

【移动】 2021年,中国移动启东分公司有移动营业厅172个、各类服务人员361人,有移动用户近60万户。公司强化故障管控,提升装维效率和质量,家宽客户满意度、上网满意度均为满分,南通地区排名第一位。加强业务质态管控,提升网格整体满意度,严格落实营销"六必讲三必说",落实属地责任,开展溯源分析,提升客户资费满意度。通过走访、检查,督促营业厅服务水平整改提升。以"一站一表"清单式管理为保障,从方案、建设、优化和评估全方位组织落实,快速提升5G网络覆盖能力,2021年基本实现5G全覆盖。面对台风和雷暴天气,公司累计组织近150支应急抢修队伍、超300台油机及抢修车辆,第一时间全面恢复通信网络畅通。

(卞红华)

【联通】 2021年,中国联通启东分公司抢抓产业数字化转型机遇,全力推进5G网络覆盖、数据中心建设。全年新增5G站点410家,解决凤凰荟、吾悦首府等难点覆盖区域7处,新增宽带覆盖1万户。至年底,全市有联通营业厅35个、各类服务人员75人,有移动电话用户119437户、家庭宽带用户4817户。参与城区老旧小区改造、驻地网配套建设、"数字乡村"等民生工程,在"断卡行动"、反诈专项行动、打击公民信息侵害等方面作出贡献。通过企业寻访,推动工业互联网标识、企业上云的普及和"智改数转"企业的储备,通过5G"智慧港口""智慧驾考",树立部分细分领域的应用标杆,"防疫位置短信""防疫云端码""位置门磁"等业务在防疫工作中发挥重要作用。作为南通标准化教务系统的服务供应商,为全市中高考等考试提供保障十余次。

(蔡咏梅)

责任编辑　黄亦美　汤巍威

城市建设与管理

※城市规划
※土地资源管理
※城市建设
※城市管理
※公用事业
※交　通
※水　利

方便快捷的城市交通　（市融媒体中心/供图）

城市规划

【规划编制与研究】 2021年，启东市自然资源和规划局加快推进《启东市国土空间总体规划》编制，完成国土空间开发保护现状评估、规划实施评估，持续开展三线划定研究、战略定位研究、公众参与报告、综合交通战略研究以及国土空间规划城市体检评估等工作。完成国土空间规划现状基数转换和生态空间管控区域调整，保障重大项目发展空间，优化生态功能管控区域布局。试点开展城镇开发边界试划工作，重点保障启东主城(含启东经济开发区、高铁新城)、吕四港副城(含港口)、寅阳副城"一主两副"发展空间。全面开展村庄规划编制工作，剩余73个行政村实用性村庄规划形成初步成果。

(黄天送)

【规划审批与管理】 2021年，市自然资源和规划局严格规范规划审批程序，公开办事流程，推动审批透明化。全年完成用地红线技术性审查193宗、规划条件意见书153份、建设工程设计方案电子审查184份、规划指标核定118份，完成规划验线项目198个。开展建设项目事中监管和违法建筑认定，全年认定违法事项99项。

(施文俊)

土地资源管理

【土地利用现状】 按照国务院、省政府统一部署要求，2018年9月起，启东市开展以2019年12月31日为统一时点的第三次国土调查(以下简称"三调")，形成全市36.29万个图斑的"三调"成果和汇总数据，全面查清全市国土利用状况和资源家底。经南通市第三次国土调查领导小组办公室核定后的全市主要地类数据为：耕地56413.13公顷(84.62万亩)。其中水田892.17公顷(1.34万亩)，占1.58%；水浇地55459.03公顷(83.19万亩)，占98.31%；旱地61.93公顷(0.09万亩)，占0.11%。园地1775.40公顷(2.66万亩)。其中果园246.86公顷(0.37万亩)，占13.90%；其他园地1528.54公顷(2.29万亩)，占86.10%。林地6853.63公顷(10.28万亩)。其中，乔木林地682.41公顷(1.02万亩)，占9.96%；竹林地73.21公顷(0.11万亩)，占1.07%；其他林地6098.01公顷(9.15万亩)，占88.97%。草地1286.42公顷(1.93万亩)。其中，其他草地1286.42公顷(1.93万亩)，占100%。湿地17485.30公顷(26.23万亩)。湿地是"三调"新增地类。其中沿海滩涂17377.83公顷(26.07万亩)，占99.39%；内陆滩涂107.47公顷(0.16万亩)，占0.61%。城镇村及工矿用地31969.15公顷(47.95万亩)。其中，城市3039.72公顷(4.56万亩)，占9.51%；建制镇4052.41公顷(6.08万亩)，占12.68%；村庄24554.49公顷(36.83万亩)，占76.81%；采矿用地36.49公顷(0.05万亩)，占0.11%；风景名胜及特殊用地286.04公顷(0.43万亩)，占0.89%。交通运输用地4716.49公顷(7.07万亩)。其中，铁路用地138.77公顷(0.21万亩)，占2.94%；公路用地3107.32公顷(4.66万亩)，占65.88%；农村道路1364.12公顷(2.05万亩)，占28.92%；机场用地2.70公顷(0.004万亩)，占0.06%；港口码头用地103.33公顷(0.15万亩)，占2.19%；管道运输用地0.25公顷(0.0004万亩)，占0.01%。水域及水利设施用地43543.62公顷(65.32万亩)。其中，河流水面20111.98公顷(30.17万亩)，占46.19%；坑塘水面8134.58公顷(12.20万亩)，占18.68%；沟渠14094.85公顷(21.14万亩)，占32.37%；水工建筑用地1202.21公顷(1.80万亩)，占2.76%。

(刘忠华)

【用地保障】 2021年，市自然资源和规划局紧扣"产业强市"战略，加强项目过程管控，实行"周通报、月点评、季考核"，确保实施到位。全方位提供吕四起步港区建设用海服务，21个项目671公顷取得用海批复。稳妥化解围填海历史遗留问题，五金机电城区域围填海历史遗留问题处置方案获国家自然资源部备案。全年推进土地征转用报批约412.53公顷。出让土地128宗约362.17公顷，合同出让金总额154亿元，保障重大项目落户。通过刚性考核充分挖掘存量资源，推动市政府出台《国有建设用地节约集约利用考核办法》，全年处置征而未供约169.93公顷、供而未用约220.27公顷、用而不足65.42公顷、低效地块20公顷。

(蔡　敏)

【地籍测绘】 2021年，市自然资源和规划局预编宗地号1127个；完成9个单独选址项目、8个村镇建设用地批次拟征地项目权属地类分析、现状上图和勘界报告审核工作；完成377宗出让、划拨、收回、临时用地等用地勘界报告审核工作；完成2020年度变更调查、农村集体土地所有权确权登记成果、农村不动产登记底数核实上报工作；完成"十四五"基础测绘规划编制、政区图编制、辅助决策地图联动更新、长江水下地形测制、测绘标志普查、时空信息云平台更新维护等基础测绘项目；完成对全市测绘单位涉密地理信息数据安全保密专项检查工作。

(刘忠华)

【不动产登记】 2021年，市自然资源和规划局共办理不动产登记业务72278件。推行"全程网办、跨省通办"，运用大数据、人工智能、电子证照等手段，实现不动产抵押登记、商品房预售、抵押预告登记、抵押注销等业务异地审核办理，登记资料查询全程网办，跨城业务1个工作日内办结，有效解决企业和群众异地办理"多地跑""折返跑"等问题。优化"互联网+不动产登记"系统，实现一手房登记自动核税、线上缴税，"零资料"自助秒办。推行抵押登记申请表、合同表、身份证明"三表合一"，提升实体经济和金融机构办理业务便利度。通过前置权籍调查、企业事项承诺制、一站式缴税、水电气网联动办理，实现"交房(地)即发证"常态化。

(沈滢滢)

【改革创新】 2021年，市自然资源和规划局进一步融通审批节点，出台《建设用地全程跟踪管理办法(试行)》《重大项目供地工作办法》等文件，实行容缺受理、并联审批，进一步压缩审批时限。探索集体建设用地入市，推动市政府出台《启东市集体经营性建设用地租赁管理暂行办法》，对按新《土地管理法》无法办理土地征收的重大工业、仓储项目，在用地方式上予以补充，有效保障项目落地。推出"工业地产项目分幢登记"创新做法，变工业地产项目由按整宗地变为按楼栋进行不动产登记，使工业地产企业不动产"化整为零"，提高企业融资抵押的灵活度。

(蔡　敏)

城市建设

【概况】 2021年，启东市住房和城乡建设局加快老城区改造，推进新城区建设，拉开城市框架；加强道路、绿化、燃气、供水等市政公用事业建设，加快老旧小区改造，不断推进安置房、保障房、商品房建设，深化新型城镇化建设和乡村振兴，打好污染防治攻坚战。全年共有城建项目116个，总投资89.659亿元。加强历史建筑保护，将张謇创建的通海垦牧公司列入启东市历史建筑保护范围。

【市政道路】 2021年，城市路网不断畅通，全年新建改建江海南路、紫薇东路等4条城市道路，长度3.2公里；完成3条道路路面和4条巷道提升改造；进一步延伸城市主干道，建设交通环线，打通瓶颈节点。城区共有主次干道74条，城市道路总长274.44公里，道路总面积597.5万平方米。

【城市绿化亮化】 2021年，市住建局实施城市公园绿地、河道生态绿地、城市道路绿地等绿化工程。围绕"缤纷百里、江海画卷"主题定位，配合省规划设计集团进行3次现场踏勘，组织召开沿江沿海园区座谈会2次，沿江沿海特色风貌塑造暨总体城市设计完成初步成果。开工建设最美江海岸线首开区森林公园，打造与江海共生的生态修复示范区；完成城市绿道一期贯通工程(头兴港东侧、南城河北侧)；实施蝶湖外围区域景观绿化及停车场提升工程、慈善公园2个公园绿地建设；新建体育馆东侧、城市一品南区东侧等5个小游园，完成泰山路、松花江路东延(黄山路—丁仓港路)、建设路—长安路连接线、中央大道西延(华石路—海洪路)、中成河滨花园东侧、黄山路等9条道路配套绿化工程。全年新增绿地60万平方米，建成区绿地率40.6%，绿化覆盖率43.4%，总投资约1.5亿元。

【文明城市长效管理】 2021年，市住建局不断加强绿化养护管理，结合创卫创文复审复查，排查道路、节点、游园绿化问题点位318件，公园、广场点位问题112件，进行整改；加大毁绿案件查处力度，共查处破坏绿化案件7起，其中形成材料移交城管或属地政府4起，结案1起。完善公共基础设施，完成人民路、公园路等区域景观灯改造，完成港东路、港西路、衡山路部分路段路灯安装，以及公园路示范街二期工程；完成3条道路升级改造、4条巷道提升改造；4次实施燃气、给排水等地下管线安全检查，整改19处；排查井盖约4万只，修复256只；维修路灯875处；修补各类砖面16764平方米，侧石、路面约5.2万米；检查、疏通雨污水管道约220公里；清淘各类水井约3.3万只。

【老旧小区改造】 2021年，全市完成城区24个老旧小区系统化改造，改造总面积达122万平方米，涉及住宅房屋超600幢，改造规模为历年之最，列南通第一。改装老旧小区燃气表800户。鼓励支持老旧小区实施多层住宅加装电梯，全年取得施工和规划许可证32份，完成安装13台。自2018年起累计取得施工许可证62份、规划许可证60份，完成安装39台。

【供水管网修复】 2021年，市住建局全面完成通汇线修复工程和区域供水东环线工程，完成24个老旧小区的供水改造，紫薇东路(建设路—惠阳路)、灵秀路(和平路—江海路)、长龙路(公园路—紫园路)、民乐路(建设路—民胜路)、建新路(公园路—团结街)、紫薇路林洋路6条水泥管改造工程均完工，共计改造旧管网35公里。

(李　钦)

城市管理

【概况】 2021年，启东市城市管理突出"精管善治"主题，聚焦城市治理现代化、城市管理精细化，以创建全国文明典范城市为目标，把握重点，精准发力，统筹推动城市管理领域各项工作，

8月5日，彩臣三村老小区改造现场，施工队清除楼顶旧瓦，拆卸太阳能热水器 (郁卫兵/摄)

实现城市管理工作的高质量、全方位发展。

【体制机制改革】 2021年,市城管局夯实城管委实体化运作机制,完善城管委议事规则,强化部门沟通协调,调度城市管理各方力量,合力处置解决城市管理重点难点问题。开展委托区镇行使城市管理领域行政执法权工作,以市政府名义草拟指导意见,出台实施办法,并与11个区镇签订执法委托协议,涉及8类基层迫切需要且能够有效承接的委托执法事项。以“作业标准化、装备现代化、管理企业化、监督社会化”为目标,合并启东市容环境卫生管理处、启东市农村垃圾中转站管理处,成立启东交投环卫服务有限公司,逐步实行环卫作业市场化运作。升级智慧环卫系统,实现环卫车辆、人员全要素在线监管,助推环卫作业智能调度。精准划分16个城市管理网格,以“1+1+N”(网格长+副网格长+城管辅助人员)的模式配置管理队伍,完善市容“五好网格”评比、三色等级商户管理办法,加强《启东市市容环境卫生责任区管理办法》宣传落实,市容违章反复率持续下降。

【市容管理】 2021年,市城管局深入开展市容提标整治行动,整治商业街巷店外经营,取缔马路市场,遏制夜间露天烧烤,整改各类市容乱象9.3万余起。科学设置停车区域,增设、出新非机动车停车线5.28万米,施划三轮车停车位、临时停车位970余个。创新“锁车+处罚”的管理模式、“朋友圈集赞+捡烟头”的取车方式,累计锁车1.3万辆次,增强市民线内停车意识。以零容忍态度保障新违建零增长。制定城区户外广告集中整治方案,拆除楼顶广告设施(镂空字)425处。清除校外培训机构违规设置户外广告百余块,常态化清理各类条幅、布幔、小广告2100余处。编制《启东市区广告点位规划及主干道设计项目》,并完成初评。

【环境卫生综合管理】 2021年,市城管局创新运用“人工保洁+机械清扫+洒水除尘+高压冲洗”的组合作业方式实现主次干道深度保洁。建立健全路面、河道、公厕、中转站、垃圾桶等精细化保洁标准,完善分级保洁制度,增设深夜保洁班次,增加二次清运点位,城区环境卫生洁净度得到提升。试点垃圾四分类“三定一督”管理模式,23个试点小区垃圾分类率明显提升。开展生活垃圾清运点整治,逐步撤除占用公共道路垃圾桶637个,建设一批符合规范的生活垃圾清运点。至年底,完成56个点位建设,19个老旧小区完成选址。加快农村分类设施建设,8个区镇建成易腐垃圾处置终端,14个区镇基本建成建筑垃圾中转调配场。强化餐厨垃圾集中收运管理,配置5辆密闭运输车辆,与建成区481家餐饮单位、机关单位食堂、商业综合体等签订餐厨垃圾收运协议,并在吕四、近海等区镇开展扩面试点收运。餐厨废弃物处置中心建成投运,日处理能力达90吨。全程监管建筑垃圾运处。城区建筑垃圾处置试验场正常运行,全年处置建筑垃圾13.19万余吨,城区拆迁垃圾、装修垃圾实现简易资源化利用。推进年处置能力30万吨的建筑垃圾资源化利用项目建设,年底进入桩基工程建设阶段。加强餐饮油烟治理,排摸城区餐饮单位,建立健全“一店一档”,印发宣传手册5000余份。建设在线监控平台,对餐饮单位油烟排放实时监测、动态分析。牵头六部门出台《启东市餐饮服务场所油烟污染治理意见》,立足源头管控,坚持严格执法,12345油烟污染扰民投诉量直线下降。

7月30日,市城管局检查社区垃圾分类情况　　(市城管局/供图)

【民生实事项目】 2021年,市城管局参照二类公厕建设标准,完成城区9座老旧公厕修缮改造,落实专人管护。全面推行精细化保洁,及时修补缺失文明标语和指路牌,重点加强无异味、无污渍、无破损“三无”治理。完善便民疏导设施布点规划,新建吾悦广场、团结闸、紫薇三村、奥邦广场、江海北路东侧5个便民疏导点,增设便民摊位105个。加强欣乐城、小商品市场等既有疏导点运营维护,引导修理摊、启东当地果蔬农民、流动摊贩等入驻经营。加强公共自行车系统运维服务,累计骑行突破52万人次。开展公共停车收费专项整治,排查道路85条、路内停车泊位13091个,公共停车场126个、泊位14607个。开展一类区域沿街私设道闸专项整治,拆除违规道闸14座,释放公共停车泊位200余个。

【依法行政】 2021年,市城管局制定《启东市城市管理综合行政执法程序规定》,巩固完善“非接触性执法”模式,积极破解取证、送达难题。加快智能移动城管执法系统建设,通过“信息上路”满足小微市容违法案件移动办案需求。建立健全两级法制审核机制,完善法制员队伍,制定法制员工作规定和考核办法,进一步规范执法流程。全年共办理一般程序案件477

件，简易程序案件320件，罚款入账265.89万元。案由从简单的市容违章类拓展到渣土运输、油烟污染、损毁绿化、建筑规划、质量安全等7大类30多个小项，办案数量、质量稳居南通城管系统第一。

【“损坏城市树木花草”案听证会】 4月15日，2021年市首起“损坏城市树木花草”案在市城管局举行听证会。该起案件中，东洲新村小区内11棵香樟树被小区物业拦腰砍断，对树木生长造成损害，为恶意修剪。此举违反《江苏省城市绿化管理条例》。条例规定城市中的树木，不论其所有权归属，任何单位和个人不得擅自砍伐、移植。确需砍伐、移植的，必须经市人民政府建设（园林）行政主管部门批准，并按照规定补植树木或者采取其他补救措施。经调查，市综合行政执法局依法对涉事物业公司采取相应处罚措施。

（崔译文）

【控违拆违】 2021年，全市共拆除各类违法建设92.5万平方米，其中拆除存量违建81.5万平方米，拆除新增违建2万平方米，整改卫片约9万平方米。其中，拆除城区各类违建8.02万平方米。

（高俊杰）

公用事业

【电力供应】 2021年，启东市共有35千伏及以上变电所36座，其中220千伏变电所5座，110千伏变电所16座，35千伏变电所15座，主变容量362.1万千伏安，35千伏及以上公共输电线路1375.9千米。全社会用电量49亿千瓦时，同比增长14%。启东市供电公司完成售电量46.7亿千瓦时，同比增长15%。调度最高用电负荷91.1万千瓦。完成启隆（海永）供电权属调整。完成3座35千伏变电站首轮集中检修、7条10千伏跨区域线路割接。完成区域内1.2万个用户基础资料收集及表计更换、归档工作。以“一项目一方案”模式明确16个存量交房小区供配电设施限期改造、接电计划。科学组织1587家企业实施有序用电，单日最大错峰负荷7.92万千瓦，累计错避峰98.35万千瓦。累计出动203人次驻企督导，最大限度减少有序用电对企业生产经营的影响。投运华威H2等海上风电220千伏送出工程，实现中国单体容量最大海上风电项目80万千瓦全容量并网及外送通道全面贯通。安排346万元开展老旧小区配变增容改造，累计新增配变21台，新建低压电缆40余公里。牵头编制“十四五”公共充换电设施专项规划，同步纳入启东市城市总体规划。推动电能替代项目63个，累计替代电量1.9亿千瓦时。

7月19日，国网启东市供电公司施工人员对位于北新镇普北村的10千伏黄仓线线路进行改造　（姜新春/摄）

【启隆海门供电管理权移交国网启东市供电公司】 9月1日，启东市启隆镇、海门区海永镇、国网启东市供电公司及海门区供电公司共同举行启隆（海永）供电服务站揭牌仪式，标志着隶属南通的两块“飞地”供电管理权正式由上海移交江苏。由国网启东市供电公司为启隆、海永两镇提供供电服务。启隆镇、海永镇由于地处崇明岛，与本土隔江相望，供电自2015年委托崇明供电公司管理，受地域供电规范限制，两镇用户用电需求得不到充分保障。7月30日，启东与崇明两家供电企业正式签订协议，确定自2021年9月1日0时起启隆镇、海永镇电力供应和管理权属调整，由国网启东市供电公司负责具体实施。8月1日开始，启动权属交接工作。启隆（海永）供电服务站负责两地供电服务和电网运维。9月1日开始实体化运作后，用户执行江苏电价。

（龚臻琰）

【燃气供应】 2021年，全市共有11家液化石油气充装企业、3家管道天然气企业、4家天然气加气站。全年共供应天然气1亿立方米、液化石油气2万吨。天然气管道新增173.5公里（中低压），总计1491.5公里。供应管道气用户15.81万户，其中新增1.9万户；液化气用户29万户，城区燃气气化率和用户普及率达100%。市住建局不断完善制度规范，强化安全保供，加大市场监管，积极开展瓶装气配送，抓好燃气日常安全生产管理。安全生产检查常态落实，不定期督查燃气企业，整改隐患15处；完成管道燃气重点工商业用户入户安检785户，整改58户，燃气泄漏安全保护装置安装率100%；实施瓶装气企业安全配送“五统一”，全年配送逾65.44万罐，占比超87%，燃气入户安检实现全覆盖。加强专项整治工作，对所属燃气企业进行全覆盖安全大检查，对工商业用户的用气状况进行彻底大摸查，完成780户非居民安全检查，发现58户漏气用户并跟踪

11月17日,市首辆燃气激光巡检车启用 (王 凯/摄)

整改;牵头组织在市区申港城举行燃气泄漏应急救援演练。西气东输工程(启东段)通气交付。

(李 钦)

【安全供水】 2021年,城投集团销售水量7540万吨,实现水费收入2.1亿元、安装收入0.9亿元,实现营业收入3亿元。为确保供水安全,加大对供水管网建设与改造,区域供水通汇线不锈钢内衬管修复、区域供水东环线(南海路至沿江路)24公里管道、通久线常乐泵站和启隆泵站等项目开工建设。城市供水建设提升改造有序推进,完成12个老旧小区、6条道路给水改造,累计改造旧管网35公里;新建管网总长约10公里。

【雨污分流】 2021年,城投集团新建污水管网总长约10公里,改造雨污分流管网总长约12公里,累计修复污水管网约2公里,覆盖面积近6平方公里,主管网基本实现畅通,同时为以后周边小区及企事业单位雨污分流改造预留好排污通道。完成总面积约6.6平方公里的提质增效达标区建设,涉及34个小区及单体内部雨污分流改造。

(陆 星)

【污水处理】 2021年,城投集团负责运营全市11个水处理厂,共处理污水水量3530万吨。东元水处理厂和江海水处理厂二期扩建工程完成后,解决江海澜湾长泰海滨城,寅阳海工园、恒大威尼斯及周边镇区生产生活污水排放需要。其中,东元水处理厂处理规模为5000吨/日;江海水处理厂扩建后,由原日处理规模1万吨/日提升至3万吨/日。通过水处理厂内部提标改造、技能提升,提高污水处理能力,结合外部管网新建、雨污分流等措施,提升污水处理量和COD浓度,污水集中处理率从年初的35%上升至65%。市住建局大力整治城乡污水,开展管网建设修复工程,新建10公里管网,实施12.3公里雨污合流管分流改造,检测及修复雨污水管网300公里;对3个工业园区、6个区镇190公里污水管道实施疏通检测及修复;完成1.7万户分散农户生活污水治理;完成庙港河等7条河道活水畅流,城市建成区水质明显提升;开展工业企业、“小散乱”场所污水排放的集中整治,涉及20个小区、31家单位;污水处理设施效能及养护水平不断提高,进水COD与BOD浓度指标较2020年提升70%。推进城镇污水处理提质增效达标区建设,加大违规排放污水行业的监管,通过申领排水许可证的方式不断规范排水行为。

(李 钦 陆 星)

【白蚁防治】 2021年,市住建局做好新建房屋白蚁预防施药工作,重点实施全市工业产业园区厂房建设和安置房的白蚁防治。制定《2021年安全生产工作措施》《药物危害治理计划方案和实施方法》。在市人民公园广场开展白蚁防治科普知识宣传活动,发放宣传资料。全年全市房屋竣工面积近418万平方米,竣工房屋1110幢,竣工总户数203户,施药面积近96万平方米。完成2009年、2013年、2017年白蚁预防竣工项目的回访复查工作。白蚁危害上门鉴定106户,灭治处理面积3520平方米。

(李 钦)

交 通

综 述

【概况】 2021年,启东市公路总里程2922.009公里,其中高速公路62公里。全年完成公路货运量575万吨,比上年增长12.2%;完成铁路客运量42.27万人次、公路客运量184万人次。优化新增14条公交线路。通州湾新出海口吕四起步港区“六大工程”建设全速推进,“2+2”码头工程建成开港运营,10万吨级通用泊位正式启用。北沿江高铁可研报告正式获批,启东客整所征拆完成。洋吕铁路全线开工建设,宁启铁路二期复线工程、沪崇启铁路列入省专项规划。实施“交邮合作”,实现交通运输与邮政农村寄递网络协同发展。

【规划编制】 2021年,《南通港总体规划》通过几轮审查,上报交通部;协助对接《南通市内河港口总体规划》的修编工作。经过评审,完成《启东市“十四五”综合交通运输体系发展规划》《启东市干线公路网规划修编》《启东市航道网规划研究》编制工作,建设互联畅通的现代交通体系。

【交通基础设施投入】 2021年,全市公铁水交通基础设施建设完成投资13.5亿元,与上年基本持平。其中,公路建设完成投资8.0亿元，航道建设完成投资1.7亿元，农村公路建设完成投资1.1亿元，铁路专项费用投入2.6亿元，研究设计费用投入1000万元。

（杨　阳）

公　路

【概况】　至2021年底，全市公路总里程2922.009公里，公路密度达2.67公里/百平方公里。国家级公路111.717公里，省级公路140.71公里，市级公路392.933公里，乡村公路920.71公里，村道1355.939公里，构成城乡贯通、纵横交错、四通八达的农村路网体系。有公路客运站4个，其中一级站1个、三级站3个。全市境内公路客运量184万人次，旅客周转量19719万人公里；货运量575万吨，货物周转量116217万吨公里。

【干线公路】　2021年，433省道路面改造因省级规定调整和南京疫情影响，8月底施工图设计通过审查，并进入施工阶段。345国道启东段改扩建工程生态空间管控区域调整方案获省政府批复，水源地建设项目手续办理完成，华石路隧道、头兴港河大桥等按序施工。推进328国道平安公路建设，打造南通市“平安交通”建设的样板道路，8月底完成一期工程中分带开口归并设计，同时与沿线区镇对接开展328国道两侧辅道设计，通过政协“有事好商量”平台解决社会矛盾，确保在符合技术规范要求下方便周边居民出行。

【农村公路】　2021年，市推进“建好、管好、护好、运营好”农村公路建设，以“四好农村路”省级示范县创建为抓手，重点实施“一县一品牌、一镇一循环、一路一特色”工程，打造具有地方特色的“启明江海、行吾东疆”农村公路品牌。6月15日，南通市创建“四好农村路”全国示范市攻坚会在启东市召开。会议部署交通运输部“全国示范市”创建迎评工作，听取启东市“四好农村路”创建经验介绍。与会人员观摩合作镇、海复镇农路现场。全年完成农村公路提档升级30公里，改造危旧农桥50座，实施农村公路安防工程50公里，路域环境整治100公里。加强风险防范，完成自然灾害综合风险农村公路承灾体普查工作。农路建设结合党建宣传，在合作镇打造南通市首条红色音乐公路。该乡村公路东起合作镇北环桥，西至环镇北路与志合线交叉口，全长456米。创新“农村公路+旅游、产业、文化”等发展模式，助力合作镇创建“花海示范区”、寅阳镇创建“寅西示范路”、海复镇创建“均里林荫路”、惠萍镇创建“红星商贸路”等，建成区镇特色环线13条，总里程约135公里。建设市县一体化智慧农路管理系统应用，集基础地理信息和农村公路路网基础数据于一体，通过数字地图，把人员监管、公路信息、桥梁信息、村镇信息均纳入其中。推动农村地区精准地图导航建设，利用大数据服务群众出行、农村生活，激活农村经济。

【公路养护】　2021年，市政府办公室重新制定《启东市全面推行农村公路“路长制”实施方案》，推行市、镇、村三级“路长制”。各区镇每50公里配备1名农村公路管理人员，在市、镇路长办公室的指导监督下，协助镇路长开展农村公路管养巡查工作。探索农村公路路政执法及养护方式，分别与南通市交通执法支队及南通市公路事业发展中心签订委托执法协议和委托养护协议，明确执法和养护单位，推进市有执法员、镇有监管员、村有护路员的路产路权保护队伍建设。农村公路爱路护路乡规民约和村规民约制定率达100%。全年全市乡村公路养护总里程4316.7744公里。

【“启明江海、行吾东疆”农村公路品牌】　2021年，启东市继续打造“启明江海、行吾东疆”农村公路品牌，规范统一名称、标识、宣传口号等要素在路域环境的应用，并通过开展“追江赶海”“我们的小康路”“骑行江海，美哉东疆”等系列骑行、摄影、文旅活动，加强品牌宣传推介。全市累计投入2282.295元对全市农村公路开展维修整修路面、配置安全设施、实施绿化亮化等提档升级工程。针对各区镇特色产业发展、旅游景点分布及群众出行特征，市交通运输局为吕四港镇打造连接仙渔小镇、鹤城公园、望海亭楼、海滩湿地等景点的“吕”字形环线；为“生态氧吧”启隆镇打造崇启环线；为“水果示范园”惠萍镇打造汇大环线；专门兴建南海公路自行车骑行线。全市逐渐形成“大环套小环、大环主线串、小环辅线连”的网络格局。

（杨　阳）

铁　路

【概况】　2021年，启东市境内有运营铁路1条，即宁启铁路，启东境内总长度39.45公里；规划建设铁路2条，即

12月11日，南阳镇向南线公路两侧风景秀丽，水杉、红枫等植物沿路铺展，宛若一幅油画　（叶　娟/摄）

北沿江高铁、洋吕铁路。年内,宁启铁路客运发送旅客422734人次,到达旅客408645人次。

【铁路建设】 北沿江高铁 北沿江高铁加快前期工作推进,取得突破性进展。11月17日,北沿江高铁正式获国家发改委工可批复,明确设置启东西站,站房面积增至25000平方米,同时明确长江北支公铁两用桥及预留沪通城际线,建设工期为上海宝山站(含)至启东西站(不含)段7年,启东西站(含)至合肥南站段5年。南通客整所整体搬迁至启东,启东市委、市政府利用一个星期的时间完成167户拆迁任务和组卷报批手续。

洋吕铁路 配合南通市政府加快推进洋吕铁路的前期工作,5月18日正式开工建设。启东市洋吕铁路建设服务指挥部配合吕四港镇,3个月完成征地组卷报批和600多户农户的拆迁工作。

【铁路管理维护】 2021年,市交通运输局落实铁路护路联防工作机制,同属地区镇联合开展护路联防工作,加强与铁路部门沟通联络,履行铁路交通运输安全职能。加强铁路道口安全隐患排查整治工作。结合南通市政府限高架专门整治会议,开展各铁路道口安全隐患排查,共排查市铁路沿线桥梁37座、涵洞127个;要求各区镇对各自境内的铁路桥涵逐一登记,形成数据库,对照标准排摸桥涵限高防护设施,上报缺失设施。全市共新设置限高防护架8处共16个,全部安装到位并投入使用。加强火车站防疫出行安全管理。督促站前办联合启晟物业公司建立健全安全管理制度,加强对电梯等设施设备的维护和检查,有序指挥和分流进出车站的车辆和旅客,避免发生安全责任事故。组织开展铁路护路主题宣传教育活动,特别是在铁路沿线的村、中小学校,开展宣传活动。

(杨 阳)

港 口

【概况】 2021年,吕四港区规划岸线28.04公里,启海港区规划岸线20.6公里。全市共有码头泊位137个,当年新增4个10万吨级码头泊位。全年完成港口货物吞吐量1406.7万多吨,比上年增长26%。其中,内贸941.5万吨,外贸465.2万吨。

【港口建设】 2021年,通州湾吕四起步港区"2+2"码头工程竣工,并于12月22日开港;东港池一期码头工程(建材码头工程)、液化品码头等重大项目开展报批报建工作;广汇能源LNG分销站1号码头扩建工程于10月底完成交工验收,由靠泊15.09万立方米的船舶提升为18.5万立方米,吞吐量提升到280万立方米,港口装卸、仓储类GDP得到提升。寰宇东方3个通用泊位竣工验收,3个通用泊位吞吐量达44万TEU。中远船坞加长工程顺利开工建设。

10月21日,天汾大桥主桥整体吊装圆满成功 (市融媒体中心/供图)

【沿江港口岸线调整】 2021年,市交通运输局利用南通港总体规划调整的契机,根据沿江港口现状和未来发展需求,对沿江港口岸线进行调整。其中,五仓港至太平洋海工西侧原为惠港造船使用岸线1500米,规划调整为通用岸线;戗溆港东侧港口支持系统岸线至宏华海洋港池西侧736米,调整为通用岸线;惠港造船东侧至150米处调整为港口支持系统;惠港造船东侧150米处至太平洋重工西侧450米调整为临江重工业区岸线;中远海工东侧至连兴港岸段470米原为临港重工业区,调整为通用岸线,布置通用泊位或多用途泊位等。

(杨 阳)

内河航道

【概况】 2021年,全市有内河航道总里程649.3公里,等外级433.88公里,等级215.42公里,其中五级航道53.85公里,六级航道88.15公里,七级航道73.42公里,通航船闸1座。有沿江沿海港区2个。

【航道建设】 通吕运河作为吕四起步港区重要的疏港航道,2021年实施通吕运河航道整治工程,累计完成疏浚土方46万立方米。疏港航道配套工程天汾大桥、鹤港大桥获评省级"平安工地"、南通市级"平安工程"、南通市级"品质工程"。天汾大桥主跨使用2艘500吨级浮吊船共同进行整体抬吊吊装,吊装作业的重量、跨度及难度均为启东交通历史之最。拆除龚家镇桥、渡口桥等8座交通危桥,提升航道通航环境,建成合作大桥和南二环运输河桥。

【航道管理】 2021年,市交通运输局实施汇吕线航道北新桥—启扬高速段6公里护岸工程，南引河永丰桥—红阳河2.5公里护岸工程，总投资6000多万元。加强航道巡查，做到上航有记录，及时掌握第一手资料，车、艇结合，全年共巡航45次，巡航航道里程4700公里。全年对辖区等级航道扫床2次，等外级可通航航道扫床1次，共计扫床里程501.59公里，清理扫床发现的5处航道碍航物，共清理沉石60余吨、倒伏航道树木206棵。对辖区航道171.7公里进行测量，同时对140座桥梁桥区航道进行加测，共测量断面916个。

（杨　阳）

交通运输管理

【公共交通】 2021年，市交通运输局继续贯彻公交优先发展战略，整合公共交通资源，完善配套设施建设，推行智能公交、绿色公交。城乡客运一体化评价获省AAAAA级评价。新增4路与海门毗邻公交和3路城乡公交及3路吕四区域定制公交，优化调整3路公交，扩大公交覆盖面。新建公交候车亭54个、电子站牌30个，规划开发区公交回车场。

开通特色班线　7月，选定人才流动相对集中的上海张江和启东市生命健康科技城作为人才专线的定制目的地，开通启沪人才专线。同月，开通启沪健康2号线（启东至上海长征医院、华山医院、耳鼻喉科医院、中山医院、肿瘤医院），为市民到上海就医体检开辟绿色通道。

实现公铁无缝对接　新增公交线路8条，优化调整3条，形成较为完整的公交网络。尤其针对火车站的开通和城市副中心的形成，及时部署无缝对接，火车站始发公交线路达7条，日发80多班，基本覆盖全市。市区"一横二纵"主干线（人民路、江海路、公园路）公交车通行密度达2分钟一班，市区开往各乡镇的大部分班车平均15～20分钟一班，并实现城市公交对市区周边区镇的全覆盖。

加大智能投入　健全完善智能化公交调度系统，新建30个LCD双面屏电子站牌，公交车首末站发车准点率达98%以上。持续改善车型结构，倡导绿色交通，空调车比例达100%，清洁能源和新能源车辆比例达85%。开通刷卡支付和移动支付功能，扩大公交IC卡和电子货币覆盖面。

优化"启沪快线"　"启沪快线"形成覆盖上海东、南、西、北、中和部分郊县13个站点的城际客运通达网络。完善服务功能，将高桥线进行定制化改造。

【客运管理】 2021年，市交通运输局推进两站（长途车站、火车站）创建工作，加强整治站内重点点位脏、乱、异味、吸烟等问题。优化城乡公共交通水平，维护更新城乡候车亭公益广告和全市322多辆公交车辆车内公益广告、票价表、线路走向图、老弱病残孕专座、乘车须知等标识。实施出租汽车专项整治，完成出租汽车公益广告全面更新和覆盖。调整运价，提升驾驶员规范经营的主动性。打击非法营运的"黑车"和非法网约车，运用"江苏省交通运输综合执法"App进行辅助执法。全年共打击非法营运车辆76辆，其中非法网约车61辆，"黑车"15辆。

【安全监管】 2021年，市交通运输局结合安全生产月，开展教育培训，邀请安全生产领域专家解读新《中华人民共和国安全生产法》，培训教育120余人次，实现交通运输企业主要负责人和安全管理人员双覆盖。起草编制完善港口突发事件、公路突发事件、内河水上交通突发事件、铁路突发事件、防御台风、防汛防旱、雨雪冰冻等应急预案。面对"4·30"极端天气、"烟花""灿都"台风等气象灾害，及时做好预警动员和信息报送。深化企业安全生产主体责任落实，下发学习道路、水路、港口、交通运输工程建设企业主体责任手册，开展告知书、承诺书送达工作，确保承诺书签订全覆盖。深入开展安全生产三年专项整治行动，全年排查整治隐患361个，整改完成率100%。

（杨　阳）

水　利

【概况】 2021年，启东市水务局科学实施"系统化思维、片区化治理、项目化推进、精准化调度、常态化管护"的"五化"治水模式，推动水利各项工作取得显著成效。完成《启东市"十四五"水利发展规划》《启东市水系规划》《启东市骨干河道保护规划》等编制工作。争取省级以上水利建设补助资金5862.22万元，加大水利基础设施建设。全年水利建设总投入3.39亿元，用于涵闸拆建工程、江堤（段）提标工程、区域治水、三峡移民后期扶持项目、农田水利工程、防汛防旱工程、水利维修项目、长江岸线生态修复工程及河道保洁等。农村水利设施建设和农村河道长效管护获全省优秀等次，沿江沿海生态景观带建设和区域治水工作在南通领先。河长制工作在省级以上刊物发布专题报道8篇、在南通市级以上河长公众号及刊物发布96篇，受到省委、省政府真抓实干通报表彰。市水利局获评全省防汛抗洪工作先进集体。

【农村水利建设】 2021年，市水务局以二、三级河道为主，以村庄河塘为辅，以畅通河道为主任务，推进农村河道疏浚整治工作。疏浚县乡级和村庄河道2531条，累计疏浚土方236.76万立方米，完成拆坝建桥（涵）35座，超额完成南通市下达的任务。

【"河长制"长效常治】 2021年，全市以水污染防治、水环境改善、水生态修复、水制度创新"四水共治"为抓手，进一步整治黑臭水体，突出农村新老集镇、工业污染等区域，对农村黑臭河道实行项目化管理、清单式销号，整治黑臭河道53条。整治"两违"（即一、二级河道范围内的违法圈圩、违法建设现象），全面整治重点河道73个违章点位，整治面积2499平

5月13日,市水系连通及水环境整治工程项目城区片主要组成部分头兴港二闸站工程正在加紧建设（姜新春/摄）

方米并全部复绿。联治界河,与崇明区城桥镇签订省际友谊河协同共管协议,形成共管、共巡、共议、共治机制;重点推进10条县级、101条镇级交界河联合共管工作,治理河长制盲区。以二、三级河道为重点,开展“乱占乱建乱种乱排”清理活动,共清理问题点位2480个。创新实施河道智慧管护项目,布置自动监测点94551个。探索推广“以鱼养河”“生态护河”等生态护河新机制,培育南阳、合作、东海等地“以河治河”生态治水典型14个。

【水利重点工程建设】 2021年,市水务局全面推进江海最美岸线建设。岸线达标一期工程“四堤两闸”全面完成,42公里不达标的黄海滩涂公司段、寅兴垦区及恒大段、江海产业园段海堤、启隆镇江堤及三条港闸、五效港闸全部达到百年一遇标准;2022年达标二期工程“一堤五闸”基本完成前期工作,塘芦港南侧海堤开工建设,中央河贯通和红阳港闸完成上网招投标,三和港套闸、戤效港闸及十六总闸完成项目初步设计。

【区域治水】 2021年,市水务局按照“1+3”区域治水规划要求,着力实施城市建成区西片、圆陀角片区200平方公里区域治水试点,全面推进“控源截污、自然活水、自然净化、自然修复”的“一控三自然”治水工程。城市建成区西片水系连通、水景观堰、三星河南北闸站、头兴港二闸站、小型桥梁及涵闸工程等项目均完工并通过验收;寅阳片区各闸站、小型桥梁及涵闸工程推进建设,完成工程量的50%;吕四片区前期工作全部完成并上网招标。建成南通地区第一个200米地涵工程,完成过水景观堰5个,2个区域成功试运行。3月3日,南通市区域治水畅流活水暨生态美丽幸福河湖建设现场会在启东市召开。

【堤闸管理】 2021年,市水务局加大沿江沿海堤闸日常管理,通过服务外包落实巡堤巡查、抢险抢修、岸线环境整治三支专业队伍,加强堤闸的长效管理,全覆盖发现和排除险情、全天候监控和保洁岸线、全方位维修和保养水闸,实现管理效果“四个一”,即港池外无一只杂船、堤防上无一处毁坏、绿化带无一处断档、道路面无一张纸屑。

【水土保持】 2021年,市水务局对13个国家级、省级生产建设项目水土保持图斑进行现场认定,查处认定违规项目10个,下达处罚意见,实现国家级、省级图斑违法违规项目查处全覆盖。全年共批复34个生产建设项目,征收水土保持补偿费185万余元。

【依法行政】 2021年,市水务局共完成45个水土保持方案、18个取水许可和2个河道管理范围内工程建设方案的行政审批工作。回复处理12345热线诉求242个,满意率达99%。对市水利工程管理范围内的水事违法行为采取即发即止的行动模式,全年现场处置16起水事案件。

【通海垦牧公司挡潮墙遗址入选首批省级水利遗产名录】 12月,省水利厅公布首批省级水利遗产名录,全省共117处,包括闸站工程、河道堤防、水文观测、灌溉工程、水库大坝等类型,通海垦牧公司海堤挡潮墙遗址名列其中。挡潮墙为张謇创办的通海垦牧公司的重要护堤设施,位于原通海垦牧公司第一堤外,曾是捍海斗潮、防坍兴垦的重要屏障。

【南通市首单水权交易在启东完成】 10月26日,启东宏德商业管理有限公司和启东滨海工业园发展有限公司、江苏苏博印染有限公司正式签订水权协议,并完成交易费用结算,标志着南通市首例水权交易顺利完成。根据水利部《水权交易管理暂行办法》规定和区域间水量交易的实际,经省市县水利部门协调撮合,三家公司共获得7万立方米地下水水量指标。启东市在推行“水权市场化运作”模式上作出积极探索,有利于开拓水资源的价值空间,促进水资源的节约和保护,引导水资源向高效益、高效率方向转移。

（史　璐）

责任编辑　陆金红

乡村振兴

※综述
※乡村产业
※乡村建设
※乡风文明
※乡村治理

江苏省级特色田园乡村——合作村新义村

（市住建局/供图）

综　述

【概况】　2021年,启东市坚持把实施乡村振兴战略作为“三农”工作的总抓手,严格落实“五级书记抓乡村振兴”责任制,全市农业发展大幅度提质增效、农村人居环境整治焕然一新、乡村治理体系全面构建完善、农村精神文明建设成效斐然、农民增收渠道大大拓展。乡村义务教育巩固率达100%,城乡基本养老保险参保率超过98.3%,建成村(居)标准化居家养老服务站308家、农村区域性医疗卫生中心4个、省级示范村卫生室40个,基层卫生服务能力和队伍建设推进有效,受省政府激励表扬。集成深化帮扶政策,确保帮扶政策惠及所有低收入人口,市扶贫办被省委、省政府表彰为全省脱贫攻坚暨对口帮扶支援合作先进集体。沙地圩田农业系统被认定为中国重要农业文化遗产。启东市获全国绿色食品原料(大豆)标准化生产基地创建资格,创成全国主要农作物生产全程机械化示范县,获批全国农民专业合作社质量提升整县推进试点县。全市创成全国农村创业基地3家。东海镇兴旺村获评全国乡村治理示范村。

【政策保障】　2021年,市研究制定《关于全面推进乡村振兴加快农业农村现代化的实施意见》《关于2021年加快推动农业农村全面发展的政策意见》《关于全面推进乡村振兴示范村、先进村建设行动实施意见》《关于促进全市农村集体经济高质量发展的指导意见》《关于推进启东农业产业发展的实施意见》《启东市干道沿线破落建筑和“三棚”整治专项行动方案》等系列文件,组织编制“十四五”农业农村现代化发展规划,科学制定乡村振兴战略的基本思路、目标任务、重要举措。积极争取各级财政资金,引进社会资金、金融资本,整合财政涉农资金,落实现代农业产业重点建设项目。本级农林水支出金额为55586万元,涉农贷款金额达934.33亿元,较年初增加88.31亿元,增幅10.44%,同比增加129.17亿元,在全市贷款余额中占比65.81%。

(潘玲玲)

【农村土地制度改革】　2021年,市农业农村局完成2个镇7个村24个组的延包试点工作,平稳有序做好后续工作。深化农村土地“三权”分置改革,推进土地规模流转。推进宅基地所有权、资格权、使用权分置改革,落实宅基地集体所有权,保障宅基地农户资格权和农民房屋财产权,适度放活宅基地和农民房屋使用权。

(朱晓霞)

【农村集体产权制度改革】　2021年,市通过农村集体产权制度“回头看”工作,对两委换届选举后有变动的村及时开展规范的股份经济合作社赋码登记变更工作,做好村集体经济组织成员的动态调整,并对2019年启东市集体产权制度改革试点的成员股份再次审核,查漏补缺。全市13个区镇建立起覆盖全市,链接省、南通的农村集体交易服务体系,实行统一信息发布、统一交易流程、统一交易规则、统一交易文书、统一交易监督“五统一”运作模式。全年启东市农村集体产权交易服务平台完成714宗852个标段的集体产权交易,交易总金额6909万元,溢价18410元,100%实现网上交易。

(邱红燕)

【乡村振兴示范村、先进村建设】　2021年是南通市首批乡村振兴示范村、先进村创建年,市委、市政府确立市领导挂钩机制,多次召开专题会议和现场推进会,全面部署推进乡村振兴示范培育工作。乡村振兴领导小组办公室对示范村、先进村建设进行督查指导,高质量推进项目建设。南通市定8个示范村分别为吕四港镇如意村、惠萍镇东兴镇村、王鲍镇中施村、合作镇新义村、南阳镇武陵村、海复镇均里村、北新镇红阳村、东海镇云祥村;8个先进村分别为产业兴旺类:吕四港镇吕复村、海复镇搬场村,生态宜居类:南阳镇元祥村,乡风文明类:汇龙镇临江村,治理有效类:吕四港镇六斧头村、东海镇兴旺村,生活富裕类:汇龙镇城北村,寅阳镇长兴村。通过创建,16个示范村、先进村在整体面貌、农业综合实力、农民生活水平、乡村产业、乡村生态、乡村治理等方面得到改善和提升。

(倪韩燕)

【村级集体经济发展】　2021年,市出台《关于促进全市农村集体经济高质量发展的指导意见》,提出“十四五”期间农村集体经济发展的总体要求,指明6项发展举措,出台3项扶持政策,明确4项组织保障举措,不断壮大集体经济,增加农村财产性收入,加快农业农村现代化进程,全面促进市农村集体经济高质量发展。16个南通市级经济薄弱村基本形成“一村一品”发展特色。至年底,全市261个村实现村营收入22823.36万元,村均收入87.45万元,其中100万元以上的村59个,占23%。

【农村“三资”管理】　2021年,市在尊重成员意愿和民主权利,保持农村集体经济组织对集体资产所有权、使用权、审批权、收益权不变的基础上,正式实行村级会计委托代理服务工作,制定实施《启东市村级会计委托代理服务工作与农村集体“三资”管理制度》,加强农村集体资金、资产、资源管理,规范村集体经济组织财务行动,推动农村基层党风廉政建设,促进农村集体经济发展。

【强村加油站建设】　2021年,市按照“一次规划、分步实施”的要求,建设启东经济开发区牡丹江路加油站、吕四港临港南路加油站、生命健康科技园清源路加油站3个强村加油站。每个加油站扶持3个经济薄弱村,确保每个经济薄弱村每年获得不少于35万元收益,并建立动态调整和收入核查机制,以3年为一周期,动态调整项目收益的扶持对象。至年底,强村加油站序时推进建设。

(邱红燕)

【富民帮促行动】　2021年,市农业农村局为全市11443名建档立卡低收入人口购买“防贫”保险,免除10847名低收入人口基本医疗保险和大病医疗保险个人自缴部分574.89万元。完成2041人次理赔，理赔金额达70.84万元。会同市卫健委、医保局、慈善总会、保险公司等部门、单位，对个人自负医药费进行保险二次理赔和慈善基金补助，二次理赔219人，理赔金额77.19万元；慈善救助149人，救助金额48.64万元。健全防止返贫机制。全面发挥低保、特困、残疾人、困境儿童等社会救助功能，突出抓好重残重病人员和三级智力精神残疾人"单人保"、低保、特困供养标准增长等政策落实。7月起，特困供养户标准提高到每月1010元，低保、重残标准提高到每月750元。完善急难救助机制，对疾病、遭灾等情形先落实临时救助措施，再视情转介到低保、医疗、就业等专项救助。做好因病支出型贫困家庭医疗救助和支出型贫困家庭基本生活补助。研究解决相对贫困机制。对11143名原建档立卡低收入人口逐人逐户开展信息比对、入户核查，4588人纳入低保和特困，55户73人纳入低保边缘家庭。全年改造危房4户；教育资助困难学生466人次，资助金额43万元。

（倪韩燕）

【沙地圩田农业系统被认定为中国重要农业文化遗产】 沙地圩田农业系统是爱国实业家张謇在启东地区，从农田水利、种植布局、农耕习俗到民居格局和民俗文化诸方面统一规划、统一设计、统一建造的。该系统在海复镇搬场村一带，面积66.67公顷左右，基本保存完好。2020年，市启动沙地圩田农业系统申遗工作，2021年起依托江苏启晟集团，启动完善沙地圩田农业系统建设工作，并实施通海垦牧公司复建项目。项目总投入1000万元。4月，完成《启东沙地圩田农业系统申遗核心区提升改造工程》的施工蓝图、《江苏启东沙地圩田农业系统中国重要农业文化遗产申报书》的汇编，并于5月6日向省农业农村厅正式提交申报书。5月17日，通过省遴选，成为省报送第六批全国重要农业文化遗产项目推荐候选名单之一。11月，沙地圩田农业系统正式被农业农村部认定为第六批中国重要农业文化遗产，是南通唯一上榜项目。该农业系统分为三大区域：通海垦牧公司复建区、农遗核心展示区和拓展辐射区。农遗核心展示区较好保留原始风貌的约33.33公顷土地全部流转。同时建设的还有展示区标识及旅游环线，沟河水系连通、生态护坡、岸线整治，区内房屋景观提升，沿路沿河绿化提档升级，垦区百年以来各时期原生态民居，盐垦博物馆、种子文化馆、农耕文化馆和民俗文化馆，及游客接待中心、民宿群等8个大类。

（庄裕兵）

启东沙地圩田农业系统核心展示区农田一景　　（市融媒体中心/供图）

乡村产业

【概况】 2021年，全市实现农林牧渔业总产值177.93亿元，比上年增长5.7%。其中，农业产值52.59亿元，比上年增长8.3%；林业产值0.63亿元，比上年增长3.6%；牧业产值14.89亿元，比上年增长9.9%；渔业产值88.11亿元，比上年增长3.7%；农林牧渔服务业产值21.70亿元，比上年增长4.8%。全年新建高标准农田5.3万亩，比上年增长10.4%。

【休闲农业】 2021年，市出台《2021年启东市省级现代农业发展项目申报指南》，支持农村一、二、三产业融合发展，扶持休闲农业企业升级改造，提升休闲旅游服务水平。制定《关于2021年加快推动农业农村全面发展的政策意见》，规范发展休闲观光农业和创意农业。对被评为省级创意休闲农业系列乡村的行政村，市财政给予一次性补助5万元；被评为全国休闲农业和乡村旅游三星级至五星级企业的，分别给予一次性补助3万元、4万元、5万元。至年底，建成南通市级以上休闲农业和乡村旅游星级企业8家、省级休闲农业示范村3个、南通市休闲农业精品景点近20个。江苏双林海洋生物药业有限公司的水产类综合开发星创天地、启东市江天生态农庄有限公司获评农业农村部全国农村创业园区（基地）。启东江海渔家亲子研学游休闲旅游线路入选农业农村部2021中国美丽乡村休闲旅游行（冬季）精品景点线路推介名单。启东船屋休闲直播创意农园获评江苏省主题创意农园，启东市江天生态农庄有限公司获评江苏省乡村休闲旅游农业农耕实践基地，江苏目田颐养院康美基地获评江苏省乡村休闲旅游农业康美基地。推荐的《启东印象》宣传片在2021年扬州世界园艺博览会江苏休闲旅游农业精品展活动中获评江苏休闲旅游农业宣传精品银奖。

【农业电子商务】 2021年,市出台《关于2021年加快推动农业农村全面发展的政策意见》,鼓励农产品电子商务规模营销,初级农产品网上规模营销实行以奖代补,对年网上交易额达100万元以上的电商,按年销售额的1%补助。市供销合作总社牵头启东新城农业发展有限公司,推进启东农副产品电商交易中心项目建设,运用电商服务平台完成在线下单、接单配送等产品经销流程,通过社区团购网络和智能保鲜云柜、生鲜配送点、农改超等配套工程建设,逐步实现产地追溯、质量控制、产销对接等综合服务功能。建设新城农业智慧农业大数据中心,通过物联网监控平台,监测全市多个农场基地生产情况。该平台对产品全程溯源,用户可实时查看基地环境、作物种植全程、产品检测报告等,获取农产品全生命周期数据,保障产品的安全可靠。至年底,全市500家农场基地完成信息录入、11家完成视频对接。强化特色产业与电商嫁接,加大数字基地创建力度。全年农业网上营销销售额达5.81亿元,比上年增长87%。启东新城农业被评为省农业农村数字示范基地;启东新城农业、南通苔趣食品和启东淘鲜电子商务3家电商企业入选省级农业电子商务优秀案例。

【农业招商】 2021年,市开展“扩大农业农村有效投资年”活动,从考核激励、服务提高、项目招引等方面,推进农业农村重大项目建设工作。全市新(续)建农业农村重大项目25个,比上年增长6个;总投入26.93亿元,比上年增长超17亿元。启东温氏畜牧有限公司投资的启东市生猪养殖销售和上海新成食品启东有限公司投资的启东市食品精深加工2个项目被列入省级示范项目。全年共开展招商引资活动10场次,签约项目20个,签约资金80.09亿元,其中益海嘉里粮油深加工、中储粮的油脂加工储藏等项目超20亿元。

(唐凯健)

【家庭农场】 2021年,市农业农村局加大家庭农场名录系统信息核查力度,确保农场重点信息真实、完整、准确。开展2021年度省级、南通市级示范家庭农场申报及启东市级示范家庭农场评定工作,有3家获评省级示范家庭农场,7家获评南通市级示范家庭农场,83家获评启东市级示范家庭农场。至年底,全市共创建县级以上示范家庭农场253家。

【专业合作社】 2021年,市农业农村局开展农民专业合作社“空壳社”清理工作,至12月13日,清理“空壳社”258家。组织开展2021年国家级、省级、南通市级、启东市级农民合作社示范社监测工作,同时开展2021年度南通市级示范社申报及启东市级示范社评定工作,有6家合作社获评南通市级示范社,86家合作社获评启东市级示范社。至年底,全市共创建县级以上示范社160家,县级以上示范社率17.08%。制订并上报合作社质量提升整县推进试点实施方案。6月21日,农业农村部办公厅发文确定启东市为最新一批全国农民合作社质量提升整县推进试点单位。制定《2021年农民合作社质量提升工作实施方案》,为5家农地股份合作社在档案管理规范化建设、培训教育基地创建、业务培训及示范教育等方面提供支持。

(朱晓霞)

【新型经营主体培育】 2021年,市农业农村局开展新型职业农民培训,利用“农技耘”平台等多种资源,确定江苏省启东现代农业产业园为新型职业农民培训基地,将新型经营主体的管理者、成员等纳入新型职业农民培育、农村电商培训等培训计划。全年开展各类培训15场次,培训新型职业农民3716人次。

(沈海健)

江苏省级传统村落——二效镇村二效镇中心村 (合作镇二效镇村/供图)

乡村建设

【概况】 2021年,市住建局不断推进美丽宜居乡村和特色田园乡村创建,按照“产业兴旺、生态宜居、乡风文明、治理有效、生活富裕”总要求,各区镇持续改善农村人居环境、建立乡村建设评价机制、探索乡村发展路径。全市新建120个美丽宜居乡村。合作镇新义村洪英路村依托新义村十里阳光葡萄园,创建特色品牌,实现省级特色田园乡村零的突破。二效镇村二效镇中心村获评2021年省级第五批传统村落,实现市传统村落零的突破。

【新型城镇化建设】 2021年,市住建局牵头起草《新型城镇化建设考核办法》,组织召开新型城镇化建设工作专题会议,督促区镇加大推进力度,会同相关部门对区镇实施季度考核;督促各区镇形成“三图两表一本账”(规划总平图、镇区路网图、规划用地性质图，一年行动计划表、三年行动计划表，一本经济账），编撰并印发3期《新型城镇化建设工作简报》；组织召开全市新型城镇化建设现场推进会1次，推进区镇规划编制、基础设施与功能配套、弃宅进镇、镇区提升改造等工作。全年各区镇新建、改扩建道路23.5公里，新增污水管网20公里、绿化面积15公顷，新增消防站点7个、公交回车场地10个、文体活动中心11个、文体活动广场11个、集中守灵中心10个。出台鼓励农民弃宅进镇政策，全市层面签约弃宅进镇978户，完成腾房盘活土地21.6公顷；闲置国有资产盘活10.4公顷，盘活建设用地低效工业用地55.93公顷，实现镇区提升改造。按照“一镇一业”的思路，依托自身优势资源和特色产业基础，培育特色产业，以持续改善农村人居环境为目标，建立乡村建设评价机制，探索乡村发展路径。

【农村房屋安全隐患排查整治】 2021年，市住建局开展经营性农村自建房排查和行政村内集体土地上所有房屋排查工作。各区镇则按照属地管理原则，组织工作人员和技术人员以经营性自建房为重点对本行政区域行政村内集体土地上的所有房屋进行排摸，建立台账。由技术支撑单位深入一线会同镇、村协同排查，同时对经排查鉴定存在风险的经营性自建房，实施一户一档、销号管理、重点整治的措施。共计排查各类房屋29.7万户。结合农村房屋安全隐患排查整治工作，做好省定各类“新危改对象”的危房改造工作，全市经排查上报各类对象118户，全部完成改造。

（李　钦）

【农村人居环境整治】 2021年，市制定《启东市农村人居环境整治提升五年行动实施方案》《启东市干道沿线违章建筑、破落建筑和“三棚”整治专项行动方案》《2021年启东农村人居环境提升行动评估办法》等文件，系统推进农村人居环境提升工作。至年底，农村生活垃圾集中收运率达100%，全市14个区镇全部实现农村环境长效管理服务外包。全市林木覆盖率达25.31%，行政村双车道四级公路实现全覆盖，农村道路亮化实现全覆盖，农村自来水普及率100%，畜禽粪污综合利用率97.7%。开展“三棚”整治试点工作，全市共拆除、修缮破旧“三棚”3409户，整治各类棚舍总面积46426平方米，形成相对集中连片整治区域21个，整治区域的人居环境有效提升。农村生活污水治理速度加快，至12月，249个行政村完成村庄生活污水治理设施建设，行政村覆盖率达95.4%，完成分散农户生活污水治理1.7万户，新建污水管网320公里。累计受益户数达49609户，覆盖自然村888个，其中2021年纳管户数12366户，完成全年工程总量的72.74%。根据省乡村振兴局要求，开展问题户厕排摸，并对排摸出的问题户厕进行整改，全年合计改造户厕35501座。全年疏浚三级河道3条，整治农村黑臭水体30条。

（庄裕兵）

乡风文明

【概况】 2021年，启东市以美丽乡村建设为重点加强农村精神文明建设，深入实施乡风文明提升工程，强化对南通市级以上文明村镇的日常调研和评估指导。推进南通市乡村振兴示范村、乡风文明先进村的创建工作，在理论武装、志愿服务、移风易俗、新时代文明实践等方面，推动提升达标、示范引领。

【移风易俗】 2021年，针对丧葬祭祀传统习俗过多，婚嫁彩礼标准日益高涨，亲朋好友随礼负担日趋沉重的现象，市政协委员施正辉提出《关于持续有效推进移风易俗工作的建议》的提案，被列为2021年重点提案之一。市政协办、文明办、民政局联合发出《关于开展文明安全祭扫“有事好商量”专题协商议事活动的通知》，利用“有事好商量”协商议事室平台，发挥群众主体作用，广泛征询村（居）民们的意见。全市261个“有事好商量”议事厅，开展“文明安全祭扫”专题协商议事活动400余次。通过网格播报、入户走访、冬训会议等多种方式，引导党员干部带头，在城乡各地倡导以敬献鲜花、植树绿化等新时代文明方式祭祀、缅怀先人。全市435处城乡公墓实施“双减”“双禁”“双重”，即减少次数、减小规模，将除夕、元宵两次祭扫减为除夕一次祭扫；禁止燃放烟花鞭炮、禁止焚烧纸钱冥币，倡导敬献鲜花、植树绿化等文明祭祀方式；重视健康防护、重视环境保护，推动形成文明节俭、绿色低碳、厚养薄葬、孝老爱亲的良好风尚。实施策划“文明健康祥和过年”专题云宣讲，让普通市民走进直播间，分享文明祭扫、厚养薄葬、孝老爱亲的文明新风尚。城乡各地将“文明祭扫”“厚养薄葬”“孝老爱亲”写进村规、家规。组织“迎新春、防疫情，讲文明、树新风”系列主题实践活动，城乡各地组织文明新风进社区、进乡村、进校园、进家庭活动3500余场次。

【文明创建】 2021年，市文明办引导推动各类非公组织单位结合实际深化文明单位创建，促进非公组织持续健康发展。指导27个省级以上文明单位与经济薄弱村开展“城乡结对、文明共建”。推进家庭文明建设，会同市妇联积极培育、评比表彰、广泛宣传“最美家庭”“五好家庭”“文明家庭”等先进典型。弘扬农村优秀文化，常态化参与文明实践品牌项目建设，全市注册志愿者超29万人。实施全民共享实践行动，推进“云宣讲”全覆盖，累计直播12场，总访问量超65万人次。

【南阳镇率先开展乡风文明积分实践】 2021年，南阳镇在全市率先开展乡风文明积分实践，创新引进金融、保险、有线、体检等贴合百姓民生的本土企业共同参与。在运行过程中，各村对申请参与积分管理的村民每户发放一张乡风文明积分卡，每次参与活动后由村委会每月组织召开评议会，对收集登记的积分线索进行评定，根据参与时间、内容、质量等为参与者量化积分，所得积分累计额可兑换相应的日常生活用品等。根据《南阳镇乡风文明积分实践管理办法及优惠政策

9月29日，南阳镇召开乡风文明积分实践现场推进会，会上发布南阳镇乡风文明积分LOGO　（南阳镇/供图）

汇总》，村民履行文明行为包括基础积分、民主积分、贡献积分等三大类，环境卫生、移风易俗、公德美德、遵纪守法、对村级事务的参与度、在群众中的影响力等9个具体事项。文明积分折算标准每季度公示，同时列出邻里吵架、非法上访、参与迷信邪教、违规操办酒席等13项不受理或暂缓受理积分兑换的情况。5月26日，南阳镇推进乡风文明积分实践暨多方战略合作签约仪式在武陵村举行。启东农商银行、中广有线启东分公司、中国人保和佳慈体检等企业参与。9月29日，南阳镇召开乡风文明积分实践现场推进会，会上发布乡风文明积分LOGO，标志着南阳镇乡风文明积分实践工作进一步提升和规范。

（袁雨澄）

乡村治理

【概况】 2021年，启东市大力推动乡村治理体系建设，4月，召开乡村振兴治理有效典型培育工作推进座谈会，围绕“党的建设、平安建设、法治建设、基层自治、基层基础”五个方面，加强农村基层党组织建设，深入开展“头雁领航、赛马东疆”绩效大比拼主题活动；实施百村善治示范工程，培育的东海镇兴旺村获评全国乡村治理示范村。根据新一代社会安全系统建设要求，以“平安乡村”建设为目标，对各区镇辖区内高清视频探头实施补盲工程。创新专属网格服务管理模式，形成具有启东特色的7大类54项网格工作清单，排查上报流转各类事件16.43万件，协助职能部门开展服务走访共计9.3万人次。“全要素”网格考核机制在南通推广，南阳镇“网格微治理”获评首批全省乡村治理典型案例。汇龙镇南郊村“五心搭建连心桥”入选南通市首批“一村一品”新型农村社区治理十大品牌。夯实基层社会治理基础，全面推进法治乡村建设，建成高标准法治文化阵地200多个、省级民主法治村（社区）145个。

（潘玲玲　谢良汇）

【社区治理】 2021年，市民政局开展新任村（居）委成员轮训，组织优秀村规民约和居民公约评选。出台《关于进一步规范城乡社区工作事项的通知》，修订基层群众性自治组织依法履职和协助政府主要工作事项“两份清单”。推进城乡社区议事协调机构“有事好商量”全覆盖，建设社区议事协商示范点。建成519个自治示范点，其中社区协商示范点124个。发放村民小组长补贴约907万元，打造以村民小组为基本单元的“微自治”模式，实施微项目505个。出台社会工作激励机制，新增105名持证社工师，全市有持证社工师1021名。

【基础设施建设】 2021年，市民政局印发《关于开展镇（园区、街道）社会工作服务站建设的通知》，汇龙镇、海复镇、北城区街道试点社工服务站建设。全市261个村党群综合服务设施面积全部达省级标准。下拨183.6万元城乡服务建设奖补资金。东海镇兴旺村、吕四港镇石堤村、吕四港镇巴西村3个社区综合服务中心实施提档升级，达省级标准。全年接收新建社区管理服务用房面积7150平方米。

（陆柳赛）

【南阳镇网格微治理模式入选省乡村治理典型案例】 2021年，省委农办、省农业农村厅、省乡村振兴局组织各地发掘总结一批乡村治理典型做法，并择优遴选20个首批全省乡村治理典型案例予以推介。南阳镇《夯实基层基础，促进协同共治，提升网格微治理水平》乡村治理模式成功入选。南阳镇推动乡村治理重心有效下沉，创新网格微治理模式，通过“党建引领、自治强基、法治保障、德治教化、智治支撑”治理格局，串联起基层社会治理“千条线”，将“共建共治共享”理念贯穿于治理全过程，走出一条富有特色的网格化治理新路径。南阳镇乡村治理模式被“学习强国”学习平台、“交汇点”、“江苏政法”微信公众号、《农民日报》等媒体报道推介。

（谢良汇）

责任编辑　黄亦美

生态环境

※环境质量
※污染防治
※环境监管
※节能减排
※生态建设
※长江大保护

整洁的农村河道

（姜雨蒙/摄）

环境质量

【空气环境】 2021年,启东市市区共设置2个大气自动监测站点,分别为长江新村站和南苑小学站。全年共获有效监测数据365天。环境空气质量达到二级标准;日综合评价达标天数为340天,达标率93.2%,比上年上升1.9个百分点,其中优135天、良205天、轻度污染22天、中度污染2天、严重污染1天。各组分作为首要污染物的天数分别为臭氧134天、细颗粒物25天、可吸入颗粒物66天、二氧化氮7天,可见臭氧是影响市环境空气质量的首要污染物。二氧化硫年均值为7微克/立方米,24小时平均第98百分位数为12微克/立方米;二氧化氮年均值为17微克/立方米,24小时平均第98百分位数为59微克/立方米,均达到年均值和日均值一级标准,日评价达标天数365天,达标率100%。可吸入颗粒物年均值为49微克/立方米,24小时平均第95百分位数为114微克/立方米,均达到年均值和日均值二级标准,日评价达标天数361天,达标率98.9%。细颗粒物年均值为23.2微克/立方米,达到年均值二级标准,24小时平均第95百分位数为57.0微克/立方米,均达到年均值和日均值二级标准,日评价达标天数360天,达标率98.6%。一氧化碳24小时平均第95百分位数为0.9微克/立方米,达到日均值一级标准,日评价达标天数365天,达标率100%。臭氧日最大8小时滑动平均值的第90百分位数为146微克/立方米,达到日均值二级标准,日评价达标天数347天,达标率95.1%。市区自然降尘平均值为3.6吨/平方公里·月,比参照标准(8.0吨/平方公里·月)低4.4吨/平方公里·月。全年共收集降水样品52个,降水量为1033毫米。pH值范围为4.82～7.88,年平均值为6.07。酸雨出现频率为11.5,与上年相比上升11.5个百分点。

【水环境】 水源水 饮用水源地南通洪港水厂取水口、备用水源地汇龙地面水厂取水口水质均达到Ⅲ类水质标准,全年12次监测Ⅲ类水质的达标率为100%。

地表水 4个国控断面、7个省控断面、6个市控断面总体水质符合地表水Ⅲ类水质标准,水质为良。

入海河流 全市共3个入海河流监测断面,分别为老塘芦港的老塘芦港闸断面、串场河的茅家港闸、新港河的新港闸。监测结果显示,茅家港闸达到Ⅴ类水质标准,主要污染物为总磷(0.8)、氨氮(0.2)、化学需氧量(0.2)、高锰酸盐指数(0.1);新港闸达到Ⅳ类水质标准,主要污染物为化学需氧量(0.05);老塘芦港闸达到Ⅴ类水质标准,主要污染物为化学需氧量(0.8)、高锰酸盐指数(0.5)。

5月18日,北新镇普东村在辖区开展秸秆禁烧禁抛宣传活动 (王海兵/摄)

地下水 全市共6个地下水监测断面,其中第三承压层设5个测点:东元水厂深井(省控)、吕四水厂深井(省控)、启东吕四(市控)、启东东海镇(市控)、启东好收成金纺织公司(市控);潜水层设1个测点:永阳村70号(省控),于5月、9月各监测一次。监测结果表明,吕四水厂深井、启东吕四的地下水水质满足Ⅲ类标准;东元水厂深井、启东东海镇、启东好收成金纺织公司的地下水水质满足Ⅳ类标准;永阳村70号浅井的地下水水质满足Ⅴ类,超标指标为氨氮(0.1倍)。

【声环境】 功能区噪声 市区共设7个功能区噪声测点,其中居民文教区3个测点、混杂区2个测点、工业区1个测点、交通干线两侧1个测点。监测结果表明,各个功能区环境噪声年均值均符合《声环境质量标准》(GB3096-2008)中的相应标准,各测点季度的测定结果也均符合相应标准;和上年同期相比,功能区噪声质量等级没有变化。

交通噪声 市区主干道昼间交通噪声平均值67.2分贝,符合《声环境质量标准》(GB3096-2008)中4类区昼间标准,道路交通噪声质量等级为好,噪声值达标的监测路段占比为96.8%,与上年相比,交通噪声质量等级无变化。

区域环境噪声 市区设置128个区域环境噪声监测点,覆盖面积18.0平方公里。昼间等效声级平均值为53.8分贝,噪声质量等级为较好,与上年相比,区域环境噪声质量等级没有变化。声源构成以生活源为主,占58.6%,其次是交通源占21.9%,工业源占11.7%,施工声源占7.8%。

(茅文湖)

污染防治

【概况】 2021年,启东市出台《启东市重点行业绿色发展指导意见》,针对纺织印染、电力等重点行业实施改造升级,推动企业主动开展提标改造,增强企业绿色竞争力。指导8家企业开展强制性清洁生产，从源头提高资源利用效率；推进工业集中区“绿岛”工程项目实施，全面提升污染治理效能。做好排污总量指标核定工作，审查指标新增量，完成122家企业的总量平衡工作，做好区域总量平衡。实施2020年度电力、钢铁、水泥、纺织等行业159家企业环统调查、数据录入、审核工作。经核定，超额完成COD、氨氮、总氮、总磷及VOCs等减排任务。加强排污单位检查，办理首例未申领排污许可证案件，罚款20万元。

【大气污染防治】 2021年，启东市坚持“治企、管车、控煤、降尘、禁烧、联防”原则，协同推进$PM_{2.5}$和臭氧“双控双减”。实施97个大气污染防治工程项目和644个大气污染防治工程任务，督促重点行业企业落实错峰生产，开展污染天气联防联控，抽查涉气企业管控措施落实情况268场次。深入探索秸秆综合利用途径及“无人机巡查+人工督查”模式，利用法律、行政、经济等手段，疏堵结合，因地制宜，秸秆禁烧和综合利用工作取得实效。

【水污染防治】 2021年，围绕水陆统筹、河海兼顾、综合施治，启东市系统推进水污染防治和水生态保护。推进38项重点水污染防治工程项目、22项水减排项目及27项近岸海域污染物削减工程。在南通地区率先实行水质预警通报机制，发出水质预警通报169份，提出应急管控建议。排摸考核断面上下游2公里范围内污染源168个，清理整治120个。实施入海排污口监测、溯源、整治，完成监测溯源405个，覆盖率达100%，完成整治247个。

【土壤污染防治】 2021年，启东市明确年度土壤污染防治工程项目建设，序时完成28家关闭退出化工企业土壤调查，督促75家重点监管单位完成土壤和地下水自行监测、隐患排查，完成永阳村70号地下水点位整治。对24家土壤污染重点监管单位周边土壤环境开展监督性监测。启东生态环境局联合区镇、攻坚办、行政审批局等部门合力推进危废仓库审批监管缺位问题整改，整改完成率达100%。督促较大库存量产废企业及时规范转移处置，办理危废跨省转移10件。

6月3日，启东生态环境局在市区人民公园广场举行“6·5”世界环境日宣传活动

（王卓杰/摄）

【排污权交易】 2021年，启东生态环境局做好排污权交易资格初审及相关指导服务工作。10月，指导恒升化工有限公司（出让方）与托伦斯半导体设备启东有限公司（受让方）通过江苏省排污权管理（交易）信息化平台以总价2万余元完成市首例线上排污权交易。其中，化学需氧量1.6923吨、氨氮0.1692吨、总磷0.0169吨。

（朱文津）

环境监管

【概况】 2021年，启东生态环境局主攻大气、水、土壤三个方面，执法推动企业治污减排，以零容忍的态度坚决惩治生态环境违法行为。全年发出环境行政处罚决定283份，比上年增长137.5%；累计罚款1583.3万元，比上年增长74%，立案金额列南通各县（市、区）第一位。移送涉嫌环境污染犯罪案件3起，查封扣押24起，停产整治3起。序时完成长江1公里范围内19家化工企业关停任务。制订《启东市环境应急重点工作提升行动总体方案》，督促生命健康产业园、重点企业开展环境隐患自查。持续推进危险废物、核与辐射、环境治理设施等生态环境领域安全专项整治，高质量完成省委巡视问题整改销号。联合应急部门开展环境治理设施安全风险防控检查，发出32张交办单，督促完成50个问题整改。推进6个农村地表水自动监测项目建设，实现全市大气、地表水自动监测网络全覆盖。聚焦信访集中的重点区域，常态化开展走航监测。发挥生命健康产业园区大气管控平台作用，为信访调处提供数据支撑。完成41家重点排污企业视频监控安装，加大污染源在线监控、用电监控、视频监控等信息数据融合，积极探索走航监测、无人机飞检等非接触式执法，精准锁定违法问题。根据用电监控异常、在线监测数据超标报警，查实环境违法14起。聚焦企业需求，通过送法进企、集中宣讲、自媒体推送等形式开展普法工作。落实正向激励举措，确定全市22家监督执法正面清单企业，强化正向示范和激励。开展“千人千企”“温暖生态、绿色助企”“环保企业接待日”等活动,收集企业在项目服务、污染物排放总量、环境管理等方面的需求和建议。

【制度完善】 2021年,启东生态环境局探索推进排污许可“一证式”管理制度,打通环评、“三同时”、执法监管、总量控制等制度链接。全年完成重点排污单位名录库更新、确认,核发排污许可证42张,变更123张,延续59张,重新申请15家,审核排污许可执行年度报告213份。实施环境信用评价体系制度,扩大企业环保信用评级结果的应用范围,完善守信联合激励和失信联合惩戒制度。全年列入信用评价企业2866家,较2020年增长210%,其中绿色等级企业4家,根据环境信用评价等级在水价、电价、信贷等方面实施差别化政策管理。完善生态环境损害赔偿制度,形成相应的鉴定评估管理与技术体系、资金保障及运行机制。探索推进符合启东市实际的生态环境损害赔偿改革工作。启动生态环境损害赔偿磋商案件63起,全部完成,赔偿修复金额(含保证金)超2000万元。加强环境行政执法和刑事司法衔接,完善信息共享、案情通报、案件移送等制度,确保在证据认定、法律适用等环节与司法机关达成一致,精准高效打击环境违法。常态化联合开展打击污染环境犯罪行为,移送涉嫌环境污染犯罪案件3起。

【环境监测】 2021年,启东生态环境局开展涉酚企业、城镇污水厂、印染行业、重金属行业等专项监测,针对考核断面超标预警数据开展溯源监测40多次,为环境决策和管理提供科学化、精准化的数据支持。全年完成各类污染源监督性监测279厂次、稽查和信访监测133厂次、应急监测操作演练3次。

【核与辐射安全监管】 2021年,启东生态环境局完成《启东市辐射事故应急预案(2021修订版)》,结合日常“双随机”监管,全年出动执法人员12人次,检查企业15家,实现5家重点企业检查全覆盖。推进核与辐射安全风险隐患排查专项检查,联合公安、卫健委等部门,组织对辖区内3家放射源企业、42家射线装置企业的核技术单位开展拉网式排查,督促未及时办理辐射安全许可证变更手续的企业完成整改。

【危废物规范处置监管】 2021年,启东生态环境局巩固拓展安全生产专项整治“一年小灶”成果,推进“三年大灶”工作。围绕危险废物、核与辐射等生态环境领域安全生产职责,深入排查环境风险隐患。督促10家已关闭化工企业规范转移处置各类危险废物约766.94吨,未造成危废流失或污染。对照长江1公里范围内关停化工企业专项审计反馈问题,督促6家企业规范处置危险废物199.802吨。

【环境问题整改】 2021年,启东生态环境局重点抓好中央、省环保督察及“回头看”交办问题事项整改、“散乱污”企业清理整治“回头看”、生命健康产业园企业关闭退出、重点园区废气扰民等问题整改,确保按时间节点完成整治任务。省第二轮环保督察期间交办环境信访问题19批26件,做到第一时间分办、三天之内反馈,至年底,除生命健康产业园废气扰民问题外,全部办结。

【环境信访问题调处】 2021年,启东生态环境局联合市攻坚办出台《关于进一步压实责任切实解决环境信访问题的实施方案》,建立半小时响应机制,集中治理重复信访。坚持实行重要信访领导包案、带案下访制度,有效化解越级信访,实现信访总量、越级信访量“双下降”目标。全年共受理环境信访1740件,比上年下降2.2%。其中,省级以上20.25件,比上年下降49%;南通市级34.25件,比上年下降43%。

【南通市首起生态环境损害赔偿案例成功办理】 2021年,启东生态环境局成功办理南通市首起生态环境损害赔偿案例。2016年1月11日,启东生态环境局执法人员在执法检查时发现,启东市某固废处置有限公司在厂区内填埋黑色物质。经调查,现场采样挖取的4.77吨黑色物质为危险废物,同时该公司原经营者十余年前还在厂区其他位置填埋危险废物。启东生态环境局以此案为契机,全面探索开展生态损害赔偿工作。该案从2016年1月案发至2020年1月全面完成修复工作,历时4年。由赔偿责任方缴纳1500万元修复保证金,自行开展修复,修复工程共投入3000余万元,是南通地区个案赔偿修复金额最多、历时周期最长、修复量最大的案例。2021年6月,该案入选“江苏省生态环境损害赔偿十大典型案例”,并作为全省先进案例参评生态环境部组织的“全国十大生态环境损害赔偿案例”。

【水质“分级预警+应急管控”机制创新建立】 2021年,启东生态环境局在南通地区率先实行地表水水质“分级预警+应急管控”机制,发出水质红色、橙色预警通报169份,并将预警管控响应执行情况列入水污染防治工作考核内容。该机制被评为“南通市2021年度十佳生态环境治理改革创新案例”。

(朱文津)

节能减排

【主要污染物减排】 2021年,全年万元GDP能耗比上年下降0.9%,规上工业企业综合能耗下降1.05%,二氧化碳、二氧化硫、氮氧化物、化学需氧量、氨氮等主要污染物减排完成年度目标。全市工业废水排放总量为771.55万吨,废水中主要污染物排放量化学需氧量265.357吨、氨氮5.129吨、总氮73.8吨。工业废气排放总量741.72亿立方米,工业废气中主要污染物排放量二氧化硫1001.782吨、氮氧化物排放量1562.73吨、烟粉尘排放量676.708吨。污水集中处理厂总设计处理能力为15.4万吨每日,污水年处理量为3779.069万吨,工业固体废物产生总量为113.14万吨，综合利用量为112.51万吨(含综合利用往年贮存量0.03万吨)，危险废物利用处置量5.92万吨(含处置往年贮存量0.11万吨)。

(朱文津)

【公共机构能源资源管理】 2021年，市机关事务服务中心制定全市公共机构节电方案，加强电梯、空调、设施设备、公共照明等方面节约管理，对全市公共机构落实节能措施进行专项督查，共印发督查通报4期。全市有47家单位创建公共机构节能机关。

(浦栋雁)

4月17日，市自然资源和规划局联合折桂中学，开展“山水见初心真情话自然”主题宣传活动 (何 滢/摄)

生态建设

【规划编制】 2021年，启东市编制《启东市“十四五”生态环境保护规划》《启东市生态文明建设规划(2021—2025年)》《启东市农村生活污水治理专项规划》，为市生态环境保护工作提供科学引领。全面落实“生态保护红线、环境质量底线、资源利用上线和环境准入负面清单”的约束机制，出台《启东市“三线一单”生态环境分区管控方案》，全市划定环境管控单元59个，强化空间布局刚性约束。

(朱文津)

【水资源管理】 2021年，市水务局持续加强水资源管控与保护，围绕全年计划用水总量3.1亿立方米目标，重点加强208家非居民公共供水用水户和65家自备水源用水户管理。创新建立超计划加价收费、取水工程规范化管理、水权交易试点等机制，完成取水行为、工程建设、计量设施、在线监控等规范化管理。完成宏德商业与启东滨海、江苏苏博7万立方米水权交易，为南通首单水权市场化运作。全年全市用水总量约为2.877亿立方米，收缴水资源费1503.66万元。打造节水平台，完成水利系统节水型机关创建及汇龙中学雨水利用项目，在全社会起到节约用水的示范引领性作用。

(史 璐)

【耕地资源保护】 2021年，市自然资源和规划局继续落实最严格的耕地保护制度，强化自然资源综合执法监管，实行网格化管理、刚性考核，全面推行违法用地情况书面周报制，保持对违法用地严打的高压态势。力推土地资源再利用，推动市政府出台城乡建设用地增减挂钩、工矿废弃地复垦利用和耕地占补平衡土地三项工作三年行动计划。全年挂钩项目第一批、第二批通过南通验收约171.87公顷，第三批申报入库约216.08公顷，工矿申报入库约50.37公顷，合计438.32公顷。占补平衡项目实施完成174.2公顷。

(蔡 敏)

【森林资源保护】 2021年，市自然资源和规划局严格执行森林资源保护管理目标责任制，发布《启东市自然资源和规划局关于建设用地项目使用林地审核审批的通知》等文件，规范报批材料。累计办理林地征占用材料审核4份，完成8个林地、湿地占用情况审核。加强租地造林地管理，完善林业管理制度，提升造林成效。联合市财政局印发《启东市租地造林考核办法》《全市租地造林土地租金补助和管护费补助专项资金检查工作方案》，加大对租地造林的考核力度和对租金补助发放的监管力度。以市绿委办名义印发《关于规范核减农村租地造林手续的通知》，明确租地造林地的核减手续和上报材料清单。推进林长制工作，制定《启东市全面推行林长制工作实施方案》。配合市防灭火指挥部，推进制定《启东市森林火灾应急预案》，保护森林资源，维护生态安全。对属地森林防火重点单位圆陀角省级湿地公园、启东长江口(北支)湿地自然保护区进行巡查监督。结合世界野生动植物日等重要节日，在市区人民公园采取街头咨询、发放宣传资料、科普挂图、悬挂横幅标语等方式进行安全生产宣传。全年发送森林防火公益性短信20000多条。推进“防火码”工作，及时了解重点防火区域的森林防火情况。有序推进森林防火风险普查工作，全年累计出动检查组22组次，检查企业(单位)22次。开展林业安全生产月工作，要求各镇人民政府(园区管委会)全面落实属地管理责任。严格有害生物防控，做好森林植物调运检疫工作，全年累计签发植物检疫

9月11日，2021第五届全国净滩公益江苏分会场（启东）活动暨“美丽启东·青年建功”启动仪式在圆陀角旅游度假区黄金海滩举行 （王海兵/摄）

证书143份。6月，联合如皋市森防站对居民反映的木制品问题开展复检工作，未发现调入性检疫病虫害。12月，市政府办印发《启东市重大林业有害生物防控应急预案》。

【野生动物保护】 2021年，市自然资源和规划局坚持做好野生动物日常保护管理工作，严格要求具有陆生野生动物人工繁育许可的单位场所做好疫情防控工作，严禁陆生野生动物对外扩散和转运贩卖。启东市野生动物救助中心参与救助野生动物事件40余起，救助和处理各类野生动物1000余只。

【自然保护区管理】 2021年，启东长江口（北支）湿地自然保护区管理处严格开展日常巡查管护工作，联合江苏省海洋渔业指挥部四大队、南通市启东生态环境局、启东市渔政监督大队、长江航运公安局南通分局启东派出所等部门，多次在保护区开展联合执法巡查。全年组织开展专项月度车巡24次、出海季度船巡4次、联合执法检查4次，保护区范围内未出现违法违规行为。

（王晶晶）

【海洋生态环境保护】 2021年，市自然资源和规划局高标准完成2021年度海洋经济调查统计工作涉及的所有15大类统计表。编制“十四五”海洋经济发展规划，组织海洋经济活动单位名录更新工作。至年底，共有从事海洋经济活动单位808家。组织完成启东市长江入海口国土空间生态修复工程，项目共完成11.45公里的岸线生态修复和约13.33公顷的滨海湿地修复。申报的南通市海洋生态保护修复项目通过自然资源部审核，共获得中央财政补助资金3亿元。高标准完成2020—2021年度紫菜养殖季浒苔绿潮联防联控工作。组织“6·8”海洋日宣传日活动，分发传单500余份，组织宣讲5场。

（施海荣）

【农村生态河道建设】 2021年，市水务局按照省水利厅“河道通畅、水体清澈、岸坡绿化、景色优美、长效管护”标准，建成生态河道示范村36个，建成生态河道示范片区4个共13个村，建成县乡级生态河道29条共451.7公里，生态河道覆盖率达45.3%，在全省名列前茅。结合市实际，提高生态河道示范村建设的标准，在各镇自身打造生态河道示范村的基础上，市财政投入2000万元全资打造南阳、吕四、合作、惠萍、东海5个市级生态示范片。

（史　璐）

【绿色环保宣传】 2021年，启东生态环境局组织开展“守护美丽江海岸线”公益活动50余场，连续4年举办“守护美丽岸线”公益净滩行动，启东站被中国海洋发展基金会授予“全国净滩公益示范点”称号。启东市是江苏省唯一县级市、全国仅有的两家县级市活动站点。组织上报的圆陀角旅游度假区入选省生态环境厅“美丽海湾”优秀案例。联合市环境保护志愿者协会发起《布塑之客》减塑环保公益行活动，9月入选生态环境部2021年绿色低碳典型案例，江苏省仅两例入选。

（朱文津）

长江大保护

综　述

【概况】 为贯彻落实绿色发展理念，全面推进沿江沿海高质量发展，2021

12月22日，南阳镇武陵村保洁人员在清理水草 （王海兵/摄）

年4月28日，市委、市政府成立启东市沿江沿海高质量发展指挥部，下设"一办十一组"，办公室设在市发展改革委，指挥部办公室实施实体化办公。完成最美江海岸线设计、沿江沿海空间规划研究等初步方案；圆陀角旅游度假区江海文化景观大道作为南通市沿江沿海生态景观带特色示范段之一基本完成建设，生态景观带考核位列南通市第二位；最美江海岸线首开区森林公园项目开工建设；沿江沿海通达工程一期项目江海堤防达标加固基本完成，新建或改造提升堤顶路累计55公里。围绕沿江沿海生态景观带建设要求，完成全市197个涉及"三治理三规范三提升"的整治项目；着力解决化工围江问题，完成长江1公里范围内19家化工企业年度关停任务。持续开展长江禁渔工作，加强市场监管，打击非法捕捞，侦破长江水域首起危害野生中华鲟案。

江海文化景观大道　　（潘　杨/摄）

【沿江沿海生态景观带示范段建设】 江海文化景观大道是南通市沿江沿海生态景观带特色示范段建设项目之一，位于圆陀角旅游度假区，西起连兴渔港，沿新湖大堤、恒大大堤向东、北贯通至黄金海滩，全长18公里，沿线规划建设一处旅游商业街区、五座驿站、三大观景平台、一座游客中心、一处花海和一座高星级酒店。项目总投资10亿元。至年底，江海文化景观大道特色示范段基本完成建设，2021年实际投资额完成约4.4亿元。碧海银沙升级为AAAA级景区，18公里示范段内堤顶路实现全线贯通。

【最美江海岸线首开区森林公园项目开工】 6月2日，最美江海岸线首开区森林公园项目开工仪式举行，标志着市打造最美江海岸线正式进入实质性建设阶段。项目总占地面积约207.8公顷，范围内堤岸长度共计4.35公里，入口位于江海南路南侧。项目旨在打造与江海共生的生态修复示范区，与城市共融的滨江生态绿廊。启东最美江海岸线项目全线178公里，江海堤岸公路为载体，沿线200米腹地为扩展。项目依据《南通市沿江沿海生态景观带建设实施意见》，综合运用堤岸修复工程、堤顶路工程、生态修复工程、景观工程四大抓手，规划以"逐光追梦行，U美江海岸"为主题，打造"一路""三段""十二园"的沿江沿海生态构架，"一路"即堤岸路，"三段"即沿海产业风情段、圆陀角风景度假段、沿江生态休闲段，"十二园"即灯杆港公园、湿地公园、滨江生态绿廊、果园生态经济发展区、观桥公园、船舶公园、新湖片区、恒大威尼斯旅游度假区、黄海湿地观赏区、加勒比小镇、沿海堤顶路风光带、吕四渔港风情湾。

（梁梦儒）

长江禁渔

【概况】 2021年，为切实维护长江禁捕秩序，启东市与崇明、海门紧密配合，持续对长江水域、沿江岸线和港口开展巡查。全面推进异地挂靠渔船、涉渔乡镇船舶、"三无"船舶"三清零"整治工作，持续加强宣传，织密防控网，强化禁捕网格化管理，加强执法部门联动，推进长江禁渔工作。

【市场监管】 2021年，市市场监督管理局制订《打击非法经营长江水生生物专项执法行动实施方案》，开展禁渔宣传"进市场、进饭店、进商铺"等活动，指导经营主体开展自查，营造社会各界关注长江禁渔、抵制非法捕捞、支持市场监管执法的良好氛围。至年底，共发放《长江流域十年禁渔和严禁经营长江水生生物告知函》928份，张贴禁捕通告290份。以全市43家农贸市场及水产交易市场、各种餐饮服务场所为重点，检查是否存在利用菜单、店招和网络平台等载体宣传经营长江水生生物的行为，督促经营者严格落实进货索证索票制度，严禁生产企业收购加工、各类市场主体进货销售、餐饮场所经营食用长江水生生物等行为，同时对经营者名称、字号、经营范围等内容进行严格把关，严禁出现"江鲜""江鱼"等字样。

【打击非法捕捞】 2021年，长江航运公安局南通分局启东派出所摧毁数条涵盖"渔具、捕捞、收购、运输、贩卖、销售"等环节的完整犯罪链，共抓获涉渔犯罪嫌疑人101人，打击处理44人，查扣涉案船只20艘、非法捕捞器具200余套，涉案价值400万余元。侦办的7起非法捕捞水产品案件被公安部提级督办，侦破长江水域首起危害野生中华鲟案，阶段性行动成效得到公安部专项办的贺电肯定。中央电视台、新华社、《人民日报》《人民公安报》、中国警察网等中央主流媒体6次专题采访报道长江航运公安局南通分局启东派出所"长江大保护"工作成效。全年市公安局破获涉渔刑事案件21起，抓获刑事强制措施91人；破获治安案件34

起，处罚违法行为人48人；移交农业农村部门并处罚案件11起。

【长江口水域首例危害珍贵、濒危野生动物案成功侦破】 3月25日，长江航运公安局南通分局对外公布，长江口水域首例危害珍贵、濒危野生动物案在南通告破。3月初，长江航运公安局南通分局启东派出所民警在工作中获悉：有人在长江口水域偷捕野生中华鲟。经专案调查，确定嫌疑人李某、潘某，并于3月9日组织警力将其抓获。经讯问，李某、潘某如实交代非法捕捞国家一级重点保护野生动物中华鲟企图销售获利，销售未果后，将中华鲟分解藏匿于家中的犯罪经过。经鉴定，被分解中华鲟属当前极为罕见的野生成年体型，系国家一级重点保护野生动物。此案系2021年3月1日《刑法修正案(十一)》将"非法猎捕、杀害珍贵、濒危野生动物罪"和"非法收购、运输、出售珍贵、濒危野生动物罪"修改为"危害珍贵、濒危野生动物罪"后长江干线水域侦办的首例此类案件。6月4日，经南通市崇川区检察院提起公诉，法院公开宣判：被告人李某犯危害珍贵、濒危野生动物罪，一审判处有期徒刑一年四个月，并处罚金2万元。

(梁梦儒)

【三地人大在海门开展长江禁渔联动监督】 3月30日，上海市崇明区、南通市海门区和启东市三地人大在海门开展长江禁渔联动监督，这是三地人大自2020年建立人大合作协作机制以来，首次开展跨区域协作联动监督。三地渔业执法人员分乘3艘执法艇，沿着崇明、海门长江沿线开展江面巡航检查。活动中，三地人大还组织部分人大代表联合视察海门沿江沿海绿色发展情况，并就贯彻《长江保护法》和长江"十年禁渔"举行座谈会。联动监督活动后，三地人大常委会以会议纪要形式共同签署深化长江"十年禁渔"联动监督合作备忘录。围绕三地共同关心的议题，组织开展双边、多边调研视察，共同提出议案建议，协力督促落实。

(虞成晨)

长江生态环境保护修复

【长江河道采砂管理】 2021年，市水务局加快采砂管理信息系统建设，始终对非法采砂活动保持依法严打高压态势。围绕非法采砂行为中"采、运、销、购"环节加强日常监管，利用巡查服务外包、长江采砂视频监控系统等技术手段，每月开展联合清江行动，对"水、岸、船、砂"要素加强监管，共开展执法巡查775次，出动执法车辆365台次、船艇10艘次、人员832人次，确保市长江水域内无非法采砂现象。9月24日，水利部、公安部、交通运输部、工业和信息化部、市场监管总局联合督导检查组第四组到启东市督导检查长江河道采砂综合整治工作，充分肯定市长江河道采砂监管巡查社会化管理模式，并对市长江采砂监控系统、部门合作机制运行、信息共享等情况进行深入调研。规范长江启东段疏浚砂综合利用管理工作，坚持保护优先、合理利用，政府主导、集约处置，保障重点、统筹兼顾，严格监管、规范实施原则，探索政府主导、属地主管、国企主营、行业主监的长江启东段疏浚砂综合利用新模式，实现疏浚砂上岸、储存、加工、运输、销售等全过程统一管理。

(史　璐)

【化工企业关停】 2020年1月13日，原启东市经济开发区滨江精细化工园取消化工园化工定位，更名为"启东市生命健康产业园"。摘牌之后，启东市高度重视后续处置工作。原滨江精细化工园区共有化工生产企业58家，最终确定关停的企业数量为51家，关停比率达88%，其中44家长江1公里范围内的企业全部列入关停名单。2019年关闭的7家(其中长江1公里范围内6家)全部完成关闭退出任务并且实现达标验收；2020年关停的25家企业(其中长江1公里范围内19家)通过省化治办抽查验收，完成年度目标任务；2021年关停并转19家企业(全部为长江1公里范围内企业)化工合成工段全部停产，至年底，18家企业完成生产设备拆除工作，1家完成生产设备"三断一封存"。原滨江精细化工园区外共有化工生产企业13家，至年底，12家关停验收，1家生产设备全部拆除，实施组织验收。

【综合整治】 2021年，启东市坚持综合整治和长效机制同步建设，研究制定《启东市沿江沿海生态景观带建设环境综合整治工作考核细则》等文件，进一步建立、健全沿江沿海环境整治目标体系、责任体系和奖惩体系。按照"先易后难、重点突破、由点到面、全面推开"的思路，全面推行违法建设治理、大气污染治理、市容秩序治理、规范户外广告、规范停车秩序、规范垃圾分类、镇貌街景提升、环卫保洁提升、长效管理提升，全市共涉及"三治理三规范三提升"的整治项目197个，均完工，整治项目完成率达100%。

(梁梦儒)

责任编辑　陆金红

科学技术

※综　述
※科技创新
※高新技术产业
※产学研合作
※气象测报

9月16日，全国科普日暨江苏省校园科技节启东专场活动在启东中学体育馆举行　（王海兵/摄）

综　述

【概况】 2021年,启东市落实南通和启东创新发展大会精神,主动策应南通沿江科创带建设,积极构建科技创新体系,实施产业创新融合、平台能级提升、企业主体培育、产学研高质量合作、创新环境优化五大行动,科技创新工作取得新进展。全年新认定高新技术企业79家,高新技术产业产值占规模以上工业产值的比重达57.4%,比上年提升2.8个百分点。全年实施产学研合作项目202个,完成技术合同成交额20.83亿元。新增省级以上企业研发平台5家。

【科研机构和科技队伍】 2021年,全市新增省级企业工程技术研究中心2家、省级企业技术中心3家、省级企业研究生工作站4家、南通市级企业工程中心10家。全市累计拥有省级新型研发机构建设2家,省企业工程技术研究中心39家,省企业研究生工作站41家,省重点实验室1家,省重点研发机构9家,南通市级工程技术研究中心189家,南通市级院士工作站1家。有"双创"博士企业创新类13个,科技类"双创"团队1个。累计拥有省级产业技术创新战略联盟2个。新增省级星创天地1家,累计拥有省级星创天地4家。全市有规模以上企业科技人员9389人,从业人员56.8万人。

2021年启东市新增各级科技创新载体一览表

表12

序号	类别	载体平台名称	承担企业
1	省工程技术研究中心	江苏省(华峰)超纤材料工程技术研究中心	江苏华峰超纤材料有限公司
2		江苏省太阳能电池及系统应用工程技术研究中心	韩华新能源(启东)有限公司
1	省技术中心	江苏永银化纤技术中心	江苏永银化纤有限公司
2		江苏欣捷衬布技术中心	江苏欣捷衬布有限公司
3		寰宇东方国际集装箱(启东)技术中心	寰宇东方国际集装箱(启东)有限公司
1	省研究生工作站	江苏道明化学研究生工作站	江苏道明化学有限公司
2		寰宇东方国际集装箱(启东)研究生工作站	寰宇东方国际集装箱(启东)有限公司
3		南通润邦海洋工程装备研究生工作站	南通润邦海洋工程装备有限公司
4		上海西西艾尔启东日用化学品研究生工作站	上海西西艾尔启东日用化学品有限公司
1	南通市工程技术研究中心	南通市摩多利行星减速工程技术研究中心	江苏摩多利传动机械制造有限公司
2		南通市海中港耐久性混凝土及外加剂工程技术研究中心	启东海中港建材有限公司
3		南通市亿方密封橡胶件工程技术研究中心	启东市亿方密封科技有限公司
4		南通市(众兴永达)制冷机械工程技术研究中心	江苏众兴永达制冷机械制造有限公司
5		南通市GMP药物制剂工程技术研究中心	药源生物科技(启东)有限公司
6		南通市沃姆环境设备工程技术研究中心	沃姆环境设备启东有限公司
7		南通市(中交三航)海洋工程用大型钢结构装备工程技术研究中心	中交三航(南通)海洋工程有限公司
8		南通市新晖测控工程技术研究中心	江苏新晖测控科技有限公司
9		南通市东成新型电动工具工程技术研究中心	江苏东成工具科技有限公司
10		南通振东火焰清理工程技术研究中心	振东冶金科技江苏有限公司

【科技项目】 2021年,全市立项省级以上项目10个。其中,获省级孵化器认定1个,省级孵化器绩效评价良好2个,科技超市后补助1项,省星创天地1项,省新型研发机构奖补1项,省"科技副总"认定4项。

2021年启东市省级以上立项科技项目一览表

表13

序号	项目类别	项目名称	承担单位
1	科技超市后补助	科技超市海洋水产产业分店建设	江苏双林海洋生物药业有限公司
2	省级孵化器	北大百年生科孵化器	启东百年生科生物科技有限公司
3	省级孵化器绩效评价	启东创业科技园	启东创业科技服务有限公司
4		启东经济开发区科技创业中心	启东经济开发区科技创业中心有限公司
5	平台载体	启东苏沪四青作物星创天地	启东苏沪现代农业发展有限公司
6	新型研发机构奖补	启东中科光电遥感中心	中国科学院上海技术物理研究所启东光电遥感中心
7	省“科技副总”	文永蓬	上鼓透平风机启东有限公司
8		张钰	启东东岳药业有限公司
9		赵祥强	启东苏沪现代农业发展有限公司
10		张伦伟	南通泰胜蓝岛海洋工程有限公司

【科技融资服务】 2021年，启东市科技局将“苏科贷”作为科技金融工作重要抓手，采取政策宣传、现场辅导、银企对接等方式，为有创新潜力、市场前景看好的科技型中小企业提供资金支持。至年底，合作银行6家，共帮助26家科技型中小企业争取科技贷款10090万元，缓解企业融资压力，以科技金融助推企业发展。

【科技服务与宣传】 2021年，市科技局省级科技服务超市建设工作成效显著，启东海洋水产产业分店获评优秀。深入南阳镇嘉禾力公司、南阳镇乐庭村、苏沪现代农业发展有限公司、启东市众益农业科技发展有限公司、启东腾益农业科技发展有限公司、启东市堂闯蔬果种植专业合作社、启东江天生态农庄有限公司开展送科技下乡和科技培训活动9次，邀请高校科研院所专家31人次，参加培训人员350人次，发放科技图书、科技资料1200余份，赠送农业新品种等农资1200多份，展出农业科技展板90块次。加大科普宣传力度，营造创新创业氛围。在科普宣传周和科技“三下乡”期间，向全市科技型企业发放《科技创新政策百问》等宣传手册，共计2000册。开展科技进村入户、科技融入社区等活动。累计开展科普文艺专场演出、专家教授现场指导、专家学者专场报告，老专家、老科技工作者科技咨询和义诊活动等8场次。市科技局发放科普资料累计近9000份，各区镇印发科普小报、科普资料近1.8万份。

（胡轶忠）

科技创新

【概况】 2021年，市科技局组织6家企业申报南通产业创新“揭榜挂帅”攻坚计划项目，对制约产业创新的关键核心技术和关键共性技术联合攻关。中集太平洋在南通首届产业创新“揭榜挂帅”攻坚计划项目中成功发榜。引导企业开发新产品、新技术、新工艺，高新技术产业产值占规模工业产业产值比重达57.4%。发挥协同创新作用，开展企业技术需求征集工作，共征集有效技术项目需求200多个。根据技术需求的行业类别，以小分队的形式开展专题对接，举办“沪启”科技成果直通车、启东企业进北京高校院所等“百企联百校工程”系列活动10多场，实施产学研项目202个。认定科技创新型企业20家，科技型中小企业入库评价344家。药源生物晋级创新创业国赛。成立省四青作物产业技术创新战略联盟，促进四青作物产业发展关键技术攻关和应用。

【创新环境优化】 2021年，市出台《关于加快构建科创体系全面提升创新能力的实施意见》，明晰未来三年目标和路径。聚焦创新型企业培育、产业技术攻关、创新资源集聚等重点，配套出台《关于支持科技创新型企业发展政策的实施办法》《高新技术企业五年倍增计划实施办法》《科技创新型企业贷款风险补偿专项资金管理办法》《“百企联百校高质量合作”工程实施办法》《启东市“东疆科技计划”产业技术攻关实施办法》，形成“1+5”科技创新政策体系。兑现2020年高新技术企业培育认定奖励经费1996万元。有50家高新技术企业享受减免税22238.03万元，59家企业享受小微企业税收优惠1202.07万元；128家企业享受研发费用加计扣除额共计8.02亿元，加计扣除金额持续上涨。

【创新平台建设】 2021年，市科技局推进高校合作平台建设。与北大生科华东产研院开展第二轮合作协议续签工作。新引进高校技术转移中心3家。加强原有高校技术转移中心建设，开展产学研及人才对接活动，实施产学研合作项目202个。推进孵化平台建设，推荐北大百年生科孵化器成功申报省级孵化器。推进企业研发平台建设，组织申报省企业院士工作站1家、省科技公共服务平台1家。

【科创项目引培】 2021年,市科技局出台科技招商工作方案,积极招引科技项目。赴中城新产业、北斗导航、国科等企业就科技人才项目进行考察。培育有自主创新能力的科技创新型企业、高成长性科技企业和科创板上市培育企业,申报南通市科创项目20个,立项20个。

(胡轶忠)

【农业与社会发展科技】 2021年,市科技局进一步推动农业和社会发展科技创新。培育各类科技创新服务载体,全面推进产学研合作,鼓励农业科技型企业与高校科研院所建立“校企联盟”,组织申报实施各类农业和社会发展科技计划项目,开展科技“强农支农富农”工作。组织申报2021年度省科技计划项目和南通市社会发展科技计划项目34项,其中省重点研发计划(现代农业,包括农业科技服务后补助)项目6项、省重点研发计划(社会发展)项目2项,省自然科学基金2项,南通市社会发展科技计划项目24项。列入省重点研发计划(农业科技服务后补助)项目1项、南通市社会发展科技计划项目17项。组织农业科技型企业进行校企合作。与南京农业大学、省农科院、江苏沿江地区农科所专家开展科技合作交流,新建市第一家农业类技术转移机构——江苏沿江地区农科所启东技术转移中心。实施科技强农惠民计划。成立省四青作物产业技术创新战略联盟,促进四青作物产业发展关键技术攻关和应用。组织企业申报农业科技创新创业平台。苏沪四青作物星创天地被列入省级星创天地,启东瑞鹏牧业有限公司被认定为江苏省农业科技型企业。组织推广农业新品种新技术新成果。与市农村农业局联合组织发布2021年度农业新品种新技术新成果推广指南,示范推广农业新技术14项和高效高产优质新品种19个。5家科技超市分店、便利店通过年度考评,其中1家获评优秀。

【第六届“启创杯”创业大赛】 2月26日—9月19日,启东市举行第六届“启创杯”创业大赛。大赛以“梦启东方　创享未来”为主题,重点围绕生命健康科技、海工及重装备、新材料、新能源、电子信息及半导体装备、精密机械等产业领域,分7个赛区,采取城市赛(行业赛)、总决赛相结合的“N+1”大赛模式遴选获奖项目。共有1000余个海内外高层次项目报名参赛,经过7场城市赛(行业赛),有67个优质项目参加总决赛。最终“低温保存先进仪器与技术”“激光照明材料与器件”“陶瓷厚膜压力传感器芯体研制及产业化”3个项目获一等奖。

【市创客青年项目获第八届“创青春”中国青年创新创业大赛银奖】 11月23—24日,第八届“创青春”中国青年创新创业大赛(互联网专项)在杭州举行。共有5214个互联网领域的项目报名参赛,内容涵盖移动互联网、智慧城市、数字经济、互联网技术与应用等多个领域。大赛共评选出金奖10个、银奖20个、铜奖70个。由团市委选送的创客青年潘亦鹏团队“多域搜救领航者”项目获银奖,为南通唯一获奖项目。该项目基于潘亦鹏独创的跨介质短距离起降理论技术,开发出能在空中、水面、水下任意切换航行状态的三栖航行器,具有载重大、可高频率出入水等优点。

(顾旭梅)

高新技术产业

【概况】 2021年,市科技局会同市财政局制定并印发《高新技术企业五年倍增计划实施办法》,对当年首次认定的规上、规下高新技术企业分别给予45万元、30万元的奖励,重新认定的规上、规下高新技术企业分别给予20万元、10万元的奖励。以高新技术企业认定发证日期前进入市统计局规模企业库为准,对当年进入市高新技术企业培育库且申报高新技术企业的给予10万元奖励。全年全市实现高新技术产业产值643.46亿元,占规模工业产值的比重达57.4%。全年高新技术企业培育入库37家,入库通过率65%;申报高新技术企业150家,其中新认定高新技术企业79家,认定通过率52.6%,列南通各县(市、区)第一;净增高新技术企业18家,累计有高新技术企业245家。

2021年启东市新认定高新技术企业名录

表14

序号	名　　称	序号	名　　称
1	布鲁奇维尔通风设备启东有限公司	8	科霖恩新能源科技(江苏)有限公司
2	江苏程凯智能科技有限公司	9	美通重工有限公司
3	江苏耿舜科技有限公司	10	南通东野光电科技有限公司
4	江苏华峰超纤材料有限公司	11	南通力达环保设备有限公司
5	江苏江海润液设备有限公司	12	南通铭朗建筑机械有限公司
6	江苏永疆环保科技有限公司	13	南通仁源节能环保科技有限公司
7	江苏众兴永达制冷机械制造有限公司	14	南通市博南润滑液压设备有限公司

续表14

序号	名　称	序号	名　称
15	南通硕兴机电有限公司	48	江苏百特电器有限公司
16	南通协鑫热熔胶有限公司	49	江苏大田阀门制造有限公司
17	南通辛普森仪器有限公司	50	江苏吉莱微电子股份有限公司
18	启东蓝威金刚石科技有限公司	51	江苏科比泰智能科技有限公司
19	启东速浦航空地面设备有限公司	52	江苏联测机电科技股份有限公司
20	托伦斯半导体设备启东有限公司	53	江苏山高森新材料科技有限公司
21	药源生物科技(启东)有限公司	54	江苏神州碳制品有限公司
22	南通安派电气科技有限公司	55	乐匀(南通)机电混合设备有限公司
23	南通泰胜蓝岛海洋工程有限公司	56	南通东益铝制品有限公司
24	启东大同电机有限公司	57	南通东之杰电气有限公司
25	启东芳景生物科技有限公司	58	南通宏大实验仪器有限公司
26	启东高压油泵有限公司	59	南通隆力电子科技有限公司
27	启东和安无纺材料有限公司	50	南通启电新能源科技有限公司
28	启东汇斯隆机械有限公司	51	南通盛乐防爆电器有限公司
29	启东锦桥轴承有限公司	52	南通市华东润滑设备有限公司
30	启东市林冲电测电器有限公司	53	南通市久正人体工学股份有限公司
31	启东市永安阀门有限公司	64	南通三信塑胶装备科技股份有限公司
32	启东新盛新能源开发有限公司	65	南通希尔顿博世流体设备有限公司
33	启东中冶润滑液压设备有限公司	66	启东神农机械有限公司
34	英内物联网科技启东有限公司	67	启东市荣盛铜业有限公司
35	振东冶金科技江苏有限公司	68	上海斯库路桥机械设备启东有限公司
36	孚创动力控制技术(启东)有限公司	69	上海中耀环保实业(启东)有限公司
37	艾芦精密机械(江苏)有限公司	70	兴必盛塑业(南通)有限公司
38	江苏诚信药业有限公司	71	祝桥金属材料启东有限公司
39	江苏好收成韦恩农化股份有限公司	72	南通威卓环保设备有限公司
40	江苏和和新材料股份有限公司	73	江苏启微半导体设备有限公司
41	江苏欧盛液压科技有限公司	74	江苏紫琅汽车集团股份有限公司
42	中交三航(南通)海洋工程有限公司	75	柳工建机江苏有限公司
43	爱普车辆股份有限公司	76	迈步医疗科技(江苏)有限公司
44	德哈哈压缩机江苏有限公司	77	南通东来冶金装备有限公司
45	恒升化工有限公司	78	南通广信塑料机械有限公司
46	技源健康科技(江苏)有限公司	79	南通金茂防爆电气有限公司
47	江苏澳瑞思液压润滑设备有限公司		

【高新技术企业培育】 2021年,市科技局对全市企业开展筛查、走访,召开全市高新技术企业申报业务培训会、工作推进会、重点区镇专题辅导会,加强政策宣传和业务培训,“一企一策”开展帮扶指导,把好材料审核

关。全年共申报企业150家,其中新认定高新技术企业79家。加强科技型中小企业入库评价。围绕入库评价标准,加强政策解读和评价工作动员,做好知识产权申报和研发费用核算的有关辅导,引导符合条件的科技型中小企业“应评尽评”。全年参评企业357家,公示344家,完成全年目标任务的181%。加强企业研发能力提升。加大企业研发费加计扣除政策宣传,引导企业加大研发经费投入力度。全市规上工业企业研发投入达33.37亿元。以实施科技项目为抓手,带动企业创新能力提升,组织申报省重大成果转化项目2项、省科学技术奖5项、省外专百人计划1项、省外专引智计划1项、省科技类双创团队4个。

(高永华)

产学研合作

【概况】 2021年,市科技局健全政产学研政策,校企合作环境不断优化。完善激励政策,产学研合作项目补助标准为产学研合作项目经费的35%;完善出台鼓励高校院所在启东设立技术转移机构的办法,拓展与各高校技术转移机构的合作,尤其是和上海高校形成紧密的校地合作关系,全市设立高校技术转移机构13家,其中上海地区高校9家,常态化开展产学研对接暨协同创新工作,加快产学研协同创新及科技成果转化。举办“沪启”科技成果直通车、启东企业进北京高校院所等“百企联百校工程”系列活动10多场,全年实施产学研合作项目202个。

【重大产学研合作项目】 2021年,南通泰胜蓝岛海洋工程有限公司与同济大学张伦伟合作的“海上风电制氢示范系统设计”项目,合作金额为50万元;上鼓透平风机启东有限公司与上海工程技术大学文永蓬合作的“透平空气压缩机振动系统的快速智能检测方法研究”项目,合作金额为30万元。2个项目均获省产学研合作项目立项。

(施迎东)

气象测报

【概况】 2021年,启东市气象局天气预报水平稳步提高,防灾减灾能力显著提升。完成智能台站双链路切换工作,深化地面气象观测业务自动化改革。完成气象对比观测站建设,推进观测站搬迁工作。推进气象观测站点建设,完善气象监测网络,完成S波段多普雷雷达、海上气象观测站及6个自动气象站的选址勘察工作。

【气象预警监测能力提升】 2021年,市气象局与市网格化服务管理工作领导小组办公室、市网格化服务管理中心共同推进将气象灾害防御纳入基层网格化服务管理,将气象预报预警信息及时推送到网格长(员)手机终端,并依托“一格至少一群、一户至少一人进群”的网格微信群传播体系,实现气象预报预警信息的全覆盖。深化与市应急管理局的联动协作,建立重大气象灾害会商研判机制和应急处置联动提示单制度,共同提高防灾减灾能力和水平。

【防雷安全规范化管理】 2021年,市气象局开展防雷安全规范化管理,动态更新重点单位名录库、检查人员名录库,开展化工企业防雷安全指导培训会。年初制定防雷重点监管企业全覆盖检查计划,每月通报进展情况,完成全覆盖检查。检查企业110家,发出整改意见书,督促其在规定期限内完成整改,形成闭环安全检查管理。对中介公司加强监管,要求各企业定期上报检测报告,并结合日常检查结果进行信用评级。联合公安、城管等部门,做好升空气球施放安全管理工作。

【气象服务】 2021年,市气象局共发布《重要天气预报》33期、《内部传真》36期,发布春运、中高考等重大活动期间气象服务材料23期,发布突发气象灾害预警信息135次,启动应急响应4次。通过电视、电台、手机短信、微信、微博和电子显示屏等信息终端,及时向社会公众发布最新天气信息。针对公众关心的节假日天气、重大转折性天气、入梅出梅等问题,在微信公众号上发布针对性推文。在短信平台、96121等传统传播方式基础上,逐步形成手机定制短信、专业用户警报器、电子显示屏、微博微信平台等新媒体、多种类的发布形式,提供专业专项气象服务。推进供电、城市交通气象服务,加强与电力部门和电力企业的应急联动和数据共享机制建设。进企业现场调研,了解沿江船舶企业对气象服务的需求,探索精细化气象服务的有效途径。与市农业农村局合作开展有针对性的农业气象服务,发布启东生态和农业气象,下发特色农业服务材料、设施农业简报、春耕春播特色服务等内容,全年共发布农业气象服务材料170期。

【气象科普】 2021年,市气象局围绕防灾减灾和应对气候变化,在世界气象日、防灾减灾日、法治宣传日等时间节点开展科普活动,推动气象科普进校园、社区、企业等,扩大科普覆盖面。全年服务社会公众近3000人次,发放宣传资料2000余份。深化与学校、公益组织“亲子沟通营”、少儿阅读机构等合作,邀请青少年参观气象台、气象观测场以及气象科普馆。

(王　辉　陆鑫海)

责任编辑　陆金红

教育

※综　述
※学前教育
※义务教育
※普通高中教育
※中等职业教育
※高等教育
※特殊教育
※社会教育
※民办教育

（南通大学启东校区/供图）

综　述

【概况】 2021年,启东市共有中小学校、幼儿园147所,其中幼儿园71所,小学49所,初中17所,九年一贯制学校1所(启东市滨海实验学校),普通高中5所,十二年一贯制学校1所(启东启迪外国语学校),职业高中2所,特殊教育学校1所。全市共计在校学生90996人。其中,在园幼儿17386人;小学在校学生40554人,一年级至六年级学生数分别为6607人、6750人、7071人、7086人、6629人、6411人;初中在校学生18883人,初一至初三学生数分别为6426人、5997人、6460人;普通高中在校学生9973人,高一至高三学生数分别为3388人、3109人、3476人;职业高中在校学生3987人,职高一年级至三年级学生数分别为1414人、1230人、1237人,四年级及以上96人;特教学校在校学生223人。全市共有在职教职工7360人,离退休教职工6125人。3名教师获评江苏省特级教师,全市共有特级教师17人。南通市级各类教育人才216人,启东市级各类优秀人才720人。全市学校占地总面积约310.45万平方米,校舍建筑总面积约149.34万平方米。第一中学获评2021年江苏省教育系统先进集体,启东中等专业学校顾伟获评2021年江苏省教育系统先进个人(优秀教师),启东中学教师文云全被省教育厅确定为2021年"苏教名家"培养工程培养对象,启东中学教师钱宏达家庭获评南通市首批"教育世家"。5月25—26日,教育部在上海召开全国中小学班主任及思政课工作交流研讨活动。启东经验《德育"三引擎":赋能区域教育高质量发展》在会上交流。"学习强国"江苏学习平台、"中国江苏网·新江苏"、江苏省教育厅、江苏省学生资助管理中心等刊发启东市教育体育局对家庭经济困难学生开启绿色通道,构建"助困育人"与"成才反哺"相结合的"双维共进"模式的资助育人经验做法。校园安全管理与矛盾纠纷调解相关经验做法被"学习强国"学习平台、民主与法制网、《江苏教育报》等媒体报道。局长陆海峰在中国教育学会第十二届学术年会上作《引进校园安全管理顾问服务,创新校园矛盾纠纷调解机制》的经验交流。

（费雷雷）

5月25—26日,全国中小学班主任及思政课工作交流研讨活动上,市教体局局长陆海峰在会上作交流发言　（市教体局/供图）

【教育成果】 2021年高考,启东市理科总均分列全省95个县(市、区)第二名、南通市第一名,文科总均分列全省第三名、南通市第二名。普通类本一上线率为67.98%,比2020年高考提升5个百分点;普通类本二上线率为96.03%。2021年中考,启东中学录取分数线超过如东中学、通州中学,与如皋中学差距从22.5分缩小到8分,最低普高录取分数线在南通名列第二位。在江苏省学业质量监测中,小学四年级25个二级指标中,超省指标的达21项,语文、数学、英语均分分别超省均分32分、61分、72分;八年级25个二级指标中,超省指标的达19项,语文、数学、外语均分分别超省均分24分、17分、31分;物理、生物、地理均超省均分14分。各类竞赛获奖数量增幅明显,1名学生获全国化学奥林匹克竞赛银牌,1名学生获全国信息技术联赛二等奖,19名学生获省一等奖以上奖励。36名教师在教学基本功、优课评比、实验操作大赛中获省、南通市一等奖。

（黄东捷）

【机制创新】 2021年,市教体局科学修订考评制度,完善"千分考"评价体系,完成《启东市教育体育局中小学(幼儿园)综合评估实施方案(修订稿)》,规范学校办学行为、量化学校办学质量,评定五星级学校(单位)60个。学段统筹岗位晋升,遵照"总量控制管理,部门统筹使用"原则,破解岗位晋升瓶颈。在市纪委监委全程监督下,随机抽取第三方专家对申报对象进行评审。启动校长轮值试点,在综合考虑学段特点、学校规模和干部现状的基础上,选择11家单位作为试点学校,首批40名副校长和中层干部参与轮值工作。围绕教师队伍"789"工程,聘请专业导师每月制定不同研修主题,对后备干部和年轻干部进行培训,全年共举办培训4期,培训116名"90"后年轻干部、164名后备干部。开发建设启东市教师专业发展大数据管理平台、教育系统资产管理平台、食堂财务记账系统,提高人事后勤的科学化、规范化管理水平。完善教育集团、教育共同体管理,实行捆绑考核制度。集团和共同体均由城乡学校组合构成,形成同学段集团和共同体之间的良性竞争体系,有效促进城乡教育的均衡发展和区域教育的全面提升。

（姜东泉）

【党建引领】 2021年,市教体局着力加强党的政治建设,探索中小学校党组织领导的校长负责制,相关工作经验在全省中小学德育工作会议上作交流，并在《人民教育》《中国教师报》《江苏教育工作简报》等媒体予以推介。指导体育协会和民办幼儿园组建20个功能型党组织，实现教体系统党组织全覆盖。成立“红烛先锋党员工作室”，开发特色党课30多节，编写三个学段的党史学习教材，将精品党史课程推送到基层学校，“师说百年”浸润式党课在南通获奖。聚焦“最美江海党建带”大党建品牌建设，打造教育系统“烛耀东疆”党建品牌。评选出第二批启东市级品牌项目12个，南通市级“一校一品”党建文化品牌项目6个，形成“一学校一品牌，一支部一特色”的学校党建文化品牌建设格局。创新统战与群团工作举措，折桂中学《“同心圆”党组织领导的校长负责制》、紫薇小学《家校共育“薇”心圆》两个案例入选全省中小学校统战与群团工作“同心育人”行动计划优秀项目。局关工委获评省关心下一代工作先进集体。

（施　娟）

【硬件投资】　2021年，汇龙小学学华分校（二期）、蝶湖中学、蝶湖实验小学、少年宫新城区分校、启东中学新校区、建新中学二期工程等项目建设有序推进，实施长江中学风雨操场、折桂中学综合楼、合作小学风雨操场和综合楼、南苑小学综合楼等项目建设，完善教育硬件设施。总计投入500多万元对全市30所中小学的900间教室进行灯光改造。持续推进“明厨亮灶+互联网”工程，加强食品的源头管理和饮用水管理。

（薛　健）

【市成功申报3项江苏省基础教育内涵建设项目】　2021年，在江苏省基础教育内涵建设项目申报工作中，市教体局申报的江苏省幼儿园课程游戏化项目《聚焦项目，精准发力，促进优质全面发展》、特殊教育发展项目《融合教育资源中心提升建设》，以及江苏省启东实验小学申报的中小学课程基地与学校文化建设项目《基于文化传承的版画创客课程》，通过审核，成功立项。幼儿园课程游戏化项目实施六年，启东区域内所有幼儿园在项目研究和实践中，逐步实现观念的更新和实践的改进，促进课程改革和质量提升，取得良好的成效。承担特殊教育发展项目研究的资源中心在市融合教育指导中心的帮助下，辐射带动启东的融合教育资源中心学校共同为特殊需求学生提供适合的高质量融合教育。启东实验小学以中国传统的版画技艺为基础，借助版画创客课程，传承中华优秀传统文化，集传统、创新教育于一体，“德”“美”合力，以德树人，以美育人。

（俞　蔚）

学前教育

【概况】　2021年，全市有幼儿园71所；在园幼儿17386人，学前三年幼儿毛入园率99.1%。教职工2702人，其中专任教师1291人。

【优质均衡发展】　2021年，市新开办招生幼儿园4所，关闭薄弱幼儿园12所，6所幼儿园通过南通市优质幼儿园创建。全市共有省优质幼儿园46所，南通市优质幼儿园12所。开展幼儿园课程游戏化项目，提升办园内涵，成功申报江苏省区域推进幼儿园课程游戏化项目，新增南通市建设项目1个、优秀项目2个，启东市级项目8个。围绕学前教育宣传月“砥砺十年　奠基未来”主题，展示十年发展风采，8件作品获南通市一等奖，16件作品获南通市二等奖。加强幼小协同教育，实施幼儿园入学准备和小学入学适应教育，确立31对试点园（校），其中省级2对、南通市级6对、启东市级23对。发挥名师、名园长示范引领作用，提升基层幼儿教师专业素养，获南通市教师基本功比赛一等奖1个、二等奖3个；获南通市建构游戏案例一等奖3个、二等奖5个；获“乡村骨干教师培育站”优课省二等奖1个、南通市一等奖1个；获南通市音乐教学一等奖1个、二等奖2个。专兼职教研员持续开展城乡幼儿园结对支教工作，一个兼职教研员带7～8个幼儿园业务园长，全市共结55对，推动农村幼儿园保教质量的提升，促进全市学前教育均衡发展。

（董　娟）

※学校选介※

【启东市实验幼儿园】　2021年，学校有班级24个，幼儿804人，教职工101人。设有2个分园，经济开发区分园有200多名幼儿，教职工31人，成功创建南通市优质幼儿园；碧桂园分园有230多名幼儿，教职工34人。幼儿园基于孩子兴趣开展班本课程活动，《赴一场橘子的甜蜜之旅》《奇妙彩虹》《鸡缘巧合》《戴头盔，安全行》等班本故事被各类专业媒体转载发布。有2个省级“十三五”规划课题、2个南通市级“十三五”规划课题和1个南通市级德育课题开展研究。全年教师撰写发表专业论文20余篇，80余人论文获奖。幼儿园在省课程游戏化项目考

6月27日，改造后的启东市实验幼儿园一景　（市教体局/供图）

核中获优秀，成功申报“全国足球特色幼儿园”和“启东市劳动特色学校”。有100多名幼儿在各级各类活动中获奖，幼儿园获2021年南通市教育机器人竞赛系列活动机器人工程挑战赛团体二等奖、南通市教育机器人竞赛团体一等奖等，并获评江苏省文明单位、南通市模范职工小家。

（吴珏华）

【启东市和睦幼儿园】 2021年，学校有54个班级（总部33个，城南分园8个，南苑分园9个，翡翠分园4个），幼儿1733人，教职工225人，专任教师115人，其中江苏省特级教师1人，南通市级优秀人才5人，启东市级优秀教育人才14人。幼儿园重视教科研，参与的1个南通市“十三五”教育科学规划课题、3个启东市级课题成功结题，1个省级重点课题“基于发展适宜性的‘三服务’课程实践研究”成功开题。另有1个省级课题、3个南通市级课题成功立项，6个启东市级课题实施研究。全年有80多篇论文获奖，20多篇论文在省市级刊物上发表，88人次在县市级活动中上公开课、做讲座或在比赛中获奖。城南分园成功创成省优质幼儿园，南苑分园成功创成南通市优质幼儿园。通过“樊红名园长工作室”和“陈菊名师工作室”平台，引领教师的专业发展，促进幼儿的全面发展。在省、南通市级幼儿快乐体操比赛中多次获金奖，在启东市特色学校考核中获优秀。作为党组织领导的园长负责制试点学校，获省级领导高度评价。幼儿园获南通市文明单位、南通市先进基层党组织、南通市依法治园示范学校、南通市融合教育三星级优秀学校等荣誉。

（樊　红）

义务教育

【概况】 2021年，全市有小学49所，其中直属小学（含分校）6所，镇属小学43所；教学班1073个，在校学生40554人；有教职工3146人，其中专任教师2821人。有直属初中18所，教学班413个；在校学生18883人，毕业生6177人；有教职工2364人，其中专任教师1908人。

【教育科研】 2021年，市教体局针对小学教育成功举办第21届“东疆之春”品牌教研活动，承办多个语文、数学学科南通市级活动，组织“课堂高地建设三年行动”现场推进会、“启润课堂”课改现场会、“普惠乡镇行”活动。市教体局初中研训科加快推进“课堂高地”建设，成功举办“长三角城市群”暨南通“立学课堂”展示活动、启东市课堂高地建设巡礼暨“立学启润课堂百杏实践”展示活动、启东市新城区教育集团“启润课堂”展示活动、课堂高地建设巡礼暨“启润课堂鹤城智学”展示活动。《南通教育》专题报道启东初中教育网格管理经验。推进初中“双减”工作，做到减负增质，优化延时服务方式，加强智慧型作业研究，各学科制订《学科作业设计指导与要求》，加大教学调研力度，履行“五三”工作制，一校一策精准督导。

（王丽娟）

11月5日，南通市“双减”工作推进现场会暨启东市“6个1”亮色工程展示活动在启东市举行

（市教体局/供图）

【教学竞赛】 2021年，市1名教师在省级小学赛课中获奖，2名教师在江苏省中小学优秀自制教具评比活动中获一等奖，7名教师在南通市小学语文、数学、英语、道德与法治、综合实践、科学等学科比赛中获一等奖。有1人获2021年江苏省初中生物教学基本功大赛一等奖，1人获江苏省初中数学优课评比二等奖，有2人获“南通市初中学科命题组专家”称号，21人次获南通市初中各学科优课评比一等奖。

（陶　慧）

【“6个1”亮色工程】 2021年，市教体局继续做好“双减”工作，推进市“6个1”亮色工程建设，构筑启东教育高质量发展体系。服务培训机构，营造舆论氛围；建构健体课程、美塑课程、墨伴课程、劳创课程、演说课程、研学课程六大延时课程体系；精准摸排数据，压减机构数量，联合处理纠纷，开展联合执法，协同治理广告；关注师资建设，强化家校协同，优化执法机制，积极引导转型。11月5日，南通市“双减”工作推进现场会暨启东市“6个1”亮色工程展示活动在启东市举行。全市各小学深挖“双减”内涵，亮出个性旗帜，全面展示“6个1”亮色工程推进情况。12月15日起，市教体局对全市小学生体艺发展情况进行现场评估。

（王丽娟）

※学校选介※

【江苏省启东实验小学】 2021年，学校有班级87个，学生4475人，在编教职工254人。学校先后培养省苏教名家1人、省特级教师7人、正高级教师2人、全国优秀教师1人、省“333高层次人才培养对象”5人、省优秀教育工作者8人、省级领航名师项目成员1人、省五一劳动奖章获得者1人、李吉林卓越教师支持计划（A类）1人，南通市名校长1人、南通市名师培养第一梯队成员4人、南通市先进工作者4人、南通市优秀教育工作者近20人、启东市级及以上优秀教育人才180余人。学校新立项省级规划课题2项、省教研课题2项、南通市规划立项课题6项；教师在省级以上刊物发表文章近300篇；获省教育科学研究成果三等奖1项；10多人次获南通市、启东市教师基本功竞赛、优课评比一等奖；1人获评南通市优秀少先队辅导员；1人被启东市政府授予“园丁奖”，1人获评启东市“十佳师德标兵”。学校因版画项目获评教育部第二批全国中小学中华优秀文化艺术传承学校，“一校一案”《小工匠成全沙地少年的智性人生》入选全国50个优秀德育案例手册。学校获全国青少年校园足球特色学校、江苏省红石榴家园（全市教育系统首家）、江苏省陶研工作先进集体等称号，多次被“学习强国”学习平台、《江苏教育》《小学教学》《教学视界》《江苏教育报》等媒体介绍。

（范长春）

【启东市南苑小学】 2021年，学校有班级68个，学生3575人，教职工186人，其中启东市级及以上优秀教育人才68人。学校着力“童真教育”实验研究，教师专业发展成效显著，学生核心素养全面提升。拥有省级重点资助立项课题1项、南通市“十三五”课题1项、南通市“十四五”课题3项。学校获评江苏省人工智能教育示范基地，在第二届南通市青少年人工智能创新大赛FTF急速穿越赛中获小学组冠军，并获南通市第三十届小学生“智能杯”小巧手比赛团体二等奖、南通市第八届中小学生校园艺术节声乐展演小学甲组一等奖。

（杨桂花）

【启东市折桂中学】 2021年，学校有班级43个，学生2000余人。专任教师186人，其中硕士16人，南通市级学科带头人、骨干教师、教坛新秀16人，启东市级优秀教育人才45人，中高级教师167人。学校实施党支部领导的校长负责制，推行“同心圆”党建、“同心圆”德育、“共学”课堂的改革实践，“同心圆”党组织领导的校长负责制获评江苏省统战与群团工作“同心育人”优秀项目，“同心圆”思政育人项目获评江苏省思政育人优秀项目。学校先后承办江苏省中小学课堂教学改革区域推进现场会暨“立学课堂”专题研讨活动、长三角“立学课堂”之折桂“共学实践”展示活动等，成功创建江苏省生物与环境课程基地。学校获全国青少年校园足球特色学校、江苏省健康促进学校、江苏省青少年科技教育先进学校、江苏省教科研工作先进集体、江苏省示范家长学校、江苏省五四红旗团委等称号。1名学生获全国听障朗诵大赛第三名。

（周　勇）

【启东市百杏中学】 2021年，学校有班级39个，学生2024人。教职工167人，其中专任教师144人、硕士研究生4人、南通市级优秀教育人才3人、启东市级优秀教育人才28人。学校推进“三四五工程”，即学校实现“三有办学目标”，质量有口碑，文化有底蕴，品牌有特色；教师争做“四有好老师”，有理想信念、有道德情操、有扎实学识、有仁爱之心；学生能够“五育并举”，成为德智体美劳全面发展的社会主义建设者和接班人。有40多人次获江苏省级、南通市级、启东市级论文评比、优课评比、基本功大赛一等奖，有50余篇论文在省级及以上刊物发表。加强德育课题研究，“360°融心党建”是江苏省中小学校第二批“一校一品”党建文化品牌项目。学校被评为江苏省体育特色学校、南通市第三批“新优质学校”、2019—2020年度南通市文明校园，入选南通市科普教育基地。

（龚卫东）

【启东市长江中学】 2021年，学校有班级26个，学生1302人。教职工162人，其中中学高级教师50人，中学一级教师100人，启东市学科带头人3人、骨干教师20人、教坛新秀4人，南通市级骨干教师1人。10位教师的课题获2020年度第二批启东市“十三五”教育科学规划立项。学校推进教育改革，形成“OK”课堂教学模式和排球传统教学两大办学特色。学校获评2020—2021年江苏省排球特色学校、2021年度启东市教学管理、科研管理先进集体，启东市“6+1”亮色工程优秀案例展示活动先进集体，启东市第十六届中小学生独唱、独奏、独舞、器乐组合比赛优秀组织奖，启东市第八届中小学生校园艺术节优秀组织奖，启东市第四届中小学生陶艺绘画节创作大赛优秀组织奖等荣誉。1人获启东市第十四届中小学优秀班会课比赛初中组一等奖、南通市一等奖。在启东市教学基本功等比赛中，5人获一等奖，7人获二等奖。

（杨　杰）

【启东市南苑中学】 2021年，学校有班级45个，学生2342人。专任教师186人，其中中学高级教师59人，一级教师106人，具有本科及以上学历的教师185人。学校以国学经典《弟子规》作为德育品牌，办学特色鲜明。推进南通“十二字十二条”课程改革，践行“启润课堂”高效课堂模式，注重“教、学、研”相结合，以学促研，以研促教，拥有省级课题1个、南通市课题5个、启东市课题10个。学校曾被评为江苏省初中物理教学研究基地学校，南通市中小学学科德育基地，南通市李庾南自学、讨论、引导教学思想与实践智慧创新种子学校。2021年，学校被评为南通市基础教育“立学课堂”先进集体。

（杨　柳）

【启东市大江中学】 2021年,学校有班级15个,学生630人,在编教职工132人。其中,援藏教师1人,援疆教师3人,南通市学科带头人2人,南通市教坛新秀3人,启东市级优秀教育人才13人。学校在全国发明协会中小学创新教育分会第二十七年会上被评为创新教育先进集体,科技作品获上海国际发明展览会一金三银。1人获评启东市十佳校长,1人获评南通市学科带头人,2人获评南通市教坛新秀。30多名学生获评南通市、启东市级优秀学生干部、三好学生、文明学生。4件作品获南通市第32届青少年科技创新大赛等级奖,5名学生在南通市教育机器人竞赛中获一等奖。校内启东县首届人民政府旧址纪念馆获“南通市爱国主义教育基地”称号。

(施　辉)

【启东市东南初级中学】 2021年,学校有班级18个,学生840人。教职工87人,其中专任教师78人,启东市学科带头人3人、骨干教师8人,南通市教坛新秀2人。学校五育并举遵行立德树人,落实“双减”工作。教师有30多篇论文在各级各类杂志发表,2个南通市级课题立项,3个启东市级课题立项,3个启东市级课题结题。组织师生参加各项活动比赛,频频获奖。发挥省爱国主义教育基地抗大九分校的红色教育功能,对师生加强爱国主义教育、革命传统教育、艰苦创业教育。学校“四强四感”红色育人项目被确定为第二批启东市中小学“一校一品”党建文化品牌项目。

(施袁辉)

普通高中教育

【概况】 2021年,全市共有普通高中5所,班级223个,在校学生9973人。有教职工1403人,其中专任教师1205人。

【高考成绩】 2021年,全市共有2770名考生参加高考,其中报考普通类2518人(文科827人、理科1691人),报考艺体类252人。普通类本一上线率约68%,较2019年提升5个百分点;普通类本二上线率约96.03%,与2020年高考持平。本一、本二录取率均列南通市第一名,理科均分列南通市第一名,文科均分列南通市第二名。

【教育科研】 2021年,市教体局高中研训科全面推进以“三段”为框架、以活动为抓手、以问题为导向、以评价为工具的研学案,创新汇聚成具有区域特色的课堂学案。推进“启润课堂”建设,开展校级教学研究课活动、“江海星光”高中各学科研训活动、学科名师工作室研讨等活动,深化课堂改革,实现“启润课堂”范式的常态化应用。加快区域师资建设,举办启东市高考学科教师解题能力评比活动、新入职的教师两轮考核活动、“最美课堂”评选活动、学科教师命题能力、年度师能建设成果考核等活动。1人获江苏省高中地理优课评比一等奖,其教学实录被国家教育部课程教材中心推荐,向全国展示;1人获江苏省高中政治优秀教学案例一等奖。另有10多人获南通市高中优课评比或基本功大赛一等奖、二等奖,有80多人参与2021年江苏省名师空中课堂的微课制录。在2021年全国中学生生物学联赛中,启东中学蔡易坤、汇龙中学朱星哲获二等奖,第一中学窦胤祺、启东中学徐健愉获三等奖。

(施忠涛)

※学校选介※

【江苏省启东中学】 2021年,学校有班级48个,学生2141人。教职工330多人,其中特级教师6人,教授级高级教师5人,省中青年专家3人,省333工程培养对象4人,南通市级学科带头人8人,启东市级以上骨干教师54人,高级教师150多人。名特优教师占教师总数20%左右,具有研究生学历(学位)的教师达20%以上。学校以省理科课程基地、教师发展示范基地和思创课程基地为平台,依托1个名校长、6个名师、3个劳模工作室,引领年轻教师成长。在优课和基本功比赛中,获江苏省一等奖1人、二等奖1人;南通市特等奖1人、一等奖8人、二等奖7人;启东市一等奖15人、二等奖10人。2021年高考本一上线率达96.8%;高一、高二年级在学年测试中均分均列南通第一。奥赛、科创成绩优异,有4人分获物理、化学奥赛全国一等奖,1人获中国青少年科技创新奖最高奖。2人获省中学生与社会作文大赛一等奖,1人获江苏省硬、软笔书法比赛特等奖,5人获南通市民族乐器比赛一等奖,3人获南通市高中生口语比赛一等奖,校足球队获南通市“老八所”校园足球争霸赛二等奖、道德风尚奖。2021年,学校获评江苏省文明校园,被江苏省中学物理名师工作站授予“教育科普实践基地”称号,获南通市文明校园、南通市模范职工小家(英语组)等荣誉。

(陈仲刘)

【启东市汇龙中学】 2021年,学校有班级54个,学生2503人。教职工337人,其中专任教师281人,江苏省特级教师2人,正高级教师2人,中高级教师242人,研究生学历54人,南通市级以上优秀教育人才18人,南通市名师培养对象7人,启东市学科带头人32人,启东市骨干教师53人,启东市教坛新秀21人,中国美术家协会会员1人,中国合唱协会会员1人,南通市音乐家协会会员1人。化学、英语学科为全国、省级优秀学科,语文、生物、信息、体育学科为南通市级优秀学科。2021年高考,理科进入省15000名有13人,文科进入省5000名有12人;艺术类考生均录取本科院校,其中近50%录取“双一流”院校。多名学生获各级各类朗诵、演讲、“三独”比赛等级奖。校“绿韵”合唱团获第十一届中国魅力校园合唱比赛全国二等奖,足球队获南通市青少年校园足球联赛二等奖,男子排球队获启东市中小学气排球比赛第一名。学校获评南通市文明校园、南京信息工程大学“优秀生源基地”、南京工业大学“优秀生源基地建设先进单位”。

（徐　辉）

【启东市第一中学】 2021年，学校有班级54个，学生2511人。教职工383人，其中启东市级以上优秀教育人才48人，南通市级以上优秀教育人才13人。全年省级课题立项3个、结题1个，南通市课题立项11个、结题2个，启东市级课题立项4个、结题4个。全年38人次执教启东市级以上优课，32人次执教公开课，教师在省级以上刊物发表论文118篇。“心路相伴·惟真创生”党建品牌获评启东市中小学校“一校一品”党建文化品牌项目。学校以德育为抓手，“全真育人”德育品牌和心理健康特色教育品牌互为依托，与家庭、社会互相配合，形成有效的教育合力。以“立学·启润课堂”为引领，开发具有特色的“惟真课堂”。实行“立人管理”模式，坚持特色办学，开发美术、传媒、游泳、藤编、日语、韩语、西班牙语等课程。在第28届省青少年科技模型大赛中，学校获团体一等奖，40名学生获等级奖，3名教师获优秀教辅导员奖。在南通市教育机器人比赛中，10名学生获等级奖。学校被江苏省科协评为“四星级先进集体”，成功入选南通市科普教育基地。另获评江苏省教育系统先进集体、南通市文明校园。

（朱炳菊）

中等职业教育

【概况】 2021年，全市共有中等职业学校2所。中等职业教育接轨启东支柱产业，开设机械、电子、信息技术、财经商贸、建筑等十多个大类30多个专业，共有在校学生3987人。职业教育教职工共510人，其中专任教师464人，正高级教师1人，副高级教师140人。全市招收职高新生1415人，超额完成招生计划。启东市第二中等专业学校招收综合高中学生15人。职高学生毕业率为100%，毕业生就业率98.1%。2021年，对口高考报考人数为303人，本科上线率79.21%，是省平均数的4.5倍（省平均为17.44%），列南通市第二名，总上线率达100%。全市中职学生参加中级工考核通过率为98.4%。启东中专先后被评为江苏省科学教育综合示范校、江苏省青少年科技创新基地、南通市科普教育基地、南通市创客创业职业体验中心。启东中专数字媒体职业体验中心先后获评南通市、江苏省第二批中小学生职业体验中心；启东中专幼儿照护、网点运营推广、WEB前段开发成功获批教育部“1+X”考核站点。

【中高职衔接】 2021年，启东市实施中高职衔接，定制“3+3”联合培养方案，江苏省启东中等专业学校与有关高职院校开展9个专业的“3+3”中高职对接，启东市第二中等专业学校与2所高职院校进行“3+3”中高职联合培养。

【校企合作】 2021年，江苏省启东中等专业学校坚持办学与市场需求相结合，采用“订单培养”“现代学徒制”“工学结合”等方式，与江苏林洋能源、神通阀门、柳工建机、中吕齿轮、振东冶金、百特电器、托伦斯半导体等50多家启东当地企业建立深层次合作关系，拓展校企合作新途径。

【技能竞赛】 2021年，启东市在2021年南通市职业学校技能大赛中获11金26银32铜，在省技能大赛中获1金3银9铜。参加省、市职业教学大赛，在南通市赛中获6金13银6铜，在省大赛中获二等奖、三等各1项；获省教学成果二等奖1项。在南通市创新大赛中获特等奖20项，一等奖17项，二等奖8项；在省创新比赛中获一等奖3项，二等奖10项，三等奖3项。

（郁　健）

※学校简介※

【江苏省启东中等专业学校】 2021年，学校是国家级重点职业高中、江苏省四星级中等职业学校、江苏省高水平示范性中等职业学校、江苏省优质特色职业学校，有机电一体化技术、数控技术、数字媒体技术3个五年制高职专业；有电子技术应用、机电技术应用、计算机应用、会计4个省职教品牌专业，机电技术应用专业是省级现代化专业群；有电子技术应用、计算机应用、船舶修造、机电技术应用4个省级实训基地，其中电子技术应用、机电技术应用、计算机应用是省高水平示范性实训基地，计算机应用专业同时又为省级现代化实训基地；有1个中央财政支持的数控技术应用专业实训基地。开设六大类20多个专业。有在校学生1782人，其中五年制高职274人，中职及其他学生1508人；另外开放大学成人学员有720人。2021年五年制高职应届毕业生55人，其中4人升入本科院校，4人服兵役，初次就业率100%，本地就业率100%。有专任教师267人，高级职称占比34.8%，研究生学位占比18.4%；专业教师占比56.2%，“双师”型教师占比83.3%。有兼职教师、外聘教师36人，占专业教师的24%，均具有中级以上技术职称或技师以上职业资格。有省级立项名师工作室3个、南通市级名师工作室2个，有启东市名师工作室3个，其中江苏省职业教育耿一波电子电工名师工作室通过省级考核验收，被正式授牌。有省职业教育领军人才2人；省第四届职业教育教科研中心组成员2人，省特级教师、南通、启东市级学科带头人、骨干教师40多人，启东市高技能人才10多人；南通市第五届职业教育教科研中心组成员31人；南通市“226高层次人才梯队培养计划”第三层次培养对象1人。学校获全国“区域终身学习发展共同体”项目第二批实验单位、江苏省社会教育先进集体、南通市优秀学习型组织等荣誉。

学校联合市科协举办的“我为群众办实事”群众性科普活动入选2021年度南通市“基层科普行动计划”项目资金支持单位，数字媒体职业体验中心获评江苏省第二批中小学生职业体验中心。

技能竞赛 学校在江苏省技能大赛中获1金7铜；在南通市职业学校技能大赛上获9金16银20铜；在2021中国—东盟教育交流周·物联网技术大赛国际邀请赛上获一等奖2项、二等奖2项；在江苏省技能大赛中获4银9铜；在第三十一届江苏省青少年科技创新大赛中获省一等奖、三等奖各1项；在第五届中英STEAM创新大赛江苏赛区中获一等奖3项、二等奖2项、三等奖2项；在江苏省“互联网+”大学生创新创业大赛萌芽赛道中获优秀奖1项、入围奖1项；在江苏省职业院校创新创业大赛中获一等奖3项、二等奖10项；在第32届江苏省青少年科技创新大赛中获一等奖1项，辅导员组获一等奖1项、二等奖1项；在第三届江苏省青少年创意编程与智能设计大赛（苏州）中获优秀奖5项。

开放教育 学校对全市12个区镇的社区教育中心加强业务指导，学校获江苏省社区朗诵大赛优秀组织奖，获评江苏省“智慧助老 赋能银龄”社区教育专项行动先进集体，智惠东疆“创客+”双创服务基地成功立项为江苏省社区教育优质项目化基地。探索培训新途径，主动与各大园区对接，走访企业，承担职业技能培训工作，2021年，学校为市教体局、南通巴兰仕机电有限公司、上海珐伊复合材料启东分公司、农商银行等多家单位进行技能培训。

（耿一波）

【启东市第二中等专业学校】 2021年，学校有学生2205人，班级54个，在编在职教职员工231人，专任教师191人，其中硕士研究生44人。拥有江苏省职业教育领军人才2人，南通市学科带头人2人，南通市骨干教师3人，启东市学科带头人11人，启东市骨干教师19人。开设12个专业，其中有3个省级品牌专业、2个省级示范专业、1个省级现代化专业群、1个省级现代化实训基地。学校坚持走科研强校之路，当年有3个江苏省职业教育教学改革课题结题、1个南通市规划课题结题、3个启东市规划课题结题。在江苏省教学大赛中，获二等奖1项、三等奖2项；在南通市技能大赛中，获一等奖2项、二等奖10项。在2021年江苏职教高考中，本科上线总人数222人，上线率86.72%，位列南通市第一名。学校被南通市教科研中心授予南通市对口单招先进单位。

（高冬辉）

高等教育

【概况】 启东市有大学1所，即南通大学启东校区。位于启东市高新技术产业开发区，属于南通大学四校区之一，为南通大学杏林学院的主体办学校园，占地面积82.07公顷，总建筑面积达23.2万平方米，能满足10000名以上学生的办学规模。2021年，在校学生9649人，教职员工659人。设专业44个。2021届毕业生毕业率98.1%，学位授予率94.1%。

【教学管理】 2021年，学院制定2021年招生计划，修订2021级人才培养方案，制定学业警告和帮扶机制实施办法、混合式教学管理办法、劳动教育课程实施方案；组织学院20门混合式课程、5门思政示范课程建设；跟踪校外实习专业，做好实习点学生教学管理；完成实训楼相关实验室设备安装调试；通过人力资源管理、药学两个新设专业评估；完成省督导办学士学位授权质量专项检查，院学位信息报送工作获省学位办通报表扬。

【师资队伍】 2021年，学院推荐2名教师为省第六期“333高层次人才培养工程”对象；教师参加各级各类比赛，获日语国际翻译大赛笔译组一等奖1项、全国高校外语教学大赛本科英语专业组三等奖1项、省高校微课教学比赛三等奖2项、在通高校第四届教师技能大赛二等奖2项；省教改项目立项1项、省高校“教学研究工作”专项课题立项1项、省高校自然科学研究面上项目立项1项、省高校哲学社会科学项目立项18项、南通市科技计划项目立项指令性和指导性项目各4项。

【学生管理】 2021年，学院围绕“三创”（个人创三好、宿舍创文明、班级创先进）主题，宣传表彰先进集体和个人，开展2021年度杏林学院大学生年度人物评选活动，共有12名学生获评；成立院大学生学业与发展支持中心，2021届毕业生升学出国率为11.23%。3件心理作品获苏中基地原创作品大赛三等奖；学院红十字会发展新会员2149名，1个项目被列为南通市高校红十字会志愿服务二类支持项目，1人获评优秀指导老师，1人获评优秀大学生志愿者；完成各类奖学金、荣誉评定工作，其中省级“三好”学生4人、省级优秀学生干部8人、省级优秀毕业生4人、省级先进班集体3个。向20名河南受灾困难生发放补助1万元。

【社会实践】 2021年，学院在第17届“挑战杯”红色专项省选拔赛中获一等奖1项、二等奖1项、三等奖6项，3个项目获“挑战杯”大学生课外科技作品竞赛三等奖，学院获评优秀组织奖；195名学生41个项目参加国家级创新创业竞赛，获第八届全国证券投资模拟实训大赛一等奖、第五届普译奖全国大学生翻译大赛英译汉组二等奖、第七届“创青春”中国青年创新创业大赛互联网创意营销大赛铜奖等奖项，全年共计受表彰128人次；院科技梦社团获全国大学生“千校千项”3项荣誉；形成“一部一品”志愿服务工作格局，4组作品入围南通市第七届公益项目大赛并获得资助；58人报名苏北计划和西部计划志愿者项目，院疫情防控志愿者活动被新华网、江苏省共青团等宣传报道。院团委获评全省共青团工作先进单位，一团支部获评省五四红旗团支部、南通市五四红旗团支部。

【招生就业】 2021年，学院线上线下同步开展招生宣传，派出64个小组开展驻点宣传工作，招收新生3121人，报到率95.77%。举办7场网络招聘会、3场线下招聘会，精准开展就业指导，年终就业率95.54%。

【校地互动】 2021年，学院协助启东市、近海镇两级政府完成人大代表选举工作；收到精华制药、启试教育、无锡市惠山区第三人民医院等单位的防疫物资、社会捐赠；与南通绿洲国际、中国银行启东支行签订合作共建协议，颁发海学奖学金；邀请市委党史办、南通市文联专家学者到学院举办报告会8场；组织学生参加启东市各类文体活动并获奖。

（蔡　琰）

特殊教育

【概况】 2021年，全市有特殊教育学校1所，班级24个。在校学生223人，送教学生63人，毕业生48人。教职工66人，其中专任教师33人。

【融合教育】 2021年，全市12个区镇建立39家融合教育资源中心，其中幼儿园12家，小学14家，中学12家，职业高中1家。市特殊教育指导中心对全市104名少年儿童进行随班就读鉴定、评估，有45人被确定为随班就读学生。至年底，全市有随班就读学生350人。6家融合教育资源中心被认定为2021年南通市三星级融合教育资源中心。

【教育成果】 2021年，启东市特殊教育学校获第20届南通市学生纵横码汉字输入残疾组二等奖、南通市第九届特殊教育学生阳光体育运动会优秀组织奖，获评南通市文明校园。"暖心1+1"党建品牌获评启东市中小学"一校一品"党建文化品牌项目。1人获南通市第三届"新时代好少年"称号，1人获"南通市好少年"称号。

（李晓敏）

社会教育

【概况】 2021年，市教体局加强"江苏学习在线"应用推广，倡导"江苏学习在线"网上课程自主学习，全市在"江苏学习在线"实名注册学习用户422个，新增422个，累计学分127689分，全年获月度、季度、年度"学习之星"261个。市教体局、市吕四港镇社区教育中心获评江苏省在线学习优秀组织单位。发展老年教育，惠萍镇、王鲍镇、寅阳镇社区教育中心老年大学相继成立，寅阳镇、吕四港镇社区教育中心与启东开放大学联合举办老年大学学历班。启东开放大学获评江苏省社会教育先进集体。

【社区教育】 2021年，市教体局完善以启东市社区学院为龙头、乡镇社区教育中心为骨干、村级居民学校为基础的社区教育网络。吕四港镇、启东开放大学成功申报全国"区域终身学习发展共同体"项目第二批实验点单位，启东开放大学成功申报江苏省优质项目化基地（创客+双创服务基地）。在省社区教育助力乡村振兴优秀案例评比中，王鲍镇《打造"地产三宝"品牌助力乡村经济振兴》、启东开放大学《启东"创客+"魅力东疆科普公益教育》、北新镇《聚焦服务三农——以恒昌隆为例》、吕四港镇《海洋渔业船员技能培训》分别获奖。

（郁　健）

【老年教育】 2021年，全市有老年教育机构7个。4月，建立市福利中心、绿城花园社区、建都小区教学点。合计开设8个门类课程，有117个班级，学员5557人次。有专职、兼职教师85人。

（马伯欣）

※学校选介※

【启东市老年大学】 启东市老年大学归口市委老干部局管理。位于汇龙镇民乐中路518号。学校有一幢五层教学大楼，有8个标准教室、3个动态教室，建筑面积2500平方米。2021年，学校开设82个班级，有学员4157人次。有专、兼

4月19日，市老年大学学员在上课　　（郁卫兵/摄）

职教师60人，工作人员13人。开设的8类课程82个班级分别为时政文史类课程5个班、医疗保健类课程7个班、电脑摄影类课程8个班、书法绘画类课程6个班、音乐舞蹈类课程15个班、戏曲类课程10个班、器乐类课程17个班、拳操类课程14个班。课堂教育紧密结合社会实践，学校有文艺队、时装队、合唱团、江海国画院、摄影分会、太极拳队、木兰拳队、空竹队等14个学员组织，参加的师生有400多人。学校实现网上报名、缴费，促使老年学员融入智慧生活。一名教工的教研文章在中国《老年教育》杂志6月号发表。6月，举办庆祝中国共产党成立100周年摄影作品展，展出媒体发表、各级获奖作品82幅。书画班师生的50幅作品参加市委宣传部组织的庆祝中国共产党成立100周年翰墨书画展。7月，学校被中国老年大学协会接纳为会员。学校先后获评江苏省示范老年大学、江苏省老年大学教材建设先进单位。

（马伯欣）

【现代农民教育培训】 2021年，全市各区镇社区教育中心、各职业中学大力实施现代农民教育培训工程，启东开放大学先后开展新增劳动力培训、农民实用技术培训、创业农民培训、返乡农民工培训等现代农民教育培训班20期，受训总人数1000人次。

（郁　健）

7月20日，市教体局联合市市场监督管理局、公安局、城管局等单位，对市区教育培训机构开展联合督察　（徐秋逸/摄）

民办教育

【概况】 2021年初，全市共有民办幼儿园11家，民办中小学校1家。全市义务教育在校生59811人，其中民办学校在校生1157人，占比1.93%。市行政审批局批准新设立2家民办幼儿园、5家民办非学历教育培训机构，市教体局注销1家幼儿园。“双减”政策出台后，市教体局注销77家学科类校外培训机构、1家非学科类校外培训机构，另有2家学科类校外培训机构转型为成人类培训，保留1家非学科类校外培训机构。至年底，全市有民办幼儿园12家、民办中小学校1家、民办非学历教育培训机构3家。

【校外培训机构治理】 2021年，市教体局高度重视“双减”工作，成立校外教育培训监管科，建立启东市校外培训机构联合治理联席会议制度，组建“双减”工作专班，构建市、镇（区、街道）两级联动的监管体系，加强对全市校外培训机构的全面监管。全市学科类培训机构共有79家，其中77家办理注销手续，2家转型，压减率达100%。11月，启东承办南通市“双减”工作推进现场会，展示“双减”工作成效。

（沈　杰）

责任编辑　仇赛君

文 化

※公共文化
※文化艺术
※启东版画院
※文化遗产保护
※大众传媒
※社会科学
※史　志
※档　案
※文化产业
※文化市场管理

10月28日，“戏曲进校园”活动在合作小学举行，图为武生在现场教学　（姜雨蒙/摄）

公共文化

综 述

【概况】 2021年,启东市加快市级公共文化设施建设进程。文体中心北区启东保利大剧院正式运营,文化馆新馆启用,少儿图书馆、版画艺术中心对外开放。图书馆、文化馆等公共服务设施建设不断完善。市区新建1个“24小时城市书房”,全市累计有5个。镇村综合文化设施开放管理规范落实。全市12个区镇、261个行政村、44个社区基层综合文化服务中心全部达到省定标准,并实现免费常态化开放。根据上级要求和疫情形势发展,及时做好各区镇文化站和村综合文化服务中心关闭防疫和适时开放工作,督促落实测量体温、阵地消毒等防疫措施。开展送戏送展览送培训工作,共完成送戏下村、“正能量加油站”走亲活动、夏季纳凉晚会、送戏曲进校园等活动共254场,送展览63场,送培训33场次。

【第一届中国启东槭彩艺术节】 11月28日,第一届中国启东槭彩艺术节在王鲍镇奥林鸡爪槭苗木基地开幕。此届槭彩艺术节主题为“大地·红叶·艺术”。艺术节融合运用线下表演和线上直播形式,由《叶儿红·九章》组成,分别为:《第一篇章大地霞光》展出摄影先驱吴印咸的作品;《第二篇章金像五杰》展示获中宣部、中国文联评定的中国个人艺术成就最高奖——中国摄影金像奖的5位摄影大师叶文龙、张雷、龙江、贲道春、朱汉举的60幅金像奖艺术作品;《第三篇章槭彩秋妆》着重呈现中国传统的书画艺术,有赵秦、周广中、陈开平、郑健、程乃莲5位书画艺术家现场描绘所见之自然景观;邀请3D地景绘画创作团队的艺术家在林间耗时两周创作5幅“立体画”;《第四篇章醉美红霞》由沙克、贾浅浅、向阳、梅国云、马慧聪5位作家、诗人现场采风写作;《第五篇章光影时刻》拉开“槭彩杯”摄影大赛的序幕;《第六篇章流影溢彩》给喜欢多媒体创作的观众提供舞台;《第七篇章槭彩旋舞》由林间实景歌舞表演组成;《第八篇章聆听大地》为林间微型音乐会;《第九篇章情浓叶更红》播出经典森林影视作品。

(季洪丹)

11月28日,启东市第一届中国启东槭彩艺术节在王鲍镇奥林苗木园艺场开幕

(王海兵/摄)

文化设施

【启东市图书馆】 启东市图书馆占地面积4010平方米,建筑面积7864平方米,总投资3570万元。2013年1月8日正式对外开放。大楼共七层,地下一层,地上六层。地上六层为读者服务区域,一层为少儿图书借阅(内含1~7岁的低幼儿阅读区)、少儿电子阅览、视障阅览、读者自习服务区;二层为读者办证、报纸阅览、多功能厅、展览厅、新书推荐及文化展示区;三层为图书采编、成人图书阅览、成人休闲书吧、启东地方人著作陈列、读者自习服务区;四层为成人多媒体电子阅览、文化信息资源共享工程、影像放映、心理文献咨询、特种文献查阅、法律文献查询、参考资料查询服务区;五层为地方文献查询、古籍文献查询服务和办公区。文献资源建设工作稳步推进。2021年,新增纸质图书113998册,过刊合订2205册,订阅报纸110种、杂志450种。数字阅读服务不断丰富完善,续订“超星年画艺术卷”“环球英语”“话说传统”“世界经典美术作品鉴赏库”“中国近代报纸数据库”“悦悦画坊”等11个数据。新城区少年儿童图书馆、城东新建的1个24小时城市书房建成开放。市图书馆负责全市325个分馆技术指导工作;协助9家农家书屋完成四星级书屋申报;推进“韬奋书吧”项目建设工作。全年办理新证30714张,接待读者506504人次,外借242748人次,内阅263756人次,图书外借485496册次。开展线上线下阅读推广活动300余次,其中“阅阅姐姐故事坊”活动44场,“悦生活”11场,少儿编程11场,展览19次,讲座80余场,电影放映67场,赠春联、赠书、启东市经典诗文诵读大赛、亲子共读、红领巾读书征文等其他读者活动60余场。

【启东市少年儿童图书馆】 启东市少年儿童图书馆位于新城区蝶湖公园旁启东市文体中心内,2020年1月施工,2021年9月30日试运行,建筑面积7000多平方米,阅览坐席1000余个。馆舍分布四层,功能以少儿借阅和活动体验为主,辅以成人借阅、数字体验、阅读交流、会议研讨等。其中,一层为读者服务中心、报告厅、展厅和数字阅读体验区,二层为少儿借阅区和低幼阅读亲子互动区,三层为成人借阅区、期刊报纸、电子阅览区,四层为阅读推广活动区。至2021年底,接待读者193421人次。9—12月,“日出江海 美丽启东”大型书画摄影展在少儿馆一楼展厅展出;10月23日,举办2021长三角阅读马拉松大赛启东赛区比赛;12月9日,组织学华幼儿园书香之旅阅读实践活动。

(姚燕杰)

【启东市文化馆】 启东市文化馆新馆建筑面积约9500平方米(不含地下一层车库),主体建筑三层。房屋建筑由群众演艺活动、辅导培训、文艺编创及行政管理部分组成,包含小剧场、非遗展厅、多功能厅、大中小型培训教室、大小排练厅、录音室等。特色品牌活动包括：百姓自助舞台、象棋擂台赛、全民艺术普及免费培训班、《启东文艺》杂志、文化大串门等。2021年，市文化馆组织2021年新春暨第九届市民文体周系列活动，活动共16项，其中线下活动5项，线上活动11项。实施文化惠民工程，开设春（3班）、夏（7班）、秋（12班）三季培训班，全年招生约530人，服务约7000人次。该项活动被“学习强国”学习平台、启东融媒等媒体报道。百姓自助舞台全年共开展39场演出。其中，“颂歌献给党·幸福舞起来”启东市首届广场舞大赛，3场比赛共50支团队300多人参与，活动现场直播点击率约4.66万人次。民俗文化进校园展览以6个小分队（非遗沙地糯米糕制作技艺小队，非遗汇龙镇传说小队，法制、反腐、反诈、校园漫画小队，生活、家庭、节约漫画小队，少儿、肖像、水墨漫画小队，庆祝中国共产党成立100周年、创文、新农村、防疫漫画小队），通过交叉送展的形式展开。9—12月共开展活动413场，服务学生约46万人次。全年组织近50场象棋比赛。举办2021年启东市青年歌手大赛，约4500人次观看。举办3场线下文化大串门活动：4月17日，市文化馆赴上海市崇明区文化馆开展演出；5月14日，在启东文化馆剧场举行启东上海戏曲专场交流演出；11月3日，在启东文化馆剧场举行启东·崇明文化串门交流演出。1场线上文化串门活动。8月，与上海崇明，在微信公众号上举行网上《崇启漫画交流联展》。主办戏曲进乡村活动。1—2月完成戏曲进乡村28场演出；7—10月，“千戏下基层”纳凉晚会共完成60场演出。全年“正能量加油站”送戏共开展7场演出。举办“戏曲进校园”活动，共在25所小学开展活动。馆办刊物《启东文艺》出刊4期，《夜鹰》出刊12期，全年刊载400多件作品，每期刊物下发到各乡镇文体中心及农家书屋。文化馆小剧场、排练厅、舞蹈房实现常态化开放，实现预约、签到、排练等常规化服务。其中，小剧场承接活动40多场，6月正式演出17场。馆内非遗展厅、阅览室、三楼漫画展览、一楼演员通道《夜鹰》漫画展有序开放。建设启东市数字文化馆，提供期刊、专题、讲座等文化资源。全年共新增推文127条，阅读量约5.5万次。

（江　帅）

6月19日晚，作为“江苏省庆祝中国共产党成立100周年优秀舞台艺术作品展演”剧目，由南京市杂技团打造的大型原创杂技舞台剧《渡江侦察记》在启东保利大剧院上演　（袁嘉璟/摄）

【启东市美术馆】 2021年3月，市政府正式批准启东版画院增挂启东市美术馆牌子，负责美术馆的正常运行。中国美术家协会副主席、中国美术馆馆长吴为山为启东美术馆题字。美术馆设置展览部、收藏部、研究部和展陈部等机构，主要开展艺术展览、学术研究、艺术典藏等工作。设有3个展厅，展线500米。以版画展览为主，并开展其他美术展览活动。7月建成并对外开放。至年底，在市美术馆举办展览11场，接待参观2万余人次。开展“纸愿者”——纸版画体验、少儿绘画色彩体验、“印福过新年”、做个冰墩墩带回家等活动。

【启东市博物馆】 启东市博物馆主题展览设计以启东社会历史文化为根基，按照序厅（华夏东疆）、聚沙成陆、移民谋业、捍海围垦、文脉礼俗、设县分治、尾厅（扬帆远航）七个部分分别讲述启东的历史文脉形成与发展。博物馆于2021年6月开工建设，共收集馆藏303件（套）。

【启东市蓝印花布艺术馆/吴元新蓝印花布艺术馆】 启东市蓝印花布艺术馆/吴元新蓝印花布艺术馆于2020年下半年开始施工，2021年7月对外开放。馆内有蓝印花布展品303件，均由吴元新无偿捐赠。在蓝印花布馆，参观者可以全方位地了解蓝印花布的历史渊源、制作工艺等。至年底，接待参观近1万人次。

【启东保利大剧院】 启东保利大剧院是启东市文化体育中心的核心组成部分，建筑面积约3.8万平方米。2020年10月2日正式开业，每年举办100余场演出活动，年接待观众5万余人次。观众厅分两层，设有1142个座位，后台设有7个普通化妆间、2个VIP化妆间以及3间排练厅，并有一个贵宾厅。剧院的智能舞台配备国际顶级的机械、灯光、音响系统及设备。音响系统采用英国A/H控台、法国L-A音箱，灯光系统配置德国MA3控制台及各类常规、智能灯具共计380台，舞台灯光、效果设备等全方位立体分布，可以满足大型晚会、舞蹈、话剧、音乐剧等各类演出需要。2021年，共举办81场演出、33场公益活动，接待13场政府用场，接待观众5万余人次。面向少年儿童举办“打开艺术之门”系列演出季；在庆祝中国共产党成立100周年之际举办“启东市红色经典剧目展演”季；上演国家京剧院《风还巢》、中央芭蕾舞团芭蕾精品荟萃、中国爱乐乐团音乐会等演出；承接第九届江苏省文艺大奖曲艺奖颁奖晚会、江苏省教育频道《未来之

7月2日起，市新华书店推出庆祝中国共产党成立100周年优秀出版物展，图为读者在在阅读相关书籍（王海兵/摄）

星》特别节目、南通团市委演讲比赛、南通市第八届中小学生校园艺术节、启东市歌咏大会等大型活动。

（季洪丹）

群众文化

【主题文艺活动】 2021年，启东市文化广电和旅游局每月举办或协办1～2个大型主题文化活动。1—2月，协助举办首届警察节演出，配合完成2021年网络春晚。3—5月，开展春季群文创作采风培训、2021年科技文化卫生“三下乡”活动、广场舞大赛以及“快闪”拍摄3场；举办庆“五一”、庆“五四”专场文艺演出；完成2场全市庆祝中国共产党成立100周年歌咏大会区镇、街道专场和市级机关专场演出。6—7月，举办“百年恰是风华”——启东市庆祝中国共产党成立100周年文艺晚会、全市“颂歌献给党”歌咏大会会演，配合南通完成“6·30”党旗耀江海文艺演出，协助统战部等相关部门举办庆祝中国共产党成立100周年活动12场次，协助完成2021年启东市安全生产宣传演出活动。8—10月，举办2场夏季激情广场演出，61场“永远跟党走”夏季纳凉晚会，4场“庆家国团圆　享盛世芳华”中秋系列活动；举办“我的梦阳光行　残疾人特殊艺术晚会”活动，协助市文明办举办“月之故乡，诗意生活”启东市“我们的节日·中秋节”演出；举办3场“欢度国庆　吾悦之夜文艺演出”活动，3场“百年心向党　真情暖夕阳”敬老演出，3场送戏曲进校园活动。11—12月，举办25场送戏曲进校园活动，举办“永远跟党走　幸福舞起来”——2021乡村舞蹈秀大赛复赛和决赛，以及“文艺进校园　美育润童心”文艺演出等20多场文艺活动。

【“共乐东疆”活动】 2021年，按照年度百项文体活动计划安排，全市举办各类活动300余场次，参与群众320万余人次。其中，“百姓自助舞台”演出39场次，举办各类人文讲座60多场次，各类阅读推广活动190多场次。

【“百年恰是风华”——启东市庆祝中国共产党成立100周年大型群众文艺晚会】 6月21日晚7时30分，“百年恰是风华”——启东市庆祝中国共产党成立100周年大型群众文艺晚会在南苑中学体育场举行。晚会由市委、市政府主办，分《信仰的启航·开天辟地》《信仰的奋斗·改天换地》《信仰的力量·翻天覆地》三个篇章，采用情景表演、歌舞、歌曲表演唱等艺术形式，用舞台全面回顾中国共产党一路走来的光辉历程，生动再现启东人民在党领导下奋勇前行、创造美好生活的现实图景。晚会还通过网络平台现场直播，线上近30万人次观看。

（季洪丹）

图书发行

【概况】 2021年，启东新华书店实现销售收入8382万元，比上年增长4.44%；实现净利润613万元，比上年增长1.2%。其中，教材教辅销售6281万元，比上年增长6.5%，连续40年保质保量地完成“课前到书，人手一册”的政治任务。至年底，新华书店累计参与45所中小学图书馆的馆配项目，编目上架图书超7万册。全年累计接待读者超20万人次。书店连续三年获评南通市社会普及示范基地。

【重点主题出版物发行】 2021年，结合庆祝中国共产党成立100周年、党史学习教育，启东新华书店做好重大政治理论读物发行工作。在书城一楼重要位置设立“奋斗百年路　启航新征程”庆祝中国共产党成立100周年主题出版物专柜，重点展示党史教育类主题出版物，精选党史党建类、人物传记类、文学类经典著作向读者推荐。开展送书上门活动，4本指定学习书目累计发行约20万册，党员覆盖率达76%。

【主题活动】 2021年，启东新华书店发挥阅读资源的聚集优势，加强文化产品和文化服务的输出，构建全民阅读生态圈，组织开展各类主题活动近百场。在以“书香致敬百年路　阅读追梦新征程”为主题的启东市第七届全民读书节活动中，在书城、校园开展“读好书，诵经典”“我心向党，永远跟党走”“绿书签行动”“阅读吧，少年”“书法名家进校园”等一系列主题活动，吸引全市近千名中小学生参与。多方合作开展“金秋书市”吾悦设摊惠民活动，推进全民阅读，建设书香启东；开展“好书进军营，文化拥军心”特色文明实践活动，与启东市图书馆长期开展“你阅读，我买单”活动。持续开展“凤凰姐姐讲故事”“凤凰读书绘”等自有品牌活动。围绕中国传统节日、非物质文化遗产宣传日等重要时间节点，组织“讲党史　讲廉洁故事”“童心向党　献礼百年”等读书活动，“岁月如歌　感谢师恩”百合花手工制作、“今时明月在，月华流照君”做月饼庆中秋等专题手工沙龙活动，“预防新冠病毒”“消防员叔叔讲安全知识”等科普活动。

（陆健美）

文化艺术

【文艺创作】 2021年，启东市评弹团的《板凳姑娘》获第九届江苏省文艺大奖·曲艺奖节目奖；蓝印花布《如鱼得水》获第六届江苏省文艺大奖·民间文艺奖优秀民间工艺美术作品奖。长篇小说《黑瓦寨的孩子》入选江苏省作协重点扶持作品、江苏省委宣传部重点出版物。在第三届南通市文学艺术创作大赛中，中篇评弹《板凳姑娘》、蓝印花布《如鱼得水》2件作品获特别奖，散文集《四季乐韵》获一等奖，版画《把一切献给党》、合唱曲《信仰的回响》、隶书《陶弘景诗文节录》3件作品获二等奖，散文《母亲的沙家浜》、小说《顺流而下》、版画《玉珍》、草书《艺概》节录、摄影《水乡晨韵》、歌曲《风华正茂》、美术作品烟斗《三星堆之一（丝绸之路套斗）》、少儿群舞《梦想的翅膀》8件作品获三等奖。王艳蓉获第三届南通市文学艺术创作大赛文学类新人奖。歌曲《江上明月生》在第二届海派音乐原创歌曲征集评选中获优秀奖；由杨晓焱制作、黄琴演唱、陈艳艳编舞的女声小组唱《绿岛四季歌》在2021年上海市群文新人新作展评展演中获“群文新作奖”，该节目在上海音乐学院贺绿汀中国音乐高等研究院、中国音乐非遗保护与研究中心协办的江南民歌大赛决赛中获“最江南演绎奖”；由季天然创作的歌曲《光》在南通市庆祝中国共产党成立100周年原创歌曲征集中获银奖，在庆祝中国共产党成立100周年南通市群众文艺新作品征集中获一等奖；江帅创作的小品《角落》在庆祝中国共产党成立100周年南通市群众文艺新作品征集中获二等奖。

文学创作　作协会员在《海燕》《青海湖》等报纸、网络平台发表小说14篇、散文70多篇；在《绿风》《扬子江诗刊》等刊物发表诗歌130多首。完成2021年度江苏省委宣传部和江苏省作家协会重点扶持作品《黑瓦寨的孩子》。

美术创作　版画《广场神韵》入选第24届全国版画作品展，《物世界》入选新兴版画运动九十周年——全国版画作品展览；《广场神韵》《蝶变·潘安湖新貌》《英雄·王杰》3件作品入选百年征程——江苏省庆祝中国共产党成立100周年美术书法精品展；《魔方NO.19》《魔方·1921》入展2021沪上盛世·第二届《国粹艺韵》；《2020》被中国版画博物馆收藏。

摄影创作　《收工路上》入选第九届中国女摄影家协会会员作品展和中国摄影家网展；《水乡晨韵》《万紫千红总是春》入选“诗画水乡　四季缤纷”大赛；《育婴》入选北京国际摄影周；13件作品入选《百岁老人风采录》摄影展。

书法创作　隶书作品《陶弘景致谢中书书》获江苏省首届篆隶书法作品展优秀奖，草书作品《章节条幅》入选翰墨盛世——江苏省群文书法精品邀请展，1件作品获“红色足迹”——南通市庆祝中国共产党成立100周年美术书法展优秀作品奖，另有作品入展“品味文化庐陵·书画魅力江西”全国美术书法作品展、“于右任杯”国际草书大赛、“孟之蕴·翰墨情”第四届全国书画作品展、中国书法年展全国书法作品展览、全国第九届书法新人新作展、“贺知章杯”——永恒的乡愁全国书法篆刻主题大展等国家级、省级展览。

戏曲创作　在上海天蟾逸夫舞台举办“心有戚戚焉”——郎月华·唐凤兰越剧戚派姐妹花专场，由唐凤兰主演。创作、打磨市首部越剧原创剧本《生命树》。

2021年启东市部分获奖优秀文艺作品一览表

表15

序号	类别	项目名称	作　者	出版（展览、演出）情况	时　间	主办单位
1	摄影	版画《广场神韵》	朱建辉	第二十四届全国版画作品展览	2021年9月	中国美协
2	版画	摄影《育婴》	包　平	北京国际摄影周	2021年6月	文旅部
3	文学	长篇小说《黑瓦寨的孩子》	李新勇	江苏省作协重点扶持作品	2021年	江苏省作协
				江苏省委宣传部重点出版物	2021年	江苏省委宣传部
4	曲艺	苏州评弹《板凳姑娘》	陈燕等	第九届江苏省文艺大奖·曲艺奖节目奖	2021年12月	江苏省文联
				第三届南通市文学艺术创作大赛特别奖	2021年12月	南通市委宣传部、南通市文广旅局、南通市文联
5	工艺美术	蓝印花布《如鱼得水》	倪沈健等	江苏省文艺大奖·第六届民间文艺奖、优秀民间工艺美术作品奖	2021年11月	江苏省文联
				第三届南通市文学艺术创作大赛特别奖	2021年12月	南通市委宣传部、南通市文广旅局、南通市文联
6	书法	草书《章节条幅》	高　辉	翰墨盛世——江苏省群文书法精品邀请展	2021年1月	江苏省群众文化学会
7	书法	隶书《陶弘景致谢中书书》	施惠新	江苏省首届篆隶书作品展	2021年1月	江苏省书协

续表15

序号	类别	项目名称	作　者	出版(展览、演出)情况	时　间	主办单位
8	书法	书法作品	高　辉	“品味文化庐陵·书画魅力江西”全国美术书法作品展	2021年8月	江西省美协
9	书法	书法作品	高　辉	“贺知章杯”——永恒的乡愁全国书法篆刻主题大展	2021年10月	浙江省书协
10	书法	书法作品	杨磊石	“孟之蕴·翰墨情”第四届全国书画作品展	2021年9月	安徽省书协
11	书法	书法作品	鲍跃渊	“笔歌冬奥　墨舞冰雪”迎北京冬奥会倒计时一周年书法作品展	2021月6月	河北省体育局、河北省文联
12	书法	书法作品	鲍跃渊	“周慧珺杯”——上海市“宋四家”诗文临创书法大赛作品展	2021年8月	上海市书协
13	书法	书法作品	鲍跃渊	上海市第六届草书展	2021年3月	上海市书协
14	书法	书法作品	高　辉	仰韶文化“彩陶坊杯”	2021年10月	河南省书协
15	书法	书法作品	高　辉	“红色足迹”——南通市庆祝中国共产党成立100周年美术书法展	2021年12月	南通市委宣传部
18	文学	散文集《四季乐韵》	沈　杰	第三届南通市文学艺术创作大赛一等奖	2021年12月	南通市委宣传部、南通市文广旅局、南通市文联
19	美术	版画《把一切献给党》	王　帅	第三届南通市文学艺术创作大赛二等奖	2021年12月	南通市委宣传部、南通市文广旅局、南通市文联
20	音乐	合唱曲《信仰的回响》	王敏欢 陈菲菲	第三届南通市文学艺术创作大赛二等奖	2021年12月	南通市委宣传部、南通市文广旅局、南通市文联
21	书法	书法《隶书陶弘景诗文节录》	施惠新	第三届南通市文学艺术创作大赛二等奖	2021年12月	南通市委宣传部、南通市文广旅局、南通市文联
22	文学	散文《母亲的沙家浜》	巫正利	第三届南通市文学艺术创作大赛三等奖	2021年12月	南通市委宣传部、南通市文广旅局、南通市文联
23	文学	小说《顺流而下》	杨天天	第三届南通市文学艺术创作大赛三等奖	2021年12月	南通市委宣传部、南通市文广旅局、南通市文联
24	美术	版画《玉珍》	章水雄	第三届南通市文学艺术创作大赛三等奖	2021年12月	南通市委宣传部、南通市文广旅局、南通市文联
25	美术	烟斗《三星堆之一(丝绸之路套斗)》	周　军	第三届南通市文学艺术创作大赛三等奖	2021年12月	南通市委宣传部、南通市文广旅局、南通市文联
26	书法	草书《艺概》节录	高　辉	第三届南通市文学艺术创作大赛三等奖	2021年12月	南通市委宣传部、南通市文广旅局、南通市文联
27	摄影	《水乡晨韵》	徐　昕	第三届南通市文学艺术创作大赛三等奖		南通市委宣传部、南通市文广旅局、南通市文联
28	歌曲	歌曲《风华正茂》	李新勇 倪晶晶	第三届南通市文学艺术创作大赛三等奖	2021年12月	南通市委宣传部、南通市文广旅局、南通市文联
29	舞蹈	少儿群舞《梦想的翅膀》	姚海蓉	第三届南通市文学艺术创作大赛三等奖	2021年12月	南通市委宣传部、南通市文广旅局、南通市文联

（王思林　黄陈阳）

【展览展演】 2021年，市“文化三送”之“送展览”举办63场，市图书馆举办“文津图书奖”获奖图书展、“静海奖”书法临帖展、“梦启东方”庆祝中国共产党成立100周年启东市书画摄影邀请展、“童心永向党　共启新时代”启东市少儿美术作品展等19个主题书画摄影展。其中，美术家协会在市美术馆举办展览11场。摄影家协会在市图书馆举办“美丽启东”摄影展，展出摄影作品56件；线上举办第四届“江风海韵·游乐启东”摄影征集活动，评出入展作品50件；开展第二届“槭彩霞光映启东”摄影大赛，评出入展作品58件；举办“美好影像·春上惠萍”摄影大赛，评出入展作品58件；线上展出“来自花博分会场的烂漫影像”58幅，线上线下展览共展出224幅。书法家协会举办“启吾东疆”——启东市书法临创作品展览，入展作品56件。3月，开展2020年度区镇街道优秀文艺节目展演。5月，戏剧家协会开展2场“诗画启东　越韵江海”第八届越剧折子戏专场演出，吸引千余名戏迷票友现场观看。6月，曲艺家协会原创中篇评弹《板凳姑娘》举行首演；10—12月，《板凳姑娘》分别在第八届中国苏州评弹艺术节、南通伶工学社、南通更俗剧院和启东保利大剧院巡演。6月，影视艺术家协会、音乐家协会、民间文艺家协会等参与创作“百年恰是风华”——启东市庆祝中国共产党成立100周年大型群众文艺晚会和大型歌咏晚会“颂歌献给党”，在线观众突破40万人次。11月，举办江苏省庆祝中国共产党成立100周年“百年百场”优秀群众文艺作品巡演；12月，举办百姓自助舞台优秀节目走亲展演和第九届江苏省文艺大奖，曲艺奖颁奖仪式暨惠民演出。9—12月，市文化馆共开展2021年民俗文化展进校园活动413场，累计服务约46万人次。

【中篇评弹《板凳姑娘》获第九届江苏省文艺大奖·曲艺奖】 中篇评弹《板凳姑娘》以启东残疾姑娘苏晓琳为原型，通过“生日许愿”“上岗受挫”“桥洞转折”“收获爱情”“追梦成真”五个回目，讲述她身残志坚、自强不息、励志奋斗的故事。作品由20余名评弹演员演绎。9月12日，举行中篇评弹《板凳姑娘》精品提升暨中国曲艺之乡创建研讨会。来自国家、省市文联、曲协、评弹团的多位专家和领导参加研讨。11月25日晚，《板凳姑娘》在2021年南通市舞台艺术优秀剧(节)目展演中举行首场演出。12月，作品获第九届江苏省文艺大奖·曲艺奖。

9月12日，中篇评弹《板凳姑娘》精品提升暨中国曲艺之乡创建研讨会在启东举行　（市文联/供图）

【市首部越剧原创作品《生命树》剧本研讨会举行】 9月13日，市举行越剧原创作品《生命树》剧本研讨会。江苏省人民艺术剧院原书记、院长杨宁，南通市文联原副主席、南通市戏剧家协会主席李中慧，南通市文联原副主席、一级编剧高龙民等专家，为作品进行艺术提升。《生命树》是以市“中国好人”郭中良为原型，通过“序幕”“讲台烛光”“病榻忧思”“绿野放歌”“桃李报春”等章节，讲述郭中良坚守初心、艰苦创业、绿化家乡的励志事迹。研讨会上，与会专家围绕主题立意、情节架构、人物塑造、剧情发展、场景转换等方面与主创人员进行深入探讨，并从不同角度提出意见建议。

（季洪丹　江　帅）

启东版画院

【概况】 启东版画院成立于1985年4月4日，是中国第一个版画院，故被誉为“中国版画第一院”。其前身是1959年成立的“木屑花业余木刻小组”。启东版画院是从事和组织版画创作、学术研究、人才培养、艺术交流的全民法人事业单位。有专兼职画家22人，其中16人为中国美协会员，其余为省级美协会员。3月，市政府正式批准启东版画院增挂“启东市美术馆”牌子，增加内设机构“启东市版画博物馆”。院长朱建辉应邀参加长三角中青年版画邀请展开幕式与研讨会。《华人时刊》杂志刊登题为《朱建辉：用版画架起沟通世界的桥梁》文章，全面介绍朱建辉及其作品。朱海燕申报第三批南通市文艺家工作室获得通过。市美术馆被市委宣传部授予“第一批网络文明加油站”称号。

【创作成果】 2021年，版画院画师创作作品80余幅。其中，朱建辉的版画新作《广场神韵》入选由中国美术家协会举办的第24届全国版画作品展，这是此届作品展南通市唯一入选的版画作品；版画《2020》入选江苏文华奖优秀美术书法作品展；《茧(一)》入选“大美藏真”——江苏省美术馆2020年度收藏作品精选展；《魔方NO.19》《魔方·1921》参加在上海举办的2021沪上盛世·第二届“国粹艺韵”展览；《魔方NO.7》《魔方NO.13》参加由南京艺术学院美术学院主办的共生的力量·2021国际水印木刻版画邀请展；《鸟儿飞过太行山》(一)(二)(三)3件作品参加由中国美术家协会版画艺委会主办的镌刻百年·全国木刻版画作品展,在上海秦古美术馆展出。朱建辉、章水雄、王帅的3件新作入选由省委宣传部、省文旅厅举办的“百年征程”——江苏省庆祝中国共产党成立100周年美术书法精品展。朱建辉、章水雄、王帅的版画藏书票作品应邀参加由江苏凤凰出版传媒集团主办的2012名家·名票藏书票展。14幅作品参加南通·镇江版画艺术交流展,15幅作品参加留痕·版画的世界研究展。学术水平与成果在全国同级别中排名第一位。

【展览举办】 2021年,在市美术馆举办展览11场,其中2021中国启东国际版画艺术中心全国版画名家邀请展,展出53位版画艺术家的104幅作品;中国百家金陵画展历届精品展首展,展出作品88幅;“银洲杯”情系东疆——北京画家王存玉、孙玉珍伉俪绘画艺术展,展出作品70多幅;“纪念中国新兴木刻运动90周年”——南通·镇江版画艺术交流展,展出两地48位画家58件作品;“百年征程”——江苏省中国共产党成立100周年美术书法精品展启东巡展,展出作品115件;“神通杯”启东市第十二届美术作品展览,展出作品71件;“招行杯”2021南通青年版画作品展,展出作品55件;老画家施汉鼎捐赠作品展,展出全部捐赠的33幅作品。

【中国·启东国际版画艺术中心】 中国·启东国际版画艺术中心是启东市人民政府投资建设的公共文化设施项目,2018年被江苏省发展改革委立项为江苏省重大文化建设工程。2019年2月开工建设,2021年7月正式启用。版画艺术中心建筑面积10000平方米,位于启东市黄浦江路600号,由启东版画院、启东市美术馆、启东市版画博物馆、名家版画工作室、水印版画实验室组成,隶属启东版画院(启东市美术馆)使用和管理。

启东市美术馆　内容参见“公共文化·文化设施”

启东市版画博物馆　启东市版画博物馆是启东版画院内设机构,以普及版画知识,陈列启东1986年来的版画史料和各个时期代表作品为主。通过实物、图片、多媒体等形式,全方位介绍版画历史、版画分类、版画技法知识,展示版画作品,介绍代表画家,开展版画普及等活动,常年免费对外开发。2021年,接待30余个团队9000余人次。

名家版画工作室　名家版画工作室一楼是开放式版画工作室,拥有铜版、石版、丝网版等专业设备,可开展版画创作、学术研究、画家驻地等活动。通过高等美术院校版画教育实践、驻地艺术家等项目开展艺术交流和国际间的艺术合作。二楼除部分行政办公用房外,是版画培训室,由版画院专业画家和外聘专家承担教学任务,面向大中小学生、成年人开展培训工作。2021年,开展设施配置工作。

水印版画实验室　水印版画实验室,是与水印版画材料与技术研究文化和旅游部重点实验室、中国水印版画研究中心的合作机构,拥有独立空间,由启东版画院直接管理。主要以水印版画研究、创作、培养为宗旨,依托水印版画材料与技术研究文化和旅游部重点实验室、中国水印版画研究中心和省、国家艺术基金开展面向海内外的水印版画人才培养工作。

(朱建辉)

10月10日,“银洲杯”情系东疆——王存玉、孙玉珍伉俪绘画艺术展”在市美术馆开幕　(王海兵/摄)

文化遗产保护

【概况】 2021年,启东市有56个非遗项目,其中省级4项(吕四渔民号子、色织土布技艺、沙地灶头画、洋钎说书),南通市级5项(吕四十番、评弹北调、吕洞宾的传说、灶君菩萨的故事、启东芦编工艺)。有省级非遗传承人2人,南通市级非遗传承人5人。有4个非遗传承基地,1个非遗数字化展厅。

【文物保护】 2021年,市文化广电和旅游局序时推进抗大九分校提档升级工程和挡浪墙遗址公园提档升级项目。其中,抗大九分校提档升级工程,计划投资6000万元,年底项目主体竣工,累计完成投资4500万元;挡浪墙遗址公园提档升级项目,总投资4000万元,年底项目竣工。协调做好吕四港镇三清殿的维修工作,维修方案和施工图纸通过南通市文广旅局的评审。举办文物保护与安全管理培训,共有30人次参加,提高文物点管理员专业技能。

【非遗传承】 2021年,市文化广电和旅游局完成2020年度非物质文化遗产传承人学徒技艺展示考评工作,有7人参加考评。完成包括启东版画、启东传统造房技艺等13个启东市第四批非物质文化遗产项目书制作和拟上报名单。推进省级非遗项目“吕四渔民号子”的资料整理工作,为该项目申报国家级名录做好准备。对省级项目“沙地灶头画”“洋钎说书”的原始画稿和书目进行电子版转化，开展抢救性保护。做好市级以上传承人的传承工作，修订《启东市非物质文化遗产传承人考核细则(试行)》。

【非遗宣传】 2021年，市文化广电和旅游局于2月24—26日开展新春非遗漫画网展3场，线上观看人数692人；5月1日开展线上“五一”非遗漫画展，观看人数98人；6月12日在人民公园开展“文化和自然遗产日”非遗漫画展览，观看人数230人；开展2021年度非物质文化遗产进校园活动，完成活动413场；配合省“百年百场”群众文艺作品展演，安排7个启东非遗项目现场展示、展销。

（徐海华　江　帅）

2月9日，“金牛贺岁·幸福启程”2021启东市春节联欢晚会举行，近14万名观众观看。晚会运用全媒体形式呈现，通过“i启东”App同步直播　（叶　娟/摄）

大众传媒

启东市融媒体中心

【电视】 2021年，启东市融媒体中心对内讲启东故事，对外传播启东好声音，采编制播一大批弘扬主旋律、传递正能量、服务启东经济社会发展的好新闻作品。《启东新闻》围绕市委、市政府中心工作，完成制作日播新闻365档，做到新闻编排层次清晰，重点热点一条不落，制作合成安全零失误。围绕全市经济社会发展、项目建设、作风建设等重点工作，深入开展舆论宣传工作，取得显著成效。年初召开的市委十三届十次全会，是启东市在高水平全面建成小康社会、开启全面建设社会主义现代化新征程的历史交汇点上召开的一次重要会议。《启东新闻》栏目推出《践行嘱托开新局——争当表率　争做示范　走在前列》系列报道，并配发评论。在党史学习教育中，推出《我为群众办实事》《红色基地悟初心》《同心奔小康》等系列专栏。开展乡村振兴宣传工作，开设《决战决胜脱贫攻坚》《走向我们的小康生活》《迈向高水平全面小康这五年·启东答卷》等专栏，推出100多篇新闻报道。围绕民生实事、文明城市、中小学生“双减”等群众关心的内容，推出《民生实事进行时》《创建文明典范城市》《突出重点　精准发力　推动“双减”落地落实》等专栏。

（戴丽丽）

【广播】 2021年，启东融媒FM106.3发挥贴近百姓、对农服务优势，以广播直播节目为主打，围绕“奋斗百年路启航新征程”宣传主基调，持续做好以主题活动为中心、公益品牌为特色的启东广播宣传。做好“献礼建党百年”宣传报道，策划播出《村史馆里讲党史》《潮涌新农村、奋进新时代》《童心向党》栏目。其中，《村史馆里讲党史》以主持人走进村史馆，宣讲党史、演说村史的短视频形式，历时3个月完成100集短视频拍摄制作。不断提升节目质量，确保年度创优成绩。重点做好《健康栏目》(人民医院、妇幼保健院联办)的访谈质量，共制作健康类访谈38期。播出少儿《成长教育》《心理辅导》等“阳光下成长”系列节目64期。做好“跑好第一棒　奋进新征程”“乡村振兴”“志愿益启行”等主题宣传和广播品牌栏目的策划制作，全年共制作《政风行风热线》直播149期。制作《金色大地》对农直播专题节目103期。配合“巩固创文”等主题做好公益广告的制作和播出。全年被国家、省市台用稿300多条。

（宋敏敏）

【报纸】 2021年，《启东日报》有计划、有重点地开展宣传报道。全年共出版253期。2021年是中国共产党诞辰100周年，《启东日报》开设《百年奋斗路　启航新征程　学党史悟思想　办实事　开新局》《百年奋斗路　启航新征程·红色基地悟初心》《启东红色地名录》《百年奋斗路　启航新征程　南通红色记忆》《跑好第一棒　奋进新征程》《百年奋斗路　启航新征程　同心奔小康》《百年初心，榜样力量》《我为群众办实事》等专栏，刊发学习教育相关报道近300篇，推出《学思践悟》理论专版。7月1日当天，推出32个特刊，分3个大篇章展示启东经济社会的发展成就以及启东红色记忆。根据全市重大节会、活动、时点等，专题策划好市委全会、两会、市镇人大换届选举、国际经贸洽谈会等活动的新闻报道，以专版形式呈现。推出《党员冬训》《耕耘春光里　奋进正当时》《践行嘱托开新局》《跑好第一棒　奋进新征程　三比三争》《文明创建“十大提升行动”》《一人一地看变化》《民生实事进行时》《家住长江尾》《贯彻落实党代会》《四季度，这样拼》《退职不褪色·担当再出发》《走进身边的工匠》等专栏。制作刊发征兵、安全生产、防范电信诈骗、创建文明典范城市、庆祝中国共产党成立100周年、新冠肺炎疫情防控等各类公益广告。

（孙亚军）

【新媒体】 2021年，启东市融媒体中心全面完善移动微终端建设，全力打造以“i启东”客户端为航母的移动传播编队，搭载“启东融媒、无启不有”微信、微博、抖音和“启东新闻网、启东融媒网”等移动战舰，重点培育短视频、文创作品、政务资讯、微商城等服务项目，锻造中心融合传播增长点。充分利用融媒体指挥中心功能，打通广播、电视、报纸等传统媒体与互联网终端传播通道，实现同平台分工协作、共同生产、多元发布。百集系列片《村史馆里讲党史》，打破常规融合发力，电台主播走出直播间，成为编导、策划和宣讲员，走进全市100个村史馆，制作成多平台传播的融合新闻产品，涵盖广播音频作品、电视新闻专栏、报纸新闻专版，以及短视频、图文海报等移动产品，被市委宣传部作为庆祝中国共产党成立100周年重点案例推广。全媒体专栏《红色基地悟初心》，跨部门采集、多平台生产、全业态传播，获得10万+阅读量。以新闻、专题、短视频、网络直播、图文海报和公益广告等形式，全方位、多角度、有特色地进行广泛发动和宣传争创全国文明典范城市。推出“一人一地看变化”系列报道，文明出行、文明礼仪等原创短视频。在“i启东”App上开辟《决战决胜脱贫攻坚》专栏，推出《探寻脱贫攻坚决胜“密码”系列解读》，做好党和国家的精准扶贫政策宣传，形成一大批反应启东决战全面建成小康社会、决胜脱贫攻坚的接地气、聚人气、振士气的新闻作品。近百部作品在“学习强国”学习平台、新华日报、荔枝新闻等主流媒体转发和推广。

（陆一冬）

《启东通讯》

【概况】 2021年，《启东通讯》围绕市委、市政府中心工作，以内部刊物平台为交流传播载体，认真履行党委、政府机关内部资料发布政令、指导工作、探索思路、服务发展、传递信息、交流经验、展示风采、开拓视野等工作职责，不断创新工作理念和举措，较好完成了编印、宣传等各项工作任务。

【内容设置】 2021年，《启东通讯》以“党史学习教育”为主题，利用“封二封三”以及《学习感悟》《党史百年》等栏目对全市部分重点红色革命遗址作介绍、宣传。在栏目设计、内容选择上，重点围绕贯彻市委第十三届十次全体会议、中国共产党启东市第十四次代表大会、全市生态环境保护暨深入打好污染防治攻坚战推进会、全市深化文明城市长效管理推进会、市委人大工作会议暨纪念市人大设立常委会40周年大会、市镇人大换届选举工作会议等重大会议精神，设置《领导要论》《重要报告》等栏目。围绕启东建设“沪苏一体融合发展窗口城市”目标，设置《行家视点》《学习参考》《东疆论坛》等栏目，对标先进、找准差距、发散思维，发挥机关内部资料的“智库”作用。围绕市委、市政府中心工作，设置《贯彻落实》《特别关注》《调查研究》《工作交流》等栏目，报道市委、市政府推进乡村振兴、吕四大港开发、新型城镇化建设、重大项目招引、最美江海岸线打造等全市重点中心工作。围绕启东沙地文化、江海地域特色等，重点办好《瀛东漫笔》《城市记忆》等特色专栏。设置《榜样力量》等栏目，报道启东优秀儿女的事迹。

（曹佳惠）

《三角洲·沙地》

【概况】 2021年，《三角洲·沙地》季刊继续以发掘和培养本土文学人才为己任，全年出版4期40万余字，共刊发中短篇小说25篇、散文40篇、诗歌99首，其中12篇小说、31篇散文、59首诗歌被《安徽文学》《雨花》《飞天》《青岛文学》等刊物转发，外发稿率达65%。

【栏目调整】 2021年，刊物保留《小说精选》《崇明·启东文学双城记》《散文百家》《诗歌潮汐》《沙地文谭》传统栏目，增设《庆祝中国共产党成立100周年·我心向党主题征文》，精选6篇散文发表，其中《山野中的铿锵玫瑰》获江苏省作家协会主题征文三等奖；增设《主编推荐》栏目，重点推荐4位启东本土优秀作家及其作品。

【主要活动】 2021年，编辑部组织4次编前会、7次读书改稿会，打磨出一批优秀的文学作品，陆续刊登于《红岩》《上海文学》《文汇报》《解放日报》《青春》《翠苑》《太湖》《雪莲》《故事会》《故事大王》《意林》《南通日报》《江海晚报》等报纸杂志。邀请3家报纸编辑或主编、1名作家到启东选稿并作文学讲座。组织3次杂志优秀会员主题创作采风，年末根据在公开刊物发表的情况，评选29名优秀会员，奖励《文学报》《小说选刊》《散文选刊》等刊物。

（李新勇）

媒体+产业

【概况】 2021年，启东市融媒体中心打造“媒体+政务+服务+商务”传播矩阵，主动与各区镇、各部门在广告宣传、文艺演出、专题片制作等方面开展合作。“启东市春节联欢晚会”实现社会效益和经济效益双丰收；“春季云招聘”吸引近百家企业、1万余人参与活动；“村史馆里讲党史”推出百集专题片，厚植爱党爱国情怀；“融媒助农、直播带货”1小时卖出大米5000多公斤，以线上直播形式助力乡村振兴。

【经营创收】 2021年，市融媒体中心加强部门联动，提供报纸采编、公号代维等服务，承办各类直播节目。通过打包捆绑式营销，将报纸专版、电视专题、短视频制作、广播节目等多种服务整合，以“菜单式”的服务模式供广告主“点餐”。拓展直播、小视频制作等新的服务项目。全年做好2021启东市春节联欢晚会、春季云招聘、新湖绿城郁金香花会、“五一”庆祝大会、“恰是百年风华”文艺晚会、“融媒助农、直播带货”等近20场直播活动，营收净利润880多万元。

（黄　炜）

社会科学

【概况】 2021年，启东市哲学社会科学界联合会主管4家社会组织，与27

家社会团体合作，涵盖政治、历史、教育、哲学、法律等领域。6月1日，社科界第二次代表大会召开，会议选举产生第二届理事会主席、副主席、秘书长。市社科联获评2021年全国科普日活动优秀组织单位、2019—2020年度《江苏省社会科学普及促进条例》实施工作成绩显著单位。

【课题研究】 2021年，市社科联将“抗击新冠肺炎疫情”“启东高质量发展”“乡村振兴(脱贫攻坚)”等课题列入专项规划，组织开展年度经济与社会发展重点应用课题研究工作，资助扶持重大课题2项、重点课题10项、一般课题49项，涉及24家单位，最终获研究成果57项。修订《哲学社会科学优秀成果评奖工作实施细则》，开展启东市第四届哲学社会科学优秀成果评奖工作，共收到申报成果33项，评出一等奖2项、二等奖6项、三等奖14项。申报省社科应用研究精品工程市县专项课题1项，并获省社科联立项资助。编印社科联品牌杂志《东疆论丛》第九期，收录优秀成果20项。

【社科品牌活动】 2021年，市社科联持续开展“知亦行”社科读书会，全年开展读书会3场，累计150人次参加。与市文明办共同打造的“解忧杂货铺”心理健康讲座，共举办心理健康讲座107场，惠及138个村居，参与群众超过5万人次。以“铭记中华经典　传承红色基因”为主题，举办两年一度的“诗词大会”，海选报名人数达2.5万人，远超第一届、第二届人数总和，赛事直播累计观看人数达30万人次，成为南通地区有影响力的社科品牌。开设“启东社科”公众号，获3万人关注。举办“社科专家江海行　百年党史巡回讲”活动，累计宣讲党史知识60余场。依托省社科普及宣传周，与市科协合作开展年度社科普及宣传周启动仪式，邀请20家单位、50余名社科工作者参与，围绕疫情防控、食品安全、法律解读、文明城市创建等群众关注的热点，答疑解惑。

【社科普及阵地建设】 2021年，市社科联联合名下协会九意亲子活动中心，举办“不忘初心　薪火相传”“画说百年征程　共读红色经典”“走启读村”等社科普及活动28场。与南通市级社科普及示范基地“家·印记”影像馆合作举办“讲述我家的故事”“我的父亲母亲”公益摄影活动，为32户模范文明家庭留下珍贵影像材料。在南通市新一轮基地命名中，江天中小学研学实践教育基地获评南通市级社科普及示范基地，原有的6家南通市级基地均通过复检。指导协会心时代心理健康服务中心转型升级，增加文学讲座、传统文化知识普及等服务项目。联合社科普及示范基地和协会共同推进《江苏省社会科学普及促进条例》实施。

（王香文）

史　志

【概况】 2021年，启东市委党史办公室围绕党史学习教育、庆祝中国共产党成立100周年开展系列活动，参与全市党史学习教育组织推进工作，挖掘红色资源、创新教育载体，会同市融媒体中心推出“奋斗百年路　启航新征程·红色基地悟初心”专题报道10篇，举办“中国共产党在启东”图片展、“村史馆里讲党史”活动、编印“红色地图”；推进地方志工作，编纂出版《启东年鉴(2021)》，指导出版启东首部全媒体志书《江苏名镇·吕四港镇志》，开展“并港建闸”专题研究，参与通海垦牧公司复建资料收集工作；推进全市镇村史馆建设全覆盖工程及提档升级，全市98%镇史馆、100%村史馆完成建设。依托启东市历史档案陈列室，与市档案馆联合建设启东市方志馆。

【党史三卷本编纂】 2021年，市委党史办继续推进《中共启东地方史》第三卷(1978—2012)编写工作。完成第二编“开创社会主义现代化建设新局面”(1982.9—1991.12)8.8万字、第三编“建立社会主义市场经济体制”(1992.1—2002.5)12.6万字的编纂工作，并邀请专家和各部门对稿件进行审阅。

【“中国共产党在启东”图片展】 7月1日起，市委党史办在市行政中心举办为期两周的“中国共产党在启东”——庆祝中国共产党成立100周年图片展。市委党史办利用3个月时间向全市征集300多张珍贵的照片，设“革命星火渐燎原”“抗日烽火燃东疆”“解放硝烟铸大业”“迎来曙光换新天”“改革开放聚发展”“不忘初心谋复兴”6个篇章32个展板，真实记录和反映中国共产党成立以来，启东走过的不平凡历程。此后，在各区镇、相关企事业单位、学校巡回展出，参观达1万余人次。11月，“中国共产党在启东”宣传画册发行。

【“村史馆里讲党史”活动】 2021年，市委党史办会同市委宣传部开展“村史馆里讲党史”线上线下系列宣讲活动，共录制“村史馆里讲党史”短视频100辑，通过“i启东”App等融媒体平台集中展播，访问量超80万人次。开展村史馆“云参观”线上活动，受众超8万人次。组织“村史馆里讲党史”线下巡回宣讲活动2300余场次，累计受众超12万人次。3月25日，《新华日报》头版以《启东：村史馆里讲党史》为题作专题报道。

【“红色地图”编印】 2021年，市委党史办在全面梳理全市革命遗址旧址、纪念设施的基础上，线上线下联合发布《启东主要革命遗址遗迹和纪念设施分布示意图》，以地图与音视频结合的形式讲述红色故事，传承红色基因。“红色地图”直观呈现全市范围内24个革命遗址遗迹和纪念设施，同时还推荐3条红色线路，方便全市广大群众就近就便开展党史学习教育。线上“红色地图”利用H5融媒产品，实现图文、音视频和留言互动，在“i启东”App等移动平台发布，观众可通过手机等移动终端接受红色教育。“学习强国”

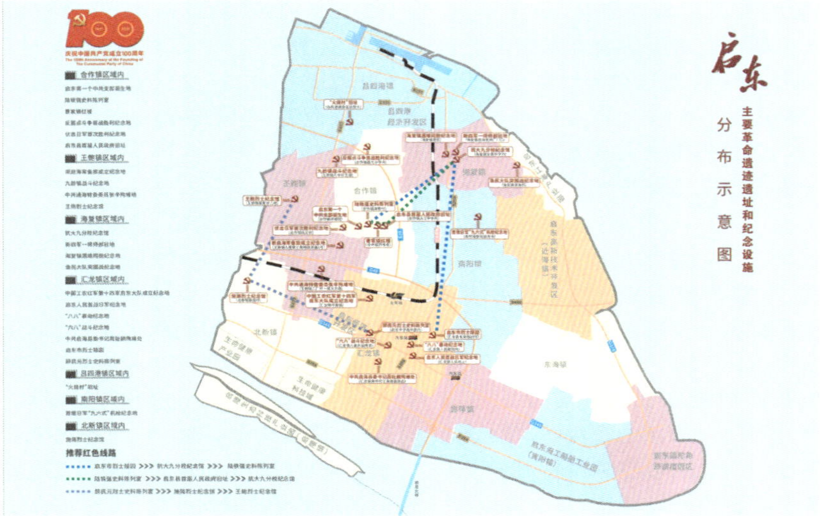

《启东主要革命遗址遗迹和纪念设施分布示意图》　（市委党史办/供图）

学习平台、新华网、《南通日报》等对此进行宣传报道。

【施简烈士纪念馆开馆】 6月29日，位于北新镇铁昌村的施简烈士纪念馆正式开馆。施简，1906年出生于现北新镇区域，他参与上海工人三次武装起义，又赴苏联留学，回国后以中央特派员的身份奔赴闽西革命根据地，改编成立中国工农红军新十二军，担任政委，执教红军学校，与新十二军的军长左权一起带领部队为三次反“围剿”的胜利作出重要贡献，红军长征前夕不幸遇难。纪念馆以施简烈士的革命经历为主线，分“资料展陈”和“红军学校情景课堂”两部分。展陈部分设“前言”“少年施简”“投身革命”“留学苏联”“奔赴闽西”“寻找施简”“后记”共7个板块。“红军学校情景课堂”再现施简任教的红军学校的场景，还原1930年左右闽西地区红军课堂的真实情景。施简烈士纪念馆由北新镇投资建设，市委党史办、市档案馆等参与资料征集与布展，向社会公众免费开放；接受单位、学校等团队预约讲解服务，接受团队预约红军教室的使用。

【《启东年鉴(2021)》出版发行】 12月底《启东年鉴(2021)》由方志出版社出版发行。该书设31篇，文字约78万字，图片205幅。设置“对接上海(浦东)”分目，体现南通市委赋予启东“对接浦东第一棒”的新定位；“口岸管理”“长江大保护”“江苏启东吕四港经济开发区”等分目、“通州湾新出海口吕四起步港区2+2码头工程开工”条目，“渔业”分目中“具有地方地理特色的水产品简介”，体现启东濒江临海，三水交汇的独特的区位优势；“工业”篇设“海工及重装备产业”“生命健康科技产业”“新能源产业”“新材料产业”“精密机械产业”“电子信息产业”，展现启东“两主两新两优”六大产业集群发展成果；设置“启东版画院”分目，突出启东版画院作为中国版画第一院的独特地位。结合年鉴内容，出版微缩版《启东市情(2021)》，全书15万字，采用32开袖珍型开本。

【市首部全媒体志书《江苏名镇·吕四港镇志》出版发行】 12月，《江苏名镇·吕四港镇志》由江苏人民出版社出版发行。全书共16万字，139幅彩图，32个音视频，重点突出吕四港镇的“名”和“特”，充分展示“千年古渔镇、最美新港城”吕四的风貌与魅力，是一部具有地域特色、文献价值的乡土志书，受到终审专家和验收专家的一致好评。该书也是启东市首部全媒体志书。

【“并港建闸”专题研究】 20世纪50年代，在中国共产党的领导下，启东人民不畏艰难、万众一心，拉开为期十年的“并港建闸”工程，彻底改变启东水利的旧貌，书写了启东水利史上的辉煌篇章。此后，启东的干部群众不断探索、勇于创新，创造了粮棉双高产的“启东奇迹”。结合党史学习教育，3月起，市委党史办成立《并港建闸口述史》课题组，开展“并港建闸”专题研究，排摸并港建闸工程相关人员40多人，实地走访30多人，整理挖掘并港建闸历史资料，提炼出启东干部群众在并港建闸过程中展现的不屈不挠的战江斗海精神。6月17日，市委理论学习中心组(扩大)学习会专题学习“并港建闸”精神。

【史志宣传】 2021年，市委党史办开设“启东史志”微信公众号，及时推送工作动态、党史地方志相关研究成果；与市融媒体中心联合举办《百年奋斗路　启航新征程·红色基地悟初心》主题采访报道活动，聚焦启东党史中的重大事件、重大成就及动人故事，服务全市党史学习教育；组织人员开展主题宣讲，全年共宣讲30多场次；年轻同志参加市委宣传部组织的《新征程　青年说》系列短视频录制；1人参加启东市“永远跟党走　奋进新征程”主题宣讲比赛，获一等奖。开展“阅读送春风”活动，向镇村史馆、农家书屋、机关单位、武警启东中队、滨海实验学校等赠送“礼赞全面小康、致敬建党百年”主题的红色经典读物累计3000余册。与市妇联联合举办“百个家庭红色骑行　献礼党的百年华诞”亲子骑行活动。

（陆全红）

【新四军研究】 2021年，启东市新四军研究会(筹)重点采访启东籍新四军老战士杨汉黄、新四军烈士范侠后代范立，做好口述和影像资料的抢救工作。开展专题特色研究，发表《浅析新四军一师党的思想建设之特色》研究文章。赴全市各地红色纪念碑(地)重新拍摄图片资料，为进一步研究启东新四军历史提供基础资料。加强与上海沙家浜、杭州新四军研究会交流联系；与市老促会组织联合考察活动，在资料收集、史料研究以及人物采访等方面，得到老促会系统的帮助和支持，实现资源共享。结合党史学习教育活动，在人社、环保、文广、统计、老干部局等部门开展宣讲活动，弘扬铁军精神。结合市委干部培训计划，在党校干部培训班上专题讲授《传承红色基因，加强党性修养》。利用抗大九分校纪念馆，完成接待省党史学习第四督查指导组等市委、市政府重大接待讲解任务。1人被聘为南通市干部教育培训兼职教师，代表启东市参加南通市干部教育培训基地（现场教学点）“十佳解说词”“十佳讲解员”的评选。继续推进传承红色基因，讲好红色故事，开展学好用好红刊活动进校园，在南苑中学、东南中学、汇龙小学等学校宣讲红色故事，组织学习交流。

（王　平）

档　案

【概况】　2021年，启东市档案馆共接收市委办、农业农村局、住建局、新冠肺炎防控指挥部办公室、妇幼保健院、扶贫办等单位2867卷33643件档案资料。开展档案馆基础业务规范建设，对馆藏56万卷34万余件档案全面核查清点，完成420余万条档案电子数据条目的校验挂接，编写近70万字的《启东市档案馆全宗指南》《启东市档案馆指南》，完整写清馆藏250余个全宗的全宗来源、档案内容与成份、数字化情况。利用“启东记忆”新媒体矩阵开展档案宣传，撰写微编研文章、发布微头条、短视频共110篇，流量近400万次，有粉丝3.6万人。档案宣传工作获江苏省二等奖。馆藏档案《新四军苏中四分区第九分区东南警卫团战士名册》入选2021年江苏省百件红色珍贵档案名录。档案论文获启东市2021年度经济与社会发展重点应用课题二等奖。

【档案查阅利用】　2021年，市档案馆改善档案查档大厅硬件条件，添置触摸屏一体查档机，利用数字档案管理系统推送档案信息，增加查档利用者自助查询档案渠道。全年共接待利用者943人次，提供利用档案资料236卷9635件。发挥档案资源资政参考作用，为全市党史学习教育活动、新冠肺炎疫情防控、博物馆建设、精准扶贫等提供档案资料。

【档案征集】　2021年，市档案馆继续加强名人档案征集，征集到张謇手书对联及其孙张绪武所题的2幅书法作品，国内著名雕塑家田奎玉教授的张謇雕像小样，与张謇相关的照片1000多张，邓家泰将军、向守志将军为抗英名将张成龙题写的3幅书法作品。开展红色档案征集，征集到一批启东革命史料及军功章、党费证、党费收据、党章和功劳章。征集到1965年启东乡镇医院发给新生儿的接生卡等珍贵资料。

【档案业务指导】　2021年，市档案馆组织开展国家档案局第8号令回头看工作，对全市50家镇、园区、街道、机关、人民团体的《文件材料归档范围和文书档案保管期限表》初稿进行修改，46家单位通过审查。落实全国档案系统重大工作部署，高标准完成疫情防控和精准扶贫两类档案的收集整理和数字化转换工作。完成近年来党代会、人代会、政协会议、科技节、农民丰收节和国家园林城市创建等全市性重要活动档案的收集整理工作，涵盖文书、录像、实物、数码照片等门类。指导市审计局、大调解中心、启晟集团、自然资源局、人社局等单位的档案规范化建设工作，对原文化局、原人事局、原劳动局、原海渔局等撤并单位的档案实施分类指导。加强对机关单位业务档案工作指导力度，指导行政审批局招投标档案、审批、许可档案等，妇幼保健院出生医学证明档案（分娩登记本），财政局农桥档案、契税档案、评审档案及生态环境局的污染源普查档案、执法档案等规范收集整理。

【启东市建成南通首家国家级数字档案馆】　2021年，市档案馆对照国家数字档案馆系统测评5个一级指标和99个二级指标要求，完善硬件架构，制定并落实信息安全管理制度，丰富系统内数字档案资源，利用互联网技术赋能传统档案管理，将馆藏所有全文扫描数据与档案实体一一校核，完成5万余张照片档案的数字化转换，采集整理视频档案142件、音频档案57件，接收14家立档单位18160件电子档案及市委办、政府办OA系统移交的电子文件1015件，在数字档案馆系统中将电子目录和数字化成果一一对应挂接。11月底，通过国家数字档案馆系统测试专家组实地测评。12月下旬，国家档案局正式发文，批准市数字档案馆为“国家级数字档案馆”。

【启东历史档案陈列室建成】　2021年，市档案馆依托馆内档案资源，投入近60万元建设启东历史档案陈列室。8月初陈列室建成，占地面积近300平方米，展示时间从唐初起至启东撤县设市止，分为“围圩造田，启吾东疆”“海角烽火，革命岁月”“艰苦创业，建设家园”“改革开放，撤县设市”4个篇章，下设“沧海桑田”“吕四筑城”等15个章节，共有“启东人民奋起抗日”“建立抗日民主根据地”等72块具体内容，陈列内容丰富、展品特色鲜明、资料细节翔实。该室是市档案馆建成后的首个历史档案陈列室。

【《启东记忆》丛书正式出版】　2021年，市档案馆编辑出版《启东记忆》丛书，包含《启东历史小贴士》《启东改革开放大事记》两本，兼顾史话的趣味性和资料的可靠性、实用性。其中，《启东历史小贴士》一书，通过收集、整理，撰写100个历史小故事，图文并茂地呈现启东的风土人情和沧桑巨变；《启东改革开放大事记》精选自改革开放以来启东在经济、政治、文化、社会和生态建设等方面的大事、要事。

（陈银银）

文化产业

【概况】　2021年，启东市主要有启东市文化体育中心、中国启东国际版画艺术中心、嘉兆景观艺术园、唐韵龙湾文旅综合开发项目、通海垦牧公司复建（中国盐垦博物馆）项目、渠成会展中心、芳菲小筑、颐住—万颐香墅休闲度假中心、协兴港文旅综合开发项目、新湖太阳湖旅游综合开发工程等南通市文化产业重点项目。全年计划投资25.61亿元，年底实际完成投资额22.98亿元。

【重点项目建设】 启东市文化体育中心 项目位于汇龙镇,占地面积10公顷,建筑面积8万平方米,建设大剧院、文化馆、美术馆、博物馆、全民健身中心,是集大中型文艺演出、会议会展、运动健身等多种功能于一体的文化体育场所,总投资10亿元,2021年底项目竣工。

中国·启东国际版画艺术中心 项目位于惠萍镇,占地面积约2.33公顷,总建筑面积2.5万平方米,总投资6亿元,2021年底竣工。

嘉兆景观艺术园 项目位于高新区聚海路,规划用地面积约1.73公顷,规划建筑面积约1.9万平方米,总投资1亿元,2021年底项目竣工。

唐韵龙湾文旅综合开发项目 项目位于江海澜湾旅游度假区,总占地面积34公顷,总建筑面积34万平方米,定位为中国最大的新唐风温泉主题综合旅游度假区,主要建设一街(唐人街)、一剧(龙梦剧场)、一泉(龙湾温泉)、一秀(水上唐秀),涵盖文创演艺、住宿温泉、体验式购物等业态。总投资35亿元,至2021年底累计完成投资16亿元。

渠成会展中心 项目位于高新区(近海镇),占地面积6公顷,建筑面积4.6万平方米,主要从事展览展示、会务、企业形象策划、房屋建筑工程、室内装饰设计等服务。总投资1亿元,2021年底竣工。

芳菲小筑 项目位于合作镇,建筑面积2.3万平方米,配套建设垂钓基地、花木观赏、生活体验等旅游景观1.1万平方米,内设标准化房间75间,有电脑、KTV、空调、电视机等设备180台(套),建设以休闲观光、亲子种植、认领养殖、果实采摘、农产品深加工为一体的田园综合体。总投资1.1亿元,2021年底项目竣工。

颐住—万颐香墅休闲度假中心 项目位于合作镇,占地面积约3.53公顷,建筑面积4.26万平方米,建设游客接待中心、樱花生态园、万颐香墅休闲度假中心及相应配套设施,项目集景观、生态、健康、教育、观光、休闲、度假于一体。总投资10亿元,2021年底项目竣工。

协兴港文旅综合开发项目 项目位于东海镇,规划建筑面积约9万平方米,纯文旅商业业态,业态包含特技演艺秀、国际知名IP亲子主题乐园、营地乐园、沉浸式互动航海科技馆、鲸鱼艺术中心、贝壳剧场等文旅主力项目,并配套建设加勒比风情商业街以及酒店设施。总投资12亿元,至2021年底累计投资完成7亿元。

新湖太阳湖旅游综合开发工程 项目位于圆陀角旅游度假区新湖大道南侧,总占地面积约37.33公顷,其中水域面积约25.33公顷,建筑面积6500平方米。项目依托开挖的大型人工湖,规划建设滨湖商业街、游客中心、游船码头、花火水秀表演、大型音乐喷泉等旅游设施,配套建设绿化景观、观景平台、环湖道路及荧光步道慢行交通系统,周边打造四季花海。总投资10亿元,2021年底项目竣工。

【张謇垦牧文化项目建设】 2021年,启东市以张謇垦牧文化保护传承为主线,开展张謇垦牧文化项目建设,有序推进通海垦牧公司复建(中国盐垦博物馆)、抗大九分校(垦牧高等小学)提档升级、挡浪墙遗址公园提档升级和启东沙地圩田农业系统申遗等项目。1月26日,正式启动张謇垦牧文化项目建设工作,由市委宣传部、市文广旅游局、市农业农村局、吕四港经济开发区、海复镇和启晟集团协调开展相关工作。

通海垦牧公司复建项目 项目位于原海复棉厂即通海垦牧公司遗址,7月开始复建。总用地面积59559平方米,其中保留建筑面积3701平方米,地上新建建筑面积5728.42平方米。新建建筑均按原貌及原结构进行复原,工程包括慕畴堂、垦务厅、东西厢房、十字花园表门、慕畴堂前室晒场等,另外还包括四周绿化及恢复周边护厂河等,总投资6000万元,至2021年底累计完成投资4000万元,主体工程完工。

抗大九分校(垦牧高等小学)提档升级项目 远期总体规划将东南初级中学建成以抗大九分校旧址为依托的干部教育培训基地。2021年,项目建设单体两层楼,内设报告厅、会议室、游客接待中心等;室外与东南中学校区实行物理分隔,并建设进出主通道。项目总投资约6000万元。年底,主体工程全面完成,累计完成投资4500万元。

挡浪墙遗址公园提档项目 项目建设内容分为文化展示馆土建及装修、文化展示馆展览陈列、景观、技防四个部分。项目总投资4000万元,年底项目竣工。

启东沙地圩田农业系统申遗项目 (内容见“乡村振兴”篇“综述”分目)

(徐海华)

文化市场管理

【概况】 2021年,启东市在互联网上网服务行业中,开展以“平安、文明、诚信”为内容的“平安网吧”创建活动。加强文化市场信用监管,保持审批、监管互通。加强文化市场企业法律法规、安全生产培训和宣传,签订安全生产工作责任状。全年联合文化市场综合执法大队开展疫情防控检查、安全生产专项整治三年行动、文化市场专项检查行动等,发现并整改安全问题隐患374处,确保文化市场平安有序。全市有文化经营单位68家,其中互联网上网服务营业场所26家、歌舞娱乐场所27家,游艺娱乐场所12家,演出场所3家。

【文化市场专项整治】 2021年,市文化市场综合执法大队开展出版物市场集中整治、印刷行业专项整治、违规音乐专项检查、互联网上网服务营业场所专项检查、营业性演出执法检查等专项行动,并做好文旅市场疫情常态化防控和文明城市长效管理工作。以净化出版物市场、清除网上有害信息、保护知识产权为首要任务,强化日常监管,开展“护苗”“净网”“清源”等五大专项行动,有效规范网络文化、新闻出版市场经营秩序。全年文化市场检查经营单位1250余家次,出动检查4800余人次,收缴非法出版物1700余册,办理相关案件10起,罚款21747元。

(袁沈涛)

责任编辑 仇赛君

体育

※综　述

※群众体育

※竞技体育

※体育产业

4月17日，市第十五届老年人体育健身节启动仪式在汇龙中学体育馆举行　（郁卫兵/摄）

综　述

【概况】 2021年，全市体育工作者围绕年初确定的任务目标，按照“务实笃行、提质增效、突出重点、统筹推进”的总体思路，坚持群众需求、体教融合、产业创新、整合资源，努力推动启东体育高质量发展。启东市获“2017—2020年度全国群众体育先进单位”称号，在全省县级体育重点工作督查考核中排名第25位，在南通排名第3位。

【体育公共设施】 2021年，全市有1个体育馆、1个文化体育中心，规划新建启东市奥体中心。全年完成20个老旧小区的体育健身路径改造，新增和更换室外健身路径76套。吕四港镇护城河健身步道新增2公里。蝶湖公园外围工程新增儿童游乐场地，足球场、篮球场、羽毛球场、网球场等各类球场面积达8000平方米，公园的体育元素更加丰富。通过新型城镇化建设和高质量考核方案，将区镇文体活动中心、文体活动广场和健身公园作为年度考核目标，进一步提高全市城乡公共体育健身设施覆盖率。出台《启东市室外公共健身设施管理办法(试行)》，由各区镇、社区网格员监督管理公共健身设施。全市人均体育场地面积达3.2平方米。

【2021年国家级沙滩排球裁判员晋级培训班在启东举行】 7月5—11日，由国家体育总局排球运动管理中心主办的2021年国家级沙滩排球裁判员晋级培训班在启东举行，来自全国各地的103名学员参加培训。培训班采用线上和线下相结合的教学模式，为学员讲解竞赛规则、裁判指南、裁判程序、场地建设等内容。7月8—11日，2021年全国青年U19沙滩排球锦标赛在恒大海上威尼斯碧海银沙举行，培训班结合此次锦标赛，组织学员们进行理论与实践相结合的学习与考核。

7月13日晚，市区儿童乐园运动场航拍图　(姜新春/摄)

【2021年第八届长三角运动休闲体验季启东站启动仪式在启东举行】 7月10日，2021年第八届长三角运动休闲体验季启东站启动仪式在黄金海滩风景区举行。长三角运动休闲体验季是上海、江苏、安徽、浙江三省一市体育主管部门，为加强长三角体育产业协作、展现长三角不同地区的运动休闲风貌、共同培育运动休闲市场而携手主办的大型体育产业宣传推广活动。启东站活动吸引来自上海、浙江、江苏、安徽等地200多名户外运动爱好者参加，活动持续2天。

(钱忠华)

群众体育

【体育健身组织】 2021年，依照《启东市单项体育社团协会量化考核办法》，持续推动体育社团组织规范化、社会化、实体化建设。全市共有体育社团33个、体育俱乐部13个，团体会员近220个，个人会员2万余人，万人拥有社会体育指导员42人。广场舞、街舞等社团组织参与南通市第十二届运动会暨第三届全民健身运动会开幕式节目展演。

启东市体育社团、俱乐部一览表

表16

序号	体育社团、俱乐部名称	地　址
1	启东市体育总会	汇龙镇人民中路726号
2	启东市老年人体育协会	汇龙镇公安巷10号
3	启东市乒乓球协会	汇龙镇香榭水岸居委会三楼
4	启东市钓鱼协会	汇龙镇江海南路343-8
5	启东市信鸽协会	汇龙镇建新路8号

续表16

序号	体育社团、俱乐部名称	地　址
6	启东市太极拳协会	汇龙镇民乐中路718号
7	启东市棋类协会	汇龙镇文体中心北区11号门
8	启东市交谊舞爱好者协会	汇龙镇人民公园广场
9	启东市体育舞蹈协会	汇龙镇公园中路518号
10	启东市自行车运动协会	汇龙镇建新路18号
11	启东市羽毛球协会	汇龙镇南苑路813号
12	启东市桥牌协会	汇龙镇公安巷老干部活动中心
13	启东市游泳协会	汇龙镇鹤群村江天生态园内
14	启东市轮滑协会	汇龙镇善城小区18号
15	启东市门球协会	汇龙镇公园北路1185号
16	启东市木兰拳协会	汇龙镇人民西路1336号
17	启东市全民健身协会	汇龙镇明珠新村26号
18	启东市瑜伽协会	汇龙镇南苑中路869号
19	启东市足球协会	汇龙镇人民中路1038号
20	启东市微型马拉松跑步协会	汇龙镇城东村村委会
21	启东市风筝冲浪协会	黄金海滩风景区
22	启东市台球协会	汇龙镇邮电巷65号
23	启东市搏击协会	汇龙镇人民西路1977号
24	启东市篮球协会	汇龙镇中邦上海城办公楼16楼
25	启东市排舞协会	汇龙镇景都小区东门
26	启东市马拉松协会	汇龙镇紫薇二村35号
27	启东市驴友协会	汇龙镇人民西路1149号
28	启东市跆拳道协会	汇龙镇人民西路1336号
29	启东市广场舞协会	汇龙镇人民公园广场
30	启东市排球协会	汇龙镇启秀北路536号
31	启东市铁人三项运动协会	汇龙镇建新路10-16号
32	启东市汽车摩托车运动协会	汇龙镇南苑西路1053号
33	启东曳步舞协会	汇龙镇长龙街671号2楼
34	启东市友谊乒乓球俱乐部	汇龙镇景都小区818号
35	启东市民明乒乓球俱乐部	汇龙镇和平中路360号
36	启东市小神童围棋俱乐部	汇龙镇民乐西路882号
37	启东市少儿体育舞蹈艺术俱乐部	汇龙镇和平中路810号
38	启东市力达乒乓球俱乐部	汇龙镇南苑工业园区恒丰路18号
39	启东市启星足球俱乐部	汇龙镇申港城
40	启东市善成小学青少年奥林匹克羽毛球俱乐部	汇龙镇善成小学
41	启东星河棋院	汇龙镇南苑中路421号
42	启东市海复小学青少年奥林匹克排球俱乐部	海复镇胜利西街148号

续表16

序号	体育社团、俱乐部名称	地　　址
43	启东银石赛鸽俱乐部	吕四港镇
44	启东市锐腾击剑俱乐部	启东市体育馆
45	启东市爱华青少年排球俱乐部	城北工业园扬沙路22号
46	启东市扬帆海钓俱乐部	吕四港镇海晏村

（彭　冲　龚玲莉）

5月23日，“启东城投杯”第十一届环启168公里自行车邀请赛开赛，蝶湖公园附近600多名骑行爱好者参加　　（王海兵/摄）

【全民健身活动】 2021年，市教体局按照“一赛事一方案”要求举办群体赛事活动，严格做好群众体育赛事活动疫情防控工作。举办全市“共乐东疆”全民健身系列活动31项，推动全民健身活动开展。全年培训三级社会体育指导员近300人次，派出43人次参加江苏省和南通市体育局组织举办的社会体育指导员培训班和社会体育指导员技能再培训。至年底，全市有社会体育指导员4128人，其中国家级7人，一级152人。

2021年启东市群众体育部分赛事活动一览表

表17

活动名称	举办时间	活动地点	活动情况
启东市“共乐东疆·全民健身”空中课堂	3月19日	—	60名教员线上教学
启东市第十五届老年人体育健身节启动仪式暨健身节目展演活动	4月17日	汇龙中学体育馆	200余人参演
“启东城投杯”第十一届环启168公里自行车邀请赛	5月23日	市文体中心	600余人参赛
启东市第四届“启吾东疆杯”长三角象棋公开赛	5月29—30日	江天生态园维也纳酒店	120余人参赛
2021年启东市“共乐东疆　全民健身”暨第七届国际瑜伽日公益活动	6月19日	金凤凰科技园足球馆	线下140余人、线上130余人参加
2021年第五届启东市“共乐东疆·活力寅阳”暨“玄气杯”钓鱼邀请赛	10月23日	寅阳镇华寅钓场	100余人参赛
2021“圆陀角杯”启东市足球协会锦标赛	10月23日	汇龙小学城东分校	22支代表队，500多人参赛
2021年启东市“共乐东疆”第十七届“惠萍杯”男子篮球赛	10月30日	市文体中心篮球馆	19支代表队，300余人参赛
2021年启东市“共乐东疆”系列活动“开发区杯”气排球赛	10月31日	市爱华体育排球馆	35支代表队，500多人参赛
2021年启东市《国家体育锻炼标准》达标赛	11月13日	折桂中学	20支代表队，300余人参赛
启东市太极系列·八段锦嘉年华	11月20日	人民公园广场	1000余人参加
2021年启东市“共乐东疆”文体拥军篮球赛	12月2日	驻启武警部队	20余人参赛

续表 17

活动名称	举办时间	活动地点	活动情况
2021 年启东市共乐东疆活力东海“云图时光杯”羽毛球赛	12 月 4 日	市体育馆	15 支代表队，100 余人参赛
2021 年“共乐东疆”启东市第二十四届全民健身节暨“优睿杯”乒乓球比赛	12 月 11 日	市体育馆	21 支代表队，200 余人参赛

（朱剑锋）

竞技体育

9 月 25—26 日，南通市第十二届运动会暨第三届全民运动会（中小学生部）跆拳道比赛在市体育馆举行　（王海兵/摄）

【概况】　2021 年，全市共有等级运动员 403 人，其中健将级 2 人、一级 8 人；等级裁判员 346 人，其中国家级 5 人，一级 22 人。市教体局严格按照赛事活动组织和新冠肺炎疫情防控要求，高标准做好各项赛事活动筹备工作，圆满完成各级各类赛事活动的举办工作。

2021 年启东市举办南通市级以上部分体育赛事活动一览表

表 18

赛事名称	举办时间	举办地点	参赛情况
南通市第十二届运动会（中小学生部）快乐体操比赛	6 月 12—13 日	汇龙中学	来自南通各县（市、区）的 14 支代表队，572 名运动员参赛
2021 年全国青年 U19 沙滩排球锦标赛	7 月 8—11 日	启东恒大海上威尼斯	来自江苏、上海、浙江等地区 50 支代表队，100 名运动员参赛
南通市第十二届运动会（老年部）象棋比赛	9 月 14—15 日	启东国瑞豪生大酒店	来自南通各县（市、区）的 8 支代表队，48 名运动员参赛
南通市第十二届运动会（中小学生部）跆拳道比赛	9 月 25—26 日	市体育馆	来自南通各县（市、区）的 8 支代表队，253 名运动员参赛
南通市第十二届运动会（市级机关部）乒乓球、羽毛球比赛	11 月 20 日	启东恒大运动中心	来自南通各县（市、区）的 14 支代表队，279 名运动员参赛

【青少年体育】　2021 年，启东市贯彻落实江苏省体育局青少年体育“5621”计划和南通市“一校一品、一生一运动”项目建设工作。至年底，全市共有全国校园足球特色学校 29 所、全国青少年篮球特色学校 2 所、全国青少年排球特色学校 1 所、江苏省体育传统项目学校 1 所、江苏省体育特色学校 6 所、江苏省青少年奥林匹克俱乐部 3 个。完成 5 个项目 62 名青少年运动员选拔及注册工作，组队参加田径、羽毛球、乒乓球、少儿体适能和跆拳道 5 个项目江苏省青少年（县组）锦标赛，参加南通市第十二届运动会（中小学生部）田径、篮球、排球、足球、羽毛球、乒乓球、跆拳道和快乐体操 8 个项目的比赛。动员全市中小学生参与江苏省“奔跑吧！少年”儿童青少年主题健身活动，推动儿童青少年参与体育锻炼，提高健康水平。“五一”期间，举办以“拥抱阳光、健康成长”为主题的 2021 年启东市第二届亲子运动会，来自全市幼儿园和小学近 600 名学生和家长报名参

10月10日,小朋友们在市文体中心篮球馆训练　　（王海兵/摄）

加。举办篮球、排球和快乐体操等项目的中小学教练员培训班,全市近360名中小学体育老师参与培训。举办篮球、排球、足球和羽毛球、乒乓球5个项目的青少年冬夏令营活动,通过中小学校和各单项体育俱乐部的优势互补,搭建体育后备人才梯队,实现优质教育资源和优质体育资源的有机融合。

【青少年竞赛成绩】 2021年,在南通市第十二届运动会(中小学生部)比赛中,海复小学获排球比赛男子乙组冠军,英邦小学获排球比赛女子丙组冠军,百杏中学获排球比赛男子甲组亚军;开发区实验小学获篮球比赛男子丙组冠军;开发区实验小学获乒乓球比赛女子丙组单打冠军、启东实验小学获乒乓球比赛女子乙组单打亚军;善成小学获羽毛球比赛女子乙组团体亚军、男子乙组团体季军;跆拳道协会获跆拳道比赛3金4银15铜的成绩。

【残疾运动员钱王伟打破残奥会世界纪录】 8月25日,第16届东京夏季残疾人奥林匹克运动会开赛首日,钱王伟在场地自行车女子3公里个人追逐赛C1-3资格赛中,以4分31秒476的成绩打破C1级别世界纪录,创下首场比赛佳绩。在8月27日女子C1-3个人500米(场地赛)计时赛中,以38秒070的成绩,再次打破C1级别世界纪录,夺得铜牌,成为登上东京残奥会领奖台的第一位南通籍选手。

【2021年全国青年U19沙滩排球锦标赛】 7月8—11日,2021年全国青年U19沙滩排球锦标赛在启东恒大海上威尼斯举行。来自江苏、上海、浙江、山东、四川、福建、宁夏、新疆等地区50支队伍100名运动员报名参赛,其中男子27支,女子23支。最终,江苏南京市第一中学男子沙滩排球队夺得男子组冠军,江苏南通市第一中学男子沙滩排球队获得亚军,山东男子沙滩排球二队取得季军。在女子组的比赛中,山东女子沙滩排球一队、江苏南通中学女子沙滩排球队、山西女子沙滩排球队分获冠亚季军。

（朱剑锋）

体育产业

【概况】 2021年,市持续推进体育产业顶层设计,加强行业帮扶指导,促进体育实体经济持续健康发展。体育消费市场逐步扩大,体育产业成为促进经济转型发展、带动居民消费的一个重要组成部分。成功举办第八届长三角运动休闲体验季启东站启动仪式活动,共有200多人参加。全市有各类健身服务经营场所95个,从业人员2000余人,游泳场所全年接待游泳爱好者近3万人次。圆陀角旅游度假区(恒大海上威尼斯碧海银沙景区、黄金海滩景区)、江天生态农庄等积极打造体育休闲健身旅游品牌项目。启东银吉姆体育发展有限公司获江苏省体育局2022年度体育产业专项引导资金。

【体育彩票】 2021年,市教体局深入推进责任彩票建设各项工作,强化合规运营,坚守安全发行底线。每月开展责任彩票巡检,做好实体店培训、指导和宣传工作。全年实现销售体育彩票9520万元,筹集体彩公益金近700万元。

（张娟娟）

责任编辑　陆金红

卫生健康

※综　述

※疾病预防控制

※公共卫生

※妇幼保健

※卫生监督

※医政医管

8月7日起，启东市在全市范围内开展为期5天的全员核酸检测实战演练　（市融媒体中心/供图）

综 述

【概况】 2021年,启东市有各类医疗卫生机构437家,其中三级医院3家,镇卫生院(含中心卫生院)12家、分院24家、村卫生室(社区卫生服务站)264家、社会和个体医疗机构(含民营医院)129家、卫生单位5家。全市有卫生技术人员5825人,每千人拥有卫技人员6.02人;有执业医师(助理)2589人,注册护士2769人,每千人口执业(助理)医师数2.67人,每千人口注册护士2.86人;每千人拥有床位数4.36张。人均预期寿命83.19岁。农村无害化户厕普及率99.87%。全市标准化儿童预防接种门诊建成率100%,65周岁以上老年人免费健康体检率达72.19%。加强核酸检测储备,全市具备核酸检测能力医疗机构有8家,全市核酸混检日最大检测能力达50万人次。启东市被省政府表彰为基层卫生服务能力和队伍建设卓有成效县市,医改试点工作得到国务院医改领导小组高度肯定,蝉联“国家卫生城市”称号,老龄工作入选全省“十三五”期间老龄工作优秀案例,新冠肺炎疫情防控哨点监测能力、医疗服务多元化监管、基层医疗卫生服务体系建设、信息化平台建设、基本公共服务工作、中医药创新发展、安全生产、科技创新、职业病防治、妇幼健康发展等多项工作名列南通前列。启东市人民医院联合中国医学科学院肿瘤医院共同完成的“中国肝癌主要病因预防模式的研究、建立和应用推广”项目获2021年中华预防医学会“科学技术奖二等奖”。启东肝癌防治研究所被国家癌症中心授予“2021年度肿瘤随访登记项目杰出贡献奖”。

【医疗卫生体制改革】 2021年,启东市县域紧密型医共体建设实现提质,远程心电系统实现集团间互联互通,市、镇、村三级网络全覆盖,全年诊断达14.78万例;区域影像集团内成员单位全覆盖,远程诊断达8.214万人次,“基层检查、上级诊断”格局基本形成。市胸痛、卒中、创伤、新生儿和孕产妇危急重症五大中心带动卫星医院实现一体化联动,卒中救治门药时间最快27分钟,胸痛救治PCI时间最快45分钟,新生儿和孕产妇危急重症救治成功率100%,县域急救水平不断攀升。医保总额预付制度改革作为全省医保制度改革试点,不断提质扩面,实现居民医保和职工医保全覆盖。在人才引进方式、优惠力度、培育体系等方面更加完善,全年招聘录用进编人数176人。进一步明确“县管乡用”人员在基层工作期间待遇,全年招聘录用“县管乡用”人员71人,累计有125人纳入医疗集团人才周转池统一管理。新增定向培养紧缺专业医学生45人,备案管理人员22人。注重年轻干部培养,从医院领导班子、中层干部、一般人员三个层面筛选优秀年轻干部开展集中培训。培养本土高层次、高学历人才,新增在职博士1名、硕士3名,共有在读博士2名、在读硕士39名。落实重点学(专)科、重点人才奖励资助600.08万元。

2021年,市远程心电中心覆盖全市所有市、镇、村公立医疗机构

(姜新春/摄)

【“智慧健康”建设】 2021年,“先看病后付费”诊疗服务覆盖全市所有公立医疗机构,全年新增签约67995人,累计签约总人数达10万多人。全年信用就医279570人次,信用就医金额近1.07亿元。区域影像中心、远程心电中心开启“基层检查、上级诊断”服务模式,区域影像中心累计为下属单位出具诊断报告132496份,远程心电中心累计完成心电诊断22859例。乡镇体检一体化平台、区域医疗收费电子票据系统在全市各类基层医院上线使用。基本公共卫生服务综合管理系统优化升级,实现健康一体机数据全部实时上传,居民健康档案管理、老年人健康管理、高血压随访、糖尿病随访、家庭医生签约等主要功能全部上线使用。

【新冠肺炎疫情防控】 2021年,全市共建成25个接种点、148个接种单元,有1辆流动接种车和2个临时接种点,组建10支应急接种队伍,推进新冠病毒疫苗接种工作。全市累计完成疫苗首针接种856539剂次,累计接种1882250剂次,常住人口首针接种率88.55%,常住人口2针完成率84.62%。其中,18周岁以上常住人口首针接种762425人,接种率88.64%;3～11周岁首针接种53148剂次;12～17周岁接种40966剂次。接种加强针189292人,完成率48.72%。在南京、扬州疫情发生后,共派出73名医疗队员配合做好核酸采样检测、流行病学调查等工作。全市共接收扬州到启东观察人员492人,核酸检测发现阳性2人,第一时间报告并开展流调、消杀,第一时间由120负压救护车专人专车转运至扬州定点医院治疗,顺利完成异地隔离任务,无交叉感染和二代病例发生。落细落实疫情处置能力180项任务清单，及队伍的能力培训，全年完成3次疫情防控应急演练和1次全员核酸检测应急演练。应急物资按照满负荷运转60天进行储备。放大哨点作用能级。全市发热门诊（诊室）规范化建设，实现移动DR全覆盖，先后建成标准化发热门诊8家、规范化发热诊室7家，市妇幼保健院发热门诊标准建设得到上级表扬。实施人员精准分类管理。全年累计接驳管理入境人员746人，国内中高风险地区、重点管控地区来启返启人员累计管理2959人。加强核酸检测储备。全市具备核酸检测能力机构8家，其中医疗机构7家，疾控机构1家。全市17个区镇、街道共设置286个采样点，完成采样840758人次，所有样本均在24小时内完成检测。

（徐卫菊）

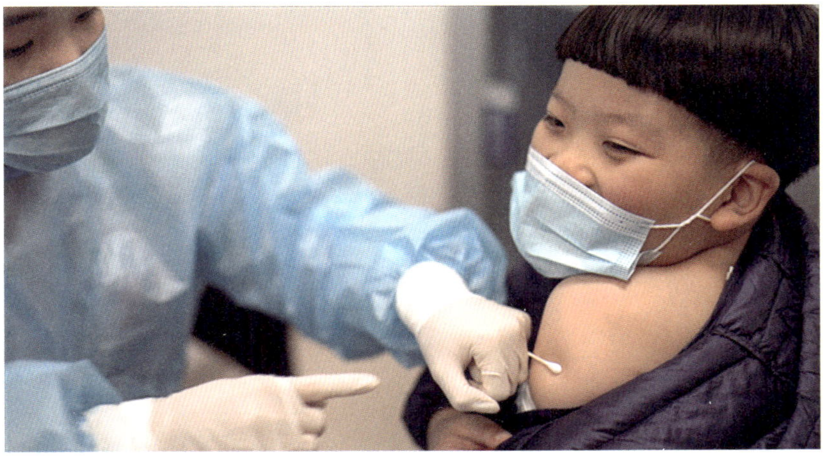

11月9日起，全市启动3～11岁儿童新冠病毒疫苗接种工作 （王海兵/摄）

疾病预防控制

【概况】 2021年，启东市疾病预防控制中心强化疫情报告管理，制度化实时监测、报告审核疫情，无重卡，报告及时率、审核率均为100%。报告传染病乙丙类16种1358例发病率123.45/10万，死亡艾滋病3例；乙类11种886例发病率80.55/10万；丙类5种472例发病率42.91/10万；其他6种458例。全年中心共发表国家级期刊论文3篇。

【免疫规划】 2021年，江苏省预防接种综合服务管理信息系统覆盖全市数字化预防接种儿童门诊11个、狂犬病暴露门诊12个、产科预防接种室2个，新生儿3705人建卡率100%；以乡镇为单位，免疫规划疫苗脊灰、百白破、卡介苗、流脑、乙脑、甲肝、麻风腮、白破、乙肝接种率及全程接种率均大于95%；以市为单位，疫苗乙肝首针、麻疹—风疹、麻腮风三联接种及时率大于90%；疑似预防接种异常反应（AEFI）70人次，报告率超过0.5‰。新冠病毒疫苗接种916302人，首针接种856539剂次，累计接种1882250剂次，常住人口首针接种率88.55%，常住人口2针完成率84.62%，第三针接种完成率48.72%，其中3～11岁儿童首针接种53148剂次，完成率91.53%。

3月24日，市疾控中心联合市第五人民医院在海复镇清虎村宣传结核病危害，普及结核病防治知识，倡导个人健康行为 （王海兵/摄）

【结核病防控】 2021年，市疾控中心加强结防体系建设，按现住址统计，非结防机构报告肺结核本籍、疑似754例中重卡41例，转诊到位296例，追踪到位406例，住院2例，到位率98.74%（704/713）；定点医院确诊活动性肺结核276例中单纯结核性胸膜炎25例，新发病原学阳性152例，阳性率60.56%（152/251），Xpert检测589例中阳性97例，免费培养痰标本518份中阳性菌29株，南通市疾控中心鉴定、药敏试验28株。

【慢性病防控】 2021年，市疾控中心累计管理高血压123409例、Ⅱ型糖尿病40389例，规范管理率高血压73.65%（90896/123409）、Ⅱ型糖尿病72.62%（29329/40389），末次随访控制血压76586人、血糖21364人，血压控制满意率62.06%、血糖控制满意率52.90%。

【艾滋病防控】 2021年，市疾控中心HIV抗体筛查全人群312140人，筛查率32.87%；老年人健康体检HIV抗体筛查218025人，新发艾滋病9例；自愿咨询检测门诊（VCT）1246人次，确证

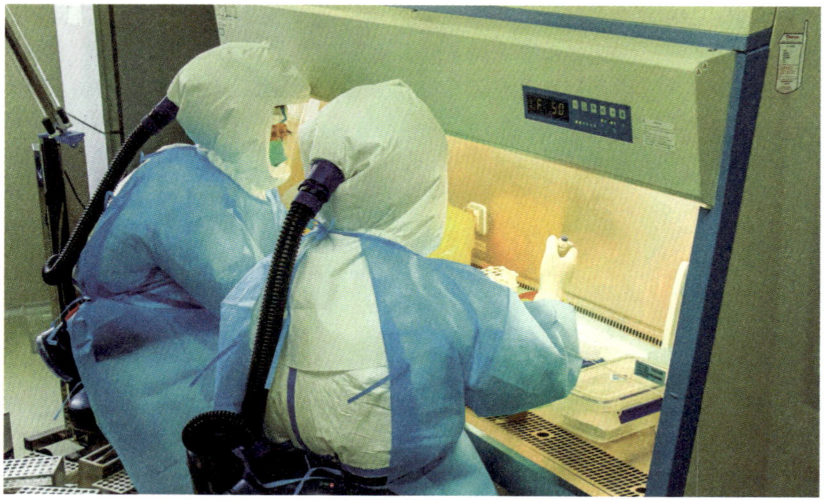

8月2日，市疾控中心新冠病毒核酸检测实验室工作人员在检测样本

（王海兵/摄）

HIV抗体阳性22例；筛查羁押641人，婚检3236人，无偿献血6321人，无HIV抗体阳性；筛查住院77991例，确证HIV抗体阳性25例；筛查健康证体检13689人，筛出既往HIV抗体阳性6例，新发艾滋病1例；高危行为干预娱乐场所128个380人4230人次，首次接受HIV抗体检测382人，干预检测率100%。

【地方病防控】 2021年，市疾控中心监测居民户食盐碘含量、人群碘营养，随机抽检东南西北中5个乡镇8～10岁儿童200人、育龄妇女100人的盐样、尿样，碘盐覆盖率91%、合格率97.07%，合格碘盐食用率88.33%，触诊8～10岁儿童无甲肿；尿碘8～10岁儿童40微克/升～601.7微克/升、育龄妇女17.1微克/升～470微克/升，尿碘中位数8～10岁儿童186.6微克/升、育龄妇女123.05微克/升；孕妇补碘率96%。无疟疾。

【公共卫生监（检）测】 2021年，市疾控中心开展新冠核酸检测109874管195039人份。监测水质164份5304项次，合格率100%；公共场所单位27个303件520项次，合格率25.9%；医院污水163份477项次，合格率97.5%；居民户盐、尿碘各300份300项次。消毒质量监测医院样215份319项次，合格率97.5%；幼儿园样5所89份，合格率91.0%；一次性卫生用品样4份24项次，合格率100%。监测突发事件6起、样品127份911项次，检出金黄色葡萄球菌7株、副溶血性弧菌7株、诺如病毒12份、沙门氏氏菌1份。食品安全风险监测微生物样17份63项次，检出副溶血性弧菌16株、李斯特氏菌2株，理化样16份中检测苯甲酸、山梨酸、铅、镉等44项次。审核中国疾控中心信息系统用人单位信息162条、疑似职业病19例、职业病2例、职业性有害因素监测信息133条、农药中毒43条；2020—2021年体检75866人次，上传省平台75816人次，上报率99.93%；发现职业禁忌证937人、疑似职业病15例；2020—2021学年报告学生缺课36345人次61918.5人日，缺课主因水痘、胃肠道疾病占比约50%。

【健康教育】 2021年，“启东疾控”微信公众号推文620篇，播放音像1855种609437次140907小时。举办各类主题卫生宣传、健康知识讲座1562场，受众48163人。联合市融媒体中心组织居民健康素养知识奖项竞赛。

（王　沛）

公共卫生

【概况】 2021年，启东市建立公共卫生机构、市级医院、基层医疗卫生机构三位一体、医防融合的公共卫生服务体系，促进公共卫生资源下沉，打造县域健康共同体。开展现代化疾控中心标准化建设，疾控中心人员编制从54名扩编至114名，在两大医疗集团管理办公室增挂“市疾病预防控制中心第一、第二分中心，第一、第二医疗集团医防协同中心”牌子，日常情况下承担辖区传染病、非传染性疾病、慢性病等预防控制，战时状态按照统一调度，参与全市传染病防控工作。妇幼健康服务体系进一步完善，整合全市妇幼健康服务资源，成立启东市妇幼健康专科联盟。市妇幼保健院建成启东市危急重症孕产妇和新生儿救治中心。加强标准化儿童预防接种门诊建设，全市标准化预防接种门诊建成率达100%。应急服务能力全面提升，人民医院、中医院、三院、四院、七院、城区医院建成发热门诊，其他中心医院建成规范化发热诊室，三院建成“平战结合”医院。加强应急物资储备和人员培训，不断提升应急服务能力。

【基本公共卫生服务】 2021年，全市人均基本公共卫生服务项目补助提高到100元，服务人群受益面不断拓展；居民电子健康档案实现向签约居民开放，电子健康档案建档率96.86%；高血压、糖尿病患者规范管理率分别达72.79%、71.10%，0～6岁儿童健康管理率98.18%，严重精神障碍患者规范管理率95.08%，肺结核患者管理率100%。老人免费健康体检比国家标准增加3个年龄组、三类特殊人群及5个体检项目。开展健康社区、单位、学校、食堂、餐厅/酒店、主题公园、步道、小屋及健康一条街健设。建成自助式健康检测点30余家。加强村级医疗机构建设和管理，新增49名大专及以上医学类毕业生充实村医队伍。加强乡村医生实用技能进修，选派16名优秀村医参加基层卫生人才能力提升项目培训。新增南通市级甲级村卫生室2家，为村卫生室安装空调290台。市卫健委牵头开展严重精神障碍患者专项整治排摸，对在册管理患者开展风险等级评估，对新发现的323例疑似精神障碍患者逐步开展诊断评估。推进慢病精准化管理，探索构建市级医院、乡镇卫生院、疾控中心“三位一体”管理模式，全面落实全程、规范、精准慢病服务模式，实现病人、责任护士、家庭医生团队和医院专家四位一体协同机制，高质量推动慢性病综合防控示范区建设。启东市通过省慢性病综合防控示范区复审。全市标准化预防接种门诊建成率100%。

【家庭医生签约服务】 2021年，市推行基层首诊式家庭医生签约服务，二级以上医院371名医务人员参加家庭医生签约服务。全年提供个性化签约服务51492人次，履约率90%以上。汇龙镇社区卫生服务中心创新开展以家庭病床为重点的预约上门和体医融合签约服务，被评为省家庭医生服务模式创新建设单位。

【健康促进】 2021年，启东市蝉联“国家卫生城市”称号，建成国家级卫生镇3个、省级健康镇1个、省级健康村（社区）4个、省级健康机关3个，30个省级卫生村通过复审。全市农村无害化卫生户厕数达38.73万座，普及率99.55%。全市设置健康教育宣传橱窗318个，举办健康讲座866场，健康咨询活动98场，参加人数达15788人。15条健康步道和1个健康主题公园实现提档升级，在丁仓港滨河公园和申港城饮食街区建成健康主题公园和健康一条街；新建健康步道2条。开展健康素养知识网上学习活动，行为正确率达92.18%，参与率超过全市总人口的8%。建成无烟党政机关24家。

（徐卫菊）

妇幼健康

【概况】 2021年，全市有孕产妇3055例，出生婴儿活产数3107例，婴儿死亡率2.57‰。扩大“两癌”免费检查覆盖面，将城镇登记失业妇女等城镇未就业妇女纳入免费检查范围，受检人群覆盖率比2020年提高4.68%。增加专项经费补助项目，乳腺病理检查每例给予300元补助。

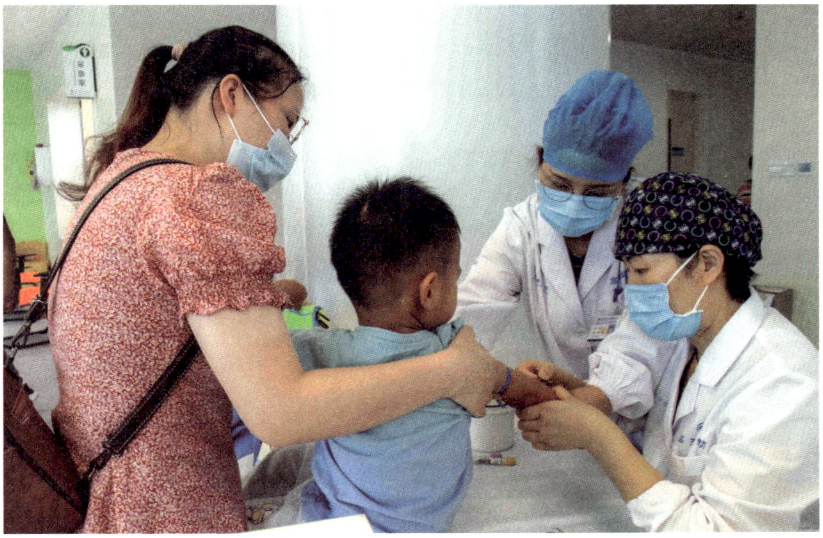

8月26日，市妇幼保健院开设幼儿入园健康体检绿色通道，为入园前幼儿进行健康体检（王海兵/摄）

确诊宫颈癌26例、高级别病变156例，早诊率91.76%；确诊乳腺癌22例，早诊率90.90%。市妇幼保健院纳入三级专科医院管理，成为上海市红房子妇产科医院技术协作单位，建成启东市危急重症孕产妇和新生儿救治中心，妇科与儿科通过南通市级医学重点学科初评，创建名医工作室6个。

【母婴健康安全】 2021年，市持续优化艾滋病、梅毒、乙肝母婴阻断项目，将表抗阳性孕产妇乙肝DNA检测纳入免费项目。对全市乙肝表抗阳性孕产妇实行集中专人专案管理，设立乙肝表抗阳性管理专项工作补助经费。梅毒、艾滋病孕产妇治疗率100%，无先天梅毒儿发生。启东市获评南通市母婴阻断项目先进地区。强化基本公共卫生妇幼项目。全面落实孕产妇健康管理，孕产妇早孕建卡率95.18%，规范产检率92.63%，产后访视率96.85%，新生儿访视率99.13%，0～6岁儿童保健管理率98.17%，3岁以下儿童系统管理率98.09%。婴儿死亡率2.57‰，5岁以下儿童死亡率4.35‰。全市新增叶酸服用任务完成率119.36%，服用率100%。婚前检查率93.27%，免费孕前优生检查任务完成率120.46%。启东市获评南通地区妇幼健康重点工作先进地区。做优母婴安全项目，加强流动孕产妇管理，设立危急重症孕产妇和新生儿救治专项基金。妊娠风险筛查率、高危专案管理率、危重孕产妇抢救成功率均为100%，危急重症新生儿抢救成功率97.67%。全市孕产妇系统管理率93.63%，保健管理率99.76%，住院分娩率100%，无孕产妇死亡。

【出生缺陷防治】 2021年，市卫健委加强出生缺陷综合防治，将串联质谱检查纳入市新生儿遗传代谢病筛查免费项目，开展新生儿先天性心脏病筛查、诊断、治疗一体化的闭环管理。全市产前筛查率97.89%，新生儿遗传代谢病筛查率、听力筛查率、先心筛查率均为99.76%，确诊听力障碍2例、先天性心脏病10例、甲状腺功能减退1例，都得到进一步治疗和随访。制作《预防出生缺陷 孕育健康宝宝》科普短片，获南通市二等奖、江苏省三等奖。

【生育计生服务】 2021年，市卫健委规范避孕药具管理与服务，全市基本避孕手术免费率100%。落实避孕药具不良反应监测，启东市达省级“优秀”监测标准，被评为2021年度全国药具不良反应监测先进单位，并被南通市卫健委评为妇幼工作创新先进地区。

（徐卫菊）

卫生监督

【概况】 2021年,启东市卫生监督所开展各行业各类卫生监督专项整治项目近20个,对各类违法行为立案查处132件,罚款141.203万元。其中,公共场所89件,罚款16.0万元;医疗卫生28件,罚款84.103万元;职业卫生13件,罚款39.3万元;食品安全1件,罚款0.8万元;传染病防治1件,罚款1万元。发放公共场所卫生许可证447份,其中新证400份,延续47份。组织事前现场指导工作217户次。对作出不实承诺的公共场所经营者共计出具责令整改通知书121份,对整改不到位的9家单位实施行政罚款,依法注销7家实际经营行为或卫生相关内容与承诺内容不相符的单位。

【"智慧卫监"项目】 2021年,市卫生监督所实施游泳场所水质在线监测监控项目、星级宾馆连锁酒店洗消间在线监控项目、放射诊疗场所受检者防护在线监控项目、医疗废物处置在线监控项目、餐饮具集中消毒单位在线监控项目、生活饮用水水质在线监测项目、医院污水处置在线监测监控项目、口腔诊疗机构器械高压灭菌在线监测监控项目,全市智慧卫监综合监管项目在多个行业完成建设,取得一定成效。市卫生监督所是南通地区首家全面实施在线监测监控项目的单位,部分项目在全省处于领先地位。

【新冠肺炎疫情防控监督】 2021年,市卫生监督所开展公共场所新冠肺炎疫情防控督查、医疗机构疫情防控措施督查、隔离酒店疫情防控措施落实情况督查、新冠疫苗接种点专项检查、核酸采样点专项督查、南通市医疗机构疫情防控互查、学校疫情防控工作督查等疫情防控督查指导工作,共出动卫生监督员2000多人次,督查公共场所经营单位2000多户次、隔离酒店20多户次、医疗机构500多户次、新冠疫苗接种点近200户次、核酸采样点50多户次、中小学校300多户次,发放指导性卫生监督意见书500多份。对疫情防控措施不到位、疫情防控风险较大的7家医疗机构,责令停业整顿;对督查中发现违法行为的8家民营医疗机构及社区卫生服务站,依法实施行政处罚。

【职业卫生监督】 2021年,市卫生监督所邀请第三方职业卫生技术服务机构专家参与,对各区镇开展全覆盖拉网式监督检查,现场进行职业危害因素识别,共计出动卫生监督执法人员826人次,下达监督意见书2000多份。建立分区镇分行业企业微信群20多个,群内成员2000多人,通过微信群开展政策与法律法规的宣传贯彻,以及咨询和指导工作。为各粉尘危害整治企业建立一户一档。2021年列入粉尘危害专项整治的48家企业完成各项相关工作。对企业安排疑似职业病人诊治情况及用人单位的其他职业病防治情况进行专项监督检查。全年对4家涉嫌违法的用人单位立案调查。加大对重点行业的职业卫生日常监督检查和相关投诉举报查处力度。全年共办理职业卫生案件25件,其中简易程序12件,一般程序13件,罚款39.3万元。

7月5日起,市卫生监督所联合市教体局等相关部门对全市游泳场所开展"放心游"专项行动
(市融媒体中心/供图)

【学校卫生综合监督】 2021年,市卫生监督所在全市范围内开展"放心学"专项行动,共检查学校152所,其中高等院校1所、中学25所、小学68所、托幼机构58所。建立健全学校卫生档案,做到一校一档,建档率达100%。对全市13所中小学校开展现场检测工作,对发现的问题,责令限期整改,并通报市教体局,推动全市学校教学环境改造提升。投入934.7万元,实施教室灯光改造项目,涉及80所中小学,共计1897间教室。至年底,全部竣工,投入使用。

【"四小行业"创文】 2021年,市卫生监督所对市区范围内旅馆、影院、商场、超市等830多家单位开展监督检查。全年出动卫生监督员2000多人次,下发监督意见书近1000份,发放创文宣传画2000余份。查处各类公共场所违法行为,市区范围内共计立案查处38件,罚款6.55万多元。

【非法行医治理】 2021年,市卫生监督所接到涉嫌非法行医的投诉举报93件,出动卫生监督员200多人次,对举报中所反映的问题调查核实,并及时反馈。共计立案11件,罚没款57.8万元。加强宣传,与启东电视台联合制作新闻专题报道3篇,开展送法下基层1次、广场宣传咨询1次。

【"双随机"监管】 2021年,市卫生监督所配合南通市卫生监督所开展市级随机抽查工作。对在"双随机"检查中存在违法行为的7家公共场所、2家医疗机构依法立案查处。在市场监管信息平台制定并下发“双随机”任务，任务内容涵盖学校卫生“双随机”，消毒产品生产企业“双随机”，餐、饮具集中消毒服务单位“双随机”，职业健康检查机构“双随机”以及护理院“双随机”检查。其中，后4项检查任务，分别与市市场监管局、医保局等单位实施联合检查。参与市文化广电和旅游局、公安局等部门牵头的联合检查，其中在市公安局牵头的住宿场所联合检查中，对存在违法行为的2家宾馆，依法立案查处。

（丁　恒）

7月13日，陈杰名医工作室成立　（市卫健委/供图）

医政医管

【医疗能力建设】　2021年，市人民医院建成国家级“高血压达标中心”，两大医疗集团龙头医院与成员单位高血压、糖尿病专科联合病房相继成立。6家乡镇卫生院完成标准化门诊部和医养结合护理院改造。建成省、市级基层特色科室7个。人民医院、五院建成省优秀老年友善医疗机构，二院、三院、四院、六院、七院达到“优质服务基层行”省级推荐标准，二院、三院、四院、七院被确认为省农村区域性医疗卫生中心基本建成单位。名医工作室建设全面推进，涵盖肺结节等群众关切、外转率较高的20大病种，建成北上广医疗团队1个、长三角名医工作室18个、基层名医工作室11个。

【执业注册】　2021年，全市办理医疗机构执业登记6家；办理医师注册329人次，其中首次注册104人次、变更注册202人次、备案注册3人次、注销注册7人次、军队变更入注册1人次、取消备案注册12人次；办理护士注册共计482人次，其中首次注册107人次、变更注册255人次、延续注册106人次、遗失补办1人次、重新注册7人次、注销注册6人次。

【政务服务】　2021年，市卫健委推进一件事一次办改革，设置医疗机构注册登记一件事办理专窗，推动政务服务效能持续提升。在南通地区率先实行“新生儿出生一件事”专窗，将新生儿出生医学证明办理、出生户口登记、社保卡申领、医保参保缴费、预防接种证、生育保险待遇申领6个事项，通过“一件事”方式实现一次性当场办结，并从窗口办理转为直接在医院办理。公共场所卫生许可实行告知承诺制被评为启东市“放管服”改革“十佳创新案例”。

【医疗机构监管】　2021年，市建立多部门参与的医疗卫生行业综合监管部门协调机制。全面落实“双随机、一公开”监管，推进跨部门跨行业联合抽查。对在“双随机”检查中发现存在违法行为的7家公共场所、2家医疗机构依法予以立案查处。开展“智慧卫监”建设，应用“互联网+”新模式推进医疗废水处置、口腔诊疗机构器械灭菌、生活饮用水在线监测监控等项目建设。推进“信用+综合监管”工作，开展游泳场所、医疗美容机构、护理院规范建设等信用等级评价，创新监管方式，提升监管效能。

（徐卫菊）

※医疗卫生单位选介※

【启东市人民医院】　2021年，医院门急诊服务总量656186人次，收住住院病人41510人次，手术13920台次，实际占用总床日数333254张，床位使用率73.70%，平均住院日8.0天，实际病床周转次数35.8次，危重病人抢救数4104人次、医院固定资产74794.72万元，净资产61199.96万元。医院成功创建江苏省文明单位、江苏省公共机构节能低碳示范单位、江苏省老年友善医疗机构优秀单位、南通市文明单位，成功争创南通大学首批附属医院。全年新增南通市重点学科2个、重点专科4个。医院有南通市临床重点专科11个、临床重点建设专科2个、临床医学中心1个、医学重点学科2个。组织远程教育62次，22人次到国内著名三甲医院专科进修，邀请上级专家到医院会诊1439人次，外出会诊39人次，组织院内大会诊21人次。共接收南通大学、江苏医药职业学院、体臣卫校等学校的实习生、见习生97人。全年共获中华医学科技奖一等奖1项、中华预防医学会科学技术奖二等奖1项，共立项江苏省医院协会课题1个、南通市级课题10个；发表SCI论文11篇。

（成　炜）

【启东市中医院】　2021年，医院门急诊服务总量280707人次，收住住院病人20198人次，手术7912台次，

8月27日，市中医院使用省中医药管理局推荐的适合普通人群的新冠肺炎中医药预防处方，熬制预防新冠病毒的“中药大锅汤”，进行赠饮活动

（徐秋逸/摄）

实际占用总床日数184535，床位使用率85.98%，平均住院日9.2天，实际病床周转次数34.23次，危重病人抢救数609人次。医院固定资产37204.70万元，净资产17616.09万元。有职工740人，其中江苏省名中医2人、南通市名中医6人、南通市基层名中医1人。设有临床科室19个、医技科室8个。耳鼻咽喉科为江苏省中医重点专科，外科、骨伤科、康复科、心病科为南通市中医重点专科。医院核编床位500张，实际开放床位580张。完成老年友善医院建设；发动干部职工支援南京抗疫等相关工作；组织开展中医系列送医下乡活动，借助第十一届膏方节邀请省内知名中医为启东百姓提供优质中医服务；发挥中医药龙头单位作用，积极参与中医药新冠肺炎疫情防疫；开展“岐黄进校园”中医药文化传播活动。

（王海燕）

【启东市妇幼保健院】 2021年，医院规划设置床位500张，一期开设300张。至年底，门急诊服务总量184265人次，住院病人7763人次，手术7222例。固定资产9543万元，实现净资产2.52亿元。医院被国家卫健委妇幼司确定为妇幼保健院机构创新试点单位。医院与复旦儿科总院同质化发展，加快与复旦系妇产科、肿瘤医院合作，引进复旦系专家30多名；复旦儿科总院参与医院“十四五”期间第一个五年发展规划研讨会，打造优质服务品牌。成功承办复旦大学第五届医院管理培训班启东行活动，成立“长三角名医工作室”，首批引进上海6位知名专家。医院举办第一届科技节活动，承办江苏省医学会生殖医学分会“送教到基层——不孕规范学习班”、江苏省妇幼协会县级妇幼保健机构分会学术年会，主办第一届长三角基层妇幼发展论坛，成功申报3个市级继续教育培训班。省、市课题立项5项，获得新型实用专利2项。医院规范化培训医师21人，接收实习生68人。依托复旦大学附属各大专科医院资源，开展远程培训课程71次，派出外地进修35人次，参会学习120多人次。总院派驻13名常驻儿科专家指导工作，全面参与诊疗、培训、教学查房、科室管理，全面推进医院学专科建设。医院小儿外科、小儿髋关节超声检查、胎儿大脑中动脉、新生儿头颅超声、NT标准化超声测量，以及介入治疗、新生儿头颅磁共振、新生儿四肢长骨摄片、肺动脉CTA、头颈部CTA、胎盘磁共振等诊疗项目填补启东地区空白。创新开设儿童早期发展中心，为全市儿童开展筛查、诊断、康复、救助等多维度的早期发展综合服务；启用“新生儿出生一件事”专窗；开展改善患者就医体验三年行动计划，打造爱心小屋、开展公益班车、成立白衣天使宣讲团等。

（朱允娟）

责任编辑　陆金红

社会保障

※社会保险
※社会福利
※社会救助
※住房保障

6月23日,启安光明基金启动仪式举办　（市红十字会/供图）

社会保险

【概况】 2021年,启东市不断完善社会保险政策体系,养老保险、工伤保险、失业保险参保率均稳定在98%,社会保险覆盖面进一步提高。全市城乡居民养老保险缴费人数23.67万人;企业职工基本养老保险参保人数17.77万人,比上年增长5.77%。工伤、失业保险参保人数分别为13.61万人、13.46万人,分别比上年增长0.96%、8%。全年12333热线共接收听市民来电57451人次,其中人工接通总量24977人次,服务满意度达99.14%,无投诉。

【城乡居民养老保险】 2021年,全市城乡居民养老保险缴费人数达23.67万人,领取待遇人数29.3万人。城乡居民基础养老金标准从每人每月170元提高到190元。城乡居保工作以走进贫困户家庭、提供基本养老服务为主线,对全市缴费困难人员,由市财政全额为其逐年代缴最低档次的全部保险费(每人每年100元),同时享受每人每年30元财政补贴。全年共有8586人享受政府全额代缴93.74万元。归集至省财政专户委托投资资金2.62亿元;年末新增投资收益1131.06万元,累计2065.81万元。

【企业职工养老保险】 2021年,全市企业职工基本养老保险参保人数17.77万人,净增参保职工0.97万人。至年底,全市参保单位7520家,新增842家;全年征收社会保险费18.87亿元,比上年多收7.93亿元;发放22.03亿元,比上年多支1.67亿元;企业退休人员人均养老金2495.8元/月,比上年增长5.4%。城乡居保改为参加企业职工养老保险1.02万人。

【机关事业单位养老保险】 2021年,市继续实施机关事业单位养老保险制度改革,387家单位全部纳入江苏省机保处一体化信息系统。全市参保缴费人数1.59万人。养老保险基金收入10.2亿元(含财政补贴6.11亿元),领取待遇人数1.27万人,支付养老金10.12亿元。全年职业年金收入2.02亿元;累计归集到省中心3.34亿元,职业年金存款利率1.265%。启东市在全省率先完成2020年度退休人员正式养老金的发放工作。

【工伤保险】 2021年,全市工伤保险参保人数13.61万人,比上年增加1297人;征收工伤保险费5493万元,比上年增加2631万元。受理工伤案件2108件,认定1963件,组织劳动能力鉴定703人。全年工伤保险待遇支出6948万元,比上年增加495万元。推进工伤保险项目参保工作,全年办理工伤保险项目参保294个,项目参保率100%。

【失业保险】 2021年,全市城镇职工失业保险参保人数13.46万人,比上年增长8%;失业保险基金征缴收入7342.44万元,比上年增长64.8%。发放失业金4915.44万元,惠及失业职工30567人次;发放医保代缴及补贴995.36万元,惠及失业职工27456人次;发放失业补助金565.73万元,惠及失业职工7968人次。

【社保卡发放及应用】 2021年,全市新增社保卡合作银行4家、制卡网点61个,所有网点制作社保卡均实行立等可取。制作发放社保卡22769张,全市累计发放社保卡114.6万张、电子社保卡24.04万张。配置软硬件设备,实现计算机二级等保,梳理和改造系统网络,加强网络安全管理,推进用人单位网上注册,开展网办业务培训、辅导和宣传工作。

【退休人员社会化管理】 2021年,全市共接收3668名退休人员档案,当年新退休人员3643名,国有企业纳入社会化管理12名,并全部纳入社会化管理。为862名亡故退休人员家属办理丧葬抚恤费,军转干部、托管人员生活费共计发放160.25万元。在敬老日,慰问全市610名90岁以上退休老人。

(龚倩倩)

【基本医疗保险】 2021年,启东市职工基本医疗保险(含生育保险)费由用人单位和职工按照规定共同缴纳。用人单位以本单位上一年度职工工资总额为缴费基数,按9%(含1%生育保险)的单位费率缴费。在职参保人员(不含灵活就业人员)以本人上一年度工资为缴费基数,按2%的个人费率缴费,由用人单位代扣代缴。居民医疗保险筹资标准为个人缴费420元(含大病保险个人缴费20元,照护保险20元),各级财政补助830元(含大病保险财政补助90元,照护保险30元)。至年末,全市城乡基本医疗保险参保人数99.66万人,其中职工医疗保险参保人数24.43万人,居民医疗保险参保人数75.23万人,参保率达98%以上。全市生育保险参保人数13.76万人。城乡基本医疗保险基金征缴收入21.07亿元,待遇支出21.06亿元。全市参保对象中619.63万人次享受医疗保险待遇,其中住院16.96万人次。职工医保、居民医保住院医疗费用政策范围内报销比例分别达85.24%、72.05%。

【长期照护保险】 2021年,市长期照护保险筹资标准为80元(个人缴费20元,基金筹集30元,财政补助30元)。照护保险参保对象为市职工基本医疗保险和城乡居民基本医疗保险的参保人员。全年全市累计受理失能、失智待遇申请4080人,3703人享受居家补助待遇,2629人享受居家上门服务待遇。15家居家服务企业、20家照护服务机构纳入照护保险定点范围。

【药品耗材集中采购】 2021年,国家医保局组织药品集中带量采购五批161个品种均在启东市落地,覆盖高血压、糖尿病等重大慢性病用药,及价格比较昂贵的抗肿瘤和罕见病用药;盐酸二甲双胍、拉夫米定、维格列丁等一大批群众常用的药品耗材价格大幅降低,平均降幅达54%以上。省、南通市组织高值医用耗材20个品种在启东市落地。

【医保精准扶贫】 2021年，全市12类特殊困难群体共4.5万人全部纳入基本医疗保险、大病保险，个人缴费部分共1802.16万元由财政全额资助。符合大病保险待遇享受规定的，其大病保险起付标准降低50%，起付标准以上，各费用段大病保险基金支付比例各提高5个百分点。

【医保基金监管】 2021年，市医保局开展现场检查全覆盖和打击“四假”（假病人、假病情、假服务、假票据）专项整治，全面部署经办机构和定点医药机构自查自纠活动，指导基层医院做好自查自纠。全年全市医疗机构共自查出违规金额1384.33万元，扣除违约金143.83万元。严厉打击欺诈骗保行为，对全市所有定点医药机构进行全覆盖检查，查处293家定点药店违规行为，合计追加拒付及扣除违约金81.92万元，暂停14家定点药店医保服务6个月；对1家照护服务公司的违规行为，暂停派单6个月，追回基金本金0.7万元，扣除违约金2.1万元；对1家照护服务公司追回基金本金0.09万元，扣除违约金1万元，短期整改半个月；行政处罚违规行为1起，征收罚款1.41万元；对23起违规典型案例在市医保局微信公众号向全社会通报。

（保　勇）

2月9日，市社会福利中心的老人们聚在一起吃年夜饭，欢度春节

（姜雨蒙/摄）

社会福利

【老年福利】 2021年，全市共有50个养老机构，护理型床位5030张，当年新增204张。深化政府购买居家上门服务，全市享受政府购买服务政策的人数为62533人。其中，经济困难的60～80周岁分散“五保”1217人、低保中60～80周岁3078人，符合重残失能条件的231人，全部纳入政策保障范围，服务保障覆盖率达100%。开展居家化适老改造。从老年人实际需求出发，镇、村民政人员联合第三方专业评估机构进行入户调查、评估和设计，以基础设施类改造为主、辅具配备为辅，实行一户一策的居家化适老个性化改造，全市1100户高龄困难家庭实行居家适老改造。选定近海中心敬老院试点链式养老服务，9月底完成项目改造和验收。联合市卫健委的医疗团队，对外开展活动，提供代缴费、预约送餐、家庭基础保洁、个人清洁、衣物洗涤、医疗康复娱乐等多样化服务。选取北新、汇龙两家中心敬老院的2幢楼改建成重度失能（失智）特困人员供养服务区域，共改建失能（失智）养老床位48张。8所区域性中心敬老院资产、人员等全部移交城投公司，实行国有企业运营盛福养老护理院投入运营，设计护理型床位86张；投入300万元的启东城投护理院、投资1100万元的合作志良护理院项目实施改建。129名护理人员经培训考试，分别取得初级、中级养老护理员资格证书。

（王青青）

【残疾人福利】 残疾儿童基本康复提优计划　为疑似残疾儿童进行筛查评估，转介残疾儿童进行康复训练。做好残疾儿童及其家庭、康复机构的补助补贴。至年底，共计135人享受补贴，补贴金额178.96万元。

创新实施辅具共享项目　运用互联网+”等技术手段，联合市文明办、住建局等单位，探索搭建辅具共享空间，在汽车站、火车站、公园等人流量大的地方设置5个辅具共享点，提供轮椅、腋拐、助行器等残疾人辅具。

辅助器具适配补贴　坚持开展专业适配评估，邀请南通市辅具供应站技术人员下乡开展辅具适配评估工作，共适配辅具1000多件。

精神病防治康复　将服药补助对象拓展至所有持证精神残疾人。为全市低保、“五保”、低收入户以及易肇事肇祸重性精神病人提供不超过3000元/年的基本用药救助；为所有有服药需求的普通精神残疾人提供不超过700元/年的服药补助；对住院的精神残疾人，扣除医保报销外个人自付超过2000元的，提供1000元/年的住院补贴。该政策惠及全市1217余名精神残疾人，累计发放补助51.48万元。

精准康复服务　全年为34名肢残人和14名残疾儿童安装假肢、配送矫形鞋。邀请设计方入户查看，根据每户残疾人的身体情况、居住环境等特点制定设计改造方案，超额为圆陀角、寅阳镇、惠萍镇3个区镇84户困难残疾人家庭集中改造。坚持居家托养与寄宿制托养服务两手抓，与第三方机构“安康通”合作，为重度残疾人提供理发、洗衣、清扫等居家托养服务。完善残疾人托养服务中心软硬件水平，细化寄宿制托养服务内容，提升托养服务水平。面向区镇摸排符合寄宿制托养条件的残疾人，至年底，安排约30名残疾人入住市级托养中心。

社会保障　指导“残疾人之家”配备各项功能室。联系手工项目，让残疾人从事简单的手工劳动，增加家庭收入。根据“残疾人之家”用工人数、运行情况，定期拨付运行经费，保障其规范化常态化运行。实施“家电圆梦”计划，助残日期间，市残联集中发放辅具130件、家电580件。

（沈超林）

残疾人“两项”补贴　2021年，市民政局落实困难残疾人生活补贴和重度残疾人护理补贴，全市11228名残疾人享受困难残疾人生活补贴，9057名重度残疾人享受护理补贴。全年发放残疾人“两项”补贴9032.22万元。

（金　烨）

【困境儿童关爱保护】　2021年，市民政局继续完善基层儿童关爱保护体系，加强“儿童关爱之家”建设，提升服务儿童水平。全面实施事实无人抚养儿童保障政策，保障困境儿童464名，全年发放救助金668.25万元。

【福利慈善】　2021年，市民政局落实尊老金发放工作，至年底，全市有80周岁及以上老人62631人，其中90～98周岁老人9342人，百虚岁老人314人，全年发放尊老金5177.14万元。全年累计销售福彩7848.51万元，其中电脑票5641.21万元，即开票1629.47万元，筹集公益金800多万元，总销量名列南通县（市、区）第二名。以企业认捐、“一日捐”、冠名基金、定向捐赠作为募捐主渠道，做大慈善规模，全年慈善募集收入5178.67万元；落实慈善助困、助残、助医、助老、助学、帮扶奖励以及定向支出，做精慈善项目，实施精准化救助，慈善救助支出2865.32万元。

（金　烨）

社会救助

【民政救助】　贫困人员救助　2021年，市完善救助政策，修订出台《启东市居民最低生活保障实施办法》《启东市支出型贫困家庭基本生活救助办法（试行）》《关于进一步做好分散特困人员照料服务的通知》，为扩大社会救助保障面，精准实施救助夯实制度保障。全市有城乡低保对象4145户5399人，其中城市低保93户125人，农村低保4052户5274人，累计发放低保金4693.87万元；特困供养人员1875人，发放供养金2291.75万元；临时救助2978人次，发放救助金242.65万元。

（陈凯鸣）

流浪乞讨人员救助　市民政局加强日常救助监督和管理，落实“观音节”等重大活动期间流浪乞讨人员救助管理。全年共救助流乞人员106人，护送回家30人次，帮助购票32人次。

（王陈栋）

【红十字会救助】　2021年，市红十字会重点做好“三救三献”（应急救援、应急救护、人道救助和献血液、献造血干细胞、献人体器官组织）工作。培育壮大重点项目，“博爱送万家”“小儿郎爱心伴读”“暖暖农情”项目规模连年扩大。全年累计募集资金274.34万元，发放救助金238.85万元，惠及群众6000余人。参与政府应急管理体系建设，修订《启东市红十字会自然灾害和突发事件应急预案》，采购发电机、指挥帐篷、给养单元等专用设备近20万元。建成赈济救援队，注重对救援队员各项专业素质的训练，累计开展培训5次，参训人员近200人次。完善社区群众安全教育体系，推动应急救护知识培训进企业、进机关、进农村、进社区、进学校，在公共场所投放7台AED（自动体外除颤仪），加大实操培训，共完成公益性救护培训11460人。开展常态化应急疏散演练，支持引导社区居民开展风险隐患排查和治理。与市献血办联动，推动无偿献血工作，将无偿捐献造血干细胞动员与无偿献血相结合，全年新增造血干细胞捐献志愿者104人，成功捐献1例。《你我相髓　点亮生命》短片获省红十字系统微视频征集活动三等奖。推进遗体（器官）捐献工作，印制遗体（器官）捐献宣传折页，明确登记流程，利用基层红十字会、博爱家园等渠道扩大宣传。全年新增遗体（器官）捐献志愿者1142人。

（张倩倩）

【慈善救助】　2021年，启东市慈善基金会、慈善总会募集慈善收入5178.67万元，其中接收企业认捐资金794万

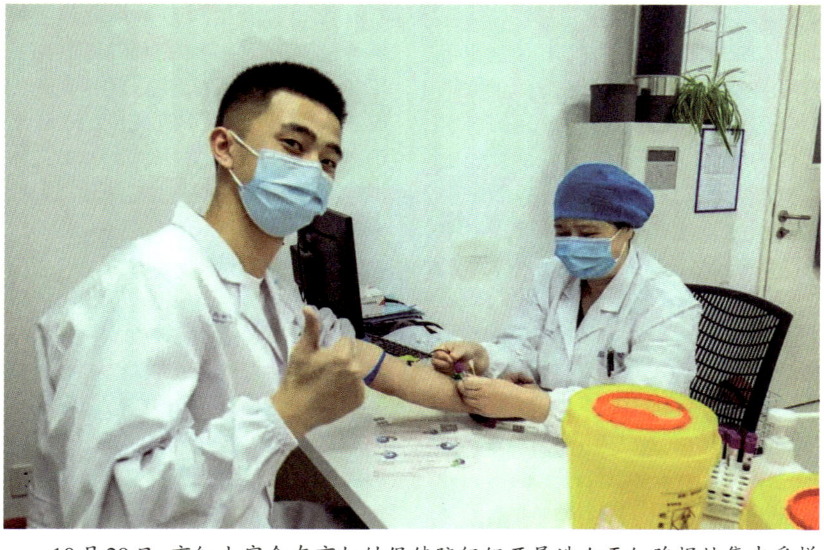

10月29日，市红十字会在市妇幼保健院组织开展造血干细胞捐献集中采样活动

（袁嘉璟/摄）

元，冠名基金1535万元，定向捐赠资金777.07万元，“一日捐”“99公益日”捐款共计433.17万元。救助支出2865.32万元。实现资金增值收益904.6万元。新增4个慈善冠名基金。至年底，共有助学、助老、助医等20个大额冠名基金。

助困　出资200万元，在全市范围开展“慈善春天·温暖启东”春节慰问活动，针对孤儿、低保家庭、重特大疾病患者的家庭、突发重大事故的家庭、重残家庭、特困失独家庭等十类困难对象，给予每户1000～2000元的帮扶。出资70万元，与市老促会联合开展困难家庭光伏扶贫工作，建设扶贫工程光伏发电站。出资50万元，联合民政等部门开展慈善公益创投活动。出资60万元，联合市乡村振兴局对贫困人群开展帮扶工作。

助残　会同市卫健委、医保局、残联开展白内障患者“光明行动”项目，为城乡低保、“五保”户、建档立卡低收入家庭患者免费实施白内障复明手术等，共计支出35.4万元。资助特殊学校25万元，帮助聋哑智残学生改善生活、学习条件。出资15万元，联合市残联、千帆儿童康复中心，开展“慈善丰翼”儿童康复项目。

助医　实施对低保、低收入患病家庭的临时救助和儿童大病救助两大助医项目，全年支出91.85万元，资助大病患者71名。支出6.98万元，为全市三级以上计划生育手术并发症人员购买“江苏医惠保1号”。支出1.6万元，为农村贫困“两癌”妇女购买“医保南通保”。

助老　支出50万元，与市老龄协会联合实施“慈善惠老”志愿服务项目，为老年群体提供生活照料、物质资助、精神慰藉三方面服务。继续实施为低保、重残人员参加养老保险提供资助的“携手养老”项目，全年支出81.84万元，6820人受益。支出7万元，开展中秋、国庆慰问敬老院老人活动，慰问面由往年的公立敬老院拓宽至民办敬老院，实现全市敬老院慰问全覆盖。

助学　出资73.6万元，开展“金秋助学”活动。出资10.6万元，开展“慈善圆梦大学”助学活动，资助24人。定向捐赠60万元，为实验小学教室安装空调。出资18.35万元，联合市文明办、民政局等部门开展“太阳花”四位一体“爱伴童行”关爱活动，资助困难家庭。

帮扶奖励　支出16.53万元，对全市生活困难的道德模范及提名奖获得者、年度“启东好人”及提名奖获得者、“文明家庭”及提名奖获得者给予奖励帮扶。出资50万元，支持市退役军人事务局设立退役军人关爱基金。支出15万元，慰问新冠肺炎疫情防控一线的优秀医务工作者。

定向支出　全年共支出定向救助及社会公益事业经费777.07万元，用于高龄老人的生活补助、困难群众的生活补贴、贫困学生的学习资助以及相关的社会公益事业建设。

（陆成璐）

【老区开发扶贫】 2021年，启东市老区开发促进会、市扶贫开发协会按照“养羊扶贫项目以新带旧、助学扶贫以镇为主、光伏扶贫集中布点、扶贫资金规范运作、创新项目试点实行”的工作思路，确定2021年的扶贫和乡村振兴项目计划。全年项目资金总投入310万元。

光伏电站建设　4月，南通市委农村工作领导小组下发《关于推进分布式光伏电站建设　助推乡村振兴的意见》，市老促会将侧重养羊项目、光伏项目辅助调整为养羊项目与光伏项目并重。7月2日，市政府在东海镇召开光伏电站建设推介会。会议明确，全市8个乡村振兴示范村、8个乡村振兴先进村全部开展光伏电站建设，建设规模为每个村不少于40千瓦。11月底，光伏电站工程全面完成，通过验收。收益用于所在村扶贫济困。

养羊项目　全年市老促会共投入养羊项目资金116.5万元，共扶持贫困户264户，贫困人口503人。平均每户增收13140元，人均增收6900元。164户山羊养殖全部达到高架饲养标准，除个别户，每户饲养量都超过15头。全年饲养量达5316头，平均每户32头。

专项教育扶贫　全年全市筹集镇级老区教育扶贫专项资金近50万元，市老促会补助各地教育扶贫资金25.5万元。继续与启东农商银行联合开展“滴水·筑梦”扶贫助学工程。资助贫困高中学生20名，由启东农商银行捐赠6万元。继续开展职教基地扶贫。资助第二中专贫困学生20名，共4万元；向黄桥老区人才培训中心（海安中专）输送8名贫困生，每人每年资助7000元，共5.6万元。开展光伏扶贫助学工程。投入助学资金30万元，在市第一中学建设光伏电站，所有收益全部用于第一中学扶贫助学。

老区宣传　开展建党百年教育主题活动，参加南通市老区开发促进会与南通日报社组织的“老区人民心向党”征文活动，收到征文近60篇，1篇获二等奖，1篇获三等奖，9篇在《南通日报》和南通老区网刊登。多部门联动，对全市革命历史事件和活动遗址遗迹、烈士墓碑（陵园）、革命历史非物质文化资料、以烈士命名的镇村（地名）、爱国主义教育基地等进行红色资源调研普查。普查工作从9月初开始，11月底完成现场登记核查。

（刘和生）

【三峡移民管理】 2021年，市水务局完成2020年度大中型水库移民后期扶持项目完工验收和2021年度三峡移民人口动态核定；落实2020年度三峡移民后扶项目及16项往年移民后扶项目工程款支付；完成2021年度水库移民项目绩效评价申报及自评报告。编制2021年度移民后扶项目实施方案和大中型水库移民后扶“十四五”规划、2022年度移民后扶项目计划；组织对2020年度三峡移民后扶项目进行审计；完成2021年度移民后扶商铺购置；组织2021年度三峡移民个人直补资金、节假日慰问金及部分移民困难帮扶补助资金审核发放。及时处理三峡移民上访和信访接待答复等维稳工作，全年处理三峡移民信访2件，共接待移民24人次；陪同省调研

和合苑(农武四期)安置房　　　　（叶　娟/摄）

组对6户三峡移民开展入户调查走访;组织移民自主培训7人次,帮扶慰问困难户19户。

（史　璐）

住房保障

【概况】 2021年,市住建局规范公共租赁住房、经济适用房上市交易,人才公寓的申请与审核工作。公布2021年保障标准,调整中等偏下收入准入线,由2020年的3199元调整至3349元。将环卫工人、公交司机纳入公共租赁住房保障范围,实现城市中等偏下收入住房困难家庭"应保尽保"的目标。

【公租房保障】 2021年,市住建局联合市不动产登记中心、车管所、民政局等职能部门,对39户在保家庭住房、车辆、收入证明等基本情况进行年度审核,对4户不满足现行公共租赁住房保障标准的家庭停止发放租赁补贴。全年累计发放租赁补贴46户,发放金额179525元;公租房实物配租11户,收缴租金39934元。根据经济适用住房上市交易管理办法,规范经济适用住房上市交易行为,保障经济适用住房购房家庭户的合法权益,全年共计审批33户,部分通过审核。根据市委、市政府人才强市的战略目标,与市人才办、发展改革委、人社局等单位联合审批人才公寓入住申请,共受理申请104件,全部通过审核。

【棚户区改造】 2021年,棚户区改造新开工1512套,基本建成2209套。积极争取中央和省级保障性安居工程建设资金,共获中央、省级、南通保障性安居工程建设资金4837万元,主要用于棚户区改造项目、老旧小区改造及住房租赁补贴。

【安置房建设】 2021年,市城区新开工建设台角六期、士清村安置区二期(一标)、合兴镇村安置区(东区)等5个安置房项目,计77万平方米。锦瑞花苑西区、汇泰嘉苑二期、锦绣家园三期、科创嘉园东区等6个项目竣工,计75万平方米。

【物业管理】 2021年,全市共有物业管理项目269个,物业服务企业89家,从业人员3000余人,小区物业管理覆盖率100%。市住建局持续加强物业行业监管,每半年对全市所有住宅小区物业管理情况进行考核评分,根据得分情况排名,建立物业服务企业红黑榜并在媒体公布。及时处理投诉,提高服务效率,全年共受理动用维修基金申请1518件,实施应急流程1021件,占比67%。在2个老旧小区(和平一村、南苑一村)试点,结合"有事好商量"多次召开业主座谈会,广泛听取群众意见,切实解决存在问题。推进党建引领物业工作,1个物业管理有限公司支部委员会获评南通党建引领示范点。

（李　钦）

【住房公积金管理】 2021年,全市住房公积金新增缴存508家单位,新建17352人,净增9706人;全年归集资金174966.45万元,完成年度目标190770万元的91.72%。全年为911个职工家庭发放贷款37878.99万元,累计向21589个职工家庭发放贷款62.83亿元,个贷比72.01%。公积金贷款逾期率为零。

（邵建飞）

责任编辑　黄亦美

社会事务

※人口家庭
※民政事务
※劳动就业
※民族宗教事务
※退役军人事务
※老龄事务
※社会矛盾调解

6月1日起，启东市试点施行婚姻登记“跨省通办” （袁 竞/摄）

人口家庭

【概况】 2021年，启东市有育龄妇女21.1544万人，比上年减少3011人，其中已婚育龄妇女14.1278万人，比上年减少3166人。生育登记2936人，其中一孩1985人、二孩820人、多孩131人。全市出生人口4124人，出生率3.79‰，出生婴儿男女性别比为105；全年死亡人口10694人，死亡率9.83‰，人口自然增长率-6.04‰。

【家庭发展能力建设】 2021年，全市新增年老计划生育奖励扶助对象12869人，共向16万人发放各类计生奖扶资金约2亿元。3岁以下婴幼儿照护服务稳步推进，4家托育机构完成备案，1家被评为省示范托育机构。开展“科学养育呵护成长”公益服务活动20次，服务1200多户家庭。启东市被中国寿乡联盟评为2020年度“中国长寿之乡敬老养老服务示范城市”。三级老龄协会完成换届，实现16个区镇、街道和315个村(居)老龄组织全覆盖。开展老年人智能技术培训10101人次，年度目标任务完成率168.35%。市老龄工作被评为省“十三五”期间老龄工作优秀案例，市卫健委获评2021年全省“安康关爱行动”先进单位。

【市计生协会】 2021年，市计生协会持续开展生活困难独生子女死亡伤残家庭、计生手术并发症人员、计生工作者和独生子女孤儿等计生困难对象走访慰问，全年累计走访慰问各类对象2929多名(户)，发放慰问金46.74万元。开展生产生活帮扶系列活动，为1户家庭落实危房改造资金2.5万元，向6户独生子女死亡家庭每户资助1200元用于购买小羊发展生产，向8户独生子女死亡家庭赠送彩电。开展生育关怀“太阳岛”关爱服务集中活动，组织各区镇、街道“太阳岛”理事长开展“寻找红色记忆传承红色基因”参观抗大九分校纪念馆活动，组织汇龙镇独生子女死亡家庭父母开展“爱在太阳岛花开中国梦”参观第十届中国花卉博览会活动，与市红十字会合作开展“博爱光明行”活动，为独生子女死亡家庭父母中的眼疾患者开展眼疾免费诊治。寻求公益组织的支持，每月分区镇开展系列关爱活动，先后组织南城区、汇龙镇汇东村、启东经济开发区、王鲍镇、北新镇等独生子女死亡家庭父母开展志愿服务、启东一日游、游览沙家浜、集体过生日、共度重阳节等活动。做好计划生育系列保险工作。为3292名独生子女死亡家庭成员赠送综合医疗保险，每人投保180元，总计财政投入保费592560元；为2名符合政策的农村独生子女死亡家庭成员缴纳农村养老保险1800元。

(徐卫菊)

4月21日，市妇幼保健院与启东市家庭文化研究中心举行合作签约仪式

(姜新春/摄)

【市首个家庭文化建设实践基地建成】 4月21日，市妇幼保健院与启东市家庭文化研究中心合作签约仪式举行，标志着市首个家庭文化建设实践基地正式建成。基地以家庭为中心，着重关注新家庭特别是即将迎接新生命的家庭，通过线上线下的讲座、心理咨询、建档跟踪等服务，提供孕期、产前、产后咨询和服务，并根据不同家庭的不同需求提供一系列问题解决方案，助力新生命的健康成长、家庭和睦相处和家文化的传承。基地由市妇联为指导单位、市妇幼保健院与启东市家庭文化研究中心共同运作。

(王　婷)

民政事务

【区划地名】 2021年，惠萍镇新设立2个社区，至年底，全市有12个镇、261个村委会和54个城市社区居委会。严格执行《江苏省命名更名管理办法》《启东市地名管理办法》，加强地名源头治理，共办理地名命名52个，备案道路26条、建筑物群1个。

【殡葬管理】 2021年，全市镇级公墓实现全覆盖，北新、寅阳、东海、合作4个镇新建镇级守灵中心。除夕、清明期间全面开展全市公墓区域禁止燃放鞭炮、焚烧纸钱整治行动。全年惠民殡葬火化10795具，发放惠民殡葬补助963.616万元。

【婚姻收养】 2021年，市民政局加强婚姻登记的规范化建设和信息化管理。6月起，试点施行婚姻登记“跨省通办”，推出婚姻登记便民服务工程试点，建设吕四港婚姻登记站，探索婚姻登记延伸服务新模式。年底吕四港婚姻登记站硬件建设完成。全年共办理婚姻登记16614对，其中结婚登记8341对，补发结婚登记6037对；办理离婚登记1568对，补发离婚登记668对；办理收养登记90件。

(周　洁)

【社会组织管理】 2021年，全市有各类社会组织2110个，其中注册登记社会组织281个、备案社区社会组织1829个,有社会团体132家,民办非企业单位147家,每万人拥有社会组织19家。全市有等级组织164家,其中4A组织4家。开展"慈善公益创投"活动,投入71.5万元,扶持27个公益服务项目。加强社会组织党建指导,231家社会组织采取独立或联合的方式,成立社会组织党支部或者指派党建指导员。

(陆柳赛)

劳动就业

【就业创业】 2021年,启东市实施支持灵活就业行动,强化就业优先政策,出台《启东市就业困难人员灵活就业社会保险补贴实施意见》,抓好政策宣传和补贴审核发放工作,减轻就业困难人员社保缴费负担。落实减负稳岗扩就业政策。及时抓好企业用工补贴、以工代训、减免降费等就业奖补政策落实,支持企业稳定用工吸纳就业。全年发放稳岗补贴1168.83万元,享受稳岗返还企业4036家。发放社保补贴3403.43万元,惠及10170人。发放职业技能培训鉴定补贴2188.4万元,惠及31939人。全年城镇新增就业10081人,城镇登记失业率控制在2%以内。鼓励和扶持创业带动就业。围绕富民创业担保贷款及贴息、个人创业商业贷款贴息、初创补贴等重点,抓好创业扶持政策宣传和资金落实。全年发放创业贷款2335万元,惠及192人;支持成功自主创业2618人,创业带动就业9546人。抓重点群体就业,重点援助和帮扶高校毕业生、农民工、城镇就业困难人员、退役军人等群体就业。做好失业动态监测,加强失业登记管理系统维护,实名制登记率与就业服务率均达100%。加强农村劳动力监测统计和化工、印染等整治企业人员分流情况跟踪调查,做好用人单位用工需求调查。全面开通线上线下招聘平台,分群体、分主题、分时段开展覆盖全年的就业服务活动。举办春季大型网络带岗直播、上海高校

4月29日,寰宇东方国际集装箱(启东)有限公司劳动争议调解委员会授牌仪式举行,为启东市首家企业调委会 (市人社局/供图)

毕业生就业——长三角人才联动江苏专场直播,毕业服务月,残疾人、退役军人、困难人员、化工园分流职工专场招聘等供需对接活动,推动重点群体实现就业。全年累计举办各类招聘会78场次,提供岗位56959个,达成就业意向16267人。

【职业技能培训】 2021年,全市新增高技能人才1750人,累计有高技能人才51842人。全年城乡劳动者就业技能培训7710人,城乡新成长劳动力技能培训3930人,新生代农民工职业技能培训2143人,职业技能鉴定取证(含职业技能等级认定)8697人,新型学徒制培训307人,补贴性职业技能培训31939人。

【劳动关系调处】 2021年,市根治拖欠农民工工资领导小组办公室发挥督促协调职能,推进根治欠薪工作,全年检查用人单位1091家。开展女职工劳动保护检查、清理整顿人力资源市场秩序、劳动保障书面审查等专项检查工作。全年"双随机一公开"执法抽查检查用人单位302家,受理劳动争议仲裁案件903件,受理举报投诉391件,立案查处劳动保障违法行为63件,发出限期改正指令书60份,行政处理、处罚12件,申请法院强制执行13件,拒不支付劳动报酬罪移送公安35件,案件按期结案率100%。通过劳动保障监察执法,责令用人单位为4106名劳动者追发工资等待遇9195.74万元;督促用人单位为92名劳动者申报补办社会保险,补缴社会保险费188.35万元。创新指导林洋能源、江苏神通阀门等9家企业建立劳动人事争议基层调解组织。汇龙、吕四、海工园(寅阳镇)、高新区(近海镇)健全基层劳动争议网上调解机制。全年接待、调处、答复各类信访举报215件,办理行政复议案件20件、行政诉讼案件48件。

(龚倩倩)

民族宗教事务

【概况】 2021年,启东市共有45个少数民族族别,少数民族人口共计7192人,散居在全市各地。其中,启东户籍少数民族族别41个,计2370人,比上年增加97人,占全市户籍人口的0.22%。在常住少数民族人口中,排名第一为苗族,366人。流动少数民族人口4822人,其中人口排名第一为彝族,1501人。启东是全省宗教工作重点县市之一,佛教、道教、伊斯兰教、天主教、基督教五教在境内有信众。有依法登记的宗教活动场所33处,其中佛教7处,道教1处,天主教10处,基督教15处。有教职人员68人,其中佛

教僧尼32人，道教1人，天主教14人，基督教21人。全市信教人口约1.4万人。

【民族事务】 2021年，市民宗局将民族工作嵌入到村居工作平台，纳入城乡网格化管理，全市300多个村居、1402个基础网格，全面参与民族事务管理。保障全市500多名少数民族学生享受平等教育权，协调解决近20名外来少数民族随迁子女就近入学问题，妥善化解10余起涉少数民族矛盾纠纷，为回族等10个族别少数民族群众百余人发放清真补贴共计2万余元。全年开展"民族团结六进"活动，评选并表彰民族团结先进个人，培育"少数民族亲子游""小候鸟志愿服务"等民族工作品牌，根据少数民族群众不同需求做好服务工作。以民族团结宣传学习月、活动开展月、阵地观摩月、风采展示月为主题，策划为期4个月的民族团结主题教育活动。借助《启东日报》、城市商圈LED大屏等载体宣传民族团结，在社区、商场等人流密集处派发民族知识宣传折页，扩大宣传影响力和覆盖面。建成民族工作阵地近10个，其中启东实验小学、南城区城河新村社区获评省级"红石榴家园"。调研信息《东部沿海少数民族流动人口融入和管理问题》被中央统战部《每日汇报》录用。

【宗教事务】 2021年，市民宗局推进宗教领域安全专项三年整治行动，全年检查宗教活动场所近200处，排查整改隐患50多处。6月，承办南通市宗教活动场所安全工作专项整治推进现场会。8月，在南通率先完成宗教活动场所房屋排查鉴定工作，共鉴定建筑116幢，总面积3.8万平方米；拆除全部D级危房15间590平方米；撤离C级危房中所有人员，停止活动，明确修缮方案并推进。做好宗教领域新冠肺炎疫情防控常态化管理，7月，省局部地方爆发新冠肺炎疫情后第一时间指导场所做好"两暂停"(暂停对外开放、暂停集体宗教活动)；11月，组织新冠肺炎疫情防控演练，全市各宗教活动场所均平稳有序。助力重点宗教场所改扩建工程，将部分项目纳入市政府配套建设，共协调解决建设资金1500万元。全面完成省级关注的莲花阁建设，并协商解决后续管理问题，使其由整改工程变为城市景观。搁置多年的大雄古寺、汇龙基督教堂和吕四基督教堂等宗教场所异地重建工作均取得新进展。发动宗教界响应"我为群众办实事"号召，宗教场所均提供饮水供应、应急救援、道路指引等服务，开辟残疾人通道，为信教群众办实事、解难题。开展宗教慈善工作，佛教界为河南抗洪救灾捐献3万余元；市天主教爱国会助力贫困学子；市基督教三自爱国会组织爱心义诊，为孤寡老人赠送日用品。

【依法行政】 2021年，市民宗局落实《启东市民宗局行政执法公示办法》《启东市民宗局行政执法全过程记录办法》《启东市民宗局重大执法决定法制审核办法》三项制度，全面推进依法行政工作。在南通市率先建立民宗公安执法联动机制，由市公安局政保大队队长兼任民宗局副局长，民宗执法的力量和能力进一步加强。全市持有民族宗教执法证人员共14名，开展行政检查等执法活动10余次。履行"谁执法谁普法"责任，开展"送法进宗教场所"活动，向宗教教职人员和信教群众赠送《宗教事务条例》《条例释义》等书籍约500册。5月、9月举办民宗业务培训，培训全市民宗系统工作人员近80人，实现全覆盖。开展"厚植为民情怀　提高执法水平"执法主题教育活动，组织民族宗教政策法规宣传月、"法典入场所，安全保平安"等宣传教育活动近10次。引导民宗界人士参与省民宗委组织的网上民族宗教法律知识答题活动，全市近5万人次参与。

【爱国主义教育】 2021年，市民宗局组织开展各类以"学党史、颂党恩、跟党走"为主题的演出、学习活动，寻访红色足迹，举办"同心向党，铭记党恩"文艺会演、"同心向党学党史"理论宣讲活动。利用"启东统一战线"公众号、各宗教团体微信公众号等平台和阵地，推广各类学习专题、经验做法数百篇。加强和改进"四进"宗教活动场所，在宗教界开展"三爱五认同"活动，指导各教将教义教规的阐释与中华优秀传统文化、社会主义核心价值观深度融合。

(杨润兰)

9月30日，市民族宗教局联合市教体局、实验小学举办"请党放心　强国有我"暨"我是一颗石榴籽，民族团结一家亲"迎国庆诗朗诵比赛　(王海兵/摄)

退役军人事务

【概况】 2021年，启东市退役军人事务局做好退役军人服务保障体系建设，全面落实各项政策制度，扶持退役军人就业创业，保障退役军人合法权益。对全市16个镇级退役军人服务站、312个村(社区)退役军人服务站进行规范化建设"回头看"，实施星级评定。探索镇级人武与退役军人服务站融合办公模式。实施组织建设和实践活动同步走，村(社区)退役军人党支部（党小组）建成率100%，开展各类党组织活动。探索"网格化+退役军人"服务新模式，成立覆盖市、镇、村的三级退役军人"红色先锋"志愿服务队326支，常态化开展理论宣讲、疫情防控、关爱帮扶、纠纷调解等志愿服务。全年为11238名优抚对象发放抚恤补助，做好退役士兵、转业士官及转业军官的接收安置工作。

【优抚优待】 2021年，全市享受抚恤补助的优抚对象11238人，老复员军人遗属1574人。完善全市重点优抚对象抚恤补助标准自然增长机制，提高各类重点优抚对象补助标准，无固定收入一级因战残疾军人抚恤金、无固定收入十级因战残疾军人抚恤金、参战涉核退役军人补助金、带病回乡退伍军人补助金均足额发放。为企业"两参"人员发放专项慰问金每人每年4000元，为全市享受抚恤补助优抚对象每人每月发放水电煤气补贴55元。完成155名重点优抚对象短期疗养，联合市卫健委为全市1万多名优抚对象就近安排医院进行健康体检。受理残疾军人和带病回乡退伍军人体检鉴定材料，为24户优抚对象进行宜居改造，完成10833名优抚对象年度确认。

【退役士兵安置】 2021年，全市发放2020年秋冬季退役士兵自主就业补助金。对符合政府安排工作条件的安置对象，实行"积分选岗、阳光安置"，积分选岗工作接受市纪委监委监督指导。发放待安排工作期间生活补助金，帮助缴纳待安排工作期间社保、医保。

【军转干部安置】 8月起，市退役军人事务局对全市各单位军转干部的需求情况进行调查摸底，根据各单位的需求及编制情况，提出安置岗位方案，报市委退役军人事务工作领导小组确定，在选岗前向军转干部公开，全市提供6个市管单位6个岗位。军转干部安置采用积分选岗，接受市纪委监委监督指导。全年向企业军转干部发放春节、建军节慰问金。全年大病医疗救助企业军转干部，救助金额30余万元。向企业退休"两参"军转干部发放专项慰问金。

【军休安置】 2021年，启东市创建特色军休服务品牌——"心服务365"，严格落实各项军休政策。至年底，全市有入所军休人员36人，其中离休干部1人，退休干部25人，退休士官10人；分散安置军休干部2人，分散安置无军籍退休退职职工8人。按时足额发放离退休金。组织军休干部开展参观、竞赛、交流活动6次，军休疗养1次，健康体检1次。在春节和建军节前夕，组织走访慰问活动各1次。

【就业创业】 2021年，全市共开展退役军人专场招聘会2场次、网络招聘6场次，参与单位183家，提供岗位1400个，鼓励退役军人签订意向协议。根据上海虹口、启东两地退役军人事务部门签订的"红旗计划"共建协议，9月两地联合举办长三角（沪通启）退役军人专场招聘会，34家上海企业，覆盖航空技术、公共服务、信息技术、电商平台、医疗医药等行业，98%以上达成就业意向，现场签约24人。9月，市退役军人事务局举办自主就业退役军人适应性培训班。

（李灵芝）

老龄事务

【概况】 2021年，启东市有16个镇级协会、341支志愿者队伍，常态化开展慈善惠老志愿服务、法律援老、敬老活动、课题调研等工作。5月，在全国长寿合作联盟第二届理事会第一次会议的颁奖授牌仪式上，启东市获评中国长寿之乡敬老养老示范城市；开展的"盘活基层医疗资源满足农村养老需求"活动，获评2020年度中国长寿之乡品牌建设提名奖。市老龄协会被评为2020年度"寿乡联盟"工作先进单位，市卫健委获评2016—2020年联盟工作先进单位。海复镇庙基村老龄协会秘书长倪伯苍获评2021年度全国法治人物。与市慈善总会策划"我与党同龄　永远感党恩"系列主题活动，展现新时代百岁老人的生活和精神风貌。参加南通市"华康大健康杯"百岁老人人文纪实摄影大赛，14幅作品获奖。

【"慈善惠老"志愿服务】 2021年，全市341支志愿者队伍，6259名志愿者，结对助老27269人，组织集中志愿服务活动1321场次，走访慰问高龄、残疾、失独、空巢、困难老人11401人，慰问金总额165.68万元。与市卫健委等部门联合下发《关于启东市老年人运用智能技术专项普及培训的通知》。全年全市共举办老年人运用智能技术专项普及培训班431场，培训老年人11805人次。组织"长寿之乡寿星璀璨"摄影比赛，收到稿件194件，将获奖作品印制画册400份，慰问全市371位百岁以上老人，每人500元和一份画册。

【法律援老】 2021年，各级老龄协会加强民法典宣讲，全市共组织送法到村386场次，14300多人次听讲。充实调解力量，"三级联动，四位一体"的为老维权网络机制，在实践中完善。据不完全统计，全年市老龄协会系统共受理为老维权案例286起，成功调处283起，调处成功率98.9%。

【"敬老月"活动】 2021年，全市三级老龄协会以不同方式对辖区内部分老党员、百岁老人、病残失独困难老人和敬老院老人进行集中走访慰问。各镇（区、街道）组织志愿者开展为老志愿服务活动。全市参与活动的志愿者2959人，"敬老月"各类活动共惠及老年人15054人次。

【安康关爱行动】 2021年，全市共有176355人参加"安康关爱行动"老年人意外险，比上年增加17163人。全年中国人寿启东支公司为7936人次开展理赔服务，理赔金额达1460万元，赔付率82%。

【课题调研】 4月，市老龄协会采取走访座谈、现场查看等方式，对各镇

10月14日,合作镇商会10多位爱心企业家慰问镇90岁以上老人
(黄静波/摄)

(区、街道)“银发驿站”建设和运行情况进行调研,撰写《关于全市“银发驿站”建设和运行情况的调研报告》。至年底,全市共建成“银发驿站”285个,每天有近7000人次老年人在“银发驿站”参加活动。高新区(近海镇)率先实现各村全覆盖,汇龙、东海、海复、合作、王鲍、吕四、南城区街道办实现一个村(居)建设不少于一个“银发驿站”的工作目标。基层协会主动调研献策。吕四港镇老龄协会为满足老年人精神需求,向党政部门报送有关“建设老年大学”的调研建议,获党委政府的支持。年底,吕四港镇老年大学基本修建完工。寅阳镇老龄协会形成《寅阳镇农村土地经营权流转与经营主体典型调查分析》调研报告,为乡村振兴献计献策。高新区(近海镇)老龄协会周斌与向阳村协会胡允展,向镇政府和村支部提出埭路路面拓宽的建议,被镇政府采纳实施。

(季丽英)

社会矛盾调解

【概况】 2021年,启东市社会调解服务中心对区镇、街道调处中心组织建设情况进行全面摸底,督促、指导有关区镇、街道调整落实镇、村级专职调解员,并重新登记造册。细化市、镇、村三级工作职责,强化分级调处,严格属地责任,强化分级分层调处机制。实施调解业务教育培训计划,组织开展区镇、街道主任集中培训8次;17次送教下乡、上门培训,基层调解员受训258人次。全市市、镇、村三级调解组织共受理调处矛盾纠纷1953件,成功调处1951件,调处成功率99.9%;防止群体性事件88件、民转刑案件25件。《法治日报》网站、《民主与法治报》《江苏法治报》《江苏教育报》等国家、省级媒体多次报道市推进“纪调对接”、校调委为宁静校园“护航”的创新举措和经验成效。

【矛盾纠纷多元化解机制建设】 2021年,市调解中心加强指导管理,做好与公安、教育、卫健等部门的协调,加强对市交通事故矛盾纠纷调委会、医疗纠纷调委会和校园意外伤害纠纷调委会的指导管理。全年市医调委受理调结纠纷19件,交调委受理调结重大或人亡纠纷33件,校调委受理调结纠纷2件。推进行业专业调解站建设,对8个部门专业调解站调解员重新登记造册,优化“一综多专”体系。全年全市行业专业调处站受理调处相关纠纷3366件。申报“纪调对接,筑牢社会稳定屏障”创新项目,推动23件复杂矛盾纠纷妥善化解。

【矛盾纠纷排查化解】 2021年,市调解中心制定下发《关于加强元旦春节期间重点矛盾纠纷排查调处工作的通知》《关于开展矛盾纠纷排查化解专项行动确保中国共产党成立100周年大庆期间全市社会和谐稳定的通知》,细化任务,实化措施。6月15日,全市矛盾纠纷排查化解专项行动推进会召开,就重点工作进行业务培训,压实落细各级责任。加强信息研判,强化督促检查,全年组织开展6次集中暗访和督查,将每次督查情况纳入年度考核内容。全年全市三级调解组织共排查各类矛盾纠纷7053件。

(徐建平)

责任编辑 黄亦美

公共安全

※应急管理

※防灾减灾

※食品药品安全

※农产品质量安全

※安全生产

※边　防

※消　防

5月12日是全国防灾减灾日。当天上午，防灾减灾科普知识宣传活动在人民公园广场举行，专业人士现场进行救护知识教学，增强居民防灾减灾意识和自救互救技能　　（王海兵/摄）

应急管理

【概况】 2021年,启东市应急管理局在风险评估的基础上,启动和推进各类预案的修编工作。完善应急值守制度,严格执行领导到岗带班、关键岗位24小时值班制度,落实应急音视频指挥调度值班与日常应急值班两套值班制度。加强与“110”“119”“120”平台及相关单位的沟通联络,完善信息互通机制,实现一般以上险情和事故能够快速准确报送,确保第一时间响应。

【应急管理体系建设】 2021年,市应急局建成以火灾扑救、防汛抢险、水上搜救、生产安全事故救援等专业队伍为基本力量,镇、园区、企事业单位专兼职人员为辅助力量的应急队伍体系。按“以专为主,专兼结合”的原则,全市共有各类专兼职应急队伍36支,其中社会救援队伍1支。梳理全市应急预案体系,完成《启东市突发事件总体应急预案》和20个市级专项预案的修订。各区镇、街道初步完成应急预案(1+13+X+Y)体系构架,形成“横向到边、纵向到底”的应急预案体系。针对各个行业领域在各个时期有可能发生的突发事件,组织开展相应的应急演练。全年共开展45次政府层面的专项应急演练,1560家企业开展演练2150次。

【应急救援】 2021年,市应急局密切关注全市安全生产和应急救援的舆情信息,做好重点部位的预警监测和巡查工作,一旦发生突发性安全生产和自然灾害事故,第一时间派员赶赴现场,协调做好应急救援工作。全年共接到各类应急救援电话1449个,其中火灾类839个,抢险类241个,社会救助类261个,其他类108个,共出动15043人次参与应急救援。市农业农村局全方位构建渔业应急救援体系,强化3艘渔政执法船舶海上救助功能,并设立2艘专业应急救援船,与实施远海捕捞船只同步进出渔港,承担海上救援“110”职能。出海渔船“编组结对”全覆盖,实现互帮互助常态化。全年2艘专业应急救援船累计出动救援22次,救援人员20人次、船只2艘次,挽回直接经济损失近2000万元。

(邵雯雯　冯　琪)

【环境应急管理】 2021年,启东生态环境局修订《启东市辐射事故应急预案(2021修订版)》,督促106家重点企业实现环境应急预案应备尽备。指导启东生命健康产业园及21家重点企业开展环境应急物资清检工作,做到应急物资“底数清、情况明”。通过自主存储和依托存储等方式,开展应急物资实体库建设,与3家企业签订环境应急物资“以购代储”协议。6月23日,联合江苏大唐国际吕四港发电有限责任公司开展2021年度启东市突发环境事件应急救援综合演练。

(朱文津)

【海事应急管理】 2021年,启东海事处推动市政府在全省率先制定防台风应急撤退预案,明确属地政府、气象、应急等各方防台责任;推动召开沿海风电项目应急预案专家咨询会,督促风电企业完善应急预案;畅通与码头企业、施工单位的联系渠道,强化恶劣天气预警;强化与市农业农村局联合执法,推动渔业船舶落实防台风工作,成功组织“4·30”强对流天气、“烟花”“灿都”超强台风等极端恶劣天气防抗工作。

(彭玉章)

4月1日,启东市江海路消防救援站与启东建筑集团在建设中的公安技术大楼内联合组织开展建筑工程事故(火灾)应急救援处置综合演练 (姜新春/摄)

【卫生应急管理】 2021年,市疾控中心调整流调组、采样组、消杀组、信息组、健宣组、保障组,指导社区卫生服务中心对标组建突发公共卫生事件应急处置、医疗救治机动小组,线上线下培训全市医疗卫生单位、社区卫生服务中心,处置急性食物中毒事件3起。

(王　沛)

防灾减灾

【概况】 2021年,市应急局坚持“以防为主、防抗救相结合”的工作方针,遵循“以人为本、政府主导、社会互助、灾民自救”原则,以“常态减灾备灾和非常态救灾”为重点,做好防灾减灾工作。整合各类信息资源,与气象、水务、自然资源、农业农村等部门共同加强对极端天气、汛情旱情、渔船遇险等突发事件的监测预警,建立预警信息统一发布机制,对可能发生的突发事件及时预警,快速、真实、准确报送相关信息。全市建成全国综合减灾示范社区1家(启东市绿城玫瑰园)。

【气象灾害防御】 2021年,市减灾办发布《进一步加强气象灾害应急会商机制的意见》,市应急局同市气象局签订合作协议,确保灾害发生时气象服务第一时间响应、第一时间服务。发挥基层力量,成立一支市、镇(园区)、村三级共计620人次的灾情信息员队伍,实现灾害信息员A、B角,进一步规范灾情统计、汇总、上报流程。投资500万元建成2000多平方米的专用物资储备库,规范存储市级应急救灾物资。市应急局联合市发展改革委对救灾储备物资定期清点。全市建成98个应急避难场所，就近容纳32.8万余人应急避难。4月30日，启东市遭遇突发大范围强对流天气，造成4人死亡、4518人受灾。针对“4·30”灾情，南通市政府下拨救灾资金150万元，启东市财政配套救灾资金15万元，共165万元下拨至各受灾镇(园区)。

(邵雯雯)

【水灾害防治】 2021年，市水务局针对防汛工作新要求和水情、工情的变化，重点加强防汛防旱各类预案的动态管理，提高预案的针对性和可操作性，不断细化和完善预案，增强应对处置能力。完成启东市防台防汛信息报送系统建设工作，深化智慧水利系统在防汛防台工作中的应用。该防台防汛信息报送系统成功应用于第6号台风“烟花”和第14号台风“灿都”的防御工作，加强与各成员单位和各区镇的联系，做到联防联控。及时应对台风带来的强降水，调整调水方案，科学调度，灯杆港闸3天换水一次，确保国控断面水质达标。至12月底，共计排涝1147闸潮次，排水量136948.47万立方米。大洋闸引江调水28潮次，排水量17371.23万立方米；节制闸引水4130.16小时，引水量21279.51万立方米。

(史　璐)

【海洋防灾减灾】 2021年，市自然资源和规划局在省、南通市对口部门的指导下，连续开展海平面变化调查评估工作，形成调查评估报告。继续组织海洋尺度灾害和区划划定工作，通过专家评审形成成果。筹划海洋灾害普查工作，完成招投标。开展“5·12”防灾减灾日活动，提高人民群众的海洋防灾减灾意识和能力。

(施海荣)

【公共安全救助保险】 2021年，市应急局探索防灾减灾救灾新模式，出资为全市户籍人口因自然灾害、火灾、爆炸、溺水造成的人身伤亡和住房财产等方面投保公共安全救助保险项目，发挥保险机制在风险防范、损失补偿和恢复重建等方面的积极作用。9月，市应急局就公共安全救助保险项目公开招标，中国人民财产保险股份有限公司中标。至年底，共赔偿损失11.7万元。

(邵雯雯)

※附※

主要气象灾害

【寒潮】 2021年，全市共出现6次寒潮天气。受北方冷空气南下影响，1月5—8日，出现区域性强寒潮天气，全市48小时最低气温降幅为12.9℃，过程最低气温-8.7℃，出现在1月8日早晨。受北方强冷空气影响，11月6—8日，出现区域性强寒潮天气，全市48小时最低气温降幅为13.8℃，过程最低气温3.3℃，出现在11月8日早晨。11月20—23日，出现区域性强寒潮天气，全市48小时最低气温降幅为11.5℃，过程最低气温1.5℃，出现在11月23日早晨。11月28日—12月1日，出现区域性强寒潮天气，全市48小时最低气温降幅为13.8℃，过程最低气温2.5℃，出现在12月1日早晨。12月15—18日，出现区域性强寒潮天气，全市48小时最低气温降幅为11℃，过程最低气温-0.6℃，出现在12月18日早晨。12月23—28日，出现区域性强寒潮天气，全市48小时最低气温降幅为9.3℃，过程最低气温-4.9℃，出现在12月28日早晨。

【暴雨】 2021年，全市暴雨日为4天，国家站日最大降水量116.4毫米，出现在7月2日。7月2—10日受东北冷涡南压、中低层西南暖湿气流强盛影响，冷暖空气在启东市上空交汇，导致出现强对流天气，普遍出现大到暴雨，局部大暴雨。7月25—27日受台风烟花影响，市普遍出现暴雨天气。9月13—14日受台风灿都影响，市普遍出现大到暴雨天气。

【高温】 2021年，全市共出现35℃以上高温日4天，比上年少7天。其中，最高气温36.5℃，出现在7月12日。

【台风】 2021年，有2个台风影响启东市，分别为06号台风“烟花”、14号台风“灿都”。受2106号台风“烟花”影响，7月25日08时至28日08时普遍出现大到暴雨，并伴有8～9级大风(最大风速28.5米/秒，塘芦港)。受2114号台风“灿都”影响，9月13日08时至15日08时，普降大到暴雨，并伴有8～10级大风(最大风速29.1米/秒，塘芦港)。

【大风】 2021年，受东北冷涡影响，市出现雷阵雨、雷暴大风等强对流天气，其中本站最大风力8级(19.9米/秒)，最大风力出现在东元滩涂，为13级(37.7米/秒)。

【雾和霾】 2021年，市共出现23次大雾天气、8次霾天气。

(陆鑫海　王　辉)

食品药品安全

【概况】 2021年，启东市市场监管局加强食品安全监管，推进江苏省食品安全示范城市创建。完善快检室标准化建设，严格食品安全监督抽检，全年完成快检32万余批次，监督抽检7928批次，停止销售、下架、销毁不合格食用农产品8000余公斤。加大新冠病毒疫苗质量监管力度，规范互联网药品信息服务和交易服务行为，全方位守护群众用药、用械、用妆安全。组织开展药械妆专项检查及监督抽检，共出动检查2612人次，检查经营企业及使用单位661家，完成药品抽样120件、化妆品抽样10件，立案药械妆案件15起，合计罚没款47万元。全年全市未发生药械安全事件。

【食品安全监管】 2021年，市市场监管局落实食品企业主体责任，食品生产企业自查率及自查报告率均达100%，全市大型食品生产企业、农村集体聚餐、中央厨房等7类重点领域食品安全责任险实现全覆盖。强化重点领域专项治理，推动进口冷链食品监管仓扩容改造，全年完成57单4452吨进口冷链食品的消杀及核酸抽样检测，成功拦截并销毁2批次核检阳性货物。培育特殊食品示范经营店25家；集中区和重点餐饮单位“明厨亮

11月2日，省级食品安全示范城市命名评价汇报会在启东召开
（市市场监督管理局/供图）

灶”实施率达70.5%，其中学校食堂“互联网+明厨亮灶”实施率达100%；培育评选“名特优”小作坊9家，参评南通市“江海名坊”7家。加强风险隐患排查治理，检查各类食品生产经营主体7314家次，约谈86家，发出责令整改通知书87份，立案查处食品类案件200多件，处置食品安全突发事件8起，有效保障“两节两会”、庆祝中国共产党成立100周年大型文艺晚会、中高考等重大活动期间2.8万余人次的用餐安全。

【药品安全监管】 2021年，市市场监管局加强防疫药械安全监管，对全市疾病预防控制中心、新冠病毒疫苗接种点开展监督检查，推动全市398家药品零售药店全部加入“南通市四类药品登记监管”小程序，对未严格落实退热、止咳、抗病毒、抗生素“四类”药品销售实名登记制度的20家药店责令歇业整改。加强药械不良反应/事件监测，上报药品不良反应报告631例，新的严重的报告数123例；上报医疗器械可疑不良事件260例。开展家庭过期失效药品定点回收，在全市设立44个家庭过期失效药品回收点，规范废弃药品处置。

（陈率芸）

农产品质量安全

【概况】 2021年，启东市作为省级农产品质量安全县，进一步强化落实农产品生产者主体责任和政府监管责任，健全“三定一考核”网格化管理体系。实施农产品质量追溯管理，推动规模生产主体入网追溯；推行食用农产品合格证制度，推动构建以合格证管理为核心的农产品质量安全监管新模式，实现产地准出和市场准入有效衔接。发展绿色优质农产品。新获绿色食品认证产品80个，25万亩全国绿色食品原料（大豆）标准化生产基地获批创建，“绿色优质农产品”占比达77.6%。加大农产品质量安全监测力度。全年共开展农产品质量安全监测1460批次，合格1432批次，总体合格率98.08%。

【农产品质量监管】 2021年，全市2285家规模生产主体加入省农产品质量安全追溯平台，新增追溯产品3688个，新增生产档案3263个；开展巡查6719人次，产品速测6.69万批次；出具农产品合格证101.77万张，规模主体入网率90%以上。

（顾洪生）

【水产品质量安全】 2021年，市农业农村局加强水产品质量安全建设，组织开展水产品质量监督检查，全年完成省级水产品抽检36批次、启东市级水产品质量抽检500批次，合格率均为100%。开展国家级水产健康养殖示范场创建活动，全市共有国家级水产健康养殖示范场7家。

（刘俊杰　胡振新）

安全生产

【概况】 2021年，启东市应急管理局深入开展安全生产专项整治“三年大灶”行动，推进危险化学品使用安全专项治理、工业企业安全生产风险辨识管控报告、安全生产行政执法、“百团进百万企业千万员工”宣讲等重点工作，全市安全生产形势总体稳定向好。

【专项整治】 2021年，启东市紧盯“三年大灶”专项整治目标任务，根据全市“1+2+7”三年行动实施方案体系，狠抓2个专题（学习宣传贯彻习近平总书记关于安全生产重要论述专题和落实企业安全生产主体责任三年行动专题）和7个重点行业领域专项整治（危险化学品、消防、道路运输、交通运输和渔业船舶、城市建设、经济开发区和危险废物专项整治），对照任务时限，细化措施方案，全面排查突出问题和风险隐患，对问题整改全程跟进、督办销号。7个重点行业领域专项整治共排查出隐患9424个，全部完成整改。持续排查整治水上渔业、建筑施工、城镇燃气、道路交通等32个重点行业领域，累计发现问题27655个，完成整改22693个。南通市级挂牌督办的6个重大隐患、启东市级挂牌督办的27个重大隐患，全部完成整改闭环。

【安全生产大检查】 2021年，市应急局对危险化学品、冶金和烟花爆竹等企业三个重点行业领域开展安全生产大检查。结合安全生产大排查大整治、危险化学品企业安全分类整治、庆祝中国共产党成立100周年安全生产集中攻坚行动等活动，对危险化学品企业开展多轮安全专项检查；对重点企业、重要场所、重要环节安全风险隐患进行排查治理，查出各类隐患1108处，全部完成整改；责令停产停业4家。加大工贸行业安全检查，开展涉爆粉尘、金属熔融、涉氨制冷、有限空间等重点行业领域的专项检查，共检查企业682家次，发现隐患917处，全部完成整改；行政处罚立案47起，罚款91.65万元。至年底，全市有烟花爆竹批发企业4家，零售经营户320

家。按照“经营单位自查、镇级普查、县级复查”的标准，对全市烟花爆竹经营单位实行全覆盖监督检查。全年对批发公司全覆盖检查3轮次，查处隐患63处，整改率100%，行政处罚立案1起，罚款1.25万元；对零售点全覆盖检查1轮次，行政处罚立案6起，罚款1.65万元，没收非法烟花爆竹59箱(件)。

【监管执法】 2021年，市应急局以深化专项整治、危化品使用安全专项治理等行动为抓手，加大精准执法力度，推进执法检查与专项整治相融合，监管企业落实安全生产主体责任，消除生产安全事故隐患，做到有检查、有记录、有整改、有复查，实现闭环管理。全年全市安全生产事前行政处罚立案439起，罚款888.27万元。

【宣传宣讲】 2021年，市应急局开展“百团进百万企业千万员工”宣讲活动，市、镇两级党政领导班子成员到基层宣讲201场次，行业监管部门领导到基层宣讲194场次，到企业宣讲2878次，参与人数18.64万人次，企业覆盖率达100%。在《启东日报》开辟《领导干部说安全》专栏，各区镇、街道党政主要负责人和部门负责人共刊发文章17篇。市委、市政府主要负责人在《南通日报》上分别发表关于安全生产工作的署名文章。开展“五进”宣讲活动1193场次，参与人数8.7万余人次。“安全生产月”期间，组织10万余人次参与网上“测测你的安全力”知识竞赛、“公众开放日”“专家云问诊”“6·16我问你答”等活动；制作安全生产公益广告、提醒标语等在电视台黄金时段滚动播出，开展“安全生产万里行”活动，集中曝光道路交通、危化品、建筑施工、船舶等重点领域的问题隐患132处，举报重大隐患和违法违规行为180条次。开展“安康杯”竞赛、“青年安全生产示范岗创建”等具有行业领域特色的传统活动。开展以“落实安全责任，推动安全发展”为主题的文艺宣传巡演活动，组织机关、企业、群众观看，累计送戏到区镇19场。

【培训教育】 2021年，市应急局累计组织高危企业主要负责人、安全管理人员培训考核8期共979人次，其中主要负责人415人次、安全管理人员564人次；一般企业主要负责人、安全管理人员培训考核24期共4166人次，其中主要负责人1572人次、安全管理人员2594人次；培训考核特种作业人员(特种设备除外)2024人次。督促生产经营单位做好对从业人员的三级(公司级、部门级、班组级)安全培训教育，每年不少于20学时。

(邵雯雯)

边　防

【概况】 2021年，启东市公安边防大队主动融入经济发展大局，严执法、优服务、促发展，积极防范化解各类重大风险。圆满完成庆祝中国共产党成立100周年安保工作，服务辖区通州湾吕四起步港区“2+2”码头工程建设，出海船舶及渔船民“两库”注册工作有序开展。打击整治“盗抢骗”、电信诈骗等违法犯罪活动，全年接报刑事警情415起，比上年增长8.5%；查处治安案件1253起，比上年增长12%；拆解浮子筏69个，比上年增长11%；抓获网上在逃人员4人，比上年增长33.3%。推进公共安全监管，深入开展消防、危化品隐患等专项整治32次，查处相关违法行为19起，排查整改安全隐患11处；开展群租房专项排查整治，整改安全隐患22处，查处涉房案件24起，重特大事故保持“零发生”。

【服务辖区】 2021年，市公安边防大队针对边防辖区沿海大开发实际，持续深化重点片区、重点行业、重点人员的排查管控工作；针对金融投资、环境保护、征地拆迁等方面的不稳定因素，会同有关部门开展矛盾纠纷源头化解、联防联控工作，全年排查矛盾293件，化解285件。围绕跨江融合、接轨上海战略，加强重大建设项目保障，积极化解涉企矛盾纠纷58件；主动开展企业走访和市场巡访，深入企业开展法制讲座、开门纳谏等系列活动，收集企业需求，开辟绿色服务通道，帮助解决实际困难。深化公安政务服务改革，推行一窗服务、一次性告知、微警务网上服务，年内开展“新生儿出生申报一件事”，为群众完成新生儿户口申报、社保卡申办和医保登记三件审批和服务事项，实现三项审批服务事项的“一站式”办理。落地长三角区域户籍事项“跨省通办”32件，解决群众跨省户口迁移“两地跑、多次跑”的问题。

【边防管控】 2021年，市公安边防大队紧盯沿海开发和生态环境保护引发的征地拆迁、工程建设等重点领域矛盾纠纷，全面强化全警走访摸排和情报信息掌控。摸排掌握涉稳情报信息数条，妥善处置非正常死亡事件12起。立足沿海治安实际，整合手段、资源，发起专项打击会战，严打农村地区盗窃家禽家畜、非法捕捞等违法犯罪活动23起。将沿海孤棚散舍、建筑工地、重点港口码头等纳入重点管控视线，采取车巡步巡、设卡堵截等方式，加强重要时段、进出滩涂主要路口、林区周边的巡逻防范，压降发案、打击现行。累计出动530余名警力设卡盘查，盘查人员600余人次、车辆870余辆次，登记流动人口3500余人次，抓获网上逃犯4人。

【边防治理】 2021年，市公安边防大队动态开展港、船、人、企等涉海基础要素排查，实时掌握“三无”船、摩托艇及异地作业船舶底数和动态，常态开展岸线巡防和查港查船，落实“备案制”管理，采集船舶信息685艘次、船员信息3846条，形成“一船一档”。加强宣传教育导控。深入港口、码头、停泊点等渔船、渔民集中场所，通过上船走访、发放宣传单、张贴告知书等形式，开展整治涉渔违法违规行为教育，宣传反走私、反偷渡、制止越界捕捞、防疫情海上输入知识。以码头安全监管、航道安全通行、渔船安全生产、防疫情海上输入为重点，完善涉海部门联合执法、联动监管协作机制，整合渔民协会、渔业合作社、船管志愿者等社会力量，组织开展巡逻守望，形成平安海岸联防联控。

(陈海鹏)

消　防

【概况】 2021年，启东市消防救援队伍聚焦灭火救援效能和执勤训练质效“双

7月30日，市消防救援大队大数据指挥服务中心内，指挥人员在值班
（潘 杨/摄）

提升”，开展全员岗位大练兵；修订完善灭火救援预案，适应“全灾种、大应急”建设目标，组建7个专业队，提升整体战斗力。全年119指挥中心共接处警1430起，出动车辆2971辆次，出动人员14810人次，抢救被困人员67人，挽救财产价值8500余万元。全市消防救援队伍成功处置“2·21”通心棉业火灾、兴荣生物能源火灾、“4·30”强对流天气灾害等应急救援任务，圆满完成全国“两会”、庆祝中国共产党成立100周年、进博会及重点节假日等消防安保任务。加强重点场所整治、重点环节管控及基层消防监管，综合应急救援能力进一步提升。全年全市共发生火灾839起，比上年上升7.10%；死亡1人，比上年下降75%；伤13人，比上年下降13.33%。全年未发生较大以上火灾事故，社会面火灾形势保持整体平稳。

【基层消防组织建设】 2021年，市消防救援大队推动各区镇落实市消委办实体化建设，17个区镇发文明确1名行政事业编制人员作为专职消防工作人员，区镇消委办按照“1+2+1”标准配备工作人员，其中消防大队向各区镇派驻1名消防网格长。市消委办建立区镇消委办工作运行机制，发挥基层消防监管统筹协调职责，进一步推动区镇落实消防工作属地管理责任。持续强化公安派出所作用，落实六联机制和措施，全年派出所共检查单位4823家，发现隐患3927处，整改隐患3789处，移交消防大队受案51起。推动将消防安全纳入“大数据+网格化+铁脚板”工作机制，固化网格员消防职责和工作流程，定期下发工作提示、工作通报，每月研判消防网格工作情况，全年消防网格发现并督改火灾隐患7932处。

【火灾隐患排查整治】 2021年，市消防救援大队持续加大重点场所火灾隐患排查整治力度，部署开展大型商业综合体、大型医疗建筑、工业园区（集中区）、高层建筑、建筑消防设施、消防服务机构等消防安全专项整治工作。其中，排查整治5家大型商业综合体、3家大型医疗建筑，发现并督促整改隐患268处，处罚3家，罚款6.5万元；排查园区、集中区9个，涉及规模不等的工业企业657家，督促整改火灾隐患56处；排查建筑161栋，涉及97家单位，督促整改火灾隐患23处，对涉及到的中介服务机构受案查处31家次。组织多部门深入高层建筑单位开展联合执法行动，对高层建筑违法行为受案查处17起，并以案释法，借助媒体开展警示教育。强化重点环节消防安全管控，突出重要活动、重大节日、重点时段消防安保工作，紧盯电动自行车、消防车通道、密室逃脱类场所等消防安全治理工作，部署开展冬春火灾防控工作等。全年共消防监督检查单位2609家，发现火灾隐患2267处，督促整改2214处，查封45家，责令“三停”40家，罚款316.39万元，挂牌督办3家重大火灾隐患单位，其中2家整改销案。

【消防应急救援保障建设】 2021年，市消防救援大队围绕“加密消防队站布点，补齐区镇消防队站空白”目标，完成合作、吕四、王鲍、启东经济开发区、南阳、惠萍、东海、启隆8个消防站营房、训练设施、配套生活办公设施等建设工作，实现全市区镇消防站全覆盖；同步完成消防员招聘、新队员培训、新站干部选拔等工作，完成消防站投勤准备。整合利用现有资源，将市应急物资保障库4～9号共2000平方米仓库作为市消防应急装备物资储备库使用。结合市灭火救援实际需求，全面推进装备达标建设，配齐配强各站消防车辆、器材装备。

【消防安全宣传】 2021年，市消防救援大队深化消防安全宣传“五进”活动，借助微信、短信、报刊、电视等媒介，扩大消防宣传覆盖面。全市建成教育示范点3个、主题公交1列，建设消防科普教育馆和消防主题街区。完成重点人员分级分类免费培训，年内开展集中培训200余场次，发送短信100余万条，发放宣传资料6万份、小学生消防教育读本8000本。发挥火灾事故现场警示教育作用，组织开展80余次火灾事故现场警示教育培训。利用“3·15”消费者权益日、防灾减灾日、安全生产月、“119”消防宣传月等集中开展消防宣传主题活动，发动各区镇、行业、部门动员社会关注消防安全，落实主体责任。集中开展《高层民用建筑消防安全管理规定》宣传、治理工作，共组织集中宣讲2次，印发公告1.5万份，发送宣传短信20万条，集中一天24小时在电视开机时推送开机画面宣传广告，向20万微信用户推送《规定》宣传内容，在《启东日报》刊登《高层民用建筑违规停放电动自行车集中治理的公告》，与传媒公司合作制作专题动漫宣传视频等，促进治理行动的深入推进。

（秦薇薇）

责任编辑 黄亦美

镇 街道

※汇龙镇
※吕四港镇
※北新镇
※东海镇
※惠萍镇
※南阳镇
※海复镇
※合作镇
※王鲍镇
※南城区街道
※北城区街道

东海镇发展生态养殖，沿海生态滩涂美景如画 （叶 娟/摄）

汇龙镇

【概况】 2021年,汇龙镇行政区域面积104.2平方公里,耕地面积4960公顷。总人口25万人,其中农村人口8.4万人。下辖27个行政村、3个居委会。镇实现地区生产总值262.8亿元,比上年增长10%,其中第一产业增加值4.6亿元、第二产业增加值95.8亿元、第三产业增加值162.4亿元;完成一般公共预算收入13.5亿元,比上年增长3.1%;全社会固定资产投资54.4亿元,比上年增长18.2%;城镇居民人均可支配收入54926元、农村居民人均可支配收入30710元,分别比上年增长6%、11.2%;全年实际到账外资1126万美元。在全国综合实力千强镇的排名跃升至108名,获中国乡镇综合竞争力百强镇、南通市双拥模范镇、2021年度南通市勇当全省"争当表率、争做示范、走在前列"排头兵先进集体等荣誉。

【项目建设】 2021年,镇新增规模以上工业企业10家,规模工业企业总数达69家;实现规模工业产值96.4亿元,比上年增长12.4%;工业应税销售87.6亿元,比上年增长2%。新增规模以上服务业、贸易企业36家,实现服务业应税销售198.5亿元,比上年增长6.67%。积极落实长三角一体化发展战略,重组配优驻外招商队伍,强化招商力度和频次,主动承接上海、苏南优质产业。开展"大项目突破年"活动,在上海、苏州等地召开产业招商会8场,储备丰树综合产业园、大明重工、品岱科技等一批10亿元以上重特大项目。全年成功签约迪博西、天宇石化、清尚环保等多个亿元以上项目,成功签约世界500强企业投资的新加坡丰树智慧物流园等10亿级项目。亿方密封、海王消防等亿元以上项目竣工投产。致力有效投资,外资到账1126万美元。城北工业园空间布局和产业规划进一步优化,雨污分流、道路亮化等配套建设全面推进。加大项目用地保障力度,通奕自动化、申力高压2家企业完成低效用地整改,全年盘活园区存量闲置厂房25000平方米。

【科技创新】 举办2021江苏启东(武汉)高层次人才创新创业推介会、启东创业大赛南昌赛区城市赛,在上海、苏州等地组织各类人才对接会23场,引进高层次人才13人。高新技术企业新增13家,高新固定资产投资占比达19.9%,600人获批高技能人才。

【三农工作】 2021年,镇推进碧林湾休闲农庄、乾励食品、稻麦基地等新型农业经营主体建设,完成规模农业投资额3.65亿元。夯实农业发展基础,圩角片约866.67公顷高标准农田高质量运营。全面推进乡村振兴先进村建设,城北村高标准完成殡仪馆基础设施改造、金汇苑邻里中心建设和绿化改造;临江村实施河道整治、农路拓宽、违章拆除等项目,提升村容村貌。开展村级财务专项整治工作,全面排查村级资产、银行定存、财政借款等财政情况,提升村级财务规范化水平。开展农民培训工作,300余人次农民接受农业技术推广培训。持续巩固精准扶贫成果,健全防止返贫长效机制,11名低收入户落实就业,约1.67公顷土地集中流转。保障失地农民权益,全年新办理失地农民保障1590人,完成失地农民"回保"22253人。

12月31日,丰树(启东)现代智能物流中心项目签约仪式在市政府举行
(汇龙镇/供图)

【城市建设】 2021年,镇对计划内新开地块组团推进、集中腾房,全年累计腾房2546户;实施镇历史上最大的拆迁单体项目生命健康科技城二期,累计腾房1361户,腾房率98.4%;完成北沿江高铁客整所项目红线区域167户拆迁签约任务;推进结转地块扫尾行动,累计完成签约腾房50户、2家企业;完成森林公园首开区、双庆安置区新兴线等净地32块,完成率82%,腾地约64.67公顷。深化文明城市长效管理,支持配合城市建设项目,功能配套更加完备,文化馆新馆等建成启用,头兴港滨河公园北区加快建设。东郊安置区二期、双庆安置区二期、东疆花苑二期等安置区推进建设,1240户拆迁户完成回迁。保持拆违控违高压态势,共拆除存量违建945处超16万平方米,新违建继续保持"零增长"。把集镇改造升级作为提升城镇服务功能的着力点,深入推动惠丰集镇镇容镇貌提档升级。重点推进亚光村特色田园乡村创建工作,绿化配套、小游园等基础设施建设全面实施。推进最美江海岸线建设,恒昌化工、飞龙香料、科盈橡胶3家企业完成拆迁交地,启动区违建房屋完成土地复垦。加大耕地保护力度,深挖土地利用潜力,完成增减挂钩验收约16.67公顷、占补平衡约8.73公顷。

【生态环境建设】 2021年,镇以圩志线、东汇线为先行区,开展农村人居环境整治提升行动,推进干道沿线违章建筑、破落建筑和“三棚”整治专项行动。落实大气污染防治，10家企业完成锅炉提标改造，4家企业完成挥发性有机废气整治。做好秸秆综合利用和禁烧工作，规模种植户秸秆回收率达100%。常态化巡查监测国控断面，第一时间消除污染预警。推行企业排污许可证制度，130家重点企业获排污许可。加强备用水源地日常管理，确保供水安全。11条黑臭水体疏浚到位，52个浮子阀等非法捕捞设备全面拆解，完成泯沟疏浚92条、生态河道建设8条。推进农路维修，修复破损路面10000多平方米；新建桥梁1座，面积104平方米；新建农路1条，面积3150平方米。

【社会民生】 2021年，镇严格落实民生实事项目人大代表票决制，投入4.95亿元用于镇五大民生实事项目，完成率100%。开展“我为群众办实事”实践活动，完成镇级98个重难点项目、村级221个动态实事项目。科学精准开展疫情防控工作，完成新冠疫苗接种超7万人，稳妥有序开展全员核酸检测实战演练。强化食品安全监管，严格实行农村集体聚餐审批制度，学校食堂“明厨亮灶+互联网”覆盖率达100%。“厕所革命”成效显著，全镇15个改厕村全部通过上级验收。不断完善社会保障体系，完成城乡居民参保1.77万人；对254户城乡低保走访核查、民主评议，新增低保10户，核减83户。以全镇27个“银发驿站”为依托，开展“慈善惠老”志愿者服务，累计发动60周岁以上志愿者388人，南郊村“连心桥”助老志愿服务项目获评2021年度启东市新时代文明实践优秀志愿服务项目，开展党史学习教育，举行各类理论宣讲400余场。

【社会治理】 2021年，镇为民服务中心60项赋权审批事项实现受理、审核、审批一条龙服务，全年完成办件47000件，连续4个季度获市级政务服务流动红旗。新增平安乡村建设安全保障设备，汇东平安前哨工作站竣工启用。推进反电信网络诈骗工作，诈骗案件发生率明显降低。推行“派出所+人民调解委员会+法院+法律顾问”的矛盾纠纷化解新模式，镇村二级共调处各类矛盾纠纷42件。重点区域强化管控，长江沿线、铁路沿线实现全天候、全方位监控。探索“大数据+指挥中心+综合执法队伍”的执法新模式，镇基层治理成效受到省委编办领导的肯定。指挥中心应用场景不断丰富，创新“养老+服务”平台、“可视执法指挥调度”平台、“一双慧眼”安防系统、“汇龙镇企业大数据平台”等应用。南郊村“五心搭建连心桥”入选南通市首批“一村一品”新型农村社区治理十大品牌。工业企业安全生产风险辨识管控工作常态化开展，全镇570家企业完成注册申报。开展“小化工”专项整治工作，累计排查违法违规线索92条，立案查处3起。推进安全生产事前执法检查工作，全年责令限期整改53家次，事前处罚立案查处28起，处罚金额超40万元。加强建筑工地安全生产，稳妥应对台风“烟花”“灿都”，累计转移安置建筑工人超1200人。开展瓶装液化气安全专项整治，免费上门为群众更换皮管1200余套，全镇80岁以上老人及特殊群体实现应换尽换。

（陈倩钰）

吕四港镇

【概况】 2021年，吕四港镇行政区域面积152.8平方公里，耕地面积7147公顷，下辖35个行政村、5个居委会。镇实现地区生产总值276亿元，比上年增长8%；一般公共预算收入6亿元，比上年增长16%；完成规模工业应税销售147.04亿元，比上年增长37.04%；财政总收入12亿元，比上年增长19%；完成全社会固定资产投资25.92亿元，比上年增长122.7%。培育31家规上工业企业（含月度新增7家）、7家规上服务业企业（含月度新增5家）、21家月度新增限上企业（含月度新增8家）。

【工业经济】 2021年，镇完成规模工业应税销售147.04亿元，比上年增长37.04%；其中电动工具企业完成应税销售150.51亿元，比上年增长41.04%。电动工具规上企业完成应税销售130.44亿元，比上年增长34.27%。完成全社会固定资产投资额25.92亿元，比上年增长122.7%。其中，制造业投资14.9亿元，占比57.48%；高技术产业投资4.29亿元，占比16.58%。完成营利性服务业营业收入1.7亿元，比上年增长81.48%。限上零售额增幅12.86亿元，比上年增长28.56%。

【项目建设】 2021年，镇围绕“大产业、大基地、大项目”，完成东成老厂区、电商仓储、华人机电、桂林苑、艳山红等项目相关规划报批工作。全年累计对15家企业进行地块控制性详细规划调整，盘活存量国有土地约14.51公顷。全年新开工亿元以上产业项目15个，总投资34亿元，累计新开工面积超30万平方米。东成本部改扩建项目、东成兆民工业园二期、东成电商仓储项目、百兴年产60万台电动工具项目、艳山红喷涂设备年产70万台（套）直流工具及配件项目、陆氏年产100万片金刚石锯片项目、欧的旺年产50万台电动工具等一批项目加快建设。

【现代农业】 2021年，镇推动启东稻米产业联盟持续健康发展，有成员单位30家，联盟水稻种植面积稳定在666.67公顷以上，水稻产量5000吨以上，带动吕复、培根、垦北等周边农村3500多户农民合计增收240万元。围绕吕四范龙黄桃、丰水梨，西宁甜瓜、草莓，巴西葡萄，闸河西瓜等村水果特色产业，实施集现代农业、创意农田、休闲度假、田园社区、农事体验于一体的农旅项目，制定特色旅游线路，推广水果旅游景点。吕复村制作稻米宣传片，拍摄种植各个环节，增强“吕鲜”稻米品牌效应。如意村在乡村振兴核心区域打造以“幸福如意　合和永乐”为主题的农旅项目，总面积约24.67公顷，构建“一带一环八点”空间结构，全面建设田园综合体。

【城镇建设】 2021年，镇科学编制《吕四港国土空间规划（2020—

吕四港镇如意村“一环八点”农旅项目之彩绘道路　　（吕四港镇/供图）

2035)》和《吕四港镇片区城市设计》，形成初步成果。拆迁让地成效显著，完成4条道路110户，6个地块303户，洋吕铁路拆迁二期400户、三期282户，共计1095户的签约工作，总签约率达99.64%，启动征地150公顷，交净地块4块。推进“一户两宅”清理，采取奖励激励机制，完成整治200余户。城乡建设用地增减挂钩复垦，第一、二批完成且通过南通验收约21.33公顷，第三批准备入库约76.67公顷。新二院、交通安置区、老气象站、港城国际西侧地块、老会展中心人才公寓等地块共21.6公顷经营性土地成功挂牌。累计投入2000万元，完成老旧小区改造30个，实施整改中10个。投入1000余万元实施兆民、天汾、秦潭、茅家港4个老集镇基础整改，完成兆民集镇全面整治。投入12亿元，规划建设交通路网、功能配套以及景观亮化等项目42个，全部开工建设。累计新改建12条道路10余公里，年底10条道路8公里通车。新改造人民桥、来鹤桥，12座农村危桥均完工；建设天汾大桥，年底完成总工程量的85%。百源五星级酒店建成运营，镇为民服务中心投入使用，北部医疗中心(第二人民医院)、消防站、吕四文体中心、文体广场开工建设。镇公交正式营运，开设班车线路4条，投入运营车辆8辆，桂林苑、海港花苑、交通安置区共20万平方米安置房开工建设。

【生态环境建设】 2021年，镇启动实施镇区13条道路25公里绿化、照明、亮化、景观提升工程以及5条河道8公里水系整治，镇区绿地率28%，绿化覆盖率30%。美丽乡村建设以点带面。投入近4000万元，启动9个村12个自然村落创建美丽宜居乡村，其中特色田园乡村1个，17个村开工建设。推进5个分散式农村污水管网示范村建设，2348户农户完成接入2302户，完成率98%。

【社会民生】 2021年，镇对各村(社区)因灾、因病、因祸、因残致贫困难户临救(包括特殊对象)1255人次。各村(社区)慈善工作站慈善增值款救助困难户972户1816人次。助残日期间，为48户建档立卡贫困残疾人、残疾人低保家庭、重度残疾人家庭发放各类小电器。加强低保对象全面复核和动态管理工作，全镇农村低保户(含单人保)728户，保障人口984人；城镇低保户13户，保障人口19人；分散特困人员202人，集中特困供养人员60人。实施170户经济困难的高龄、失能、重度残疾老年人家庭实施适老化改造，改造补贴不低于3000元/户。完成袁家灶村和吕滨村公墓搬迁。为2名困境儿童办理入院手续和监护人变更。全年新办理农村奖励扶助1080人，特别扶助32人，企业退休一次性奖励273人，城镇老年居民一次性奖励19人。天汾幼儿园改扩建工程结构封顶，桂林小学规划12轨制新地址实施征地，筹备天汾中学异地新建。关停取缔无证幼儿园11余所，投资2亿元进行学前教育基础设施建设，8所幼儿园正式启用，其中新建5所，扩建3所，首批招生829人，共为2798名幼儿(包含学校原有的学生)提供优质的学前教育资源，8所幼儿园分别获评江苏省优质幼儿园、南通市优质幼儿园。2020年小升初“三优”学生210人，中考启东中学上线80人，高考本一上线32人，吕四中学高考本科率达80%以上。吕四进士府布展工程全面完工，对外开放。组织12场送戏下乡活动，全面完成新一轮体育场地普查工作。

【社会治理】 2021年，镇利用镇域治理现代化指挥中心，整合12345政务平台、网格化服务管理、数字城管、环保平台、渔业船舶北斗导航系统、企业排污水环境监测平台等职能，进行实时分析、跟踪、处置，加快推进城市智能化应急管控。全年接待来访群众754批次，2020年底交办的32件国治件全部化解上报。坚持完善矛盾纠纷多元调处化解机制，镇、村两级共排查受理各类纠纷案件285件，调处285件，调处成功283件，调处成功率99.3%，与上年相比，人民调解案件总数下降142件，共涉及调解金额1313.32余万元。全年共调处非正常死亡事故纠纷12起。推进“扫黄打非”进基层工作，基层信息员培训合格率达100%。

【安全生产】 2021年，镇针对重点企业、液氨企业、粉尘企业等组织开展安全生产培训4次，合计培训800多人次；对30个重点领域开展安全生产专项整治工作，全年合计检查企业和经营场所3988家次，检查发现隐患5299处，全部完成整改；聘请安全专家对工业企业、消防重点企业、渔业渔船、建筑工地等重点行业领域开展专业检查，对1600家生产经营单位实施检查6000多家次。做好船员培训工作，召开普通船员培训班7期，共培训942人；职务船员培训班1期，共培训116人。

（彭焕倩）

【社区建设】 2021年，吕四港镇有5个社区，661名在册党员，16696名社区居民。各社区持续推进"社企联建"书记项目，打造特色志愿服务品牌。鹤南社区打造"党建引领·聚力鹤南"，落实"五联五融合"共驻共建机制；公园社区建立社区党组织与驻区单位党组织常态化沟通联系机制，开展"项目认领""菜单式服务"等系列志愿主题活动；仙鹤社区把"主题党日"和"盈港——仙鹤邻里节"相结合；晓明社区主题党日活动两次获评启东市优秀主题党日活动。建立社区居委会居家养老服务站和党员志愿者服务队，为社区空巢老人、下岗职工、留守儿童等困难群体提供服务和帮助；对社区3829名企业退休人员进行年检，组织开展社区内年满60周岁的老年人免费体检；全面完成新型农村合作医疗的宣传和收缴工作，总计参合达3053人；开展安康关爱老年人行动，收缴老年人保险733份。全年登记低保户5户、核定重残人员41人，新增重点优抚对象、登记退伍军人，新增尊老金发放人员97人，办理"4050"社保补贴人员128人，慰问各类困难人员261人，全年累计发放各类补助资金24.46余万元。推进社区基础设施建设，完成5个老旧小区的改造。开展江苏省级健康镇创建工作，与多部门联合摸排辖区"六小"行业排污问题，定期对居民宅前屋后、小区楼道、道路卫生等进行整治。加强社区内社会治安综合治理工作，全年走访群众11897余人，派发干部联系卡7680份，收集整理各类问题188条，调解居民矛盾187起，调处成功率100%；社区内未发生重大刑事案件、集体上访事件和安全事故。仙鹤社区被评为2019—2021年度江苏省文明社区。

（印 静）

北新镇

【概况】 2021年，北新镇行政区域面积97.2平方公里，耕地面积6091公顷。户籍总人口7.6万人，下辖24个行政村、2个居委会。镇实现地区生产总值9.3亿元，比上年增长10.52%；完成一般公共预算收入3852万元，比上年增长15.33%；完成规模工业总产值6.5亿元，比上年增长15.12%；完成工业应税销售4.9亿元，比上年增长20.18%；实现限额以上消费品销售额7.5亿元，比上年增长20.33%。新增工商登记注册外资100万美元，实际到账100万美元；实现进出口总额2810万元，比上年增长25.24%。

【项目建设】 2021年，镇聚焦产业转型，深耕项目建设。全力保障要素供给，提高项目服务水平，加快项目推进速度，夯实项目对经济发展的基础带动作用。做好技改扩建项目的报批工作，形成项目储备一批、开工一批、竣工一批、转化一批的良性循环。全年完成新开工亿元以上项目1个，为南通层翔模具有限公司投资1.54亿元的金属精密模具制造及汽车排气系统零部件制造项目；完成新落户工业项目1个，为德哈哈空气压缩机（上海）有限公司投资2亿元的空气压缩机项目，落户启东经济开发区；新竣工亿元以上项目1个，为南通天地和环保科技有限公司固废综合利用处置中心建设项目；盘活原春江建材厂等地块项目用地7.2公顷，盘活宏泰新材料、启尖智能制造、泓泰新材料3家存量厂房。加大对农业招商的力度。至年底，镇重大农业项目有8个，合计投入约2.4亿元。目田康养基地和花溆奶牛养殖项目2020年开工建设，2021年共投入约7000万元。其余6个项目为新招引的农业重大项目，分别是启东市红阳村乡村振兴示范村建设、北新镇农业废弃物和水生植物综合利用中心、双仙无土栽培蔬菜大棚、新型生活集市暨智慧市场项目、北新镇农贸市场商业综合体一期、北新镇高标准农田建设。其中，新型生活集市暨智慧市场项目完成建设总投资8000万元；北新镇农贸市场商业综合体一期完成建设，该项目占地约1.13公顷，总投资3000万元。

【镇村建设】 2021年，镇推进总体规划及控制性详细规划的修编，完成初稿编制。完成民主镇区道路标线、花溆村安息堂、农路农桥提档升级、危房改造、分散农户污水治理、北新镇区弱电线路整理改造等民生实事工程。推进丽都名苑安置房工程、中心镇农贸菜场、文体中心等一批重大工程项目，其中丽都名苑安置房工程完成房屋二

北新镇民主集镇居民小区 （北新镇/供图）

次结构施工，推进供配电、自来水、绿化、道路、停车位等室外配套施工；中心镇农贸菜场工程完成二次结构施工，实施相关配套施工。新庄村内河码头拆迁区域内的农户拆迁工作基本完成，展开土地征收工作，保障市重点工程项目顺利推进。配合市交通局及规划设计单位完成北沿江高铁沿线现场踏勘、论证和调查摸底及土地征收等准备工作，加快北沿江高铁安置区的建设推进力度。北沿江高铁安置区土地征收面积6.32公顷，土地补偿费和青苗补偿费238.916万元，安置75人，补偿费和人员安置全部到位。

【生态环境建设】 2021年，镇治理农村黑臭水体4条，打造生态河道4条，清理泯沟6000多条；推进绿化补植，道路绿化种植超过农路总长的90%；强化村级农膜回收点，推进垃圾分类收集处理，累计清理各类垃圾1万多吨；推进畜禽养殖治理和无害化收集点建设，农村养殖污染得到有效治理；推进无害化卫生厕所普及，完成户厕改造1万多座，新建农村三类公厕6座。

【社会民生】 2021年，镇为57户困难家庭申请低保，审批审核临时救济58户，发放救助金15.2万元，因病致贫家庭认定42户，申报支出型贫困家庭78户，发放补贴24.7万元，办理五保供养64人。为困难群众发放生活补贴1140万元、尊老金364万元。为计划生育家庭发放各类奖励扶助资金1555.2万元。为优抚对象发放各类补贴840多万元，走访慰问困难优抚对象78人次，累计慰问金额5.8多万元。疫情防控工作有序推进，做好疫苗接种工作，实现核酸检测演练全覆盖，各专项工作组抓好重点场所管理，隔离点场所规范运行，同时做好24小时值班值守工作。挖掘烈士史料，建设烈士纪念馆。6月29日，位于北新镇轶昌村的施简烈士纪念馆正式开馆。至12月底，接待参观团队120余批，参观人数近3000人。

【社会治理】 2021年，镇探索“互联网+基层治理”模式。11月，新镇域治理现代化指挥中心正式投入使用，以“网格化+12345”工作机制为基础，整合网格化管理、12345热线、综合执法局、农业农村和社会事业局等资源职能，形成收集、上报、分流、处理、销号流程。全年通过网上平台采集基础信息10万余条，办理民生实事2754件，发现并上报问题事件809起，协调处理矛盾纠纷332件。镇调解中心全年接待来访163批次、来信8批次；调处矛盾纠纷17起，涉及人员47人次，矛盾调处成功率100%；村调处矛盾纠纷95起，涉及人员202人次，调处成功率达99%。

（施群英）

东海镇

【概况】 2021年，东海镇行政区域面积85.4平方公里，耕地面积5421公顷，总人口62182人，辖18个行政村。镇实现地区生产总值41.94亿元，比上年增长9.2%；实现入库税收6143万元，比上年增长44.9%；实现规模工业应税销售5.34亿元，比上年增长6.9%；实现服务业应税销售3.28亿元，比上年增长16.7%；完成固定资产投资12.2亿元，比上年增长35.8%，其中工业投资9.5亿元，比上年增长57.6%。“勇当南通排头兵，追赶跨越比贡献”年度考核位居启东市第三名。镇成功创成国家卫生镇、江苏省文明镇、江苏省放心消费示范区域，兴旺村获评全国乡村治理示范村。

【项目建设】 2021年，镇有重点在手在谈项目4个，分别为总投资20亿元的中储粮粮油、总投资3亿美元的中俄基金安启新材料、总投资10亿元的中国恒天汽车零配件和总投资3500万元的永太汽车配件。总投资20亿元的深圳发电机、2亿元的林洋光伏、2亿元的苏州建邦电子、1500万美元的岩棉聚氨酯封边板等项目进入项目储备库。新开工项目2个，分别为总投资1亿元的协兴港望海酒店项目、1亿元的龙建轻质建材墙板制造项目。新竣工项目1个，为总投资1亿元的洛申船舶配件制造项目。新转化达产项目3个，分别为总投资2.3亿元的启宝钢管高性能石油钢管加工项目、1.8亿元的布鲁奇维尔通风设备制造项目、1亿元的点晶新材料机械配件项目。

【科技创新】 2021年，镇成功申报启东市“东疆英才计划”2人，其中国家级人才1人，申报“启明星计划”2人，获得“启创杯”创业大赛三等奖、优胜奖各1人。出台“双招双引”奖励政策2.0版，累计开展招才引智活动25次。全年引进高层次人才2人、海外人才2人，海外人才于海隆的“基于三维肿瘤类器官培养的新药筛选和精准化个性化治疗”项目和上海大学教师胡雪峰的“农用酵素及高效复合菌种研制生产”项目入选启东市“东疆英才”计划。组织产学研活动，技术合同交易额达9000万元。启东新盛新能源开发有限公司被确定为高新技术企业。

【镇村建设】 2021年，镇重点培育云祥村为南通市级乡村振兴示范村，培育兴旺村为南通市级乡村振兴先进村。星宏村特色田园乡村建设全面启动，武东三村、建民一村、东安六村等12个自然村的美丽宜居乡村建设有力推进，三棚整治、绿化种植、小公园改造、保塌工程、拆坝建桥工程等项目全面完工。全镇土地入库总面积约23.47公顷，排摸水工用地资源约19.07公顷，占补平衡、拆旧复垦完成上级下达的目标任务。创新开展“集镇大比武”，全面推进公厕、农贸市场、停车场、绿化、户外广告等基础设施提档升级，争创更高水平全国文明城市年度考核位居全市第一位。新东公路拓宽改造工程全面启动，新东惠线拆迁工作进入扫尾阶段，345国道征地前期工作全部完成，消防站、派出所加快建设，镇文体中心投入运行，2100平方米的文体活动广场完成改造。占地约6.67公顷的工业综合体完成规划评审，原华森纺织和永安纺织两块低效闲置用地有效盘活。

【生态环境建设】 2021年，镇在全市率先建成镇级可回收垃圾分拣中心、建筑垃圾中转点和畜禽粪污处置中心。做精做细"每家净"特色品牌，全年评选挂牌"洁净庭院"7948户、"美丽庭院"856户。集中运输秸秆3810吨，2000户生活污水治理设施建设、6条黑臭水体整治全面完成，157件环保举报线索全部妥善处置。全区域配置保洁员65人、村级乱堆乱放清理员36人，增设240升垃圾桶4758个，3座易腐垃圾处理设备投入运行。

6月20日，东海镇德字村秸秆堆放点，工作人员将油菜秸秆"打包"，准备运往海门，加工成生物质肥料，既提高农业效益，又保护乡村生态环境

（姜新春/摄）

【社会民生】　2021年，镇集中力量推进疫情防控工作，疫苗接种阶段性任务圆满完成。累计完成农村户厕改建14171座，超额完成三年目标任务。新建2家省级优质幼儿园，新安幼儿园开园，大丰幼儿园竣工。及时足额发放各类生活补助1563万元，受理代办帮办事项531件，办理灵活就业社保补贴506件，城乡居民养老保险、医疗保险征缴覆盖面不断扩大，群众满意度达98%以上。全镇248个"我为群众办实事"项目全部按序办结。升级打造"东海理响"理论宣讲品牌，开展党史主题宣讲800余次。常态化培育推广道德典型，仇佩英获评"江苏好人"。

【社会治理】　2021年，镇上报解决网格各类事件12066件，拍摄全民反诈原创视频15个。接待受理群众来信来访194件，排查调处矛盾纠纷193件，7件国治交办件全部结案。全年共排查整治安全隐患1000余条，处罚企业9家，收缴罚金10万元，拆解非法浮子筏84个。

（施慧宏）

惠萍镇

【概况】　2021年，惠萍镇行政区域面积82平方公里，耕地面积4585公顷。户籍人口6.74万人，其中常住人口7.5万人，辖15个行政村。镇实现地区生产总值106.6亿元，比上年增长15.8%；完成一般公共预算收入1.44亿元，比上年增长5.1%；实现规模工业总产值12.34亿元，比上年增长47.2%；全社会固定资产投资13.7亿元，比上年增长12.2%。镇获2021年度全国老区宣传工作优秀奖，获评2021年南通市关心下一代工作先进集体，大兴镇村成为省级乡村旅游重点村。6人次获市农业农村局评选的特色乡土人才奖。

【项目建设】　2021年，镇新落户工业项目2个、新开工10亿元以下工业项目2.5个、竣工工业产业项目4个、转化达产项目5个，盘活项目用地约5.67公顷、存量厂房项目6个。新增应税销售超10亿元企业1家、文化产业企业1家、南通市专精特新科技小巨人企业1家，新增省股权交易中心挂牌企业2家、上市挂牌后备企业1家。举办投资推介会4场、创新创业环境推介会及各类精准对接活动20余场。推进乡村振兴战略，坚持"项目兴特色、特色促调整"的思路，全年规模农业开工项目11个，全部竣工；申报绿色基地项目1个、江苏省级示范家庭农场4家、南通市级示范家庭农场8家、启东市级示范家庭农场12家。

【科技创新】　2021年，镇引进符合国家重大人才工程申报条件的海外人才2人，符合省"双创人才"申报条件的人才2人，省"双创计划"入选1人。强化企业主体创新意识，全年科技型中小企业入库13家，培育科技创新型企业2家。指导企业研发机构建设，新认定南通市企业工程技术研究中心1家；搭建产学研对接平台，实施产学研项目3个，技术合同成交额9812万元；鼓励并指导企业通过南通保护中心备案申请发明专利57件，新增发明专利授权16件。

【镇村建设】　2021年，镇完成镇区景观亮化工程、G345道路绿化景观工程，新建镇区1.05公里道路，镇区道路建设改造增幅达11.2%；镇区"十个必接"工程完工，实现镇区污水管网全覆盖，镇区生活污水集中处理率达85%；新城区板块绿地奥特莱斯商业广场主体结构完成，绿地铂骊酒店进入内部装修阶段；新城区和老集镇商品房建设有序推进，阅峯汇、春晓学府、江南雅苑、海畔东方城等一批商品房结构封顶，瑞园项目开工建设。加强镇容镇貌整治，改造升级农联小区雨污管道、停车位、绿化、道路，改造惠和集镇镇区街道外立墙面、街景绿化，规范化整治沿街店招店牌；深化联动机制，严控违章建筑，全年共拆除违章建筑523宗，面积36445.35平方米，创建无

惠萍镇永胜村大力推进绿化造林工作，累计租地造林767.02亩，新增林木37200多株，新增成片林面积372.92亩　　(潘　杨/摄)

违建村4个。新开地块为原南惠阳村地块(沿江公路北侧)，累计签约956户，签约率达96.08%，腾房率98.64%；重点对汇泰嘉园三期、红星美凯龙南侧地块、新启东中学地块和原南惠阳村地块结转区域进行攻坚，至年底完成签约28户，交付汇泰嘉园三期、新启东中学两块净地。推进安置房项目，汇泰嘉园二期交付，惠萍家园三期完成主体结构封顶，汇泰嘉园三期组卷报批。

【生态环境建设】 2021年，镇加大扬尘污染治理力度，对已整治的砂石堆场、预制场等“散乱污”企业回头看，清理“散乱污”企业20多家；提高信访举报案件办理效率，处理举报178件。系统推进宜居环境建设，农田水利、宅垅整治填埋58条；东兴镇村开展特色田园乡村建设；全镇区域内开展水环境整治，新建毛套河、四效河、二效河、小庙港河、南引河、三条港河等多条骨干生态河道，全面完成市级生态河道示范片惠萍片区的创建工作；新建惠民路小游园、兴惠小游园、河湾村生态小游园，逐步打造“一步一景”好生态。

【社会民生】 2021年，镇做好基本民生兜底保障，构建分类分层、阶梯递进的社会救助格局，建立低收入人口认定和动态监测机制，关注残疾群体、精神障碍患者、事实孤儿等群体，精准对接；适应人口老龄化需求，全面排摸，为4123名老年群众提供村居标准化居家养老服务，完成90户居家适老化改造。注重科教文卫等社会事业均衡发展，投入200万元改建卫生院CT室，新建的惠萍家园幼儿园、汇泰嘉园幼儿园、大兴幼儿园投入使用，新建的消防站点基本完工。建设惠萍镇文体中心，项目总投资2000万元。

【社会治理】 2021年，镇落实社会稳定风险评估、领导班子信访包案、矛盾纠纷多元化解等各项机制，全年共答复分流信访案件127件，调处各类矛盾纠纷182起，庭调18起，涉及金额约177万元，纠纷受理率和成功率达100%，未发生一例因涉黑涉恶引起的民转刑案件。完善“大数据+网格化+铁脚板”的工作机制，将全域合理划分成87个综合网格和11个专属网格；推进“网格+”阵地建设，借助新时代文明实践站、红色党建、姐妹微家等实体载体，建立80个网格驿站；以红星美凯龙综合商圈专属网格为试点，打造“共建共治、专属专责”的网格服务管理“惠萍模板”。打造平安稳定创新技防，融合平安前哨工作站，新增监控点位；建立综合行政执法新模式和监测预警机制，依托指挥中心平台会商会办各类热点、难点问题30余件，核查预警件20余件，受理处置群众诉求2900余条。

(王丹旎)

南阳镇

【概况】 2021年，南阳镇行政区域面积126.86平方公里，总耕地面积7746.49公顷，高标准农田8.8万亩。总人口94145人，辖29个行政村、1个居委会。镇实现地区生产总值67.18亿元，比上年增长10.18%；实现规模工业产值18.9亿元，比上年增长23.53%；实现规模以上服务业营业收入4275万元，比上年增长108.6%；一般公共预算收入9357万元，比上年增长0.2%；规模以上工业应税销售收入15.4亿元，比上年增长9.9%。推进高标准农田建设，5000亩高标田进入收尾阶段。加快农业新型经营主体培育，创建和发展新型合作模式，全年获评国家级示范合作社1家、省级以上示范合作社5家、省级示范家庭农场3家。现代农业园区示范引领作用不断加强，建成江苏省四青作物产业技术创新战略联盟。镇获评江苏省生态文明建设示范镇、江苏省“乡村振兴”先进集体。辖区内江苏省启东市现代农业产业园获全国农村创业创新园区、上海市蔬菜供应基地和江苏省永久性菜篮子工程基地等称号。元祥村获评江苏省文明村。武陵村通过南通市乡村振兴示范村评审，元祥村通过南通市乡村振兴先进村评审。

【项目建设】 2021年，镇开工亿元以上项目2个，竣工项目1个，盘活存量土地约5.71公顷、存量厂房4个。全年新增规模以上工业企业5家、服务业企业4家、限上以上批发零售和住宿餐饮业企业4家。全年外出拜访项目86个，举办投资环境推介会7场，先后引荐江苏奇达大数据、力生美半导体生产制造、光柏医疗辅助功能性材料项目落户启东经济开发区，卓本医疗科技项目落户高新区。开展农业招商引资，新开工规模农业项目8个，总投资额2.93亿元；竣工项目4个。

【科技创新】 2021年，在启东市第六届“启创杯”创业大赛城市赛中，镇共有13名选手获奖，其中1人获总决赛一等奖。举办人才投资推介会2场、精准对接会18场，引进省“双创人才”2人、国家“启明计划”人才2人。新增1家高新技术企业[乐匀(南通)机电混合设备有限公司]，2家企业通过复审(启东市永安阀门有限公司、南通市华东润滑设备有限公司)。技改投入3.01亿元。

【镇村建设】 2021年，镇基础设施不断完善，腾飞路竣工通车，农村公路提档升级5.6公里，为民服务中心、文体中心实施开工前各项准备工作；南阳、少直、永和三所幼儿园投入使用，镇消防站竣工启用。“两横三纵两出口”交通格局全面建立，配合宁启铁路(南阳段)建设。市区蔬菜批发市场整合搬迁至中农批市场。加快推进农村污水管网建设，14个自然村纳入城镇污水管网，设施正常运行率100%。探索农村宅基地自愿有偿退出机制，在启东乃至南通地区创新出台《关于鼓励和支持农户弃宅进镇的指导意见(试行)》，共有346户农户签署补偿协议书并完成腾房，拆旧复垦总面积达10余公顷。

【生态环境建设】 2021年，镇抓好大气、水、土壤污染防治，神通阀门加装废气收集装置，并通过验收。落实启兴村站点大气质量提升举措，空气质量明显改善。新建地表水监测站，并正常运行。开展垃圾分类、农业废弃物回收工作，添置电动垃圾收运车65辆、压缩清运车5辆。全镇29个村及5家农业规模企业均规范设立农业废弃物回收点。秸秆综合处理中心建成运行，日处理量达10吨。耕南村、小塘沙村、红星村、北清河村建成生态河道示范村。全年镇处理污染防治信访单132张，落实率100%。

【社会民生】 2021年，镇开展“我为群众办实事”活动，全镇118件实事项目全部办结，群众满意度达99.1%。全面推行“代办帮办”服务，共计服务3000多件。脱贫攻坚持续深化，创新

南阳镇元祥村兴祥草坪种植专业合作社流转土地600亩，种植百慕大草坪
(南阳镇/供图)

“以鱼净水，结对帮扶”项目，放养河道33条，惠及贫困户39户。开展就业、创业培训206人，城乡居民基本养老保险应保尽保，新型农村合作医疗参与率达100%。推行“乡风文明积分实践”管理，举办“共乐东疆”“主题阅读”等文化活动，宋陶获评江苏省道德模范，另获评南通市最美家庭1户、启东市道德模范4人、“启东好人”5人等。

【社会治理】 2021年，镇推进扫黑除恶专项斗争，形成扫黑除恶长效机制。推进“全民反诈”，打造反诈骗立体防控体系，覆盖群众5万余人。增补平安乡村探头600余组，全镇传统侵财案件发案率比上年下降46.3%。推进中国共产党成立100周年信访调解工作，妥善化解各类矛盾，化解成功率达100%。开展安全生产大排查大整治、燃气安全专项检查、危化品使用专项治理、违法违规“小化工”专项整治，全年共查出并整改隐患1976个。29个村完成法治文化园建设和平安法治护航站升级改造。镇域治理现代化指挥中心提档升级，实现“一体联管、一门共管、一网统管”，镇指挥中心12345平台受理群众各类有效诉求4294件，办结率100%。创新基层社会治理，“全科网格”管理实践被农业农村部、人民网等平台推介。

(孙天乐　曹瑀卿)

海复镇

【概况】 2021年，海复镇行政区域面积73.8平方公里，耕地面积4069.01公顷，户籍总人口50591人，辖17个行政村、1个居委会。镇实现地区生产总值36.1亿元，比上年增长5%；完成制造业投资额7.3亿元，比上年增长82.5%，完成全年目标任务的91.2%；完成工业应税销售1.27亿元，比上年增长52.4%；完成规模以上工业总产值2.23亿元，比上年增长13.8%；完成规模工业应税销售1.4亿元，比上年增长40%；农村居民人均可支配收入2.98万元，比上年增长8%。位于海复的启东沙地圩田农业系统入选中国重要农业文化遗产。网格员倪伯苍获评2021年度全国十大法治人物。镇获评南通市平安法治示范乡镇。

【产业发展】 2021年，镇坚持做好产业项目招引。顺辉电子、澳亚新兰等3个亿元产业项目年底前开工建设；亿元产业项目铂莱德科技竣工；总投资1亿元的阿刻忒食品项目竣工。全年累计盘活项目用地约3.34公顷。阿刻忒食品、澳亚新兰火锅食品、茂顺船舶、铂莱德节能科技4家达到规上企业标准，至年底，镇共有规上企业7家，比上年翻一番，初步形成以食品深

8月13日,位于海复镇的澳亚新兰火锅食品有限公司生产销售势头良好,日产火锅食品8吨 (王海兵/摄)

加工为重点产业、精密机械加工为主导产业、纺织为辅助产业的产业布局。均里村依托650亩优质食味水稻产业,打造集大棚蔬菜、瓜果种植,观光采摘,休闲旅游于一体的农旅基地。搬场村依托通海垦牧公司复建、农业申遗项目,投资2亿元集中打造富有地方特色的张謇文化旅游和特色农业休闲旅游线路,涵盖非遗文化体验园、农业博物馆、高标准民宿、农业休闲采摘。

【镇村建设】 2021年,镇发挥毗邻江海澜湾地域优势,依托通海垦牧公司复建、抗大九分校纪念馆提档升级、沙地圩田农业系统申遗等重点项目建设,编制区域产业发展规划。抗大九分校纪念馆提档升级及入口道路景观改造工程全面完成;占地面积6.5万平方米的通海垦牧公司完成复建,将致力于打造优秀企业家重要培训基地、农文旅重点参观节点、新型城镇化重心坐标建筑。推动江海澜湾迎宾路片区及安置片区共500余亩涉及110户农户的搬迁工作,完成评估,评估率100%;继续完善村镇污水管网建设,镇区建成复兴路沿线、富强路、环城南路、康复路、兴海路等道路沿线污水主管总长约6公里,并将沿线所有"十个必接"纳入污水主管,三圩村、糖坊村、清虎村、均里村的分散农户污水治理总管完成90%左右,接户数近1800户;投资364万元的海复污水处理厂升级改造工程竣工并通过调试,污水集中处理率达85%,日处理能力1000吨。推进特色田园、美丽宜居乡村建设,均里村完成村史馆建设、破旧建筑整治、路田分界、墙面涂白描画、路面修复等工程,五圩村、搬场村、北固村围绕村庄风貌、环境卫生、配套设施等方面开展建设,新建公厕5座,改造1座。

【生态环境建设】 2021年,镇将生态环境监管融入网格化治理体系,开展突出生态环境问题大排查大整治,排查并取缔2家散乱污企业。持续推进"厕所革命",累计完成农村户厕建设改造13781座。农村生活污水治理有序开展,铺设管网38公里,农户纳管1400余户。推动生态河道建设,整治黑臭水体3条,拆除岸坡两违建筑6处。开展九八桥、海复大桥市考断面周围污染源排查及专项整治工作。启动园区规划环评编制工作,推动滨海村创建省级生态文明建设示范村。加强农村环境综合整治,建成垃圾分类亭187座,发放农户分类垃圾桶3.5万个。

【社会民生】 2021年,镇持续抓好新冠疫苗接种工作,首针完成率、第二针接种率分别为86.01%和86.75%;启动全员核酸检测实战演练,18个检测点累计检测24980人次。着力民生保障提标扩面,新农合和城乡居保参保率分别达90.5%和95.1%,发放社保补贴305人次425万元。完善社会救助体系,累计发放低保金332万元、残疾补助金566万元、救助金17万元、尊老金307万元。开展多样化农村劳动力培训1042人次,拓宽农村人口就业渠道。提高文化惠民质量,打造"创建文明城,争当文明人"村村乐主题纳凉晚会,开展各类巡演活动14场次,吸引观众16万人次。镇为民服务中心获评2021年度"南通市百优为民服务中心"。

【社会治理】 2021年,镇打造"老邱工作室"平安前哨精品工程,成为南通地区第一个形成"警网融合+"机制的乡镇。开展数据维护,全镇完成人、房、地址等数据维护累计557982条。其中,人口数据528140条,房屋数据7068条,标准地址22774条。76个网格共上报事件13763件,平均每个网格181.1件,流转办结率100%。落实平安法治建设,镇、村两级调委会共接待受理矛盾纠纷368起,矛盾纠纷受理率100%,调处成功率达98%以上,调处案件的总涉案金额达45余万元。

(顾婕嫆)

合作镇

【概况】 2021年,合作镇行政区域面积88.7平方公里,耕地面积4578.11公顷,总人口57485人,辖17个行政村。镇实现地区生产总值34.68亿元,比上年增长8.54%;一般公共预算收入3200万元,比上年增长5.26%;固定资产投资13.54亿元,比上年增长23.3%;实际利用外资261万美元,比上年增长832%;实现规上工业应税销售3.88亿元,比上年增长6.29%;实现社会消费品零售总额2.3亿元,比上年增长31%。成功招引签约百亿级项目1个。引进海外人才5人、省"双创人才"2人,入选省"双创人才"1人;新增科技型中小企业12家、高新技术企业2家。镇获2021年度南通市勇当全省"争当表率、正做示范、走在前列"排头兵先进集体、南通市文明镇、南通市"四好农村路"示范镇等荣誉。新义村获评省级特色田园乡村、南通市级乡村振兴示范村，二效镇村入选省传统村落保护名录。

【项目建设】 2021年，镇共举办招商活动6次，签约项目6个，其中百亿元项目1个，为总投资100亿元的万洋众创城，10亿元以上项目2个，亿元项目3个，外资项目3个。优化项目“全生命周期”服务，建立从项目信息收集、洽谈、落户到建设、达产、转化的全方位协调推进机制，万洋众创城、苏凡装备、天合机电、东洲仪表等项目开工建设，固鼎金属、百旺金属等项目竣工投产，圣禾素食品等项目转化达产。全年盘活存量土地约2.58公顷、低效厂房6.5个，净增规上工业企业4家、规上服务业企业5家、限上贸易企业2家，实现规上企业培育的重大突破。

【农旅经济】 2021年，镇新建高标准农田6500亩，新流转土地5600亩，新建锦荣稻米加工、葡萄园冷链仓储等项目5个，建成花卉水果种植、观赏、采摘、电商一体发展基地近2万亩。新型合作农场发展至11家，建成粮食烘干中心4个，新增物联网主体3家，培育省级示范家庭农场1家、南通市级1家，推动传统农业向现代农业、三产农业、旅游产业转型发展。十里阳光葡萄园开园采摘，芳菲小筑、二效公社正式营业。万乡休闲项目完成主体建筑建设，进入装修阶段。投入1500多万元，推进11个村创建美丽宜居乡村。

【城镇建设】 2021年，镇完善空间规划和实用性村庄规划，将城镇框架扩大到1.4平方公里；在镇域外围同步规划1.5平方公里农旅产业集聚区，规划体系不断完善。全年完成增减挂钩、盘活存量转性、争取配套指标等共约30.67公顷，基本确保城建开发用地需求。消防站、派出所、文化中心、体育公园等公共服务设施建成并投入使用。新建音乐公路、“一环三线”等特色路段，镇区18公里“四纵四横”道路框架不断美化、优化。新建新悦广场、开利广场等商住项目，城镇综合体、工业综合体等项目实施征地。街边墙面出新4000平方米，镇区设置道路中央隔离花箱390米，建筑物亮化2800米。

【生态环境建设】 2021年，镇深化农村人居环境整治，建立文明城市长效管理机制，新建易腐垃圾和餐厨垃圾处置中心，安装垃圾分类亭（架）1763座，添置垃圾桶1760个，打造生态河道35条、生态河道示范片1个，清理整治“三棚”“四乱”点位82个，拆除存量违建2.1万余平方米，完成农村改厕21652座。推进夏秋季秸秆禁烧和综合利用工作，空气质量不断改善。完成污水管网工程23.5公里，分散式农户生活污水治理1032户，污水处理厂运行正常，日处理生活污水500吨。减少大葱种植面积1400亩，回收农业废弃物46万件10.56吨，土壤环境风险有效管控。

【社会民生】 2021年，镇完善防止返贫长效机制，新增扶贫专项基金近10万元，为全镇低收入人口购买防贫保险，完成适老化改造80户、危房改造11户。新农保、新农合参与率分别达96%、99%，对辖区65周岁以上老年人和慢性病患者健康免费体检1.52万人次。志良幼儿园新园建成使用，合作小学风雨操场新建工程竣工，大江幼儿园通过南通市优质园评审。

【社会治理】 2021年，镇域治理现代化指挥中心有效运行，矛盾纠纷排查化解机制更加健全，“有事好商量”平台实体化运作，“检格+网格”工作站创新设置。建设“平安前哨”17个，1人获评“启东十大法治人物”。开展安全隐患大排查大整治行动，整改安全隐患363处，事前执法处罚9起，企业安全生产标准化和工业企业风险辨识管控实现全覆盖。

（朱　茜）

王鲍镇

【概况】 2021年，王鲍镇行政区域面积126平方公里，耕地面积6883公顷，户籍人口81940人，辖22个行政村。镇实现地区生产总值56.77亿元，比上年增长7.89%；完成一般公共预算收入6992万元，比上年增长4%；完成固定资产投资17.9亿元，比上年增长9.9%；完成规模以上工业总产值18.7亿元，其中高新技术产业产值5.5亿元，比上年增长45%；完成规模以上工业企业应税销售15.5亿元，比上年增长20.17%；实现社会消费品零售总额2.07亿元，比上年增长45%；完成进出口总额1.2亿元，上年增长22.5%。新增省股交中心挂牌企业1家、规模以上企业10家。新认定绿色食品企业3家。农产品质量安全四星级监管站有序创建。实施土地占补平衡283亩，拆旧复垦358亩。村营收入超55万元实现全覆盖。农村居民人均可支配收入3万元左右，较上年增长7.6%。镇获评2021年度南通市平安法治示范镇（街道）。

【项目建设】 2021年，镇在上海、苏南等地组织召开招商推介会4次，新签约亿元以上项目2个，为江苏金卓年产3万吨铁合金粉末项目，总投资2亿元；南通哲楠年产3000万件电子元件永磁材料项目，总投资1.08亿元，实际利用外资405万美元。新开工亿元以上产业项目5个，其中工业产业项目4个，为总投资1.5亿元的杰宇船用配套设备项目，总投资1.98亿元的派尼克斯光学材料制造项目，总投资1.1亿元的沂桂环保设备制造项目，总投资1亿元的德力母线通风设备制造项目；服务业产业项目1个，为总投资3亿元的金大生LNG能源综合物流园项目。杰宇船用配套设备、沂桂环保设备项目竣工投产。盘活项目用地100.3亩。推进9500亩高标准农田建设。新增农业项目9个，开工9个，总投资2.22亿元，创成全国绿色食品原料（大豆）标准化生产基地、2万亩省级绿色优质水稻基地。

【科技创新】 2021年，镇在上海、武汉等地召开人才推介会9场，实施产学研合作项目3个。申报省“双创”人才2人、省高新技术企业2家，引进海外人才1人，入选“东疆英才”2人。组织企业200余人参加技能培训，帮助

200人完成技能鉴定，10人获高级技能登记证书。

【镇村建设】 2021年，镇区环东路1.6公里、御龙路560米道路提档升级接近尾声。久隆河景观工程竣工，久隆消防站基本竣工，标准化文体广场建成启用。镇区改造新增停车位50个，新增绿化50亩。跃进路、新生街两侧安装路灯120盏。建成区主入口美化亮化、久隆集镇街道沿线建筑夜景工程、公交回车场等项目全部完工。中施村创建南通市乡村振兴示范村；特色田园乡村创建稳步推进，19个村美丽宜居乡村创建达标。

【生态环境建设】 2021年，镇服务外包更新升级，农村垃圾实现直运，户外垃圾四分类围栏和易腐垃圾处理终端竣工投用。厕所革命扎实推进，普及率达75%。村庄污水处理实现村域全覆盖。分散农户污水处理建设主管网基本完成，接户率达95%。全面排查聚南大桥国控断面周边污染源，同步落实整改，实现断面水质稳定达标，保持Ⅲ类水质。水利建设扎实推进，疏浚泯沟184条、横河14条，共疏浚土方14.99万立方米。填埋泯沟32条，整治宅坻3个。整治黑臭水体9条，清理各级河道四违200余处，完成扶风南路横河小片区水环境治理。推进大气治理，完成企业VOCs综合治理2家，锅炉整治7家，危废仓库治理3家。编制完成工业集中区规划环评。夏、秋两季秸秆双禁严格落实，有效管控。建群村成功创建省级生态文明示范镇、省级生态文明示范村。

【社会民生】 2021年，镇疫情防控实现精准常态化管理。有序推进新冠疫苗接种，常住人口(18周岁以上)接种率达91.53%。坚持重点地区精准摸排管控，规范设置集中医学观察点。严格落实各项民生保障政策，动态调整惠及人员。社保扩面征缴工作加紧推进，优抚政策高效落地。公共服务扩面提质。全面实施职业技能提升行动，惠及近300人。推进“我为群众办实事”实践活动，镇村两批225个项目全部办结。12345平台受理群众各类有效诉求2623件，办结率100%。探索实践帮办代办新模式，镇村两级共办理帮办代办事项2.03万余件。新港幼儿园完成回购。120户困难老年家庭完成居家适老化改造。庆祝中国共产党成立100周年文艺会演圆满落幕，22个村成功举办纳凉晚会。培育道德典型，郭中良获“江苏省道德模范”称号，蔡仲章、张惠珍夫妇获评“江苏好人”。

【社会治理】 2021年，镇全面开展网格服务团队能力提升、风采展示活动，打造王鲍镇“网格课堂”品牌。镇域治理现代化指挥中心实现“市县镇村网格”五级联动指挥，分析研判体系初步构建，防范化解重大涉稳风险能力有效提升。共接收回复12345热线工单1500件，网格事件13974件，均已结案。加大平安法治志愿服务力度，全面打击电信网络诈骗。攻坚化解信访积案，妥善处理突出矛盾，持续做好特殊人群服务管理。化解信访积案3件，阳光信访平台办理信访案件52件，调解矛盾15件。开展危险化学品、违法违规“小化工”与烟花爆竹专项治理，发现问题77条，整改77条，危险隐患实现闭环整治。

(钟春婷)

11月28日，干净整洁的新三和港河王鲍镇段。新三和港河是市重要的通航水道 (叶　娟/摄)

南城区街道

【概况】 2021年，南城区街道辖区总面积8.21平方公里，南城区街道办事处辖21个基层党组织，有党员3137名；18个社区，常住居民36964户98034人，驻区门店单位8000多家。南城区街道办事处获江苏省五四红旗团委、南通市文明单位、南通市宣传思想工作先进集体、南通市爱国卫生先进集体、南通市关心下一代工作先进集体、南通市未成年人思想道德建设工作先进集体、南通市妇联系统先进集体、南通市万名代表小康行先进集体等称号。城河新村社区创成省级“红石榴之家”。

【社区党建】 2021年，南城区街道办建强融合党建载体平台。建立吾悦广场商圈党支部，联合开展“探寻红色足迹　领悟长征精神”“科创教育绽光芒　童心向阳助成长”等活动10余次。同国网启东市供电公司党委签订共建协议，推动解决集中充电桩通电、老小区改造串电等问题。打造物业“红心结”书记项目，探索党建引领下的物业管理新模式。创新实施“六一工程　童心向阳”项目，助力未成年人健康成长，开展各类活动120余场。整体推进“聚力同心　瓣瓣向阳”项目，打造一个中心六个阵地，即以党的建设为引领，创建统战“聚力同心　瓣瓣向阳”工作品牌，打造一个中心即“南城客厅”，建立新乡贤驿站、新阶层人士之家、社区“侨台之家”、新阶层联谊站、归侨联谊会、“红石榴家园”等6个平台阵地；重点创新6个特色品牌，采苹居“新乡贤驿站”、爱琴海“新阶层人士之家”、世纪家园社区“侨台之家”、金人传媒“新阶层联谊站”、建都新村社区“归侨联谊会”、城河新村“红石榴家园”。审慎稳妥发展党员10名。对107名党员发展工作开展自查。结合“我为群众办实事——志愿服务我报到”活动，各社区党组织接收报到在职党员2364名，做示范送服务5810人次。开展“三比三争”主题大讨论、“学习女排精神　争当新征程表率”气排球比赛和“两在两同建新功　攻坚有我显担当”主题活动，重温入党誓词、集体过政治生日、观看红色影片、走进爱国主义教育基地、唱红歌快闪等庆祝中国共产党成立100周年纪念活动，垃圾分类、文明养犬等文明创建活动和中秋、重阳等“我们的节日”主题活动200多场。

6月9日，南城区街道世纪家园社区组织居民包粽子，共度节日

（成　宏/摄）

【民生实事】　2021年，南城区街道办结合“我为群众办实事”活动，从群众需求出发确定民生实事项目194项，其中街道12项，社区182项，涉及老旧小区改造、社会治理、物业管理等方面。由街道办牵头召开现场办公会议5次，组织联合执法13次，解决幸福岛停车难、汇东新村毁绿、职工新村马路菜场等问题。其中，团结新村区域门店排污整治为全市背街小巷治理工作提供样本。将临时党支部建在老旧小区改造一线，促进项目建设。年底项目完结率100%。推进新一轮老旧小区改造，南城区街道涉及9个社区15个小区，共排摸楼顶违建848处，签订帮拆协议687份，拆除新增违建10宗88平方米，拆违存量违建7宗268平方米。对老旧小区改造后遗留问题做好收尾，召开矛盾协调会50余次，组织或配合解决遗留问题300余个，向市住建局提交改造申请报告23份。积极回应群众诉求，接收处理12345工单3786件，群众满意率97.1%；办理数字城管有效案件12363件，按期结案率99.6%。针对楼道堆积物、消防通道乱停车、卫生死角等重难点问题，开展联合整治行动8次；开展清洁家园专项整治行动2次，清理楼道2940个。完成2022年污水提质增效达标区排水户排查，形成清单2032份。围绕“童心向阳”工程，开展“童心向党迎百年　党旗飘飘绘未来”“点亮困境儿童微心愿”等活动。

【社会治理】　网格化管理　2021年，南城区街道办将食品安全、消防安全、城市管理等工作融入网格“一张网”，建立“一格一员”模式。原有的109个综合网格被缩减，同步启动专属网格筹建工作。完善街道指挥中心规范化建设，抽调人员做好24小时应急值守，参加各项演练，逐步健全“大数据+网格化+铁脚板”治理机制，加强常态化巡查走访，推动网格服务团队进格入户排风险、访隐患、促稳定，推进网格“实体化”运行。

安全生产　5—6月，分设宣传周、自护周、演练周、体验周，开展“安全‘救’在身边”防灾减灾月活动；完成379家餐饮门店燃气报警装置安装；排查城市建筑安全隐患近37万平方米。4月30日特殊灾害天气期间，清除安全隐患94处，转移安置群众423人次。持续织密织牢新冠肺炎疫情防控网，成立疫苗接种攻坚党支部，组建党员接种飞虎队，圆满完成接种任务；做好辖区81个居民小区阶段性封闭管理和重点人员排查管控；春节前完成省外返启人员核酸采样6670人次。

安全维稳　积极调处老旧小区改造、新冠肺炎疫情防控、违章建筑拆除等工作开展中产生的居民矛盾。加强特殊人群帮控，确保未发生在册人员重新违法犯罪和扰乱社会秩序的行为，未发生重大刑事案件和火灾安全等事故。深化“平安南城”建设，扫黑除恶斗争常态化开展，电信网络诈骗、非法金融等违法犯罪行为得到遏制。严格落实领导包案制和节假日期间领导带班值班报告制度，确保发现问题及时预警上报处置。

（陆　洁）

北城区街道

【概况】　2021年，北城区街道辖区总面积9.46平方公里，北城区街道办事处辖20个基层党组织，有党员2890名；19个社区，常住居民50429户97638人。北城区街道办事处获南通市关心下一代工作先进集体称号。

【社区党建】　2021年，北城区街道党工委研究确定“书记党建创新项

11月20日，北城区街道紫薇二村社区带领孩子们在97岁抗战老兵李正康爷爷家中，聆听抗战故事，领悟革命精神　　（姜新春/摄）

目”，制定党建责任清单，落实责任体系。在社区党组织中同步实施党建项目，形成“流动红色课堂”“红心小屋”“支部书记工作室”“111助老”“银铃调解”“长江好人团”等一批有社区特色的党建项目。加大培育力度，将紫薇二村社区党总支、御河湾社区党总支打造成基层党建工作示范点。巩固深化社区“两委”换届工作成果，组织优秀的社区党组织书记及时推广经验做法。做优“红色物业”党建品牌，针对物业服务质量与业主需求的矛盾问题，构建党组织领导下的居委会、网格长、社区民警、物业、业委会等多方联动的“红色物业”体系。开展“两在两同建新功，攻坚有我显担当”主题活动，引导社区党员参与社区各项事务。建设服务型社区党组织，推进志愿服务常态化。开展“在职党员进社区”活动，共有1875名在职党员到各自居住社区报到，参与志愿服务。发挥党员干部示范带头作用，推进公民道德建设。举办2021年度“北街好人”“文明家庭”评选，20人获评“北街好人”，16人获“北街好人”提名奖，200户家庭获评“文明家庭”。

【民生实事】 2021年，北城区街道办开展“我为群众办实事”实践活动，依托“有事好商量”议事会等平台，实施老旧小区改造、设施更换、围墙修葺、管线改造等，为群众办实事、解难题1036件。加大违建防控力度，组织各社区开展城区公共区域违建拆除的“回头看”活动，对辖区剩余108宗公共区域地面违建定户定档、定期拆除。累计拆除存量违建45宗886平方米，10月底超额完成年度拆除任务；结合老旧小区基础设施改造和居民群众投诉，拟定阶段性楼顶违建协拆计划。各社区加大新增违建巡查管控力度，对新增违建实施“一户一档”管理，确保新增违建“发现得早、控制得住、拆除得掉”。统筹推进新冠肺炎疫情防控工作，开展重点人员、流动人员、进口冷链人群排摸；做好重点人群的集中隔离、居家隔离、居家健康监测等工作，建立一人一档，进行跟踪管理；开展各种形式健康宣传教育工作，加强舆情应对和处置，落实24小时应急值守机制；加大疫苗接种的宣传引导和组织动员力度。做好退役军人服务工作，完善退役军人阵地建设，街道办通过国家级示范化服务站省级视频验收。开展“红色先锋”志愿服务，累计开展活动16场次。

【社会治理】 2021年，北城区街道办通过微信公众号宣传、巡展宣传与流动宣传、入户宣传等方式，开展反诈、防范非法集资等宣传教育活动。在“有事好商量”平台上嫁接“援法议事”工作，紫薇二村社区、和平新村社区先行试点，覆盖至各社区。调整综合网格和专属网格，街道综合网格、专属网格得以缩减为11个。加大对网格员各项工作考核测评力度，制定《北城区2021年度“全科网格”服务管理考核工作实施办法》，确定“全科网格”考核细则，推进“五色网格”创建。各社区网格员维护人口、房屋数据等15.68万余条，共计上报事件103671条，排查消防安全隐患2407件，32条网格事件被市网格办录用。加强网格宣传工作，发放网格连心卡4万余份、网格宣传折页36000余份，张贴网格公示牌3500余块，并及时做好全要素“网格通”App上的网格公示信息维护工作。开展“最美网格员”“最佳网格服务团队”评选活动，评出“最美网格员”10人、“最佳网格服务团队”10个。

（吴柳柳）

责任编辑　仇赛君

人物

※新闻人物

※道德楷模

11月16日，启东市道德模范颁奖典礼暨道德模范与身边好人现场交流活动上，苏晓琳及家人接受采访　（王海兵/摄）

新闻人物

【倪伯苍】 倪伯苍,男,1948年出生,中共党员,海复镇庙基村第一网格党小组组长、网格联络员。2012年,启东市实施网格化服务管理选聘,倪伯苍成为首批网格员中的一员。他所在的网格共有8个村民小组、1个老镇区、700多个村民。他兼任村务管理“助理员”、群众矛盾“调解员”和群众法治“宣传员”。他将文艺演出、巡回法庭、法律顾问等引入网格,还腾出家里的两间屋子办起家庭普法站,为村民们提供学习法律知识、化解矛盾纠纷的场所。自2008年开始从事矛盾调解工作以来,倪伯苍成功调解矛盾纠纷1000多件,处理重大、恶性事件和矛盾20余次,用十年时间手写23本70万字民情日记。他曾获评全国模范人民调解员、江苏省十大法治人物、江苏省最美网格员、南通新时代政法英模。12月4日,由司法部、全国普法办、中央广播电视总台共同主办的《宪法的精神　法治的力量——2021年度全国法治人物》特别节目在CCTV-12首播。倪伯苍上台领奖,成为启东首位全国年度法治人物。

【施建琴】 施建琴,女,1969年1月出生,中共党员,启东市委老干部局副局长、二级主任科员。施建琴从事老干部工作24年来,扎实贯彻、执行党和国家老干部工作的方针政策,当好老干部学习的“引路人”、典型的“宣传员”和服务的“贴心人”,制定座谈交流、专题辅导、送学上门、云端学习等一系列“私人订制”思想大餐,创设“争当银发先锋,畅享乐龄生活”的郭中良银发先锋驿站等一批平台载体,打造“东疆红志愿联盟”“慈善惠老”等老干部志愿服务品牌,开通上海等地的老干部绿色就医通道等。12月21日,全国老干部工作先进集体和先进工作者表彰大会在北京举行。施建琴获“全国优秀老干部工作者”称号,为江苏省唯一获得此项殊荣的老干部工作者。

【袁东波】 袁东波,男,1971年10月出生,中共党员,启东建筑集团有限公司党委副书记、监事会主席、工会主席。作为公司工会主席,袁东波把大部分时间和精力都放在服务群众、服务职工上。他建立困难职工档案,努力为员工排忧解难;定期深入施工一线慰问基层员工,发放慰问品;有员工患病,主动到医院探访;关心员工的家庭情况,时常利用节假日上门慰问。在“启建大家庭”活动中,他带领公司工会干部定期对职工父母走访慰问。开展“创建学习型组织、争做知识型职工”活动,购买书籍,提高职工自身修养。关心复转退役军人。在他的倡议下,公司吸收优秀复转军人数十名。启东建筑集团工会多次获江苏省先进工会、江苏省“安康杯”优胜班组、南通市工会工作先进单位、南通市工人先锋号等称号。袁东波曾获中国施工企业管理协会优秀联络员、南通市“最美退役军人(创业有成之星)”等称号。2021年,袁东波被中华全国总工会授予“全国优秀工会工作者”称号。

【朱瑾高家庭】 父亲朱瑾高,高中毕业后,先后在南通附院、启东县人民医院进修。1969年,在永和乡卫生院当医生,曾任医院院长、书记。行医30多年,朱瑾高在疾病诊治和医院管理方面成绩显著,先后三次受到市委、市政府表彰奖励。女儿朱峻岭,南通卫校毕业后被分配到市第三人民医院工作,为口腔科医生。朱峻岭连续多年获评“优秀医务工作者”,多次代表单位作经验交流,所在科室也多次获评先进集体。儿子朱峥嵘从镇江医学院临床医学专业毕业后,在南阳镇社区卫生服务岗位上一干就是24年。2016年,他代表基层医务工作者参加江苏省和南通市举办的社区医生高血压、糖尿病规范用药知识竞赛,分别获个人三等奖和优秀奖。朱峥嵘的妻子陈丹大学毕业后,分配到南阳镇卫生院工作。因为业务精湛,后被借调至启东市疾病预防控制中心,并迅速成长为所在科室的中坚力量。2020年,面对新冠肺炎疫情,朱峥嵘隐瞒自己患大动脉炎,并需要住院的病情,主动担责,在病房值班的同时还兼带发热门诊值班,从除夕到发病,连续工作22天。于2月22日抢救无效去世,年仅48岁。朱峥嵘去世后,先后被启东市委追授为“优秀共产党员”,被南通市卫健委党组追授为“白求恩式卫生工作者”,被南通市委、市政府追授为南通市新冠肺炎疫情防控工作先进个人,获评2020年2月“江苏好人”。“万事孝为先”一直是朱瑾高家庭践行的理念。朱瑾高的父母享年92岁和102岁,仍然健在的岳母97岁,这与朱瑾高夫妇的尊老家风和悉心照料密不可分。每周一次家庭聚会,由朱瑾高提议并坚持了20多年。2021年1月,朱瑾高家庭被全国妇联授予“全国最美家庭”称号。

【陈向阳】 陈向阳,男,1971年1月出生,中共党员,启东建筑集团有限公司党委书记、董事长、总经理。任职期间,他狠抓企业管理,通过流程化、信息化等多种有效举措,提高集团总部的管控力和下属单位的执行力;抓结构调整,公司形成以建筑施工为主,房地产开发、建筑装饰、建机制造、装配式建筑、酒店、金融及职业教育等多元发展的经营格局。他积极推动企业转型升级,在启东率先投资10亿元建设装配式建筑生产基地。在他的带领下,企业规模从30亿元增长至200亿元,年纳税额从5000万元增长至逾8亿元,连续11年获启东市“金牌企业”称号。公司是国家工商总局授予的全国守合同重信用企业。2019年,公司被南通市人民政府授予南通市市长质量奖。他积极参与公益事业,公司累计为城市建设、扶贫济困和教育、文化、体育等社会公益事业捐资近6000万元。2021年,陈向阳被省委、省政府授予“江苏省劳动模范”称号。

【高浩然】 高浩然,男,1969年6月出生,中共党员,原籍黑龙江省哈尔滨市五常市,启东吕鲜人家米业有限公司法定代表人。2010年,高浩然到启东创业。2011年5月,他将户籍迁入吕四港镇。2019年3月,在培根村投资2000万元,成立启东铭言生态休闲有限公司。同年12月,在吕复村投资1000万元,成立启东吕鲜人家米业有限公司，成为服务当地种粮大户、家庭农场的农业龙头企业。2020年，在申报“苏韵乡情”江苏休闲旅游农业精品企业培育活动中，铭言生态休闲公司获评“三星级”企业，成为当地休闲旅游农业亮点之一。2020年，高浩然投资600万元，实施启东吕鲜稻米产业示范基地建设项目，新建粮食储存仓库648平方米及配套设施设备，建设稻田综合种养示范基地400亩。通过农业项目建设，使启东当地稻米产业形成高效种植、收购仓储、加工包装、品牌营销、优质增效的“一条龙”产业链，实现一、二、三产业的融合发展。在全市开展的“百企联百村、共走振兴路”行动中，吕鲜米业与吕复村签约实施村企联建。2020年7月，吕鲜米业和吕复村农地股份合作社等单位发起成立启东稻米产业联盟，发展稻米特色产业集群。高浩然曾获南通市新型职业农民优秀标兵、南通市劳动模范等称号。2021年，高浩然被省委、省政府授予“江苏省劳动模范”称号。

【李忠卫】　李忠卫，男，1981年10月出生，中共党员，江苏神通阀门股份有限公司工作室主任。2005年5月，李忠卫进入江苏神通阀门股份有限公司，主要负责公司数控设备程序编制、加工工艺、机床维修和诊断、公司新产品的试制。他改进加工工艺，使公司跻身秦山核电公司、广东大亚湾核电站主要供货商。他负责技术攻关的上装式核电球阀，年产值500万元，年利税100万元；参与研发的核电站安全壳隔离阀年产值平均为300万元，年利税70多万元，获评南通市科技进步三等奖、江苏省高新技术产品；设计相关数控夹具50多套，平均每年编制和优化数控程序500多条，为公司创造100多万元的经济效益。他热心“传、帮、带”，30多名徒弟都成为公司技术骨干。2018年，李忠卫领办创立江苏工匠工作室、南通市技能大师工作室、启东市劳模创新工作室，带领团队成员开展技术攻关和革新。他多次参加全国、省、南通市级技能竞赛，获第七届全国数控技能大赛数控装调维修工项目全国第二名、第六届全国数控技能大赛数控装调维修工项目江苏省第三名、第五届全国职工职业技能大赛数控装调维修工项目江苏省第四名、第一届江苏状元大赛数控铣床项目南通第二名、第二届全国数控技能大赛数控车工项目南通第一名等成绩。曾被授予全国技术能手、江苏工匠、江苏省企业首席技师、江苏省青年岗位能手、江苏省技术能手、江苏省五一创新能手等称号。2021年，李忠卫被省委、省政府授予“江苏省劳动模范”称号。

【宋春决】　宋春决，男，1961年10月出生，中共党员，江苏启安建设集团党委委员、副总经理，金舜分公司负责人、党支部书记。20世纪90年代，宋春决响应国家援疆号召，带领团队挺进祖国边陲。他加强建筑产业工人队伍建设，逐渐形成以江苏籍职工为骨干，陕西、甘肃、河南职工为主体的1500余人自有工人队伍，为贫困地区解决劳动力转移、扶贫脱困攻坚做出贡献。他创造性地提出“项目策划、图纸优化、样板先行、定额施工”的施工方式，受到同行同业肯定，成为江苏建筑在新疆建筑领域经典管理理念。他在新疆创建自动化、标准化预制工厂和建筑BIM技术团队，在西藏地区开展装配式建筑，取得多项国家和地方工法、QC成果。公司承建的新疆自治区人民医院门诊综合病房楼工程、新疆高端人才大厦、乌鲁木齐高铁医院等4项工程获鲁班奖，新疆医科大学第六附属医院综合病房楼工程获国家优质工程奖，此外，还获詹天佑奖2项、中国安装之星奖3项、新疆“天山杯”等优质工程奖20余项。他自觉遵循和模范执行党的民族政策，发挥建筑企业在团结治疆方面的作用。2010年起，个人多次向新疆喀什地区伽师县、叶城县和田地区墨玉县等贫困地区捐助农村贫困户、村镇农民厕所改造项目。2017年起，接收南疆等地富余劳动力20人。关爱少数民族职工，实施“一对一”帮扶，使他们的个人年纯收入在4万元以上。在中印洞朗地区发生危机时，他组织在藏企业无偿支持国防装配式军事设施，受到边防部队肯定；在新冠肺炎疫情蔓延的时刻，响应新疆自治区政府要求，组织党员先锋突击队，高标准、快速度、高质量建成乌鲁木齐栋梁山方舱医院、高新区隔离点和喀什市医疗隔离区。宋春决是江苏援疆、援藏先进典型，连续11年获评江苏进疆优秀企业家。2021年，宋春决被省委、省政府授予“江苏省劳动模范”称号。

【严清波】　严清波，男，汉族，1988年1月出生，中共党员，江苏康耐特光学有限公司技术工艺部经理兼工程技术研究中心主任。他主要负责公司的树脂镜片新品开发、专利的申请、技术中心的申报及对已有树脂镜片产品生产工艺的维护和改善。他主持或参与开发的数十项树脂镜片新产品，多项性能达到国内领先、国际先进水平。主持或参与的技术成果60多项，其中9项获得国内发明专利授权，25项获得国内实用新型专利授权，开发的1.50UV++项目产品申请国际发明专利并在美国和欧盟获得授权，其产品销售额突破7000万元；开发的1.50变色树脂镜片产品，突破国内基材变色树脂镜片技术。他曾获2016年度、2017年度启东市科学技术进步奖三等奖，入选启东市312高层次人才梯队培养计划，获评启东市优秀共产党员、南通市劳动模范。2021年，严清波被省委、省政府授予“江苏省劳动模范”称号。

【徐　刚】　徐刚，男，1968年6月出生，中共党员，启东江天生态农庄有限公司董事长。2009年，徐刚出资500万元，在合作镇成立江苏省乐源绿色农业发展有限公司，生产基地占地40公顷。利用跑长途运输和办酒店的优势，徐刚把基地生产的农产品销售到上海、苏州等大中城市蔬菜批发市场和超市，实现年产蔬菜6500吨，产值900万元。2011年8月11日，占地约33.33公顷的江天生态园开工。从最初主打启东特色餐饮和民宿赢得口碑后，江天生态园不断挖掘传统民俗文化体验、打造体育休闲基地、优化配套功能区，经过几年的发展，成为全国休闲农业和乡村旅游五星级企业。2017年，启东市江天生态农庄有限公司创业基地获评全国农村创业创新园区(基地),成为全国首批获此称号的园区之一。与教育部门合作,打造国家级中小学生研学实践教育基地。江天生态园平均每天接待游客600人次,年接待游客达20余万人次,成为启东乡村旅游的一块金招牌。江天生态园是江苏省农业产业化重点龙头企业、江苏省农业科技型企业。多年来,江天生态园给周边群众提供就业岗位200多个,成为农村剩余劳动力就地转移的重要途径。公司拓展农产品加工,每年带动周边群众实现农产品销售产值1000多万元,促进农村一、二、三产业融合发展。他免费提供场地及技术指导,向农户推广新品种、新技术,经常性举办农业科技培训班,指导种植、养殖专业户在实践中应用。徐刚曾获江苏省第五届创业之星、江苏省高级乡村振兴技艺师等称号。2021年,徐刚被省委、省政府授予"江苏省劳动模范"称号。

【王振宇】 王振宇,男,1964年8月出生,中共党员,启东市市场监督管理局局长、党组副书记。王振宇任市场监督管理局局长以来,在创建全国文明城市、合力抗击新冠肺炎疫情和复工复产等中心工作中作出成绩。积极创新监管方式,加强对食品、药品、特种设备、合同等领域监管力度,试行外卖"食安封签"制度,创新性探索药械个性化监管机制。深化"质量强市"工作,牵头组建启东市首家质量合作社,制订《质量合作社公约》和"六统一"质量提升方法。加强企业标准化建设,启东市行政审批中心、江苏林洋新能源2家省级标准化项目通过专家组中期验收。推动知识产权保护工作,新增地理标志证明商标6件,新注册总量居全省第一位,万人发明专利拥有量首次突破30件。激活市场主体活力,开辟信用修复绿色通道,帮助违法失信企业修复信用38家,累计对73家企业轻微违法行为免于处罚。组织"3·15"消费者权益日等宣传咨询活动,实施转供电主体收费、"市监护企 清费减负"、互联网金融广告、计量监督等专项行动,开展放心消费"百千万工程"创建系列活动,其中吕四盈港市场获评江苏省放心消费创建先进单位,启东吾悦广场获评江苏省品牌消费集聚区,开通消费纠纷处置绿色通道。2020年,王振宇被评为江苏省抗击新冠肺炎疫情先进个人、南通市先进工作者。2021年,被省委、省政府授予"江苏省先进工作者"称号。

【郁智慧】 郁智慧,男,1982年2月出生,启东市人民医院呼吸内科主任。2020年,新冠肺炎疫情爆发,湖北告急,需大量医护人员驰援湖北。启东市人民医院积极响应,号召大家踊跃参战。郁智慧率先递交请战书,在2月9日接到命令支援武汉。作为启东医疗队队长,他在武汉蔡甸区武汉体育中心方舱医院工作。起初他被安排在医疗组,任务是收治病人,对有症状者给予药物治疗,教患者一些简单的呼吸操促进肺康复,并给患者心理疏导。后因工作需要,他被调入方舱内最危险的采样组,并担任采样组副组长。至3月8日休舱,他和队友们共采集咽拭子1290人次,未有1名采样人员感染,出色地完成任务。在抗疫一线,他利用休息时间,通过视频连线的方式为启东的党员上了一堂特殊的党课。他所在的方舱医院被国家卫健委评为新冠肺炎疫情防控先进集体。郁智慧被武汉经济技术开发区(汉南区)武汉体育中心方舱医院临时委员会评为"先进标兵""白衣卫士",被省卫健委评为疫情防控工作先进个人,被省委、省政府评为江苏省抗击新冠肺炎疫情先进个人。2021年,被省委、省政府授予"江苏省先进工作者"称号。

(钱 瑾)

【茅卫东】 茅卫东,1980年9月出生,中共党员,合作镇人。2003年6月特招入伍,空军某部队特设师。茅卫东从事机务保障工作18年,业务能力过硬,理论功底强。工作中善于总结分析、摸索创新,总结经验笔记十余万字,发表理论文章多篇,改进保障装备硬件软件多次。服役期间,他荣立二等功1次、三等功1次,多次获嘉奖,获评优秀共产党员。2021年,因在军事训练中成绩突出,有重要贡献,荣立个人二等功。

(李灵芝)

【朱 军】 朱军,男,1979年4月出生,中共党员,南通泰胜蓝岛海洋工程有限公司研发主任。朱军毕业20年来一直从事船舶及海洋工程设计和技术管理工作,先后担任江南造船厂主管工程师、江苏东方重工技术总工、南通泰胜蓝岛海洋工程有限公司研发主任等职务。他主持多项江苏省和企业的研发课题,开发出3个江苏省高新技术产品、2个江苏省"两新"产品,其中多项产品填补国内空白,技术水平达到世界先进水平。他曾获江苏省"333"工程中青年技术带头人、江苏省五一劳动奖章、南通市五一劳动奖章、南通市杰出专业技术人才、南通市优秀科技工作者、启东市科技兴市功臣、启东市杰出人才成就奖等荣誉。2021年,朱军被省政府授予"江苏工匠"称号。

【宋 轶】 宋轶,男,1973年10月出生,中共党员,启东中远海运海洋工程有限公司员工,从事电气设备维修工作。宋轶在任职期间,积极参与技术改造,对柴油空压机中的进口小型发电机进行国产化改造,每台节约1万多元;宋轶及其团队成功研制大功率智能型负载试验装置,为公司首个海工项目"希望1号"提供完整的负载试验,节省租赁费近20万美元。为公司培养适合技能人才,建设具有船舶重工特色的高技能人才培训中心;建成通过CNAS认可的高标准实验室,可以进行各种金属材料的力学试验、晶相光学及光谱分析,同时承担对外服务的能力。参加各类职工技能竞赛,曾获南通市"十佳技术能手"、南通市"有突出贡献技师"、江苏省交通行业技术能手、中央企业技术能手、江苏省企业首席技师、南通市企业首席技师等称号。做好"传帮带"工作,至2020年底,为海洋工程装备制造输送高级技师6名、技师35名、高级工85名。2021年,宋轶被省政府授予"江苏工匠"称号。

(龚倩倩)

道德楷模

11月16日，启东市举行2020—2021年度道德模范颁奖典礼暨道德模范与身边好人现场交流活动　　（王海兵/摄）

【刘　剑】　刘剑，男，1984年1月出生，中共党员。南通市公安局连兴港边防派出所社区民警。2004年，刘剑被分配到连兴港边防派出所。2014年初，刘剑响应上级"士官担任村官"的号召，主动提出担任社区民警一职。7年来，他坚持"工作在社区、焦点在治安"的社区工作法，联合社区企业、村委会组建社区义务联防队，开展全天候治安巡逻，构建社区防控网络。创新社区管理模式，建立微信交流群。依靠群众渠道搜集掌握200余条矛盾纠纷情报和治安隐患线索，成功化解群众矛盾180次，有效治理治安隐患60余处，协助破获刑事案件15起、治安案件150余起。关注社会弱势群体，帮助困难儿童6人、孤寡老人11人，解决黑户5人，排查私自收养12人，为社区留守儿童开展校外辅导百余次。发起建立中远船厂与连兴港边防派出所、消防中队的三方联防体系，组建"红袖章"党员治安巡逻队，先后组织20余次联合反恐演练和14次消防应急救援演练，有效提升社区企业安全防范能力。刘剑曾获评公安部边防局"爱民固边先进个人"、江苏公安边防总队"十佳"社区民警、南通边防支队"优秀士兵"、南通市公安局优秀社区民警等荣誉，荣立南通边防支队"三等功"，多次获嘉奖。《中国边防警察报》《派出所工作》、中国警察网、新华网、搜狐网法制网、中国江苏网、交汇点、江苏文明网、法制网等媒体报道刘剑的事迹。2021年，刘剑获评敬业奉献"江苏好人""中国好人"。

【郭中良】　郭中良，男，1942年5月出生，中共党员。近海镇东进村人，退休前系启东市南阳中学教师。郭中良曾两度身患癌症，2003年退休后投身绿化造林事业，建有15个总面积达253余公顷的鸡爪槭繁育基地，其单品为当下全国之最。他被誉为当代"绿化愚公"，入选全国三农"十大致富榜样"，为建设"国家森林城市"和助力脱贫攻坚作出巨大贡献。他先后资助贫困学子30多人，即使在经济最困难的时候，也没中断过对贫困学子的承诺。2017年12月27日，央视七套农业频道摄制组对郭中良进行专题采访。2018年1月29日，摄制组又先后五次到启东对郭中良进行深度采访报道。郭中良曾多次受邀在南京、南通、启东及有关乡镇讲党课，以《丹心如槭晚情浓》为题，交流创业经验，畅谈创业过程中的心路历程，受众达10万多人次。2020年5月，"郭中良慈善基金"成立。他先后获诚实守信"中国好人"、全国离退休干部先进个人等荣誉。2021年，郭中良当选第八届江苏省道德模范。

【宋　陶】　宋陶，男，1992年2月出生，南阳镇安平村村民，中国华洋海事中心有限公司水手。当地时间2020年8月25日傍晚，一艘难民船在希腊爱琴海海域即将沉没，宋陶所在的中国籍货轮及时赶到，展开无国界救援行动，在中国船员的奋力救援下共有41人获救。在这场生死援救中，宋陶救了25人，他在托举难民从救生艇通过舷梯转移至船上时，由于艇身颠簸，肋骨不慎撞断。宋陶获"启东好人"、启东市见义勇为先进个人、启东市道德模范特别奖、见义勇为"江苏好人"等称号。2021年，宋陶当选第八届江苏省道德模范。

【蔡仲章　张惠珍】　蔡仲章，男，1939年8月出生，中共党员。张惠珍，女，1951年出生。王鲍镇久东村村民。自2001年起，蔡仲章夫妇将自家卧室改成"工作室"，缝制爱心暖鞋和棉拖鞋，无偿送予周边贫困群众和孤寡老人。每一双暖鞋都是夫妻俩从购买原料，到剪裁、缝纫，一针一线制作而成。2017年起，老俩口又连续四年向周边三个敬老院的老人们送出451双爱心鞋。20年来，蔡仲章夫妇不断延长"工作时间"、扩大爱心赠送规模，累计自掏腰包2万余元用于采购原料和制鞋。他们的事迹在"学习强国"学习平台、新华报业网、荔枝网、中国江苏网、新浪网、龙虎网、江苏文明网、南通发布、《江海晚报》等媒体报道。2021年，蔡仲章夫妇获评助人为乐"江苏好人"。

【袁永香】　袁永香，女，1969年10月出生，中共党员。北新镇万安村党总支书记。2019年，袁永香针对村里残疾人较多的情况，创办残疾人托养基地——万安村馨园残疾人之家。托养基地实施以劳代疗、边劳边疗的助残模式，集托养、康复、就业、培训、文体等为一体，为村里残疾人打造一个舒适的康复医院、学习园地、工作场所和生活港湾。袁永香的残疾人之家入托人数超过20人。2021年，袁永香获评敬业奉献"江苏好人"。

【仇佩英】　仇佩英，女，1941年12月出生，东海镇星宏村村民。她9岁丧母，12岁起随养母一起生活。仇佩英的小儿子因车祸导致精神分裂，生活不能完全自理,仇佩英自此将其精心照顾;2013年4月,养母第三次中风瘫痪在床,她任劳任怨精心护理;2014年9月,丈夫查出脑萎缩失去劳动能力,她一人扛起家庭重担。她每天照顾一家老小,用自己柔弱的肩膀扛下全家人的希望,维系着三代人的生活。其事迹被新华网、《光明日报》、人民网、交汇点、江苏文明网等媒体宣传报道。她曾获评孝老爱亲“启东好人”“南通好人”。2021年,仇佩英获评孝老爱亲“江苏好人”。

【启东市道德模范】 2021年,市委宣传部、市文明办开展身边好人评选表彰活动,每季度推出一批“启东好人”,分为助人为乐、孝老爱亲、敬业奉献、见义勇为、诚实守信五个类别。最终从72名季度“启东好人”中产生2020—2021年“启东市道德模范”10组,“启东市道德模范提名奖”10人。

吕四港镇中心派出所“妈妈团” 因母亲被判刑,孩子无人抚养,吕四港镇中心派出所女辅警组成“妈妈团”给予照料,她们自掏腰包购买婴幼儿用品,给孩子母亲般的呵护。2021年,“妈妈团”获评助人为乐类道德模范。

周祖平 男,1957年5月出生,汇龙镇光荣村村民。他培育的启豆新品种“荣平9号”鲜蚕豆填补了省内鲜食蚕豆良种的空白。周祖平在忙于事业的同时还热心公益事业,带动周边群众共同富裕。2021年,周祖平获评助人为乐类道德模范。

张万远 男,1931年10月出生,世纪家园社区居民,曾参与淮海战役、渡江战役、解放战争,是一名英雄。他带领青少年一起学习党史,分享党的伟大成就,学习党的宝贵经验、光荣传统和优良作风。2021年,张万远获评助人为乐类道德模范。

施亚琴 女,1964年1月出生,合作镇曹家镇村人。她32年如一日悉心照顾瘫痪在床的52岁的妹妹,为妹妹端屎接尿、洗衣喂饭,只为延续一个脆弱的生命。2021年,施亚琴获评孝老爱亲类道德模范。

杨芳 女,1956年2月出生,吕四港镇通兴镇村村民。34年前,杨芳丈夫去世,面对年仅四岁的儿子和丧夫丧子的婆婆,杨芳没有重组家庭,主动承担起照顾孩子、赡养老人的责任。2021年,杨芳获评孝老爱亲类道德模范。

施晓洁 女,1971年8月出生,汇龙小学教师。身患重病、手术后重返教育岗位的施晓洁,数年如一日,用敬业、奉献、乐观的态度对待教育事业。2021年,施晓洁获评敬业奉献类道德模范。

张博 男,1987年7月出生,启东中远海运海洋工程有限公司保障中心叉车班班长。工作中,张博秉持“团结、规范、安全”的工作理念,发扬吃苦耐劳的工作作风。他搞好传帮带,把平时积累的工作经验传授给新人。经他培训的专业人员,都成为企业的骨干力量。他曾在公司第十届职工技能竞赛叉车操作项目、首届叉车司机(起重装卸机械操作工)职业技能、“中远海运杯”职业技能叉车项目等一系列比赛中获奖,被授予“技术标兵”称号。2020年,他被聘为启东市第十六届“为劳动者喝彩”叉车技能大赛培训师,曾获评全国优秀农民工。2021年,张博获评敬业奉献类道德模范。

吴黄超 男,1995年6月出生,南通海隆磁业有限公司安全员,退役军人。2021年3月底,吕北公路上发生车祸,驾车经过的吴黄超第一时间停车,跑到事故轿车边查看情况。吴黄超一边安抚伤者情绪,一边将其快速送到市第七人民医院,使伤者得到及时救治。2021年,吴黄超获评见义勇为类道德模范。

施景程 男,1997年11月出生,东海镇共乐村人,退役军人。江苏魔视智能有限公司测试主管。2021年7月20日,河南地区发生特大山洪,施景程第一时间写下请战书,奔赴抗洪一线,与吴凯凯、周文涛两人组成救援队,多次进入危险地域展开搜救,共出动冲锋舟200余次,转移受灾群众800人次。2021年,施景程获评见义勇为类道德模范。

秦英 女,1960年1月出生,家住汇龙镇北城区街道,从事废品回收工作。秦英做废品回收生意20余年,捡到现金共计30多万元,都选择物归原主。她还热心公益活动,参加社区志愿活动,2021年捐出爱心善款200元。2021年,秦英获评诚实守信类道德模范。

(袁雨澄)

责任编辑 黄亦美

附录

※重要文献

※组织机构及负责人名录

※年度荣誉

※统计资料

启东恒大海上威尼斯

（市融媒体中心/供图）

重要文献

重要报告

跑好第一棒　奋进新征程
全力谱写“强富美高”新启东现代化篇章

——在中国共产党启东市第十四次代表大会上的报告

中共启东市委书记　李　玲

(2021年7月27日)

各位代表、同志们：

现在，我代表中国共产党启东市第十三届委员会向大会作报告，请予审议。

中国共产党启东市第十四次代表大会，是在“两个一百年”奋斗目标历史交汇的关键节点、“十四五”开局之年召开的一次承前启后、继往开来的大会。大会的主要任务是，深入学习贯彻习近平新时代中国特色社会主义思想，回顾总结市第十三次党代会以来的工作，研究确定今后五年的奋斗目标和主要任务，选举产生中国共产党启东市第十四届委员会和纪律检查委员会，动员全市各级党组织、广大党员和干部群众，凝心聚力、接续奋斗，跑好第一棒，奋进新征程，全力谱写“强富美高”新启东现代化篇章。

过去五年工作的简要回顾和基本经验

市第十三次党代会以来的五年，是启东发展历程中充满挑战、极不平凡的五年，是抢抓重大机遇、实现重大突破的五年。五年来，市委始终坚持以习近平新时代中国特色社会主义思想为指导，坚决贯彻党中央和省市委决策部署，解放思想、开拓进取，创新实干、奋勇争先，疫情防控取得阶段性胜利，三大攻坚战取得决定性成果，高质量创成全国文明城市，高水平全面建成小康社会，胜利完成市第十三次党代会确定的主要目标和任务。

过去五年，是项目建设持续攻坚、综合实力不断增强的五年。2020年，全市实现地区生产总值1223.1亿元，是2015年的1.5倍，列全国县市第21位。人均地区生产总值突破12万元，达到高收入国家和地区水平。一般公共预算收入72亿元，列全省县市第9位。高新技术产业产值占规模工业产值比重达54.6%，比2015年提高8.1个百分点。建成投产亿元以上产业项目369个，其中10亿元以上项目26个。深入实施对接浦东三年行动计划，推进沪启平台对接“三建立三深化”工程，引进来自上海的产业项目占比超75%。新增上市企业3家、新三板挂牌企业5家，获评省金融生态优秀县市。列中国工业百强县市第23位，比2015年跃升32位。实现建筑业总产值1305亿元，是2015年的1.8倍，“鲁班奖”总数达39个。旅游业发展取得新突破，年均接待游客478.7万人次，创成国家3A级旅游景区4个，获评全国休闲农业与乡村旅游示范县市。农业质态持续向优，建成高标准农田43.7万亩，占耕地总面积比重较2015年提高41.1个百分点，新增国家地理标志产品、证明商标12个，获评省农产品质量安全县市。

过去五年，是改革创新持续推进、发展动能不断释放的五年。供给侧结构性改革持续深化，“三去一降一补”成效明显，累计为企业降本减负128亿元。党政机构改革全面完成，开发园区管理体制机制不断优化，国有企业完成整合重组。完成基层审批服务执法力量整合，简政放权创业创新环境全省领先。农村集体产权制度改革稳步实施，成为全省唯一的第二轮土地承包到期后再延长30年国家级试点县市。“九合一”紧密型县域医共体建设国家级试点取得实效，县级公立医院综合改革成效获国务院通报表扬。科技创新活力持续释放，全社会研发投入占比达2.62%，新增省级以上专精特新“小巨人”企业5家、高新技术企业132家、省级以上企业研发平台26家。“天鲲号”荣获国家科学技术进步奖特等奖，获评国家知识产权强县工程示范县。引进高层次创新创业人才1100多人，其中“长江学者”“杰青”等领军人才108人，列省人才竞争力前十。

过去五年，是文明创建持续深化、城乡环境不断优化的五年。历经6年持续努力，以全省第二的优异成绩创成全国文明城市，城市和谐有序、环境整洁优美、文明成为风尚，文明城市创建市民满意率达90%以上。入选全国第二批新时代文明实践中心建设试点，“中国好人”数全省领先，“太阳花”四位一体关爱行动项目获省志愿服务展示交流会金奖。老城区有机更新成效明显、功能品质不断提升，新城区建设框架全面拉开、魅力初显。综合交通运输体系发生格局性变化，吕四港纳入大通州湾一体化建设，宁启铁路、海启高速建成通车，北沿江高铁经启东设站、即将开工。公路网密度南通第一、全省前列，获评“四好农村路”省级示范县。保利大剧院、国际版画艺术中心全面启用，蝶湖公园、头兴港滨河公园等建成开放。规划建设最美江海岸线，堤防达标加固工程加快推进，圆陀角获评省“美丽海湾”。坚决抓好长江大保护，“十年禁渔”工作有力落实，沿江1公里范围内化工企业全部停产。策应崇明世界级生态岛建设，共同打造东平—海永—启隆跨行政区域城镇圈。区域治水经验南通推广，市考以上劣Ⅴ类断面全面消除，省考以上断面水质优Ⅲ比例达100%，河长制工作获省政府通报奖励，获评国家级节水型社会达标县市。$PM_{2.5}$浓度排名、空气质量优良天数比率全省领先。新增成片造林面积4.5万亩，获评国家园林城市。“六位一体”农村环境长效管理成效明显，蝉联国家卫生城市。

过去五年，是民生福祉持续增进、社会事业不断繁荣的五年。累计民生投入384亿元，占财政支出78%。城乡居民人均可支配收入分别达50238元、27617元，是2015年的1.45倍、1.51倍。村集体经济发展壮大，收入均超50万元。新增城镇就业4.5万人。完成老旧小区标准化改造96万平方米，改造棚户区1.4万套，建成安置房370万平方米，拆除违建385万平方米。在全省率先完成幼儿园园舍全区域、全覆盖改造建设，义务教育学校办学标准化合格率100%，教育质量重返南通第一方阵。妇幼保健院与复旦大学附属儿科医院合作办院，在全省率先实现“所转院”，三级医院数量全省领先。医养结合工作成为全省典型，社会福利中心建设运营水平成为省内标杆。开展“共乐东疆”活动3.5万多场次，成功承办世界沙滩排球赛、国际铁人三项赛等一批重要赛事。实现省双拥模范城“八连冠”。

过去五年，是安全稳定持续巩固、治理体系不断完善的五年。一体推进法治启东、法治政府、法治社会建设，执法司法服务企业发展成效显著，破产审判经验全国推广，宽严相济为民营经济发展提供良好法治服务获最高检和省委肯定。扫黑除恶专项斗争取得实效，政法队伍教育整顿扎实推进，社会治安持续向好。全面建成市镇两级治理现代化指挥中心，“有事好商量”协商议事平台建设走在全省前列，“网格+12345”经验全省推广，获评全国乡村治理示范村2个。安全生产专项整治深入推进，获评全国平安渔业示范市。食品药品安全监管全面加强。政府债务规模、债务率、债务成本实现“三下降”。获评全国信访工作“三无”县市。

过去五年，是党建水平持续提升、从严治党不断推进的五年。成功举办庆祝新中国成立70周年、中国共产党成立100周年系列活动，全市人民爱党爱国热情不断激发。扎实开展“两学一做”学习教育、“不忘初心、牢记使命”主题教育、党史学习教育，获评2016—2018年度南通市党建工作先进单位。“正能量加油站”“三堂汇学”分别获省宣传思想文化工作创新奖、省新媒体运用创新奖。在南通率先开展意识形态工作专项巡察。“党建领航站”经验南通推广。“五位一体”知事识人体系、年轻干部“全链条”培养管理机制等做法被中组部推介。深化纪检监察体制改革，镇村限额以下招投标全流程电子化交易平台全国首创。智慧巡察平台建设得到中央巡视办肯定。坚持党委总揽全局、党政齐心协力，人大法律监督和工作监督有力加强，政协政治协商、民主监督和参政议政水平不断提高，大统战格局更加巩固，党管武装工作持续加强，群团、老干部、关心下一代等工作取得新进步。

各位代表，五年来取得的成就来之不易、令人振奋。这些成绩的取得，离不开中央和省委、南通市委的正确领导，离不开各级党组织、广大党员干部和全市人民的团结奋斗，离不开历届市委打下的坚实基础，离不开老领导、社会各界的关心支持。在此，我代表中共启东市第十三届委员会，向长期以来关心、支持和参与启东经济社会发展的同志们、朋友们，表示衷心的感谢，并致以崇高的敬意！

回首过去五年，我们经历宏观环境新变化、经受复杂局面新考验，惟其艰难、才更显勇毅，惟其笃行、才弥足珍贵。五年的奋斗历程，深刻启示我们：

——新思想就是旗帜，必须坚定不移举旗定向、统一思想。五年来，我们始终高举习近平新时代中国特色社会主义思想伟大旗帜，深入开展解放思想大讨论、“三比三争”主题实践等活动，着力解决“身体进入新时代、思想停在过去时”等问题，自觉向新思想对标看齐、以新思想定向领航、从新思想寻策问道，切实破除思维定势和路径依赖。实践证明，习近平新时代中国特色社会主义思想是做好一切工作的根本遵循，以习近平同志为核心的党中央坚强领导是战胜一切风险挑战的根本保证。只有以新思想解放思想、统一思想，不断增强“四个意识”，坚定“四个自信”，做到“两个维护”，才能始终把稳奋斗前行的正确方向。

——高质量就是导向，必须坚定不移保持定力、系统推进。五年来，我们牢牢把握高质量发展的鲜明导向，聚焦“强富美高”总目标，坚持稳中求进工作总基调，扎实做好“六稳”工作、落实“六保”任务，从部署“五个迈上新台阶”、深化“两聚一高”新实践，到推进“六大新高地”“八个着力”等工作，一张蓝图绘到底、一任接着一任干，交出了一份厚重提气的高质量发展成绩单。实践证明，高质量发展是引领我市“十三五”经济社会发展取得历史性成就的指南针。只有坚定不移遵循新发展理念，加快推进高质量发展，各项事业才能不断取得新突破、开辟新境界。

——一体化就是机遇，必须坚定不移接轨上海、跨江融合。五年来，我们积极抢抓长三角一体化发展等国家战略交汇叠加的机遇，全方位融入苏南，全方位对接上海，从实施“139”工程，到确立“2468”奋斗目标，再到跑好对接浦东第一棒，我们不断抬高目标定位，学习、对接、服务上海取得阶段性成效。实践证明，接轨上海就是接轨机遇、接轨世界、接轨未来。只有全面融入长三角一体化发展，做好跨江融合、对接上海大文章，启东的发展才会乘风破浪、行稳致远。

——守初心就是追求，必须坚定不移践行宗旨、为民造福。五年来，我们坚持把人民对美好生活的向往作为奋斗目标，把人民的评价作为衡量工作成效的根本标准，聚焦民生“七有”和“八个更”要求，制度性推进十大类民生实事项目，扎实开展“走帮服”“我为群众办实事”等实践活动，解决了一批群众最关心最直接最现实的问题。实践证明，江山就是人民，人民就是江山。只有坚持人民立场、人民至上，紧扣群众需求，持续加大民生投入，切实解决人民群众的“急难愁盼”，我们的发展实绩才会更有温度，民生答卷才会更有厚度。

——勇作为就是担当，必须坚定不移激扬狼性、真抓实干。五年来，我们充分发挥市委牵头抓总、协调各方的领导核心作用，把方向、管大局、作决策、保落实，团结带领广大干部群众弘扬“开拓、包容、创新、争先”的启东精神，激发“矢志而行、相机而动、竭力而为、群起而上”的狼性斗志，完成了一批几代人翘首以盼、接续奋斗的大事要事，获得了一批鼓舞人心、百姓赞誉的国家级殊荣。实践证明，启东的干部群众勤劳智慧有担当、实干坚韧敢创新。只有全市上下确立共同的目标追求，始终保持奋发有为的精气神，才能汇聚起跨越赶超的强大合力，战胜一切困难，永立发展潮头。

在充分肯定成绩的同时,我们也清醒地看到,启东当前的发展还面临一些困难和挑战:高端制造业项目不多,土地节约集约利用水平不高,科技创新活力还不够;城乡协调发展推进不快,教育、医疗、文化、养老等优质公共服务供给水平有待进一步提升;生态环境保护、安全生产等方面还存在短板;干部队伍的能力水平和抓落实的作风与高质量发展要求还有差距,等等。对此,我们必须坚持问题导向,采取有效措施,切实加以解决。

今后五年工作的指导思想和奋斗目标

今年7月1日,党中央隆重召开庆祝中国共产党成立100周年大会,习近平总书记发表重要讲话,庄严宣告我国实现了第一个百年奋斗目标,在中华大地上全面建成了小康社会,正在意气风发向着全面建成社会主义现代化强国的第二个百年奋斗目标迈进。新使命催人奋进,新征程惟有奋斗。站在新的历史起点,我们必须立足新发展阶段、贯彻新发展理念、融入新发展格局,用全面、辩证、长远的眼光研判形势,用沉着、冷静、专注的定力推动发展,集中精力办好自己的事,坚定不移走高质量发展之路,在新时代新征程上披荆斩棘、奋勇前进。要科学把握新发展阶段的历史方位,在认清变局中保持定力、勇开新局。步入新发展阶段,国内外环境发生深刻变化。从国际看,世界正处于百年未有之大变局,全球经济深度衰退,世界格局加速调整,中美战略博弈长期存在,新冠肺炎疫情影响仍在持续;从国内看,我国发展韧性强、内需潜力足、回旋空间大,经济长期向好的基本面没有改变;从启东看,南通已迈入"万亿俱乐部",正全力打造长三角一体化沪苏通核心三角强支点城市,为启东推进新一轮大开发、大开放、大发展开辟了广阔空间。我们要科学研判启东发展的时和势,辩证把握危与机,坚定信心、保持定力,以自身发展的确定性应对外部环境的不确定性、创造未来更多可能性,不断增强工作能动性,牢牢把握发展主动权。要全面贯彻新发展理念的指导原则,在把握规律中顺势而为、乘势而上。新发展理念是管全局、管根本、管长远的实践指南,是现代化建设的指导原则。对照新发展理念,当前,我市经济发展呈现以改革创新为引领、新旧动能加速转换的趋势,城乡建设呈现以乡村振兴为引领、协调融合不断深入的趋势,生态文明建设呈现以绿色低碳为引领、生态价值持续彰显的趋势,对外开放呈现以接轨上海为引领、向海发展加快推进的趋势,社会事业发展呈现以共建共享为引领、民生福祉日益增进的趋势。我们要把握规律,系统谋划,加快推动质量变革、效率变革、动力变革,形成更加符合新发展理念的空间布局、产业结构、要素配置、生产方式、生态环境,跑出高质量发展加速度。要探索融入新发展格局的有效路径,在扛起使命中咬定目标、奋勇争先。加快构建以国内大循环为主体、国内国际双循环相互促进的新发展格局,是我国经济现代化的路径选择。习近平总书记考察江苏时要求"在改革创新、推动高质量发展上争当表率,在服务全国构建新发展格局上争做示范,在率先实现社会主义现代化上走在前列",这是我们谋划未来发展的战略指引。省委要求启东打造成为上海"后花园",南通市委要求启东跑好对接浦东第一棒、百强年年进两位,既为我们融入新发展格局指明了前进方向,也为我们扛起"争当表率、争做示范、走在前列"的使命担当提供了现实路径。我们要找准在服务和融入新发展格局中的目标定位,更加精准地扬长补短,更加坚定地追赶超越,推动各项工作争当示范标杆、走在全省前列。

今后五年工作的指导思想是:高举习近平新时代中国特色社会主义思想伟大旗帜,深入贯彻党的十九大和十九届二中、三中、四中、五中全会精神及习近平总书记在庆祝中国共产党成立100周年大会上的重要讲话精神,统筹推进"五位一体"总体布局,协调推进"四个全面"战略布局,完整、准确、全面贯彻新发展理念,紧扣"强富美高"总目标,围绕"争当表率、争做示范、走在前列"总要求,坚持稳中求进工作总基调,以高质量发展、高品质生活、高效能治理为导向,深入实施向海发展战略、接轨上海战略,跑好第一棒,奋进新征程,加快建设沪苏通一体融合发展窗口城市,积极推进社会主义现代化建设探索实践,全力谱写"强富美高"新启东现代化篇章。

根据上述指导思想,我们坚持把创新、协调、绿色、开放、共享的发展理念贯穿于发展全过程和各领域,统筹谋划打造"五个城市",努力展现"最靓窗口"的现实模样。

*打造对接上海门户城市。*抢抓浦东打造社会主义现代化建设引领区的重大机遇,坚持江海联动、跨江融合,成为上海向北辐射的首选城市、扩大开放的协同区。按照发展理念、市场规则、气质格局"三个无差别",产业配套、营商环境、宜居指数"三个更好"的要求,推动与上海双向赋能、互相成就,以更强的匹配度和承载力推进沪启同城化。

*打造全域创新样板城市。*坚持创新在现代化建设全局中的核心地位不动摇,大力实施创新驱动发展战略、人才强市战略,加快构建以制造业创新为基础,技术创新、成果转化、人才支撑等为重点,全方位、全领域创新齐头并进的格局。坚持以科技创新引领高质量发展,充分激发全社会创新活力和创造潜能,全力打造"如鱼得水、如鸟归林"的一流创新生态。

*打造全国文明典范城市。*聚焦人的现代化,以文化人、以文育德、以文惠民、以文立业,促进思想观念、道德素质、生活方式、行为习惯向现代化转变。高水平推进全域文明创建,促进城乡协调融合,塑造现代化城市文明典范,努力建设信仰坚定、崇德向善、文化厚重、和谐宜居、人民满意的文明城市。

*打造最美江海花园城市。*坚持生态优先、绿色发展,推进城市花园化、道路林荫化、节点景观化,让蓝天常在、绿水环绕、花园掩映,不断提升"日出江海、美丽启东"的城市美誉度,建设令人向往的上海最美"后花园"。

*打造共同富裕幸福城市。*顺应人民对美好生活的向往,加快构建优质均衡、覆盖全体的民生保障体系,努力实现幼有善育、学有优教、劳有厚得、病有良医、老有颐养、住有宜居、弱有众扶。加快推进社会治理体系和治理能力现代化,着力打造富足安康、和谐稳定、群众认可的最具幸福感城市。

今后五年工作的总体目标是：

——*经济质量效益走在前列*。地区生产总值突破1800亿元，一般公共预算收入超100亿元。主导产业能级持续提升，战略性新兴产业初具规模，制造业增加值占地区生产总值比重超50%，农业现代化水平加速提升，服务业结构不断优化。全社会研发投入占比提高至2.8%。全国综合实力百强县市排名年年进两位。

——*人民生活品质走在前列*。探索形成共同富裕启东路径，居民收入增长和经济增长基本同步，就业更加充分更有质量，教育、医疗、养老等公共服务更加优质，居民人均可支配收入超5.7万元。城乡空间和功能格局持续优化。生态绿色成为人民生活的幸福底色，178公里最美江海岸线全面展现，美丽启东建设成为美丽南通、美丽江苏的示范样板。

——*社会文明程度走在前列*。社会主义核心价值观深入人心，人民群众精神文化生活日益丰富，法治观念意识、思想道德素质、科学文化素养明显提高。新时代文明实践中心建设成为全国示范，志愿服务蔚然成风，城市软实力显著提升，社会文明程度测评指数超93，争创全国文明典范城市。

——*市域治理能力走在前列*。社会主义民主法治更加健全，社会公平正义充分彰显，基层群众自治充满活力，社会大局和谐稳定。网格化服务管理更加精准高效，平安启东建设达到更高水平，社会治理智能化、精细化、现代化水平全省领先。

——*党的建设水平走在前列*。全面从严治党纵深推进，党的政治、思想、组织、作风、纪律和制度建设不断加强。党建工作质量全面提升，高质量党建与高质量发展深度融合、同频共振，打造沿江沿海最美党建带等一批富有特色性、创新性、实效性，在全省全国有影响力的党建品牌。

今后五年的工作重点和关键举措

蓝图已经绘就，关键在于实干。全市上下要围绕高质量发展要求，系统谋划、统筹推进，精准施策、务求实效，奋力谱写现代化建设新篇章。

一、全面接轨上海，培育经济高质量发展新动能

深度融入长三角一体化，以全域创新为引擎，以改革开放为动力，以交通互联为支撑，不断厚植发展优势、增强发展动能。

（一）*打造创新资源强磁场*。传承开疆拓土、敢为人先的创新基因，大力弘扬尊重创造、宽容失败的创新文化，在全社会形成创新创业的浓厚氛围。深入对接上海全球科创中心建设，推动创新领域重点项目、平台载体、人才、资金等要素高效配置，成为南通沿江科创带重要支撑。持续强化企业在技术创新、研发投入、科研组织和成果转化中的主体地位，实施“百企联百校”合作工程，新增省级以上企业研发平台不少于30家。深入实施高新技术企业优培计划，实现高新技术企业、科技型中小企业数量翻番。借力央企国企资源，建设海工及重装备产业高端研发机构，合力共建电子信息及半导体、生命健康、电动工具产业检验检测、技术开发等公共服务平台，支持北大生科华东产业研究院争创省技术创新中心。优化人才政策，大力引进大师级高端人才、工匠型技能人才、青年科技人才，让各类人才的创新创造活力竞相迸发。加强上海等地金融资源导入，设立天使投资、创业投资等基金，完善科技融资、财政支持政策，为创新创业提供资金保障。

（二）*打造对外开放新高地*。扩大先进技术、装备和服务进口，大力推进优质产品指定口岸建设。放大省海工装备出口基地、国家级电动工具外贸转型升级基地优势，支持企业打造国际品牌、构建海外营销网络，嵌入全球供应链，提升国际市场竞争力。运用现代信息技术手段，发展跨境电商，培育新型外贸业态。提升电子口岸功能，提高外贸出口的便利度和通关效率。积极参与长三角自贸试验区联盟建设，全力争取设立吕四港保税物流中心。聚焦行业龙头、细分领域的高精尖外资企业，加大先进制造业外资项目招引力度，实现制造业利用外资总量翻番。鼓励建筑、电动工具等行业企业“走出去”，有效提升对外投资合作水平。

（三）*打造深化改革先行区*。深化县级公立医院、第二轮土地承包到期后再延长30年等国家级改革试点工作，探索更多可复制可推广的改革经验，打响启东改革品牌。对照世界银行营商环境评价标准，学习借鉴上海等地先进做法，扎实推进“放管服”改革，全面推进“一件事一次办”，实现“1120”常态化，营商便利度进入全省前十。落实减税降费等惠企惠民政策，健全涉企政策供给体系。完善区镇财政管理体制，建立财权与事权相匹配的市镇财政关系，激发区镇发展内生动力。积极稳妥化解政府债务，牢牢守住债务风险底线。

（四）*打造交通互联新节点*。积极服务北沿江高铁启东段开工建设，优化增密宁启铁路运行线路，争取宁启铁路二期复线工程列入省专项规划。抢抓长三角多层次轨道交通规划实施等机遇，深化沪崇启铁路和市域轨道交通规划研究，积极对接上海轨交崇明线建设，尽快接入上海轨道交通“一张网”。完善“六横六纵两沿两高速一环一通道”路网体系，规划建设“两环四射线”高快公路网，完成连接南通新机场的228国道改扩建，力争S11通沪高速开工建设。打通城乡交通神经末梢，创成“四好农村路”全国示范县。

二、加快向海发展，打造沿海高质量发展新样板

深入实施向海发展战略，全力兴港口、强产业、抓项目、优平台，打造江苏沿海高质量发展经济带靓丽明珠。

（一）*以产业升级引领高质量发展*。坚定不移发展实体经济，加快构建以先进制造业为主导、战略性新兴产业为引领、现代服务业量质齐升的现代产业体系。借力省市产业链“链长制”，立足启东实际，强化产业链研究，着力在关键节点形成特色产业集群。做大临港产业。完成洋吕铁路、海港码头、疏港公路、内河航道等重点工程建设，积极推进与中远海运、上海港、省港口集团合作运营，加快构建“铁路连港区、内河到码头、港口通大洋”的现代化集疏运体系，全力打造上海国际航运中心北翼集装箱干线港，到2025年港口集装箱吞吐量达200万标箱。策应国家“3060”双碳目标，推动新能源及装备产业在港口布局，打造集光伏、风电、LNG、氢能等于一体的综合能源及产业基地。吕四港经济开发区要锁定重型装备、港口物流、粮油加工、能源储运等

产业,确保百亿项目年年有,打造千亿级临港产业基地。海工船舶工业园要以沿江岸线优化整合为重点,不断提升资源要素利用效率,在完成“腾笼换凤”的基础上,推动产业向海洋高端装备制造升级,建造更多“国之重器”,打造国内知名的地标性先进制造业集群,到2025年应税销售突破500亿元。做强特色产业。加快电动工具产业迭代升级,培育壮大东成电动工具等一批骨干企业,推动产品多元化、高端化、品牌化发展,建设电动工具产业集聚区,打造国内最大的电动工具制造中心、具有国际影响力的销售中心和研发基地,到2025年应税销售突破300亿元。加快高端机械装备产业发展,支持阀门、润滑设备、测功等行业本土企业做强做精,打造一批行业小巨人、单打冠军。加快建筑业绿色化数字化转型,引导企业聚焦主业、拓展领域、做大做强,支持企业参与道路、港口、桥梁等大型基础设施建设,到2025年建筑业总产值突破2100亿元。做优战略性新兴产业。培育壮大电子信息及半导体产业,启东经济开发区要聚焦半导体装备及零部件加工、功率半导体器件、第三代半导体材料等领域,完善半导体产业园功能配套,支持捷捷微电子、吉莱微电子、启微半导体等企业加快发展,引进一批领军型企业,加快产业集聚,打造长三角地区半导体装备及材料产业发展新秀。生命健康科技园要按照“协同张江”的发展定位,放大区位优势,聚焦高端医疗器械、医药服务外包、生物制药、健康服务等重点领域,加快集聚一批高成长性优质企业,到2025年应税销售突破350亿元。高新区要深耕上海浦东,加快“专精特新”企业集聚。充分发挥产业母基金的撬动作用,积极与优质龙头企业合作设立子基金,推动战略性新兴产业加快集聚、裂变增长。发展生产性服务业。主动承接上海“五型经济”外溢效应,积极引进科技研发、软件开发、工业设计、金融服务、区域总部等业态,加快生产性服务业集聚发展。推进服务业与制造业深度融合,引导制造业企业从提供产品向提供“产品+服务”转变。

(二)以全域旅游助力高质量发展。叫响“日出江海、美丽启东”品牌,打造长三角知名休闲旅游目的地,到2025年接待游客突破1000万人次。以创建国家级旅游度假区、国家全域旅游示范区为引领,发展互动性、体验式、休闲型旅游项目,打造“面向大海、百里花开”旅游精品线路,新增国家4A级旅游景区3个、省级以上乡村旅游重点村2个。引导旅游和农业、文化、体育、健康等产业深度融合,推动旅游业“全时、全业、全景”发展。健全“乐游启东”服务体系,完善优化旅游交通、游客服务、智慧旅游、安全应急、市场管理、购物消费等服务网络和设施,让游客在启东玩得开心、吃得放心、住得舒心、购得称心、行得顺心。圆陀角旅游度假区要放大三水交汇、咸淡分潮、江苏第一缕阳光等独特资源优势,完善功能配套,引进建设高端文旅项目,做精做美江海文化景观大道,着力提升休闲娱乐、观光度假、体育运动、会议商务等业态品质,打造独具江风海韵魅力的旅游胜地。江海产业园要以国家海岸带保护修复为契机,借鉴欧洲沿海城市建筑风貌,优化园区规划和城市设计,加快唐韵龙湾等重大文旅项目建设,集聚高端商务、会议会展、研学交流、休闲健身、海上运动等业态,全力打造魅力蓝湾,成为上海高端商务人群向往想来的地方。

(三)以重大项目推动高质量发展。锚定先进制造业,坚持不懈抓项目建设,研究世界500强、央企国企、上市公司的战略布局和投资动向,放大港口资源优势和毗邻上海区位优势,着力招引落地一批旗舰型、基地型项目,打造“百亿领航、十亿带动、亿元支撑”的项目矩阵。健全重大项目清单式管理、专班式推进机制,为项目提供“管家+专家”式全周期服务,加快益海嘉里、晶澳太阳能、卫华港机、万洋众创城等百亿级重特大项目开工建设,新开工亿元以上战略性新兴产业项目不少于300个、百亿级重特大项目不少于15个。持续开展“垦牧杯”杰出企业家评选活动。深入实施“1521”工业龙头企业双倍增计划,建立企业集团化发展培育库,鼓励企业利用资本市场做大做强,确保应税销售超百亿企业不少于8家,上市企业总数不少于10家。严把环保、安全、能耗、投资效益等准入关口,按照附加值高、科技含量高的标准筛选项目,从源头上推动产业结构变“轻”、发展模式变“绿”、经济质量变“优”。

(四)以园区转型支撑高质量发展。完善事权划分科学、结构扁平优化、管理高效统一的行政管理体制机制,推动园区聚焦开发建设、招商引资、经济运行、企业服务,更好发挥项目承载地、创新试验田、经济主战场作用。不断完善国土空间、产业发展、基础设施等规划,加快打造产城融合发展的现代化园区。锁定产业发展主攻方向,集中力量、集聚资源、集成政策,做大做强主导产业,在全市形成优势互补、协同联动、错位发展的“产业版图”。提高园区土地资源节约集约利用水平,着眼内部挖潜,加大低效用地退出和再开发力度,引导企业对存量工业用地追加投资、转型改造。新上项目要确保供地与投资额、产出率、税收贡献度相匹配。强化内部管理,完善科学合理的激励机制。加强园区干部队伍建设,提升专业招商水平和服务企业能力,让懂经济、善创新、会管理、敢担当成为园区干部的鲜明标识。启东经济开发区要以创建国家级经济技术开发区为目标,不断提升园区发展能级,三年内跻身全省省级开发区前十。

三、聚力能级提升,增创城市高质量发展新优势

坚持“人民城市人民建,人民城市为人民”,优化城市格局,厚植城市底蕴,焕新城市风貌,加快建设现代化新型城市。

(一)提升城区品质内涵。学习借鉴上海城市建设标准和“五个新城”总体规划,在功能定位、空间布局、公共服务等方面对标看齐。保留老城区的城市肌理和文化记忆,提升商业街区、景观廊道等重要节点品质,持续推进公共空间更新、背街小巷整治、老旧小区改造,打造一路一景、一街一品、一巷一韵,让老城区出新出彩、焕发活力。新城区要按照大气洋气、有特色的要求,强化建筑风貌、生态景观、公共空间设计,提高城市辨识度;加快蝶湖片区建设,发展现代金融、商务服务、娱乐休闲等业态,聚集人气商机,让新城区繁荣兴盛、独具魅力。以“绣花功夫”扎实推进城市长效管理,推动城市管理精细化、标准化、智能化,创成省城市管理示范县市。

(二)提升综合配套功能。实施城市赋能升级行动,加快补齐城市高端业态和公共服务设施短板,实现城市让生活更美好。科学布局特色街区,健全邻里中心、农贸市场等功能配套,优先发展公共交通和慢行交通,提升城市生活便利度。畅通城区水系,实施清水活水、景观提升等工程,全力打造城市"活水走廊",城区河道水质达Ⅳ类标准。建设一批口袋公园、特色公园,高品质建设城市绿廊,打造绿水绕城、绿道环城、绿意满城的公园城市。持续推进易淹易涝片区治理,实现城区雨污分流全覆盖。推进数字"新基建",在城市安全、城市管理、交通出行等领域构建覆盖城乡的数字化便民服务网络,打造新型智慧城市。

(三)提升城镇建设水平。落实新型城镇化规划(2021—2035),深入实施小城镇建设升级行动,强化定位分类,依据城镇区位与资源条件、文化特色、发展阶段、发展潜力,因地制宜推进城镇建设。加快市政公用设施提档升级、公共服务设施提标扩面、产业配套设施提质增效,不断增强承载能力。坚持一镇一业,规划建设产业发展集聚区,打造一批宜工则工、宜农则农、宜商则商、宜游则游的特色城镇。推动城镇低效用地再开发,为城镇更新打开空间。吕四港镇和寅阳镇要加快产城融合,完善生产生活配套,优化功能布局,建设美丽宜居的城市副中心。南阳、海复、合作等镇要加快镇区改造提升,完善功能配套,确保三年内镇区面貌实现大提升,引领全市小城镇建设取得新突破。

四、推进乡村振兴,激发"三农"高质量发展新活力

坚持农业农村优先发展,实施乡村建设行动,加快补齐"三农"短板,促进农业全面升级、农村全面进步、农民全面发展。

(一)推动农业高质高效。聚焦产业兴旺,积极发展现代高效农业、特色农业,做大做强优质高效蔬菜园艺、农业休闲旅游等主导产业,做优做精"地产三宝""四青作物"等特色产业,新增省农业品牌不少于8个,绿色优质农产品比重超65%。完善专业化冷链仓储加工设施配套,提升农产品附加值。加强高标准农田建设管护利用,合理建设配套设施,科学有序推进宅埃泯沟整治,扩大高标准农田连片规模,推进农业规模化、机械化、高效化发展。开展全国农民合作社质量提升整县推进试点工作,培育壮大新型农业经营主体,推动家庭农场高质量发展。加大农业招商力度,培优扶强龙头企业。落实耕地保护长效机制,加大综合整治力度,推进增减挂钩、工矿废弃地复垦利用和耕地占补平衡工作,新增耕地5万亩。依托吕四国家中心渔港,完善新渔港配套设施,加快现代渔业发展。

(二)推动农村宜居宜业。科学编制"多规合一"的实用性村庄规划,结合资源禀赋,因地制宜推进乡村建设,建成南通市级乡村振兴示范村20个、先进村50个。深化农村人居环境整治提升,健全农村环境长效管理机制,打造富有江海特色、承载田园乡愁、体现现代文明的美丽乡村。建设村级公共服务配送网点,打通配送"最后一公里",让农村生产生活更畅通更便捷。

(三)推动农民富裕富足。完善新型农业经营主体与小农户利益联结机制,让农民更多分享产业增值收益。实施新型职业农民培育工程,培养一批现代农场主、农村实用人才、新型农业经营主体骨干等"田秀才""土专家"。发展"直播带货"等农村电商新业态,引导农民创业致富。优化村集体经济收入结构,扎实推进"百企联百村、共走振兴路"行动,鼓励集体经济组织和龙头企业开展合作,促进村集体资产保值增值,到2025年集体经济收入达100万元的村占比超70%。

五、建设美丽启东,绘就生态高质量发展新画卷

把绿色生态作为高质量发展的重要标识,做足治污、添绿、留白文章,守护江海生态本底,建设人与自然和谐共生的现代化。

(一)全力打造最美江海岸线。加快建设"缤纷百里"海岸,按照"先达标、相连通、高质量、成景点"的要求,高标准推进岸堤道路贯通、生态岸线修复、沿线景观升级,打造可徒步、可骑行、可驾车、可观光的滨江临海全新休闲空间。加强植绿增绿和景观美化,扩大生态容量,提升生态功能,打造集生态、绿色、活力于一体的大江大海风光带。统筹海洋自然景观和滨海城镇景致,建设滨海特色风情区、滨海特色村庄与生态景观节点,打造"三生"融合、开放多元的滨海风貌城镇带。保留生态基底,彰显自然人文,推动滨江森林公园、果园生态经济发展区等重要节点串珠成链,打造多彩缤纷的诗意田园乡村带。

(二)聚力抓好生态保护修复。更高质量抓好长江大保护,打好"十年禁渔"持久战,协同推进崇明世界级生态岛建设,共建长江口生态保护战略协同区。强化$PM_{2.5}$和臭氧浓度"双控双减",空气质量保持全省最优。持续推进区域治水,建成生态河道1000条,实现河畅、水清、岸绿、景美。加快城镇污水处理厂提标改造,落实河长制、断面长制,省考以上断面水质优Ⅲ比例保持100%。加强土壤污染源头预防和风险管控,开展污染地块修复。建设沿江生态林、沿海防护林体系,新增绿地300万平方米,打造城市"生态绿肺"和"天然氧吧",争创国家生态文明示范市。

(三)大力推动绿色低碳发展。坚持把实现减污降碳协同增效作为绿色发展的重要抓手,制定碳达峰碳中和实施方案,强化碳排放总量、强度"双控"和峰值目标管理,稳步提升碳汇能力。实施"三线一单"生态环境分区管控。完成省级以上开发园区循环化改造,加快构建绿色制造体系。全面促进资源节约集约利用,实现生活垃圾资源化处理,完善废旧物资循环利用体系。推动建筑、交通、农业等领域绿色低碳发展,开展绿色生活创建行动,以最小碳排放实现更高质量发展。

六、促进共同富裕,共享民生高质量发展新成果

全面落实以人民为中心的发展思想,更好地保障和改善民生,不断增进人民福祉,走共同富裕之路。

(一)提供更加均衡的社会保障。深入实施全民参保计划,强化基本医疗保险、大病保险与医疗救助三重保障功能,持续推进长期照护保险制度,到2025年养老保险参保缴费率达90%以上。完善促进创业带动就业、多渠道灵活就业的保障制度,健全高校毕业生、农民工等重点群体就业支持体系,确保零就业家庭动态清零。全力做好退役军人服务保障工作。完善社会救助、社会福利、慈善事业等制度,织密"底线公平"保障网。发展普惠托育服务体系,推行机构、社区、居家、医护"四位一体"链式养老服务模式,到

2025年每千名老人拥有养老床位数达40张。坚持"房住不炒",加快拆迁安置房建设,2023年实现拆迁安置零过渡。

(二)丰富更优质量的公共服务。聚力办好人民满意的教育,建成启用启东中学新校区和折桂中学、实验小学新城区分校,强化教师队伍建设,提升职业教育水平,持续规范校外培训,创成全国学前教育普及普惠市、国家义务教育优质均衡发展市。推进健康启东建设,提升县域医疗服务能力,推动县级公立医院高质量发展,打造整合型医疗卫生服务体系,异地建设中医院,建成东部、北部农村区域医疗中心,跻身全国县级公立医院综合改革示范县先进行列。完善公共卫生应急管理体系,抓实抓严常态化疫情防控。做优做精"共乐东疆"等群众文化活动品牌,推动城区文体场馆、基层文化服务中心高效运行,培养壮大扎根江海、富有活力的文艺工作者队伍,到2025年文化产业增加值占地区生产总值比重达5%。

(三)完善更有效率的治理体系。深入推进全面依法治市,提升综合行政执法效能。开展"八五"普法宣传教育,不断提升公民法治素养。完善全域"五治"融合发展格局,全面拓展市镇两级治理现代化指挥中心功能,健全数据汇聚、分析、共享机制,打造统一高效的"城市大脑"。完善"大数据+网格化+铁脚板"治理机制,深化全要素网格建设。深入推进"有事好商量"协商议事平台建设,提高群众参与社会治理的积极性。全力构建源头防控、排查梳理、纠纷化解、应急处置一体推进的社会矛盾综合治理机制,争创全国信访工作示范县市。

(四)建设更高水平的平安启东。加强政治安全和人民防线建设,开展系列平安创建,常态化推进扫黑除恶斗争,严密防范、严厉打击新型犯罪,持续整治"黄赌毒"。深入实施新一代社会安全系统,提升社会治安防控现代化水平。健全安全生产长效机制,扎实开展安全生产专项整治三年行动,提升本质安全水平。完善防灾救灾应急体系。发挥大数据预警感知和辅助决策作用,推动风险隐患精准预测、源头预防。加强食品药品安全监管,守护人民群众"舌尖上的安全",创成省食品安全示范县市。

弘扬伟大建党精神,纵深推进全面从严治党

跑好第一棒,奋进新征程,关键在党,关键在干部。要深入贯彻新时代党的建设总要求,弘扬伟大建党精神,以打造沿江沿海最美党建带为抓手,系统推进江海党建"四大工程",让矢志不渝跟党走、凝心聚力创伟业成为东疆大地上的澎湃旋律。

一、实施江海扬帆领航工程,筑牢团结奋斗的思想根基。坚持党建引领,充分发挥政治优势,始终高举新思想伟大旗帜,高扬党建风帆,不断增强党的政治领导力、思想引领力、群众组织力、社会号召力。要坚定不移用新思想定向领航。学深悟透习近平新时代中国特色社会主义思想,汲取真理力量,砥砺前行斗志,始终以新思想引领新征程、指导新实践。强化思想武装,坚定理想信念,严格遵守党的政治纪律和政治规矩,不断提高政治判断力、政治领悟力、政治执行力,做到分析形势把握政治因素,推动工作落实政治要求,解决问题防范政治风险。要坚持不懈用百年党史培根铸魂。认真学习领悟习近平总书记在庆祝中国共产党成立100周年大会上的重要讲话精神,大力弘扬坚持真理、坚守理想,践行初心、担当使命,不怕牺牲、英勇斗争,对党忠诚、不负人民的伟大建党精神,扎实开展"两在两同"建新功行动,激发新时代奋斗前行的内生动力。广泛开展"四史"学习教育,用好抗大九分校等红色资源,做到学史明理、学史增信、学史崇德、学史力行。强化党性锤炼,严格执行新形势下党内政治生活若干准则,深入实施机关党组织生活"巡学旁听"制度,勇于自我革新,永葆政治本色。要毫不动摇用核心价值观凝心聚力。深入培育和践行社会主义核心价值观,拓展"理响东疆"品牌内涵,建强新时代文明实践中心(所、站)、融媒体中心、镇村史馆,用好"学习强国"学习平台,筑牢基层宣传思想阵地。严格落实意识形态工作责任制,扎实开展维护网络生态"亮剑清网"行动,全力构筑思想舆论引领高地、道德风尚建设高地。

二、实施江海先锋示范工程,打造狼性拼抢的干部队伍。传承江海儿女辟我草莱、牧渔垦荒的垦牧精神,激扬狼性、奋勇拼搏,打造一支敢打敢拼、勇争一流的干部队伍,再创一个拓荒植棉、并港建闸的火红年代。要磨砺干事创业的真本领。实施干部专业能力提升计划,深化"研训一体、炼用结合"扎实历练机制,加大双向挂职培养、内引外联交流、基层实践锻炼力度,让党员干部成为想干事、能干事、干成事的行家里手。坚持以上率下、示范引领,加强换届后领导班子建设,深化区镇"五好五强、接力争先"好班子创建,大力营造一级带着一级干、一茬接着一茬拼的浓厚氛围。要提高选贤任能的精准性。突出德才兼备、事业为上,强化从项目建设、乡村振兴、信访维稳等急难险重一线选拔优秀干部的鲜明导向,让能拼敢闯、善作善成的"狼性"干部得到提拔重用,着力锻造能打硬仗、堪当重任、能力过人的"硬核力量"。扎实推进"青蓝携手、接力奋进"计划,让干部干事有活力、发展有潜力、未来有竞争力。要激发接续奋斗的动力源。用好"三项机制",发挥综合考核"指挥棒"作用,建立领导干部科学评价机制,深化"三比三争"主题实践活动,常态化开展"担当有为好干部"评选,实施"攻坚有我"行动,激发广大干部担当作为的内生动力。建立干部日常管理大数据平台,制定履职行为负面清单,推动形成干部为事业担当、组织为干部担当的良好局面。

三、实施江海堡垒锻造工程,夯实坚强有力的基层基础。树立大抓基层、大抓支部的鲜明导向,构建"党委抓牢支部、支部严管党员、党员带动群众"机制,使基层党组织成为团结群众的核心、教育党员的学校、攻坚克难的堡垒。要严密组织,做到全域覆盖。统筹推进农村、街道社区、"两新"组织和机关事业单位党建工作,做优基层党建"东疆红"品牌,高标准建设"红色驿站",让最靓党建品牌与高质量发展互动融合、交相辉映。实施党支部"标准+示范"建设,开展"行动支部"创建,让党旗飘在一线、堡垒筑在一线、党员冲在一线。要建强队伍,做到全面过硬。深入开展"头雁领航、赛马东疆"绩效比拼行动,完善基层党组织带头人"三化"管理体系,深化村(社区)党组织及书记"双星联创"。加

强党员发展和教育管理，广泛开展“党建微家”“党员中心户”示范创建活动。要压实责任，做到全程从严。深化党委主体责任、纪委监督责任、党委书记第一责任、班子成员一岗双责的“四责协同”机制，做到知责明责清单化、履职尽责全过程。全面落实党建工作联系点制度，建强党群服务中心等阵地，让党建品牌串点成线、连线扩面。

四、实施江海清风涵养工程，营造廉洁从政的良好氛围。坚持系统施治、标本兼治，持续推进党风廉政建设和反腐败工作，涵养风清气正的政治生态。要以系统化治理提升监督效能。健全“四项监督”贯通衔接机制，推动监督全覆盖。扎实开展巡察工作，强化反馈问题整改和成果运用，让利剑高悬、震慑常在。深化“一案一总结一建议一整改”机制，推动以案促改、以案促治。要以钉钉子精神推进正风肃纪。锲而不舍落实中央八项规定精神，完善作风建设长效机制，靶向纠治形式主义、官僚主义，坚决防止反弹回潮、隐形变异。巩固拓展作风建设专项整治成效，持续为基层减负、给基层赋能。坚持纠“四风”与树新风并举，大力弘扬求真务实、真抓实干的工作作风，以优良党风凝聚党心民心、带动政风民风。要以零容忍态度惩治腐败问题。坚持惩治震慑、惩戒挽救、教育警醒三管齐下，着力完善一体推进不敢腐、不能腐、不想腐的体制机制。推进警示教育常态化、制度化，引导党员干部严守纪律底线、追求道德高线，始终做到心有所守、身有所循、行有所止。

同志们，实现未来五年的奋斗目标，必须凝聚一切可以凝聚的力量，调动一切可以调动的因素。市委将进一步坚持和完善人民代表大会制度，支持人大对“一府一委两院”的监督，支持政府依法行政，支持人民政协充分发挥社会主义协商民主独特优势，切实扛起党管武装政治责任，完善大统战工作格局，用心用情做好老干部和关心下一代工作，发挥工会、共青团、妇联等群团组织的桥梁纽带作用，不断巩固和发展大团结大联合局面。

同志们，征途漫漫，惟有奋斗。让我们更加紧密地团结在以习近平同志为核心的党中央周围，坚持以习近平新时代中国特色社会主义思想为指导，在省委、南通市委的坚强领导下，乘势而上、锐意进取，继往开来、接续奋斗，跑好第一棒，奋进新征程，全力谱写“强富美高”新启东现代化篇章！

向海图强　扬帆奋进
加快建设沪苏一体融合发展窗口城市

——在中共启东市委十四届二次全体会议上的讲话

中共启东市委书记　李　玲

（2021年12月31日）

同志们：

这次全会的主要任务是，以习近平新时代中国特色社会主义思想为指导，全面贯彻党的十九大、十九届历次全会以及中央经济工作会议精神，深入落实习近平总书记对江苏工作重要指示精神，按照省委、南通市委的部署要求，回顾总结今年工作，部署安排明年任务，动员全市上下向海图强、扬帆奋进，加快建设沪苏一体融合发展窗口城市。

现在，我根据市委常委会讨论的精神，讲四个方面意见。

一、坚持稳中求进，“十四五”发展实现良好开局

今年以来，我们紧紧围绕“对接浦东第一棒、百强年年进两位”的目标定位，统筹疫情防控和经济社会发展，深入实施向海发展战略、接轨上海战略，坚定不移推进高质量发展，实现“十四五”发展开好局、现代化建设起好步。

*一年来，我们着力提质增效，综合实力再上新台阶。*全年预计（下同）实现地区生产总值1380亿元，增长10%；完成一般公共预算收入77.8亿元，增长8%。完成规模工业应税销售1120亿元，增长32%；服务业应税销售836亿元，增长11.2%。完成进出口总额367亿元，增长70%，其中出口额238亿元，增长55%。实际利用外资3.6亿美元，制造业外资是去年的2.9倍。吕四港通用码头正式启用，洋吕铁路建设稳步推进，沪崇启城际铁路纳入《长江三角洲地区多层次轨道交通规划》。列全国综合实力百强县市27位，比2019年前进4位；列全国绿色发展百强县市19位、科技创新百强县市12位、营商环境百强县市20位。

*一年来，我们着力创新发展，转型升级迈出新步伐。*高新技术产业产值占规模工业产值57.6%，全社会研发投入占比2.66%。新增国家两化融合管理体系贯标认定企业20家、省专精特新“小巨人”企业4家、省企业技术中心3家、省工程技术研究中心2家。实施产学研合作项目125个，上海师范大学、西南交通大学在启设立技术转移中心。入选省“双创人才”10人，获评“江苏工匠”2人，引进高层次及产业紧缺人才318人。新增上市企业2家，首个政府投资母基金——“金北翼”基金投入运营，获评2018—2020年度省金融生态优秀县。建筑业总产值超1400亿元，新增鲁班奖3个，实现本土建筑项目鲁班奖零的突破。

*一年来，我们着力攻坚突破，项目建设取得新成效。*调整优化招商策略，新签约亿元以上产业项目102个，其中百亿级4个。新开工重大产业项目85个，其中百亿级2个；项目平均投资规模提升29%。实施“1521”工业龙头企业三年双倍增计划，广汇能源、东成电动工具、寰宇东方应税销售历史性突破百亿大关。实施企业梯度培育行动，净增规上工业企业90家。工业百强企业亩均销售508.7万元，增长34.4%。强化资源集约利用意识，对102家资源利用低效企业、近三年新开工亿元以上项目进行“回头看”。国内单体容量最大的海上风电场项目全容量并网发电。新建高标准农田5.3万亩，新增省级示范家庭农场3家，入选首批省绿色蔬菜产业特色县市。

*一年来，我们着力优化环境，城乡面貌展现新形象。*沿江沿海国土空间规划形成初步成果，“缤纷百里”海岸建设纳入省沿海地区高质量发展规划。最美江海岸线首开区森林公园开工建设，海洋生态保护修复项目获中央财政补助资金3亿元。碧海银沙景区获评国家4A级旅游景区。建

成安置房75万平方米,完成20个老旧小区标准化改造。国际版画艺术中心、少儿图书馆全面启用,建成南通首家国家级数字档案馆。实施小城镇建设升级行动、乡村建设行动,创成省特色田园乡村1个,沙地圩田农业系统入选中国重要农业文化遗产,挡潮墙遗址上榜首批省水利遗产名录。市考以上断面水质优Ⅲ比例达100%。$PM_{2.5}$浓度排名、空气质量优良天数比率全省第一。

一年来,我们着力增进福祉,生活品质实现新提升。十大类民生实事项目稳步推进,民生投入92.3亿元,占财政支出79%。城乡居民人均可支配收入分别达55000元、30500元。中高考核心指标列南通前茅,"双减"工作扎实开展。新增国家级卫生镇3家,省级卫生镇实现全覆盖,蝉联"国家卫生城市"称号。志愿服务经验南通推广,新增"中国好人"1名、省道德模范2名、"江苏好人"5名。"全科网格"治理经验获农业农村部推介,新增全国乡村治理示范村1个、全国民主法治示范村1个,倪伯苍获评全国年度法治人物。"有事好商量"在老旧小区改造、文明祭扫等工作中发挥积极作用,成为联系服务群众的桥梁纽带。政法队伍教育整顿成效明显,扫黑除恶斗争常态化开展。安全生产专项整治三年行动有力推进。获评全国信访工作"三无"县市。

一年来,我们着力从严治党,党的建设得到新加强。隆重举办庆祝中国共产党成立100周年系列活动。扎实推进党史学习教育,开展"两在两同"建新功"攻坚有我"显担当行动、"我为群众办实事""三比三争"实践活动,党员干部干事创业的精气神有力提振。系统推进江海党建"四大工程","最美江海党建带"品牌持续做靓,蝉联省党员冬训工作示范县市。圆满完成县乡两级党委和村(社区)"两委"换届、市镇两级人大代表换届选举。推进"五好五强"接力争先好班子创建,实施年轻干部"研训一体、炼用结合"扎实历练机制,创新实施链接性考核,开展整治不担当不作为不落实专项行动,干部队伍活力不断激发。对11家单位开展意识形态专项巡察。保持反腐高压态势,运用监督执纪"四种形态"处理1200人次,立案审查违纪违法案件451件。人大及其常委会依法行使职权,政府依法行政,政协协商民主建设不断加强,统一战线、党管武装、群团工作取得新成效。

在肯定成绩的同时,也要清醒看到,我市经济运行质效不高,发展后劲有待增强;城市功能配套和公共服务保障仍然存在短板,城乡发展品质还需提升;教育、医疗、养老等社会事业发展同群众对美好生活的期盼仍有差距;少数党员干部担当意识不强,抓落实、促发展的能力还不适应高质量发展要求;等等。这些问题必须引起高度重视,采取有效措施,切实加以解决。

二、捍卫"两个确立",切实用党的十九届六中全会精神统一思想、统一意志、统一行动

党的十九届六中全会是在我们党百年华诞的重要时刻,在"两个一百年"奋斗目标历史交汇关键节点上,召开的一次具有重大历史意义的会议。全会审议通过的中国共产党历史上第三个历史决议,是以史为鉴、开创未来、实现中华民族伟大复兴的行动指南。全会突出强调的"两个确立",是深刻总结党的百年奋斗、党的十八大以来伟大实践得出的最大政治成果、最重要的历史结论,是体现全党共同意志、反映人民共同心声的重大政治判断。全市上下要把学习宣传贯彻党的十九届六中全会精神作为当前和今后一个时期的重大政治任务,更加坚定、更加自觉地践行初心使命,更好传承弘扬伟大建党精神,坚定捍卫"两个确立",坚决做到"两个维护",不断提高政治判断力、政治领悟力、政治执行力,以更加昂扬的姿态奋进新征程、建功新时代。

(一)增强历史自信,坚守发展战略定力。十九届六中全会全面总结了党领导人民创造的"四个伟大成就",深刻阐述了党百年奋斗的"五大历史意义",高度概括了"十个坚持"宝贵经验。我们要从中深刻认识红色政权来之不易、新中国来之不易、中国特色社会主义来之不易,更加坚定在新时代更好坚持和发展中国特色社会主义的历史自觉和历史自信。要深刻把握启东在长三角一体化发展中的重要地位,把启东战江斗海、辟我草莱的过去,拥江揽海、日新月异的现在,通江达海、大有可为的未来贯通起来,坚定发展信心,保持发展定力,以"咬定青山不放松"的坚韧执着办好自己的事,意气风发向着宏伟目标阔步前进。

(二)牢记"国之大者",坚决扛起使命担当。"国之大者"关乎发展全局、事业根本。要把牢记"国之大者"贯穿于谋划重大战略、制定重要政策、推进重点工作始终,经常对标对表,及时校准偏差,牢牢把握事业发展的正确方向。要坚决贯彻落实习近平总书记重要指示精神,做到党中央提倡的坚决响应、党中央决定的坚决执行、党中央禁止的坚决不做,不讲条件、不搞变通、不做选择、不打折扣,以坚定有力的行动确保中央政令畅通、令行禁止。要胸怀"两个大局",坚定扛起"争当表率、争做示范、走在前列"的光荣使命,知责于心、担责于身、履责于行,努力以启东一域之光为全局添彩。

(三)汲取奋进力量,坚定走好"赶考"之路。百年党史鼓舞人心,神圣使命催人奋进。我们要把从十九届六中全会精神中汲取的智慧和力量运用到干事创业中,最大限度激发内生动力、凝聚攻坚合力,始终沿着总书记指引的方向奋勇前进。要自觉践行以人民为中心的发展思想,始终保持同人民群众的血肉联系,着力解决好群众急难愁盼问题,始终同人民群众想在一起、站在一起、干在一起。要锚定市第十四次党代会确定的目标任务,更好解决制约高质量发展的瓶颈难题、影响高品质生活的突出矛盾、关系高效能治理的重要问题,笃行实干、勇毅前行,切实把学习成效转化为启东现代化建设的过硬成果,在新的"赶考"路上交出无愧于历史和人民的新答卷。

三、把握关键重点,推动高质量发展取得更大突破

明年是党的二十大召开之年,也是省市党代会决策部署全面展开之年。全市上下要以高度的政治自觉、强烈的使命担当,凝心聚力,勇攀高峰,用高质量发展的过硬成果开辟未来、当好表率。我们必须在把握复杂形势中笃定前行、主动作为。纵观大局,世纪疫情加速百年变局演进,外部环境更趋复杂严峻和不确定,我国经济发展面临需求收缩、供给冲击、预期转弱三重压力,但韧性强、长期向稳向好的态势总体没有改变。环顾周边，县域经济发展千帆竞发、百舸争流，在发展质效上我们和标兵差距越拉越大，在总量规模上追兵离我们愈来愈近，发展形势日益紧迫，竞争态势咄咄逼人。我们既要增强“不进则退、慢进亦退”的危机感和紧迫感，更要保持“久久为功、善作善成”的恒心和定力，善于立足长三角谋篇布局，敢于对标上海全面提升，勇于锚定苏南追赶超越，自抬标杆、自加压力，推动高质量发展不断开拓新境界、跑出加速度。我们必须在加快向海发展中奋楫前行、勇立潮头。启东因海而生、依海而兴，作为江苏唯一全域靠江靠海、紧靠上海的城市，拥有得天独厚的区位优势、交通优势、资源优势，始终处于沿海发展的潮头浪尖。当前的启东，多重国家战略交汇叠加，一批百亿级项目抢滩布局，特别是“东方大港”百年梦圆、北沿江高铁开工在即，我们昂首阔步迎来了逐梦深蓝的历史性转折、向海图强的时代性蝶变，高质量发展其势已成，全面腾飞其时已至。省委、南通市委要求启东着力塑造“缤纷百里”滨海特色风貌，建设独具海上风情的魅力生活空间。我们要树立“全域皆沿海”的思维，加快建设先进制造业集聚新高地、沿海综合交通新节点、滨海特色风貌新典范，在全省沿海高质量发展中率先崛起、全面领跑。我们必须在打造窗口城市中砥砺前行、开拓奋进。窗口城市是对城市发展的更高定位、更高要求，需要我们进一步凸显城市的江海气质、开放气度、现代气息。在长三角一体化进程中，我们要始终围绕“沪苏一体融合发展窗口城市”的目标定位，聚焦交通互联、资源互补、产业共链、生态共保、民生共享，重点突破，持续发力，坚定打造“五个城市”，推进“五个走在前列”。要坚持双向赋能、互相成就，努力与上海“各自贡献长板”，推动接轨上海向更广范围、更多领域、更深层次、更高水平拓展，建设令人向往的“北上海”。

明年工作的总体要求是：坚持以习近平新时代中国特色社会主义思想为指导，全面贯彻党的十九大和十九届历次全会精神，深入贯彻总书记对江苏工作重要指示精神，认真落实中央、省市委决策部署，弘扬伟大建党精神，坚持稳中求进工作总基调，完整准确全面贯彻新发展理念，统筹疫情防控和经济社会发展，统筹发展和安全，扎实做好“六稳”“六保”工作，深入实施向海发展战略、接轨上海战略，向海图强、扬帆奋进，加快建设沪苏一体融合发展窗口城市，坚定扛起“争当表率、争做示范、走在前列”光荣使命，以优异成绩迎接党的二十大胜利召开。

主要预期目标是：地区生产总值增长8%以上，一般公共预算收入增长7.3%以上，全社会研发投入占比2.68%以上，全社会固定资产投资增长8%，制造业投资增长10%，规模工业增加值增长14.5%，社会消费品零售总额增长7%以上，进出口总额增长5%以上，实际利用外资3.6亿美元，居民收入增长快于经济增长，单位地区生产总值能耗、二氧化碳排放量降幅达到上级下达目标。

完成全年工作目标，必须聚焦关键、精准发力、善作善成。

（一）聚焦港口开发，更大格局统筹江海联动发展。落实江苏新一轮沿海地区发展规划，大力发展海洋经济，加快陆海统筹发展，推进港产城融合，打造引领江苏沿海崛起的“窗口”。

一要以吕四大港为主引擎，提升向海发展水平。对标国际一流港口，完善港口支持系统，加快疏港铁路、S335绕城东延、港区综合服务区等建设，内河码头投入使用。有序推进保税物流中心申报建设工作，积极争取启运港资格，探索“沪吕通”物流新模式，提高开放水平。加强与上港集团、省港口集团在运营管理、货源组织、航线开辟等方面合作，协同建设上海国际航运中心，集装箱吞吐量达30万标箱。全力做大临港产业，加快重型装备、现代物流、能源储运、新能源及装备产业在港口布局，聚力招引区域性总部企业，推动港口“流量”转变为经济“增量”，产业规模突破260亿元。高起点规划建设吕四东部新城，完善功能配套，推动单一港口发展向港产城深度融合转变，实现以业强港、以港兴城。

二要以接轨上海为主抓手，提升跨江融合水平。对照上海城市建设标准，强化功能协同，提升建设品质，打造更具海派气质的城市。全力保障北沿江高铁启东段建设，加快洋吕铁路建设，深化沪崇启铁路、市域轨道交通、宁启铁路二期复线改造等研究。推进城市快速路网规划研究，争取S11通沪高速及北延纳入省高速路网规划，加快构建“高快一体”联沪公路网。推进跨江合作园区共建，加快启东·吴江高端制造合作园区落地。承接上海优质资源“北溢”，紧密对接集成电路、生物医药等先导产业，主动融入上海“3+6”新型产业体系，推动与上海资源共享、产业共链。做强复旦大学附属儿科医院启东分院，推进中医院与上海中医药大学紧密合作，加强与上海电子信息职业技术学院协作交流，推动与上海技术同城、服务同质。

三要以园区平台为主阵地，提升开发开放水平。全面提升园区基础设施、功能配套、环境形象，完善产业区、生活区、商贸区等功能布局，提升园区综合竞争力。建立健全园区企业资源利用效率科学评价体系，强化企业分类服务、分类监管，实现资源要素差别化配置。启东经济开发区要主动承接“高铁红利”，超前谋划布局，优化功能配套；深化内部管理改革，提高运行效率；大力招引“专精特新”和外商投资企业，形成企业梯次发展格局，净增规上工业企业20家以上，规上工业应税销售占全市份额超20%。吕四港经济开发区要咬定千亿级临港产业基地目标，完善临港产业基础设施，全力推进益海嘉里、卫华港机等百亿级项目建设，招引百亿级项目不少于1个，开工20亿元以上项目不少于5个。高新区要强化沪启产业合作平台和创新载体建设，对现有企业、新上项目“回头看”，提高资源利用效率，开工亿元以上“专精特新”制造业项目不少于30个。海工园要深入研究省“链长制”中海洋工程装备产业链，依托央企国企建强研发平台，攻坚关键核心技术，落地更多“独门绝技”，实现应税销售270亿元。生命健康科技园要按照“三年初具产业形态”的要求，紧密嵌入张江生命健康产业链、创新链，持续完善园区功能配套，推进北大生科二期、中城二期建设，企业总数超50家。生命健康产业园要开展园区“凤凰涅槃”三年行动，完善空间和产业规划，提升与生命健康科技园产业协同配套水平。

(二)聚焦项目攻坚,更强定力壮大实体经济。持续强化项目建设,做大经济规模,做优产业结构,做强市场主体,打造创新潮涌、产业攀高的"窗口"。

一要科技赋能,推进全域创新。强化企业创新主体地位,引导企业加大研发投入、创新研发组织方式,净增高新技术企业55家。实施创新平台建设提升行动,支持北大生科华东产业研究院创建省级科技公共服务平台,在生物医学等领域与复旦大学等高校合作共建启东创新中心,打造南通沿江科创带科技成果产业化的重要承载地。深入实施"百企联百校高质量合作"行动,打通科技成果转化通道,实施产学研合作项目150个。优化整合人才政策,加大技能型人才引育力度,开展"东疆工匠"评选活动,新增高技能人才1500人,引进高层次创新创业人才150人。协同推进现代农业、社会事业、城市建设管理等领域创新,浓厚崇尚创新的氛围,激发全域创新活力。

二要量质并举,狠抓项目建设。开展招商引资突破年活动,构建"驻点+委托+代理"多点联动的招商格局,持续聚焦上海、苏南,精准对接跨国公司、央企国企、大型民企,新签约亿元以上制造业项目不少于100个,其中"专精特新"项目占比60%,10亿元以上项目30个。引导现有外资企业增资扩股和利润再投资,多渠道捕捉外资项目信息,新签约3000万美元以上制造业外资项目不少于10个。围绕科技含量、市场占有率、环保水平、能耗效益等,全面科学评估项目质态,加大优质制造业项目引进力度,落户园区的制造业项目设备投入不低于2000万元。健全市领导挂钩联系重大项目制度,力促签约项目早落地早开工,新开工制造业项目超100个,其中10亿元以上项目20个。加强重点企业培育,完善培育政策,动态调整"1521"工业龙头企业培育库,新增应税销售超10亿元企业5家。实施企业上市培育计划,提供精准服务,推动爱普在创业板上市,久正、腾安在新三板挂牌。着力拉长规上企业数量偏低的短板,持续推进"两转一上",净增规上工业企业120家、规上服务业企业60家。

三要精准施策,做大产业规模。实施产业倍增三年行动计划,深化部门挂钩重点产业发展机制,完善产业专班研究服务,引导电子、机械、生物医药等领域在外企业家为家乡发展出谋划策、引资兴业。加快产业转型升级,优化配套政策,探索构建"耗均、碳均论英雄"评价体系,引导本土企业加快智能化、数字化改造,实施智转数改项目120个。电动工具产业要依托东成等行业龙头,加大配套、关联企业招引力度,形成"龙头带配套、配套引龙头"的良性集聚,规上企业突破100家,实现应税销售180亿元。高端机械装备产业要建立"单打冠军"培育库,支持神通阀门、联测机电等企业深耕细分市场,不断提高产品质量效益,实现应税销售200亿元。建筑业要向基础设施领域拓展,向上下游产业延伸,向更高资质攀升,打造更多精品工程,总产值超1500亿元。电子信息及半导体产业要发挥捷捷微电、启微、吉莱等企业"领头羊"作用,集聚一批契合度高、带动性强、优势明显的产业项目。生命健康产业要超前规划建设公共服务设施,强化药明康德等头部企业引领,着力引进培育龙头项目和创新团队,实现应税销售100亿元。新能源产业要推动远海海上风电、百万千瓦滩涂光伏基地开发建设,实施整县推进屋顶分布式光伏项目,打造长三角绿色综合能源基地。生产性服务业要突出启东经济开发区、生命健康科技园、汇龙镇等重点区域,放大紧靠上海区位优势,着力引进科技研发、工业设计、平台检测等业态,推动与上海协同互补,加强总部经济、楼宇经济、会展经济的研究和布局,实现应税销售150亿元。

四要深化改革,优化营商环境。实施营商环境提升年行动,学习借鉴上海、苏州等地经验,推动亲商安商护商水平系统性提升。深化审批制度改革,推进项目审批流程再造,建立重大项目管家制度,实现"拿地即开工"。定期举办服务企业畅聊会,推动产业挂钩部门为企业提供专业化精准服务,切实解决企业的难点痛点。落实新的减税降费政策,帮助企业减负纾困、健康发展。引导金融支持实体经济尤其是中小企业发展,新增制造业信贷余额超10亿元。发挥"金北翼"基金杠杆效应,撬动更多社会资本投向成长型科技型企业,构建全生命周期创业投资基金体系。统筹推进国资国企、财税金融等领域改革,让改革红利更加可感可及。深化行政执法体制改革,狠抓行政执法队伍管理,营造政府依法行政、企业依法经营的良好氛围。实施青年企业家发展领航计划,培育更多创新意识强、家国情怀深的"张謇式"企业家。

(三)聚焦"缤纷百里",更大力度发展全域旅游。厚植生态优势,加快打造"缤纷百里"海岸,积极创建国家全域旅游示范区,打造尽显大江风光、独具海上风情的"窗口"。

一要彰显江风海韵,打造旅游城市。将旅游理念渗入城市规划、建设、管理各领域各环节,完成全域旅游发展总体规划修编,打造"一核一环三极"发展格局,让一街一巷具有旅游功能、一水一路彰显旅游特色、一草一木体现旅游元素。实施"引客入启"计划,精心设计追江赶海、乐享美食、工业旅游、研学交流等线路,吸引各地游客"到美丽启东、过诗意生活"。坚持走农旅融合发展之路,培育特色化、多样化、差异化乡村休闲旅游产品,完成通海垦牧公司复建工程,扩大沙地圩田农业系统文化遗产影响力,打造一批精品农旅区。健全"乐游启东"服务体系,构建"快进慢游"旅游交通网络,完善智慧旅游、导览标识等配套,全方位提升旅游舒适度。全面融入环沪旅游圈,强化旅游宣传,不断扩大启东旅游知名度。圆陀角旅游度假区要锁定定位,整合旅游资源,聚力招引文旅头部企业,推动黄金海滩、五国温泉城等网红打卡地提档升级,做优观光度假、体育运动、会议商务等业态,争创国家4A级旅游景区1个。江海澜湾旅游度假区要做好海洋生态修复和建筑风貌塑造,推动龙湾水镇投入运营,加快海粟湾项目建设,成为长三角高端商务人群的向往之地。启隆镇要按照旅游城镇定位,策应崇明世界级生态岛建设,完善旅游配套,发展都市农创、康养度假等业态,建设生态江心绿洲。

二要突出多彩多元,打造最美岸线。坚持生态为基、功能融合、文化植入,建成森林公园,规划建设果园生态经济发展区,做靓江海文化景观大道,使178公里最美江海岸线成为南通沿江沿海生态景观带的精品示范。大力推进堤岸修复、景观提档等工程，实现沿江沿海堤顶路全线贯通。结合自然生态景观，加强沿江沿海镇村风貌塑造，建设江海景观相映成趣、产业城镇相互融合、自然人文相得益彰的风光带、城镇带。持续推进绿化造林，完善沿江生态林、沿海防护林体系，积极创建国家生态园林城市。

三要优化生态环境，打造美丽启东。依托"一江碧波潋滟、百里海岸迷人、千河清水畅流、万亩滩涂如画"的资源禀赋，做好"生态+旅游"文章，推动"日出江海、美丽启东"品牌深入人心。纵深推进长江大保护，常态化抓好长江禁渔工作。强化大气污染联防联控，加大$PM_{2.5}$和臭氧浓度"双控双减"力度，空气质量始终保持全省前列，守好江苏"清风廊道"第一关口。织牢水污染防治网，严格落实水生态环境质量预警和应急管控办法，确保17个市考以上断面水质优Ⅲ比例达100%，河长制工作走在全省前列。深入开展关闭退出化工地块土壤调查与系统治理，确保污染地块安全利用率达100%。倡导简约适度、绿色低碳生活方式，建设节约型社会。

（四）聚焦城乡品质，更富成效推进新型城镇化。深入践行人民城市重要理念，完善功能布局，提升内涵特质，着力建设宜居、绿色、韧性、智慧、人文城市，打造彰显海派风范的"窗口"。

一要加快有机更新，激发城市活力。精心打造以蝶湖片区为中心的新城板块，适度超前、高标准建设公共服务设施，让新城更具活力。加快老城区更新改造，实施老旧小区改造精品示范工程，提升物业管理水平，系统解决停车、充电、加装电梯等突出问题，让居民在老城里享受美好生活。扎实推进文明城市常态长效管理，深入实施"十大提升行动"，全力创建全国文明典范城市。围绕环境宜居宜业、产业做大做强、配套完备完善、商业兴盛兴旺的目标，坚持"一镇一方案"，注重保留街、水、路、文等镇村肌理特色，因地制宜规划建设农业大镇、工业重镇、商贸强镇、文旅名镇。吕四、惠萍、南阳要发挥高速"门户"效应，增强辐射带动能力，争当新型城镇化建设标杆；寅阳、合作、东海要扬优势、塑形象，加快建设美丽宜居的幸福城镇；王鲍、海复、北新要优规划、强基础，在镇区改造提升上取得明显突破。

二要盘活存量资源，释放增长潜力。继续推进资源利用低效企业整治提升，持续开展2018年以来新开工亿元以上项目"回头看"，倒逼低效用地项目提高亩均产出效益。实施城镇低效用地再开发计划，加大对"僵尸企业"、闲置资产的腾退、盘活力度，盘活低效用地4800亩。持续推进增减挂钩、工矿废弃地复垦利用和耕地占补平衡工作三年行动计划，完成增减挂钩、工矿废弃地复垦13300亩。

三要做强镇域经济，增添内生动力。各镇要基于现有产业基础和资源禀赋，招引一批优质制造业项目落户扎根，提升镇域综合实力。落实能耗"双控"要求，引导镇域企业强研发、快转型、扩产能、拓市场，做大做强优势产业，形成主业突出、特色鲜明、错位协同的镇域经济发展格局。着力推进新一轮区镇财政体制改革，建立权责清晰、财力协调、区域均衡的市本级与区镇财政关系，推动各区镇扩大税收总量、提高税源质量，壮大可用财力、激发发展活力。

（五）聚焦强村富民，更加有力推动乡村振兴。以培育乡村振兴示范村、先进村为抓手，深化乡村建设行动，补齐乡村发展短板，打造乡村全面振兴的"窗口"。

一要夯实产业兴旺基础。加强高标准农田改造提升和管护利用，建设旱涝保收、高产稳产的"吨良田"，新建高标准农田2.5万亩。推进农业机械化向全程全面、高质高效发展，争创全国主要农作物生产全程机械化示范县。把项目建设、龙头企业培育作为调整农业产业结构的关键抓手，发挥省级现代农业产业园示范引领作用，实施1000万元以上项目不少于30个，培育南通市级以上农业龙头企业2家。策应益海嘉里开工建设，大力发展粮油食品和农产品加工产业。加快吕四老渔港水产企业搬迁，推进渔港经济区建设，完善冷链仓储等配套设施，建设现代海洋渔业示范区。整体打造区域农产品品牌，提升"地产三宝""四青作物"等知名度、附加值，建设上海优质农副产品供应基地。

二要强化村集体经济支撑。将经营理念贯穿村集体资产管理运营各方面，多渠道拓展村集体收入来源，优化收入结构，促进村集体经济可持续发展，实现60万元全覆盖，持续稳定收入占比超50%。鼓励村集体以出租、股份合作等方式盘活利用资产资源，提升高标准农田流转效益，丰富资源性收入。支持村集体领办、创办新型合作农场等经营主体，鼓励发展村级物业经济，增加经营性收入。支持有实力的镇村组建农机服务社、劳务合作社，拓展服务性收入。推进强村加油站投入运营，支持经济薄弱村长效增收。积极争取各类扶持资金，引导金融机构更多支持新型农业经营主体。探索村集体经济发展与管理人员报酬待遇增长挂钩机制，调动村干部干事创业积极性。

三要深化农村环境整治。强力推进农村人居环境整治提升五年行动，巩固农村环境长效管理机制，建成省级特色田园乡村2个。开展干道沿线违章建筑、破落建筑和"三棚"整治专项行动，引导村民做好宅前屋后、庭院空地的整洁绿化，全面优化农村面貌。提升改厕成效，推进分散农户生活污水治理。加强"四废"和黑臭水体排查整治，建成生态河道200条。加快道路交通、信息通信等农村基础设施提档升级，争创"四好农村路"全国示范县。按照法治化、规范化要求建立完善村规民约，提升自治水平，引导农民移风易俗，让农村"自然美"和"人文美"相融、"环境美"与"生活美"共享。

（六）聚焦民生关切，更实举措增进群众福祉。坚持发展为民的价值取向、民生优先的行动指向，围绕人人、时时、事事享有优质公共服务的愿景，打造百姓共富裕、更幸福的"窗口"。

一要提升保障水平，增强群众获得感。探索建立职业技能培训与产业需求联动机制，引导按需选择、按需培训，全年新增城镇就业8500人。推进全民参保精准扩面，深化医保支付方式改革，加快医保服务向下延伸。强化托底保障，推动社会福利、城乡低保"扩围"，形成分类分档、精准帮扶的救助体系，释放"困有所帮、弱有所扶"的社会温度。增加保障性住房供给，新建安置房50万平方米。全面评估民生事业等领域财政资金使用绩效，以政府“紧日子”保障百姓“好日子”。

二要优化公共服务，增强群众幸福感。深化健康启东建设，创建国家慢病防控示范区。深入推进国家公立医院综合改革示范县建设，加快人民医院、中医院、妇幼保健院创等升级，启动东部农村区域医疗中心建设，提升县域医疗服务水平。加快推进启东中学新校区和折桂中学、实验小学新城区分校建设，深化“双减”工作，完善青少年心理健康问题预警干预机制，实现教育内涵、硬件设施品质双提升。坚持养老托育服务体系同步建设，促进居家、社区、机构养老服务融合衔接，落实三孩生育政策，大力发展普惠托育服务，用心用情解决好“一老一小”问题。

三要繁荣文化事业，增强群众归属感。坚持以文惠民、以文化人，探索“群众点单”“资源配送”供给模式，推动文化项目与百姓需求精准对接。发挥保利大剧院、国际版画艺术中心、蓝印花布艺术馆、镇村史馆等文化场馆的社会效应和教育功能，用好抗大九分校等红色阵地，丰富群众文化生活，提高全民文化素养。加快镇文体中心建设，深入开展“千戏下基层”“共乐东疆”等文体活动，全年人均接受文化场馆服务次数不少于6.5次。强化非物质文化遗产保护，力争“吕四渔号”“洋钎说书”进入国家级非遗名录，实现活态传承。

四要筑牢安全底线，增强群众安全感。坚持“外防输入、内防反弹”，科学精准做好疫情防控，完善平急转换、高效联动工作机制，筑牢疫情防控“铜墙铁壁”。推进“城市大脑”建设，发挥市域治理现代化指挥中心数据共享、预警预判、联动指挥、行政问效功能，让城市治理更加智慧、更有温度。深化拓展“大数据+网格化+铁脚板”机制，强化网格吹哨、部门报到，实现哨随事动、事随哨结。高水平建设法治启东，用好“有事好商量”协商议事平台，全面推进“八五”普法，增强全民尊法、学法、知法、守法意识，引导群众依法维护自身合法权益。持续开展安全生产专项整治三年行动，抓好既有建筑安全隐患排查整治，加大食品药品等领域监管力度，实现高质量发展和高水平安全良性互动。坚决做好党的二十大安保维稳工作，持续攻坚化解重点信访积案，确保社会大局和谐稳定、人民群众安居乐业。

四、弘扬建党精神，纵深推进全面从严治党

深入贯彻新时代党的建设总要求，高质量打造最美江海党建带，做靓“五大东疆”子品牌，用江海党建“红色引擎”激发扬帆奋进的澎湃动力。

（一）实施政治建设引领提升行动。始终把政治建设摆在首位，深学细照笃行习近平新时代中国特色社会主义思想，深刻领悟“两个确立”的伟大意义和实践要求，增强“四个意识”、坚定“四个自信”、做到“两个维护”，始终对党绝对忠诚。胸怀“两个大局”，引导党员干部立大志、明大德、担大任，将“国之大者”转化为心之动者、行之实者。从严从实打造党内政治生活新常态，不折不扣落实党内政治生活若干准则，切实做到有严的规矩、高的标准、实的内容、好的效果。始终将政治纪律和政治规矩挺在前面，杜绝“七个有之”，做到“五个必须”，使守纪律、讲规矩化为自觉、成为本分、融入血脉。

（二）实施理论武装创新提质行动。巩固深化党史学习教育成果，传承红色基因，弘扬启东精神，铸就奋进新征程的精神原动力。深入培育和践行社会主义核心价值观，擦亮“理响东疆”品牌，用好“两中心一平台”，持续推进党的创新理论宣传普及、研究阐释和落地转化。强化党委（党组）理论学习中心组示范引领，高质量开展集中研讨、巡学旁听等活动。把好意识形态“方向盘”，完善突发事件和重要舆情处置机制，加强网络文明建设，让正能量成为最大流量。

（三）实施基层组织强基提标行动。深化“头雁领航、赛马东疆”活动，纵深推进党支部“标准+示范”建设，推动基层党组织全面进步、全面过硬。聚焦党组织政治功能、服务功能、发展功能，推进党建引领乡村振兴、城镇建设、基层治理，建立健全“我为群众办实事”长效机制，形成党组织发动、党员带动、群众互动工作局面。深化基层减负，切实把基层干部从文山会海、迎评迎检、过度留痕等繁杂事务中解放出来，腾出更多精力为民谋福祉、办实事。突出上下贯通、执行有力，建强组织体系，打造枢纽型党群服务中心、小微型党建服务站、符号型党建工作点等“红色矩阵”。推进发展党员拓源提质，结合“两在两同”建新功行动，引导广大党员干在实处、走在前列。将统战职能融入基层党建，扩大同心圆辐射面、覆盖面。

（四）实施干部队伍赋能提优行动。持续开展“三比三争”主题实践活动，精准组织各类干部培训、专项调研、专题研讨和专业实践，不断提升“八种本领”“七种能力”。贯彻新时期好干部标准，推进好班子建设，加强日常考察，把敬业担当想干事、勤奋踏实能干事、创新创优干成事的干部选出来、用起来。实施年轻干部培优成长计划，加强机关部门、乡镇基层、国有企业之间干部轮岗交流，推动年轻干部到急难险重、基层一线、业务前沿岗位摔打磨炼、快速成长。充分发挥“三项机制”作用，认真落实“三个区分开来”重大要求，加强正向激励关爱，为敢试者“开绿灯”，为敢干者“兜住底”，为敢斗争者“撑好腰”。

（五）实施党风廉政从严提效行动。把严的主基调长期坚持下去，完善“四责协同”机制，形成责任分解、监督检查、倒查追究、结果运用完整链条。严格落实中央八项规定及其实施细则精神，紧盯“四风”问题隐形变异新动向，坚决防止反弹回潮。深入开展整治不担当不作为不落实专项行动，优化作风激励、评价、反馈机制，推动党员干部勇于攻坚、真抓实干。聚焦重大工程建设、开发园区、金融投资、生态环保、粮食安全等领域开展专项治理、机动巡察，以“小切口”解决大问题。综合运用监督执纪“四种形态”，发挥以案促改、警示教育作用，推动“不敢”“不能”“不想”贯通融合，惩治震慑、制度约束、提高觉悟一体发力，全面营造担当干事、勤勉尽责、干净从政的正气新风。

同志们，向海图强潮头立，扬帆奋进正当时。让我们更加紧密地团结在以习近平同志为核心的党中央周围，在省市委的坚强领导下，埋头苦干、勇毅前行，加快建设沪苏一体融合发展窗口城市，以优异成绩迎接党的二十大胜利召开！

政府工作报告

——2022年1月11日在启东市第十八届人民代表大会第一次会议上

启东市人民政府市长　杨中坚

各位代表：

现在，我代表市人民政府向大会作工作报告，请予审议，并请市政协各位委员和其他列席人员提出意见。

2021年和十七届政府工作回顾

刚刚过去的2021年，是本届政府的收官之年。我们坚持以习近平新时代中国特色社会主义思想为指导，全面落实党的十九大和十九届历次全会精神，在市委的正确领导下，在市人大、市政协的监督支持下，团结和依靠全市百万人民，积极应对复杂多变的外部形势和新冠肺炎疫情冲击，坚持稳中求进工作总基调，坚定不移推动高质量发展，紧紧围绕“对接浦东第一棒、百强年年进两位”目标定位，深入实施向海发展战略、接轨上海战略，全市经济社会保持良好发展态势，实现了“十四五”和“强富美高”新启东现代化建设的良好开局。

全年预计（下同）实现地区生产总值1380亿元，增长10%。完成一般公共预算收入77.8亿元。全社会固定资产投资增长8%。实际利用外资3.6亿美元。完成进出口总额367亿元，增长70%。实现社会消费品零售总额476亿元。城乡居民人均可支配收入分别达55000元、30500元，分别增长9.5%、10.4%。列全国综合实力百强县市第27位，较2019年前移4位。

一年来，我们坚定不移转方式、调结构，经济质态稳中向好。

产业结构不断优化。工业经济稳中有进，实现规模工业应税销售1120亿元，增长32%。主导产业稳中加固，临港产业、特色产业、战略性新兴产业实现应税销售1077.7亿元，增长41.1%，寰宇东方、东成电动工具应税销售突破100亿元，净增规上工业企业90家，新认定国家两化融合贯标企业20家，联测科技、通易航天成功上市。能耗“双控”成效显著，工业企业度电产出达44.1元。建筑业完成总产值1402亿元，荣获鲁班奖3个、国优奖1个、詹天佑奖4个。服务业稳中提质，实现应税销售836亿元，增长11.2%，广汇能源成为首家应税销售百亿级服务业企业。旅游业加速回暖，碧海银沙获评国家4A级旅游景区，抗大九分校完成提档升级，德汇海粟湾、协兴港文旅等项目加快推进，文化、生态、旅游实现深度融合发展。

有效投资持续扩大。优化项目“全生命周期”服务，综合运用“五个一”协调推进机制，新开工重大产业项目85个，其中10亿元以上31个。亿纬林洋、药明康德研发中心等项目开工建设；中城高端医疗器械、万洋众创城等项目加快推进；华峰尼龙6、海四达动力科技等项目竣工投产，全国单体容量最大的海上风电项目并网发电。建立项目质量综合评估机制，调整组建产业招商分局，新签约亿元以上项目102个，其中10亿元以上30个，制造业占比达93.1%，4个百亿级重特大项目接连落户。要素保障支撑有力，新增制造业贷款15.1亿元，盘活低效用地4368亩、闲置厂房30万平方米。

改革创新迈向深入。“放管服”改革纵深推进，在南通率先开展“一业一证”改革试点，政务服务综合标准化建设全省领先，新增减税降费8.1亿元，列全国营商环境百强县第20位。创新能力持续增强，全社会研发投入占比达2.66%，高新技术产业产值占比达57.6%。开展产学研合作项目125个，与北大生科华东产业研究院签订第二轮合作协议。新增省级以上企业研发平台5家，新认定高新技术企业79家。创成知识产权强省区域示范市，入选省“双创人才”10名。

一年来，我们持之以恒抢机遇、强支撑，发展能级有力提升。

综合交通快速提档。通州湾新出海口吕四起步港区通用码头建成启用，10万吨级进港航道投运，疏港公路335省道西段、通港大道南延完工通车，洋吕铁路开工建设，鹤港大桥、天汾大桥全速推进。北沿江高铁可研报告正式获批，即将全线开工。“十四五”综合交通运输体系、干线公路网等规划形成最终成果，宁启铁路二期复线工程、沪崇启铁路列入省专项规划，S11通沪高速及北延、228国道改扩建等规划研究稳步实施。深度融入上海“一小时通勤圈”，开通人才专线、健康专线，沪启快线日发班次增加至188班。

区域合作深度拓展。抢抓长三角更高质量一体化发展战略机遇，积极承接优质溢出资源，引进上海、苏南亿元以上项目78个，其中10亿元以上15个。启东配套浦东产业园等平台效应不断放大，沪启两地要素共享、优势互补的协同发展态势逐步显现。主动策应崇明世界级生态岛建设，高质量承办第十届中国花博会启隆分会场。建立行政审批通办协调机制，实现88个事项“跨省通办”。积极落实稳外贸系列措施，鼓励企业加快“走出去”步伐，完成境外协议投资6180万美元。

载体功能有效增强。“一区多园”管理机制持续优化，内生动力加速迸发，开发园区承载力和贡献度不断提高。启东经济开发区加快推动新能源、半导体装备及材料、生物医药三大主导产业集群发展，成功引进易事特5G云技术、华晶半导体等一批重大项目，产业资源和创新要素集聚度显著提升。吕四港经济开发区全面推动港产城融合发展，卫华港机、中储粮等重大项目签约落户，“一主两新两特”临港产业发展格局逐步形成。圆陀角旅游度假区加快国家级旅游度假区创建步伐，获评省“美丽海湾”。

一年来,我们对标一流优环境、提内涵,城乡面貌焕发新颜。

城市建管做精做细。规划体系持续完善,国土空间总体规划加快修编,东城区控制性详细规划、中心城区综合交通规划完成编制。城市品质不断彰显,少儿图书馆、蓝印花布艺术馆建成开放;新建公园绿地2个、小游园5个,新增城市绿地60万平方米。路网结构逐步优化,江海南路、紫薇东路建成通车,牡丹江中路等3条道路完成改造。城市面貌明显改善,系统化改造老旧小区24个、122万平方米,改造规模南通领先;提升改造巷道4个,拆除违章建筑64万平方米;餐厨废弃物处置中心、餐饮油烟在线监测平台建成投运。全面巩固文明城市创建成果,推进常态长效治理,城市精细化管理水平不断提高。

乡村振兴有力有序。高效农业基础不断夯实,新建高标准农田5.3万亩,主要农作物全程机械化率超90%,入选全国绿色食品原料标准化生产基地,获评首批省绿色蔬菜产业特色县。实施新一轮农村人居环境整治,干道沿线破落建筑和"三棚"整治稳步推进;智慧水利加快建设,河长制工作保持全省领先。建成南通市级乡村振兴示范村、先进村16个,获评省级特色田园乡村1个、省级传统村落1个,挡潮墙遗址入选首批省级水利遗产名录,沙地圩田农业系统获中国重要农业文化遗产认定。富民增收渠道不断拓宽,建成强村加油站3个,获评全国农村创业基地3家;完善防止返贫长效机制,为全市低收入人口购买防贫保险。

生态环境向好向优。深入打好污染防治攻坚战,首轮中央、省环保督察交办问题全部完成整改。空气质量优良率达93.2%,$PM_{2.5}$年均值降至23.2微克/立方米,均列全省第一。市考以上断面水质优Ⅲ类比例达100%,完成分散农户生活污水治理1.7万户。土壤环境风险有效管控,受污染土地安全利用率达100%。最美江海岸线建设全面展开,森林公园开工建设,沿江沿海生态景观带特色示范段基本建成,海洋生态保护修复项目获国家专项资金补贴。长江大保护扎实推进,率先实施长江岸线"五位一体"长效管护,沿江一公里范围内化工企业如期完成关停退出。

一年来,我们用心用力补短板、惠民生,人民生活更加美好。

民生保障更加温暖。全力办好十大类民生实事项目,民生投入占财政支出比重达79%。千方百计稳就业,抓好重点群体就业援助,新增城镇就业8760人。基础养老金、居民医保筹资标准分别提高至190元、1400元,社会救助覆盖面持续扩大。养老服务体系不断健全,完成适老化改造1100户。开工建设安置房77万平方米,交付5000套。建成国家示范型退役军人服务站6个。工会、慈善、红十字、老龄、残疾人等事业取得长足进步。

社会事业更加普惠。教育现代化建设水平不断提高,中高考核心指标位列南通前茅。蝶湖实验小学、蝶湖中学、少年宫新校区开工建设,6所幼儿园建成启用,37所中小学获评省智慧校园。义务教育"双减"工作扎实开展,校外学科类培训机构监管有力,校内延时服务全面推行。紧密型医共体建设不断深化,"先看病后付费"诊疗服务覆盖全市公立医疗机构,新增长三角名医工作室17个,基层卫生服务能力和队伍建设获省政府表彰。建成国家卫生镇3个、省健康镇3个。开展"文化三送""共乐东疆"等文化惠民活动500余场次,建成南通首家国家级数字档案馆,获评全国群众体育先进单位。妇女儿童、青少年、关心下一代、老区开发等事业健康发展。

社会治理更加顺畅。社会文明程度、市民文明素质显著提升,获评中国好人1名、省道德模范2名、江苏好人4组。市域治理现代化指挥中心新址建成使用,网格微治理入选省乡村治理典型案例。村居"两委"换届顺利完成,第七次全国人口普查圆满收官。矛盾纠纷排查化解体系更加健全,"有事好商量"协商议事与基层治理有机融合,获评全国乡村治理示范村1个、全国民主法治示范村1个、全国法治人物1名。加强财政资金绩效管理,政府债务风险有效管控。常态化开展扫黑除恶斗争和反走私综合治理,严厉打击非法集资、通信网络诈骗等违法犯罪行为,社会大局保持和谐稳定。民族宗教、见义勇为、人民武装工作取得新成绩。

公共安全更加牢固。毫不松懈抓好常态化疫情防控,落细落实"外防输入、内防反弹"总体要求,第三人民医院"平战结合"改建完成,日核酸混检能力达50万人次,公共卫生应急保障水平有效提高。高标准推进"三年大灶",深入开展危化品、城镇燃气、既有建筑、海洋渔业等32个重点行业领域专项整治,省安全生产巡查、专项整治督导组反馈意见全部完成整改,事故起数和死亡人数实现"双降"。加强海上施工船舶防台应急管理,8家区镇消防站投入执勤,综合应急救援能力持续提升。食品药品监管扎实有效,群众"舌尖上的安全"更有保障。

各位代表,看似寻常最奇崛,成如容易却艰辛。2021年全市经济社会发展取得的成绩来之不易,为本届政府工作画上了圆满句号。过去的五年,我们面临的风险挑战前所未有,但全市上下团结拼搏、攻坚克难、奋勇争先,高质量创成全国文明城市,高水平全面建成小康社会,高能级启航吕四东方大港,一批事关启东长远发展的大事要事取得历史性突破,交出了一份厚重提气的精彩答卷,谱写了属于启东人民的时代篇章。

这五年,是区域经济高质量发展、综合实力大跃升的五年。地区生产总值连跨4个百亿台阶,人均地区生产总值达到高收入国家和地区水平。一般公共预算收入居全省县市前十。项目建设硕果累累,5个百亿级项目成功落户,32个超10亿元产业项目建成投产。实体经济根基更加稳固,工业、服务业应税销售年均实现两位数增长,百亿级企业达3家。建筑业提档升级,连续5年实现鲁班奖、国优奖、詹天佑奖"大满贯"。农业现代化步伐加快,高标准农田占比提升至84.2%,新增国家地理标志产品、证明商标9个,获评全国休闲农业与乡村旅游示范市、全国平安渔业示范县、省农产品质量安全市。

这五年,是创新要素高能级集聚、新旧动能大转换的五年。供给侧结构性改革纵深推进,农村集体产权制度改革成效显著,第二轮土地承包到期后再延长30年国家级试点工作基本完成，县级公立医院综合改革获国务院通报表扬。创新质效实现新提升，战略性新兴产业产值占比提高14.9个百分点，高新技术企业数实现翻番，新增省级专精特新“小巨人”企业11家，大国重器“天鲲号”获评国家科技进步奖特等奖，创成国家知识产权强县工程示范县。开放型经济扩量提质，实际利用外资15.9亿美元，获评国家外贸转型升级基地。新增上市挂牌企业7家，获评2018—2020年度省金融生态优秀县。

这五年，是美丽启东高品位建设、城市颜值大蝶变的五年。现代综合交通运输体系建设取得突破性进展，宁启铁路、海启高速建成通车，加速迈入“大港时代”“高铁时代”。城市发展空间格局进一步优化，老城区形象加速提升，新城区框架全面拉开，文体中心、国际版画艺术中心投入使用，蝶湖公园、头兴港滨河公园建成开放。长江大保护纵深推进，“十年禁渔”有力落实，关闭退出化工企业92家。最美江海岸线建设全线铺开，“缤纷百里”滨海特色风貌加速打造。污染防治攻坚战取得重大成效，空气环境质量持续保持全省领先，区域治水经验南通推广，河长制工作获省政府通报表彰。获评国家园林城市、国家节水型社会建设达标县，蝉联国家卫生城市。

这五年，是社会事业高水平推进、民生福祉大改善的五年。扎实办好各项民生实事，民生领域累计投入410亿元，城乡居民人均可支配收入年均分别增长8%、8.9%，建档立卡低收入人口全部脱贫。系统化改造老旧小区201万平方米，建成安置房486万平方米。社会保障体系日益完善，主要险种参保率稳定在98%以上，城镇登记失业率始终控制在2%以内。教育现代化监测水平位居全省前列，在全省率先完成幼儿园园舍全区域、全覆盖改造建设，教育质量重返南通第一方阵。基本公共服务标准化、均等化水平稳步提升，妇幼保健院、社会福利中心、保利大剧院高质量运营，人民生活品质显著提高。

这五年，是治理能力高效率提升、作风建设大变革的五年。始终把全面从严治党要求贯穿到政府工作各方面，常态化制度化推进“两学一做”学习教育，扎实开展“不忘初心、牢记使命”主题教育和党史学习教育，严格落实中央八项规定及其实施细则精神，持之以恒正风肃纪，进一步树立了为民务实清廉的政府形象。大力推进简政放权，政府机构改革顺利完成，行政审批、国有企业等领域改革成效显著，政府治理体系和治理能力现代化水平不断提高。持续深化法治政府建设，严格执行“三重一大”集体决策制度，全面推进行政复议体制改革，主动接受人大法律监督、工作监督和政协民主监督，累计办理人大代表建议1719件、政协委员提案1628件，行政决策科学化、民主化、法治化水平全面提升。

各位代表，过去五年取得的成绩，得益于市委的正确领导、科学决策，得益于市人大、市政协的有效监督、大力支持，得益于历届政府的接力耕耘、励精图治，得益于全市百万人民的同舟共济、奋力拼搏。在此，我谨代表市人民政府，向奋斗在各条战线的广大干部群众，向各位人大代表、政协委员和离退休老同志，向驻启部队、武警官兵、公安干警、消防救援指战员，向所有关心支持启东发展的社会各界人士和海内外朋友，致以崇高的敬意和衷心的感谢！

各位代表，奋斗蕴含艰辛，经验弥足珍贵。总结本届政府工作实践，我们深刻体会到：必须坚定不移融入发展大局，始终围绕国家战略和省市决策部署谋划工作，努力把发展机遇转化为发展动力和发展优势；必须坚定不移加快转型升级，聚焦有效投资，强化创新驱动，优化产业质态，努力提高发展的质量和效益；必须坚定不移践行生态文明，正确处理经济建设与环境保护的关系，努力实现经济与生态共赢发展；必须坚定不移增进民生福祉，持续加大民生投入，切实解决群众最关心、最直接、最现实的利益问题，努力让发展成果更多更公平惠及全市人民。

同时，我们也清醒看到，全市经济社会发展还面临不少问题，主要表现在：重大项目支撑不足，自主创新能力不强；能耗、土地、资金等制约较为突出，企业发展遇到的困难仍然较多；城市功能品质有待提升，生态环境还有一些短板；社会治理、安全生产等领域风险隐患依然存在；教育、医疗、养老等优质公共资源供给与群众期盼还有差距；少数干部的担当意识和能力素养有待增强，依法行政和政务服务水平还需进一步提高，等等。对此，我们将采取有效措施，切实加以解决。

今后五年的总体思路和奋斗目标

今后五年，是启东勇担“争当表率、争做示范、走在前列”光荣使命、实现跨越赶超的关键五年。纵观大局，我们要在复杂形势中保持发展定力。当今世界，百年变局加速演进，世纪疫情对全球的深度影响仍在持续，我国经济发展面临需求收缩、供给冲击、预期转弱三重压力，但经济韧性强、长期向好的基本面不会改变。我们一定要保持战略定力，沉着应对重大挑战，稳字当头、稳中求进，坚定不移做好自己的事情。放眼未来，我们要在重大战略中抢抓发展机遇。当前，“一带一路”、长三角一体化、江苏沿海发展等多重国家战略在我市交汇叠加，省、南通要求启东着力塑造“缤纷百里”滨海特色风貌，南通市委赋予了启东建设沪苏一体融合发展窗口城市的全新定位。未来五年，我们要在抢抓机遇上主动作为，深入实施向海发展战略、接轨上海战略，努力与上海相互赋能、贡献各自“长板”，全面推动产业互补、交通互联、开放互动、要素互融，加快打造上海大都市圈更具核心竞争力和辨识度的卫星城。立足自身，我们要在比较优势中坚定发展信心。环视周边，兄弟县市区竞相发展，区域竞争态势日益激烈，我们稍有迟疑松懈，就有可能落伍掉队。但是，我们也要看到，随着通州湾新出海口吕四起步港区开港运营，北沿江高铁开工在即，启东的区位优势、交通优势、资源优势加速放大，未来发展机遇无限、空间无限。我们要坚定信心、厚植优势，加快提升经济能级、创新能级、城市能级，全力打造高端制造业最佳承载区、创新研发新高地和美丽宜居生态城。

新一届政府工作的总体思路是：高举习近平新时代中国特色社会主义思想伟大旗帜，全面落实党的十九大和十九届历次全会精神，深入贯彻习近平总书记对江苏工作重要讲话指示精神,按照省、南通和启东市党代会决策部署,弘扬伟大建党精神,坚持稳中求进工作总基调,统筹推进“五位一体”总体布局、协调推进“四个全面”战略布局,完整、准确、全面贯彻新发展理念,围绕“争当表率、争做示范、走在前列”总要求,以高质量发展、高品质生活、高效能治理为导向,深入实施向海发展战略、接轨上海战略,跑好第一棒,奋进新征程,统筹谋划打造“五个城市”,推进“五个走在前列”,加快建设沪苏一体融合发展窗口城市,全力谱写“强富美高”新启东现代化建设新篇章。

围绕以上总体思路,到2026年,主要奋斗目标是:

——*综合实力跃上新台阶*。地区生产总值突破2000亿元,一般公共预算收入年均增长7%以上,全社会固定资产投资年均增长8%以上。规模工业应税销售突破3000亿元,战略性新兴产业产值占比提高5个百分点,生产性服务业、新兴服务业比重持续提高,现代农业更加优质高效,创成国家全域旅游示范区。全社会研发投入占比提高至2.85%,万人发明专利拥有量达42件。

——*融合发展实现新跨越*。综合交通格局进一步拓展,现代化集疏运体系基本成型。深度对接浦东,更高水平接轨上海、融入苏南,实现基础设施互联互通、产业创新协同协作、公共服务同城同质、生态环境共保共治,成为上海向北辐射的首选城市,引进上海、苏南等地亿元以上产业项目350个。

——*人民生活获得新改善*。居民收入增长和经济增长基本同步,居民人均可支配收入达6.2万元。社会保障体系更加健全,教育、医疗、养老等公共服务更加优质,人民群众获得感、幸福感显著增强。社会主义核心价值观深入人心,人民群众精神文化生活日益丰富,公民法治观念意识、思想道德素质、科学文化素养明显提高,社会文明程度测评指数超93,打造全国文明典范城市。

——*城乡环境展现新面貌*。城市空间和功能格局持续优化,基本实现城乡协调发展、共同繁荣,新型城镇化水平明显提升,城镇化率提高至70%。生态环境质量显著改善,主要污染物排放总量大幅减少,高标准完成节能减排任务,空气质量、省考以上断面水质优于上级下达目标,建成区绿化覆盖率达43.5%以上。178公里最美江海岸线全面展现,独具海上风情的魅力生活空间基本成型,美丽启东建设成为美丽江苏的示范样板。

——*市域治理得到新提升*。党的全面领导落实到各领域各方面的高效执行体系基本形成,法治政府、廉洁政府和服务型政府建设取得明显成效,行政效率和公信力显著提高。智能高效、富有特色的市域治理体系基本建成,平安启东建设达到更高水平,社会信用体系更加健全,基层群众自治充满活力,城市本质安全水平实现跃升,社会治理智能化、精细化、现代化水平全省领先。

2022年主要工作

2022年是党的二十大召开之年,是全面落实省、南通和市党代会精神的开局之年,也是新一届政府的起始之年,做好今年的政府工作意义重大。我们将按照中央、省、南通和市委的决策部署,统筹疫情防控和经济社会发展,统筹发展和安全,以进固稳、以稳促进,继续做好“六稳”“六保”工作,向海图强、扬帆奋进,全力推动高质量发展实现新突破,以优异成绩向党的二十大献礼。

今年经济社会发展的主要预期目标是:地区生产总值增长8%以上,一般公共预算收入增长7.3%以上,全社会固定资产投资增长8%,规模工业增加值增长14.5%,全社会研发投入占比达2.68%以上,社会消费品零售总额增长7%以上,进出口总额增长5%以上,城乡居民收入增长快于经济增长,单位地区生产总值能耗、二氧化碳排放量降幅达到上级下达目标。

实现上述目标,我们将重点抓好八个方面工作:

一、始终坚持接轨上海,在构建开放格局上实现新突破

充分发挥区位交通、平台载体等优势,更大范围、更高层次推进开放融合,在全面融入国家战略中扬长补短、借势登高。

全速打造综合交通。加快推进通州湾新出海口吕四起步港区开发建设,港口支持系统建成启用,东港池5万吨级重装码头建成交付,内河转运码头投入使用。发挥公铁水、江海河多式联运优势,加强与上港集团、省港口集团合作,探索“沪吕通”物流新模式,积极争取启运港资格,力争设立吕四港保税物流中心,集装箱吞吐量达30万标箱。全力服务保障铁路建设,推动北沿江高铁启东段全线开工,洋吕铁路先导段开通运营;深化沪崇启铁路、宁启二期复线和市域轨道交通规划研究,尽快接入上海轨道交通“一张网”。启动S11通沪高速前期审批工作,完成433省道改造。

全面深化开放融合。积极融入长三角一体化发展,制定出台沿海地区发展行动计划。加速对接张江、昆山等资源富集地,与吴江共建合作园区,着力打造上海、苏南高端研发产业化、高端制造协同化配套中心,引进亿元以上产业项目70个。深化教育、医疗、文旅、社会治理等领域合作,引入上海优质公共服务资源,共建同城化高品质生活圈。主动参与长三角自贸试验区联盟建设,加快发展跨境电商、外贸综合服务、海外仓等新业态新模式,强化口岸综合服务保障,鼓励优势企业深度拓展国际市场,有效提升对外投资合作水平。

全力推动平台提能。坚持错位发展,突出产业特色,集聚要素资源,切实提升开发园区项目承载力和产业引领力。启东经济开发区围绕“打造专精特新集聚地、省内排名三年进前十”,加快推动主导产业高端化、智能化发展,净增规上工业企业20家,规上工业应税销售占全市份额超20%。吕四港经济开发区围绕“百亿项目年年有、十亿项目超十个”,大力发展临港制造、商贸物流产业,开工20亿元以上项目不少于5个。高新区围绕“工业产值突破二百亿、全力争创省级高新区”,盘活存量厂房10万平方米以上,完成空间再造产业用地300亩,开工亿元以上专精特新制造业项目不少于30个。海工园围绕“税收增速争第一、打造创新策源地”,加快建设省船舶和海洋工程装备技术创新中心,壮大船舶海工先进制造业集群,实现应税销售270亿元。生命健康科技园围绕“协同张江首选地、企业三年超百家”,持续

优化功能配套，打造长三角医药产业转移最佳承载区。生命健康产业园围绕“二次创业再出发、销售三年返百亿”，做大做强生命健康产业，推动绿色转型发展。圆陀角旅游度假区围绕“打造缤纷百里示范段、争创国家旅游度假区”，招引文旅头部企业，打造独具江海风韵的旅游胜地。江海澜湾旅游度假区围绕“打造文旅融合增长极、争创省级旅游度假区”，推动龙湾水镇投入运营，加快海粟湾项目建设，成为令人向往的高端商务旅游目的地。启隆生态科技园围绕“策应崇明生态岛、环沪旅游新地标”，推进重点文旅项目建设，打造生态江心绿洲。

二、始终坚持转型提质，在激发内生动力上实现新突破

坚定不移把发展着力点放在实体经济上，持之以恒扩总量、促增量、提质量，加快构建现代化产业体系。

*稳步实施产业升级。*巩固制造业战略支柱地位，实现规模工业应税销售1400亿元，增长25%。加快临港产业发展，推动新能源及装备、港口机械、粮油加工等产业布局，规模突破260亿元。突出龙头企业带动作用，提高电动工具、高端机械装备等传统特色产业研发投入和产品附加值，实现应税销售380亿元。引导建筑业向数字、绿色和装配式建造转型，支持参与国内外重大基础设施建设，总产值突破1500亿元。加快电子信息及半导体产业、生命健康产业能级提升，确保战略性新兴产业产值增长25%。推动服务业与制造业深度融合，积极发展生产性服务业，重点打造科技研发、健康服务和现代物流产业，服务业应税销售突破1000亿元。坚持以文塑旅、以旅彰文，加快国家全域旅游示范区创建，争创国家4A级旅游景区1个，打造城旅一体、文旅融合、主客共享的长三角知名休闲旅游目的地，进一步提升“日出江海、美丽启东”品牌影响力。

*培育壮大企业梯队。*深入推进“1521”工业龙头企业三年双倍增计划，完善重点企业培育库，新增应税销售10亿级企业5家、20亿级企业3家、50亿级企业1家。实施企业规模提升行动，持续推进“两转一上”，净增规上工业企业120家、服务业企业60家。鼓励企业加快数字化改造，实现物联网、大数据、云计算与制造业融合发展，新增省级以上专精特新“小巨人”企业3家、国家两化融合贯标企业5家、星级上云企业15家。加大企业上市培育力度，实施“育苗成林”工程，充实后备企业库，建立拟上市企业“白名单”制度，新增上市挂牌企业3家、报会企业3家。开展“垦牧杯”杰出企业家评选，大力培育创新意识强、家国情怀浓的“张謇式”企业家群体。

*纵深推进重点改革。*深化行政执法体制改革，推动执法力量下沉，实现“三项制度”市域全覆盖。实施新一轮区镇财政体制改革，进一步优化事权财权结构，充分激发区镇发展的内生动力。推动国企改革向纵深发展，健全市场化经营机制，着力培育主业清晰、具有可持续发展能力的国企主体，信用评级AAA企业新增1家，AA+企业达4家。加强县域紧密型医共体总额预算管理，推进医保支付方式改革，切实减轻群众就医负担。

三、始终坚持项目为王，在积蓄增长后劲上实现新突破

发挥重大项目“压舱石”作用，全力以赴抓招引、推进度、强要素，着力为经济发展蓄势赋能。

*提高招商引资实效。*积极开展“项目招引突破年”活动，瞄准长三角、京津冀、珠三角等重点区域，紧盯设备投入、亩均税收、度电产出、排放量等关键指标，综合运用以商引商、资本招商、专业招商等方式，重点招引一批区域性总部、产业链龙头、央企国企和“单打冠军”。新签约亿元以上制造业项目超100个，其中10亿元以上项目30个、“专精特新”项目60个、3000万美元以上项目10个，实现制造业外资到账1.8亿美元。

*主攻重大项目建设。*拧紧“抢开工、抓形象、促达产”责任链条，全力突破项目瓶颈制约，新开工制造业项目超100个，其中10亿元以上20个、百亿级2个。开工建设卫华港机、药明康德二期等项目，加快益海嘉里、亿纬林洋等项目推进，力促海四达二期、红通装备等项目竣工投产，形成持续突破、滚动发展的良性循环。落实市领导挂钩重大项目机制，强化全流程跟踪服务，推动计划投资量尽快转化为有效实物量。

*营造一流营商环境。*实施“营商环境提升年”行动，开展行政审批制度“1115”改革，扎实推进“拿地即开工”审批服务，确保营商环境便利度保持全省前列。严格落实新的减税降费政策，切实减轻企业发展负担。积极发展普惠金融，引导银行业金融机构加大对中小微企业支持力度，新增制造业贷款10亿元以上。提高土地利用效率和供应水平，完成土地增减挂钩和工矿废弃地复垦13300亩、耕地占补平衡2000亩，盘活低效用地4800亩。大力发展职业教育，深化产教融合、校企合作，精准对接企业用工需求，订单培养更多技术蓝领。持续强化水电气热等要素供给，加快220千伏丁仓变建设，打造“开门接电”示范区。

四、始终坚持科技引领，在打造科创高地上实现新突破

突出创新核心地位，更大力度集聚创新要素、集合创新资源，加快打造区域科技创新高地。

*激活企业创新动力。*发挥企业主体作用，促进创新链与产业链有机融合，加快提升产业技术密度。健全科技企业梯次培育矩阵，新认定科创型企业30家、高新技术企业100家、科技型中小企业450家。探索建立“高层次人才+科创项目”集成引育模式，招引高成长性的科创项目60个。支持重点企业组建科创联合体，开展关键核心技术攻关，新增省级以上企业研发平台6家，规上企业研发机构建有率提高至95.7%。深化质量标准品牌建设，制订修订国家、行业标准10个，万人发明专利拥有量达35件。

*形成协同创新合力。*深度融入沿江科创带建设，加快构建“一核引领、两区带动、多园集聚、全域协同”创新发展格局。释放创新平台磁场效应，持续推进北大生科华东产业研究院、上海张江高校协同创新启东研究院等平台建设，着力提高成果转化和孵化能力，新增省级以上孵化器和众创空间3个。深入实施百企联百校高质量合作工程，推动科研院校、企业科研力量优化配置和资源共享，新增高校技术转移中心3家、产学研合作项目150个。

*释放创新生态张力。*深化科技体制机制改革，最大限度激发创新活力。推动科技金融深度融合，发挥科创基金、

创投平台作用,统筹用好“苏科贷”、专利质押等金融产品,满足企业多层次、多样化融资需求。深入实施“东疆英才计划”,迭代升级人才政策,新增高层次创新创业人才150名。加大技能型人才引育力度,开展“东疆工匠”评选活动,新增高技能人才1500名。完善人才保障激励机制,丰富“启创无忧”品牌内涵,在教育、医疗、安居、交通等方面提供更优保障,努力让人才引得进、留得住、用得好。

五、始终坚持生态优先,在描绘美丽启东上实现新突破

牢固树立绿水青山就是金山银山理念,健全治理体系,推动减污降碳协同增效,以生态“含绿量”体现发展“含金量”。

加强污染综合防治。铁腕推进第二轮中央、省环保督察问题整改,更高标准打好蓝天、碧水、净土保卫战。强化区域联防联控,深化工业污染、挥发性有机物防治专项行动,确保空气质量保持全省最优。持续开展水环境生态治理,开工建设城市第二污水处理厂,确保市考以上断面水质优Ⅲ类比例达100%;强化入海河流水质管控,努力打造“滩净湾美”的蓝色海湾。加强重点行业遗留地块、固废危废等管控治理,切实保障土壤环境安全。积极推进行政执法与刑事司法有效衔接,以“零容忍”态度严厉打击各类环境违法行为。

深化生态治理修复。全力建设最美江海岸线,统筹推进生态岸线修复、景观提档升级等工程,打造产业美、景观美、乡村美、人文美的沿江沿海生态景观带;加快“缤纷百里”规划建设,推动形成“一核两廊五卷”的江海特色风貌。始终把长江大保护摆在压倒性位置,全力守护“一江清水”。积极推进滨河绿廊建设,建成森林公园,打造城市“天然氧吧”。全面完成南通区域治水试点,形成畅流活水体系。新建生态河道200条、生态河道示范片3个,争创省级生态文明建设示范市,创成省级生态文明建设示范镇2个。

倡导绿色低碳发展。系统推进碳达峰行动,强化碳排放总量、强度“双控”和峰值目标管理,探索建立碳排放交易、绿色电力交易等机制,积极提升生态碳汇能力。严把“两高”项目准入关,加强资源节约高效利用,实施省级开发园区循环化改造,加快培育一批绿色技术创新企业。大力实施可再生能源替代行动,推动海上风电、光伏等产业健康发展,开展整市屋顶分布式光伏开发试点。积极倡导简约适度、绿色低碳生活方式,开展绿色社区、绿色学校、绿色建筑等创建活动,共建共享绿色家园。

六、始终坚持宜居宜业,在塑造城市品质上实现新突破

坚持高水平规划、集约化建设、精细化管理,不断提升综合承载力和辐射带动力,让城市更具颜值、更富魅力。

完善城市功能布局。高标准编制国土空间规划,深入推进“多规合一”,完成市域快速路网、新城区公共空间规划,深化高铁新城、奥体中心规划设计。加快新城区开发建设,新市民服务中心、金融建筑产业园投入运营,城市地标蝶湖双子楼快出形象。进一步拉开城市框架,开工建设华山路南延、海洪南路等道路,建成区再扩展2平方公里。加速老城区有机更新,改造老旧片区7个、主干道交通路口4个,高标准打造老旧小区改造示范亮点,持续提升居住品质。开工建设安置房50万平方米,交付1700套。完成城市绿道贯通工程,加快环城河生态景观带建设,新增城市绿地50万平方米,打造更多城市“绿肺”。

丰富城市文明内涵。以创建全国文明典范城市为统领,推进城市管理科学化、精细化、智能化,打造精致细腻、整洁有序的城市环境。深入开展文明交通、市容环境、物业管理等专项整治提升行动,打造一批生态美、形态优的街区社区。有序实施生活垃圾“四分类”和“撤桶并点”,扩大小区定时定点投放收集覆盖面。加大禁违拆违力度,确保存量违建有序消化、新增违建有效遏制。加快建设智慧城市,融合数字城管、智慧停车等平台功能,实现信息互通共享、执法力量有效整合。持续开展文明创建“十大提升行动”,营造文明有礼、文明有序、文明有我的社会风尚。

做靓新型特色城镇。严格落实新型城镇化规划,高质量编制区镇国土空间规划,实用性村庄规划形成最终成果,不断优化区镇生产、生态、生活空间布局和功能定位。加快补齐城镇基础设施短板,提升公共服务能力,切实增强人口吸附力。实施环境综合整治,加快推进弃宅进镇、镇容镇貌提升,重塑有特色、有活力、有魅力的镇村肌理。坚持“因镇施策、一镇一策”,依托海洋、港口、农业、旅游等资源优势,做大做强做精特色产业,推动不同区域合理分工、功能互补和错位协同,打造一批产城融合、业态清晰的现代化小城镇。

七、始终坚持统筹融合,在推进乡村振兴上实现新突破

深入实施乡村振兴战略,着力夯实“三农”发展基础,努力实现农业高质高效、乡村宜居宜业、农民富裕富足。

加快现代农业发展。坚持科技兴农,积极引导农业由增产向提质转变,新增农业科技示范基地11个,确保农业科技进步贡献率提高至71%。发挥省“四青作物”特色农产品优势区效应,做大做强“四青作物”产业,力争总产值超25亿元。坚决扛起粮食安全政治责任,落实“藏粮于地、藏粮于技”战略,新建高标准农田2.5万亩,积极推广新品种、新技术、新装备,不断提升农业综合生产能力。健全现代农业经营体系,实施经营主体提质工程,培育南通市级以上示范家庭农场8家、农业龙头企业2家。强化农产品品牌建设,新增省绿色食品、农产品地理标志4个以上。

推进美丽乡村建设。深化农村人居环境整治,大力开展生活污水治理、厕所革命、绿化美化;实行星级评价管理,确保三星级行政村占比超30%。加强历史文化名村、传统村落和建筑群保护,打造果园生态经济发展区、黄海滩涂生态养殖示范区、张謇垦牧文化园等诗意田园乡村带,建成南通市级乡村振兴示范村、先进村13个,培育省级特色田园乡村2个。推动农药零差价配送提质扩面,加强农药废弃物回收处置,切实提高农业面源污染防治水平。提档升级农村公路30公里,实施生命安全防护工程50公里,改造农桥30座,争创“四好农村路”全国示范县。

焕发农村发展活力。健全农村集体经济收入稳定增长机制,优化产权流转交易市场体系,推进农地股份合作社建设,力争实现村营收入60万元全覆盖,持续稳定收入占比

超50%。强化农村一、二、三产业融合发展，组建产业化联合体，发展乡村旅游、电商等新型经营业态，多渠道促进农民增收。持续培育高素质农民、现代创业新青年、专业种养殖能手等乡村产业人才，加快壮大现代“新农人”群体。健全现代乡村社会治理体制，推进农村移风易俗，形成文明乡风、良好家风、淳朴民风。

八、始终坚持共治共享，在创造幸福生活上实现新突破

践行以人民为中心的发展理念，着力解决事关群众切身利益的“头等大事”和“关键小事”，让发展更有温度、幸福更有质感。

夯实公共安全基础。科学精准抓好常态化疫情防控，严格落实“四早”要求和“四方责任”，加强应急演练和疫苗接种，推进突发公共卫生事件应急指挥中心建设，全力守护人民群众生命健康安全。深入开展安全生产专项整治，高质量完成“三年大灶”工作任务，积极创建省级安全示范城市。全面压实安全生产责任，持续推进安全风险辨识管控，不断提升本质安全水平。完善应急救援和物资保障体系，启动消防训练基地建设，切实提高防灾减灾抗灾救灾能力。创成省食品安全示范城市。

提升公共服务质量。完善稳岗扩就业政策体系，统筹做好高校毕业生、退役军人、城镇困难人员等重点群体就业，确保新增城镇就业8500人。促进居家、社区、机构养老服务融合衔接，扩大普惠托育服务供给，切实解决好“一老一小”问题。加快教育现代化步伐，深化“双减”工作，加强教师梯队建设，启动全国学前教育普及普惠市、国家义务教育优质均衡发展市创建。开工建设启东中学新校区，蝶湖实验小学、蝶湖中学、少年宫新校区主体结构封顶。完善青少年心理健康问题预警干预机制，筑牢校园安全屏障。深入推进国家公立医院综合改革示范县建设，加快人民医院改扩建、第二人民医院异地新建，加强医疗卫生人才引进培养，持续提高医疗保障能力和服务水平。落实社会救助标准自然增长机制，开展防止返贫动态监测和帮扶。深度拓展与陕西西乡、青海同仁对口协作，促进区域协同发展。

促进文化事业繁荣。紧扣喜迎党的二十大主题，充分挖掘江海文化、红色文化内涵，创作一批具有较高艺术水准、反映时代风貌的文艺精品，力推“吕四渔号”“洋钎说书”进入国家非物质文化遗产名录，完成通海垦牧公司复建工程。广泛开展“千戏下基层”“共乐东疆”等文体活动，积极培育公共文化组织和人才，提高公共文化场馆开放率、利用率，提供更接地气、更大众化的文化服务，全年人均接受文化场馆服务次数不少于6.5次。加快发展新型文化企业、文化业态、文化消费，实施南通市级以上重点文化产业项目10个。

优化社会治理体系。深化“五治”融合，完善“网格吹哨、部门报到”工作机制，健全“大数据+指挥中心+综合执法队伍”执法模式，打造市域治理现代化启东样板。健全扫黑除恶长效机制，推进新一轮社会安全系统建设，加快构建现代化立体化社会治安防控体系。充分发挥“有事好商量”协商议事平台作用，依法及时就地化解矛盾纠纷，争创全国信访工作示范县。强化政府性债务管理，做好企业债务、互联网金融等风险监测，坚决守住不发生区域性、系统性金融风险底线。推进军民融合深度发展，争创省双拥模范城“九连冠”。

全力建设人民满意政府

任重千钧，惟有担当。我们将始终保持高的站位、严的标准、实的作风、廉的底色，以奋斗成就使命，用实干托起梦想，努力建设务实高效的服务型政府。

强化政治建设，提升忠诚履职能力。深刻领悟“两个确立”伟大意义和实践要求，切实增强“四个意识”、坚定“四个自信”、做到“两个维护”，始终在思想上政治上行动上与以习近平同志为核心的党中央保持高度一致，不断提高政治判断力、政治领悟力、政治执行力。坚持把党的领导贯彻到政府工作各领域、全过程，确保中央、省、南通和市委各项决策部署不折不扣落实到位。严格落实意识形态工作责任制，始终坚持正确的政治方向、舆论导向、价值取向。

强化法治建设，提升依法行政能力。坚持把法治理念、法治思维、法治方式贯穿政府工作始终，坚决按照法定权限和程序行使权力、履行职责。严格落实民主集中制、“三重一大”事项决策机制，做到依法、民主、科学决策。主动接受人大及其常委会法律监督、工作监督和政协民主监督，自觉接受司法监督、监察监督和社会舆论监督，高质高效办好人大代表建议和政协委员提案。全面提升政务公开标准化水平，推动行政权力公开透明运行。深入开展行政执法机关“厚植为民情怀、提高执法水平”主题教育，切实做到严格规范公正文明执法。

强化作风建设，提升高效执行能力。深入开展“机关作风建设提升年”活动，不断巩固拓展党史学习教育成果，以更加昂扬的精神状态奋进新征程、建功新时代。发扬“立说立行、马上就办”的工作作风，心无旁骛谋发展，扑下身子抓落实，推动各项决策部署迅速落地生根。坚持目标任务化、任务项目化、项目节点化、节点责任化，健全政府系统推进、协调、督查机制，强化跟踪问效、行政问责，确保政令畅通。弘扬狼性精神，用好用活“三项机制”，努力营造勇于开拓、敢于攻坚的浓厚氛围。

强化廉政建设，提升干净干事能力。认真履行全面从严治党主体责任，深入推进政府系统党风廉政建设，严格落实中央八项规定及其实施细则精神，力戒形式主义、官僚主义，切实减轻基层负担，坚决防止“四风”问题变异反弹。树牢“过紧日子”思想，持续压减“三公经费”，优化财政支出结构，把更多公共资源用于经济发展和改善民生。完善权力运行监督体系，持续加强审计监督和廉政风险防控，不断巩固发展风清气正的干事创业环境。

各位代表，九万里风鹏正举，新征程砥砺初心。让我们更加紧密地团结在以习近平同志为核心的党中央周围，在市委的坚强领导下，在市人大、市政协的监督支持下，继往开来、接续奋斗，开拓创新、勇毅前行，全力谱写“强富美高”新启东现代化建设新篇章，以优异成绩迎接党的二十大胜利召开！

※附※

名词解释

1. 两化融合贯标企业:指企业贯彻国家标准要求,建立工业化和信息化融合管理体系,并获得国家认证。

2."五个一"协调推进机制:指实行一日一收集、一周一会办、一月一督查、一季一观摩、一年一总结的"五个一"方式,协调解决项目建设过程中各类问题,确保项目顺利推进。

3. 一业一证:指优化行业准入业务流程,将一个行业准入涉及的多张许可证整合为一张"行业综合许可证",大幅压减审批环节和时限,简化审批手续,有效提升行政效能和办事效率。

4. 一主两新两特:"一主"指临港装备制造业主导产业,"两新"指新材料产业和新能源产业,"两特"指现代物流业和海洋渔业两大特色产业。

5. 五位一体:指实现集"长江堤防沿堤河畅通、背水坡绿化养护、堤顶道路保洁、迎水坡滩面清杂、防汛巡查控违"于一体的长效管护。

6. 蝶湖实验小学:位于惠阳路西侧、黄浦江路北侧、乌江路南侧,西侧与少年宫新校区毗邻。学校总占地110亩,总建筑面积73516平方米,总投资约3亿元,拟建成12轨全日制小学。

7. 蝶湖中学:位于黄浦江路北侧、和平南路东侧、世纪大道南侧、衡山路西侧。学校总占地157亩,总建筑面积72566平方米,总投资4.08亿元,拟建成16轨制初级中学。

8. 少年宫新校区:位于黄浦江路北侧、华山路东侧、乌江路南侧,东侧与蝶湖实验小学毗邻。总占地45亩,总建筑面积25000平方米,总投资1.55亿元。

9. 三年大灶:指2019年11月,习近平总书记作出批示,要求国务院对江苏省安全生产问题开小灶,进行专项整治。在"小灶"的基础上,2020年4月国务院安委会印发《全国安全生产专项整治三年行动计划》,全国从2020年4月至2022年12月开展为期三年的安全生产专项整治。

10. 专精特新"小巨人"企业:指专精特新中小企业中的佼佼者,是专注于细分市场、创新能力强、市场占有率高、掌握关键核心技术、质量效益优的排头兵企业。

11. 五个城市:指在中共启东市第十四次代表大会上提出的打造对接上海门户城市、全域创新样板城市、全国文明典范城市、最美江海花园城市、共同富裕幸福城市。

12. 五个走在前列:指在中共启东市第十四次代表大会上提出的经济质量效益走在前列、人民生活品质走在前列、社会文明程度走在前列、市域治理能力走在前列、党的建设水平走在前列。

13. 两转一上:指个转企、产转法和小上规。"个转企"是按照市场主体自愿原则,鼓励原领有个体营业执照的个体工商户改领个人独资企业、合伙企业或有限公司等企业类型营业执照;"产转法"是鼓励符合条件的产业活动单位转为独立注册的法人单位;"小上规"是鼓励小微企业规范升级为规模以上企业。

14. 星级上云企业:指省工信厅为提升两化融合和智能制造发展水平,提高企业发展动能和竞争力,组织实施五星、四星、三星级"上云"企业分级分类标准,定期组织开展星级"上云"企业评定和奖励。

15. 拟上市企业"白名单":指与券商、律所、会所签订上市服务协议,制定详细上市工作计划,进入上市实质性运作,计划3年内报会的企业名单。开辟企业上市"绿色通道",在用能、募投项目用地、金融政策等方面向"白名单"企业倾斜。

16. 三项制度:指行政执法公示制度、行政执法全过程记录制度和重大执法决定法制审核制度。

17."1115"改革:指1个工作日完成企业全流程开办,1个工作日完成不动产登记,15个工作日完成项目全流程审批。

18. 拿地即开工:指在项目用地挂牌出让的同时,同步开展项目从立项至施工许可的全链预审,在相应建设工程用地批准手续完成后,3个工作日内实现建设用地规划许可证、不动产权证、工程规划许可证、审图合格证、施工许可证等"多证齐发"。

19."开门接电"示范区:供电企业选择重点园区或工业集中区,提前对接园区发展规划和用电需求,推进电网规划与城市规划深度融合,将配电网提前延伸建设至开发用电地块红线外,缩短客户接电距离和时长。

20."一核引领、两区带动、多园集聚、全域协同"创新发展格局:"一核"指启东经济开发区,突出其在全市创新驱动发展中的首位度,引领创新与产业深度融合发展;"两区"指吕四港经济开发区、高新技术产业开发区,打造区域性的创新战略支点,带动全市产业提升创新发展能力;"多园"指海工船舶工业园、生命健康科技园、生命健康产业园等园区,突出产业承载功能,集聚科技创新资源,打造创新型园区;"全域"指全市各区镇,围绕特色产业领域,促进各类创新要素优化配置,致力协同发展,提升全域科创能力和水平。

21. 一核两廊五卷:"一核"指江海交汇核,"两廊"指江海风物多彩画廊、江风海韵生态画廊,"五卷"指"千年古镇、海港新颜"画卷、"垦牧延绵、沧海桑田"画卷、"江海交汇、奇流海角"画卷、"工业巨构、国之重器"画卷、"大江风光、生态田园"画卷。

22. 十大提升行动:指公益广告提升行动、公共服务场所文明提升行动、主次干道精细管理提升行动、文明交通管理提升行动、居民住宅小区物业管理提升行动、农贸市场管理提升行动、背街小巷管理提升行动、建设(拆迁待建)工地管理提升行动、农村环境整治提升行动、文明养犬管理提升行动。

23. 五治:指政治引领、法治保障、德治教化、自治强基和智治支撑。

重要文件摘编

关于推进吕四港高质量发展的实施意见

吕四港纳入“大通州湾”一体化规划开发，并作为江苏集装箱运输新出海口的起步港区，迈上快速发展轨道。为抢抓长三角一体化发展、长江经济带、江苏沿海开发等多重国家战略机遇，提升定位，锁定目标，借势而为、乘势而上，推动吕四港实现高质量发展，现提出如下意见。

一、指导思想

以习近平新时代中国特色社会主义思想为指引，按照《长江三角洲区域一体化发展规划纲要》的总体部署和省委省政府对新出海口的工作要求，立足“大通州湾”一体化布局，学习苏州“三大法宝”、答好南通“发展四问”，牢牢把握建设江苏集装箱运输新出海口的历史机遇，围绕“建设世界一流港口，发展千亿临港产业，打造美丽生态港城”发展目标，突出工作重点难点，锐意进取攻坚突破，强化狼性作风建设，努力在通州湾新出海口建设中展现启东作为，推动启东经济社会实现高质量发展。

二、发展范围

坚持区镇联动，港产城一体化开发。发展范围包括吕四港经济开发区43.8平方公里，吕四港镇150平方公里，集中资源，优先发展港区和新镇区。

三、发展目标

认真贯彻新发展理念、落实高质量发展要求，系统谋划，集成推进港产城一体化开发。

*建设世界一流港口。*按照全自动化设计理念，采用“一体化总体布局、一体化交通组织、一体化管控体系”标准，加快推进新一代自动化码头、堆场建设；加快智慧交通体系建设，形成“江海河、公铁水”一体化集疏运体系。2023年，“2+2”码头开港运营、确定港口合作运营机制、集装箱吞吐量达100万标箱。2035年，全面建成通道运输能力强、枢纽布局合理、江海联运便捷，物流服务和通关效率达到国际一流水平的新出海口，集装箱吞吐量达800万标箱，成为上海国际航运中心的重要组成部分、长三角一体化发展的重要引擎、长江经济带高质量发展的支点支撑。

*发展千亿临港产业。*构筑配套完善的平台，构建新材料产业区、装备制造区、港口物流区、渔港经济区、综合能源保障基地的产业格局，加快推动现代产业体系向布局集聚化、结构合理化和产品高端化方向发展。2023年，区内新材料、新能源、电动工具产业均实现规模工业产值超百亿元，区镇规模工业产值实现翻番，达到350亿元。攻坚突破重特大项目，加速培育五百亿元产业集群，至2035年，累计完成投资2500亿元，当年规模工业产值2500亿元、服务业营业收入2500亿元、地区生产总值实现2500亿元，打造富有区域特色的千亿临港产业集群，为启东崛起腾飞注入新引擎。

*打造美丽生态港城。*坚持以“美丽港城”为抓手，以“滨海特色、工具名城、文化古镇”为主导，加快推动港产城互动融合发展，全面启动核心商务区建设，以经营城市的理念打造集生活配套、生产服务、生态宜居为一体的上海北翼新型海港城市。

四、重点任务

（一）深入开展规划研究

1.完善港产城规划。统筹研究吕四港区镇国土空间、综合交通运输、产业发展、城镇建设等规划，科学确定港口、产业、城镇功能布局。吕四港东港池和新材料产业园区重点发展新材料、新能源、临港高端装备等智能制造业；西港池重点发展集装箱物流、散杂货物流、冷链物流和粮油加工等现代物流业；渔港经济区重点发展休闲渔业和海洋风情旅游业；吕四港镇重点发展电动工具产业和现代商贸服务业；吕四站、吕四港南站的规划建设，要系统考虑铁路物流园和站周商业圈的规划。吕四港区镇要根据《大通州湾总体规划研究》，结合港口开发、产业发展和城镇化发展需求，留足城市发展空间，根据片区开发，深化规划研究，高质量推进开发建设，打造生活配套、生产服务、生态宜居为一体的启东北部城市副中心。根据港产城一体化规划，优化吕四港生态管控区、永久基本农田、城镇开发边界的空间关系。加强328国道南侧、通港大道东侧地块规划研究，分步调整土地利用规划，弥补港区腹地不足，延伸港区发展空间。吕四港区围填海历史遗留问题备案的土地，要节约集约，高效利用，适当留白，为未来的高质量发展，预留充分的施展空间。

（二）加快发展临港产业

2.发展壮大临港先进制造业。依托华峰超纤、大唐热电、广汇能源等龙头企业，秉持绿色环保和循环经济发展理念，培育发展具有大进大出、节能低碳绿色环保的新能源、新材料、装备制造等产业，打造千亿级临港产业基地、长三角综合能源示范基地、国家级新材料产业基地。主动作为，加快承接上海、苏南等地重大项目绿色升级转移。加快电动工具产业创新转型，构建以东成公司为核心和引领的产业创新集群。大力实施企业培大扶强高质量发展行动计划，全面提品质、创品牌、扩市场。

3.培育发展海洋新兴产业。壮大海洋船舶修造业，重点发展船舶设计、绿色智能船舶和高附加值船用装备，招引大型LNG船、大型邮轮等高技术船舶与特种船舶产业。加快培育发展市场空间广阔、可形成竞争优势的新型海工装备、海水淡化等产业，重点发展海洋油气平台装备、深远海养殖装备、海水淡化装备等，打造新型海工装备产业集群，建设海洋技术装备创新和高端装备产业集聚区。

4.打造现代航运物流基地。依托吕四港，加快发展通用散杂货、集装箱和液体散货、油气品等物流；布局发展粮油加工、储运、贸易于一体的“大粮油”产业，建成全国粮、油、糖及冷链物流基地。发挥口岸优势，开展保税物流业务申报，发展保税物流业务。探索开展航运金融业务试点，吸引跨国航运公司区域性总部落户，建立整合贸易、物流、结算等功能的运营中心。开展国际贸易结算中心试点，探索大宗商品、航运物流等领域的配套金融产品，增强金融服务功能。在有效监管、风险可控的前提下,在新出海口港口实施启运港退税政策试点。推动港口综合物流信息平台及大宗商品电子现货交易平台建设和运作,提高信息增值服务能力。

5.建设吕四渔港经济区。依托国家中心渔港,加快建设集渔船避风补给、鱼货交易、冷链物流、精深加工、休闲观光为一体,区域产业结构平衡、产业层次较高、辐射效应明显的现代渔港经济区。加快发展海洋渔业,积极发展远洋捕捞,高标准建设海洋牧场,大力发展海水生态养殖。探索海洋牧场与海上风电融合发展,将海上风电底座“鱼礁化”,通过比对试验,验证海上风电对海洋牧场生物行为和生物多样性的影响。

(三)全力招引重大项目

6.优化招商机制。坚持平台共建共享共用机制,围绕吕四港的产业发展定位,举全市之力,合力招引重大项目,推进更多优质项目落户吕四港开发区。健全招商考核机制,充分调动名区镇共同参与吕四港开发开放招商引资的积极性。完善重特大项目招引推进机制,建立重特大项目定期会办制度,市领导牵头会商制度,提高重特大项目签约落地效率。

7.招引重大项目。充分发挥“双港”优势,高水平优化壮大新材料、新能源和临港高端装备三大优势主导产业,高标准强化提升现代物流、粮油食品、海洋休闲三大区域特色产业,培育江海联动发展新动能,打造启东高质量发展增长极。瞄准国企、央企、上市公司和大型民企外企,广泛捕捉项目信息,合力招大引强,努力招引落地一批投资规模大、带动能力强、产出贡献大的项目,加快形成千亿临港产业。

(四)完善提升集疏运体系

8.加快对外集疏运体系建设。深入推进通州湾新出海口吕四起步港区六大工程建设。吕四港集团以国际一流水平建好“2+2”码头,加快推进10万吨级进港航道疏浚工程,确保与码头同步运营;加快建设内河转运区码头,形成“江海河”联运体系,打通江出海、海进江的通道。东疆控股加快建设疏港公路体系,推动S335、志圩公路、通港大道联接S433及港区内部道路全线贯通;启动连接南通新机场新S335快速线工程研究,适时开工建设。协同南通沿海集团加快洋吕铁路和疏港支线铁路建设。全力构建形成“铁路连港区、内河到码头、港口通大洋”的集疏运体系。强化港口综合服务功能,切实增强贸易中转、保税仓储、金融服务等配套能力,建设枢纽港口、智慧港口及绿色港口。

9.加快港区基础配套建设。加强港区控制性详规的深化研究,优化港区规划布局。推进内河转运区吹沙填土工程,提高土地标高,满足基础设施建设和项目落户条件。加快推进东西港池道路、水电气、上下水管网、路灯及绿化等工程建设,提升港区产业落地承载能力。根据产业发展需要,推进粮油专用码头、重型装备码头等功能性码头建设,提升项目落地服务能力。

10.探索多种港口运营模式。积极探索跨区域合作共建新模式,积极构建与上海港、苏州港、太仓港协同开发、共建共赢的合作模式。全面加强与上海港、江苏省港口集团对接合作,积极融入并依托上海国际航运中心建设,力争在港口运营、货源组织、航线开辟、合作方式研究等方面取得突破。

(五)持续优化营商环境

11.完善服务体制机制。牢固树立“一盘棋”的思想,整合全市资源,建立领导挂钩推进机制、部门协同服务机制、属地保姆式服务机制,明确重大项目市领导挂钩联系制度、项目落户投产推进制度,完善重特大项目配套政策体系,设立重特大项目产业发展基金,确保更多更好的重特大项目快签约、快建设、快产出。

12.深化“放管服”改革。进一步在行政审批、规划制定、综合执法等方面对吕四港开发区加大放权力度;探索工程建设审批制度改革,针对重大、急需建设项目涉及审批事项,优化审批流程、缩短审批周期,急需建设项目允许容缺审批、提前预审;支持吕四港开发区打造信息化平台,率先与市数据共享交换平台、相关部门服务接口对接;提高服务质量,市级各部门协同联动、共同推进一体化服务。

五、要素保障

(一)切实加大用地保障

13.保障用地指标。将吕四港城建设纳入全市成片改造规划。加大土地总体利用规划空间和用地指标支持,未来三年内吕四港镇拆旧挂钩、占补平衡整理出的用地指标,全额保障吕四港镇使用,重点支持新城区核心商务配套区建设。根据吕四港区镇城市开发建设和资金平衡需要,每年排出用地需求,足额保障建设用地指标。根据吕四港集疏运体系建设规划,加强土地利用总体规划的报批衔接,将疏港航道、公路、铁路及铁路物流堆场等交通基础设施建设用地纳入市土地利用总体规划和城市总体规划中统筹考虑,保障规划项目的用地指标。加快港区海洋历史遗留问题备案土地海域使用权证的申报办理,为港区开发建设提供土地资源保障。创新思维,向上沟通对接,积极争取港区用地用海指标单列,拓展吕四港镇土地利用总体规划空间指标。

(二)全面强化资金保障

14.建立港口开发专项资金。参照南通市支持通州湾开发的做法,从主城区(不包括启东经济开发区)经营性地块土地出让金总额中提取5%(化债及安置房地块外)设立港口开发专项资金,优先保障吕四港开发。

15.完善财政分成机制。针对吕四港开发建设仍然处于大基建、大投入阶段,举全市之力加以扶持。吕四港区镇辖区的税收和政府性基金收入剔除省集中和应计提的费用后,全额留存吕四港区镇。吕四港区镇范围内的土地出让时,非市本级资产的土地出让金统一缴入市级国库,实行封闭运作。具体操作办法另行制定。

16.积极向上争取资金。加大政府债券发行支持力度。吕四港集团要推进专项债券申报,积极争取上级发债配额,对吕四港开发区符合条件的重大项目建设新增债券需求予以优先支持。争取航道项目上级资金补助。市交通等相关职能部门积极配合向上争取吕四作业区进港主航道和环抱式港池进港支航道等项目省市补贴资金,弥补项目建设资金缺口。

17.创新资金筹集机制。吕四港区镇要系统谋划港区和镇区开发建设配套工程，统筹做好征地、拆迁和付费项目资金的筹集工作。充分利用政府和社会资本合作模式，引导社会资本参与公共服务领域项目的建设和运营。重点推进东港池PPP项目建设，完善东港池整体道路、绿化、亮化、电力、通讯等市政设施，为项目落地提供必要配套；加快西港池PPP项目建设，进一步完善西港池集装箱堆场区域路网交通，建设配套码头。吕四港集团要立足沿海开发，服务发展大局，以市场化手段，多途径组织资金，推进一级开发，提升配套水平。对吕四港区镇挂牌的土地，在满足市场需求的情况下，吕四港集团要做好托底竞拍工作，发挥资产蓄水池、资金蓄水池作用，保障吕四港开发开放和新城区基础设施建设资金需要，同时壮大企业资产规模，发挥资产保值升值功能。要创新融资模式，加强与金融机构、国有企业（特别是省级国有企业）等合作，拓展筹资渠道；要加快推进吕四港集团公司AA+的评级，提升企业公信力和影响力；要通过公开发行企业专项债，提升市场认可度，进一步拓展融资能力，降低融资成本。要严格落实上级政府的“双降”要求，不断降低政府隐形债务规模和资金成本。

（三）加大人才保障力度

18.加强港口人才队伍建设。根据港口开发建设和码头物流运营需要，列出港航、水工、规划、物流、金融等专业人才需求库，有计划地定向招录高层次专业人才，服务吕四港开发建设。通过外派交流挂职、内部青蓝结对培养等多种方式，加快年轻人才培养，快速担起吕四港开发建设需要。实行专才特聘制度，吕四港集团可通过市场化手段，高薪聘请重点专业急需的高层次人才。加强与上海海事大学、上海海洋大学等学校和科研院所的协作，建立战略联盟，引才引智，促进发展。

19.加强产业人才队伍建设。根据“两会两懂”的要求，加强开发区干部培训，提升招商选资和服务发展的能力与水平。坚持“双招双引”，通过招引重大产业项目，搭建平台，筑巢引凤；加强产学研平台建设，在新材料、新能源、装备制造、港口物流、文旅等重点领域加快建立创新支撑平台，积极引进人才，培育产业。实施“产业人才集聚”专项行动，加大顶尖、领军、专业技能等各层次产业人才培养和引进力度。

六、组织领导

20.提升站位凝聚发展合力。加快吕四港高质量开发建设，是全市贯彻落实“一带一路”建设、长三角区域一体化发展、长江经济带发展等国家战略的重大举措。全市各级领导、各区镇、各部门要提升政治站位，切实把思想和行动统一到市委、市政府对吕四港开发的决策部署上来，围绕“建设世界一流港口，发展千亿临港产业，打造美丽生态港城”总体目标，抢抓机遇，凝心聚力，上下联动，协同推进，确保在新的机遇、新的起点上，成功把吕四港打造为江苏出海新通道、启东增长新引擎、上海北翼新港城。

21.健全组织保障体系。成立启东市推进吕四港高质量发展领导小组，由市委、市政府主要领导任组长，由市委和市政府分管领导任副组长，职能部门主要负责人为成员，定期研究部署、协调解决重大事项；设立吕四港高质量发展领导小组办公室，由市分管领导兼任办公室主任，由市“两办”领导及吕四港区镇主要领导担任副主任，协调推进吕四港高质量发展日常工作。

22.明确政企运作机制。市国资办对吕四港集团履行集中统一监管职能，市政府授权吕四港经济开发区对吕四港集团履行出资人管理职责，吕四港集团接受吕四港经济开发区领导。吕四港集团重大事项提交吕四港经济开发区讨论决策，根据市国资办制定国有企业管理权责清单，报市国资办备案或提交市委、市政府研究决定。

23.压实责任任务实推进。要把推动吕四港高质量发展作为推动启东经济增长新引擎的有力抓手，制定吕四港高质量发展三年重点工程实施计划，列出每项工作的挂钩领导、责任单位和责任人员，明确责任分工，形成工作合力。领导小组每季度专题研究吕四港开发工作；领导小组办公室每月汇总工作进展情况，报市领导小组。强化督查考核，将吕四港高质量发展工作列入相关区镇、部门和吕四港集团的年度考核，推动各项工作落地落实。

24.本实施意见从2021年起执行，执行期暂定10年。

（中共启东市委　启东市人民政府　启发〔2021〕3号）

关于推进美丽启东建设的实施意见

一、准确把握美丽启东建设的目标要求

（一）总体要求。以习近平新时代中国特色社会主义思想为指导，全面贯彻党的十九届五中全会精神、习近平总书记视察江苏重要讲话指示和全面推动长江经济带发展座谈会重要讲话精神，坚定不移贯彻新发展理念、构建新发展格局，深入践行习近平生态文明思想，坚持以人民为中心，坚定走生产发展、生活富裕、生态良好的文明发展道路，以优化空间布局为基础，以改善生态环境为重点，以打造人文特色为依托，以绿色可持续发展为支撑，以美丽宜居城乡和文明和谐社会创建为主抓手，建设美丽启东，共创幸福家园，充分彰显空间格局之美、自然生态之美、城乡宜居之美、人文特色之美、文明和谐之美、绿色发展之美，让美丽启东美得有形态、有韵味、有温度、有质感，着力打造美丽南通的启东样板，成为“强富美高”最直接最可感的体现，高质量建设长三角一体化发展新高地、沪苏通融合发展新样板、长江口绿色发展新示范城市的鲜明底色。

（二）基本原则。推进美丽启东建设，要坚持生态优先、绿色发展，尊重自然、顺应自然、保护自然，统筹推进经济生态化与生态经济化，加快形成绿色发展方式和生活方式；坚持以人为本、内外兼修，积极回应群众关切，着力补短板、强弱项，既塑造可观的“外在美”，又提升可感的“内在美”；坚持系统谋划、彰显特色，强化规划引领作用，保护传承历史文化，切实彰显启东自然景观、人居风貌和特色文化；坚持重点突破、整体推进，聚焦重要领域和关键环节，协同推进经济绿色转型发展、人民生活品质提升、生态环境保护修复;坚持全民参与、全城动员,探索共建共治共享新路径、新机制、新载体,充分调动全社会参与美丽启东建设的积极性。

(三)目标任务。到2025年,美丽启东建设的空间布局、发展路径、动力机制基本形成,生态环境质量持续改善,城乡面貌焕然一新,市域治理扎实推进,建成美丽南通样板城市。到2035年,基本实现人与自然和谐共生的现代化,全面建成生态宜居、文明和谐的美丽南通典范城市。

二、持续优化市域空间布局

(四)完善国土空间规划体系。突出规划的前瞻性、科学性、权威性、法定性,加强对规划实施执行情况的监督,确保一张蓝图绘到底、干到底。以新一轮国土空间规划编制为契机,在原总体规划的基础上研究提出启东国土空间发展目标,优化完善国土空间保护、开发利用、修复治理布局,将生态保护红线、永久基本农田、城镇开发边界等管控范围具体落地。加快城镇开发边界内详细规划编制,推进城镇、产业园区、旅游度假区开发边界内详细规划和土地成片开发方案编制工作。优化村庄空间布局和乡村空间资源调配引导要求,科学合理规划农业农村功能空间和生产格局,以点带面推进"多规合一"实用性村庄规划编制。

(五)构建高品质国土空间格局。坚持"轴带引领、多心组团"空间发展理念,加快形成"中心辐射、新城发力、两翼提升、全域美丽"的总体格局,推动土地、能耗等指标向重点区域倾斜,更好促进城乡资源要素科学配置、合理流动。主城要打造宜居家园,增强主城区高端要素、高端产业、高端功能承载和辐射带动能力,加快人口导入,推进城市有机更新。新城要打造活力"客厅",全面推动蝶湖片区提品质、生命健康科技园强功能,大力发展总部经济、科技研发、商务服务、金融服务等业态,打造城市发展新引擎。东部要打造迷人"蓝湾",重点推进恒大威尼斯、长泰唐韵龙湾、加勒比航海世界等特色城镇建设,发展旅游度假、高端商务、会议经济等业态,建成令人向往的生态带、风光带。西部要打造靓丽"门户",规划建设高铁智创新城,打造承接上海苏南、辐射苏中苏北的城市经济新增长极。北部要打造魅力港城,放大天然海港优势,高水平规划建设仙渔小镇等滨海特色城镇,更好实现产城融合,全力打造现代化北部新城。

(六)强化区域空间特色塑造。严格落实生态文明建设、区域一体化、陆海统筹等战略要求,规划形成"一带一轴三片"的全域空间结构。"一带"即江海生态经济带,包括北新镇、启隆镇、汇龙镇、惠萍镇、寅阳镇、圆陀角旅游度假区、东海镇、近海镇、海复镇、吕四港镇的行政管辖范围,是启东江海岸线保护、人口集聚、产业发展、特色彰显的主阵地。"一轴"即港城发展轴,串联中心城区、吕四港镇及志圩公路沿线的城镇节点,是启东对接上海的前沿发展轴、高端产业集聚轴和综合交通走廊。"三片"即东部海洋生态片、中部农林生态片、南部启隆生态片。东部海洋生态片范围为地理岸线以东区域,中部农林生态片范围为江海经济带以外的陆域区域,南部启隆生态片范围为启隆镇镇域。

三、全面改善生态环境质量

(七)完善环境治理体系。强化国土空间规划和管控,严格划定生态保护、基本农田、城镇开发等空间管控边界。完善多元化生态环保投入机制和生态补偿机制,有序推进陆海资源统一交易和有序流动,推行排污权、用能权、碳排放权市场化交易。大力发展绿色信贷、绿色担保、绿色债券、绿色保险。深化环评制度改革,完善环境信用评级、环保总监等制度。完善生态环境突出问题全过程闭环管理机制,健全生态环境监测监控网络,积极参与长三角区域生态环境保护协作行动。推进危废处置、污水处理设施提标改造,创新管理运行机制,提升使用效益。加快构建全社会共同深度参与生态环境治理新格局。实施"双随机、一公开"环境监管模式,规范环境执法程序,加强环境监督执法信息的互联互通。

(八)奋力打好蓝天、碧水、净土三大保卫战。持续开展大气污染防治行动,强化$PM_{2.5}$和臭氧浓度"双控双减",推进温室气体与大气污染物协同治理,到2025年,$PM_{2.5}$年均浓度稳定在25ug/m^{3}左右、空气质量达标率(AQI)完成上级考核要求。全面推进生活源治理,强化区镇、街道餐饮行业油烟监管,不断提升餐饮行业污染治理水平,建立健全油烟污染防控长效管理机制。落实"河长制""断面长制""湾(滩)长制"和"港长制",推进全市域区域治水。强化农村面源污染治理,协同推进种养业减排,推动治水工作走入深水区、走向精细化。推进城镇污水处理厂提标改造,协同推进污水处理设施提标改造和管网建设,完善雨污分流系统,推进海绵城市建设。强化长江保护修复,狠抓突出问题整改,加快推进排污口整治。推进工业综合治理,持续开展重点污染物减排工作。到2025年,国省考断面优Ⅲ比例达100%。推进土壤污染防治综合防治先行区建设,加强土壤污染管控和修复,建立完善污染地块名录和开发利用负面清单。深入开展危废专项治理、"清废行动",大力消减存量危废,着力消除固废危废环境风险隐患。

(九)推进生态保护与修复。立足江海生态独特资源禀赋,高标准推进全域江海生态岸线修复。标本兼治推进长江(启东段)生态环境改善和生态功能恢复,加强长江口湿地保护修复,深入实施国土空间生态修复工程,保持长江生态原真性和完整性,切实抓好长江"十年禁渔",建成滨江森林公园,推动长江大保护走在前列,全力打造长江口绿色发展新示范。加强海洋生态保护与修复,开展海洋生态环境监测、渔业资源调查评估和增殖放流,加快处理围填海历史遗留问题,落实用海生态补偿措施,促进海洋资源严格保护、有效修复和集约利用。完善生物多样性保护,开展市域生物多样性本底调查,强化外来物种生态入侵管控。

四、积极提升城乡宜居水平

(十)完善城市功能品质。推进美丽宜居住区建设,统筹加快老旧小区改造、城中村改造,积极发展绿色建筑,到2025年,基本完成主城区2000年前建成老旧小区改造任务。推进美丽宜居街区建设,建设一批特色街区、主题街巷,美化城市界面,为市民创造更丰富、高品位的社交空间。打造"15分钟通勤圈""15分钟社区服务圈""10分钟体育健身圈""10分钟公园绿地服务圈"。推进水、电、气、通讯、亮化等市政基础设施建设。推进城市绿化管养工程,重点推进公园绿地、道路绿化、城市绿道建设等工程。推进海绵城市建设，推进易淹易涝片区治理，到2030年，城市建成区80%以上面积达到海绵城市建设标准。全力推进城区市政管网雨污分流改造工程建设。全面做好达标区内小区建筑立面污水收集、车库污水收集和雨污水管网错接、混接等问题整改，推进单位庭院雨污分流改造，到2021年底，达标区面积达到建成区面积30%。加强住宅和商住小区综合治理。创新物业管理模式，实行市级考核街道、街道考核社区、社区考核物业的三级考核机制，构建物业服务与社区管理相衔接，切实保障居民的权益。

（十一）推进美丽田园乡村建设。科学传承启东特色民居格局，推进副房和"三棚"整治，抓住占补平衡、城乡建设用地增减挂钩及各类拆迁机会引导乡村有序适度集中建设，不断优化镇村布局。高标准编制"多规合一"实用性村庄规划，优化乡村发展新格局。加强农村宅基地和住房建设管理，鼓励盘活闲置宅基地和农房，依法保护农民宅基地合法权益。加快农业现代化，因地制宜发展乡村休闲、旅游、养老等产业，促进农村一、二、三产融合发展，提升村庄活力。推进农村"厕所革命"和水环境综合整治，进一步提升农村人居环境整治水平。开展畜禽粪污资源化利用、化肥减量、农药零增长、废旧农膜回收工作，提高农膜、畜禽粪污等农业废弃物综合管理和资源化利用水平。加快"四好农村路"建设，统筹实施"提档升级"、危桥改造、安全生命防护等工程。到2025年，培育省市级特色田园乡村22个，建成县级美丽宜居村庄50个，乡村振兴示范村20个。

（十二）构建城乡水利保障体系。严格对照年度水资源管理的任务、目标和要求，深入落实水资源消耗总量和强度双控要求，探索用水计划管理新思路新途径。保护地下水资源，严格取水管理；加强节水管理，实现单位GDP用水量的稳步下降。突出长效管护，完善巡河、宣传、监督机制，提高河长制管理工作水平。强化水利公共服务，加强水利监管与河道空间管控管理。以"系统化思维、片区化治理、精准化调度"为原则，大力实施以清水、兴水、治水、节水、管水、护水为主要内容的"六水行动"，以控源截污、水系联通、活水调度为重点，实施完成包括城区、吕四港镇区、圆陀角三个片区的1+3区域治水任务，实现"全面活水、持续活水、按需活水、高效活水、连片活水、两利活水"；围绕"水在城中、城在水中、水城一体"生态河道建设目标，打造"水清、岸绿、河畅、景美"的优美乡村水环境。

（十三）建设综合交通枢纽。全力推进北沿江高铁启东段和洋吕铁路建设，优化增密宁启铁路运行路线。推进沪崇启城际铁路前期规划研究工作，跟踪对接上海崇明区地铁规划建设，尽快接入上海轨道交通"一张网"。适时启动S11高速公路前期工作，加快完善国省干线公路和地方干线公路建设，充分发挥公路网整体效率和规模效益。加快推进港口、航道等水运工程建设，形成公铁水空管综合立体交通体系。构建以"一体衔接、无缝换乘"为特征的启东西站综合枢纽，打造集铁路、公路、公交、出租、社会停车、旅游集散等功能为一体的枢纽场站。加快公交换乘枢纽、停车场、保养场、首末站、调度中心、加气（油）站和充（换）电站等设施建设，提高公交运营服务水平。加快谋划现代物流基础设施布局，建设启东农村物流综合服务中心。建设一批镇级综合运输服务站和村级农村物流服务点，提高城乡交通一体化水平。

五、大力彰显人文特色魅力

（十四）健全高品质公共文化服务。推进经济强镇加大公共文化场馆建设力度，推动群众文化场馆区域联动共享，打通公共文化服务"最后一公里"。完善基层综合性文化服务中心功能建设，科学配置公共文化服务资源体系。实施文化惠民工程，构建城市15分钟文化圈和农村10公里文化服务驿站。做精做优"全民文化节""千戏下基层""我们的节日""文化江海行"等群众文化活动品牌。持续开展免费艺术培训。办好沪启文化交流活动，组织开展业务骨干跨区域交流培训，推动地区文化融合发展。以大型节庆活动为平台，培育聚焦文化大家名家，建设具有更大影响力的大城市文化。

（十五）传承弘扬江海文化。深入挖掘开拓包容、争先创优的江海文化内涵，全面推进新闻出版、广播影视、文学艺术、哲学社会科学事业创新发展。加强文艺精品创作规划引领，完善文艺创作生产激励机制，激发创作活力，深入实施版画、文学、书法、摄影、舞台艺术、影视剧、少儿文艺等精品创作工程，推出更多体现江海特色、具有时代特征的精品力作。继续完善并实施启东文学艺术奖励扶持政策，激发原创意识，鼓励更多文艺精品在国家级、省级文艺竞赛展出展演中获奖，促进本土优秀文艺人才不断涌现；加快出台宣传文化领域人才队伍建设实施办法，加大文艺人才引进力度，为本土文艺创作队伍注入新鲜血液。以交流促创新升级，积极对接上海，为启东文艺创作引入国际视野。实施青年文艺人才提升工程，加大对青年文艺人才的关注和支持力度，促进青年人才脱颖而出。推出更多文艺精品，讲好启东故事，擦亮"启东版画之乡"名片。

（十六）打造文旅融合产业新高地。优化文旅空间布局，按照"一核一环三极"空间布局（一核是以城区为依托的主城文旅休闲服务核；一环是江海百里生态环线；三极是圆陀角旅游发展增长极、吕四港旅游发展增长极、启隆生态岛旅游发展增长极，发展全域旅游。制订《圆陀角国家级旅游度假区创建实施方案》，加快创建圆陀角国家级旅游度假区。启动江海产业园省级旅游度假区、启隆镇生态旅游示范区建设。恒大海上威尼斯碧海银沙景区创成4A级旅游景区。按照国家4A级旅游景区创建标准，整体打造蝶湖，推进长泰唐韵龙湾文旅综合开发项目建设。打造一批体现张謇垦牧文化、农事体验等特色的高品质乡村旅游集聚区。

（十七）加强文物保护和非遗传承。加强物质文化遗产保护利用，进一步完善全市文物保护"四有"工作，落实文物保护工作责任制。充分利用已修缮完成的各级文保单位旧址，收集整理相关史料并展出，让市民进一步走近文物，了解启东历史文化。积极做好启东县政府变迁史陈列馆、郁芑生纪念馆、沈铁公故居纪念馆等场馆的开放工作，推进抗大九分校提档升级，加强资源整合，做大做强红色旅游。提升"吕四渔号""洋钎说书""评弹北调"等非遗保护传承水平。完善不可移动文物修缮机制,制作历史文化保护系列专题影像。培育和打造地域文化标识,充分发挥启东文体中心、国际版画艺术中心等公共文化设施的地域文化承载功能;利用各大市民公园等公共文化空间,定期举办非遗集市、音乐会、公共展览、创意快闪等文化活动。

六、着力构建和谐稳定社会

(十八)加强和创新社会治理。全面深化政法领域改革,努力让人民群众感受到公平正义。坚持和完善"大数据+网格化+铁脚板"治理机制,推动网格化服务管理工作提质增效,打通服务群众"最后一米";紧扣"信息中枢、研判中枢、联动中枢"功能定位,全面推进市镇两级治理现代化指挥中心提档升级,提升市域治理现代化水平。瞄准"接得更快、分得更准、办得更实"工作目标,加快推进政务服务便民热线归并整合,打造政务服务"总客服"。以健全数据汇聚共享机制为抓手,加强数据归集汇聚,努力拓展高质量发展、综合执法、全域旅游、城市运行、智慧养老等方面的特色应用。深化新时代"枫桥经验"启东实践,做好信访矛盾源头排查化解工作,扎实开展集中治理重复信访、化解信访积案专项行动。充分发挥大数据超前预警感知和辅助决策作用,推动风险隐患精准预测、源头预防。谋划开展新一代社会安全系统,完善社会治安防控体系。建立健全安全生产责任体系,强化安全生产监管执法,有效遏制各级各类安全事故。健全自然灾害、突发事件应对和应急救援体系。

(十九)全面提高社会文明程度。积极培育和践行社会主义核心价值观,聚力全域文明,推动文明创建向城乡一体拓展,创建更高水平文明城市。健全"东疆志愿者"志愿服务体系,擦亮"启东好人"名片,加强家庭家教家风建设,凝聚向上向美力量。加强未成年人思想道德建设,深化"扣好人生第一粒扣子"主题教育,丰富提升"童"字系列美育活动,深入实施劳动和研学实践教育。坚持正确导向,完善舆论引导机制,建强用好融媒体中心,加强网络文明建设,守住主阵地、唱响主旋律、传递正能量。弘扬诚信文化,健全社会信用体系,推进诚信制度化建设。到2025年,社会文明程度指数达到93以上,50%的乡镇创成江苏省文明乡镇,70%的行政村创成县级以上文明村。

(二十)建设更为和谐的社会形态。完善共建共治共享的社会治理制度,不断增强人民群众获得感、幸福感、安全感,促进人的全面发展和社会全面进步。坚持教育优先发展、优质发展,不断擦亮"教育之乡"品牌,确保教育整体水平处于南通第一方阵。实施积极的就业政策,稳定就业总量,改善就业结构,提高就业质量。实施新一轮居民收入增长计划,拓宽居民财产性收入渠道,健全企业职工工资政策增长机制。广泛动员群众参与爱国卫生运动,积极应对人口老龄化,推进医养康养结合,鼓励用足用好生育政策。推进健康启东建设,深化医药卫生体制改革,深入推进"九合一"医疗集团紧密型建设。加快基层卫生人才队伍培养,提升人民群众就医获得感。建设整合型医疗服务体系示范县市。按照兜底线、织密网、建机制的要求,健全覆盖全民、统筹城乡、公平统一、可持续的多层次社会保障体系。完善全民健身公共服务体系,建设健康长三角典范城市。

七、推行绿色低碳发展方式

(二十一)加强资源节约和高效利用。坚持节约优先,强化能源和水资源消耗、建设用地等总量和强度双控,实行最严格的耕地保护、节约用地和水资源管理制度。提升土地集约利用水平,严格控制建设用地和新增建设用地规模。加快引导农村闲置、废弃宅基地资源的有偿退出,推动农村建设用地存量盘活。严格控制能源和煤炭消费总量,构建清洁低碳、安全高效的能源体系。围绕"做好碳达峰、碳中和工作",在产业结构变革、能源结构变革、精准高效减排和经济政策引导等层面持续发力,实现减污降碳协同效应。提升水资源利用水平,加强对重点能耗企业实施用能监控,强化对存量企业能耗水耗监管力度,确保到2025年全市万元GDP用水量、单位工业增加值用水量持续降低。

(二十二)加快发展绿色产业。壮大节能环保产业,发展生态农业、生态工业、生态旅游、绿色建筑,加强区域协同绿色技术创新。构建绿色制造体系,全面完成省级以上开发区园区循环化改造,持续推进绿色工厂、绿色产品、绿色供应链等领域探索实践。统筹江海发展,协调推进沿江产业转型和沿海绿色发展,系统谋划和推进沿江沿海生态保护、城镇建设、港口发展,推动沿海LNG冷能综合利用,推动重点行业和重要领域智能化、绿色化改造升级,推进服务业绿色发展。建立健全生活垃圾分类长效管理机制,形成科学、完善、便捷的生活垃圾分类收运处理体系,全面提升餐厨废弃物、建筑垃圾的资源化利用水平,确保应治尽治不留死角。

(二十三)推广普及绿色生活方式。完善创新绿色消费政策体系,推动形成崇尚绿色生活的社会氛围。推广绿色消费,增强绿色供给,限制使用一次性产品,加强零售餐饮等领域禁止和限制使用塑料制品的监督管理。持续开展绿色创建,创建节约型机关、绿色家庭、绿色学校、绿色社区、绿色商场、绿色餐馆等,树立一批成效突出、特点鲜明的绿色生活优秀典型,推动形成全社会共同深度参与环境治理新格局。倡导简约适度、绿色低碳、文明健康的生活方式。建立制止餐饮浪费行为的长效机制,加强监督管理和宣传引导。完善城市绿色公共交通体系,加强与周边城市和郊区的公交系统衔接和覆盖,引导共享出行有序发展,鼓励自行车、步行等绿色出行。

八、切实强化美丽启东建设组织推进

(二十四)加强组织领导。市委、市政府建立美丽启东建设领导小组,由市委书记任第一组长,市长任组长,领导小组办公室设在市发改委。组织编制实施美丽启东建设规划,并做好与经济社会发展规划、国土空间规划及相关专项规划的衔接。根据省、南通市统一部署,结合启东实际,研究制定美丽启东建设考核指标体系和评价体系,并纳入全市高质量发展综合考核。

(二十五)创新保障机制。建立完善新发展理念落实机制,结合启东实际完善指标体系、政策体系、标准体系、统计体系、考核体系。建立完善多元化投入保障机制,积极整合和统筹使用相关财政资金,合理增加规划设计、城市管理、生态保护等方面的人财物配置，推行以奖代补、先建后补、贷款贴息等方式调动基层和社会积极性，积极吸引市场资本、市场主体参与营利性项目建设。建立健全生态环境保护机制体系，完善大决策专家论证、重大建设项目社会风险评估、资源环境承载能力监测预警等长效机制。探索建立城市规划建设品质管控机制，科学完善项目招投标、土地出让、方案评审等程序，确保项目效果达到品质要求。积极构建社会信用体系，推进环保、交通、安全生产、城市管理等方面违法行为与信用评价挂钩。

（二十六）引导公众参与。着力构建推进美丽启东建设的全民行动体系，提高全社会参与的积极主动性。强化宣传引导，充分利用互联网、报刊杂志、广播电视等媒体平台，加强美丽启东建设宣传推介，畅通信息公开渠道，及时回应公众关切，营造良好推进氛围。鼓励多元参与，充分发挥工会、共青团、妇联等群体组织的积极作用，动员各方面力量激发广大干部群众的热情和干劲，让美丽启东建设成为全社会的共同意志和自觉行动。

（中共启东市委、启东市政府　启发〔2021〕7号）

关于促进启东市服务业高质量发展的若干政策意见

一、支持服务业企业做大做强

1. 评选服务业金银铜牌企业、企业家。在全市重点服务业企业中开展“十强企业评选”和“争先进位”等竞赛活动，对综合考评排名前三位的服务业企业和法人代表，分别授予服务业金银铜牌企业、企业家称号，并奖励金、银、铜牌一枚。具体考评办法另行制定。

2. 加大服务业大企业培育力度。对当年新增应税销售2000万元、5000万元、1亿元、3亿元、5亿元、10亿元的规模以上服务业企业，分别奖励企业3万元、10万元、20万元、60万元、80万元、150万元。对当年应税销售首次达到1亿元的规模以上服务业企业、首次达到5亿元的限额以上批发零售和住宿餐饮企业，一次性给予10万元奖励。

3. 鼓励服务业企业上规上限。对当年新进规模以上服务业企业或限额以上批发零售和住宿餐饮企业分时、分档进行奖励。当年被南通认定为月度新进规模服务业企业或限额批发零售和住宿餐饮企业，在一季度、二季度、三季度、四季度入库的，分别奖励企业10万元、8万元、6万元和5万元；年底确认新进规模企业的奖励3万元。

每新培育1家规模以上服务业企业或限额以上批发零售和住宿餐饮企业，奖励所在区镇1万元工作经费；月度新增的，另奖励所在区镇2万元工作经费。对符合全市考核奖励总要求的前提下，本款项不超过50%可奖励给相关有功人员。

4. 鼓励营利性服务业壮大规模。对纳入统计的营利性服务业企业给予奖励：当年度企业营业收入首次达到1500万元、3000万元、5000万元、1亿元、1.5亿元及以上，且增幅高于全市平均水平的，分别给予企业一次性奖励3万元、5万元、8万元、10万元、20万元。

二、助推服务业项目建设

5. 支持服务业重点项目。对列入年度省服务业重点项目，项目新开工且完成年度投资计划的，每个奖励5万元；对列入南通市产业项目考核，被南通新认定的重大服务业产业项目，每个奖励2万元。

6. 鼓励服务业设备投入。对当年度设备投资额达到500万元及以上的生产性服务业项目和新兴服务业项目，按其设备投资额的10%给予奖励，单个项目奖励金额最高不超过200万元。当年度设备投资额超过1亿元的，单个项目奖励金额最高不超过1000万元。如项目实施主体为非规模以上服务业企业的，通过审核后先拨付50%奖励资金，成为规模以上服务业企业后再拨付50%奖励资金。

三、推动生产性服务业加速成长

7. 支持成长性企业加速发展。对规模以上生产性服务业企业，自2020年起，连续3年内应税销售年均增速达到30%及以上（其中每年增速均不低于10%），经认定后，一次性奖励企业20万元。

8. 鼓励工业企业主辅分离。鼓励工业企业将企业内部的现代物流、信息技术服务、商务服务、科技服务、节能环保、检验检测、研发设计、销售服务、人力资源管理等非核心业务从主业中分离出来，成立生产性服务业企业；鼓励大型建筑业、房地产开发企业将建筑咨询、监理、设计等业务分离出来，成立独立的法人单位。对当年分离出来设立独立法人且在统计上按第三产业进行核算的服务业企业，在纳入规模以上服务业企业库后，三年内新单位实现的地方财政贡献（增值税和所得税），市财政全额返还给所在区镇，由所在区镇用于扶持或奖励项目。

四、加快现代物流业发展

9. 支持物流企业上规模。对当年主营业务收入首次超过1亿元、3亿元、5亿元的规模以上物流企业，分别给予20万元、50万元、100万元一次性奖励。

10. 推动物流企业提档升级。对新评定为国家3A、4A、5A级物流企业分别一次性奖励20万元、30万元和50万元；企业提升级阶按差额奖励。复评获得国家3A、4A、5A级物流企业的，当年奖励减半。

11. 鼓励发展冷链物流。对在我市设立独立法人、冷库容积3000立方米以上、年营业收入达到2000万元以上的冷链物流企业，年地方贡献额比上年增量部分给予50%的奖励。享受补助企业需为规模以上服务业企业。

12. 加快物流园区建设。对新入围省级、国家级物流示范园区的物流园，分别一次性奖励50万元和100万元。

五、加快全域旅游发展

13. 支持乡村旅游重点村创建。对获评全国乡村旅游重点村的，奖励村60万元；对获评省级乡村旅游重点村的，奖励村40万元。

14. 鼓励支持创建星级饭店。对新评定为国家五星级旅游饭店，一次性奖励100万元；新评定为四星级旅游饭店一次性奖励50万元，新评定为三星级旅游饭店，一次性奖励20万元。

15.扶持特色旅游商品开发销售。对在旅游主管部门主办的旅游商品评比中,获得国家级金质奖、银质奖、铜质奖的,分别一次性给予30万元、20万元、10万元的奖励,获得省级金质奖、银质奖、铜质奖的,分别一次性给予20万元、10万元、5万元的奖励。

六、推动楼宇经济集聚发展

对在本市注册设立且经认定的楼宇经济企业三年内进行奖励。

16.支持楼宇项目开发。对符合我市现代服务业发展导向,以公司总部经济等名义招拍商业地块建设写字楼且自持比例不低于50%的大型楼宇,以应税销售和入库税收为评分指标:当年应税销售(不含房地产,下同)达到1亿元得20分,应税销售增幅达到20%得10分,入库税收达到500万元得20分,入库税收增幅达到15%的得10分,综合得分满60分的企业奖励100万元。应税销售每新增5000万元加10分,入库税收每新增200万元加10分,综合得分满60分后,每增加10分增加奖励20万元。

17.吸引楼宇企业入驻。对采取购买方式落户楼宇的市外新注册企业,以应税销售、入库税收为评分指标:应税销售达到2000万元得30分,入库税收达到120万元得30分,综合得分满60分的企业,应税销售每新增1000万元加10分,入库税收每新增50万元加10分。综合得分满60分的企业奖励20万元,以后每增加10分增加奖励5万元。

对采取租赁方式落户楼宇的市外新注册企业,按20元/平方米·月的标准给予租金奖励;租金标准低于20元/平方米·月的,按实补助。对落户楼宇的物联网服务、云计算服务、工业设计、数字文化、环境服务、供应链服务、大数据服务、文化创意等市外新注册新兴服务业企业,奖励标准在上述基础上再提高20%。在补助享受期内,不得出(转)租或出售。

18.加强星级楼宇培育。对当年首次被南通市认定的三星级、四星级、五星级主题楼宇,分别给予楼宇运营企业20万元、30万元和50万元奖励,提升级阶按差额奖励。

19.加快楼宇经济企业招引。对当年新引进的楼宇经济企业,经培育被认定为月度新增规模以上服务业、限额批发零售和住宿餐饮业企业的,其当年对市地方财政贡献部分(增值税和所得税)全额返还给所在区镇,由所在区镇用于扶持或奖励项目。

七、促进总部经济发展

20.支持总部经济发展。被南通市认定为总部经济企业的,参照《南通市总部经济高质量发展若干意见》规定予以奖励。

八、支持服务业品牌建设

21.加快服务业集聚区建设。对首次认定为省级、南通市级服务业集聚区的,分别给予申报单位20万、10万元一次性奖励;对首次被认定为省级、南通市级现代服务业集聚示范区的,分别给予申报单位40万元、20万元一次性奖励。

22.提升服务业企业质态。对首次获得国家级、省级、南通市级服务业主管部门评定的各类称号,分别给予30万元、10万元、5万元一次性奖励。

九、附则

1.市成立服务业发展领导小组,由市政府主要领导任组长、相关市分管领导担任副组长,市政府办公室、发展改革委、教育体育局、科技局、公安局、财政局、人力资源社会保障局、自然资源和规划局、交通运输局、商务局、文广和旅游局、应急局、统计局、地方金融监管局、税务局、生态环境局为成员单位;领导小组下设办公室,黄晨同志兼任办公室主任,吴永东同志任副主任,办公地点设在市发展改革委。

2.申报程序。项目奖励实行申报制,符合奖励条件的企业,每年底根据通知要求,向所在镇、园区提出申请,所在区镇对申报单位资格、材料的真实性和完整性等进行审查,提出初审意见后报市服务业发展领导小组办公室;市服务业发展领导小组办公室统一受理申报材料,根据工作职责交由各服务业主管部门进行审核后,召集市相关单位进行联合审核,报市委、市政府批准后兑现。

3.政策适用对象。文中所指企业,为注册地和纳税在启东市范围内具有独立法人资格的服务业企业。房地产企业、国有企业和金融企业不享受本政策。

4.奖励规则。同一企业同一项目符合本政策两项或两项以上扶持条款的,按就高不就低原则,不重复享受。上述奖励中,除认定类、设备类奖励外,其余均以企业地方贡献为限。对投资特别大、绩效产出快、财政贡献明显的企业或项目,可采取"一事一议"给予单独奖励。企业享受"一企一策"后不再享受本政策。

5.相关说明。"应税销售、入库税收"以税务局提供为准。

6.企业不得利用虚假的项目、虚假的票据编造虚假合同套取资金,不得违反资金使用规定,一经发现,三年内取消该单位享受财政政策扶持资格,予以通报批评,并按照《财政违法行为处罚处分条例》追缴已拨付财政资金,并处罚款。

7.本政策自2021年1月1日起试行两年,原有相关政策意见与本意见不一致的,以本意见为准。

本政策意见由市服务业发展领导小组办公室负责解释。

(启东市人民政府　启政办发〔2021〕21号)

关于支持科技创新型企业发展政策的实施办法

一、指导思想

以习近平新时代中国特色社会主义思想为指导,深入贯彻党的十九大和十九届二中、三中、四中、五中全会以及省委十三届九次全会精神,以创新驱动发展为主线,提升企业创新能力,加快构建科技创新型企业、高成长性企业、科创板上市企业的成长培育机制，为我市打造沪苏通一体融合发展窗口城市提供强有力的科技支撑。

二、总体目标

进一步激发企业内生动力，提升企业成长潜力，积极借助引进外力，使科技创新型企业成为我市经济高质量发展的重要引擎。到2025年，全市科技创新型企业、高成长性科技企业、科创板上市培育企业分别达到80家、15家、2家。

三、认定标准

（一）科技创新型企业标准：1.形成企业自主申请授权的I类知识产权1件以上，企业列入省高新技术企业培育库或获国家高新技术企业认定，连续两年营业收入年均增长30%以上，最近一个会计年度达500万元以上。2.当年从南通市外迁入的高新技术企业，年营业收入达500万元以上。

（二）高成长性科技企业标准：1.形成企业自主申请授权的I类知识产权1件以上，获国家高新技术企业认定，连续两年营业收入年均增长40%以上，且最近一个会计年度达3000万元以上或估值达1亿元以上。2.当年从南通市外迁入的高新技术企业，年营业收入达2000万元以上或估值达1亿元以上。

（三）科创板上市培育企业标准：1.形成企业自主申请授权的I类知识产权5件以上（软件企业软件著作权10件以上），获国家高新技术企业认定，近两年企业累计研发费用占累计营业收入比达到5%以上（软件企业达到10%以上），最近一个会计年度营业收入超过2亿元，近两年营业收入复合增长率达到20%。2.当年从南通市外迁入的高新技术企业，估值达5亿元以上。以上两类项目要符合科创板上市规定的六大行业，即新一代信息技术、高端装备、新材料、新能源、节能环保、生物医药。

四、具体政策

（一）给予入库培育补助。对经南通认定的新招引科技创新型企业，自落地开票年度起，三年内根据对地方经济贡献情况，给予最高1000万元奖励。对首次入选南通企业培育库的科技创新型企业、高成长性科技企业、科创板上市培育企业，按60万元、240万元、600万元分三年给予补助，入库当年一次性分别给予20万元、80万元、200万元补助；入库第二、三年营业收入增长率保持原三类企业认定标准的，每年分别给予20万元、80万元、200万元补助。

（二）给予研发投入支持。支持入库企业加大研发投入，对入库企业研发费用年度增长20万元（含）以上且增幅不低于10%的，给予认定的研发费用增长额5%的奖励，最高不超过30万元。研发费用核算口径以市税务局纳税申报系统《研发费用加计扣除优惠明细表》中允许加计扣除基数为准，企业须设置研发会计科目。

（三）给予合作经费补助。支持入库企业与高校、科研院所（含新型研发机构）开展技术合作，推动科技成果转化与产业化，经专家评审确认后，按企业当年实际支付合同开发费用的50%给予补助，同一企业最高不超过500万元。

（四）给予研发项目配套。鼓励入库企业积极引进高端人才领衔创新团队，并依托团队申报国家、省重大科技专项，对获得资助的，按资助资金的1∶0.5给予配套支持，单个项目给予最高2000万元配套补助。对企业依托引进的高端人才领衔创新团队，申报获得国家、省重点研发计划项目资助的，按资助资金的1∶0.5给予配套支持，单个项目分别给予最高500万元、200万元配套补助。

（五）给予相关政策支持。积极落实高新技术企业所得税减免、企业研发费用加计扣除等税收优惠政策；专门制定相应文件，鼓励合作银行、融资担保等金融机构为科技创新型企业、高成长性科技企业、科创板上市培育企业提供信贷支持；根据《关于印发启东市知识产权（专利）资助奖励办法的通知》（启市管〔2019〕95号），给予知识产权补助；根据《中共启东市委启东市人民政府关于进一步加快人才发展的若干意见》（启发〔2020〕6号），鼓励入库企业引进高水平创新创业人才，建设高水平研发机构；根据《关于促进企业利用资本市场实现高质量发展的实施意见》（启政规〔2021〕2号），给予企业上市奖励。整合科技创新资源，为科技创新型企业开展线上线下全过程服务，对科创板上市培育企业开展“一企一策”的精准服务。

五、保障措施

（一）加强组织领导。建立由市科技局、人才办、发展改革委、财政局、人力资源社会保障局、市场监管局、地方金融监管局、税务局等部门组成的科创型企业培育工作联席会议制度，加强对科创项目分析研判和指导推动，协调解决企业创新发展中遇到的问题，统筹推进全市科创型企业培育工作。

（二）强化过程控制。建立市、区镇两级创新型企业培育联动机制，对南通认定的入库培育企业实行动态管理，每年更新调整一次。建立企业发展监测机制，及时掌握企业运行情况。对企业提供资料弄虚作假，一经发现即向南通反馈并撤销其培育认定，责令退回奖励和补助所得，记入企业信用信息。

（三）加大扶持力度。对纳入培育库的科技创新型企业、高成长性科技企业、科创板上市培育企业，政策奖励额度可不受企业当年对地方财政贡献限制，实行足额兑现。对同一企业涉及我市同类扶持政策的，按单项最高数额给予奖励和补贴，不重复享受。

本办法自2021年7月25日施行，实施期为五年。

（启东市人民政府　启政规〔2021〕3号）

组织机构及负责人名录

市级领导机构

中共启东市第十三届委员会
中共启东市第十四届委员会(7月28日换届)

书　记　李　玲(女)
副书记　杨中坚
　　　　邵茂华(7月28日免)
　　　　龚心明(7月28日任)
常　委　沈良杰(7月17日免)
　　　　蔡　毅
　　　　张晓峰
　　　　唐海兵
　　　　彭晓红(女)
　　　　姜红波(挂职,5月10日免)
　　　　高广军
　　　　王裕兵
　　　　崔晓勇(7月17日任)
　　　　郭　建(7月17日任)
注:书记、副书记在常委中不重复列名

启东市第十七届人民代表大会常务委员会

主任、党组书记　顾云峰
党组副书记　张建新
　　　　　　石光辉
　　　　　　张卫生(9月13日免)
副　主　任　张建新
　　　　　　石光辉
　　　　　　张卫生(9月13日免)
　　　　　　潘国红
　　　　　　黄松涛
党组成员　陆圣华(12月2日免)

启东市第十七届人民政府

市　　长　杨中坚
党组副书记　蔡　毅
副　市　长　蔡　毅
　　　　　　袁圣菊(女)
　　　　　　佘德华(7月17日免)
　　　　　　杨　斌
　　　　　　方　波(挂职,4月30日免)
　　　　　　王春华
　　　　　　黄　晨
　　　　　　曹　阳(5月10日任)
　　　　　　秦广荣(5月10日任)
　　　　　　李昌浩(10月15日任)
党组成员　王　珹(女,6月17日免)
　　　　　丁志祥(挂职,9月21日免)

政协启东市第十五届常务委员会

主　　席　孙建忠
党组书记　孙建忠(7月19日免)
　　　　　邵茂华(7月19日任)
党组副书记　唐海兵(7月19日免)
　　　　　　孙建忠(7月19日任)
　　　　　　彭晓红(女,7月19日任)
副　主　席　蔡建平
　　　　　　宋　逵
　　　　　　龚建涛
　　　　　　潘双林
　　　　　　徐永辉
秘　书　长　陆建新
副秘书长　张卫华

中共启东市纪律检查委员会、监察委员会

启东市纪律检查委员会

书　记　沈良杰(7月17日免)
　　　　郭　建(7月17日任)
副书记　王峰华
　　　　郁豪杰(7月17日免)
　　　　郁向辉(7月17日任)
常　委　蔡海伟(7月28日免)
　　　　倪　雄
　　　　郭卫东
　　　　单　华(7月28日任)
　　　　吴洪燕(女,7月28日任)
注:书记、副书记在常委中不重复列名

启东市监察委员会

主　任　沈良杰(7月17日免)
代主任　郭　建(8月26日任)
副主任　王峰华
　　　　郁豪杰(7月17日免)
　　　　郁向辉(7月17日任)
委　员　郭卫东
　　　　单　华
　　　　蔡海伟(8月26日任)
　　　　柏永辉(8月26日任)

中共启东市纪律检查委员会机关内设机构
办公室

主　任　沈　锋

纪检监察干部管理监督室
主　任　刘　佩(女,3月27日任)

宣传教育室
主　任　周　蕾(女,3月27日任)

党风政风监督室
主　任　吴洪燕(女,8月12日免)
　　　　梁　超(8月12日任)

信访室
主　任　张发贤

案件监督管理室
主　任　范春华(8月12日任)

案件审理室
主　任　沈　建

第一纪检监察室
主　任　柏永辉(8月12日免)

第二纪检监察室
主　任　童　新(2月25日免)
　　　　施挺峰(11月10日任)

第三纪检监察室
主　任　张　兴

第四纪检监察室
主　任　郁　卫(3月27日免)

第五纪检监察室
主　任　印　春(8月12日免)
　　　　侯昌标(11月10日任)

第六纪检监察室
主　任　汪　涛

第七纪检监察室
主　任　马传林(11月10日免)

第八纪检监察室
主　任　施风华
副主任　张天容(女)
　　　　印　春(8月12日任)
　　　　姜　维(11月10日任)

第九纪检监察室
主　任　蔡海伟
副主任　顾海东
　　　　江军辉

第十纪检监察室
主　任　施宇飞
副主任　高建华(3月27日任)
　　　　陆永健(8月12日任)

第十一纪检监察室
主　任　黄　华
副主任　曹东兵
　　　　顾洪涛(3月27日任)
　　　　黄　锋(3月27日任)

启东市党风廉政建设教育中心
主　任　施海荣(8月12日任)

派驻第一纪检监察组
组　长　黄海燕(女,2月25日免)
　　　　庄健辉(8月12日任)

派驻第二纪检监察组
组　长　刘东波

派驻第三纪检监察组
组　长　陈拥军

派驻第四纪检监察组
组　长　朱双群(3月27日免)
　　　　郁　卫(3月27日任)

派驻第五纪检监察组
组　长　马雄华

派驻第六纪检监察组
组　长　李　涛(女)

派驻第七纪检监察组
组　长　黄　林(11月10日免)
　　　　马传林(11月10日任)

派驻第八纪检监察组
组　长　陆志江

派驻第九纪检监察组
组　长　施迎春(女)

派驻第十纪检监察组
组　长　张　健(女)

派驻第十一纪检监察组
组　长　姜建涛

派驻第十二纪检监察组
组　长　董　琰(女)

派驻第十三纪检监察组
组　长　吴　凯

派驻第十四纪检监察组
组　长　陈汉平

派驻第十五纪检监察组
组　长　顾蓉玲(女)

派驻第十六纪检监察组
组　长　朱双群(3月27日任)

派驻第十七纪检监察组
组　长　宋　飞(11月10日免)
黄　林(11月10日任)

派驻第十八纪检监察组
组　长　沈雪飞(11月10日免)
宋　飞(11月10日任)

启东市人民法院

院长、党组书记　吴勇军(1月15日任院长)
党组副书记　陆艾华(女)
副　院　长　龚建涛(兼)
陆艾华(女)
季洪涛
樊　涛
专职委员　陈南松
林　辉

启东市人民法院政治部

主　任　朱碧慧(女,2月25日免)
吴启飞(3月27日任)

启东市人民法院执行局

局　长　周喜春

启东市人民法院和合法庭

庭　长　沈　辉(9月13日任)

启东市人民检察院

检察长、党组书记　陈新建(6月17日免)
代检察长、党组书记　何　玮(6月17日任)
党组副书记　方海军(6月17日免)
副检察长　方海军(6月17日免)
沈红华(女)
陈　美(女)
刘小荣(挂职,6月2日任)
专职委员　顾　菊(女,12月28日免)
张丽华(女,11月10号任)

启东市人民检察院政治部

主　任　李　斌(11月10日免)
张利国(11月10号任)

启东市委工作机构及直属单位

中共启东市委办公室

主　　任　唐海兵(8月12日免)
黄　健(11月10日任)
常务副主任　施元凯(12月7日免)
副　主　任　徐　霞(女,2月25日免)
张俞华(2月25日免)
施　亮(2月25日免)
陆琛杰(2月25日任)
彭红辉(2月25日任,11月20日免)
陈　忠(2月25日任)
吕　满(女,11月20日任)

中共启东市委、启东市人民政府接待办公室
主　任　何淑峰
副主任　王东华
黄黎黎(女)

中共启东市委机要局、市国家保密局、市国家密码管理局(挂牌)
局　长　徐　霞(女,兼,2月25日免)
施元凯(兼,4月30日任,12月7日免)
副局长　顾烨烨

启东市档案局(挂牌)
局　长　徐　霞(女,兼,2月25日免)
副局长　潘荣华

启东通讯杂志社
社　长　朱元元

启东市档案馆

馆　长　张建昌(11月10日免)

王建华(11月10日任)
副馆长　王建华(11月10日免)
杨　琴(女)
李新勇(11月10日任)

中共启东市委组织部
部　　长　彭晓红(女)
常务副部长　沈向东(12月7日免)
副 部 长　陈晓燕(女)
徐　俊
部务委员　华富刚(7月16日任)
俞盛盛(7月16日任)

中共启东市委非公有制企业和社会组织工作委员会(挂牌)
书　记　陈晓燕(女,兼)
副书记　华富刚(7月16日免)

中共启东市委市级机关工作委员会(挂牌)
书　　记　徐　俊(兼)
副 书 记　单剑峰(2月25日免)
沈钱丰(3月27日任)
纪工委书记　沈钱丰(3月27日免)
张帅帅(3月27日任)

中共启东市委党建工作领导小组办公室(挂牌)
主　任
副主任　水冰峰(3月27日任)

启东市考核工作委员会办公室(设在)
专职副主任　俞盛盛(7月16日免)

启东市公务员局(挂牌)
局　长

启东市干部人事档案管理中心
主　任　俞岑罡

启东市党员干部现代远程教育管理中心
主　任　黄国华(3月27日任)

中共启东市委宣传部
部　　长　邵茂华(7月17日免)
崔晓勇(7月17日任)
常务副部长　顾永辉
副 部 长　陆红琴(女)
沈　杰

启东市精神文明建设指导委员会办公室(挂牌)
主　任　顾永辉(兼)
副主任　陆健伟(2月25日免)
梁俊锋(2月25日任)

启东市哲学社会科学界联合会
主　席　陆健伟(2月25日任)
副主席　钱菁菁(2月25日免)
倪东华(3月27日任)

启东市新闻出版局(市版权局)(挂牌)
局　长　沈　杰(兼,2月25日免)
陆红琴(女,兼,2月25日任)
副局长　王伟玮(女)

启东市互联网信息办公室(挂牌)
中共启东市委网络安全和信息化委员会办公室(设在)
主　任　沈　杰(兼)
副主任　汤　璘

中共启东市委统一战线工作部
部　　长　唐海兵(7月17日免)
彭晓红(女,7月17日任)
常务副部长　周红丹(女)
副 部 长　陈　娟(女,11月10日免)
施正辉(2月25日免)
徐　霞(女,2月25日任)
江海龙(11月10日任)
周敏华(11月10日任)

中共启东市委台湾工作办公室(挂牌)
主　任　陈　娟(女,兼,11月10日免)
周敏华(兼,11月10日任)
副主任　王红忠

启东市民族宗教事务局(挂牌)
局　长　施正辉(兼,2月25日免)
徐　霞(女,兼,2月25日任)
副局长　陆峤松
龚海涛

启东市政府侨务办公室(挂牌)
主　任　陈　娟(女,兼,11月10日免)
周敏华(兼,11月10日任)
副主任　陈　李(11月20日免)
黄伟杰(11月20日任)

江苏省吕四台湾渔民接待站
站　长　杨峻琳(女,2月25日任)

中共启东市委政法委员会
书　　记　龚心明(7月19日免)
唐海兵(7月19日任)

常务副书记　陈燕飞(2月25日免)
　　　　　　朱卫忠(2月25日任)
副　书　记　陈燕飞(2月25日任)
　　　　　　吴胜昔
　　　　　　金海荣
政治处主任　周喆羽(女)

启东市委国家安全委员会办公室
主　任　吴胜昔
副主任　郁裕娟(女)

启东市法学会
副会长　高　峰

启东市社会调解服务中心
书记、主任　赵　琛(女,11月10日免)
书　　　记　王兴建(11月10日任)
主　　　任　周凌峰(11月10日任)
副　主　任　倪东华(女,3月27日免)
　　　　　　田　磊(女)
　　　　　　邓正映(4月30日任)

中共启东市委研究室
主　任　张俞华(2月25日免)
　　　　彭红辉(7月16日任)
副主任　彭红辉(7月16日免)
　　　　祝凤祥(7月16日免)
　　　　李世大(7月16日任)
　　　　李菲菲(女,7月16日任)

中共启东市委全面深化改革委员会办公室(设在)
副主任　施洲春(2月25日免)
　　　　汪琛华(11月20日任)

启东市委机构编制委员会办公室
主　任　沈向东(12月7日免)
　　　　施元凯(12月7日任)
副主任　沈峻峰
　　　　董翠花(女,2月25日任)

启东市事业单位登记管理局(挂牌)
副局长　董翠花(女,2月25日免)
　　　　王　佳(女,2月25日任)

启东市机构编制研究评估中心
主　任

启东市委巡察工作办公室
主　任　郁豪杰(兼,3月27日免)
　　　　倪　雄(兼,3月27日任)
副主任　严颖熠(8月12日免)
　　　　袁　博(8月12日任)

中共启东市委第一巡察组
组　长　陆　松(11月20日免)
　　　　单　华(兼,11月20日任)
副组长　彭雪滨
　　　　顾恬恬(3月27日任)

中共启东市委第二巡察组
组　长　邓正映(4月30日免)
　　　　陈　霞(女,8月12日任)
副组长　袁　博(8月12日免)
　　　　季冬云(女)

中共启东市委第三巡察组
组　长　刘　辉
副组长　王新裕
　　　　徐沈蔚(女)

中共启东市委第四巡察组
组　长　樊指南
副组长　陈　菊(女)
　　　　蔡卫如

中共启东市委老干部局
局　长　陈晓燕(女,兼,2月25日免)
　　　　张海兵(2月25日任)
副局长　施建琴(女)
　　　　龚　辉

中共启东市委离退休干部工作委员会
书　记　陈晓燕(女,兼,2月25日免)
　　　　张海兵(2月25日任)
副书记　沈冬云(女)

中共启东市委党史办公室
启东市地方志办公室
主　任　陆红琴(女,兼,2月25日免)
　　　　钱菁菁(2月25日任)
副主任　钮伟钢

中共启东市委党校
校　长　邵茂华(兼,8月12日免)
　　　　龚心明(兼,8月12日任)
常务副校长、校务委员会主任　赵凯旋(2月25日任)
副校长　黄云峰
　　　　张丽芬(女,3月27日任)

注:市委部门与市政府部门系两块牌子、一套班子的,只在市委部门下列出机构名称

启东市人大常委会工作机构

启东市人大常委会办公室
主　　任　沈衍冰
副 主 任　顾健红
施建洪(2月25日免)
杨锦花(女)
唐卫卫(11月10日任)
党组成员　吴风云(女)
徐东林(11月10日免)
陈　庄(11月10日免)
龚觉海(11月10日免)
茅炎生(11月10日免)
王建石(11月10日免)
顾胜豪(11月10日免)
潘炜华(11月10日免)
邓卫星(11月10日任)
杜国华(11月10日任)
姚锦涛(11月10日任)
陈　飞(11月10日任)
郁锦标(11月10日任)
张海兵(11月10日任)
陈张贤(女,11月10日任)

研究室(与办公室合署)
主　任　吴风云(女)
副主任　滑　雪(女)

财政经济工作委员会
主　任　徐东林(11月10日免)
邓卫星(11月10日任)
副主任　卞彩红(女,11月10日免)
陈玲玲(女,11月10日任)

监察和司法工作委员会
主　任　陈　庄(11月10日免)
杜国华(11月10日任)
副主任　范雪飞

人事代表工作委员会
主　任　龚觉海(11月10日免)
姚锦涛(11月10日任)
副主任　施敏霞(女)

环境资源城乡建设工作委员会
主　任　茅炎生(11月10日免)
陈　飞(11月10日任)
副主任　唐卫卫(11月10日免)
郭鉴生(11月10日任)

教科文卫工作委员会
主　任　王建石(11月10日免)
郁锦标(11月10日任)
副主任　朱镳瑜(女)

农业和农村工作委员会
主　任　顾胜豪(11月10日免)
张海兵(11月10日任)
副主任　沈晓宏(女)

民宗侨台工作委员会
主　任　潘炜华(11月10日免)
陈张贤(女,11月10日任)
副主任　陈　伟(7月16日免)
李爱玲(女,8月20日任)

启东市人民政府工作机构及直属单位

启东市人民政府办公室
主　任　张海荣
副主任　方　俭(挂职)
沈　波(2月25日免)
江　昱(2月25日免)
朱晓辉
黄　寅
朱卫强
陈燕飞
张　熹(2月25日任)
樊　哲(8月12日任)
赵　琛(女,挂职,11月10日免)
陆一锋(挂职)
王兴建(挂职,11月10日任)

启东市政府研究室(挂牌)
副主任　印雪平

启东市政府外事办公室(挂牌)
启东市委外事工作委员会办公室(设在)
副主任　周赛雷(2月25日免)
李　佳(11月10日任)

启东市发展和改革委员会
主　任　吴永东
副主任　龚海勇(2月25日免)
丁尹霞(女,副书记)
孙国兵
陆一锋
曹文伟
倪　帅
高　辉(2月25日任,4月30日免)

顾　炜(7月16日任)

启东市工业和信息化局(挂牌)
副局长　高　峰(7月16日免)
严　樱(8月12日任,兼市发展改革委党组成员)

启东市粮食和物资储备局(挂牌)

启东市教育体育局
局　长　陆海峰
副局长　倪玮蔚(女)
袁飞天
施　超

市委教育工作委员会(与市教育局合署)
书　记　赵凯旋(2月25日免)
陆海峰(2月25日任)
副书记　倪玮蔚(女)
委　员　袁飞天(11月10日任)
徐正辉(11月10日任)

启东市人民政府教育督导室(设在)
副主任　徐正辉(11月10日任,兼局党组成员)

启东市教师发展中心
主　任　王晓东(兼局党组成员)
副主任　季　萍(女)
王　平
吴春华

启东市高等学校招生委员会办公室
主　任　徐正辉(11月10日免)
陆云辉(11月10日任)

启东市教育服务中心
主　任　薛　健

启东市科学技术局
局　长　邓金涛(11月20日免)
黄　坤(11月20日任)
副局长　王建斌
张晓卫(女)
任锴胜(2月25日免)
黄建东(2月25日任)

启东市公安局
局长、督察长　杨　斌
政委、党委副书记　茅晓东(12月7日免)
副局长、党委副书记　黄兴华
副局长　蔡红辉
陈　斌
姚友华
邢　健(8月12日任)
党委委员　沈雪飞
范兴辉
张海涛
潘海华(女)

启东市民政局
局　长　陈　玲(女,4月30日免)
虞　星(4月30日任)
副局长　沈永泉(3月27日免)
季祖辉
陈　飞
赵雨玉(女,3月27日任)

启东市司法局
局长、党组副书记　江海龙(11月10日免)
局长、党组书记　郭海健(11月10日任局长)
副局长　李　斌(11月10日任)
姜莉莉(女)
王　涌(女)
陆小勇

中共启东市委全面依法治市委员会办公室(设在)
副主任　蒋建东(兼局党组成员)

启东市财政局
局　长　郁丽春(女)
党组书记　陈　阳(女)
副局长　陈　阳(女,11月10日免)
谢旦英(女)
顾荣芬
宋　健

启东市财政国库集中支付中心
主　任　陆庆辉(兼局党组成员)

启东市政府国有资产监督管理办公室(挂牌)
主　任　郁丽春(女)
副主任　方　豪(兼任局党组成员)

启东市人力资源和社会保障局
局　长　杨海燕(女)
副局长　陆婧婧(女)
高　辉(2月25日免)
林　泉
王敬珠(2月25日任)

启东市人才服务中心
市委高端人才服务站(增挂)
　主　任　王敬珠(9月13日免)
　　　　　龚　华(9月13日任,兼局党组成员)

启东市人力资源和社会保障综合执法大队
　大队长　龚　华(9月13日免)
　　　　　管　笙(9月13日任)

启东市住房和城乡建设局
　局长、党组书记　朱海荣
　党组副书记　王　忠(11月10日免)
　　　　　　　黄建平(11月10日任)
　副 局 长　黄建平
　　　　　　郑荣辉
　　　　　　范　飞(3月27日免)
　　　　　　郭鉴生(11月10日免)
　　　　　　施建生
　　　　　　张　熹(2月25日免)
　　　　　　沈海闽(女,3月27日任)
　　　　　　曹　亮(9月13日任)
　　　　　　倪培华(11月10日任)
　总工程师　张晓峰

启东市人民防空办公室(挂牌)
　副主任　郭鉴生(11月10日免)
　　　　　倪培华(11月10日任)

启东市房屋征收管理办公室
　主　任　施俊英(女,兼局党组成员)

启东市城市管理局
　局　长　黄海荣
　副局长　席庆晟
　　　　　顾向华
　　　　　陆炳华
　　　　　曹永华(2月25日任)

启东市城市管理综合执法大队
　大队长　胡　勇
　教导员　霍旅美(女,兼局党组成员)

启东市交通运输局
　局长、党组副书记　龚磊磊
　党组书记　方　俭
　副 局 长　朱凯岳(2月25日免)
　　　　　　周　尧
　　　　　　杨建辉
　　　　　　黄东健
　　　　　　翟春红(女,2月25日任)
　总工程师　严隽逸

启东市交通运输综合执法大队
　大队长　陆念东(兼局党组成员)
　教导员　金　华

启东市水务局
　局　　长　宋亚昌
　副 局 长　汤正辉(2月25日免)
　　　　　　查春威(11月10日免)
　　　　　　龚　英(女)
　　　　　　管向华(11月10日任)
　总工程师　陆海群(女)

启东市水务局堤闸管理所
　所　长　管向华(兼局党组成员)

启东市农业农村局
　局长、党组副书记　张海兵(2月25日免)
　　　　　　　　　　陆　健(2月25日任)
　党组书记、副局长　任松德
　副 局 长　杨晓华
　　　　　　施建辉(2月25日任)
　　　　　　杨　芳(女)
　　　　　　王晓峰
　　　　　　张正兵(2月25日免)
　　　　　　沈永泉(3月27日任)
　总农艺师　王小军

启东市乡村振兴局(挂牌)[根据《关于调整启东市扶贫工作机构设置的批复》(通编办发〔2021〕89号),市农业农村局挂市乡村振兴局牌子,不再保留市政府扶贫工作办公室牌子]
　局　长　陆　健(6月17日任)
　副局长　陈同行(女,6月17日任)

启东市委农村工作领导小组办公室(设在)
　主　任　张海兵(2月25日免)
　　　　　陆　健(2月25日任)
　副主任　黄海英(女)

启东市农业技术推广中心
　主　任

启东市农业综合执法大队
　大队长　陈晓峰

启东市渔政监督大队
　大队长　袁　华(兼局党组成员、人武部部长)

启东市商务局

局　长　姚赛花(女)
副局长　施　亮(2月25日任)
　　杨丽华(女,2月25日免)
　　高一新
　　陈凯捷
　　茅伟辉
　　蒋海泉(3月27日任)

启东市口岸办公室(挂牌)
副主任　姚晓波

启东市投资服务中心
主　任　姚赛花(女,2月25日免)
　　施　亮(2月25日任)
副主任　郁艳艳(女)
　　李　磊(2月25日任)
　　李海东(2月25日任)

启东市文化广电和旅游局

局　　长　郁锦标(11月10日免)
　　陈　娟(女,11月10日任)
副 局 长　黄一彬(2月25日免)
　　徐张禄(2月25日任)
　　施黄捷
　　姚　斌
　　崔卫刚
总工程师　樊　燕(女)

启东市文化市场综合执法大队
大队长　张珍桢(女,9月13日任)

启东市卫生健康委员会

主　任　陆健泉
副主任　苏高飞
　　黄风华(女,7月16日免)
　　秦海松(7月16日任)
　　林思敏
　　茅东华

启东市退役军人事务局

局　长　沈裕辉
副局长　宋卫兵
　　黄　健
　　仇卓辉

启东市应急管理局

局　　长　施伯新
副 局 长　黄慧聪
　　郭洪新(2月25日免)
　　樊　杰
　　黄　挺(2月25日任)
总工程师　徐　磊
安委办专职副主任　张海兵

启东市安全生产监察执法大队
大队长　黄　挺(2月25日免)
　　李　旻(3月27日任)

启东市审计局

局　　长　邓卫星(12月2日免)
　　陈　阳(女,12月2日任)
党组书记　邓卫星(11月10日免)
　　陈　阳(女,11月10日任)
副 局 长　黄　健(3月31日免)
　　黄　彬(8月19日免)
　　施　勇(3月31日任)
　　陶　郁(女,8月19日任)
　　沈晓燕(女)
总审计师　陈　燕(女)

启东市委审计委员会办公室(设在)
副主任　范人天(8月19日任,兼局党组成员)

启东市行政审批局

局　　长　杜国华(11月10日免)
　　陈卫丰(11月10日任)
副 局 长　陈爱东
　　朱允如
　　蔡晓荣
　　沈海闽(女,3月27日免)
　　朱海滨
　　范　飞(3月27日任)
总规划师　翟小华(女)
总工程师　彭春华

启东市政务服务管理办公室(挂牌)
副主任　张建驰(女,兼局党组成员)

启东市公共资源交易中心
主　任　陆　杰(女)

启东市市场监督管理局

局长、党组副书记　王振宇(4月30日免)
局长、党组书记　陈　玲(女,4月30日任局长,11月10日任党组书记)
党组书记、副局长　薛　峰(11月10日免)
副 局 长　陈爱东
　　黄琛琛
　　朱曙晴(女)

蔡栋梁
食品安全总监　陈　惠
总 工 程 师　黄　汉

汇龙分局
局　长　黄　汉(3月27日免)
高鑫鑫(3月27日任,兼局党组成员)

开发区分局
局　长　陈　杰

惠萍分局
局　长　袁　杰(3月27日免)
周　琴(女,3月27日任)

寅阳分局
局　长　黄　飞

南阳分局
局　长　胡乔榉(3月27日任)

王鲍分局
局　长　施　辉

吕四分局
局　长　高鑫鑫(3月27日免)
袁　杰(3月27日任)

北新分局
局　长　顾凯丰

高新区分局
局　长　范敏鸣

海复分局
局　长　施　标

东海分局
局　长　周晓宇

合作分局
局　长　金黎明

启隆分局
局　长　宋建荣

圆陀角分局
局　长　陈艺丹(女,3月27日任)

市综合检验检测中心
主　任　袁鑫梅(女)

启东市统计局
局长、党组副书记　陈　飞(11月10日免)
党组书记　徐建军(11月10日免)
局长、党组书记　赵　琛(女,11月10日任)
副 局 长　秦海宁
周红九(女)
陆　婷(女,2月25日任)
总统计师　陈建伟

启东市医疗保障局
局　长　倪凯权
副局长　张　焱(女)
朱建新

启东市医疗保险基金管理中心
主　任　姚　雷(2月25日任,兼局党组成员)

启东市信访局
启东市委信访局(合署)
局　长　赵　琛(女,11月10日免)
王兴建(11月10日任)
副局长　顾丽华(女)
蒋勤荣(2月25日任)
袁　玲(女,3月27日任)
信访督查专员　朱　进(兼局党组成员)
沈　健(2月25日任,兼局党组成员)

启东市地方金融监督管理局
启东市政府金融工作办公室(挂牌)
局　长　张笑慰
副局长　周春雷
龚宝妹(女)

启东市机关事务服务中心
主　任　陈　飞(11月10日免)
吴　杰(11月10日任)
副主任　徐　惠(女)
张建华
蔡永健

启东市政府投资项目工程建设中心
主任、党组书记　王　忠(11月10日免主任)
主任、党组副书记　苏　俊(11月10日任)
副主任　黄稼新(7月16日免)
李　忠
陆庆华(3月27日任)
宋小花(女,8月12日任)

启东市供销合作总社

主　任　张东霞(女,11月20日免)
　　　　陆　松(11月20日任)
副主任　曹　卫
　　　　许永新
　　　　张红霞(女,7月16日免)
　　　　黄　凯
　　　　朱海慧(女,8月12日任)

启东市融媒体中心

主　任　周凌峰(11月10日免)
　　　　陈　飞(11月10日任)
总　编　张旦前(2月25日任)
副主任　张旦前(2月25日免)
　　　　袁风华
　　　　陆一冬(女)
　　　　金　香(女,7月16日免)
　　　　朱蓓毓
　　　　朱伟光
　　　　夏永红(女,11月20日任)

启东市市域治理现代化指挥中心

主　任　陈燕飞
副主任　周建伟
　　　　朱雄伟
　　　　徐长林(3月27日任)

江苏省启东经济开发区

书　记　高广军
主　任　宋海华
副书记　陈卫丰(11月10日免)
　　　　龚锦兵(12月7日任)
　　　　陶卫新(挂职)
　　　　黄红春(挂职,2月25日免)
　　　　黄豪杰(挂职,2月25日任)
副主任　王必伟
　　　　顾政伟(7月16日免)
　　　　黄　宇(2月25日免)
　　　　龚锦兵(12月7日免)
　　　　张　杰(7月16日任)
　　　　周赛雷(2月25日任)
　　　　高　峰(7月16日任)
　　　　张国政(12月7日任)
挂职副主任　沈咏勇(3月27日免)
　　　　　　赵　萍(女,3月27日任)
　　　　　　孔　雷(9月13日任)
　　　　　　洪　峰(9月13日任)
党工委委员、人武部部长　唐　杰(9月13日任)
挂职党(工)委委员　蒋威武

中共江苏省启东经济开发区人大工作委员会

主　任　陈卫丰(11月10日免)
　　　　龚锦兵(12月7日任)
副主任　陆琛杰(2月25日免)

江苏省启东经济开发区启东科技创业园(留学人员创业园)管理办公室

主　任　陆琛杰(2月25日免)
　　　　陈健勇(2月25日任)
副主任　钱永华(9月13日免)
　　　　董　蓉(女,9月13日任)

中共江苏省启东经济开发区纪律检查工作委员会

书　记　施　勇(2月25日免)
　　　　黄海燕(女,2月25日任)
副书记　夏晓娟(女,8月12日免)
　　　　倪炳辉(9月13日任)

江苏省启东经济开发区党群工作局

局　长　陈卫菊(女)

江苏省启东经济开发区经济发展和科技局(统计局)

局　长　徐　健(12月7日免)
　　　　顾　超(12月7日任)

江苏省启东经济开发区投资促进局

局　长　张国政(12月7日免)
　　　　宋飞驰(12月7日任)

江苏省启东经济开发区住房和城乡建设局(生态环境办公室)

局　长　唐　杰(9月13日免)
　　　　周　利(9月13日任)

江苏省启东经济开发区综合行政执法局

局　长　钱永华(9月13日任)

江苏省启东经济开发区财政局

局　长　杨雪梅(女,8月31日免)
　　　　成国华(9月13日任)

江苏启东经济开发区政法和社会事务管理局

局　长　李　鹏(8月12日任)

江苏省启东经济开发区行政审批局

局　长　徐天晴(女)

江苏省启东经济开发区安监局

局　长　宋飞驰(12月7日免)
　　　　徐　健(12月7日任)

江苏启东吕四港经济开发区

书　记　王裕兵
主　任　沈　捷
副书记　张雨华(2月25日免)
郭建辉(2月25日任)
陆燕飞(挂职)
陆旭辉(挂职)
副主任　陶　郁(女,7月16日免)
吴　杰(11月10日免)
胥宏锋(2月25日免)
汤国军(2月25日任)
顾政伟(7月16日任)
江　昱(2月25日任)
李　军
陈　李(11月20日任)
金　明(挂职,9月13日任)
孙　涛(挂职,9月13日任)

中共江苏启东吕四港经济开发区纪律检查工作委员会
书　记　张雨华(2月25日免)
陈　舰(2月25日任)
副书记　陆颖颖(女,3月27日任)

江苏启东吕四港经济开发区党政办公室(党群工作局)
主　任　王　宇(11月20日免)

江苏启东吕四港经济开发区经济发展和科技局(统计局)
局　长　蔡凯凯

江苏启东吕四港经济开发区投资促进局
局　长　李海江(3月27日兼任党工委委员)

江苏启东吕四港经济开发区住房和城乡建设局(生态环境办公室)
局　长　黄　丹

江苏启东吕四港经济开发区财政局
局　长　黄卢兵

江苏启东吕四港经济开发区港口管理局
局　长　李成盛

江苏启东吕四港经济开发区安全生产监督管理局
局　长　张　坤

江苏启东吕四港经济开发区综合行政执法局
局　长　钱　剑

江苏启东吕四港经济开发区行政审批局
局　长　高忠华

江苏省启东圆陀角旅游度假区

书　记　樊天勇
主　任　杜文华(女)
副书记　戎　武
陆正明
副主任　董　波
张燕峰(女)
朱张勇
胥宏锋(2月25日任)
挂职党(工)委委员　陈广辉

中共江苏省启东圆陀角旅游度假区纪律检查工作委员会
书　记　陆正明

启东圆陀角旅游度假区党群工作局
局　长　龚红宇

启东圆陀角旅游度假区旅游事业发展局
局　长　王　宁

启东圆陀角旅游度假区规划建设局
局　长　朱国威(2月25日免)

启东圆陀角旅游度假区财政局
局　长　李　俊(3月27日任)

启东圆陀角旅游度假区社会建设管理局
局　长　顾伟忠

启东圆陀角旅游度假区综合执法局
局　长　周海城

启东圆陀角旅游度假区安全生产监督管理局
局　长

启东圆陀角旅游度假区便民服务中心
主　任　徐乾程(11月10日任)

启东江海产业园

书　记　陆燕飞
主　任　任锴胜(2月25日任)
副书记　顾悦捷(7月16日免)
陈　辉(8月12日任)
副主任　沈春华(3月27日免)
李　磊(2月25日免)
冯　俊
石　磊(2月25日任)
陆海华(3月27日任)
刘鹏涛(挂职,9月13日任)
纪工委书记　石　磊(2月25日免)

黄海荣(3月27日任)

启东生命健康科技园

书　记　陶卫新
主　任　顾向东
党工委副书记　唐　凯
党工委委员、副主任　陈相东
邓　单
段长虹
挂职副主任　宋志强(9月13日任)
马晓华(女,9月13日任)
纪工委书记　黄海霞(女)

启东生命健康产业园

书　记　陶卫新(8月12日免)
郁建峰(8月12日任)
主　任　郁建峰
党工委委员、副主任　彭雄辉
毛雪斌
樊　哲(8月12日免)
施泽明
秦施豪(8月12日任)
纪工委书记　黄海霞(女)

政协启东市委员会工作机构

启东市政协办公室

主　任　陈　樊
副主任　张卫华
钱周全

提案和委员工作委员会

主　任　龚海燕(女)
副主任　顾东磊(女)

经济科技委员会

主　任　林锋风(11月10日免)
陈　飞(11月10日任)
副主任　周玉婷(女)

农业农村委员会

主　任　秦启明(11月10日免)
陆燕飞(11月10日任)
副主任　尹国华

教文卫体和文史委员会

主　任　朱　伟(11月10日免)
徐建军(11月10日任)
副主任　陈永生

环境资源和城乡建设委员会

主　任　李　斌
副主任　俞井杰(女)

社法民宗和港澳台侨委员会

主　任　蔡　辉(11月10日免)
王　忠(11月10日任)
副主任　顾　英(女)

群众团体

启东市总工会

主　席　陈张贤(女,11月10日免)
张东霞(女,11月20日任)
副主席　陈素伟(女)
陆建辉
倪永利
顾悦捷(7月16日任)

中国共产主义青年团启东市委员会

书　记　梅凤清(4月30日免)
祝凤祥(7月16日任)
副书记　苏　俊(2月25日免)
吴苏豫
周佳益(女,挂职,科员级)
陈佳俊(7月16日任)
蔡亦珩(女,挂职,科员级,7月16日任)

启东市妇女联合会

主　席　朱咏梅(女,2月25日免)
杨丽华(女,2月25日任)
副主席　李爱玲(女,8月20日免)
李红燕(女,3月27日任)
顾春燕(女,8月20日任)

启东市科学技术协会

主　席　赵建辉(12月28日免)
袁素群(女,12月28日任)
副主席　黄永琴(女)
葛明泉(3月27日任)

启东市归国华侨联合会

主　席　陈　辉
副主席　仇英莺(女)

启东市工商业联合会(总商会)

会　长　宋　逵(兼)
党组书记、常务副会长　周红丹(女,11月10日免)
江海龙(11月10日任)
副会长　周敏华(11月10日免)

朱蓉艳（女）
孙　林

启东市残疾人联合会执行理事会

理 事 长　张生华（11月10日免）
薛　峰（11月10日任）
副理事长　赵雨玉（女，3月27日免）
盛中华
许水红（女，3月27日任）
曹　健（女，8月12日任）

启东市文学艺术界联合会

主　席　郁锦标（11月10日免）
张建昌（11月10日任）
副主席　李新勇（11月10日免）

启东市红十字会

常务副会长　王　虹（女）
副　会　长　朱柳柳（女）

垂直管理单位

启东市自然资源和规划局

局　　长　周长海
副 局 长　陈　兵
张振兴
彭新华
朱炫炫
总规划师　刘坚勇
副 局 长　徐永华

启东市土地储备中心
主　任　郁洪刚

启东市不动产登记服务中心
主　任　施天海

启东市自然资源和规划局开发区分局
局　长　施汉成

启东市自然资源和规划局吕四港经济开发区分局
局　长　黄海斌

启东市自然资源和规划局圆陀角分局
局　长　顾卫华

国家统计局启东调查队

党组书记、队长　徐永泉
党组成员、副队长　宋　宁
党组成员、纪检组长　范蓓蓓（女）
一级主任科员　周洪斌

中华人民共和国启东海关

关　长　徐　刚
副关长　顾　耘（女）
刘振华

南通海事局启东海事处

处　长　李大为（12月免）
黄永华（12月任）
副处长　陈红飞

启东出入境边防检查站

站　　长　吕永军
政　　委　张　杰
副 站 长　施　峰
办公室主任　孙国华

国家税务总局启东市税务局

党委书记、局长　尤小辉
党委委员、副局长　季红全
林海平
黄聚奇
唐新华
党委委员、纪检组长　蔡　丹

国网江苏省电力有限公司启东市供电分公司

总经理、党委副书记　张圣健
党委书记、副总经理　唐　俊（女）
副总经理　朱华雄
李　俊
郭士明
纪委书记、工会主席　杨正雨

中国电信股份有限公司启东分公司

总 经 理　朱向龙
副总经理　李　斌
吴　陈
纪委书记　吴　陈（兼）
工会主席　李　斌（兼）

中国邮政集团公司江苏省启东市分公司

党委书记、总经理　朱永蕙
副总经理　李梦洁
曹旺华
纪委书记　黄海泉（兼）

启东市烟草专卖局、南通市烟草公司启东营业部

局长、经理　秦亚忠
副 局 长　刘　兵

副 经 理 李 军

启东市气象局

局 长 张革新
副局长 谢 鹏

吕四国家海洋基准气候站

站 长
副站长 张春雷(主持工作)
周 超

南通市港航事业发展中心启东分中心

主 任 陆 忠

南通市公路事业发展中心启东分中心

主 任 赵庆辉
书 记 陈 斌

江苏渔船检验局吕四分局
江苏渔港监督局吕四分局

局 长 吴玉恒
副局长 陆 跃
江海啸

国家海洋局东海分局吕四海洋环境监测站

站 长 施东生
副站长 陆 飞

启东市盐业公司

经 理 陈 强(7月免)
张卫利(7月任)
书 记 陈如海(2月免)
缪 能(2月任)

中国人民银行启东市支行

行 长 樊雄辉
副 行 长 李何靖
陆中海(9月2日任)
纪检组长 李何靖(兼)
副主任科员 陆红伟

中国工商银行启东市支行

行 长 杭 涛
副 行 长 曹伟杰
凌海燕(女)
薛勇健
纪委书记 卢雪燕(女)

中国银行启东市支行

行 长 卢晓燕(女)
副行长 王春华
周 嵩
陆 伟

中国建设银行启东市支行

行 长 蒋松波
副行长 吴 卫
洪 耀
包国龙

中国农业银行启东市支行

党委书记、行长 陆建兵
党委委员、纪委书记 陈劲松
党委委员、副行长 宋 蕾
陆璟璟
彭 杰(4月27日任)

中国农业发展银行启东市支行

行 长 曹海栋
副行长 陆冬健
黄敏华

江苏启东农村商业银行股份有限公司

董事长、党委书记 顾曙光
监事长、纪委书记 宋 毅
副行长 朱春花(女)
张卫平
朱海洲
陆 威
姚健峰

中国人民财产保险公司启东市支公司

经 理 臧鹏程
副经理 姜小勇

中国人寿保险公司启东市支公司

经 理 徐陟勋
副经理 黄欣欣
吉迎春

区镇、街道

启东高新技术产业开发区(近海镇)

党(工)委书记 陆旭辉
党(工)委副书记、镇长 朱 静(女,4月30日免)
朱德新(4月30日任)
党(工)委副书记、主任 施灵马
人大主席 张 健(2月25日免)
施洲春(2月25日任)
党(工)委副书记 王华伟

党工委委员、副主任、副镇长　倪培华(11月10日免)
施宇杰(女,11月10日免)
陈雨春(3月27日免)
张　杰(7月16日免)
施向东
张敏敏(女,3月27日任)
沈春华(3月27日任)
项　羿(7月16日任)
褚风光(11月10日任)
陈　毓(11月10日任)
挂职副镇长　陈　俐
挂职副主任　陈胜文(9月13日任)
杨俊峰(9月13日任)
李　皓(9月13日任)
人大副主席　汤林波(3月27日免)
党(工)委委员　黄东华
张敏敏(女,3月27日免)
项　羿(7月16日免)
褚风光(11月10日免)
虞雪华
丁佳佳(3月27日任)
黄天宇(3月27日任)
陈金燕(女,11月10日任)
梁松波(11月20日任)
纪(工)委书记　黄天宇(3月27日任)
挂职党(工)委委员　黄威霖

启东海工船舶工业园(寅阳镇)

党(工)委书记　黄红春(2月25日免)
黄豪杰(2月25日任)
党(工)委副书记、主任　姚海燕
党(工)委副书记、镇长　朱成竹(女,12月28日免)
杨本发(12月28日任)
人大主席　单剑峰(2月25日任)
党(工)委副书记　沈剑刚(2月25日免)
苏　俊(2月25日任,11月10日免)
袁雪松(11月10日任)
党工委委员、副主任、副镇长　陆建辉(11月10日免)
徐向军
袁雪松(11月10日免)
李海东
沈春健
王　欣(3月27日任,11月10日免)
殷　雷(11月10日任)
宋水花(女,11月10日任)
邢豪杰(11月10日任)
副主任、副镇长　曹永华(2月25日免)
挂职党(工)委副书记　冯　强
挂职副镇长　黄海健

挂职副主任　王潜龙(9月13日任)
党(工)委委员　周卫红(女,3月27日免)
曹圣伟
梁俊锋(2月25日免)
梁松波(11月20日免)
顾洪涛(3月27日免)
朱慧华
黄松岳(3月27日任)
聂伟鹏(3月27日任)
施春雷(3月27日任)
纪(工)委书记　周卫红(女,3月27日免)
挂职党(工)委委员　李　远

启东市启隆生态科技产业园(启隆镇)

党(工)委书记　薛　海
党(工)委副书记、主任、镇长　朱德新(4月30日免)
梅凤清(4月30日任)
人大主席　刘锦华
党(工)委副书记　陈　舰(2月25日免)
陈　宇(2月25日任)
副主任、副镇长　王　欣(3月27日免)
赵建群
车红兵(2月25日免)
包俊花(女,3月27日任)
张莉莉(女,3月27日任)
彭晓华(3月27日任)
挂职副镇长　季锡石
党委委员　包俊花(女,3月27日免)
张莉丽(女,3月27日免)
黄海荣(3月27日免)
龚　辉
付琳琳(女,3月27日任)
徐焕焕(3月27日任)
袁崚峰(3月27日任)

汇龙镇

党委书记　朱卫忠(2月25日免)
龚　健(2月25日任)
党委副书记、镇长　龚　健(2月25日免)
沈　波(2月25日任)
人大主席　陈　霞(女,8月12日免)
严颖熠(8月12日任)
党委副书记　蒋海泉(3月27日免)
杨本发(12月28日免)
张燕华(女,3月27日任)
党委委员、副镇长　毛新洪(3月27日免去党委委员,11月10日免去副镇长)
陆　里
副镇长　陆庆兵(11月10日免)
张燕华(女,3月27日免)

李雷兵
何　旭
陈小茂(女,3月27日任)
张冬宇(11月10日任)
陈　程(11月10日任)
挂职副镇长　范兴辉(3月27日免)
陆海华(3月27日任)
李　鹏(8月12日任)
钱旦敏(女,9月13日任)
刘鹏涛(9月13日任)
杜国平(9月13日任)
韩远飞(9月13日任)
人大副主席　袁允兰(女,3月27日免)
施群忠(3月27日任)
党委委员　施群忠(3月27日免)
陈小茂(女,3月27日免)
曹远江
葛明泉(3月27日免)
赵件华
袁允兰(女,3月27日任)
葛于波(3月27日任)
龚帅帅(3月27日任)
蒋　涛(3月27日任)
纪委书记　赵件华
挂职党委委员　沈　凯(3月27日免)
崔裕沣

北新镇

党委书记　虞　星(4月30日免)
朱　静(女,4月30日任)
党委副书记、镇长　张　丹(2月25日免)
陈　威(2月25日任)
人大主席　谢石磊
党委副书记　沈　辉(2月25日免)
黄海彬(2月25日任,11月20日免)
副镇长　陆海华(3月27日免)
马骁骏
赵凯华(11月20日免)
黄　皓
杨志勇(3月27日任)
沈赛兵(11月20日任)
挂职副镇长　陆钦炜
党委委员　袁晔晔(女,3月27日免)
毛孙房
沈赛兵(11月20日免)
杨志勇(11月20日免)
陈　利
马　昕(3月27日任)
冯　洁(女,3月27日任)
彭佳泽(女,3月27日任)
施健华(11月20日任)
纪委书记　杨志勇(11月20日免)
挂职党委委员　姜　晨

惠萍镇

党委书记　黄　健(11月10日免)
顾明霞(女,11月20日任)
党委副书记、镇长　黄海彬(11月20日任)
顾明霞(女,11月20日免)
人大主席　陈　威(2月25日免)
杨　林(女,2月25日任)
党委副书记　杨　林(女,2月25日免)
黄　宇(2月25日任)
副镇长　吴永华
施江平
黄海彬(2月25日免)
施豪杰
蔡　敏(3月27日任)
挂职副镇长　陈忆思(9月13日免)
党委委员　倪　芳(女,3月27日免)
龚丹丹(女,3月27日免)
蔡朝新(3月27日免)
黄春江
张　驰
汤林波(3月27日任)
顾海风(3月27日任)
蔡敏敏(女,3月27日任)
王瑞雯(女,3月27日任)
纪委书记　龚丹丹(女,3月27日免)
蔡敏敏(女,3月27日任)
挂职党委委员　张天宇

东海镇

党委书记　陈卫东
党委副书记、镇长　张　健(2月25日任)
人大主席　施建辉(2月25日免)
施海彬(2月25日任)
党委副书记　施海彬(2月25日免)
陈奕璀(2月25日任)
副镇长　殷丽华(女,3月27日免)
王向辉
陈　辉(11月20日免)
贾　瑞
赵凯华(11月20日任)
陆红磊(3月27日任)
挂职副镇长　黄向东
党委委员　陆红磊(3月27日免)
王欢欢(3月27日免)
吕　满(女,3月27日免)
彭凤雁(女)

张惠淋
陈凯敏
包金金(3月27日任)
沈　凯(3月27日任)
薛冷凤(女,3月27日任)
纪委书记　陈凯敏
挂职党委委员　薛晨阳

南阳镇
党委书记　黄　坤(11月20日免)
金陆健(11月20日任)
党委副书记、镇长　陆　健(2月25日免)
张俞华(2月25日任)
人大主席　姚锦涛(2月25日免)
沈剑刚(2月25日任)
党委副书记　蒋林健(11月20日免)
陈卫华(女,2月25日任)
沈石东(11月20日任)
党委委员、副镇长　陈卫华(女,2月25日免)
副镇长　吴　杰
沈风华(11月10日免)
沈石东(11月20日免)
黄　健
潘垠皞
王欢欢(3月27日任)
朱晓玮(11月10日任)
朱金华(女,11月20日任)
挂职副镇长　施东辉
人大副主席　王凯杰(3月27日免)
杜燕萍(女,11月10日任)
党委委员　陈　惠(女,3月27日免)
陈曙光
黄　琳
倪忠兵
朱晓玮(11月10日免)
龚丹丹(女,3月27日任)
吴奇蒙(女,3月27日任)
徐章迪(女,11月10日任)
纪委书记　陈　惠(女,3月27日免)
龚丹丹(女,3月27日任)
挂职党委委员　蒋允如

启东市现代农业产业示范园管理办公室
主　任　张俞华(兼)
副主任　朱江华

海复镇
党委书记　茅永杰(2月25日免)
张　丹(2月25日任)
党委副书记、镇长　金陆健(11月20日免)
李永生(11月20日任)
人大主席　李永生(11月20日免)
蒋林健(11月20日任)
党委副书记　陈　忠(2月25日免)
车红兵(2月25日任)
党委委员、副镇长　张红华(女,3月27日免去党委委员)
副镇长　李红燕(女,3月27日免)
李　忠(3月27日免)
高　源
高赛昆(3月27日任)
殷丽华(女,3月27日任)
挂职副镇长　秦江华
党委委员　施　冲(3月27日免)
陆海军
高赛昆(3月27日免)
魏　超
管俊喆
沈　浩(3月27日任)
唐俊凯(3月27日任)
姚　舜(3月27日任)
纪委书记　魏　超
挂职党委委员　施冰开(11月10日免)

合作镇
党委书记　李荣昌
党委副书记、镇长　施宇力
人大主席　陆建兵(2月25日免)
沈　辉(2月25日任)
党委副书记　施海荣
副镇长　袁　玲(女,3月27日免)
龚黄健
陈　宇(2月25日免)
王永刚
沈春雅(女,3月27日任)
董贤能(女,3月27日任)
挂职副镇长　陶　勇
党委委员　沈春雅(女,3月27日免)
张利国(11月10日免)
黄　为
周博伟(女)
顾恬恬(3月27日免)
陆　方(女)
陆健东(3月27日任)
陆赛男(女,3月27日任)
田　华(女,11月10日任)
纪委书记　陆　方(女)
挂职党委委员　宋水花(女,11月10日免)

王鲍镇
党委书记　黄豪杰(2月25日免)

陈天明(2月25日任)
党委副书记、镇长　陈天明(2月25日免)
陆建兵(2月25日任)
人大主席　徐张禄(2月25日免)
张卫飞(2月25日任)
党委副书记　张卫飞(2月25日免)
王蕻冰(2月25日任)
党委委员、副镇长　蒋勤荣(2月25日免)
副镇长　王蕻冰(2月25日免)
朱　芳(女)
施华伟
蔡朝新(3月27日任)
董志松(3月27日任)
挂职副镇长　陆海华(11月10日免)
邸大年(11月10日任)
党委委员　董志松(3月27日免)
李亦珠(女)
费海荣
施丽华(女)
顾婧琦(女)
刘松华(3月27日任)
施鹏程(3月27日任)
挂职党委委员　张　琛

吕四港镇

党委书记　陈红飞
党委副书记、镇长　陈红飞(2月25日免)
黄红春(2月25日任)
人大主席　杨莹莹(女,12月7日免)
沈向东(12月7日任)
党委副书记　汤国军(2月25日免)
王兴建(11月10日免)
张雨华(2月25日任)
查春威(11月10日任)
副镇长　田卫菊(女)
陆慧慧(女,3月27日兼任党委委员)
朱芳芳(女)
徐　浩
杨　娟(女)
卢　华(3月27日任)
挂职副镇长　张海涛(3月27日免)
周一奇(3月27日任)
章文俊(9月13日任)
佘小宇(9月13日任)
张　旺(9月13日任)
人大副主席　李国强
党委委员　周　勤(2月25日免)
丁雪琴(女)
蔡　敏(3月27日免)
卢　华(3月27日免)
顾海峰
彭颜艳(女)
周黎晖(女,3月27日任)
姚舜禹(3月27日任)
杨　帆(3月27日任)
挂职党委委员　李文付
钱丽辉

吕四港镇党政办公室(党建工作办公室)
主　任　宋丽娟(女)

吕四港镇社会事业局
局　长　印　静(女)

吕四港镇政法和社会管理局
局　长　茅卫东(11月10日免)
王　宇(11月20日任)
副局长　施冰开(11月10日任)

吕四港镇经济发展局
局　长　朱炜巍

吕四港镇财政局
局　长　奚巍杰

吕四港镇建设局(生态环境办公室)
局　长　黄海伟

吕四港镇农业农村工作局(渔业渔港局)
局　长　吴建华

吕四港镇镇域治理现代化指挥中心(网格化服务管理中心)
局　长　周黎晖(女,3月27日免)
宋建辉(11月10日任)

吕四港镇综合行政执法局(安监局、综合行政执法管理办公室)
局　长　姚舜禹(3月27日免)
副局长　花凯凯
纪赟峰
严叶朵(女)

吕四港镇为民服务中心
主　任　周　勤(2月25日任)
副主任　潘玉芬(女)
保峥嵘
吴天虹

汇龙镇南城区街道党工委、办事处

书记、主任　林锋风(2月25日免)
朱咏梅(女,2月25日任)

党工委委员、副主任　顾培源
虞祖伟
李灵瑶（女）
党工委委员、纪工委书记　施海霞（女，3月27日免）
沈海华（3月27日任）

汇龙镇南城区人大工作委员会
主　任　朱咏梅（女）

汇龙镇北城区街道党工委、办事处
书记、主任　陆江华（女）
党工委委员、副主任　许水红（女，3月27日免）
陈　忠
李　忠（3月27日任）
袁晔晔（女，3月27日任）
王凯杰（3月27日任）
党工委委员、纪工委书记　沈海华（3月27日免）
施海霞（女，3月27日任）
挂职副主任　黄海荣

汇龙镇北城区人大工作委员会
主　任　陆江华（女）

其他市属企事业单位

江苏启晟集团有限公司［原东疆控股集团有限公司（拟）筹建组正式命名为江苏启晟集团有限公司］
党委书记、董事长　范　斌（2月25日任）
党委副书记、副董事长、总经理　黄　凯（2月25日任）
党委委员、副董事长、副总经理　张天峰（2月25日任）
党委委员、董事、副总经理　龚耀辉（2月25日任）
董事、副总经理　张亮亮（2月25日任）
党委委员、董事、副总经理　王　栋（2月25日任）
党委委员、纪委书记　张永贵（2月25日任）

启东城投集团有限公司［原城市建设投资开发有限公司（新）筹建组正式命名为启东城投集团有限公司］
党委书记、董事长　周　兵（2月25日任）
党委副书记、副董事长、总经理　袁素群(女,12月28日免)
副董事长、总经理　仇春雷（12月28日任）
党委委员、董事、副总经理　钮向东（2月25日任）
党委委员、纪委书记　杨　勇（2月25日任）
党委委员、董事　吴敬东（2月25日任）
何和平（2月25日任）
董事、副总经理　顾　妍（女，2月25日任）
党委委员、副总经理　张　勇（12月28日任）

江苏吕四港集团有限公司（启东沿海开发集团有限公司更名为江苏吕四港集团有限公司）
董事长　陈一峰（2月25日任）
董事、总经理　蒋　涛（2月25日任）
董事、副总经理　曲延超（2月25日任）
顾凯杰（2月25日任）
黄楷铧（2月25日任）

江苏锦汇集团有限公司（启东创新投资集团有限公司更名为江苏锦汇集团有限公司）
董事长　张天安（7月16日免）
董事长　龚海勇（7月16日任）
董事、总经理　朱国威（2月25日任）
董事、副总经理　施龚人（2月25日任）
顾卫锋（2月25日任）
施海泉（2月25日任）

江苏省启东中学
书　记　邵茂华
校长、党委副书记　陈仲刘
副校长、党委委员　李　俊
顾春燕（女，8月19日免）
党委副书记、纪委书记　陈宏杰
副校长　朱圣辉
副校长、党委委员　徐晓勇（8月19日任）

江苏省启东中学办公室
主　任　吴建军（9月13日免）
殷宝霞（女，9月13日任）
副主任　陈新健（女，9月13日免）
汪　霞（女，9月13日任）
陆盛杰（9月13日任）

江苏省启东中学政教处
主　任　钱　辉
副主任　汪　霞（女，9月13日免）
黄柳华
陈海东
宋黄华（9月13日任）

江苏省启东中学教务处
主　任　徐晓勇（9月13日免）
张玉萍（女，9月13日任）
副主任　陆海峰
黄群力
陈金春（9月13日任）

江苏省启东中学教科室
副主任　殷宝霞（女，9月13日免）
胡　勇
王凌华（女，9月13日任）

江苏省启东中学总务处
主　任　施晓辉(9月13日任)
副主任　邹德敏
施晓辉(9月13日免)
钱　峰(9月13日任)

江苏省启东中学团委

江苏省启东中学工会
主　席　李　俊(兼)
副主席　龚　辉(9月13日免)
陈新健(女,9月13日任)

江苏省启东中学奥赛中心
主　任　张玉萍(女,9月13日免)
副主任　黄鹤松
杨晶晶(女,9月13日任)

汇龙中学
校长、党委书记　徐　辉
副校长、党委委员　陆曙斌
顾永超
李圣华
徐东生
陈必伟

第一中学
校　长　宋凯东
副校长　赵裕花(女)
陆　健
陈志慧

大江中学
校　长　江兴华

东南中学(江苏省启东中学分校)
校　长　钱　辉
副校长　耿一波(挂职)
刘雨忠
朱海东

吕四中学
校　长　高德群
副校长　袁冬晖
袁永辉
葛东华

江海中学
校　长　王忠辉
副校长　徐菊美(女)
方　浩(7月16日免)

江苏省启东中等专业学校
校长、党委书记　耿一波
副校长　彭卫东
端木玲玲(女)
徐浩亮
王　华

启东市第二中等专业学校
校　长　宋晓峰

启东市人民医院
院长、党委书记　樊　健
党委副书记、纪委书记　倪向阳(4月30日任)
副院长　倪向阳(4月30日免)
唐红萍(女)
张风雷
施海滨
周春华
党委委员、总会计师　顾凯宏(4月30日任)

启东肝癌防治研究所
所　长　樊　健

启东市中医院
院长、党委书记　韩雪华
副院长、党委副书记　夏卫明(4月30日免)
党委副书记、纪委书记　魏　洪(4月30日任)
副院长、党委委员　蒋　辉
魏　洪(4月30日免)
周　健
陆永刚(4月30日任)
党委委员、总会计师　陈　晶(女,4月30日任)

启东市妇幼保健院
党委书记　秦海松(7月16日免)
黄风华(女,7月16日任)
院长(聘)、党委副书记　仇万山(7月16日任)
副院长、党委委员　丁　逵
盛凯华(女)
陈卫兵
张红健(女)

启东市卫生监督所
所　长　李伟彬

启东市疾病预防控制中心
主　任　周　超(3月27日免)
施殿刚(3月27日任,兼市卫生健康委党组成员)
(市委组织部)

年度荣誉

先进集体

2021年启东市获国家部委(协会)表彰的部分先进集体一览表

表19

荣誉称号	获得单位	授予单位
中国长寿之乡敬老养老服务示范城市	启东市	长寿之乡绿色发展区域合作联盟
公立医院综合改革国家级示范县	启东市	国务院医改领导小组秘书处
全国群众体育先进单位	启东市	国家体育总局
国家级数字档案馆	市档案馆	国家档案局
全国民主法治示范村	圆陀角旅游度假区连兴港村	司法部、民政部
国家卫生镇	寅阳镇、东海镇、高新区(近海镇)	全国爱卫会
江苏省“美丽海湾”优秀案例	启东圆陀角段	生态环境部
全国公安机关庆祝建党100周年安保维稳工作成绩突出集体	市公安局指挥中心	公安部政治部
全国税务系统文明单位	市税务局	国家税务总局
全国乡村治理示范村	东海镇兴旺村	中央农办、农业农村部、中央宣传部、民政部、司法部、国家乡村振兴局
2020—2021年度全国“五好”县级工商联	市工商联	中华全国工商业联合会
全国工人先锋号	韩华新能源(启东)有限公司组件711车间	中华全国总工会
全国最美家庭	朱瑾高家庭	全国妇联
肿瘤登记工作杰出贡献奖	市人民医院(启东肝癌防治研究所)	国家癌症中心
2021年度全国创新创优服务先进单位	市公共资源交易中心	第八届全国公共资源交易年会组委会、《公共采购》杂志编辑部、公共资源网
2021公共资源交易综合竞争力百强机构	市公共资源交易中心	中国公共资源交易跨区域合作联盟秘书处

2021年启东市获省级表彰的部分先进集体一览表

表20

荣誉称号	获得单位	授予单位
2020年度农村河道长效管护绩效评价第一等次	启东市	省水利厅、省财政厅
2020年度农田水利工程管护绩效评价优秀等次	启东市	省水利厅、省财政厅
2019年水库移民扶持资金绩效评价获优秀等次	启东市	省水利厅办公室、省财政厅办公室
江苏省乡村振兴先进集体	南阳镇	省委、省政府
2020年全省防汛抗洪工作先进集体	市水务局	省委、省政府
河长制工作真抓实干奖	市水务局	省政府办公厅
江苏省传统村落	合作镇二效镇村	省住建厅

续表20

荣誉称号	获得单位	授予单位
江苏省特色田园乡村	合作镇新义村	省住建厅
全省纪检监察系统先进集体	市纪委监委	省纪委监委、省人社厅
全省政协系统先进集体	市政协	省政协办公厅、省人社厅
2019—2021年度江苏省文明镇	王鲍镇、东海镇、吕四港镇	省文明委
2019—2021年度江苏省文明村	王鲍镇建群村、汇龙镇临江村、汇龙镇鹤群村、吕四港镇巴掌村、吕四港镇垦北村、近海镇向西村、近海镇大圩村、合作镇臣义村、合作镇五星村、东海镇云祥村、东海镇仲辉村、圆陀角旅游度假区连兴港村、惠萍镇东兴镇村、海复镇均里村、寅阳镇拥政村、南阳镇元祥村、北新镇建西村	省文明委
2019—2021年度江苏省文明单位	市税务局、国网启东市供电分公司、中行启东支行、建行启东支行、人行启东市支行、市税务局寅阳税务分局、国市税务局近海税务分局、市税务局第一税务分局、市税务局王鲍税务分局、邮政启东市分公司、移动启东分公司、电信启东分公司、江苏大唐国际吕四港发电有限责任公司、市审计局、市市场监督管理局、市人民检察院、市人民医院、启市中医院、启东农商银行、市烟草专卖局、启东海关、市行政审批局、市图书馆、市实验幼儿园、市消防救援大队、市气象局、启东华润燃气有限公司	省文明委
2019—2021年度江苏省文明社区	汇龙镇城河新村社区、吕四港镇仙鹤新村社区、汇龙镇世纪家园社区	省文明委
2019—2021年度江苏省文明校园(中小学)	汇龙小学、紫薇小学、启东中学	省文明委
最美公共文化空间	近海镇综合文化服务中心	省财政厅、省文化和旅游厅
2020年度财政重点工作绩效考核先进二等奖	市财政局	省财政厅
2020年度法治财政优秀单位	市财政局	省财政厅
全省档案宣传工作二等奖	市档案馆	省档案馆
江苏省放心消费示范区域	东海镇	省市场监督管理局、省放心消费创建活动办公室
江苏省绿色优质农产品基地	东海镇	省农业农村厅
江苏省2021年百支优秀退役军人志愿服务队	东海镇退役军人“红色先锋”志愿服务大队	省退役军人事务厅
江苏省优秀“戎耀之家”	国家税务总局启东市税务局	省退役军人事务厅、省总工会
江苏省公共机构节能低碳示范单位	市税务局、市人民医院	省机关事务管理局、省发展改革委、省工业和信息化厅、省财政局、省生态环境厅
全省公安机关成绩突出党员集体	近海派出所	省公安厅
全省公安机关抗击新冠肺炎疫情成绩突出集体	交警大队秩序中队	省公安厅
全省法院类型化纠纷诉调工作先进集体	市人民法院	省高级人民法院
全省法律援助工作先进集体	市法律援助中心	省司法厅

续表20

荣誉称号	获得单位	授予单位
江苏省行政复议工作先进集体	市司法局	省司法厅
江苏省第七次全国人口普查工作成绩显著集体	市统计局	省第七次全国人口普查领导小组办公室、省统计局
2021年度“人民满意窗口”建设质量提升工程先进单位	市信访局	省政府信访局
2020—2021年度全省基层党员冬训示范镇	圆陀角旅游度假区管理委员会	省委宣传部、省委组织部
2021年度全省县(市、区)人防工作先进单位	市住建局	省人民防空办公室
2021江苏省“全国科普日”优秀组织单位	市科协	省科协
优秀博爱家园	圆陀角旅游度假区圆陀角村	省红十字会
全省校外教育辅导站工作先进集体	市关工委、市教体局关工委	省文明办、省关工委
江苏省卫生健康行业先进基层党支部	市第三人民医院党总支临床党支部	省卫生健康行业委员会
2020年家庭健康保险工作测评二等奖	市计划生育协会	省计划生育协会
全省计生协工作成绩突出单位	市计划生育协会	省计划生育协会

2021年启东市获南通市委、市政府、南通军分区表彰的部分先进集体一览表

表21

荣誉称号	获得单位	授予单位
2021年度南通市目标管理责任制考核先进集体	启东市	南通市政府
南通市全国双拥模范城“七连冠”创建工作双拥模范乡镇(街道)、双拥模范村(社区)	汇龙镇、圆陀角旅游度假区、明珠新村社区、海复镇垦牧村、东海镇兴旺村	南通市委、市政府、南通军分区
南通市全国双拥模范城“七连冠”创建工作拥军优属模范单位	市委宣传部、市税务局、江苏启安建设集团	南通市委、市政府、南通军分区
2021年度南通市勇当全省“争当表率、争做示范、走在前列”排头兵先进集体	市商务局、东海镇兴旺村、合作镇、生命健康产业园管理办公室、海复镇搬场村、江苏吕四港集团有限公司	南通市委、市政府
南通市乡村振兴示范村	东海镇云祥村	南通市委、市政府
南通市乡村振兴治理有效先进村	东海镇兴旺村	南通市委、市政府
2021年度南通市平安法治示范镇(街道)	王鲍镇、南阳镇	南通市委、市政府
2020年度全面建成小康社会暨决战“过万亿”先进集体	市委政法	南通市委、市政府
南通市关心下一代工作先进集体	汇龙镇关工委、惠萍镇关工委、南阳镇关工委、王鲍镇关工委、北城区街道关工委、吕四港镇教育关工委	南通市委、市政府
2019—2020年度南通市文明乡镇	东海镇、北新镇、合作镇、启隆镇	南通市委、市政府
2019—2020年度南通市文明村	东海镇大丰镇村、南阳镇新河村、南阳镇中北村、王鲍镇中施村、王鲍镇聚星村、惠萍镇果园村、惠萍镇拥政村、寅阳镇寅北村、吕四港镇如意村、吕四港镇六斧头村、汇龙镇城河村、汇龙镇南郊村、北新镇建西村、北新镇富民村、海复镇安东村、海复镇滨海村、合作镇周云村、近海镇新阳村、近海镇黄海村、圆陀角旅游度假区胜丰村	南通市委、市政府

续表21

荣誉称号	获得单位	授予单位
2019—2020年度南通市文明社区	长江新村社区、紫薇一村社区、紫薇二村社区、和平新村社区、长龙二村社区、绿城花园社区、彩臣三村社区、阳光花苑社区、东洲新村社区、南苑二村社区、建都新村社区、汇东新村社区	南通市委、市政府
2019—2020年度南通市文明单位	市税务局、北新税务分局、第二税务分局、惠萍税务分局、吕四税务分局、南阳税务分局、第一税务分局、寅阳税务分局、市文广旅游局、市文化馆、市中医院	南通市委、市政府
南通市抗击新冠肺炎疫情先进集体	市卫健委、市人民医院、市疾控中心、市交通运输局	南通市委、市政府
南通市先进基层党组织	大丰镇村党总支、市疾控中心党支部	南通市委
征兵工作先进单位	合作镇	南通市政府、南通军分区
2021年度南通市安全生产目标管理责任制考核先进县级部门	市应急管理局、市交通运输局、市住建局、	南通市政府
2021年度南通市目标管理责任制考核先进乡镇(街道、园区)	启东经济开发区管理委员会、启东生命健康产业园管理办公室	南通市政府
南通市新闻宣传工作先进单位	市人武部	南通军分区

先进个人

2021年启东市获国家部委(协会)表彰的部分先进个人一览表

表22

姓　名	单　　位	授予称号	授予单位
倪伯苍	海复镇庙基村党总支	2021年度法治人物	司法部、全国普法办公室、中央广播电视台
施建琴	市委老干部局	全国优秀老干部工作者	中共中央组织部、人社部
张利华	市人民医院	2018—2019年度全国无偿献血奉献奖铜牌	国家卫生健康委员会、中国红十字会总会、中央军委后勤保障部卫生局
倪海东	市第二人民医院	全国无偿献血奉献奖银奖	国国家卫生健康委员会、中国红十字总会、中央军委后勤保障部卫生局
刘　剑	连兴港海防派出所	中国好人	中央文明办
袁东波	启东建筑集团	全国优秀工会工作者	中华全国总工会
陆艾华	市人民法院	荣誉天平纪念章	最高人民法院
林　辉	市人民法院	荣誉天平纪念章	最高人民法院
黄　海	市人民法院	荣誉天平纪念章	最高人民法院
章建忠	市人民法院	荣誉天平纪念章	最高人民法院

2021年启东市获省级表彰的部分先进个人一览表

表23

姓　名	单　　位	授予称号	授予单位
高浩然	启东吕鲜人家米业有限公司	江苏省劳动模范	省委、省政府
李忠卫	江苏神通阀门股份有限公司	江苏省劳动模范	省委、省政府

续表23

姓　名	单　　位	授予称号	授予单位
宋春决	江苏启安建设集团金舜建设工程有限公司	江苏省劳动模范	省委、省政府
徐　刚	启东江天生态农庄有限公司	江苏省劳动模范	省委、省政府
严清波	江苏康耐特光学有限公司	江苏省劳动模范	省委、省政府
陈向阳	启东建筑集团有限公司	江苏省劳动模范	省委、省政府
郁智慧	市人民医院	江苏省先进工作者	省委、省政府
王振宇	市市场监督管理局	江苏省先进工作者	省委、省政府
李荣昌	合作镇人民政府	江苏省乡村振兴先进个人	省委、省政府
王欢欢	南阳镇人民政府	全省脱贫攻坚暨对口帮扶合作先进个人	省委、省政府
李永生	海复镇人民政府	全省脱贫攻坚暨对口帮扶支援合作先进个人	省委、省政府
葛祥辉	海复镇滨海村	江苏省优秀党务工作者	省委
朱　军	南通泰胜蓝岛海洋工程有限公司	江苏工匠	省政府
宋　轶	启东中远海洋海洋工程有限公司	江苏工匠	省政府
姚晓波	市商务局	全省服务贸易(服务外包)统计工作先进个人	省商务厅
陆炳华	市城管局	优秀共产党员	省住房和城乡建设行业委员会
宋　陶	南阳镇安平村	第八届江苏省道德模范	省文明办
郭中良	近海镇东进村	第八届江苏省道德模范	省文明办
蔡仲章　张惠珍	王鲍镇久东村	江苏好人	省文明办
袁永香	北新镇万安村	江苏好人	省文明办
仇佩英	东海镇星宏村	江苏好人	省文明办
潘海华	政治处	个人二等功	省公安厅
陈　俐	城西派出所	个人二等功	省公安厅
卑其欢	市人民医院	江苏省机关团体企业事业单位保卫个人三等功	省公安厅
占红霞	市第三人民医院	江苏最美警嫂	省公安厅
陆　涛	市人民法院	全省优秀人民法庭庭长	省高级人民法院
张　艳	市人民法院	全省法院审判管理工作先进个人	省高级人民法院
阚　琳	市人民法院	全省法院信息化工作先进个人	省高级人民法院
王麒锟	市人民法院	全省扫黑除恶专项斗争先进个人	省高级人民法院
朱红亚	江苏东晋律师事务所	全省法律援助工作先进个人	省司法厅
杨春风	北新镇司法所	江苏省优秀司法所长	省司法厅
姜莉莉	市司法局	全省法治督察先进个人	省司法厅
陈　菊	市司法局	全省社区矫正先进个人	省司法厅
徐　健　李　鹏	启东经济开发区	江苏省第七次全国人口普查工作成绩显著个人	江苏省第七次全国人口普查领导小组、江苏省统计局

续表23

姓　名	单　　位	授予称号	授予单位
秦海宁　王健如 毛爱辉　汤丹花 张　琛	市统计局	江苏省第七次全国人口普查工作成绩显著个人	省第七次全国人口普查领导小组办公室、省统计局
薛　峰　许水红	市残联	江苏省第七次全国人口普查工作成绩显著个人	省第七次全国人口普查领导小组办公室、省统计局
黄佳庆	圆陀角旅游度假区管理委员会	江苏省第七次全国人口普查工作成绩显著个人	省第七次全国人口普查领导小组办公室、省统计局
秦施豪　崔静静 钱丽君	启东生命健康产业园	江苏省第七次全国人口普查工作成绩显著个人	省第七次全国人口普查领导小组办公室、省统计局
邢新颜　沈敏华 陆俞宏　杨雁雁 沈丽华　袁健美 倪剑锋　赵佩佩 林　玲	南阳镇人民政府	江苏省第七次全国人口普查工作成绩显著个人	省第七次全国人口普查领导小组办公室、省统计局
施海辉	市人民医院	伊犁州卫生优秀援疆专家	省对口支援伊犁州前方指挥部、伊犁哈萨克自治州卫健委
顾永伟	市中医院	伊犁州卫生优秀援疆专家	省对口支援伊犁州前方指挥部、伊犁哈萨克自治州卫健委
黄向前	共青团启东市北新镇委员会	2021年度江苏省优秀共青团干部	共青团省委
袁志冲	市关工委	全省关心下一代工作优秀个人	省文明办、省关工委
王安平	市教体局关工委	全省关心下一代工作优秀个人	省文明办、省关工委
陆建新	南城区街道关工委	全省关心下一代工作优秀个人	省文明办、省关工委
俞学法	合作镇关工委	全省关心下一代工作优秀个人	省文明办、省关工委
钮洪深	近海镇关工委	全省关心下一代工作优秀个人	省文明办、省关工委
陈　宏	滨海实验学校关工委	全省关心下一代工作优秀个人	省文明办、省关工委
冯　洁	市文明办	全省关心下一代工作优秀个人	省文明办、省关工委

2021年启东市获南通市委、市政府、南通军分区表彰的部分先进个人一览表

表24

姓　名	单　　位	授予称号	授予单位
施　亮	市商务局	全国双拥模范城“七连冠”创建工作拥军优属模范个人	南通市委、市政府、南通军分区
沈裕辉	市退役军人事务局	全国双拥模范城“七连冠”创建工作拥军优属模范个人	南通市委、市政府、南通军分区
房茂亭	市华亭工艺品有限公司	全国双拥模范城“七连冠”创建工作拥军优属模范个人	南通市委、市政府、南通军分区
邱跃国	市消防救援大队	全国双拥模范城“七连冠”创建工作拥军爱民模范个人	南通市委、市政府、南通军分区
李荣昌	合作镇人民政府	优秀镇（街）党政正职	南通市委、市政府
毛春燕	东海镇兴垦村党总支	2021年度南通市勇当全省“争当表率、争做示范、走在前列”排头兵先进个人	南通市委、市政府

续表24

姓　名	单　　位	授予称号	授予单位
黄新辉	合作镇人民政府	2021年度南通市勇当全省“争当表率、正做示范、走在前列”排头兵先进个人	南通市委、市政府
张金花	合作镇人民政府	2021年度南通市勇当全省“争当表率、正做示范、走在前列”排头兵先进个人	南通市委、市政府
施殿刚	市疾控中心	2021年度南通市勇当全省“争当表率、争做示范、走在前列”排头兵先进个人	南通市委、市政府
沈澄洁	圆陀角旅游度假区管理委员会	2021年度南通市勇当全省“争当表率、争做示范、走在前列”排头兵先进个人	南通市委、市政府
史瑞瑞	南城区街道办	2021年度南通市勇当全省“争当表率、争做示范、走在前列”排头兵先进个人	南通市委、市政府
施洪辉	市关工委	南通市关心下一代工作先进个人	南通市委、市政府
陈一萍	市公安局关工委	南通市关心下一代工作先进个人	南通市委、市政府
陈昌明	吕四港镇关工委	南通市关心下一代工作先进个人	南通市委、市政府
黄士昌	东海镇关工委	南通市关心下一代工作先进个人	南通市委、市政府
王建新	寅阳镇关工委	南通市关心下一代工作先进个人	南通市委、市政府
黄素瑛	北新镇关工委	南通市关心下一代工作先进个人	南通市委、市政府
包仲贤	南阳镇佐鹤村关工委	南通市关心下一代工作先进个人	南通市委、市政府
施玉如	汇龙镇教育关工委	南通市关心下一代工作先进个人	南通市委、市政府
施建新	北新镇教育关工委	南通市关心下一代工作先进个人	南通市委、市政府
周汉忠	市民营经济关工委	南通市关心下一代工作先进个人	南通市委、市政府
黄瑞家	市公安局关工委	南通市关心下一代工作先进个人	南通市委、市政府
施云汀	市农业农村局关工委	南通市关心下一代工作先进个人	南通市委、市政府
陆　婷	市统计局	2020年度南通全面建成小康社会暨决战“过万亿”先进个人	南通市委、市政府
周春雷	市地方金融监管局	2020年度南通全面建成小康社会暨决战“过万亿”先进个人	南通市委、市政府
彭佳泽	北新镇人民政府	2020年度南通全面建成小康社会暨决战“过万亿”先进个人	南通市委、市政府
徐　健	启东经济开发区	2020年度南通全面建成小康社会暨决战“过万亿”先进个人	南通市委、市政府
沈裕辉	市退役军人局	拥军优属模范个人	南通市委、市政府
唐红萍　龚　健 茅敏华　宋健辉 顾叶华	市人民医院	全市抗击新冠肺炎疫情先进个人	南通市委、市政府
花伟勋	市第二人民医院	全市抗击新冠肺炎疫情先进个人	南通市委、市政府
陈　琍	市第五人民医院	全市抗击新冠肺炎疫情先进个人	南通市委、市政府
黄建平	市住建局	全市抗击新冠肺炎疫情先进个人	南通市委、市政府
陈燕飞	市委政法委	全市抗击新冠肺炎疫情先进个人	南通市委、市政府

续表24

姓　名	单　　位	授予称号	授予单位
周赛雷	启东经济开发区	全市抗击新冠肺炎疫情先进个人	南通市委、市政府
顾永辉	市委宣传部	个人二等功	南通市委、市政府
孙建忠	市政协	2021年度考核优秀	南通市委、市政府
顾　菊	市人民检察院	南通市政法系统先进典型个人三等功	南通市委
陈燕飞	市委政法委	南通市政法系统先进典型个人三等功	南通市委
水冰峰	市委组织部	南通市优秀党务工作者	南通市委
葛祥辉	海复镇滨海村党总支	南通市优秀党务工作者	南通市委
陆　历	近海派出所	南通市优秀党务工作者	南通市委
朱碧慧	市人民法院	南通市优秀党务工作者	南通市委
陈　霞	汇龙镇人民政府	南通市优秀党务工作者	南通市委
樊　红	和睦幼儿园	南通市优秀党务工作者	南通市委
沈　辉	江苏林洋能源股份有限公司	南通市优秀党务工作者	南通市委
徐　浩	江苏启安建设集团	南通市优秀党务工作者	南通市委
宋岷桦	江苏昂彼特堡能源集团有限公司	南通市优秀党务工作者	南通市委
倪伯苍	海复镇庙基村	南通市优秀共产党员	南通市委
吴　昊	市星生代家庭农场	南通市优秀共产党员	南通市委
周　俊	汇龙镇中心派出所	南通市优秀共产党员	南通市委
高建忠	启东建筑集团	南通市优秀共产党员	南通市委
郭中良	近海镇东进村	南通市优秀共产党员	南通市委
张新柱	南城区街道	南通市优秀共产党员	南通市委
张冬宇	吕四港镇人民政府	南通市优秀共产党员	南通市委
殷宝霞	启东中学	南通市优秀共产党员	南通市委
陈忠辉	市第三人民医院	南通市优秀共产党员	南通市委
宋飞驰	启东经济开发区	南通市2020年度安全生产目标管理责任制先进个人	南通市政府
王　波	海复镇人民政府	南通市2021年度安全生产目标管理责任制考核先进个人	南通市政府
沈　凯	东海镇人民政府	南通市十佳优秀专武干部	南通军分区
陆健东	合作镇人民政府	南通市十佳优秀专武干部	南通军分区
李荣昌	合作镇人民政府	党管武装好书记	南通军分区
金　磊	市人武部	嘉奖	南通军分区
高晓庆	市人武部	人武部建设优秀个人	南通军分区
姚小玲	市人武部	新闻宣传工作先进个人	南通军分区
丁　艺	启东经济技术开发区人民武装部	征兵工作先进个人	南通军分区

（沈千惠）

统计资料

2021年启东市地区生产总值在全省各县(市)位次表

表25

地　区	绝对量		速　度		地　区	绝对量		速　度	
	实绩(亿元)	排位	实绩(%)	排位		实绩(亿元)	排位	实绩(%)	排位
昆山市	4748.06	1	7.8	35	仪征市	910.71	21	7.6	37
江阴市	4580.33	2	8.1	32	宝应县	841.41	22	7.5	38
张家港市	3030.21	3	8.0	34	新沂市	781.43	23	10.1	7
常熟市	2672.04	4	9.2	16	句容市	736.75	24	9.3	15
宜兴市	2082.17	5	8.8	23	睢宁县	675.81	25	8.7	24
太仓市	1574.05	6	9.7	11	建湖县	665.52	26	8.5	27
如皋市	1432.41	7	8.5	27	射阳县	663.31	27	8.1	32
启东市	1345.94	8	8.4	29	涟水县	650.48	28	13.2	1
海安市	1343.09	9	9.1	17	阜宁县	645.45	29	7.2	39
丹阳市	1324.01	10	11.0	4	东海县	632.85	30	9.1	17
泰兴市	1273.44	11	9.9	10	泗阳县	596.31	31	9.0	19
如东县	1272.24	12	8.9	20	泗洪县	584.42	32	8.7	24
溧阳市	1261.30	13	10.1	7	滨海县	565.14	33	8.4	29
沭阳县	1162.10	14	8.6	26	扬中市	550.77	34	11.1	3
靖江市	1142.38	15	10.6	5	丰　县	538.05	35	9.5	12
邳州市	1108.22	16	9.5	12	盱眙县	501.94	36	11.2	2
兴化市	1020.94	17	9.5	12	灌南县	452.57	37	8.4	29
东台市	986.07	18	8.9	20	响水县	446.33	38	6.0	40
高邮市	929.31	19	7.8	35	灌云县	424.02	39	10.3	6
沛　县	926.36	20	8.9	20	金湖县	386.51	40	10.1	7

2021年启东市固定资产投资在全省各县(市)位次表

表26　　单位:%

地　区	速　度		地　区	速　度	
	实绩	排位		实绩	排位
灌南县	24.0	1	溧阳市	8.0	21
响水县	19.1	2	**启东市**	**7.7**	**22**
丹阳市	18.8	3	靖江市	7.6	23
扬中市	18.1	4	泰兴市	7.1	24
盱眙县	17.1	5	太仓市	7.0	25
涟水县	14.4	6	海安市	6.6	26
射阳县	13.2	7	如东县	6.4	27
常熟市	11.6	8	东海县	5.5	28
宜兴市	10.5	9	张家港市	5.4	29
灌云县	10.3	10	滨海县	5.1	30
句容市	10.3	10	江阴市	4.8	31
兴化市	10.2	12	如皋市	4.8	31
泗洪县	9.1	13	宝应县	4.6	33
睢宁县	8.8	14	建湖县	4.3	34
丰　县	8.7	15	金湖县	1.0	35
新沂市	8.7	16	昆山市	0.6	36
沛　县	8.6	17	高邮市	0.3	37
泗阳县	8.6	18	仪征市	0.1	38
邳州市	8.5	19	东台市	−7.1	39
沭阳县	8.4	20	阜宁县	−7.7	40

2021年启东市一般公共预算收入在全省各县(市)位次表

表27

地　区	绝对量		速　度		地　区	绝对量		速　度	
	实绩(亿元)	排位	实绩(%)	排位		实绩(亿元)	排位	实绩(%)	排位
昆山市	466.90	1	9.1	22	兴化市	46.16	21	11.3	11
江阴市	273.94	2	5.5	35	新沂市	43.71	22	16.6	5
张家港市	264.10	3	5.5	35	睢宁县	42.69	23	10.9	15
常熟市	230.80	4	8.0	28	高邮市	39.00	24	2.9	38
太仓市	190.00	5	11.0	13	扬中市	38.01	25	8.6	26
宜兴市	142.39	6	11.6	10	建湖县	34.53	26	9.1	22
泰兴市	93.12	7	9.0	24	射阳县	33.87	27	9.6	20
溧阳市	87.33	8	18.3	4	丰　县	33.02	28	10.0	18
如皋市	77.81	9	8.1	27	泗阳县	31.98	29	19.8	3
启东市	77.81	9	8.0	28	泗洪县	31.78	30	16.4	6
丹阳市	71.11	11	11.1	12	阜宁县	30.43	31	7.5	32
海安市	69.50	12	7.7	31	东海县	30.01	32	21.6	1
如东县	68.50	13	14.1	7	灌南县	27.19	33	13.6	8
靖江市	67.51	14	11.0	13	滨海县	26.56	34	9.0	24
沭阳县	62.01	15	21.6	1	涟水县	26.49	35	10.5	16
东台市	60.26	16	10.4	17	灌云县	25.33	36	12.0	9
句容市	57.64	17	5.1	37	响水县	25.30	37	9.5	21
沛　县	50.74	18	10.0	18	金湖县	25.30	37	7.5	32
仪征市	48.21	19	0.4	40	宝应县	25.14	39	1.1	39
邳州市	47.34	20	7.8	30	盱眙县	20.60	40	6.8	34

2021年启东市实际使用外资在全省各县(市)位次表

表28

地区	绝对量		速度		地区	绝对量		速度	
	实绩(亿美元)	排位	实绩(%)	排位		实绩(亿美元)	排位	实绩(%)	排位
昆山市	12.25	1	16.9	17	高邮市	1.65	21	9.9	27
江阴市	7.96	2	−13.5	37	宝应县	1.50	22	49.3	3
常熟市	7.59	3	20.4	14	丰县	1.50	23	40.3	6
张家港市	5.68	4	29.0	10	睢宁县	1.48	24	0.3	35
太仓市	5.65	5	22.1	12	金湖县	1.43	25	14.0	18
宜兴市	4.90	6	8.7	30	句容市	1.42	26	20.3	15
泰兴市	4.27	7	13.6	19	东台市	1.23	27	10.5	25
启东市	**3.85**	**8**	**12.3**	**21**	灌南县	1.22	28	40.7	5
如东县	3.79	9	11.6	22	灌云县	1.21	29	147.6	2
溧阳市	3.62	10	8.4	31	东海县	1.20	30	20.0	16
海安市	3.61	11	0.7	34	沭阳县	1.19	31	8.4	31
靖江市	3.52	12	45.2	4	射阳县	1.10	32	20.8	13
如皋市	3.24	13	2.9	33	扬中市	0.99	33	34.7	7
邳州市	3.24	14	10.5	25	泗阳县	0.81	34	−27.6	38
新沂市	2.31	15	11.0	23	盱眙县	0.72	35	−42.1	39
仪征市	2.30	16	−8.0	36	滨海县	0.67	36	10.9	24
沛县	2.26	17	12.8	20	阜宁县	0.59	37	158.1	1
兴化市	2.23	18	32.6	8	响水县	0.48	38	23.3	11
丹阳市	2.02	19	8.9	28	建湖县	0.24	39	8.8	29
涟水县	1.75	20	30.5	9	泗洪县	0.21	40	−76.4	40

2021年启东市居民人均可支配收入在全省各县(市)位次表

表29

地 区	绝对量		速 度		地 区	绝对量		速 度	
	实绩(元)	排位	实绩(%)	排位		实绩(元)	排位	实绩(%)	排位
昆山市	67871	1	9.1	36	建湖县	35165	21	9.1	36
江阴市	67555	2	9.2	31	金湖县	34539	22	9.8	20
张家港市	66101	3	9.0	39	盱眙县	33235	23	9.8	20
常熟市	65755	4	8.8	40	邳州市	32742	24	10.1	13
太仓市	64890	5	9.2	31	射阳县	32578	25	9.3	26
宜兴市	55852	6	9.5	23	宝应县	32327	26	9.3	26
扬中市	53720	7	9.3	26	沛 县	32242	27	10.3	5
溧阳市	49521	8	9.7	22	东海县	30908	28	9.9	18
丹阳市	48075	9	9.4	24	滨海县	30795	29	9.3	26
靖江市	47400	10	10.2	9	阜宁县	30492	30	9.1	36
句容市	44497	11	9.3	26	新沂市	29686	31	10.2	9
启东市	44191	12	10.2	9	响水县	29603	32	9.4	24
海安市	42973	13	10.5	2	沭阳县	28700	33	10.1	13
泰兴市	42628	14	10.6	1	涟水县	28470	34	10.3	5
如东县	41551	15	10.1	13	泗阳县	28430	35	10.3	5
如皋市	41545	16	10.4	3	泗洪县	27760	36	10.2	9
仪征市	40255	17	9.2	31	睢宁县	27579	37	10.1	13
东台市	39645	18	9.2	31	丰 县	27545	38	10.4	3
兴化市	37862	19	10.3	5	灌南县	26773	39	9.9	18
高邮市	35549	20	9.2	31	灌云县	26218	40	10.0	17

2021年启东国民经济主要指标占南通全市比重一览表

表30

指标名称	单位	南通市	启东市	启东占南通的比重(%)
年末常住人口	万人	773.30	96.15	12.4
城镇人口	万人	550.59	58.34	10.6
地区生产总值	亿元	11026.95	1345.94	12.2
第一产业	亿元	485.02	88.66	18.3
第二产业	亿元	5357.93	656.96	12.3
第三产业	亿元	5184.00	600.32	11.6
农林牧渔业总产值	亿元	897.60	177.93	19.8
粮食产量	万吨	340.09	32.80	9.6
棉花产量	吨	1293	316	24.4
油料产量	万吨	22.68	5.22	23.0
规模以上工业企业数	个	5734	592	10.3
规模以上营业收人	亿元	10922.12	1157.43	10.6
规模以上利润总额	亿元	754.94	45.69	6.1
房地产开发投资	亿元	1171.94	146.32	12.5
社会消费品零售总额	亿元	3935.48	482.57	12.3
进出口总值	亿元	3405.80	404.18	11.9
出口总值	亿元	2263.39	259.84	11.5
新批协议注册外资	亿美元	61.89	4.69	7.6
实际到账注册外资	亿美元	32.32	3.85	11.9
一般公共预算收入	亿元	710.18	77.81	11.0
各项税收	亿元	572.90	63.79	11.1
一般公共预算支出	亿元	1122.23	118.22	10.5
金融机构本外币存款余额	亿元	16374.94	1909.65	11.7
住户存款	亿元	8936.66	1231.02	13.8
金融机构本外币贷款余额	亿元	14141.06	1486.50	10.5
从业人员平均工资	元	98277	97405	99.1
城镇居民人均可支配收入	元	57289	54910	95.8
农村居民人均可支配收入	元	29134	30710	105.4

（市统计局）

责任编辑　陆金红

索 引

2月4日，黄海滩涂公司外侧海堤10.7公里达标加固工程建设现场 （姜新春/摄）

说　明

一、索引采用主题分析法编制,依据首字汉语拼音字母同音字同词语顺序排列。

二、分目(副分目)标题用蓝色字体标示,“特载”“大事记”“附录”3个部分,“综述”类分目、“概况”类条目、表格、图片等未编入索引。

三、主题词后的数字表示内容所在的页码,数字后面的a、b、c分别表示从左至右主题词所在栏别。

A

艾滋病防控　225c
爱国主义教育　240c
安康关爱行动　241c
安全供水　168a
安全监督　142c
安全监管　122c　171b
安全生产　246c　252c
安全生产大检查　246c
安全稳定维护　84b
安置房建设　236c
案件查办　70c

B

800兆瓦海上风电项目实现全容量并网　135b
白蚁防治　168c
“百年恰是风华”——启东市庆祝中国共产党成立100周年大型群众文艺晚会　206b
拜耳医药保健有限公司启东分公司　138c
办案安全管理　70c
保险　157c
保险证券业　157c
报纸　211c
北城区街道　261c
北新镇　253b
碧海银沙　25b
碧海银沙成功创建市首家国家AAAA级旅游景区　119a
边防　247b
边防管控　247c
边防治理　247c
边检　114a
标准化建设　105c
殡葬管理　238c
“并港建闸”专题研究　214b
不动产登记　164c　58a
部门工作评议　44b

C

财政　99b
财政监管　100a
财政金融　27b
蔡仲章　张惠珍　267b
参与市域治理　89a
参政议政　62c
残疾人福利　233b
残疾人文体　80b
残疾运动员钱王伟打破残奥会世界纪录　222b
蚕桑业　129a
产销服务平台　149a
产学研合作　192a
产业发展　141a　257c
产业工人队伍建设　72c
产业集聚　111c
产业平台建设　134a
产业体系对接　108b
长江大保护　184c
长江河道采砂管理　186b
长江禁渔　130c　185b
长江口水域首例危害珍贵、濒危野生动物案成功侦破　186a
长江生态环境保护修复　186b
长期照护保险　232c
长泰海滨城　151c
潮汐　21b
陈向阳　264c

诚信诉讼建设　89c
城市功能融合　108c
城市管理　165c
城市规划　164a
城市建设　28c　165a　250c
城市绿化亮化　165a
城乡建设工作监督　46c
城乡居民养老保险　232a
城镇建设　251c　259a
仇佩英　267c
出生缺陷防治　227c
创新创优　141c
创新环境优化　189c
创新能级提升　116b
创新平台建设　189c
创作成果　209c
创作活动　80c
“慈善惠老”志愿服务　241c
慈善救助　234c
村级集体经济发展　174c
“村史馆里讲党史”活动　213c

D

打击非法捕捞　185c
大气污染防治　181a
大众传媒　211a
大自然度假村　152c
呆住·番茄俱乐部　152b
党对统战工作的领导　38a
党风廉政建设　68c
党建引领　194c
党史三卷本编纂　213b
党外代表人士和新阶层人士统战　38a
党校工作　41a
党员队伍建设　33b
档案　215a
档案查阅利用　215a
档案业务指导　215b
档案征集　215b
道德楷模　267a
德汇·海粟湾生态文旅项目开工　122a
堤闸管理　172b
地方病防控　226a
地方储备粮管理　150a
地方金融从业机构监管　101c
地方金融监督管理　100a
地方特产　25c
地籍测绘　164c
地理　20a
地貌　20b
第六届“启创杯”创业大赛　190b
第一届中国启东械彩艺术节　204a
电动工具产业　136b
电力供应　167a
电视　211a
电信　161c
电子商务　159b
电子商务品牌培育　159c
电子信息及半导体产业　137c
东海镇　254b
动物疫病防控　128b
对接上海(浦东)　108b
对口帮扶支援与合作　60b
对外及港澳台经济技术合作　111a
对外及港澳台贸易　109a
对外劳务合作　111b

E

2021年长三角生物医药产业协同高质量发展论坛(上海—启东)在上海举行　138a
2021年第八届长三角运动休闲体验季启东站启动仪式在启东举行　218c
2021年国家级沙滩排球裁判员晋级培训班在启东举行　218b
2021年全国青年U19沙滩排球锦标赛　222b
2021中国·启东国际经贸洽谈会举行　112a

F

法律援老　241c
法院　89a
法制服务　143b
法治化营商环境建设　85b
法治建设监督　46c
防雷安全规范化管理　192b
防灾减灾　244c
房地产市场监管　159a
房地产业　158c
房屋产权交易　159a
非法行医治理　228c
非公人士政治素质提升　78c
非公有经济领域统战　38b
非遗传承　210c
非遗宣传　211a
风景名胜　25b

服务保障 113a
服务地方经济 114c
服务发展 75c 76b 77c 89b
服务非公经济 79a
服务管理 40c
服务经济 112c
服务经济社会发展 60a
服务外包 160a
服务辖区 247b
服务优化 39b
浮子筏专项整治 131a
福利慈善 234a
妇女儿童维权服务 76c
妇幼健康 227a
富民帮促行动 174c

G

改革创新 112c 165a
干线公路 169a
港澳台侨事务 39a
港口 170b
港口规划 117c
港口机械产业 135b
港口建设 170b
高等教育 200b
高端机械装备产业 136c
高浩然 264c
高考成绩 198b
高新技术产业 190c
高新技术企业培育 191a
耕地资源保护 183b
工程质量监督管理 142a
工伤保险 232b
工行启东支行 155a
工业 26b
工业产品质量监管 106b
工业经济 251b
工作创新 69c
公安 87a
公共安全救助保险 245a
公共法律服务 90c
公共机构能源资源管理 183a
公共交通 171a
公共卫生 226b
公共卫生监(检)测 226a
公共文化 204a
公路 169a
公路养护 169b
公民道德建设 37a
公务员管理 34a
公益诉讼检察 88c
公益志愿活动 79c
公用事业 167a
公证便民服务 90c
公租房保障 236a
供水管网修复 165c
供销合作 149a
“共乐东疆”活动 206b
共青团启东市委员会 75a
固定资产投资 26c
关爱快递小哥“暖蜂行动” 161c
光华康养综合体项目开工 117b
广播 211b
规划编制 116b 168c 183a
规划编制与研究 164a
规划审批与管理 164a
规模企业培育 148b
郭中良 267a
国防后备力量建设 92a
国家高标准农田建设项目 132c
国门安全维护 112b
国民经济和社会发展 26a
国内贸易 26c
国有资本布局优化 96a
国有资产投资管理 96a
果树种植 128a

H

海复镇 257c
海工船舶重装产业 135a
海关 112b
海事 113a
海事应急管理 244b
海外仓储南通首建 159c
海洋捕捞 129c
海洋防灾减灾 245a
海洋伏季休渔管理 130c
海洋生态环境保护 184a
夯实“两个责任” 68c
航道管理 170c
航道建设 170c
合作镇 258c
“河长制”长效常治 171c
核与辐射安全监管 182a
“红色地图”编印 213c
红十字会救助 234c

互通联动　44c
护航民企　88c
华润中心·威海湾九里项目　145b
华泰证券启东营业部　158b
化工企业关停　186c
环境保护　123a
环境监测　182a
环境监管　181b
环境卫生综合管理　166b
环境问题整改　182b
环境信访问题调处　182b
环境应急管理　244b
环境质量　180a
寰宇东方国际集装箱(启东)有限公司　135c
换届廉政审查　69c
换届选举　47a
黄金海滩　25c
汇龙镇　250a
惠农便民工程　154b
惠萍镇　255a
婚姻收养　238c
火灾隐患排查整治　248b
获奖工程选介　143c

J

机构编制管理　41c
机关党建　34c
机关事业单位养老保险　232a
机制创新　194c
机制优化　113c
基本公共卫生服务　226c
基本医疗保险　232c
基层党组织建设　33a
基层基础建设　76a
基层消防组织建设　248a
基层阵地　81a
基层整合审批服务执法力量改革　42a
基层组织建设　75a
基础建设　59b　87a
基础设施建设　118b　178c
疾病预防控制　225a
计量检定　106a
技能竞赛　199b
技能型人才发展工作专题会议　31c
加快构建科创体系全面提升创新能力　32b
家庭发展能力建设　238a
家庭农场　176b
家庭文明建设　76b
家庭医生签约服务　227a
价格监测和成本监审　104b
价格认证　104b
价格指数　104b
监测预警预判　86c
监管执法　247a
检察　87c
减税降费　100b
简政放权　85b
见义勇为基金会　87b
建设工程消防审验　143a
建设工程造价管理　142c
建行启东支行　156c
建筑管理　142a
建筑人才队伍建设　140a
建筑业　26c
健康促进　227a
健康教育　226b
江海文化景观大道　151b
江苏东成电动工具有限公司　137a
江苏国强工具有限公司　137a
江苏海四达集团有限公司　136a
江苏捷捷微电子股份有限公司　138c
江苏锦汇集团有限公司　98c
江苏科本药业有限公司　138c
江苏联测机电科技股份有限公司　137b
江苏林洋能源股份有限公司　136a
江苏吕四港集团有限公司　98a
江苏南通二建集团有限公司　146a
江苏启安建设集团有限公司　146b
江苏启东吕四港经济开发区　117c
江苏启晟集团有限公司　97a
江苏神通阀门股份有限公司　137a
江苏省启东经济开发区　116a
江苏省启东实验小学　196c
江苏省启东圆陀角旅游度假区　118c
江苏省启东中等专业学校　199c
江苏省启东中学　198b
江苏银洲建设集团有限公司　146c
江天生态园　152c
交流联谊　78a
交通　168c
交通对接格局优化　108c
交通基础设施投入　168c
交通运输管理　171a
交通运输和邮电　27a
交邮合作　161a
教学管理　200b
教学教研创新　41b
教学竞赛　196c

教育成果　194b　201a
教育科研　196b　198b
节能减排　182c
结核病防控　225c
金融创新融合　101b
金融风险防范化解　102a
金融生态创建　154a
金融业　153b
进出口超亿元重点外贸企业进出口运行情况　110a
经济工作监督　46a
经济责任审计　102c
经理国库建设　154a
经营创收　212c
精神文明建设　36b
竞技体育　221a
“敬老月”活动　241c
境外承包工程　111a
境外投资　111a
就业创业　239a　241b
军休安置　241b
军转干部安置　241a

K

开发园区管理体制机制改革　42a
开放型经济　27a
《开疆拓土》编纂出版　66b
科创项目引培　190a
科技创新　120a　121a　122b　122c　189b　250b　254c　255b　257a　259c
科技创新教育　77a
科技服务与宣传　189a
科技工作者服务　77b
科技教育　27b
科技融资服务　189a
科技项目　188a
科技志愿服务　77b
科普宣传教育　77b
科研机构和科技队伍　188b
科研资政　41c
客运管理　171b
课题调研　241c
课题研究　213a
空气环境　180a
控违拆违　167a
口岸管控　114b
口岸管理　112b
口岸开放　112b
跨境电商　159c
跨境金融服务　154c
快递行业市场监管　161a
困境儿童关爱保护　234a

L

“6个1”亮色工程　196c
栏目调整　212b
“蓝色海湾”建设　121c
劳动关系调处　239b
劳动就业　239a
老干部工作　39c
老旧小区改造　165c
老龄事务　241b
老年福利　233a
老年教育　201c
老区开发扶贫　235b
离退休干部党建　40a
离退休干部作用发挥　40c
李忠卫　265a
历史沿革　22a
历史沿革与区划　22a
利用外资及港澳台资　110c
联通　162c
联谊交流　39c
粮棉油生产　127c
粮食仓储设施建设　150a
粮食流通　149c
粮食流通监管　150a
林洋能源与山东冠县人民政府签订建设200兆瓦分布式光伏电站合作协议　135c
林业资源　22a
临港产业　134c
领导班子和干部队伍建设　33c
刘剑　267a
柳工建机江苏有限公司　136b
龙湾水镇　151c
吕四港镇　251b
吕四河豚　130c
吕四鲈鱼　130b
吕四鳗鱼　130c
吕四鮸鱼　130b
吕四渔民号子　24c
吕四鲻鱼　130b
旅游配套设施建设　151a
旅游线路　153a
旅游业　27a　150c
律师行业发展　90c
绿色环保宣传　184c

绿色农资服务　149a

M

慢性病防控　225c
矛盾纠纷多元化解机制建设　242c
矛盾纠纷排查化解　242c
茅卫东　266b
媒体+产业　212c
米歌酒庄　152b
免疫规划　225b
民办教育　202c
民生实事　120b　121b　124a　261a　262b
民生实事项目　166c
民生实事项目全过程监督　44b
民生事业监督　46c
民生投入　99c
民事审判　89a
民事行政检察　88b
民营经济关工工作　82c
民政救助　234b
民政事务　238c
民主监督　65c
民主评议重点提案办理　65c
民族　24a
民族事务　240a
民族宗教事务　239c
民族宗教统战　38b
名优工程　141c
母婴健康安全　227b

N

纳税服务　100a
南城区街道　260c
南京证券启东营业部　158c
南通跨境电商产业联盟走进产业带启动仪式暨启东电动工具主题峰会　160a
南通市首单水权交易在启东完成　172c
南通市首起生态环境损害赔偿案例成功办理　182b
南通市住建系统建筑信息模型技能竞赛在启东举办　140c
南通泰胜蓝岛海洋工程有限公司　136a
南通通易航天科技股份有限公司　101b
南阳镇　256c
南阳镇率先开展乡风文明积分实践　177c
南阳镇网格微治理模式入选省乡村治理典型案例　178c
内部审计　103a
内河航道　170c
内河渔业管理　131a
内容设置　212b
倪伯苍　264a
农产品展促销　149b
农产品质量安全　246a
农产品质量监管　246b
农村房屋安全隐患排查整治　177a
农村公路　169a
农村集体产权制度改革　174b
农村人居环境整治　177a
农村“三资”管理　174c
农村生态河道建设　184b
农村水利建设　171c
农村土地制度改革　174b
农村信用体系建设　154c
农机安全生产管理　132a
农机机械化还田　132a
农旅经济　259a
农民工工资保障　143b
农行启东市支行　156a
农业　26b
农业电子商务　176a
农业机械化　131b
农业经济　121a
农业与社会发展科技　190a
农业招商　176a
农业综合开发　132b
农业综合执法　127a

P

排污权交易　181b
培训教育　247a
培训就业　80a
配套设施建设　122b
棚户区改造　236b
平台建设　39a　58c
普法工作　90b
普通高中教育　198a

Q

气候　20b
气象测报　192b
气象服务　192c
气象科普　192c
气象预警监测能力提升　192b
气象灾害防御　244c

企业服务　110c　160b
企业上市　101b
企业选介　146a
企业职工养老保险　232a
启东版画院　209b
启东保利大剧院　205c
启东本级高标准农田建设项目　132c
启东城投集团有限公司　96b
启东获捷工业成套设备有限公司　136b
启东电动工具产业高质量发展论坛　136c
启东港口岸　112b
启东高新技术产业开发区(近海镇)　120c
启东海工船舶工业园(寅阳镇)　119b
《启东记忆》丛书正式出版　215c
启东建筑集团有限公司　146b
启东江海澜湾旅游度假区　121b
启东历史档案陈列室建成　215c
《启东年鉴(2021)》出版发行　214a
启东农商银行　157b
启东乾朔电子有限公司　138b
启东生命健康产业园　122b
启东生命健康科技园　122a
启东市百杏中学　197b
启东市博物馆　205b
启东市残联　80a
启东市长江中学　197c
启东市大江中学　198a
启东市道德模范　268a
启东市第二中等专业学校　200a
启东市第一中学　199a
启东市东南初级中学　198a
启东市妇联　76a
启东市妇幼保健院　230b
启东市工商联(总商会)　78b
启东市关工委　81b
启东市和睦幼儿园　196a
启东市红十字会　81a
启东市汇龙中学　198c
启东市获批创建全国绿色食品原料(大豆)标准化生产基地　127a
启东市建成南通首家国家级数字档案馆　215b
启东市科协　77a
启东市蓝印花布艺术馆/吴元新蓝印花布艺术馆　205b
启东市老年大学　201c
启东市美术馆　205b
启东市南苑小学　197a
启东市南苑中学　197c
启东市侨联　77c
启东市人民医院　229b
启东市融媒体中心　211a
启东市少年儿童图书馆　204c
启东市实验幼儿园　195c
启东市图书馆　204b
启东市文化馆　204c
启东市文化体育中心　143c
启东市文联　80c
启东市与崇明区签订《跨界河道协同治理协议》　124c
启东市折桂中学　197b
启东市中医院　229c
启东市总工会　72a
《启东通讯》　212a
启隆海门供电管理权移交国网启东市供电公司　167b
启隆生态科技产业园(启隆镇)　123a
“启明江海、行吾东疆”农村公路品牌　169c
强村加油站建设　174c
青少年竞赛成绩　222a
青少年体育　221a
青少年主题教育　81c
青少年主题教育实践　37a
庆祝中国共产党成立100周年专题活动　40b
区划地名　238c
区域治水　172b
全国文明典范城市创建　36b
全国文明典范城市创建常态长效管理工作会议　31a
全面推进乡村振兴加快农业农村现代化　32b
全面推进乡村振兴示范村、先进村建设　32b
全民健身活动　220c
全省首例企业负责人被列入严重违法失信名单案件　106b
全市创新发展大会　31a
全市党史学习教育动员会议　30c
全市机关作风建设大会　68c
全市领导干部警示教育大会　68c
全市旅游发展暨国家全域旅游示范区创建动员大会　31b
全市庆祝中国共产党成立100周年座谈会暨市“两优一先”表彰会　31a
全市首家“医养护康”专业护理院开业　96b
全市乡村振兴现场推进会暨农村人居环境整治提升五年行动动员大会　31b
群众体育　218c
群众文化　206a

R

燃气供应　167c
人保财险启东支公司　157c
人才队伍建设　34a
人才培育　58c
人才强校　41b
人大常委会会议　45a

人大代表工作　47a
人大监督　46a
人大任免　47b
人防工程管理　93a
人防宣传教育　93b
人防指挥通信　93a
人口　24a
人口家庭　238a
人口与民族　24a
人力资源管理　58b
人民防空　93a
人民生活　28a
人民武装　92a
人事代理　59a
人寿保险启东支公司　158a
人员任免　47b
认证认可工作　105b
日常督查　69a
融合教育　201a

S

三地人大在海门开展长江禁渔联动监督　186a
《三角洲·沙地》　212b
三农工作　250b
三清殿　24b
三峡移民管理　235c
色织土布技艺　25a
森林资源保护　183b
沙地圩田农业系统被认定为中国重要农业文化遗产　175a
沙地灶头画　25a
商会党建　78c
商贸流通业　148c
上级统一安排实施项目审计　103a
社保卡发放及应用　232b
社会保险　232a
社会保障　28b
社会福利　233a
社会教育　201b
社会救助　234b
社会科学　212c
社会矛盾调解　242b
社会民生　117a　251a　252b　254a　255a　256a　257a　258b　259b　260b
社会实践　200c
社会治理　120c　124b　251a　252c　254a　255a　256b　257b　258c　259b　260b　261b　262c　84b
社会主义核心价值观教育引导　37c
社会组织管理　238c
社科品牌活动　213a
社科普及阵地建设　213b
社区党建　260c　261c
社区建设　253a
社区教育　201b
社区治理　178b
涉外劳务市场监管　111b
审计　102b
审计整改　103b
审议意见闭环办理完善　44b
生命健康产业　138a
生命健康产业创新与发展研讨会在北京召开　138b
生态岛建设　123b
生态环境　28c
生态环境工作监督　46b
生态环境合作　108c
生态环境建设　120b　123c　250c　252b　254a　254c　256a　257a　258b　259b　260a
生态建设　183a
生物资源　21c
生育计生服务　227c
声环境　180c
省四青作物产业技术创新战略联盟在启东成立　127a
失业保险　232b
师资队伍　200b
施简烈士纪念馆开馆　214a
施建琴　264a
湿地资源　21c
十大民生实事项目　55b
十里海湾　152a
石油经营　150b
食品安全监管　245c
食品药品安全　245c
食盐专营　150a
史志　213b
史志宣传　214c
世界冠郡住宅小区二期项目　145c
市场监督管理　104c
市场监管　185b
市场拓展　141a
市场运行监测预警　148c
市场综合监管　105a
市成功申报3项江苏省基础教育内涵建设项目　195a
市创客青年项目获第八届“创青春”中国青年创新创业大赛银奖　190b
市工商联第十三次代表大会　78c
市计生协会　238b
市纪委十三届六次全体会议　68b
市容管理　166a
市十七届人大五次会议　44c

市首部全媒体志书《江苏名镇·吕四港镇志》出版发行　214b
市首部越剧原创作品《生命树》剧本研讨会举行　209b
市首个家庭文化建设实践基地建成　238c
市域治理现代化　85c
市政道路　165a
市政府常务会议　56a
市政协常委会会议　62a
市政协十五届五次会议　62a
事业单位编制管理　42b
事业单位监管　42c
事业单位人事管理　58b
视察调研　62c
首个100万元“关爱基金”　82c
首届TED青年沙龙　76a
首票公式定价货物备案业务办理　113a
蔬菜生产　127c
数据汇聚共享　86c
“双随机”监管　228c
双拥工作　93c
“霜菊”牌产品被认定为“南通老字号”　108a
水产品加工　130a
水产品质量安全　246b
水产养殖　129c
水环境　180b
水利　171c
水利重点工程建设　172a
水土保持　172c
水污染防治　181a
水系　21a
水灾害防治　245a
水质“分级预警+应急管控”机制创新建立　182c
水资源管理　183a
税收征管　100b
税务　100b
司法改革　90a
司法行政　90b
思想理论建设　35a
思想引领　77c
思想政治文化工作　75b
思想政治引领　76b
四大农产品集中加工区建设　126c
四方合作框架协议签订　160c
“四位一体”委员工作室建设　66c
“四小行业”创文　228c
宋春决　265b
宋陶　267b
宋铁　266c
苏北抗大九分校　24a
苏州城北路（金政街—江宇路）综合管廊工程　145a
诉讼服务体系建设　89b
诉源治理　89c
“损坏城市树木花草”案听证会　167a

T

特产选介　25c
特色产业　136b
特色创新应用　86c
特殊教育　201a
特殊人群管理　90b
特种设备监管　104c
提案办理　62c
体育彩票　222c
体育产业　222c
体育公共设施　218a
体育健身组织　218c
体制机制改革　68a　166a
铁路　169c
铁路管理维护　170a
铁路建设　170a
通报曝光　69a
通海垦牧公司挡潮墙遗址　24c
通海垦牧公司挡潮墙遗址入选首批省级水利遗产名录　172c
通信服务业　161c
通州湾新出海口吕四起步港区10万吨级通用码头启用　118c
统计　103b
统计调查　103c
统计服务　103c
统计执法　104a
统战工作　38a
统战品牌创树　38c
突出问题纠治　69b
图书发行　206c
土地利用现状　164a
土地资源　21c
土地资源管理　164a
土壤　20b
土壤污染防治　181a
推进吕四港高质量发展　32a
推进美丽启东建设　32a
退休人员社会化管理　232b
退役军人事务　240c
退役士兵安置　241a

W

外贸企业服务 110b
外事工作 60a
王鲍镇 259b
王振宇 266a
网吧管理监督 82b
网格化服务管理 86a
网络宣传管理 36a
危废物规范处置监管 182b
为侨服务 78a
卫生监督 228a
卫生应急管理 244c
未成年人权益保障 89a
未成年人思想道德建设 37c
位置 20a
委员工作 66c
委员履职管理 66c
委员培训 66c
文化产业 215c
文化设施 204b
文化市场管理 216c
文化市场专项整治 216c
文化事业 35b
文化、卫生和体育 27c
文化遗产保护 210c
文化遗存 24a
文化艺术 207a
文明城市长效管理 165b
文明城市建设 117a
文明创建 177c
文史编研 66b
文物保护 210c
文艺创作 207a
乌鲁木齐奥林匹克体育中心(体育馆及地下建筑 145a
污染防治 180c
污水处理 168a
五国温泉城 151b
武警启东中队 92c
物价管理 104a
物业管理 236c

X

仙渔小镇 151b
现代农民教育培训 202b
现代农业 251c
现代农业产业示范园建设 126b
现金服务 154b
限额以下电子交易系统使用 57c
献计园区高质量发展 65a
乡村产业 175b
乡村建设 176c
乡村振兴示范村、先进村建设 174b
乡村治理 178a
乡风文明 177b
项目建设 110c 116c 118b 119a 119c 121a 122a 123c 148b 151a 250a 251c 253b 254b 255b 256c 259a 259c
项目质效 111b
消防 247c
消防安全宣传 248c
消防应急救援保障建设 248c
消费扶贫 60c
消费维权 106a
小行里51号危旧房改造地块经济适用房项目 145b
校地互动 201a
校企合作 199b
校外辅导站暑期公益班 82b
校外培训机构治理 202c
协商建言 65a
新冠肺炎疫情防控 224c
新冠肺炎疫情防控监督 228b
新疆医科大学新校区(一期)教学楼及图文信息中心 143c
新媒体 212a
新能源及装备产业 135a
“新生儿出生一件事”办理 57c
新时代文明实践中心建设 36c
新四军研究 214c
新闻人物 264a
新闻舆论宣传 35c
新型城镇化建设 176c
新型经营主体培育 176c
信访工作 59b
信用考核 143a
信用体系建设 105c
刑事检察 88a
刑事审判 89b
刑事执行检察监督 88b
行业服务 143a
行政区划 22c
休闲农业 175b
徐刚 265c
畜牧业 128a
畜禽产品质量监督 128c
畜禽粪污资源化利用 129a
宣传工作 35a

宣传教育　69b
宣传推介　151a
宣传宣讲　247a
学法用法　85c
学前教育　195b
学生管理　200c
学校卫生综合监督　228c
巡察工作　32c
巡察整改　32c
训练竞赛　92c

Y

“1120”改革常态化　57b
12345热线　86a
亚洲最重钢制石化塔器发运　135b
烟草专卖　150a
严清波　265c
沿江港口岸线调整　170c
沿江沿海生态景观带示范段建设　185a
研发中心(会展中心、办公楼及地下车库)安装工程　145c
洋钎说书　25a
药品安全监管　246a
药品耗材集中采购　232c
要素保障　117a
野生动物保护　184a
“一业一证”改革试点南通率先推行　58a
医保基金监管　233a
医保精准扶贫　233a
医疗机构监管　229b
医疗能力建设　229a
医疗卫生体制改革　224b
医政医管　229a
依法行政　85a　166c　172c　240b
依法治市　84c
移动　162b
移风易俗　177b
义务教育　196b
议案办理　49a
议案和建议办理　48a
疫情防控　81b　113b
意识形态管理　35a
银行业　153b
应急管理　244a
应急管理体系建设　244a
应急救援　244a
营商环境优化　148c
硬件投资　195a
拥军褒扬　94a
拥政爱民　93c
用地保障　164b
优抚优待　241a
优质均衡发展　195b
邮政服务　160b
邮政机构设施　160c
邮政普遍服务监督　161b
邮政通信网络　160c
友好交往　60b
“有事好商量”协商议事工作　65c
渔港综合管理　131a
渔人码头　151b
渔业　129b
渔业资源养护　130a
渔政管理　130c
雨污分流　168a
郁金香公园　152a
郁寿丰墓　24c
郁智慧　266b
预算监督审查　46a
预算执行审计　102b
园区创建　118c
园区首个百亿级项目签约落户　117b
袁东波　264b
袁永香　267c
圆陀角旅游度假区　25b

Z

载体建设　148a
责任落实　85a
债务情况　99b
展览举办　210a
展览展演　209a
战略性新兴产业　137c
张謇垦牧文化项目建设　216b
张謇垦牧文化遗址公园　152b
招才引智　58b
招商信息渠道　111c
招商引智　79b
招商引资　111b　116c　118a　119c　121c　122c
招生就业　201a
招投标监督　143a
镇村建设　120a　121b　253c　254c　255c　257a　258a　260a
征兵工作　92b
证券　158b
政策保障　174a
政策制定　150c

政法队伍教育整顿　84c
政府投资审计　102c
政府投资项目工程建设　59a
政务服务　57a　87b　229a
政治教育　92c
支持地方经济　100a
知识产权工作量质齐升　106c
知识产权管理　106c
执法检查　113b
执纪问责　69b
执勤战备　92c
执行工作　90a
执业注册　229a
职工法律援助　74a
职工实事项目　74c
职工思想政治引领　72a
职业技能培训　132b　239b
职业卫生监督　228b
志愿服务　36c
制度完善　182a
质量技术管理　105b
治安管理　87b
“智慧健康”建设　224c
“智慧人大”建设　44c
“智慧卫监”项目　228a
中等职业教育　199a
中高职衔接　199b
中广有线　162a
中国共产党启东市第十四次代表大会　30a
中国共产党启东市第十四届委员会第二次全体会议　30b
“中国共产党在启东”图片展　213c
中国农批启东农产品批发市场　149c
中国·启东国际版画艺术中心　210b
中篇评弹《板凳姑娘》获第九届江苏省文艺大奖·曲艺奖　209b
中小学生心理健康教育　82a
中信证券启东营业部　158b
中行启东支行　155b
种植业　127b
重大产学研合作项目　192a
重大事项决定　44a
重大政策措施落实情况跟踪审计　102c
重点产业精准招商　134b
重点产业研究服务　134a
重点工程　59a
重点建议办理　49b
重点企业发展　148b
重点项目　122a
重点项目建设　216a
重点主题出版物发行　206c
重复信访专项工作　59c
重要会议　30a　44c　56a　62a　68b
重要决策　32a
朱瑾高家庭　264b
朱军　266c
主动协同联动　86b
主题活动　206c
主题文艺活动　206a
主要活动　212c
主要气象灾害　245b
主要污染物减排　182c
助力经济发展　99c
助推乡村振兴战略　65a
住房保障　236a
住房公积金管理　236c
专项整治　246c
专项治理　69c
专业合作社　176b
专业技术人员管理　58b
专营专卖　150a
转型升级　141a
资源　21c
资质建筑企业　140b
自然保护区管理　184a
自然资源资产审计　103a
宗教事务　240a
综合标准化政务服务体系建设　57b
综合行政执法体制改革　41c
综合整治　186c
组织工作　33a
最美江海岸线首开区森林公园项目开工　185a
最美江海党建带全域创建工程　34b

责任编辑　黄亦美

部门和单位主审人员

（排名以首次出现文稿先后为序）

彭红辉	沈向东	顾永辉	沈钱丰	周红丹	周敏华
施建琴	沈峻峰	黄云峰	吴风云	万　平	朱允如
杨海燕	宋小花	顾丽华	徐　惠	陈　樊	蔡海伟
张东霞	吴　琼	杨丽华	陈　辉	袁素群	江海龙
许水红	张建昌	朱柳柳	袁裕丽	陆旭辉	姜莉莉
徐长林	黄春华	张利国	王林萍	李　斌	张晓峰
宋卫兵	谢旦英	吴震宇	龚宝妹	沈晓燕	杨　红
范蓓蓓	丁尹霞	王振宇	陆　星	张天峰	陈一峰
施龚人	施　亮	顾　耘	孙国华	黄永华	任松德
施俊英	张圣健	霍旅美	宋亚昌	夏　辉	王裕兵
张燕峰	陈　辉	段长虹	彭雄辉	梁松波	林　健
倪　雄	沈海闽	朱海慧	缪　能	李　军	李正宏
徐振江	黄克勤	陈晓燕	周　健	王春华	顾曙光
陆　辉	施俊英	朱炫炫	周　尧	龚　英	黄　辉
王建斌	黄建东	杨　芳	费雷雷	李小飞	陈　娟
陆一冬	印雪平	倪冬华	王建华	苏高飞	季祖辉
钮庆红	张　锋	洪善宽	徐　磊	陈蒋涛	周黎晖
姜　晨	陈奕璀	姚　舜	周博伟	顾婧琦	顾培源
陆江华					

保密专审：单剑峰

启东市政区图

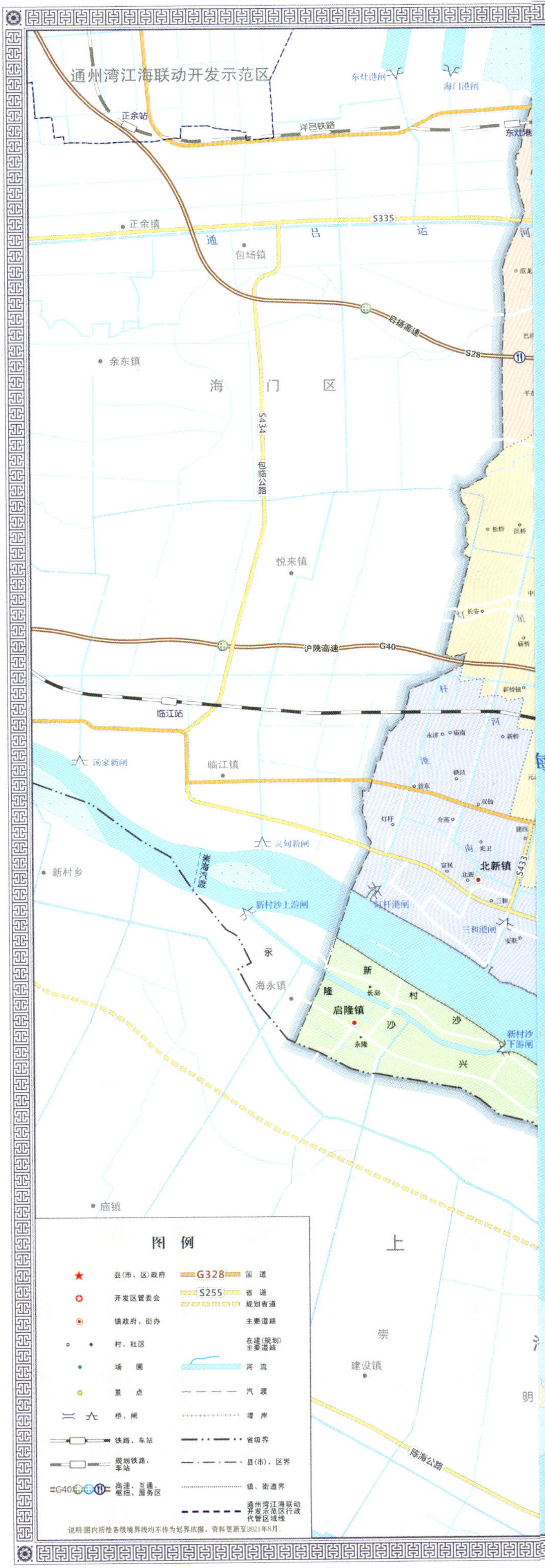

启东市自然资源和规划局　启东市民政局　启东市住房和城乡建设局　启东市交通运输局　启东市水务局　联

审图号：苏F（2021）3号　　统一书号：125530·382　　2021年8月编制